Der zweibändige ›dtv-Atlas Psychologie‹ bringt eine geordnete Übersicht über die Erscheinungen dieses Gebiets und die Methoden ihrer Untersuchung. Das bewährte dtv-Atlas-System, die Einheiten aus ausführlichen Textseiten und dazugehörigen Farbtafeln, erweist sich bei der Psychologie als besonders geeignet, auch verwickelte Zusammenhänge verständlich darzustellen.
Der vorliegende Band 2 enthält die Kapitel Persönlichkeits-, Entwicklungs-, Sozial-, Massen-, Umwelt-, Tierpsychologie, Psychodiagnostik, Klinische, Angewandte und Kulturpsychologie sowie ein alphabetisches Verzeichnis wichtiger Begriffe mit zusammenfassenden Erläuterungen, ein Literaturverzeichnis und ein Gesamtregister.

Band 1 enthält neben einer Einführung die Kapitel Terminologie, Theoriegeschichte, Methodik, Statistik, Neuro-, Wahrnehmungs-, Gedächtnis-, Lern-, Aktivations-, Kognitions-, Kommunikations- und Emotionspsychologie sowie ein Register.

*Prof. Dr. Hellmuth Benesch,* geb. 1924, ist Professor für Klinische Psychologie an der Universität Mainz. Spezialgebiete: Neuropsychologie, Psychotherapieforschung. Begründung der Psychokybernetik. Zahlreiche Bücher: u.a. Wissenschaft der Menschenbehandlung (1958); Der Ursprung des Geistes (1980); Zwischen Leib und Seele. Grundlagen der Psychokybernetik (1988); Psychologie-Lesebuch (1990); Warum Weltanschauung? (1990); Verlust der Tiefe (1991); Automatenspiele (1992); Anwendungsfelder der Psychologie (1992); Hg.: Krech, Crutchfield: Grundlagen der Psychologie (Studienausg., 1992); Enzyklopädisches Wörterbuch Klinische Psychologie und Psychotherapie (1995).
*Prof. Hermann Frhr. v. Saalfeld,* geb. 1928, ist Professor für Zeichnen am Fachbereich Bildende Kunst der Universität Mainz. Spezialgebiete: Buchillustration, Cartoon, Zeichentrickfilm.
Seine Tochter *Katharina v. Saalfeld* hat das Kunsterziehungsstudium abgeschlossen und ist freiberuflich als Wandmalerin und Illustratorin tätig.

In der Reihe ›dtv-Atlas‹ sind bisher erschienen:

Akupunktur, 3232
Anatomie, 3 Bände, 3017, 3018, 3019
Astronomie, 3006
Atomphysik, 3009
Baukunst, 2 Bände, 3020, 3021
Biologie, 3 Bände, 3221, 3222, 3223
Chemie, 2 Bände, 3217, 3218
Deutsche Literatur, 3219
Deutsche Sprache, 3025
Informatik, 3230
Mathematik, 2 Bände, 3007, 3008
Musik, 2 Bände, 3022, 3023
Ökologie, 3228
Philosophie, 3229
Physik, 2 Bände, 3226, 3227
Physiologie, 3182
Psychologie, 2 Bände, 3224, 3225
Stadt, 3231
Weltgeschichte, 2 Bände, 3001, 3002

Weitere dtv-Atlanten sind in Vorbereitung

Hellmuth Benesch

# dtv-Atlas Psychologie

Band 2

Mit 104 farbigen Abbildungsseiten

Graphische Gestaltung der Abbildungen
Hermann und Katharina von Saalfeld

Deutscher Taschenbuch Verlag

Übersetzungen
Frankreich: Le Livre de Poche/Librairie Générale Française, Paris
Italien: Sperling & Kupfer, Mailand
Niederlande: Sesam/Uitgeverij Anthos, Amsterdam
Ungarn: Springer Hungarica, Budapest

Originalausgabe
1. Auflage Dezember 1987
5. Auflage November 1997

Umschlagkonzept: Balk & Brumshagen
Gesamtherstellung: C. H. Beck'sche Buchdruckerei,
Nördlingen
Offsetreproduktionen: Werner Menrath, Weilheim/Obb.
Printed in Germany · ISBN 3-423-03225-1

# Vorwort

Für manchen Leser mag mit dem XIII. Kapitel die »eigentliche« Psychologie beginnen, weil er in den Themen des 2. Bandes seine vornehmlichen Anliegen getroffen fühlt. Trotzdem ist der Stoff dieser Kapitel nicht denkbar ohne die Grundlagen der 12 Kapitel des 1. Bandes. Beispielsweise läßt sich Sozialpsychologie ohne die Grundlagen der Kommunikationspsychologie (XI. Kapitel) nur unzulänglich betreiben. Ähnliches gilt auch für die anderen Disziplinen des 2. Bandes. So offensichtlich manchmal die Abspaltungen einzelner psychologischer Teilbereiche erscheinen mögen, daß die Psychologie als ein einheitliches Fach zu betrachten ist, war nicht zuletzt ein Bestreben bei der Erstellung *beider* Bände dieses Atlas.

Der Bogen der psychologischen Teildisziplinen ist im 2. Band nicht kleiner als im 1. Wir beginnen mit 3 Grundlagenfächern. Die Persönlichkeitspsychologie gibt die Vielfalt der Theorien zur Persönlichkeit wieder. Diese Vielfalt ist nötig, denn es gibt keine für alle Menschen gültige »Schnittmusterform« der Persönlichkeit. Das folgende Kapitel zur Entwicklungspsychologie schildert zentrale Fragen dieses Faches, wobei betont werden muß, daß man heute viel mehr Aufmerksamkeit der nötigen Bandbreite für Individualentwicklungen schenkt. Die Sozialpsychologie ist zwar eine junge Sparte der Psychologie, aber sie hat sich seither einen beachtlichen Freiraum schaffen können. Es folgen 2 kleinere, aber nicht minder interessante Fächer: Massen- und Umweltpsychologie. Die Tierpsychologie (XVIII) kann auch für die Humanpsychologie viele Anregungen vermitteln. Die Kapitel XIX bis XXI beziehen sich auf die Anwendung von Psychologie. Insgesamt machen sie den weitaus größten Teil der Ausbildung von Diplompsychologen im zweiten Studienabschnitt aus. Gleichzeitig sind diese drei Disziplinen die Teile der Psychologie, die das meiste Interesse an der Psychologie in anderen Fächern (u.a. Medizin, Pädagogik, Rechtswissenschaft, Soziologie, um nur einige zu nennen) auslösen. Den Abschluß bildet die Kulturpsychologie, durch die die Psychologie ihrerseits an die Kulturwissenschaften angrenzt.

Im Anhang finden sich Nutzungshilfen. Das Begriffsverzeichnis bildet mit dem Glossar psychologischer Fachwörter aus dem 1. Band (S. 12–29) eine Einheit. Die dort mit * gekennzeichneten Fachwörter erfahren hier eine breitere Darstellung, gleichzeitig dienen sie als Wiederholung in anderer Form (einem Prinzip des Lerntrainings). Das Literaturverzeichnis ist (auch wegen des Umfangs) kein Belegregister, sondern soll der Konzeption des Atlas entsprechend eine Hilfestellung zur Weiterarbeit sein, geordnet nach den Kapiteln. Das Gesamtregister übernimmt auch das Register des 1. Bandes.

Wir wiederholen den Dank an die Atlasredaktion (Christa Stoschek, Gabriele Wurm, Winfried Groth) aus dem vorhergehenden Band. Unsere Hoffnung ist, daß der 2. Band den Anklang findet, der dem 1. zuteil geworden ist.

Mainz, im Sommer 1987 H. B. und H. v. S.

## Vorwort zur 2. Auflage

Der kürzlich erschienenen Neuauflage des 1. Bandes folgt nun die aktualisierte Ausgabe des 2. Bandes. Auch hier konnten wir neue Entwicklungen berücksichtigen und Ergänzungen in den Einzelthemen sowie im Begriffs- und Literaturverzeichnis vornehmen. Im übrigen wurden Text und Bilder belassen, da der Atlas offensichtlich seiner Doppelfunktion als Einführung und Nachschlagewerk gerecht wird. Wir bedanken uns für die vielen, überaus freundlichen Zuschriften und Rezensionen.

Mainz, im Herbst 1990 H. B. und H. v. S.

Der regelmäßige Turnus der Neuauflagen ermöglicht – wie bisher – eine kontinuierliche Weiterentwicklung und Ergänzung der Texte.

Mainz, im Herbst 1997 H. B. und H. v. S.

# Inhalt

# Abkürzungsverzeichnis

| | |
|---|---|
| Abb. | Abbildung |
| Aktionsps. | Aktionspsychologie |
| allg. | allgemein |
| Allg. Ps. | Allgemeine Psychologie |
| Analyt. Ps. | Analytische Psychologie |
| Angew. Ps. | Angewandte Psychologie |
| Arbeitsps. | Arbeitspsychologie |
| AT | Autogenes Training |
| bes. | besonders, besondere |
| best. | bestimmt |
| Bez. | Bezeichnung |
| bit | binary digit |
| bit/s | bit pro Sekunde |
| Bp. | Befragungsperson |
| Bpn. | Befragungspersonen |
| °C | Grad Celsius |
| chin. | chinesisch |
| dB | Dezibel (Einheit der Lautstärke) |
| dt. | deutsch |
| EDV | elektronische Datenverarbeitung |
| EEG | Elektroencephalographie |
| Einf. | Einführung |
| engl. | englisch |
| FA | Faktorenanalyse |
| Forens. Ps. | Forensische Psychologie |
| frz. | französisch |
| Ganzheitsps. | Ganzheitspsychologie |
| Gestaltps. | Gestaltpsychologie |
| ggs. | gegenseitig |
| Ggs. | Gegensatz |
| Ggt. | Gegenteil |
| ggü. | gegenüber |
| GT | Gesprächspsychotherapie |
| Hb. | Handbuch |
| Hwb. | Handwörterbuch |
| Hz | Hertz (Einheit der Frequenz) |
| i. a. | im allgemeinen |
| i. d. R. | in der Regel |
| i. e. S. | im engeren Sinn |
| Individualps. | Individualpsychologie |
| jap. | japanisch |
| Jh. | Jahrhundert |
| Kap. | Kapitel |
| Klin. Ps. | Klinische Psychologie |
| Kogn. Ps. | Kognitionspsychologie |
| Kompl. Ps. | Komplexe Psychologie |
| Lernps. | Lernpsychologie |
| LZG | Langzeitgedächtnis |
| Massenps. | Massenpsychologie |
| math. | mathematisch |
| med. | medizinisch |
| min | Minute |
| mod. | modern |
| naturwiss. | naturwissenschaftlich |
| NS | Nervensystem |
| o. ä. | oder ähnlich |
| obj. | objektiv |
| Org. Ps. | Organisationspsychologie |
| Persönl. Ps. | Persönlichkeitspsychologie |
| phys. | physisch |
| physikal. | physikalisch |
| physiolog. | physiologisch |
| ps. | psychologisch |
| Ps. | Psychologie |
| Psa. | Psychoanalyse |
| psych. | psychisch |
| Psychophys. | Psychophysiologie, Physiologische Psychologie |
| qual. | qualitativ |
| quant. | quantitativ |
| s | Sekunde |
| s. | siehe |
| S. | Seite |
| s. d. | siehe dort |
| s. o. | siehe oben |
| sog. | sogenannt(e) |
| Soz. Ps. | Sozialpsychologie |
| s. u. | siehe unten |
| subj. | subjektiv |
| Tiefenps. | Tiefenpsychologie |
| Tierps. | Tierpsychologie |
| urspr. | ursprünglich |
| vgl. | vergleiche |
| Vl. | Versuchsleiter |
| Vp. | Versuchsperson |
| Vpn. | Versuchspersonen |
| VT | Verhaltenstherapie |
| Wahrn. Ps. | Wahrnehmungspsychologie |
| Wb. | Wörterbuch |
| Werbeps. | Werbepsychologie |
| wiss. | wissenschaftlich |
| Wiss. | Wissenschaft |
| ZNS | Zentralnervensystem |
| zus. | zusammen |

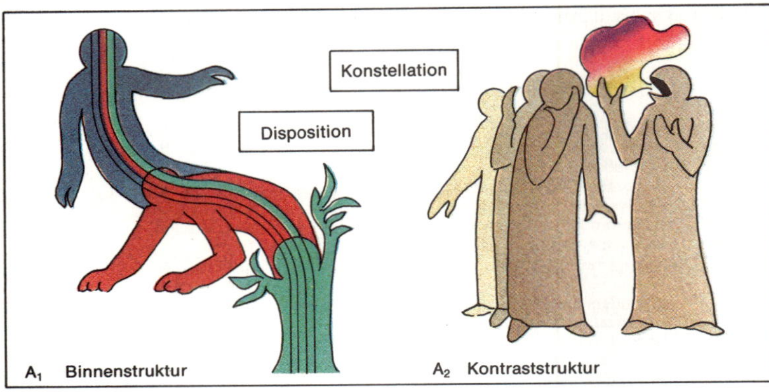


A Individualstruktur

B Individuation

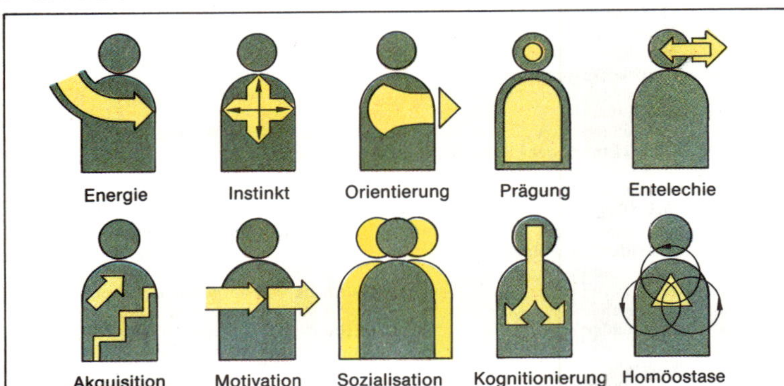


C Mobilisation

In einem alten amerikan. Lehrbuch der Persönlichkeitspsychologie (KLUCKHOHN, MURRAY, 1948) heißt es, frei übersetzt:

Jeder Mensch ist in gewisser Hinsicht wie *alle* Menschen, zum Teil wie *manche* anderen, aber auch wie *kein anderer* Mensch.

In den meisten Kapiteln beschäftigt sich die Ps. mit der allg. Sicht; im Gegensatz dazu konzentriert sich die **Persönlichkeitspsychologie** auf die Besonderheiten des einzelnen Menschen.

Was macht diese Besonderheiten aus?

Diese einfach klingende Frage läßt sich vollständig nicht beantworten. Der Mensch mit einer körperl. Grundlage von ca. 60 Billionen Zellen und in einer Umgebung von praktisch unendl. Vielfalt der Einflüsse hat eine Individualgeschichte von unermeßlichen Abwandlungen.
Diese unbegrenzbare Variationsmenge muß in der ps. Forschung gefiltert werden. Man erforscht das Individuum nach bestimmten Gesichtspunkten, löst seine Komplexität auf, stellt einzelne Theorien vor und prüft sie. Daraus resultiert eine verwirrende Vielfalt von Sichten. Trotzdem können alle **Persönlichkeitsauffassungen** in der Geschichte der Ps. nicht umhin, die folgenden drei fundamentalen Fragestellungen zumindest partiell mitzubeantworten.

### A Individualstruktur

Obgleich der Mensch ein Individuum (wörtlich: ein Unteilbares) ist, bezweifelt man seit dem Altertum nicht, daß in ihm unterschiedl. psych. Anteile enthalten sind.
2 Grundrichtungen lassen sich unterscheiden:
($A_1$) Die einen versuchen eine **Binnenstruktur** (nach Dispositionen) aufzustellen; d. h. sie unterteilen z. B. wie ARISTOTELES in »Seelenstufen«:
die vegetative (pflanzliche),
die animalische (tierische) und
die Geist-Seele, die bei HOMER als Astralseele nach dem Tode eine gewisse Zeit im Andenken der Lebenden überlebt.
($A_2$) Die anderen gehen von der individ. Einheit aus, stellen diese aber als **Kontraststruktur** (nach Konstellationen) mit »typischen« Unterschieden *anderen* Menschen gegenüber; wie z. B. der Lehrnachfolger von ARISTOTELES, THEOPHRAST, der 30 Typen schilderte, u. a. im berühmten Porträt des Aufschneiders (vgl. II/3). Heute gibt es beide Gruppen nach HERRMANN (1985) als »Traitisten« (Eigenschaftstheoretiker) und »Interaktionisten« (Situationstheoretiker).

### B Individuation

Die zweite historische Fragestellung lautet:
Wovon ist das Psychische abhängig?
Diese Frage nach den grundsätzl. individ. Bedingungen hat die Menschen ebenfalls seit altersher beschäftigt. In den antiken Psychosophien galt der Mensch als Untertan des Schicksals, als Ebenbild Gottes, als »zoon politikon«, als Teil der Natur usw. Diese Menschenbilder sind zu Beginn der Neuzeit zu einer Vielzahl von »Charakteren« aufgelöst worden. Die frühere Charakterologie wollte das »Wesen« des Menschen bestimmen. Eine solche Zielsetzung gilt heute als undurchführbar. Stattdessen wird eher das Beziehungsgeflecht des Individuums als (stabil-labiles) Körper-Umwelt-System untersucht. Danach untersteht der Mensch 3 grundsätzl. Abhängigkeiten.
(1) In der *Organabhängigkeit* ist er in erster Linie der Repräsentant seiner individ. Körperlichkeit.
(2) In seiner *Sozialabhängigkeit* unterliegt er dem ständigen Einfluß seiner näheren und weiteren Umgebung.
(3) Die *Steuerungsabhängigkeit* wird unterschiedlich gedeutet: als Abhängigkeit des Ichs von transzendentalen Mächten bzw. von der eigenen Selbstentwicklung und ihrer Art der Lebens- und Konfliktbewältigung.
Für die Persönlichkeitsforschung (vgl. S. 249/251) ergeben sich daraus 3 Qualifizierungsebenen des Individuums:
seine *Singularität* (psych. Einmaligkeit), die *Kongruität* (Gleichheit im Wandel) und die *Dignität* (Werthaltigkeit).
Zusammen sollen sie die Vielschichtigkeit wie die Einheitlichkeit des Menschen widerspiegeln.

### C Mobilisation

Die dritte Generalfrage richtet sich auf das »In-Gang-Setzen« der menschl. Kräfte. Vergeblich wird oft versucht, den Menschen auf *ein* Mobilisationsprinzip zu reduzieren. Die folgenden Konzepte ergänzen sich in relativer Rivalität:
(1) *Energie* (psych. Grundkraft, z. B. »Ich-Stärke«),
(2) *Instinkt* (genet. Mobilisationen, u. a. unbewußte »Triebe«),
(3) *Orientierung* (reflexartige Aufmerksamkeit gegenüber der Umwelt),
(4) *Prägung* (vererbte Reaktionsbereitschaft während best. »sensibler« Phasen),
(5) *Entelechie* (in der Antike: »Zweckausrichtung«; heute: Selbstverwirklichung),
(6) *Akquisition* (lebenslanges Lernen),
(7) *Motivation* (verschiedenste Motivationstheorien, vgl. S. 253 ff.),
(8) *Sozialisation* (unmerkl. Eingewöhnungen in und Aufbau von Gemeinschaften),
(9) *Kognitionierung* (geistige Durchdringung, Ausbau von Lebensleitlinien),
(10) *Homöostase* (psychophys. Fließgleichgewicht).
Bedenkt man die kybernet. Vernetzung allein dieser 10 hauptsächl. Bestimmungen, wird die begrenzte Berechenbarkeit des Menschen verständlich.

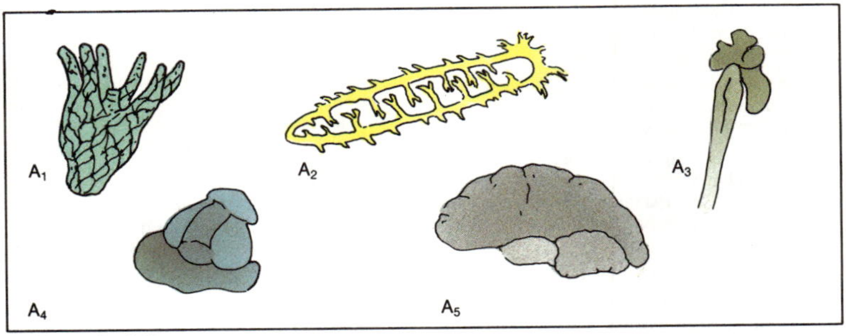


A Neuro-Evolution

B Biopsychologie

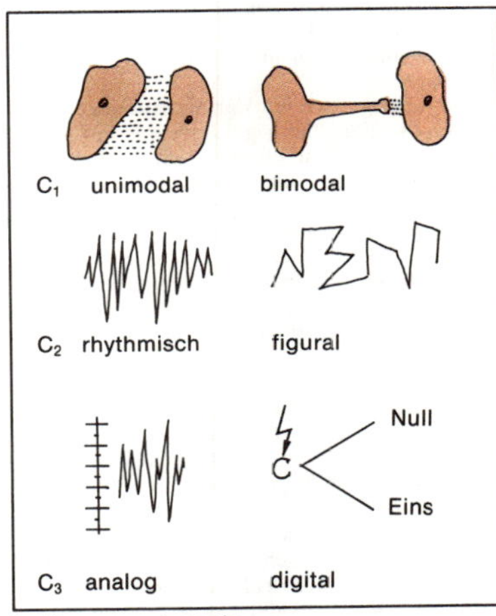


C Neuropsychologie

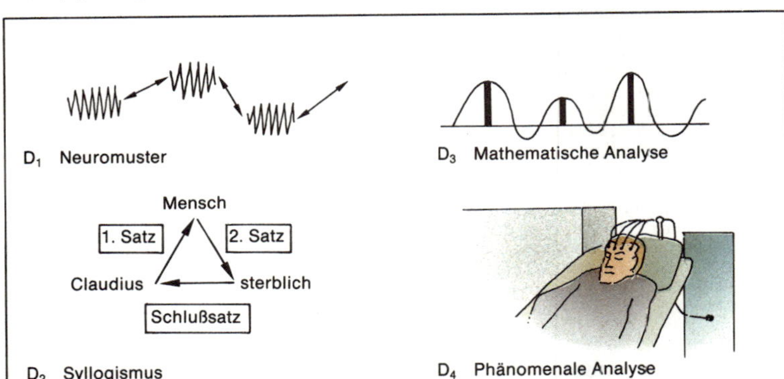


D Psychokybernetik

Die Vielfalt der Persönlichkeitstheorien ist unumgänglich. Denn *eine* Theorie allein vermag nicht den Reichtum der Persönlichkeitsvariablen auszuschöpfen. Die **naturwiss. Theorien** heben im Unterschied zu den nachfolgenden Theoriengruppen die *körperl.* Grundlagen der Persönlichkeit hervor.

**A Neuro-Evolution**

($A_1$) Innerhalb der Evolutionsgeschichte (vgl. V/3) gibt es ungefähr seit einer halben Milliarde Jahren eine Entwicklung der Nervensysteme. Die ersten Nervenzellen bildeten sich, wie auch jetzt noch beim Embryo, aus dem äußeren (Haut-)Zelltyp. Einfachste Systeme sind die Nervennetze (wie beim Süßwasserpolypen). Ihre Funktion reicht nur für wenige Formen muskulärer Kontraktion.

($A_2$) Die nächsthöhere Entwicklungsstufe repräsentiert das Strickleitersystem (z. B. einiger Plattwürmer). Hier sind zweifach-regelmäßige Anordnungen zu erkennen, die sich im Kopfbereich zu Ganglienketten und -ringen konzentrieren.

($A_3$) Das Drei-Bläschen-Stadium (u. a. bei Fischen) verrät schon die Weiterentwicklung zu den Vorder-, Mittel- und Hinterhirnen.

($A_4$) Bei den höheren Wirbeltieren ist bereits das »Basalhirn« ausgebildet.

($A_5$) Das menschl. Gehirn überragt sie mit 11 Milliarden Nervenzellen, die hochspezialisierte Areale bilden; trotzdem gewährleistet die hohe Vernetzung durch 384000 km Fasern (bes. deutlich im Kortex, der Hirnrinde) ein dynam. Wechselspiel der Funktionen.

**B Biopsychologie**

($B_1$) Die allmähl. Trennung der *Pongiden* (Affenartigen) von den *Hominiden* (Menschenartigen) begann vor etwa 9 Millionen Jahren und währte bis zum Jetztmenschen (homo sapiens sapiens) über 8 Millionen Jahre. Immer wieder wurde versucht, diese »Menschwerdung« an einem best. Merkmal (Hirnvolumen, aufrechter Gang, Handbenutzung, Umweltanpassung, Handwerksgebrauch, Sprachausübung, generative Erfahrungsweitergabe usw.) festzulegen. Demgegenüber muß betont werden, daß das *Zusammenspiel* dieser und anderer Faktoren die Rolle des Menschen bestimmte.

($B_2$) Am Beispiel der Steinwerkzeuge ist die lange Dauer ablesbar. Vor fast 2 Millionen Jahren wurde der Stein als Werkzeug nur oben zur besseren Handhabung zubereitet; bei den Cromagnon-Menschen vor 30000 Jahren dagegen war der Feuerstein ein hochspezialisiertes Instrument.

($B_3$) Diese durch den konventionellen Erfahrungszuwachs aufgestockten Verhaltensformen verdecken beim Menschen das darunterliegende Urprogramm der Instinkthandlungen, z. B. das Fluchtverhalten vor gefährlichen Tieren, das heute seinen Schwerpunkt auf soziale Sicherungsängste verlagert hat.

**C Neuropsychologie**

Seit Beginn des 19. Jh. wird der *phys. Ort* des Psychischen mit der Hirntätigkeit identifiziert. Da die Gehirne sich aber weitgehend gleichen, schienen die persönl. Besonderheiten nicht erklärbar. Heute weiß man, daß die Verbindungswege zwischen den Nervenzellen erst spät ausreifen, zeitlebens unfixiert sind und damit der individ. Spielraum auch von phys. Seite gewährleistet ist (vgl. V/1).

($C_1$) Die urspr. Neurosysteme waren unimodal, d. h. auf *chemischem* Weg verbunden. Durch das Wachsen von Verbindungsarmen (manchmal bis 1 m lange Axone, andere mit bis zu tausend Endköpfchen) ist das Nervensystem insgesamt ein variables Steuerungsorgan mit 2 (bimodalen) Aktionsprozessen von *elektr.* und *chem.* Musterabläufen.

($C_2$) Der Mustertransfer erfolgt über zwei Musterarten: *rhythmisch* (elektr. Weiterleitung) und *figural* (mit variablen chem. Verbindungsfiguren).

($C_3$) Durch den Bedeutungskode werden die Muster *analog* als rhythm. Erregungen und *digital* als figurale Informationen übersetzt.

**D Psychokybernetik**

($D_1$) Die eine der beiden Musterarten, die digital-figurale (neben der analog-rhythmischen), läßt einen formalen Vergleich mit den log. Mustern zu.

($D_2$) Im log. Syllogismus bildet man die formale Schlußfigur:

> 1. Satz (Claudius ist ein Mensch), 2. Satz (Alle Menschen sind sterblich), daraus folgt (3.) der Schlußsatz (Claudius ist sterblich).

Diese formale Struktur kann als Hinweis dafür gelten, daß auch das Psychische nach *formalen* Mustern interpretierbar ist: die rationale Seite (wie hier) assoziativ nach figuralen Mustern.

Seit die Computersprachen die Informationen digital aufschlüsseln, weiß man, daß dies durchgängig geschehen kann. Die emotionale Seite kann (analog wie bei den Analog-Computern) nach rhythm. Erregungsmustern aufgeschlüsselt werden.

($D_3$) Hat man die gemeinsame Basis von neuronalen und psych. Mustern (Mustertransfer) als Ausgangspunkt für die Forschung anerkannt, so kann die mathemat. Analyse (Fourier-Analyse) durch rechner. Mustererkennung die Frequenzen und Amplituden erfassen.

($D_4$) Umgekehrt läßt sich in der phänomenalen Analyse die (psych.) Erlebnisseite registrieren und in der formalen Mustererkennung eine Verbindung zu den (phys.) Neuromustern herstellen.

Dieser theoret. vorgezeigte Weg der naturwiss. Auflösung des Leib-Seele-Problems (vgl. V/1) ebnet den Ansatz für eine strikt naturwiss. Analyse der Persönlichkeitsinterpretation.

A Bindung

B Milieu

C Communitas

D Normierung

Das, was der Mensch als Individuum darstellt, wird im höchsten Maß durch den Kontext (d. h. durch die zusammenhängenden Begleitumstände) seiner vergangenen und gegenwärtigen mitmenschl. Beziehungen und der Situationen, in denen er lebt, gebildet. Dieser Satz umreißt die Quintessenz der **sozialwiss. Theorien,** einer weiteren großen Theoriengruppe (u. a. den Interaktionsansatz; MISCHEL, 1973) zur Bestimmung der Individualbesonderheiten.

**A Bindung**

Das intensive Kontakterlebnis des Kleinstkindes mit seiner Mutter oder einer anderen Bezugsperson ist für seine spätere Entwicklung ausschlaggebend. Zunächst lebt es in einer ungetrennten Subjekt-Objekt-Gleichform. RENÉ SPITZ spricht von einer »objektlosen Stufe« des Neugeborenen, aus der es über »Objekt-Vorstufen« bis zu einer Subjekt-Objekt-Trennung gelangt. Verständlich, daß diese frühen Phasen stärkstens sein seelisches Grundgleichgewicht bestimmen. In diesem introvertierten Zustand erlebt oder vermißt es das Urvertrauen, das die Basis des Selbst- und Fremdvertrauens bildet. Dazu ist die Fähigkeit der Bezugsperson erforderlich, einen herzl. *Nahkontakt* aufbauen zu können, der dem Kind die »Nestwärme« vermittelt.

Ebenso wichtig zur Selbstentwicklung ist die allmähliche und zunehmende Lockerung des Nahkontaktes, bei dem das Kind – trotz Entfernung – einen verläßlichen Rückhalt verspürt.

Das Bindungsverhalten (*bonding)* ist gleichsam die oft sehr lange Leine *(Fernkontakt),* die uns mit anderen Menschen verbindet: zum eigenen Schutz bzw. zur Beschützung anderer. Diese Bindung soll von der Kindheit an allmählich auch größere soziale Einheiten einbeziehen. Wir fühlen uns z. B. an Schulfreunde, an die Heimat, an ideale Vorstellungen gebunden, die einen Teil unseres Selbst bilden.

**B Milieu**

Das frühkindl. Milieu als Gesamtheit des natürl. und sozialen Umgebungserlebens bildet die Ausgangsbasis *(level)* für das Maß des späteren Auf- oder Abstiegs. Gleichzeitig prägt es die sozialen Erwartungen und die Gestaltungsaufforderungen, z. B. für den Ausbau der Wohnungen.

Diese internalisierten Angleichungen sind meist unbemerkt vorausgesetzte Hoffnungen oder Befürchtungen über den Erhalt des eigenen Lebensstandards.

**C Communitas**

Seit dem Altertum gilt die Gemeinschaft (communitas) als eine anvisierte Grundlage des Individuums:

»Die ersten Früchte philosoph. Studiums sind Sinn für Gemeinschaft, Anstand und Zusammengehörigkeitsgefühl.« (SENECA).

Da es Gemeinschaften in sehr unterschiedl. Formen gibt, ist ihr Einfluß auf die Individualbildung vielschichtig. Je nach der Gemeinschaftsart (Familie, Sippe, Arbeitsgruppe, Wohngemeinschaft, Nation usw.) differieren die grundsätzl. Einwirkungsrichtungen.

Ferner kann man positive und negative Einflüsse trennen. Zu den positiven gehören:

Die Gemeinschaft kann dem einzelnen zu Rollen verhelfen (z. B. der Führerrolle). Sie bietet einen mannigfaltigen Erlebniszuwachs, z. B. in der Spielgruppe. Sie kann den einzelnen stärker machen, als er es allein je sein könnte. Die Gemeinschaft fördert ihn im sozialen Vergleich.

Dagegen stehen die negativen Einflüsse:

Die Gemeinschaft kann den einzelnen in seiner individ. Entfaltung unterdrücken. Der Machtmißbrauch eines Anführers kann ihn in unerträgliche Lagen bringen. Privilegien verhindern die soziale Gerechtigkeit. Eine Cliquenbildung erhöht den menschl. Konfliktstoff. Die großen Gemeinschaften bilden Interessengegensätze aus, die die gesamte Menschheit bedrohen.

Auf die Individualgeschichte wirkt sich die Gemeinschaft in 2 hauptsächl. Richtungen aus.

($C_1$) Nach der Art, wie die *Beziehungen* zur Gemeinschaft aufgenommen werden, unterscheidet man *auxiliare,* d. h. der gegenseitigen Unterstützung dienende, und *konfrontative* Beziehungen, d. h. zur Auseinandersetzung führende.

($C_2$) Die zweite Richtung betrifft die *Einordnung* in die Gemeinschaft. Hier unterscheidet man *angleichend* (egalisierend: auf Deckungsgleichheit des Verhaltens bedacht) und *absondernd* (elitisierend: an deutl. Unterscheidung interessiert).

**D Normierung**

Die Gemeinschaft prägt den einzelnen. Das läßt sich bereits aus den drei vorherigen Punkten ableiten. Noch stärker geschieht das durch die Gemeinschaftsnormierung, durch ihre vielen ungeschriebenen Gesetze.

Man kann mit folgenden Assimilationsrichtungen rechnen:

*Normierung* nach *Rängen* (Über-, Unterordnung), nach *Rollen* (angepaßtes Verhalten), nach *Situationen* (Augenblicksumstände), nach *Zeiten* (u. a. Zeitstile der Mode), nach *Orten* (u. a. landschaftl. Regeln), nach *Informationsinhalten* (u. a. verbale Tabus), nach *moral. Regeln* (z. B. Anstandsregeln).

Durch diese Normierungsgruppen werden die Mitglieder von Gemeinschaften einander immer ähnlicher, bis schließlich der »Gleichklang« (Similarität) zum Maßstab für Attraktivität wird und Unähnlichkeit als Schlechtigkeit gilt *(Regelkonsens).* Selbst die betonte »Regellosigkeit« kann so zur Regel erhoben werden *(Regellosigkeitskonsens).*

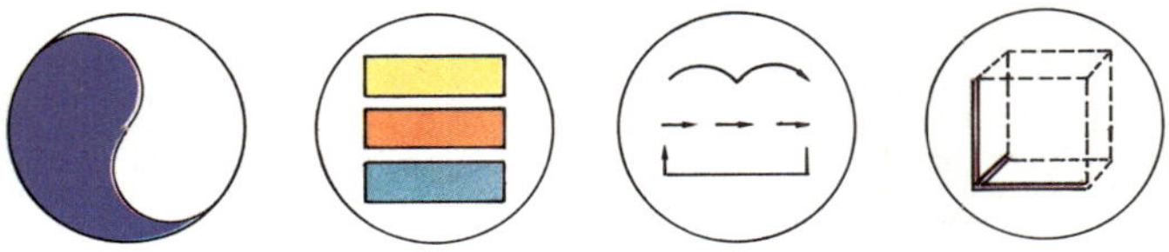


| Selbsterleben: | Selbstentwicklung: | Selbstbestimmung: | Selbstentfaltung: |
|---|---|---|---|
| Selbstaussagen<br>Selbstzentrierung<br>Selbstdeflexion | Urvertrauen<br>Autonomie<br>Initiative | Selbstkritik<br>Selbstorganisation<br>Selbstsicherheit | Sensibilität<br>Konkretion<br>Distanz |

A Humanistische Theorien

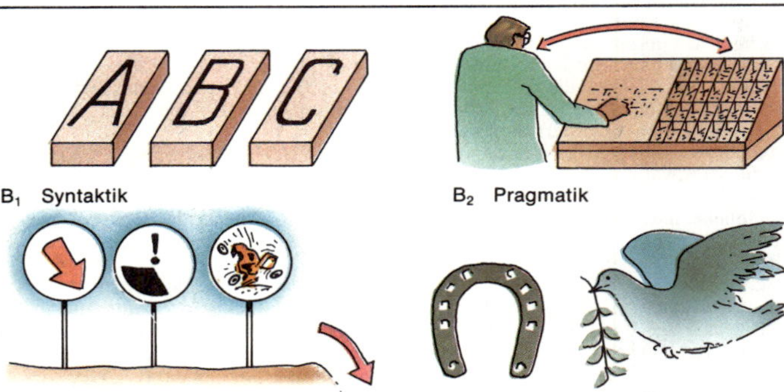


$B_1$ Syntaktik

$B_2$ Pragmatik

$B_3$ Sigmatik

$B_4$ Semantik

B Semiotische Interpretation

$C_1$ Erklärungsbedarf

$C_2$ kategorischer Einsatz

C Ideologische Ausrichtung

»Wir Humanist. Psychologen sind es leid, Psychologen zu sein, wenn Ps. darin besteht, den Menschen als eine größere weiße Ratte oder einen langsameren Computer zu betrachten«,

schrieb J.T.F. Bugental 1967 in einem Aufsatz. Seit der um diese Zeit einsetzenden »Kognitiven Wende« der Ps. begann man, die Persönlichkeit mit **geisteswiss. Theorien** wieder stärker unter dem Aspekt der geistigen Selbststeuerung zu untersuchen.

**A Humanistische Theorien**

Zur vielschichtigen Gruppe der Humanist. Psychologen gehören u.a. A. Maslow, Ch. Bühler, V.E. Frankl, C. Rogers, E.H. Erikson, R. May, A. Ellis, A. Koestler, F. Perls, E. Goffman, E. Fromm, A. Lazarus, E. Berne, G. Kelly, J. Rotter. Ihr Hauptthema ist der schwierige Umgang des Menschen mit sich selbst.

($A_1$) Das **Selbsterleben** umschreibt die Frage:

»Wer bin ich?«

Spätestens mit dem Jugendalter versuchen die meisten, sich in Selbstaussagen über die eigenen instrumentellen und persönl. Eigenschaften klar zu werden (angrenzende Begriffe: Selbstaufmerksamkeit, Selbstrepräsentanz, Selbstattribution, Selbstkontrolle). Dabei wechseln Selbstzentrierung mit Selbstdeflexion komplementär (Hinwendung zum und Ablenkung vom Ich) wie im taoist. Yin-yang-Symbol der sich umschlingenden Fischblasen (Vertreter dieser Richtung sind oft ostasiat. Ideen verpflichtet).

($A_2$) Einige bekennen sich zu einem »personeninhärenten Prinzip« (Ch. Bühler) der **Selbstentwicklung.** Nach Erikson folgt dem Aufbau eines Urvertrauens die persönl. Autonomie und die nonkonformist. Initiative.

($A_3$) Die **Selbstbestimmung** (Selbstemanzipation) charakterisiert die »Mündigkeit«, d.h. die Selbstfindung als Selbsterkenntnis und Selbsterziehung.

Das 1. von 3 Regelkreis-Stadien richtet sich auf die *Selbstkritik,* die einen Ausgleich sowohl zwischen Subjekt- (Ich) und Objektaspekt (Mich) nach W. James sowie zwischen Ideal- und Realbild des Selbst (C. Rogers) herstellen soll. Die *Selbstorganisation* (Individualplanung, Selbstinstruktion, »Konstruktion der Lebensaussicht« A. Maslow) setzt sie in Lebensziele um. Die *Selbstsicherheit* ist gekennzeichnet durch geringe psych. Verwundbarkeit bei inneren oder äußeren Gefahrenmomenten.

($A_4$) Die **Selbstentfaltung** erweitert 3-dimensional die »Konzeptualisierung des Selbst« (V.G. Raimy) hinsichtlich der persönl. Reife:

*Sensibilität* (offene Empfindsamkeit, Aufgeschlossenheit gegenüber Neuem), *Konkretion* (anschaul. Umsetzung in die eigene Erfahrung), *Distanz* (Selbstbescheidung). Unter dem *ganzheitl.* Aspekt der Humanist. Ps. sind diese vier Bereiche nicht trennbar.

**B Semiotische Interpretation**

Wahrscheinlich die fruchtbarste geisteswiss. Theorie des 20. Jh. ist die Semiotik (Zeichen- und Bedeutungslehre; begr. von G. Frege, 1892); sie umfaßt 4 Untergebiete, deren Bedeutungstheorie (s. II/4) auch für die Persönlichkeitsbestimmung verwendet wird.

($B_1$) Die *Syntaktik* beschreibt den Zeichenvorrat (die »Buchstaben«) und dessen Beziehungsstruktur. Für die Persönlichkeit wird damit die Kodierbarkeit *(codability)* des individ. Eigenschaftsvorrats bestimmt.

($B_2$) Die *Pragmatik* verweist auf die Verbindung der Zeichen zu ihren Herstellern (dem »Setzer und Drucker«); hier als semiot. Interpretation der persönl. Ausrichtung und Zielsetzung (Destination).

($B_3$) Die *Sigmatik* beschreibt die Eignung der Hinweiszeichen (Abb. unterschiedl. Verkehrszeichen für einen »Abgrund«) je nach der Aussagekraft des persönl. Ausdrucks für diesen Menschen.

($B_4$) Die *Semantik* bezieht sich auf die engere Zeichenbedeutung: das Hufeisen als Glückssymbol oder die Taube Noahs als Friedenssymbol. Im persönl. Zusammenhang gehören hierher die geistigen Bestimmungen, die Ideale, die das Individuelle charakterisieren. Das semiot. Interpretationssystem wird auf kybernet. Blockschaltbilder (vgl. S. 41) mit taxonom. Kennzeichnung übertragen.

**C Ideologische Ausrichtung**

Unter dem Begriff »Metakognition« (Flavell, 1979) werden die weltanschaul. Überzeugungen zusammengefaßt, die den Einzelmenschen in 2 Richtungen von anderen abheben können.

($C_1$) Der *Erklärungsbedarf* wechselt von Mensch zu Mensch. Viele Ereignisse (wie die Schicksalsschläge oder ungewöhnl. Himmelsereignisse) wecken »transzendentale« Mutmaßungen, entweder in der Form alter weltanschaul. Begründungen oder eigenständiger Anschauungen, die das Ereignis mehr oder weniger plausibel in den persönl. Gesichtskreis einordnen.

($C_2$) Die bloße Erklärung reicht aber zumeist nicht aus. Der Mensch empfindet die Aufforderung für ein Engagement, das ihn Wege zum Sinn des Lebens finden läßt.

Bes. der junge Mensch sucht sich häufig im Kreis von Gleichaltrigen oder in bemerkenswerten Situationen eine »höhere« (expansive oder kontrastierende) Lebensausrichtung.

Unter dem Begriff *kategorischer Einsatz* wird die Vielzahl aller möglichen moral. und initiator. Zielsetzungen zusammengefaßt, die dem einzelnen zwar einen stärkeren Anspruch abverlangen, aber dadurch gleichzeitig seiner Person einen höheren Wert beimessen. Wo solche weltanschaul. Ausrichtungen vollkommen fehlen (»Null Bock«), führt die Desorientierung zu psych. Störungen.

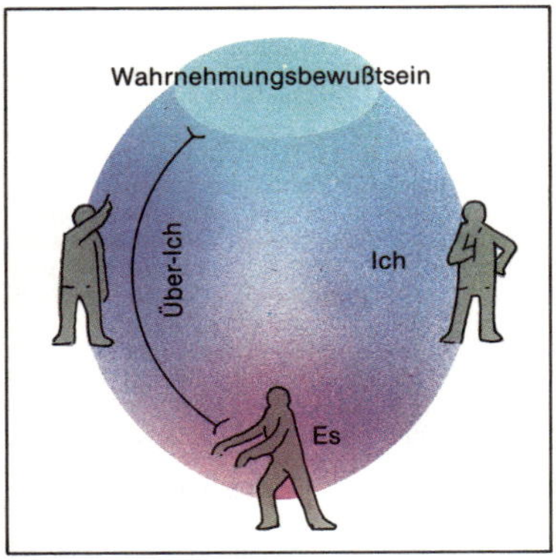


A Instanzenmodell

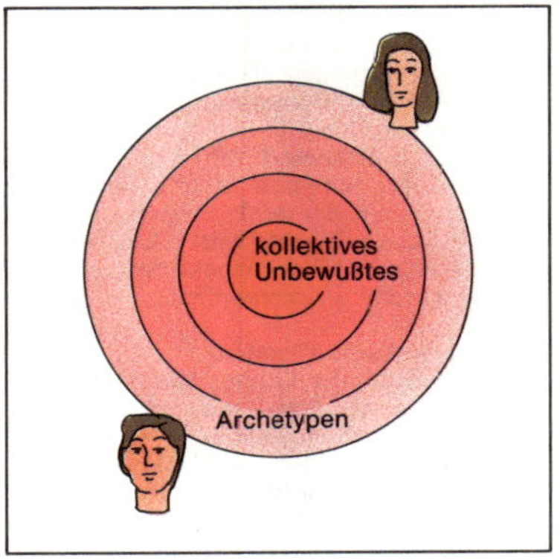


B Dynamische Einheit

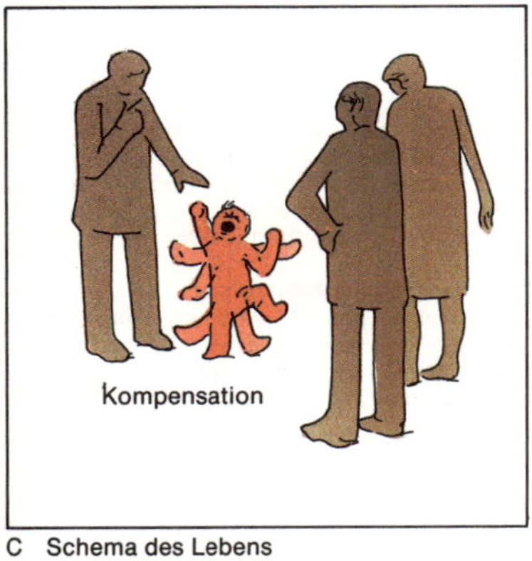


C Schema des Lebens

D Befreiung des Selbst

E Daseinsanalyse

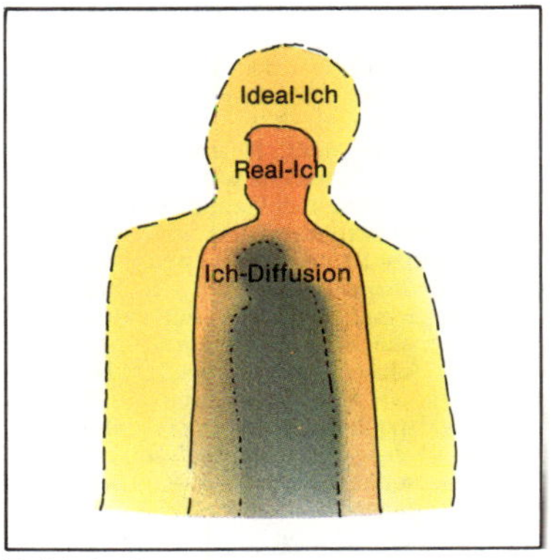


F Ich-Analyse

Eine vierte Theoriengruppe geht bei der Bestimmung der Persönlichkeit von deren unbewußten Antrieben aus. Es wäre nun einfach, diese Gruppe zu beschreiben, wenn es nur *eine* Auffassung vom »Unbewußten« gäbe.

Stattdessen kann man das Unbewußte sowohl als eigenständige psych. Instanz, getrennt vom Bewußtsein, oder als fließenden, sogar integrierten Bestandteil des Bewußtseins aufgefaßt sehen.

Fünf Gruppen unbewußter Funktionen lassen sich trennen:

*Unterbewußtes* (außerhalb der Wahrnehmungsschwellen), *Unbemerktes* (zwar mitempfunden, aber abgewehrt bzw. nicht vermerkt), *Instinktives* (nicht bewußtseinsfähig), *Vorbewußtes* (vor der Reifung oder durch Behinderung unkenntlich), *gelerntes Unverstandenes* (ohne kognit. Notiz angenommenes Verhalten).

Trotz unterschiedl. Meinung eint die **tiefenps. Theorien** die Auffassung, daß der Mensch in erster Linie aus seinem unbewußten Inneren gelenkt wird.

**A Instanzenmodell**

Sigmund Freud hat für seine Psychoanalyse ein Modell für die von ihm angenommenen Persönlichkeitsinstanzen entwickelt. Dessen drei Instanzen (vgl. XX/2, $A_1$) sind

das »Es«, das die Triebseite der Persönlichkeit repräsentiert,
das »Ich«, eine Instanz, die die Interessen der Gesamtpersönlichkeit vertritt und die mit »narzißtischer Libido besetzt« ist, und
das »Über-Ich«, die krit. und richtende Instanz, die durch die Übernahme elterl. Gebote und Verbote entstanden ist.

Der relativ geringe Anteil des Wahrnehmungsbewußtseins verweist auf Freuds Ansicht, wieviel größer der unbewußte Bereich gegenüber dem bewußten ist.

**B Dynamische Einheit**

Carl Gustav Jung erstellte (1936) ein Modell für seine Stufenvorstellung des Unbewußten. Gegenüber der äußeren »Persona« nahm er eine dynam. Einheit von 4 psych. Grundfunktionen (Denken, Fühlen, Intuieren, Empfinden) an, die nach innen zu immer »dunkleren« Stufen des Unbewußten (persönliches, kollektives und der nie bewußt werdende Teil des kollektiven Unbewußten) führen. Zum überindivid. kollektiven Unbewußten gehören allg. Vorstellungsbilder, wie die Urbilder des »animus« (Auffassungen vom Mann) bei Frauen und der »anima« (Auffassungen von der Frau) bei Männern.

**C Schema des Lebens**

Eine zentrale Stelle in Alfred Adlers Individualpsychologie nimmt der Begriff *Kompensation* ein. Das Individuum kommt »zur Welt«, in der alle anderen stärker sind. Durch seine Schwäche (soziale Abhängigkeit, Organminderwertigkeit usw.) ist es gezwungen, mühsam seinen Anteil an sozialer Macht kompensatorisch zu erringen. Adler betont immer wieder, einen Menschen verstehen, hieße, seine Zielrichtungen (das »Schema seines Lebens«) zu erfassen. Da sich diese Lebensausrichtungen schon früh in der Kindheit ausprägen, sind sie den meisten Menschen nicht bewußt. Dabei unterstellt Adler den Menschen als allg. Ziel das Streben nach Überlegenheit.

**D Befreiung des Selbst**

So unterschiedlich die neoanalyt. Richtungen der Tiefenpsychologie sein mögen, fast durchgängig wird betont, daß man gegenüber Freud die Ichfunktionen stärker berücksichtigen müsse. Bereits seine Tochter Anna Freud ergänzte die Zahl der mögl. Abwehrmechanismen der Ichinstanz (vgl. XX/3, A). Versch. Autoren, wie V. E. Frankl, Karen Horney, W. Reich, E. Fromm, H. Kohut, heben darüber hinaus die aktive Rolle des Selbst gegenüber den vielfältigen Gefahren hervor.

Frankl betont die »Sinnfindung«,
Horney die »Selbstanalyse«,
Reich fordert die »Aufhebung der Charakterpanzerung«,
Fromm die Überwindung der »Furcht vor der Freiheit«,
Kohut die Konzentration auf eine »sekundäre Autonomie« (Selbststeigerung).

Durch diese Konzepte soll eine Befreiung des Selbst aus den Fängen hintergründiger Abhängigkeiten erfolgen.

**E Daseinsanalyse**

Einige tiefenps. Schulen der Daseinsanalyse (L. Binswanger, V.v. Weizsäcker, M. Boss) sind vom Existentialismus beeinflußt. Dieser postulierte, daß das menschl. Dasein seinem Sosein (seinem Wesen) vorangehe. Der Mensch sei demzufolge ein »Geworfener« in den Weltzusammenhang.

Je nach dem Lebensalter lösen sich für die Daseinsanalyse die alterstyp. Behinderungen nacheinander ab:

die Unselbständigkeit des Kindes,
der Leistungsdruck des Schulkindes,
die Arbeits- und Lebensbelastung des Erwachsenen und
die Krankheitslast des alten Menschen.

**F Ich-Analyse**

Die neueren tiefenps. Schulen (Grinker, Gedo, Tolpin, Erikson usw.) gehen von der allg. menschl. Unterscheidung eines Ideal-Ichs und eines Real-Ichs aus. Die Vorstellungen von sich sind keine objektiven Größen; entsprechend ist das Verhältnis zu sich selbst in zweierlei Richtung gefährdet:

als Ideal-Ich übersteigert man (narzißtisch-selbstverliebt) das Real-Ich;
als Ich-Diffusion wird das Real-Ich unkenntlich und das Selbstkonzept zerfließt.

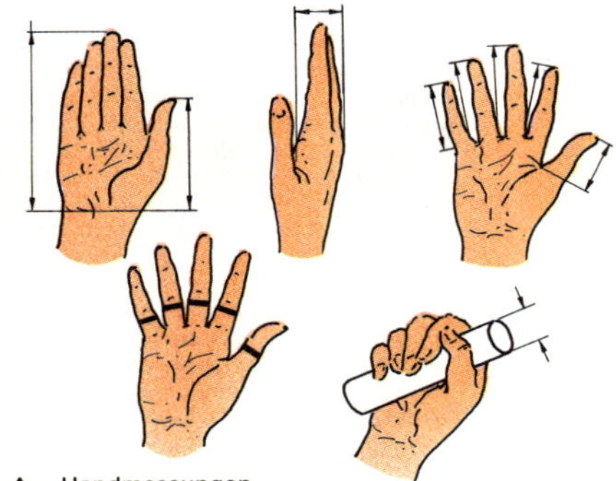

A₁ Handmessungen

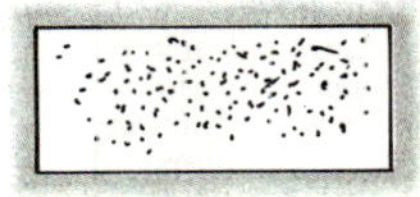

| m | w | % | |
|---|---|---|---|
| 102 | 110 | 100 | |
| 92 | 97 | 90 | hoch |
| 89 | 92 | 80 | |
| 86 | 89 | 70 | |
| 83 | 85 | 60 | mittel |
| 81 | 82 | 50 | |
| 80 | 80 | 40 | |
| 79 | 77 | 30 | |
| 75 | 74 | 20 | niedrig |
| 73 | 71 | 10 | |

$A_2$ Leistungsmessungen

A Objektive Messungen

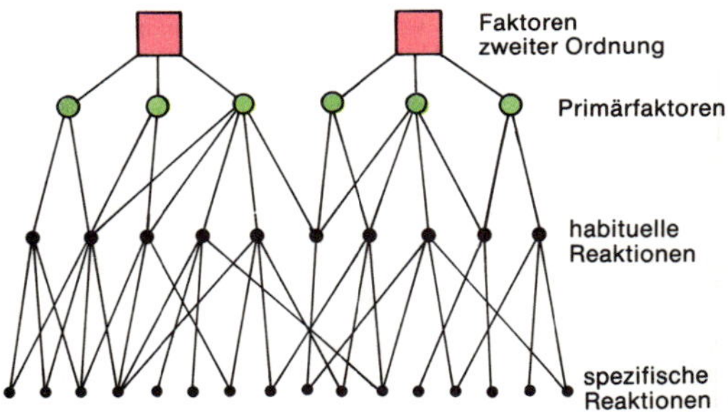


$B_1$ Hierarchische Dimensionierung

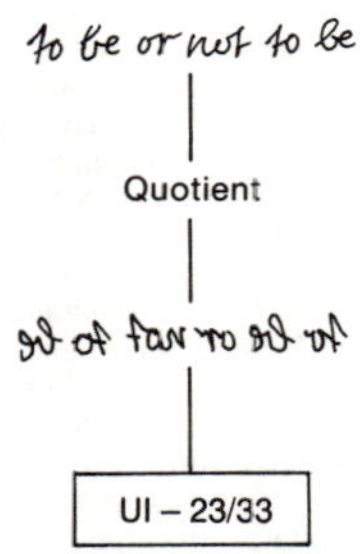


$B_2$ Rückwärtsschreibung

B Faktorielle Dimensionierung

$V = f(S_n) = f(PU)$

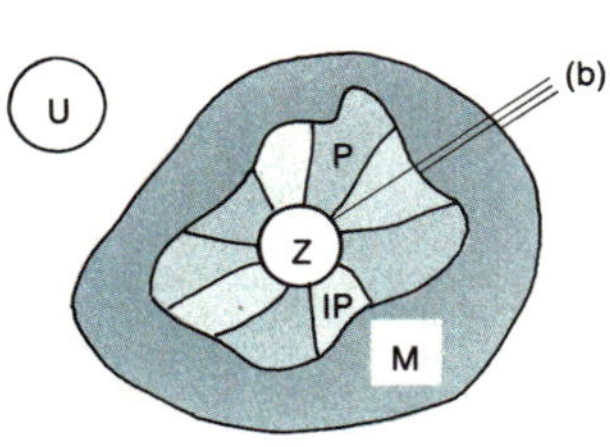


$C_1$ Topologie der Person

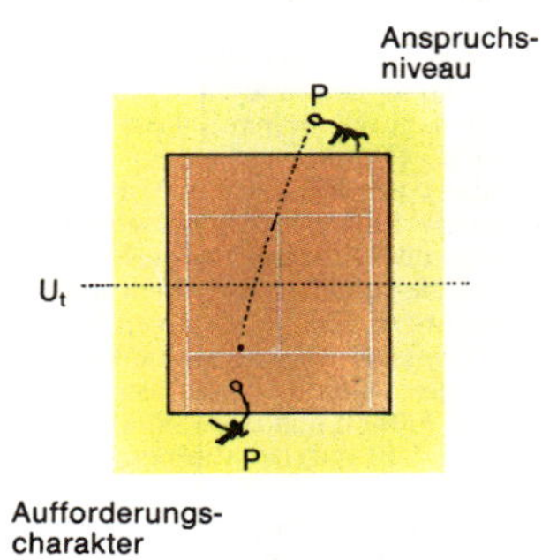


$C_2$ Lokomotionen

C Topologische Quantifizierung

Wie kann man die Persönlichkeit erforschen?

Die Meinungen dazu sind nicht einhellig. Die »Persönlichkeit« kann man nicht sehen (sondern nur Frau X oder Herrn Y, die sich so oder so verhalten bzw. äußern), sie wird »erschlossen«, d. h. man muß ein *Konstrukt* bilden oder eine Idee vom Menschen X oder Y bzw. von allen Menschen entwickeln. Dazu braucht man einige (meist unbemerkte; »implizite«) Voraus-Annahmen. Die 3 wichtigsten graduellen Persönlichkeitsprämissen sind:

die *Singularität* (jeder ist mehr oder weniger einzigartig),

die *Kongruität* (der Mensch hat nicht nur immer den gleichen Körper, sondern er verhält sich langfristig relativ gleichförmig; zumindest ist er trotz Wandel in typ. Reaktionen wiedererkennbar) und

die *Dignität* (jeder besitzt best. Werte und Unwerte, d. h. er ist als Person »werthaltig«).

Diese Mischung aus *erfahrbarer* Realität und *gedachter* Interpretation wird in der Regel nicht gleichgewichtig erörtert. Die einen Psychologen neigen mehr zur Erforschung der greifbaren Sachverhalte – und untersuchen daher primär **quantitativ** (s. u.). Die anderen neigen mehr zur Erforschung der erschließbaren Sachverhalte – und untersuchen daher primär *qualitativ* (s. XIII/7).

### A Objektive Messungen

In körperl. Hinsicht sind objektive Messungen unproblematisch. In der Ergonomie (XXI/2) werden Grundmessungen durchgeführt, um Menschen und Maschinen in eine bestmögl. Abstimmung zu bringen.

($A_1$) In den Handmessungen werden einige Hauptmessungen für die Griffanpassungen erstellt.

($A_2$) Für die Leistungsmessungen gibt es eine Vielzahl von objektiv meßbaren Leistungsgrößen. Das Tapping (Knox-Cube-Test) ist eine Probe des sog. persönl. Tempos:

Mit einem weichen Bleistift sollen in jeweils 6 Sekunden mit der rechten und der linken Hand möglichst viele Pünktchen nebeneinander gesetzt werden. Die Liste gibt (nach MEILI, 1963) die Durchschnittsleistungen für Männer (m) und Frauen (w) im Bevölkerungsquerschnitt wieder.

### B Faktorielle Dimensionierung

Leistungsmessungen sind aber nur der Anfang der quantitativen Forschung. Für die Persönlichkeitsforschung kommt es auf die vorher erwähnten Prämissen an. Und hier bes. auf die zweite:

was ist an den Reaktionen stabil?

($B_1$) Auf der unteren Ebene des hierarch. Modells sind die spezif. Reaktionen noch nicht allzu stabil; z. B. das Tapping (s. $A_2$) hängt auch von der Ermüdung, der Lust, der Erwartung und anderen Bedingungen ab. Anders ist es schon bei den habitualisierten Reaktionen (Gewohnheiten). Sie weisen eine höhere Stabilität auf und kennzeichnen eine Person dauerhafter.

($B_2$) Um diese indiv. Kennzeichnung noch weiter zu steigern, nutzt die quantitative Forschung die Faktorenanalyse (s. IV/7). Es werden dabei »Gemeinsamkeiten« in den Ergebnissen gesucht, die in zwei Stufen über die Primärfaktoren bis zu den Faktoren zweiter Ordnung führen sollen.

In zahlreichen Arbeiten hat R.B. CATTELL (ab 1946) ein Persönlichkeitsmodell entwickelt, das durch 21 Universal-Index-(UI)-Faktoren (Primärfaktoren) repräsentiert wird. Mit Hilfe von zahlreichen objektiven Tests kann nunmehr ein individ. Persönlichkeitsbild erstellt werden.

Ein Beispiel daraus ist das Vor- und Rückwärtsschreiben nach Diktat. Bildet man den zeitl. Quotienten aus beiden, so kann bei einem höheren Quotienten (Unterschied) auf die UI-Faktoren 23 und 33 geschlossen werden: hohe Regressionsneigung (s. S. 375) und zuverlässige Ausgeglichenheit.

### C Topologische Quantifizierung

Einen Schritt weiter geht die Topologische oder Vektor-Psychologie von KURT LEWIN (1935; 1969). Für echte Quantifizierungen ist nach LEWIN die Ps. »letztlich zur Anwendung nicht nur des Zeitbegriffs, sondern auch des Raumbegriffs gezwungen«.

($C_1$) Für die räuml. Bestimmung des Menschen wird eine Verhaltensgleichung zugrundegelegt:

Das Verhalten (V) ist die Funktion (f) der Situationen (S) bzw. die Funktion des Produktes von Person (P) mal Umwelt (U).

LEWIN schreibt als Beispiel:

»Die Person in einer ungezwungenen Situation: die peripheren Teile p des inner-personalen Bereiches IP sind von der Außenwelt U leicht zugänglich; der inner-personale Bereich IP wirkt relativ ungezwungen auf den motor. Bereich M ein.«

Die Grenzen (Barrieren; b) zwischen diesen Bereichen verändern sich in Drucksituationen. Die »Lokomotionen« (d. h. die Bewegungen) der Feldkräfte sind u. a. bestimmt durch das Anspruchsniveau (auf seiten von P) oder den Aufforderungscharakter (zwischen U und P). Personen (P) wie Umgebungen (U) enthalten also Valenzen, d. h. Werthaltigkeiten.

Dieses topolog. Modell verfügt über die 3 Persönlichkeitsprämissen, gestattet nach LEWIN aber auch über »quasi-physikalische« Raumzusammenhänge (Lokomotionen) eine mathematisierbare quantitative Bestimmung.

($C_2$) Am Beispiel des Tennisspiels könnten in der zeitlich (t) wechselnden Raumbegrenzung $U_t$ (beim Aufschlag kleiner als bei den Ballwechseln) die Feldkräfte *quantitativ* bestimmt werden.

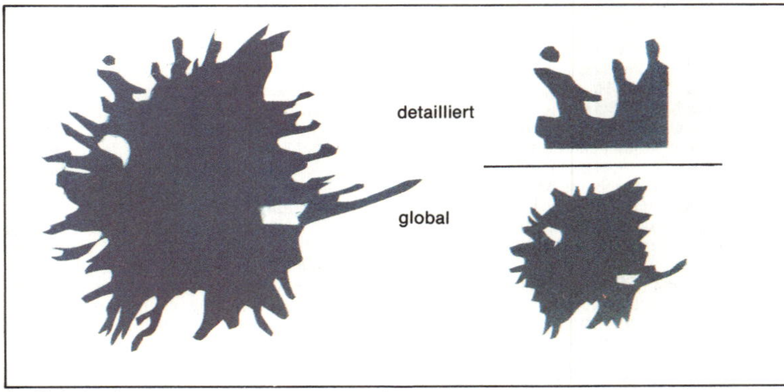


A Dichotomien

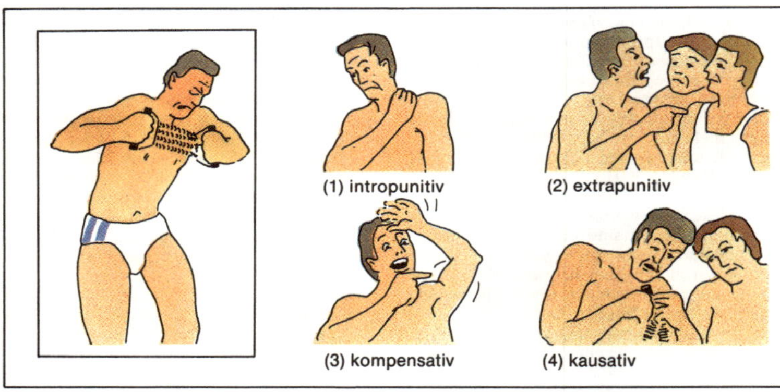


B Reaktionsstile

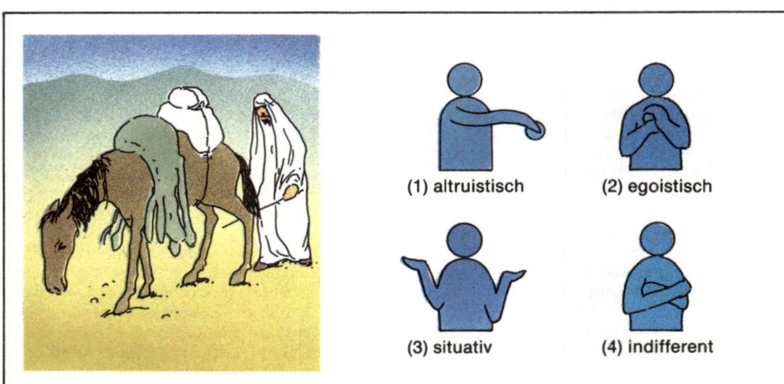


C Anschauungssysteme

In der *quantitativen* Forschung (XIII/6) dominierten für die Beschreibungen der 3 Persönlichkeitsprämissen (Singularität, Kongruität, Dignität) jeweils die Möglichkeiten für Zahlenmaßstäbe. Das gelingt in der Regel eher für die ersten beiden Prämissen. Demgegenüber tendieren die Bemühungen der **qualitativen** Forschung stärker zu offenen Beschreibungen von individ. Schätzwerten (3. Prämisse) auf der Basis von allg. Modellen. Für deren Charakterisierung kann man sich auf einzelne oder wenige Wertausrichtungen beschränken oder viele würdigen. Statt die Vielzahl der Möglichkeiten wiederzugeben, soll hier in erster Linie die aufsteigende Komplexität der verwendeten Modelle an Beispielen beobachtet werden: von den Gegenüberstellungen bestimmter Eigenschaftsgruppen (Dichotomien) über die Verhaltensstile (speziell als Reaktionsstile) bis zu den Anschauungssystemen.

**A Dichotomien**

Es gibt in der Geschichte der Ps. sehr viele Versuche, die Menschen nach einem einzigen, für grundlegend gehaltenen Merkmal in zwei Gruppen zu teilen. Friedrich Schiller (der 1779 bei einem Psychologieprofessor seine Doktorarbeit ablieferte) versuchte dies mit der Dichotomie »naiv – sentimentalisch« (unmittelbare gegenüber rückbezügl. Reaktionsweise). Andere sind die von C.G. Jung (1931) eingeführte Dichotomie »introvertiert – extravertiert« (nach Innen oder Außen gerichtet) oder die von H.A. Witkin (1962) nach »Feldabhängigkeit – Feldunabhängigkeit« (starke oder schwache Umgebungseinflüsse) oder auch die nach »rational – emotional«.

Die Abb. zeigt eine weniger bekannte Dichotomie. Bereits A. Binet (1903) und später E.R. Jaensch (1929) unterschieden nach »ganzheitlich – einzelheitlich«, wie es Menschen gibt, die sich eher für globale Überblikke oder eher für genaue Details interessieren. Das »ambige«, d.h. vieldeutige Bild (in Anlehnung an den Sander-Phantasietest) kann global oder detailliert ausgedeutet werden: Figurengruppe (detailliert), Tierschädel (global).

**B Reaktionsstile**

Den Dichotomien gelingt eher eine *graduelle* als eine exakte Trennung der Individuen. Deshalb versucht man häufig, von vornherein umfassendere Beschreibungskategorien zu erstellen. Man spricht dann von Verhaltensstilen, beispielsweise als Erziehungsstile (Grundausrichtungen des elterl. Erziehungsverhaltens). Eine Untergruppe der Verhaltensstile bilden die *Reaktionsstile* (Durchschnittsverhalten in best. Situationen). Läßt man z.B. viele Sportstudenten Expander ziehen, die so präpariert sind, daß man Erfolg und Mißerfolg steuern kann, so werden die Reaktionen auf Mißerfolge gegenüber dem Erfolgsverhalten beobachtbar. In diesem Versuch sind 4 Reaktionsgruppen auf *Mißerfolg* deutlich trennbar:

(1) man sucht die »Schuld« sofort bei sich (intropunitiv);

(2) trotzig wird die »Schuld« woanders gesucht (extrapunitiv);

(3) oft wird schon vorher der mögl. Mißerfolg durch »Faxen« überspielt (kompensativ);

(4) die Ursachen werden ohne persönl. Betroffenheit sachlich gesucht (kausativ).

Besonders deutlich sind die beiden ersten Reaktionsstile bei der Konfliktbewältigung. Wenn jemand einen schweren Unfall verursacht hat, kann er depressiv reagieren und nie wieder Autofahren wollen – oder den Unfall bagatellisieren und dem Unfallopfer zumindest eine Teilschuld zuschieben. Kompensativ oder kausativ sind Reaktionen, wenn bestimmte Konsequenzen gezogen werden. Über diese Reaktionsstile handeln die Attributionskonzepte (XIII/14, B).

**C Anschauungssysteme**

Viele Theoretiker glauben nicht, daß sich die Lebensanschauungen nach und nach aus kleinen Erfahrungsschritten zusammensetzen, sondern umgekehrt zunächst allg. *Einstellungen* übernommen werden, ehe sie zunehmend für einzelne Situationen präzisiert werden. Dieser Forschungsrichtung kommt es also auf die Erfassung tiefsitzender, unbemerkter Anschauungssysteme an. Dazu ein Beispiel:

In einer Fabel von La Fontaine lädt ein Beduine einem Esel alle Last auf, während das Pferd keine Last trägt. Schließlich bricht der Esel zusammen und das Pferd trägt die Last und den Esel.

Läßt man nun im Versuch die »Moral«, die La Fontaine an die Fabel knüpft, weg, so kann man aus dieser »ambigen« (mehrdeutigen) Geschichte lebensanschaul. Ausrichtungen erfassen.

(1) Der *Altruist* erkennt sofort den moral. Aufruf: »Eine Hilfsbereitschaft, die nicht groß fragt, ist eine gute und richtige Eigenschaft.«

(2) Der *Egoist* entdeckt eine Vorteil-Nachteil-Situation: »Prüfe, was du mitnimmst, auf seinen Nutzen, damit du keine Einbuße hast.«

(3) Der *Pragmatiker* wägt ab und entscheidet je nach Situation mal moralisch und mal nicht: »Teile die Last, und du bist besser dran.«

(4) Der *Indifferente* erkennt überhaupt nicht den moral. Aufforderungscharakter der Fabel: »Die Geschichte lehrt, daß man sich in der Wüste vor Sonnenstich hüten muß.«

Solche Auffassungsunterschiede deuten auf die dahinterliegenden, allerdings viel komplizierteren kognitiven Systeme der Anschauungen und Verhaltensausrichtungen.

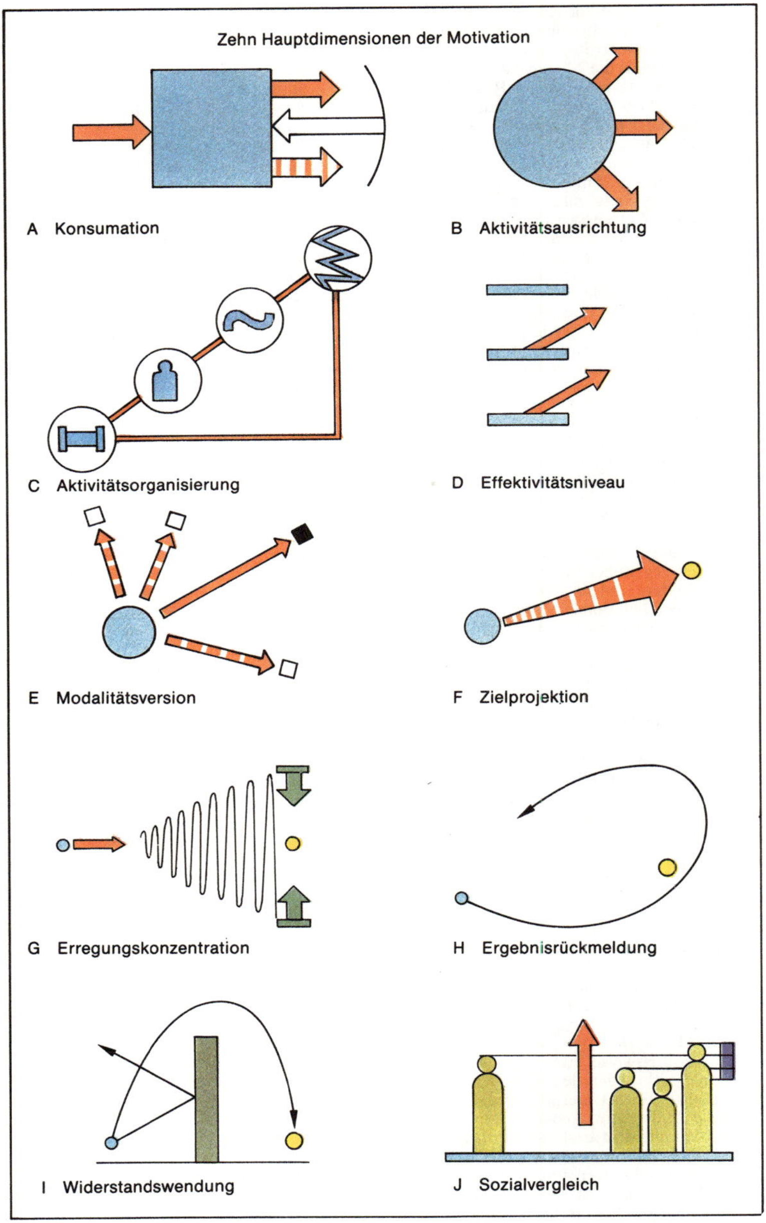
Zehn Hauptdimensionen der Motivation
A Konsumation
B Aktivitätsausrichtung
C Aktivitätsorganisierung
D Effektivitätsniveau
E Modalitätsversion
F Zielprojektion
G Erregungskonzentration
H Ergebnisrückmeldung
I Widerstandswendung
J Sozialvergleich

»Der Begriff Motivation dürfte wohl der zentrale Begriff der heutigen Ps. überhaupt sein«.

schrieb CHARLOTTE BÜHLER (1972). Allg. soll der Begriff dreierlei erklären:

(1) den *Anstoß* zu etwas Psychischem (»daß« es in Gang kommt),

(2) die *Funktionsableitung* (»woher« der Anstoß kommt und »wohin« er führt),

(3) die *Variabilität* des Verhaltens (»weshalb« der eine so und der andere anders reagiert).

Motive werden heute weniger als »Ursachen« begriffen, weil Anlaß und Auswirkung im vernetzten Verhaltensgeschehen kaum trennbar sind. Seit GEORGE KELLY (1958) wird der Begriff oft in Frage gestellt.

Denn der Mensch »ruhe« nicht – und werde dann »bewegt«, sondern sei immer aktiviert und werde lediglich intern oder extern zusätzlich gelenkt.

Motivierungen sind eher momentane Veränderungen von durchgängigen Aktivationen (Kap. IX).

**A Konsumation**

Anstöße für ein best. Verhalten bestehen aus *arbiträren Determinanten,* d. h. ein direkter Ursache-Wirkungszusammenhang läßt sich nur selten feststellen (grundsätzl. »Motivungebundenheit«). Denn es kommt darauf an, was man mit den Impulsen anfängt, wie man sie »konsumiert«, ob man sie verstärkt, abschwächt oder verändert; gezielt einsetzt (Finalmotive) oder sich nur Erleichterung verschaffen will (Blankomotive); unbeständig reagiert (Mutabilität, Laune) oder langfristig eingestellt ist (»zentraler Motivzustand«, s. XII/3, A).

**B Aktivitätsausrichtung**

Motive sind Richtungsvorgaben für die Aktivität. Woher diese kommen und wohin sie führen, kann im raum-zeitl. Sinn durch mehrschichtige *Aktivierungsniveaus* charakterisiert werden:

außen- oder innengeleitet;

zielstrebig (Initiative) oder phlegmatisch (Kommotität);

kurzfristige Motive (*fun morality,* Sofortbefriedigung) oder langfristige (moralische Komponente);

umweltabhängig (Assimilation) oder Unabhängigkeit anstrebend (Reaktanz);

impulsiv (augenblicksbestimmt) oder reflektiert (gedanklich durchgearbeitet).

**C Aktivitätsorganisierung**

Motive sind grundsätzl. offen organisiert, d. h. es besteht entweder eine feste Zuordnung (= Motiv und Reaktion entsprechen sich immer) oder sie sind individuell firmativ (= ihre Beziehung ist für den Betreffenden charakteristisch), arbiträr (= Veranlassung, Denken und Tun sind wandelbar aufeinander bezogen) oder stochastisch (= die Beziehung von Anlaß, Motiv und Reaktion scheint zufällig).

**D Effektivitätsniveau**

Jede Motivation verändert sich je nach der Höhe der *Ausgangslage:*

der Gesättigte muß zur Nahrungsaufnahme anders motiviert sein als der Hungrige.

Also gibt es auch im Motivationsverlauf notwendige Umgestaltungen (Motivwandel).

**E Modalitätsversion**

Jedermann besitzt eine Reihe von zumeist unbewußten Unterstellungen über die ihm greifbaren *Wahlmöglichkeiten.* Im konkreten Einzelfall erwachsen ihm daraus seine erkannten Alternativen. Mit ihnen bildet er sich (divisiv = abgeleitet aus Allgemeinanschauungen; agglomerativ = Einzelmotive verbinden sich zu Überzeugungen) die Versionen seiner Lebensplanung.

**F Zielprojektion**

Ist das Ziel gewiß, wird es innerlich verstärkt (Progression der Erwartung), und zwar um so intensiver, je näher es rückt und je deutlicher die Wettbewerbssituation wirkt. Gleichzeitig erfolgt i. d. R. eine Einengung auf das Ziel mit selektierender (auswählender) und andere Ziele ausblendender Aufmerksamkeit sowie einer Intensivierung der Anstrengungen (Appetenzeffekt; *goal gradient).*

**G Erregungskonzentration**

Die emotionale Seite ist von den Motiven nicht trennbar. Die Stärke der Motive spiegelt sich in der *Erregungssteigerung* wider. Dabei können die negativen (z. B. Angst vor befürchteten Ereignissen) und die positiven Gefühle (z. B. die Hoffnung auf befriedigende Erfüllung) unterschieden werden bzw. ambivalent überdeckt sein.

**H Ergebnisrückmeldung**

Menschen »erleiden« nicht nur Motivationen, sondern sie verschaffen sich aus der Erfahrung mit ihnen rückgemeldete *Motivauswirkungen.* So entsteht allmählich ein motivationaler Erkenntnisschatz (Funktionsbewußtsein der Motive).

**I Widerstandswendung**

Den meisten Motiven folgt nicht die prompte Erfüllung. Zwischen Wunsch und Einlösung befinden sich *Barrieren.* Sie behindern nicht nur, sie können auch den Anreiz steigern.

**J Sozialvergleich**

Motive sind nicht allein eine persönl. Angelegenheit. Die Umgebung und die Gemeinschaft wird mehrfach einbezogen. Die *Umgebung* liefert Motive zur Imitation, sie normiert (begrenzt) sie, Konkurrenten beeinflussen sie und die Gesellschaft kann sie als »Wellen« (z. B. Hifi-Welle) anstacheln.

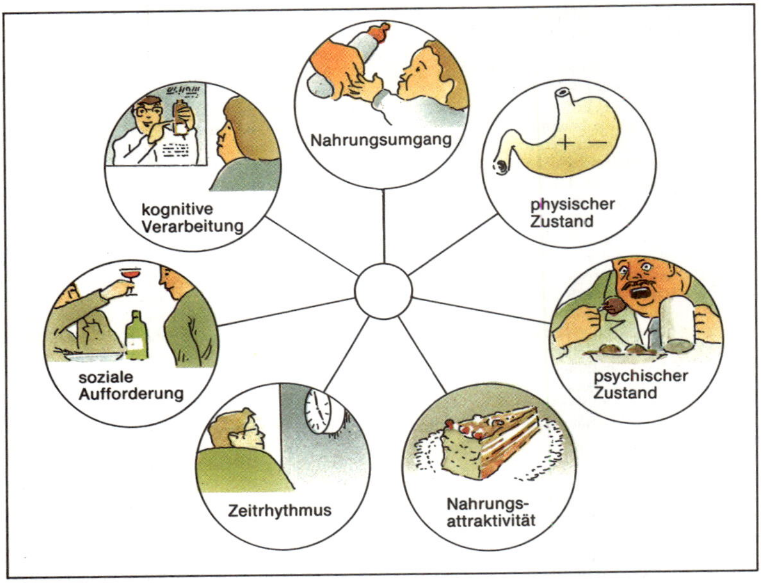


A Erregungszirkel

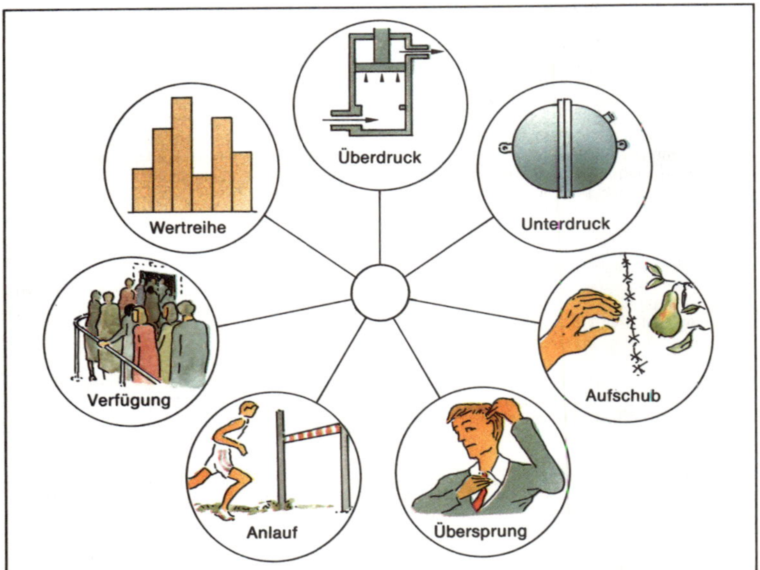


B Antriebsveränderung

Die **Antriebsmotive** gelten als die fundamentalsten und unabwendbarsten Motive. Sie sichern die biolog. Hauptfunktionen der Atmung, der Körperbewegung, des Schlafs, des Stoffwechsels und der Fortpflanzung. Es wäre aber falsch, in ihnen allein ihre biolog. Funktionen zu sehen. Der Mensch setzt seine Motivationen »arbiträr« (teilweise frei) ein. Das bedeutet, daß er mit ihnen neben den biolog. Zwecken zusätzliche Ziele verfolgen kann; nicht selten wandelt er sie sogar unvernünftig und selbstschädigend ab.

**A Erregungszirkel**

Stellvertretend für die anderen Antriebe (sog. »Primärmotive«) wird hier der Ernährungstrieb behandelt.

Welche Eßmotive gibt es?

Sie bilden einen in sich geschlossenen Motivationszirkel mit einer Reihe von Motivgruppen, die sich gegenseitig fördern oder behindern (Eßstörungen, u. a. Adipositas, Fettleibigkeit) können.

Sieben Bereiche der Eßmotivierung lassen sich unterscheiden, die gemeinsam ein individ. »Grundgleichgewicht« (*set point*) bilden, aber sich auch teilweise verselbständigen und das Gleichgewicht stören können.

Der *Umgang* mit der Nahrung wird schon früh gelernt und später durch Erfahrungen ergänzt. Ob das Kind regelmäßig oder je nach Hungermeldung *(self demand)* gefüttert wurde, in welchem Umfang, unter welchen liebevollen oder lieblosen Umständen: solche Lernerfahrungen prägen seine spätere »Ernährungskarriere« mit einem individ. »Ernährungsgewissen« (Belohnungs–Bestrafungs-Attribution).

Der *physische* Zustand gibt Hungersignale ab. Beispielsweise wird der Blutzuckerspiegel in das Gehirn gemeldet. Aber bei vollem Magen erfolgen die Sättigungsmeldungen viel zu spät, um eine wirksame Kontrolle aufzubauen.

Die *psychischen* Zustände greifen rückgekoppelt sowie kompensatorisch ein: sie (z. B. Langeweile) verändern das Eßverhalten, wie umgekehrt z. B. Vitaminmangel sich auf die Befindlichkeit auswirkt.

Die *Attraktivität* der Nahrung spielt eine Rolle: Das Auge ißt mit.

Stärker noch beeinflußt der *Zeitrhythmus* den Eßdrang: Wenn das Essen regelmäßig um 13 Uhr serviert wird, meldet sich die biolog. Uhr um diese Zeit.

Die soziale *Aufforderung* greift ebenfalls in dieses Motivationsgeschehen ein. In Gesellschaft zu speisen, verändert auch das individ. Eßverhalten.

Die kognitive *Verarbeitung,* also die Einstellung zum Essen (z. B. des Vegetariers) oder die weltanschaul. Auffassung der Nahrung (kollektive Eßideologie) kann die Eßmotivierung stark mitprägen. Das Fasten z. B. gilt in vielen Religionen als ein Mittel zur Annäherung an Gott.

**B Antriebsveränderung**

Das Antriebsgeschehen ist fast immer ein homöostat. Akt, d. h. ein rückgekoppelter Ausgleichsvorgang; starre Reiz-Reaktions-Folgen sind dagegen die Ausnahme. Dadurch kommt den Gründen für die Veränderung der Antriebsreaktionen erhöhte Bedeutung zu. Man kann 7 Veränderungsgruppen unterscheiden, die in 2 sich ergänzenden Tendenzen auftreten:

Veränderung der Erregbarkeit (Druck oder *drive)* und

Veränderung der Reizsicht (Auslese und geänderte Auffassung).

Die Bezeichnung *Überdruck* folgt einem Antriebsmodell, nach dem sich der biolog. Bedarf aufstockt, bis der Innendruck die Schwelle des Überdruckventils freigibt. Man kann dadurch die bes. Stärke der Antriebsreaktion nach einem Energiestau erklären.

Im Gegensatz dazu erklärt das Modell des *Unterdrucks* (nachgebildet den nicht-lösbaren Vakuum-Halbkugeln) die atroph. Tendenz, d. h. die Antriebsverkümmerung nach langem Nichtgebrauch: die Auslösbarkeit wird gehemmt.

Das Modell des *Aufschubs* von Reaktionen interpretiert die Folgen nach inneren (z. B. Ängstlichkeit) oder äußeren (z. B. Verboten) Hindernissen für die Triebbefriedigung. Ein Reaktionsaufschub kann stimulierend auf die Wunschbildung wirken.

Das *Übersprung*-Modell ist bereits im Tierreich als »irrelevante Aktivität« zu beobachten.

Etwa wenn ein unterlegenes Huhn anstelle der Verteidigung »verlegen« scharrt.

Beim Menschen sind dies u. a.: Kopfkratzen, an der Krawatte rücken, mit den Schlüsseln spielen.

Entsprechend wird auch das Spielverhalten und das »Komfortverhalten« (Putzen, Entspannen) interpretiert.

Der *Anlauf* des Antriebs betrifft seine unterschiedl. Startbedingungen. Wird ein Anreiz als schwer oder unerreichbar erlebt, kann er zu herabgesetzter oder überhöhter Aktivität (Resignation oder Überkompensation) führen. Die »Neuheit« von Reizen verändert ebenfalls das Antriebsgeschehen.

Die *Verfügung* über die Antriebe ist kulturell überformt. Jede Großgemeinschaft muß an der zumeist restriktiven Eindämmung der Antriebe für den Sozialausgleich interessiert sein.

Die Antriebe unterliegen moral. Wertungen; das ergibt für sie *Wertreihen.* Die Versuche, sie allgemeingültig zu formulieren, sind nicht geglückt. In individ. Hinsicht kann die Rangreihe z. B. wegen einer Suchteinengung verschoben sein; in allg. Hinsicht können zeitbedingte Verschiebungen (wie bei der Sexwelle) Umpolungen dieser Rangreihe bewirken. Versch. Institutionen (z. B. Kirchen, Parteien) beteiligen sich intensiv an der moral. Wertbestimmung der Antriebe.

$A_1$ Absicherung

$A_2$ Rückhalt

A Orientierungsreaktion

$B_1$ Abrichtung

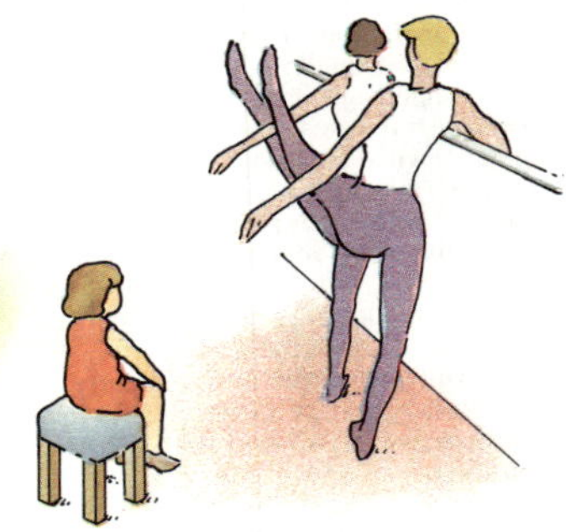

$B_2$ Chancenwahrnehmung

B Interessenbildung

$C_1$ Reizsuche

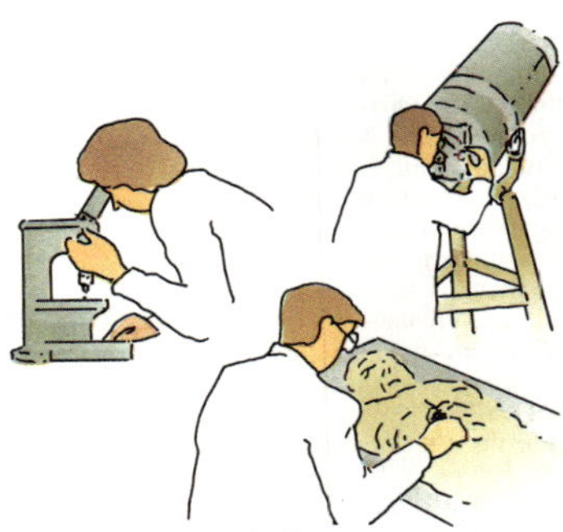

$C_2$ Erklärungsbedarf

C Exploration

Unter der Bezeichnung »Was-ist-das-Reflex« lenkte PAWLOW (vgl. VIII/1) die Aufmerksamkeit auf zusätzl. Motive zu den Antriebsmotiven (S. 255): auf die *Anreizmotive.*

Die Antriebe sind primär innengeleitet, die Anreize primär außengeleitet. Man sprach auch von »Druck-« und »Zugspannung« in der Motivation (HÖFLER, METZGER). Sie schließen sich zwar nicht aus, aber unterscheiden sich im Schwerpunkt ihrer Veranlassung:

Von den einen fühlen wir uns zu etwas gedrängt, von den anderen durch etwas verlockt.

**A Orientierungsreaktion**

($A_1$) *Absicherung:* Auf der untersten Stufe steht die aktive Orientierung. Wenn ein Tier oder ein Rudel äst, sichern die Tiere ständig, um nicht überrascht zu werden.

($A_2$) *Rückhalt:* Im Restaurant bevorzugt man ohne lange Überlegung die Plätze mit Rükkenfreiheit. In alten Kulturen, wie der chinesischen, galt es als strenge Höflichkeit, daß der Gast mit dem Gesicht zur Tür plaziert wurde, während der Gastgeber mit ihr im Rücken sitzen mußte.

SOKOLOW (1963) untersuchte die Orientierungsreaktionen und konnte feststellen, daß sie auftreten,

wenn *neue* oder *komplexe* Reize wirken,
wenn Situationen *Unklarheit* oder *Gefahr* signalisieren (z.B. bei widersprüchl. Reizen) und
wenn *personenbezogene* Reize (z.B. der eigene Name) auftauchen.

Unter diesen Reizeinwirkungen verändert der Körper seine Bereitschaftshaltung:

erhöhte Aufmerksamkeit (bzw. Sensibilisierung), Steigerung des Muskeltonus, schnellere Hirnpotentiale, gesteigerte vegetative Reaktionen.

**B Interessenbildung**

Der Begriff Interesse hat eine merkwürdige Wortgeschichte. Ursprünglich gab es nur das Verb inter-esse, »sich dazwischen befinden, dabeisein«; im Mittelalter wurde es zum Substantiv, zum jurist. Fachwort für die »Gegenleistung zum aus Ersatzpflicht entstandenen Schaden«. In der Neuzeit wechselte die Bedeutung inhaltl. zu »Leihgebühr« oder »Zins« (engl. weiterhin). Heute wird der Begriff im ps. Sinn in erster Linie als »dynam. Beziehungstendenz« verwendet. Allerdings benötigt diese allg. Definition einige zusätzl. Bestimmungen.

(1) Den Interessen liegen außengerichtete Anspannungen zugrunde, die oft inhaltsunbestimmt sind: man möchte irgend etwas Bedeutsames machen.

(2) Aus der Vielzahl der Möglichkeiten, die einem zusagen, entsteht mehr oder weniger plötzlich ein Wunsch, eine Begierde: »Interessen werden entdeckt, nicht gelernt« (TYLER, 1956).

(3) Diese gewählten Dinge müssen lustvoll erscheinen, vielleicht sogar Begeisterung wecken, nicht selten sogar etwas Geheimnisvolles ausstrahlen.

(4) Aus einer kurzfristigen Zuwendung wird erst ein Interesse, wenn sie langandauernd beibehalten und mit Hingabe und Fleiß gekoppelt wird.

(5) Interessen beziehen sich zumeist auf Beruf oder Freizeit (Hobby); wobei sie für den Interessierten belebend wirken und oft sozial verstärkt werden.

($B_1$) *Abrichtung:* Tiere sind i.d.R. begierig, etwas zu lernen, was ihren Fähigkeiten entspricht. So lernen manche Hunderassen sehr schnell das Apportieren, andere werden leichter zur Fährtensuche abgerichtet.

($B_2$) Beim Menschen entwickeln sich Interessen auf vielerlei Weise.

Das Interesse am Tanz erfährt z.B. das kleine Mädchen beim Zusehen bei einer Tanzgymnastik.

Es ist zwar nicht zu übersehen, daß manche Interessen »angeboren« scheinen (z.B. das Malen bei entsprechender Begabung auch ohne Vorbild), aber wesentlich mehr entstehen durch *Chancenwahrnehmung.* Dabei spielen die Abneigungen gegen andere Richtungen eine große Rolle, so daß die Auswahl eingeengt wird. Wichtig ist das Erlebnis der Befriedigung. Interessen haben ihren typ. rollenspez. Charakter (nach der Gesellschaftsschicht und vor allem nach der Geschlechtsrolle).

**C Exploration**

Seit der kognitiven Wende der Ps. erweiterte man die Erforschung der Orientierungsreaktionen auf die Erkundungsreaktionen. W. STERN (1911) nannte die »aus größeren Tiefen stammenden« Anreize *Phäno-Motive.*

($C_1$) In Rattenversuchen konnte nachgewiesen werden, daß die Tiere sogar erhebl. Nachteile (z.B. elektr. Schläge) in Kauf nehmen, um sich in ihrer *Reizsuche* ein höheres Reizniveau zu verschaffen bzw. neue Reizquellen zu erschließen.

($C_2$) Beim »Menschen als Forscher« ist die Explorationsreaktion am stärksten ausgeprägt. Sein wiss. *Erklärungsbedarf* scheint grenzenlos: bis ins All, in den Menschen hinein und bis in die Mikrowelt. Begrenzungen ergeben sich aber bei den Explorationsqualitäten. Für manche Lebensbereiche und für best. Affektintensitäten kann das Explorationsverhalten schädigend wirken:

»Eroberungsverhalten« in sozialen Bereichen (Bemächtigung kontra Unterwerfung);
Grenzüberschreitungen, z.B. durch das Schnüffeln in den Privatangelegenheiten anderer;
bei der Selbstexploration die übertriebenen Fahndungen nach Körperreaktionen beim Hypochonder.

A Impulshandlung

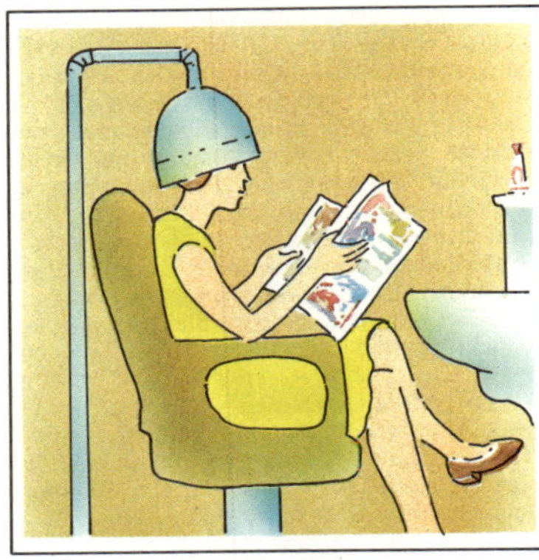

B Zielungerichtete Handlung

C Zielgerichtete Handlung

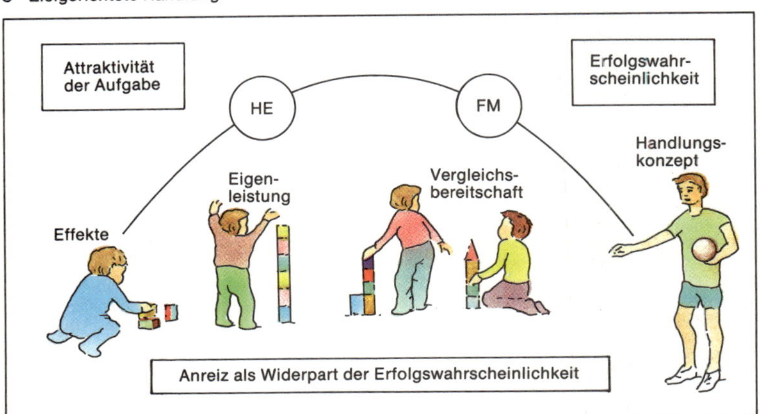


D Leistungsmotivation

**Handlungen** sind einfache oder komplexe Tätigkeitseinheiten, die best. Ordnungsstrukturen aufweisen. Grob unterteilt gehört zu jeder Handlung:

der *Anstoß* (Aufforderungserlebnis), die einzelnen *Operationen* (»parales« Beistehen oder »versales« Gegensteuern) und die *Ziele* oder ihr »Sinn« an subjekt. Bedeutsamkeit.

Die Handlung kann überlegt (rational) oder absichtslos (unbewußt) erfolgen.

**A Impulshandlung**

Wenn auf der Straße eine Konservendose liegt, fühlt sich mancher aufgefordert, sie als Fußball zu benutzen.

Ebenfalls »Aufforderungscharakter« (LEWIN) hat ein schiefhängendes Bild oder das als »frech« empfundene Grinsen eines Rowdies, oder ganz anders: das Köpfchen eines freudestrahlenden Kleinkindes (»Kindchenschema«).

Die Verkaufspsychologie nutzt den Aufforderungscharakter für Impulskäufe: Vor der Kasse stehen Körbe mit Anreizwaren, die man in einer Art Torschlußpanik fast willenlos mitersteht. Das sind Beispiele für unreflektierte Handlungsanstöße, deren Motivgehalt nur bis zu einer plötzl. Eingebung ohne Nachdenken reicht.

**B Zielungerichtete Handlung**

In einer Wartesituation, z. B. beim Friseur, muß man eine Zeit der Untätigkeit überbrücken. Dazu dienen meist illustrierte Magazine. Ihre Inhalte beziehen sich auf diese und ähnl. Informationssituationen: man möchte durch *irgend etwas* unterhalten werden. Der Inhalt selbst ist relativ gleichgültig, denn man hat ein »ungezieltes« Unterhaltungsbedürfnis.

Die Ziele fehlen zwar bei den zielungerichteten Handlungen nicht gänzlich, aber sie sind so breitgestreut, daß sie nicht ins Blickfeld geraten; es ist eher umgekehrt: man weiß genauer, was man *nicht* möchte (z. B. langweilige, zu detaillierte und spezielle Informationen). An dieser Gruppe zeigt sich, daß die drei oben genannten Handlungsanteile (Anstoß, Operation, Ziel) in jeder Position variabel sind.

**C Zielgerichtete Handlung**

Für diese Gruppe kann man das Radfahren als Beispiel nehmen. Was geschieht dabei psychologisch?

Man muß es können;
- wissen, was man damit will;
- sich nach den Straßenverhältnissen richten;
- eine best. Bereitschaft zur Anstrengung aufbringen;
- sich klar darüber sein, welchen Nutzen man damit erlangen kann;
- das Fahren selbst als lohnend erleben.

Diese 6 Sparten sind in sich wiederum vielschichtig:

*Perfektivität* (unterteilt nach Fähigkeiten und Fertigkeiten),
*Zielkenntnis* (Verstehen der Aufgabe, Wissen um Alternativen, Vorwegnahme der Zielerreichung, Erkennen der Brauchbarkeit des Ziels usw.),
*Situationsbedingungen* (Anpassung an die realen Voraussetzungen),
*Einsatzniveau* (z. B. Pflichtgefühl, Verantwortungsübernahme, Anstrengungsbereitschaft),
*kognitive Bewertung* (Nutzenerwartung, Abschätzung der Erfolgswahrscheinlichkeit usw.),
*Rückmeldungen* (gezogene Konsequenzen aus dem bisherigen Handlungsablauf).

**D Leistungsmotivation**

Leistungen sind Spezialfälle der zielgerichteten Handlungen mit dem bes. Merkmal der *Wettbewerbs*charakteristik (»Erfüllung eines Leistungsanspruchs«).

Das Kleinkind erkennt am Spiel nur die *Effekte*. Erst nach dem 3. Lebensjahr ist es ihm nicht mehr gleichgültig, ob der Turm von ihm selbst oder einem anderen gebaut wurde: es erlebt nun seine *Eigenleistung*. Später kommen Maßstäbe der *Vergleichsbereitschaft* hinzu; das Kind erlebt nun Erfolg und Mißerfolg in der Gegenüberstellung seiner Leistung zu der von anderen. Schließlich entwickelt der Mensch versch. *Handlungskonzepte* zu seinen versch. Lebensbereichen (Beruf, Sport usw.).

In Untersuchungen MC CLELLANDS wurde das Bedürfnis nach Leistung als Handlungsrückmeldung geprüft.

Man konnte eine Gruppe von *Erfolgsmotivierten* (Hoffnung auf Erfolg: HE) von der der *Mißerfolgsmeider* (Furcht vor Mißerfolg: FM) nach ihren überwiegenden Verhaltenstendenzen unterscheiden. Erstere bevorzugen Aufgaben mit mittlerem Schwierigkeitsgrad, letztere können zwischen zu leichten und zu schweren Aufgaben schwanken. Bei dieser HE-FM-Kurve spielt die wahrgenommene »Attraktivität der Aufgabe« und die erwartete »Erfolgswahrscheinlichkeit« für den Anreiz (Anstieg oder Abfall der Kurve) der Aufgabe als Widerpart der Erfolgswahrscheinlichkeit die ausschlaggebende Rolle (»Erwartung × Wert-Theorie«: verrechnet als Gesamtleistungsmotivation GM = Differenz von HE – FM als »Netto-Hoffnung-auf-Erfolg«).

Diese Theorie, nach der die Hoffnung auf Erfolg im Gegensatz zur Furcht vor Mißerfolg die Leistung steigert, gilt nach neueren Untersuchungen eher bei Leistungen mit begrenzter Zeitperspektive, dagegen werden langfristige Leistungen oder solche Leistungen, deren Erfolgsziel hinausgeschoben wird, durch Kontrollmotive (XIII/14) variiert.

A Fazilitation

B Bindung und Distanz

C Kohäsion

D Soziale Anerkennung

E Macht und Reaktanz

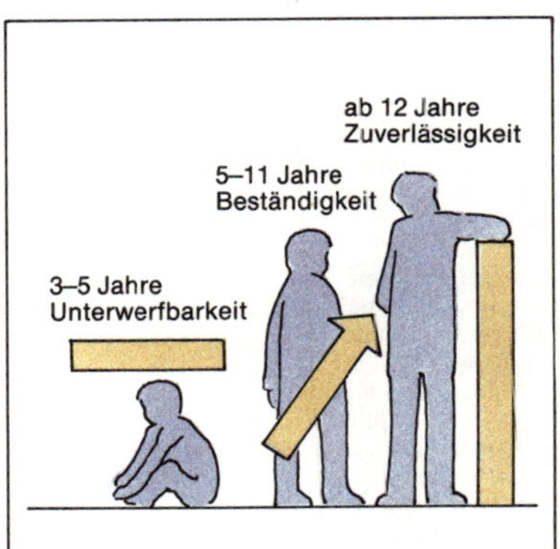


F Vertrauensbildung

Ein Großteil der Motivation ist *sozial bedingt.* Indem der Mensch fast durchgängig auf die Gemeinschaft ausgerichtet ist, kann er die **Sozialmotive** nicht entbehren. Allerdings muß das nicht nur eine Anziehungs-, es kann auch eine Abstoßungsmotivation sein.

**A Fazilitation**

In frühen Untersuchungen (MEUMANN, 1904) wurde nachgewiesen, daß einfache Reaktionen (wie das Gewichtheben mit einem Finger) zu besseren Resultaten führen, wenn ein Zuschauer dabei anwesend ist. Demgegenüber wies PESSIN (1933) nach, daß dies beim Lernen sinnloser Silben genau umgekehrt ist. Deshalb blieb dieser Fazilitationseffekt lange Zeit unberücksichtigt.

Erst ZAJONC (1965) klärte die Widersprüche. Er konnte nachweisen, daß nur *das* Verhalten durch die »Anwesenheit eines anderen« verstärkt wird, das in der betreffenden Handlungsklasse »dominant« (d.h. wichtig und häufig auftretend) ist. Unter dieser Voraussetzung zeigt sich, daß bereits die bloße Gegenwart eines anderen, erst recht vieler Zuschauer (wie bei einem Fußballspiel), stimulierend wirkt.

**B Bindung und Distanz**

In einer berühmten Studie von HARRY F. HARLOW (1959) wurden kleine Rhesusäffchen mit »Ersatzmüttern« aufgezogen:

eine Gruppe bei einer »Drahtmutter« (aus gelötetem Draht) und eine bei einer »Stoffmutter« (überzogen mit Frotteestoff). Bei sonst gleichen Bedingungen schien die Gruppe der Stoffmutterkinder psychisch stärker an ihre Bezugsgestalt gebunden; sie klammerten sich länger an ihre Stoffmutter als die anderen an ihre Drahtmutter. Die Drahtmutterkinder zeigten stärkere Angstreaktionen, wenn sich ein fremdes Objekt im Käfig befand; dagegen untersuchten die Stoffmutterkinder neugierig den neuen Gegenstand und klammerten sich nur zwischenzeitlich schnell einmal an ihre Stoffmutter, zu der sie als der sicheren Basis zurückkehrten.

Diese Beispiele, auf den Menschen übertragen, verdeutlichen die tiefsitzenden sozialen Bedürfnisse nach Bindung und »Kontakttröstung«. Im Gegensatz dazu hält man bei neuen oder als bedrohlich empfundenen Objekten eine Distanz ein.

**C Kohäsion**

Der Zusammenhalt (Kohäsion) einer Personengruppe ist das Resultat einer Reihe von Sozialmotiven. An erster Stelle ist hier die gemeinschaftl. Aufgabe (z.B. die »Wasserkette«) zu nennen, die die Kräfte des einzelnen potenziert. Ferner ergibt sich der Kohäsionseffekt aus der Attraktivität der Gruppenmitglieder, ihrer immer wieder erneuerten Initiative, der Schwierigkeit, in diese Gruppe zu kommen, der befriedigenden Interaktion zwischen den Mitgliedern usw. Daraus erwachsen die Gruppenerlebnisse (das »Wir-Gefühl«), durch die sich der einzelne gestützt wahrnimmt.

**D Soziale Anerkennung**

Das Streben nach Anerkennung dient der sozialen Absicherung. Da es dem Nichtanerkannten in wesentl. Belangen (Heirat, Beruf, Nachbarschaft usw.) schlechter geht, als es oft seiner tatsächl. persönl. Wertzumessung entspricht, findet man dieses Sozialmotiv relativ häufig. Als Geltungsstreben verdeckt es oft ein Minderwertigkeitsgefühl.

Die soziale Selbstaufmerksamkeit als Motivbündel kann nach drei Seiten differieren:

*Vorrang* (Status), d.h. Respekt, soziale Stellung und Überordnung;
*Ansehen* (Prestige), d.h. Bekanntheit, Ruhm und Auszeichnung;
*moralische Wertschätzung,* d.h. guter Ruf und Würdigung der Person.

**E Macht und Reaktanz**

Das Machtmotiv als spezielles Sozialmotiv stützt sich auf das Bestreben, seine eigenen Vorstellungen bei anderen durchzusetzen. Als Verhaltenstendenz kann das Machtstreben durch frühe Überlegenheitsprägung (z.B. über Geschwister) oder später als Hineinwachsen in Verantwortungspositionen bzw. (negativ gesehen) als Kompensation von Unsicherheit entstanden sein. Man kann dabei selbstbezogene (egozentrisch) oder Gruppen-Interessen (turmazentrisch) vertreten.

Die Mittel zur Macht sind unterschiedlich: *Legitimation* (institutionelle Führungsübertragung mit Funktionen und Insignien), persönl. *Autorität* (Erwartungen der Gefolgsleute, z.B. in der Hilfe für Dritte), *Debitanz* (Überbehütung), *Sachkenntnis,* Suggestion des eigenen *Prestiges,* phys. oder psych. *Gewalt,* situative *Kontrolle, Informationsbesitz* usw.

Das Machtmotiv stößt häufig auf »Reaktanz«. Unter diesem Begriff faßt BREHM (1966) alle Initiativen von Menschen zusammen, die sich in ihrer Freiheit beengt fühlen und sie wieder zurückgewinnen wollen (»Rundum-Opposition«).

**F Vertrauensbildung**

Soziales Vertrauen gegen andere wird allmählich aufgebaut:

beim 3–5jährigen beginnt es bei der Gewißheit, daß über den anderen als Schwächeren verfügt werden kann;
beim 5–11jährigen richtet es sich nach der Kalkulierbarkeit des anderen;
erst ab dem 12. Lbj. entsteht u.U. ein Gefühl für Zuverlässigkeit (Redlichkeit, Treue), so daß man auf den anderen »bauen« kann.

Diese Stufen gelten auch für den Aufbau von Vertrauen zwischen Gemeinschaften (z.B. Völkern).

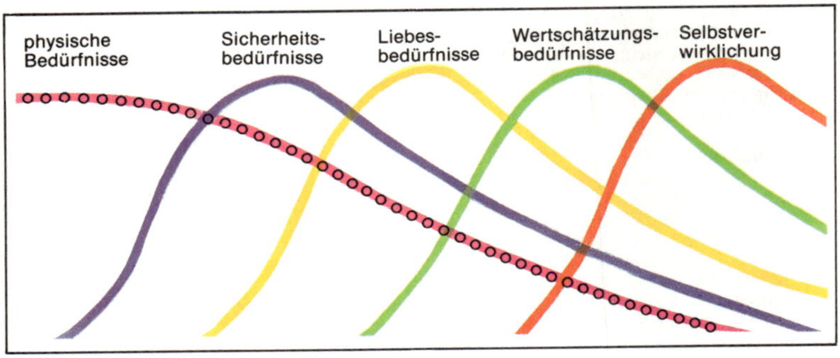


A Dilatorische Befriedigung

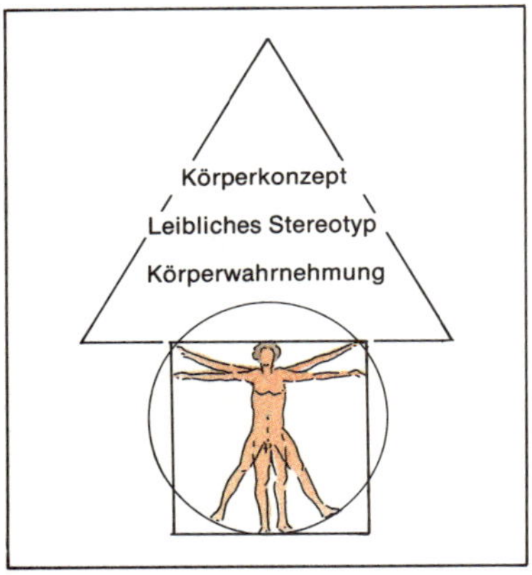


B Körperschema

C Identifikation

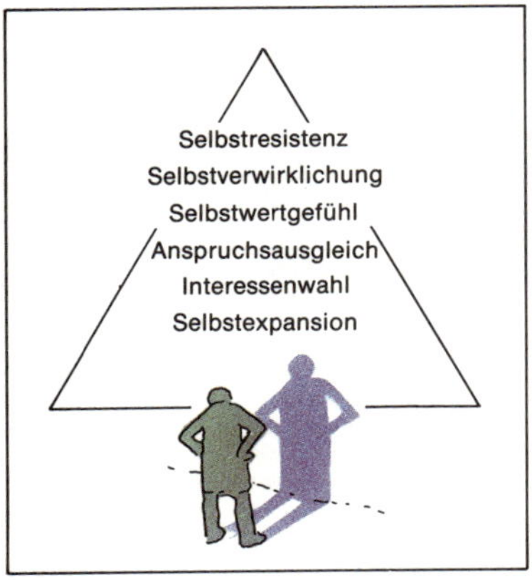


D Selbstkonzept

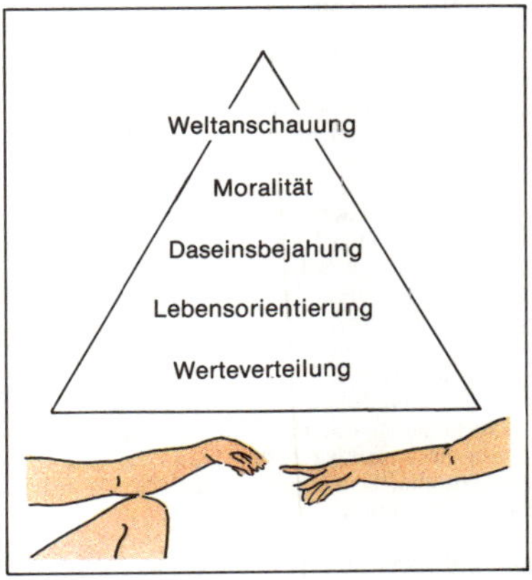


E Sinnstreben

Lange Zeit galt die Motivation ausschließlich als Ausgleichsversuch für entbehrte Befriedigungen. Erst A. MASLOW (1973) setzte diesen »Defizitmotiven« die Gruppe der **Abundanzmotive** (lat. abundantia, Überfluß) entgegen, in denen er Bestrebungen erblickte, über einen akzeptierten Befriedigungszustand *hinauszugelangen.*

**A Dilatorische Befriedigung**

Nach der Theorie von MASLOW hat die Motivation insgesamt einen dilator. (d. h. aufschiebenden) Charakter: erst wenn die fundamentaleren Bedürfnisse befriedigt sind, können die nächsthöheren in das Blickfeld geraten. MASLOW stellte eine Hierarchie von 5 Motivgruppen auf, die je erst nach ihrem Abflauen der nächsten Gruppe einen Freiraum lassen:

phys., Sicherheits-, Liebes-, Wertschätzungsbedürfnisse und schließl. das Bedürfnis nach Selbstverwirklichung.

**B Körperschema**

Unter dem bekannten Bewegungskreis von LEONARDO DA VINCI kann ein erster motivationaler Expansionsbereich symbolisiert werden. Der eigene Körper ist gleichsam das selbstverständlichste Identifizierungsobjekt. Es liegt also nahe, das »Über-sich-Hinauswachsen« der Abundanzmotive wörtlich auf ihn zu beziehen.

In der *Körperwahrnehmung* wird nicht nur das reale Spiegelbild gesehen, sondern eher ein Vorstellungsbild, das in charakterist. Weise »umgesehen« wird (z. B. so wie man vor vielen Jahren ausgesehen hat).

Jede Gesellschaft bietet dazu *leibl. Stereotype* (Körperleitbilder) an, nach denen man sich richten soll.

Wie man aus beiden sein *Körperkonzept* bildet, läßt sich am besten an den Schwierigkeiten ablesen, die viele Menschen mit ihrer Erscheinung haben.

**C Identifikation**

Der Analytiker ERIK ERIKSON hat (aus eigener Lebenserfahrung) ein umfangreiches System an Identifikationsaufgaben aufgestellt (vgl. XIII/9, D), das er mit dem *Urvertrauen,* das z. B. ein Kleinkind beim Hochwerfen und sicheren Auffangen erlebt, beginnen läßt und durch 8 zusätzl. Identifikationsmerkmale erweitert. Er schreibt:

»Der schließl. Zusammenbau aller konvergierenden (und der Abbau der divergierenden) Identifikationselemente gegen Ende der Kindheit scheint eine unerhört schwierige Aufgabe zu sein: wie kann man erwarten, daß ein so ›abnormes‹ Stadium wie die Adoleszenz (Jugendalter) sie zu bewältigen vermag?«

**D Selbstkonzept**

Seit W. JAMES (1890) hat die Frage des »Selbst« eine zentrale Bedeutung in der Ps. Im allg. versteht man darunter einen Selbstbildungs*prozeß*:

wie wird aus dem »Schatten« seiner selbst eine unverwechselbare Persönlichkeit?

Unter den vielen Hinweisen für Selbstkonzepte ragen einige selbstbezogene Abundanztendenzen heraus.

Die *Selbstexpansion* ist die Entscheidungsgrundlage dafür, ob man entgegen der Bequemlichkeit »voran« zu kommen gedenkt.

Die *Interessenwahl* grenzt den wesentl. Betätigungsrahmen ab.

Konflikte bleiben dabei selten aus: man muß (um überhaupt nachher noch weiterzukommen, statt sich an undurchführbaren Ansprüchen zu reiben) einen *Anspruchsausgleich* herbeiführen.

Das *Selbstwertgefühl* stützt sich auf das Selbstvertrauen, das man durch einen allmähl. Aufstieg erlebt und ist seinerseits wieder die Basis für die *Selbstverwirklichung.*

Die *Selbstresistenz* schützt die Erhaltung des bereits erlangten Ausgleichs zwischen Ideal- und Real-Ich, zwischen Selbstgefälligkeit und Selbsterniedrigung.

**E Sinnstreben**

In der Philosophie (z. B. bei KANT als »transzendentales Ich«) spielt das Über-sich-Hinauswachsen des Menschen in der Erkenntnistheorie wie in der Ethik eine große Rolle. Diese Ansätze können auch von der Ps. für bedeutsam gehalten werden. Das Denken hebt den Menschen über seine eigenen Belange und die seiner Mitmenschen hinaus. Er kann sich Gedanken über den Wert und den Sinn des gesamten Kosmos machen und auf dieser Folie sich selbst rückbezüglich betrachten und einordnen.

Im Symbol des überspringenden Funkens von Gottvater (im Deckengemälde der Sixtinischen Kapelle von MICHELANGELO) wird dieses Streben wiedergegeben.

ARISTOTELES vertrat bereits einen »Optimalismus«: der Mensch strebt nach allem, was er für gut hält.

Das Sinnstreben bildet mehrschichtige »Abundanzen«:

*Werteverteilung* ist die individ. Entscheidung über das, was man für sich bzw. für alle als vorrangig einschätzt.

*Lebensorientierung* soll über Vergleiche zu realist. Glücksmaßstäben führen.

*Daseinsbejahung* interpretiert das eigene Leben als sinnerfüllt (»Sinngewißheit«).

*Moralität* engt die Lebensausrichtung scheinbar ein (durch den Ausschluß des für unmoralisch gehaltenen Verhaltens), aber durch diese Begrenzung wird der Ansporn zum sinnvollen Leben eher erhöht.

Bei nicht wenigen Menschen erweitert sich das Sinnstreben zu einer persönl. *Weltanschauung* (vgl. XXII/4).

$A_1$

| | Meinungstyp | Meinungsfestigung | Meinungsumbruch |
|---|---|---|---|
| 1 | Überzeugung | Beweisbarkeit | kaum (Psychose) |
| 2 | Gemeinplatz | Übereinstimmung | schwer (Therapie) |
| 3 | Ableitung | Bekräftigung | öfters (Glaubwürdigkeit) |
| 4 | Nebensache | Beachtung | leicht (Werbung) |

$A_2$

A Einstellung

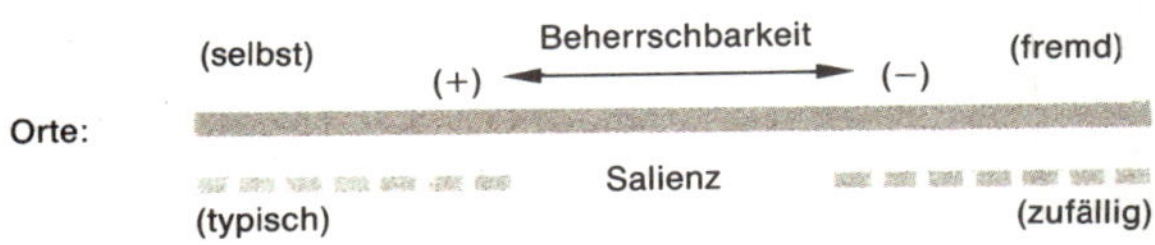


$B_1$ Kontrollüberzeugung

$B_2$ Attribuierung

B Attribution

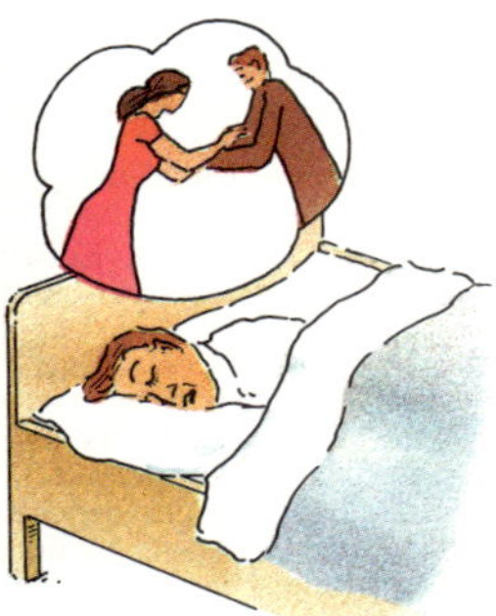

$C_1$ Kognitive Resistenz

$C_2$ Kognitive Kontrolle

C Korrekturmotivation

Eine Motivgruppe steuert nicht konkrete Ziele an, sondern macht den übrigen, vorher erwähnten Motiven gleichsam die »Gegenrechnung« auf. Im weitesten Sinn sind sie also **Kontrollmotive.**

Kontrolle meint hier die bewußte oder unbewußte Vor- oder Nachprüfung von Bestrebungen. Das Ergebnis ist dann entweder Abwandlung, Hemmung oder Verlagerung vorhandener Bestrebungen unter einem übergeordneten Motivationsbezug.

**A Einstellung**

Unsere »Objektivität« ist durchsetzt mit »Subjektivität«.

Läßt man (z.B. auf dem Bildschirm) zwei Punkte sich frei bewegen, so erkennt man in der Bewegung eine *Beziehung* der beiden und nicht nur eine Distanzveränderung. Es entsteht unwillkürlich der Eindruck, daß sie sich jagen, umlauern, voreinander zurückweichen usw.

Wir stehen zumeist unter einem »Deutungszwang«.

($A_1$) Wenn man den Ball (rechts) mit den Gesichtern in Beziehung setzt, so ist er je nach dem Vergleichsgesicht ein Tischtennisball, ein Tennisball, ein Handball oder ein Medizinball.

($A_2$) Am deutlichsten wird unsere latente (untergründige) Deutungsbereitschaft bei unseren *Meinungen.*

M. Rokeach hat dazu eine Einstellungsskala erstellt (vereinfacht wiedergegeben) mit den *Meinungstypen:*

(1) *Überzeugungen* (feste Auffassungen), z.B. »Ich habe es gesehen.« Solche Meinungen werden verfestigt durch einen »100%-Konsens« (Beweisbarkeit): »Alle haben es gesehen.« Ein Meinungsumbruch ist kaum möglich (allenfalls Psychotiker unterliegen Trugwahrnehmungen).

(2) *Gemeinplätze,* z.B.: »Messer sind gefährlich«; Meinungsfestigung durch Übereinstimmung: »Viele haben es erfahren«; Meinungsumbruch schwer herbeizuführen (allenfalls durch »Therapie«).

(3) *Ableitungen,* z.B.: »Es stand in der Zeitung«; Meinungsfestigung durch Bekräftigung: »Es ist *meine* Zeitung«; Meinungsumbruch u.a. durch Entzug der Glaubwürdigkeit: »Diese Zeitung lügt.«

(4) *Nebensachen* (nicht für wichtig genommen), z.B.: »Zahnpasta X ist gut«; Meinungsfestigung durch Selbstverstärkung: »*Ich* finde es auch«; Meinungsumbruch relativ leicht, z.B. durch Werbung: »Zahnpasta Y ist sehr gut.«

**B Attribution**

($B_1$) Die Attribution geht einen Schritt weiter: mit (meist unreflektierten) Zuschreibungen für »Ursachen«. J. B. Rotter (1965) formulierte dafür einen »locus of control« (Kontrollüberzeugung): wer an etwas »schuld« ist.

B. Weiner (1984) unterteilt diese »wahrgenommene Kausalität« nach 3 (kombinierbaren) Dimensionen:

Der *Ort* kennzeichnet den Veranlasser: man selbst oder anderes (z.B. Glück, andere Menschen);
die *Salienz* steht für die Wert- bzw. Bedeutungszumessung (W. Stern [2]1950);
die *Beherrschbarkeit:* man kann nichts dagegen machen, oder man selbst bzw. andere hätten etwas dafür/dagegen unternehmen können.

($B_2$) Die attributive »Schuldzuschreibung« richtet sich nach der Art der Beteiligung.

(1) Für manche Lehrer ist der schlechte Schüler entweder dumm oder faul.

(2) Für manche Schüler dient als Begründung des Versagens ein Lehrer oder Aufgaben, die noch nicht erklärt wurden.

(3) Eine differenzierte Fehleranalyse kann dagegen auf viele weitere Gründe kommen: häusl. Belastungen, Sonderbegabung, überwertige Interessen usw.

Die attributiven Zuschreibungen im Alltag, aber auch in mancher wiss. Analyse leiden unter dem Hang zur »Sparsamkeit«, womit G. W. Allport die vorschnelle Zufriedenheit mit der »nächstliegenden« Begründung meinte (»Kurzschlüsse«).

**C Korrekturmotivation**

($C_1$) Wegen des mühseligen Selbstaufbaus ist eine allg. Motivationstendenz verständlich, dieses Selbst nicht zu gefährden und in seiner bisherigen Position zu erhalten. Durch die *kognitive Resistenz* sagt man sich:

»So wie es ist – so wie ich bin, ist es richtig« (auch wenn dies im hohen Maß unzutreffend sein sollte).

In der Theorie der »kognit. Dissonanz« (Festinger) geht man von der Regel aus, daß bevorzugt Informationen, Meinungen und Fakten ausgewählt werden, die zu der eigenen Auffassung harmonieren, entgegenstehende werden abgewehrt. Die Psychoanalyse (Kap. XX/3) betont diese Abwehrmechanismen bis in den Traum hinein.

($C_2$) Die kognitive Kontrolle steht der eigenen Motivation prüfend gegenüber. In zahlreichen Theorien (u.a. *self-efficacy,* Selbstwirksamkeit, bei Bandura; *psychological well-being,* psych. Wohlergehen, bei Bradburn u.a.; *opponent-process,* Gegenwirkung, bei Solomon, Corbit; *Reaktanz,* Gegenhandlung in Beengungssituationen bei Brehm) werden Gründe für eigenständige Motivationsüberprüfungen genannt.

In der Selbstprüfung (*self-monitoring*) ist zu unterscheiden:

ob ein Autofahrer nach Alkoholgenuß sein Auto aus *inneren* (autotelischen, intrinsischen) Gründen, z.B. aus Verantwortung gegenüber seiner Familie, oder aus *äußeren* (heterotelischen, extrinsischen) Gründen, z.B. aus Angst vor der Polizei, stehenläßt.

A Wahrnehmung und Kognition

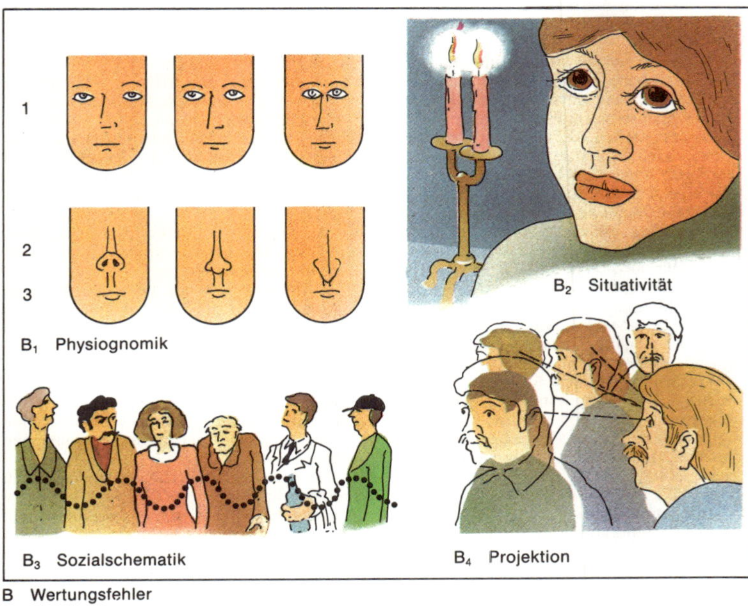


B Wertungsfehler

Woran erkennt man, ob mit jemandem in einer Reisegruppe gut auszukommen sein wird – oder wessen Rat man trauen kann? Fast jeden Tag stehen wir vor Fragen an unsere »Menschenkenntnis«. Aber können wir uns auf unsere Urteile verlassen?

Wie kommen wir zu **Wertungen** über andere Menschen?

Diese Fragestellungen sind besonders wichtig für den *Erstkontakt*. Sehr leicht können durch einen »Halo-Effekt« vordergründige Teilaspekte das später schwer revidierbare Gesamturteil prägen.

**A Wahrnehmung und Kognition**

Die Geschichte dieses Problems läßt sich am Wandel seiner Oberbegriffe ablesen. Der urspr. Begriff »Menschenkenntnis« bezeichnete eine Art geheime Fähigkeit. Später hat man aus der amerikan. Sozialps. dafür »Personenwahrnehmung« übernommen. Aber da es sich kaum nur um eine Reizaufnahme handelt, wurde der Begriff »Personenkognition« eingesetzt. Gegenwärtig wird »Personenwertung« vorgezogen, weil es sich um Bewertungen anderer Menschen handelt, die sich auf Wahrnehmungen **und** Kognitionen stützen. Sie dienen zur schnellen oder langfristigen sozialen Orientierung. Dabei sind einige Gesetzmäßigkeiten von Bedeutung.

($A_1$) Sowohl nach der *Darstellbarkeit* wie nach der *Erkennbarkeit* eignet sich unser Körper nicht gleichmäßig zum Ausdruck innerer Regungen.

Die Mimik ist das früheste Ausdrucksfeld, das das Kind erkennt, und wird auch beim Erwachsenen als erstes zur Bewertung herangezogen. In einer *Reihung* folgen dann Gestik, Haltung, Gang und eine Reihe von anderen Ausdrucksgeländen (z. B. die Mikrobewegungen).

Der Mimik fällt dadurch oft eine zu hohe Einschätzung zu. Der Ausdrucksgehalt anderer Körperregionen wird meist unterschätzt.

($A_2$) Der Ausdruck ist grundsätzlich arbiträr (teilfrei), wodurch er *mehrdeutig* (ambig) wird. Für die Beurteilung kann er keineswegs als so sicher gelten, wie ihn manche illustrierten Darstellungen der Körpersprache hinstellen.

Ein Ausdruck wie in Abb. $A_2$ ist sowohl Zuwie Abwendung: insgesamt aber die Haltung des Flirts; unterstützt durch die »nekkische Ratlosigkeit« eines an den Mund gehaltenen Bleistifts.

($A_3$) Sofern ein Ausdruck mit *Korrespondenz* zu anderen Menschen erfolgt (was manche Theoretiker allem Ausdruck zurechnen), dient er zusätzl. Zwecken, z. B. der nonverbalen Kommunikation.

($A_4$) Die *Urteilsfähigkeit* in der Personenwertung schwankt daher stark nach momentanen Gegebenheiten. Es ist von Vorteil, wenn man in seine Wertungen (z. B. als Richter) die Gefahren der wichtigsten Wertungsfehler korrigierend einrechnet.

**B Wertungsfehler**

($B_1$) Die häufigsten Fehler unterlaufen durch *physiognom.* Irrtümer. Es ist zwar nicht zu bezweifeln, daß sich manche Ausdrucksmerkmale durch ihre Häufigkeit so einprägen können, daß sie zu Darstellungen überdauernder Persönlichkeitsmerkmale werden (habituierter Ausdruck).

Andere Merkmale, wie der Augenabstand (1), die Nasenlänge (2) und die Mundhöhe (3), die nachweislich sehr stark die Personenwertungen mitbestimmen, weisen aber keine bedeutsamen Korrelationen zu objektiv gemessenen Persönlichkeitsmerkmalen auf.

($B_2$) Ähnl. Verwirrungen können *situative* Momente herbeiführen.

Bei Kerzenlicht werden die Pupillen weit und dunkeln die Iris nach. Dadurch entsteht der Eindruck von Eindringlichkeit, sogar Sinnlichkeit, den man allein der Situation zuschreiben kann. In der korrespondierenden Rückkopplung kann daraus tatsächlich ein ähnl. Zustand erzeugt werden.

Andere situative Wertungsverschiebungen bewirken beispielsweise die Bewegungen.

Wenn ein Kellner vor seinen Gästen kleinere Schritte als sonst macht, so wirkt das viel dienstbeflissener.

Manchen Menschen glaubt man ihre Anstrengungsbereitschaft weniger, nur weil sie nicht zu expressiven Bewegungen neigen.

($B_3$) Eine 3. Sorte von Wertungsfehlern sind die *schematisierten* Urteile nach sozialen Merkmalen: Nationalität, Geschlecht, Beruf, Alter, Schicht, Herkunft, Landschaft usw. Jeder sozialen Gruppe werden best. Ausdrucksmittellagen abverlangt. Da der einzelne aber unter versch. Sozialkriterien einzuordnen ist, müssen sich diese Erwartungen kreuzen. Es ist auch ein Unterschied, welchem soziolog. Hauptmerkmal wir uns selbst zurechnen (und uns entsprechend im Ausdruck anpassen) und welchem wir von anderen zugeordnet werden mit dem entsprechenden Regelverhalten als Maßstab.

Stimmen Eigen- und Fremdzuordnung und damit die sozialen Wertungsgrundlagen nicht überein, kann z. B. ein als »streng« gemeinter Ausdruck als »freizügig« bewertet werden.

($B_4$) Auch die *Projektion* ist in der Personenwertung schwer zu umgehen. Als Abwehrmechanismus im patholog. Sinn dient die Projektion dazu, eigene unbewußte Regungen auszugliedern, zu verkennen und anderen zur Last zu legen. Aber auch im normalen Bereich neigen wir dazu, vieles von dem, was wir selbst sind, in andere hineinzusehen.

Daraus ergibt sich eine unbewußte Tendenz, im anderen uns selbst zu entdecken, statt dem anderen gerecht zu werden.

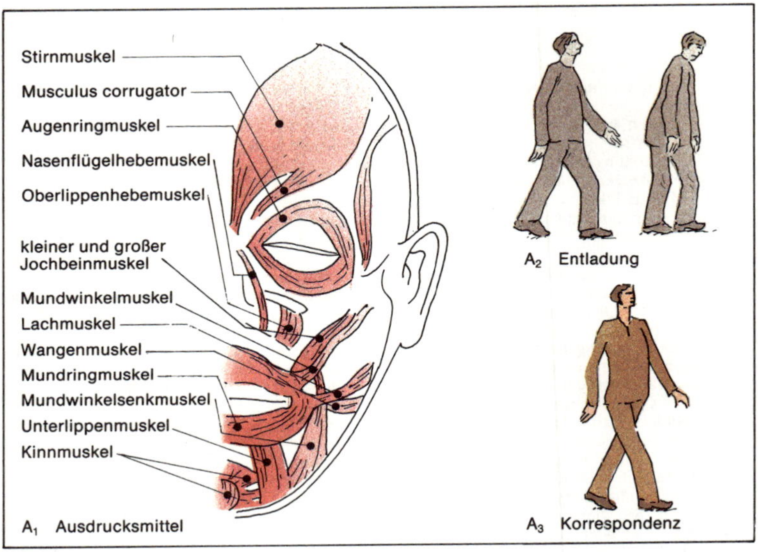


A Ausdrucksphänomene

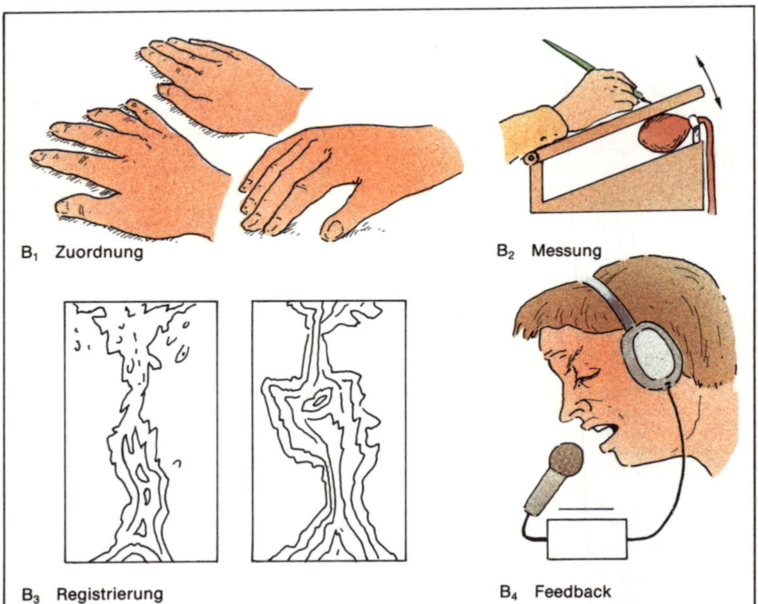


B Ausdrucksforschung

JOHANN KASPAR LAVATER (1741–1801) kann als erster neuzeitl. Ausdrucksforscher bezeichnet werden:

»Wir sehen in dem Körper die Seele, den Grad ihrer Stärke und Wirksamkeit.«

Ein Jahrhundert später warnte CHARLES DARWIN:

»Das Studium des **Ausdrucks** ist schwierig, da die Bewegungen häufig äußerst unbedeutend und von einer schnell vorübergehenden Natur sind.«

**A Ausdrucksphänomene**

Die Faszination dieses Gebietes liegt an der schnellen intuitiven Menschenkenntnis, die mit der direkten Verständlichkeit der Ausdruckssignale verbunden scheint. Zustatten kommt dieser Auffassung, daß die Ausdrucksfähigkeit des Menschen, zumindest in den wichtigsten Ausdrucksgeländen (s. S. 271), die anderer Lebewesen weit übertrifft.

($A_1$) Der Gesichtsausdruck beispielsweise wird von einer großen Zahl von Muskeln hervorgebracht (die 14 eingezeichneten sind bes. wichtig). Dazu kommen noch die Pupillenreaktionen und die Hautverfärbungen (das »Rotwerden«). Als Summe resultiert ein mimisches Wechselspiel, wie es keine Tierart erreicht.

Wie kommt es überhaupt zu dem Phänomen Ausdruck? – Viele Theoretiker haben diese Frage behandelt. Man kann ihre Theorien in zwei große Gruppen einteilen.

($A_2$) Die *Entladungstheoretiker* meinen, der Ausdruck sei lediglich die körperl. Reaktion eines inneren Geschehens, deren ständige Koppelung wir für den Rückschluß auf die inneren Vorgänge nutzen (eine Untergruppe meint, das geschähe durch ein angeborenes Programm, die andere setzt dagegen allein auf den lebenszeitl. Lernprozeß).

($A_3$) Die *Korrespondenztheoretiker* gehen darüber hinaus. Sie meinen, der Ausdruck sei in jedem Fall der Versuch, dem anderen mit dem Ausdrucksgeschehen etwas mitzuteilen:

»Ausdruck ist immer Ausdruck von jemandem für jemanden« (R. KIRCHHOFF, 1965).

Man kann aber auch beide Theoriegruppen vereinigen. Am Beispiel des Ganges läßt sich das schematisch demonstrieren.

Die beiden Skizzen in Abb. $A_2$ lassen auf einen agilen und einen ermüdeten Gang schließen. Beides deutet auf einen inneren Zustand, den man äußerlich erkennt.

Die Abb. $A_3$ dagegen kennzeichnet einen überstreckten Gang, dem man sofort einen hohen Anteil Selbstbewußtsein attestiert.

So scheinen die oberen Beispiele eher die Entladungstheoretiker (von denen H. SPENCER ein früher Vertreter war) zu bestätigen, das untere dagegen eher die Gruppe der Korrespondenztheoretiker (zu denen man u. a. L. KLAGES zählen kann).

Es ist aber leicht verständlich, daß es eine große Anzahl von Ganghaltungen gibt, die dazwischen liegen und sowohl Entladung wie Korrespondenz wiedergeben. Man faßt diese kombinierten Auffassungen unter der Bezeichnung »dyadische« Ausdruckstheorien zusammen.

Ein Beispiel ist die »neuro-kulturelle Theorie« von P. EKMAN u. a. (1972).

**B Ausdrucksforschung**

Die Hauptfrage der Ausdrucksforschung lautet:

Ist der Ausdruck allein Abbild der momentanen Befindlichkeit oder auch Darstellung überdauernder Persönlichkeitszüge?

Eine Antwort ist nicht eindeutig zu geben. Sie hängt auch von der Vielfalt der Ausdrucksformen ab, z. B.:

reaktiver A. (Erwiderung des Lachens von anderen),
vegetativer A. (z. B. Erröten),
symbol. A. (Verstärkung des A. durch Kleidung, Haartracht, Make-up u. a.),
habitueller A. (z. B. eingeprägte Falten),
non-verbaler A. (Mittel der Sprachergänzung),
intentionaler A. (z. B. schauspieler. A.),
konventioneller A. (gesellschaftl. Benehmen).

Um diese versch. Bedingungen genauer abzuklären, werden eine Reihe von Forschungsmethoden eingesetzt, deren vier wichtigste Gruppen nachfolgend demonstriert werden.

($B_1$) Seit langer Zeit dienen die *Zuordnungsverfahren* für den Vergleich best. Ausdruckselemente mit dem vermuteten Innenzustand.

Die *Matching*-Technik nach ARNHEIM verlangt von der Vp., die Hand auf eine Unterlage zu legen:

(a) soll typisch für durchsetzungsfähige, (b) für selbstbeherrschte, (c) für schüchterne Vpn. sein.

($B_2$) Bereits im vorigen Jh. hat WILLIAM BENJAMIN CARPENTER versch. unmerkl. *Denkmitbewegungen* entdeckt. Durch verbesserte Techniken können heute die *Mikrobewegungen* in ihrer Ausdrucksbeziehung genau studiert werden.

Ein frühes Verfahren ist die »Schreibwaage«, ein Gerät, durch das der Schreibdruck über einen Gummiball registrierbar gemacht wird.

($B_3$) *Sprecheigentümlichkeiten* (z. B. Tempo, Melodie, Modulation) können elektronisch in Sonogrammen aufgezeichnet werden.

Das Beispiel gibt das Wort »eins«, gesprochen von zwei Personen, wieder.

($B_4$) Eine 4. Forschungsgruppe untersucht die *Rückmeldungen* des eigenen Ausdrucks.

Ein spezieller Versuch ist das sog. Lee-Phänomen:

Normalsprechende beginnen zu stottern, wenn ihnen ihre eigene Sprache um Sekundenbruchteile verzögert rückgemeldet wird (vgl. XX/16, C).

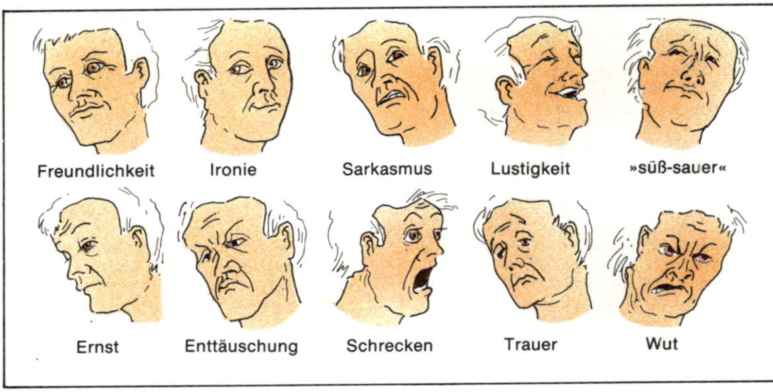


A Mimik

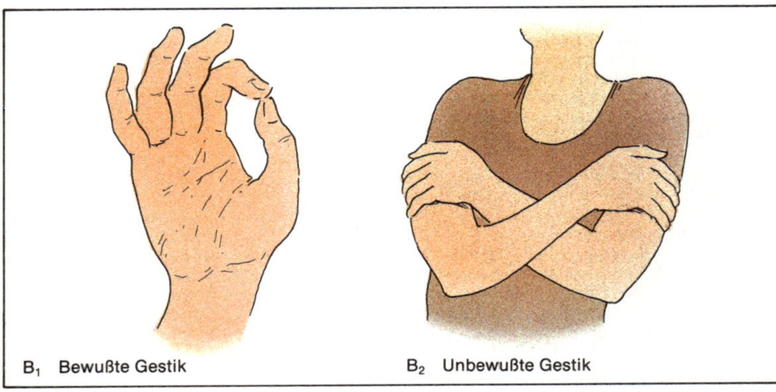


B Pantomimik

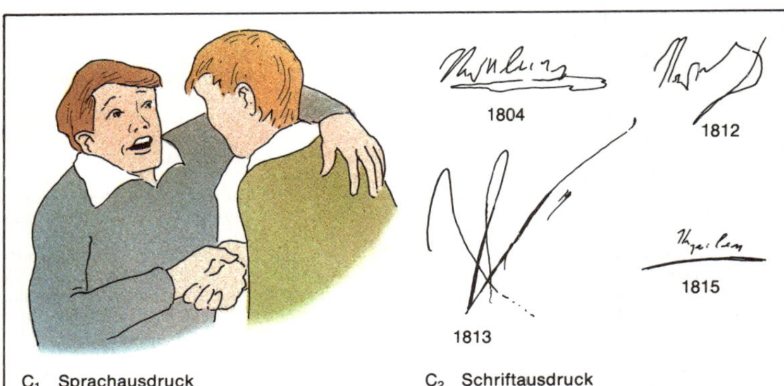


C Verbalausdruck

Unter dem Einfluß von LAVATER reimte GOETHE über den Ausdruck:

»Nichts ist drinnen, nichts ist draußen, denn was innen ist, ist außen.«

Aber gerade das ist strittig. Die **Körpersprache,** also die nonverbale Mitteilung durch den Körper, unterliegt mehrfachen Brechungen, die bes. 2 Hauptbedingungen gehorchen: den Abwandlungen durch den Ausdrucks*sender* und der Aufnahmebereitschaft und -fähigkeit durch den Ausdrucks*empfänger*.

**A Mimik**

NICOLAI HARTMANN schreibt:

»Die Menschen lachen genauso verschieden, wie sie verschieden handeln, sich bewegen, sprechen oder schweigen.«

Der Ausdruckssender besitzt eine Reihe von *Ausdrucksmedien* (Mimik, Gestik usw.). Individuell sind die Körperpartien unterschiedlich ergiebig für die Ausdrucksfunktion.

Die *Ausdruckskongruenz* kennzeichnet die mehr oder weniger große Übereinstimmung der momentanen Ausdruckserscheinungen in diesen Medien (ihre Gegensätzlichkeit beispielsweise kann eine zusätzl. Information liefern).

Die *Ausdrucksdauer* ist besonders als relativer Ablauf wichtig (z.B. ob ein Lächeln abrupt abgebrochen wird oder allmählich abflaut).

Die *Ausdrucksintensität* (z.B. der Raumumfang der Gesten) gilt als bes. wichtig für die Beurteilung gestörten Verhaltens.

Als *Ausdrucksangepaßtheit* versteht man die mehr oder weniger große Übereinstimmung eines Ausdrucks mit seiner Verursachung (z.B. Lachen und Witz).

Die Frage der *Ausdruckssteuerung* ist wohl die schwierigste. Hier geht es um die Beurteilung, ob ein Ausdrucksphänomen bewußt gestaltet oder unbewußt hervorgebracht wurde. Sehr viele dieser Phänomene sind wohl eher als halbbewußt zu bezeichnen.

Nach der Unterteilung von SCHLOSBERG (vgl. XII/1, B) in lustbetonte und unlustbetonte Ausdrucksphänomene zeigt Abb. A in der oberen Reihe vorrangig *lustbetonte* Formen der Mimik (Freundlichkeit, Ironie, Sarkasmus, Lustigkeit und zwiespältige, »süßsaure« Gefühle), in der unteren Reihe *unlustbetonte* (Ernst, Enttäuschung, Schrecken, Trauer, Wut).

**B Pantomimik**

STEFAN ZWEIG schildert in einer Novelle äußerst anschaulich die Hände der Spieler am Roulette-Tisch in Monte Carlo: nervös-vibrierende, vor Erregung zitternde, sich bäumende, raubtierhaft sprungbereite usw.

Dieses literar. Beispiel zeigt die Unterschiede der Sensibilität für Ausdrucksphänomene auf seiten der Ausdrucks*empfänger*. Viele Menschen werden in diesen Handbewegungen der Spieler kaum so viel entdecken können wie STEFAN ZWEIG. Aber vielleicht hat sich ZWEIG auch bei manchen Bewegungen getäuscht, weil der Spieler absichtlich die anderen Zuschauer täuschen wollte. Nicht jeder Ausdruck ist »ehrlich«.

Täuschung gelingt in der Regel leichter bei der Mimik. In der Pantomimik (Hauptbereiche: Gestik, Körperhaltung und -bewegung) ist es nicht einheitlich.

Ganghaltung und -bewegung sind z.B. sehr schwer bewußt zu beeinflussen, dagegen leicht durch andere Bedingungen, wie z.B. Verletzungen oder Druckstellen im Schuhwerk.

In der Gestik unterscheidet man *bewußte* und *unbewußte* Formen.

($B_1$) Diese bewußte Geste ist konventionell festgelegt: in Japan steht sie für »Geld«, in Deutschland für »Präzision«.

($B_2$) Eine solche unbewußte Geste ist mehrdeutig; sie kann für »Abwarten«, aber auch für das Bedürfnis nach »Selbstschutz« stehen, oder sie dient direkt dem »Kälteschutz«.

**C Verbalausdruck**

Neben Ausdruckssender und Ausdrucksempfänger verändert eine 3. Instanz die Qualitäten der sog. Körpersprache: die *Gesellschaft* mit ihren konventionellen Vorschriften. Wie vielschichtig die Körpersprache dadurch wird, läßt sich am deutlichsten am Verbalausdruck beobachten.

($C_1$) Die sozialen Gewohnheiten schreiben vor, mit wem man beim Gespräch einen solchen herzl. Kontakt aufnehmen darf und zu welchen Situationen er als passend empfunden wird.

Ein anderes Beispiel: Dem Erwachsenen ist das Zungeherausstrecken und das Zeichen der langen Nase (die interkulturell weitgehend die Bedeutung von Abwehr und Verachtung haben) nur in Ausnahmefällen erlaubt (z.B. das bekannte Bild von ALBERT EINSTEIN, der den ihn verfolgenden Photographen die Zunge zeigt).

($C_2$) Die Schrift wurde schon früh für Deutungszwecke verwendet, weil sie lange das einzige *konservierbare* Medium war, bes. aber wegen der Vielfalt der Ausdrucksmerkmale (Druckstärke, Zeilenführung, Raumverteilung, Buchstabenbindung, Bewegungsschwung usw.). Die *Graphodiagnostik* (J. SLIKBOER) unterscheidet sich dabei von der *Graphologie* ähnlich wie die Astronomie von der Astrologie. Ihr kommt es auf wiss. gesicherte Beziehungen zwischen den Schriftmerkmalen und ihrem Ausdrucksgehalt an. Ein Hauptthema ist die kriminolog. Identifizierung von Schreibern. Sie beginnt bei der chem. Analyse der verwendeten Schreibmaterialien und reicht bis zur mikroskop. Prüfung von Mikrobewegungen.

Daß die Schrift auch von der Lebenssituation des Schreibers abhängt, zeigen die Beispiele zum Unterschriftenwandel bei NAPOLEON BONAPARTE.

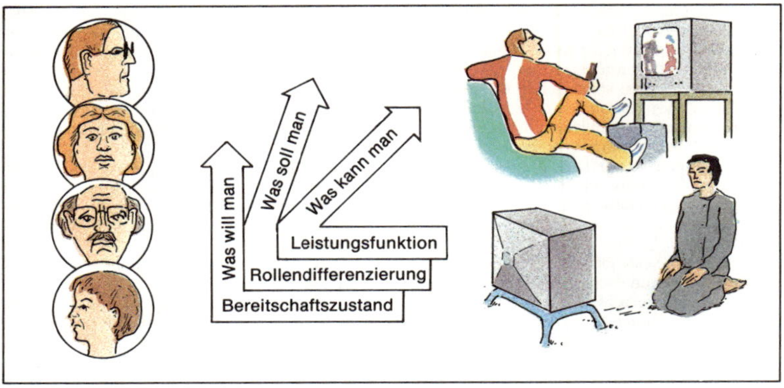


A Systeme des Bereitschaftszustands

B Systeme der Rollendifferenz

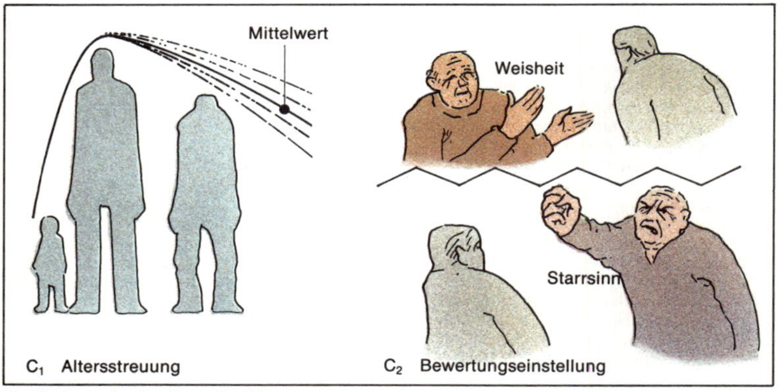


C Systeme der Leistungsfunktion

Die Persönlichkeitsps. zielt auf das Individuum. Ein neuerer Bereich dieses Gebietes schlägt aber eine Brücke zur Sozialps. (s. Kap. XV). Es handelt sich hier um Vergleiche, die die individuellen Merkmale des Menschen als Angehörigen von biolog.-soziolog. Gruppen erforschen.

Es wird beispielsweise als sicher angenommen, daß es mehr oder weniger einheitl. Verschiebungen des Individualbildes durch den Geschlechtsunterschied gibt.

Nach den bisherigen Erkenntnissen sind das aber keine festen Beziehungen. Vielmehr kommt es auf den Grad der »Verwandtschaft« des Individuums zu den jeweiligen Gruppierungen an.

So sind wir alle auch Mitglieder der Spezies Mensch, haben ein best. Alter, gehören einem Geschlecht an, einer Nationalität, sind Schicht- und Berufsangehörige usw.

Alle diese übergreifenden Gruppeneigenschaften untersucht die **Vergleichsanalytik,** wobei aber hervorgehoben werden muß, daß gesicherte Ergebnisse noch sehr rar sind.

**A Systeme des Bereitschaftszustands**

Gibt es *den* Amerikaner – *die* Frau – *den* Professor – *das* Kind?

Wohl kaum. Aber ein mehr oder weniger kleiner Anteil an unserer Individualität ist auch gekennzeichnet durch unsere Zugehörigkeit zu den biolog.-soziolog. Gruppen.

Um diesem Problem näher zu kommen, hat man es unterteilt in 3 Hauptfragen:

*Was will, was soll, was kann man als* ... (z.B. Frau, Greis oder Asiate – im Unterschied zu den Gegengruppen: Mann, jüngerer Mensch, Nicht-Asiate)?

Aus diesen 3 Fragen haben sich 3 Forschungsgebiete der Vergleichsanalytik herausgebildet, die die »Systeme« der jeweiligen Gruppenmerkmale in ihrer »typischen« Verschiebung analysieren sollen: die Systeme des *Bereitschaftszustands,* die der *Rollendifferenzierung* und die der *Leistungsfunktion.*

Beispiele sind u. a. die Hoffnungslosigkeit bei Extremarmut oder die Sicherungsangst bei Superreichtum. Zur Demonstration bedienen wir uns der *interkulturellen* Vergleiche.

In den Forschungen von P. Ekman wurden die Ausdrucksmerkmale von Japanern und Amerikanern während Filmvorführungen getestet. Für die Ausdrucksgebiete schwankten die Ergebnisse deutlich (von Korrelationen von .39 bis .86).

Ähnl. Verhalten wird durch den »Gruppenschub« (Benesch) ausgelöst, der bei überwertigen Gruppierungen (Nation, Religion, Schicht) einheitl. Reaktionsformen durchsetzt (wie z. B. beim Schmerzausdruck).

**B Systeme der Rollendifferenz**

Unter Rollendifferenz versteht man das »Soll-Verhalten« best. Gruppen, z.B. von Krankenschwestern, Schülern oder Moderatoren. Diese Rollen sind nicht trennbar von den beiden anderen Vergleichssystemen (z.B. hängt die »Frauen-Rolle« auch mit ihrer biolog. Aufgabe zusammen). Trotzdem wird die Rolle aber auch innerhalb jeder Gesellschaft konventionell festgelegt.

Am deutlichsten ist dies für das *geschlechtstyp. Verhalten.* Die Rollen von Frau und Mann haben sich aus vielen Gründen (wie die behavioralen, analyt. oder kognitiven Theorien darstellen) verändert; nicht wenige Bereiche, wie z. B. die allg. Berufsorientierung, sind dagegen weitgehend konstant geblieben. Die Geschlechterrolle ist ein Hauptthema der »Frauenforschung« (Becker-Schmidt, 1992).

Wohl am besten gesichert sind die Unterschiede im geschlechtstyp. *Aggressionsverhalten,* das auch die Soll-Rollen mitprägt:

Jungen zeigen mehr Aggressionen als Mädchen.

In diesem Zusammenhang spricht man von einem angeblichen stärkeren Abhängigkeitsbedürfnis bei Frauen (Cinderella-Phänomen). Das Dominanzstreben und die Interessenstärke scheinen bei Jungen i. a. intensiver ausgeprägt, dagegen sind bei der allg. Aktivität, der Impulsivität (trotz diesbezügl. Vorurteile) keine Unterschiede nachweisbar; Ängstlichkeit dürfte eher alters- als geschlechtsabhängig sein (Degenhardt, Trautner, 1979).

**C Systeme der Leistungsfunktion**

Bezüglich der Leistungsfunktion finden sich die meisten ideolog. Vorurteile.

Beispielsweise wird versch. Rassen, niederen Sozialschichten, den Frauen, alten Menschen usw. immer wieder als biolog.-soziolog. Gruppen eine geringere geistige Leistungsfähigkeit zugesprochen.

Solche Annahmen sind entweder falsch oder differenzierter zu beurteilen.

In generalisierten Kurven (u. a. nach Honzik; McCall; Jarvik) kann man zwar einen steilen Anstieg von der Kindheit zur Jugend, eine Abflachung mit dem Erwachsenenalter und ein Absinken mit dem Greisenalter feststellen. Aber da gleichzeitig die *Streubreite* erheblich zunimmt, ist dies kein unentrinnbares Schicksal des Alters.

($C_1$) Man nimmt heute eher einen Intelligenzstrukturwandel für das Alter an:

eine Zunahme der »Erfahrungsintelligenz« (*crystallized intelligence;* genauere Analyse von Einzeltatbeständen);
dagegen eine Abnahme der »Umsichtsintelligenz« (*fluid intelligence;* schnelle Erfassung mehrerer Tatbestände).

($C_2$) Für die unterschiedl. Intelligenzentwicklungen erwartet man heute nicht mehr nur sozialbiolog. Gründe. Wesentlich ist auch das Aufnehmen von Anregungssituationen und die Tendenz in den Wertungsgewichtungen, so daß im Alter sowohl zunehmende »Weisheit« (psych. Differenziertheit) wie »Starrsinn« (Rigidität) möglich sind.

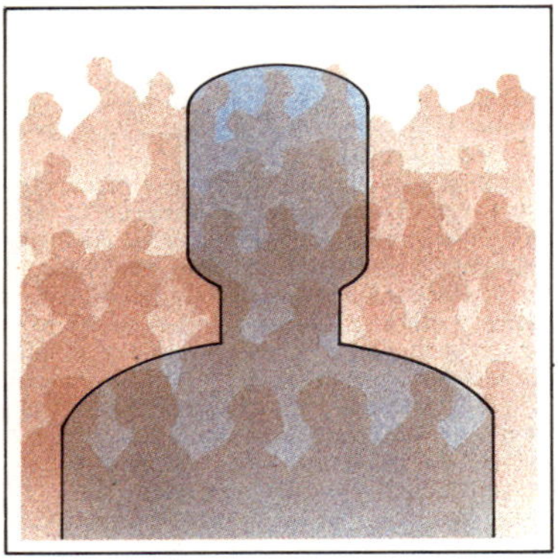

A Potentialität

B Aufgeschlossenheit

C Wertschätzung

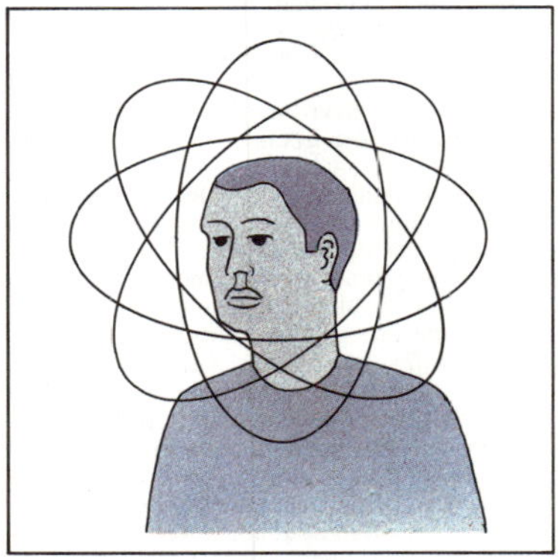

D Daseinseinklang

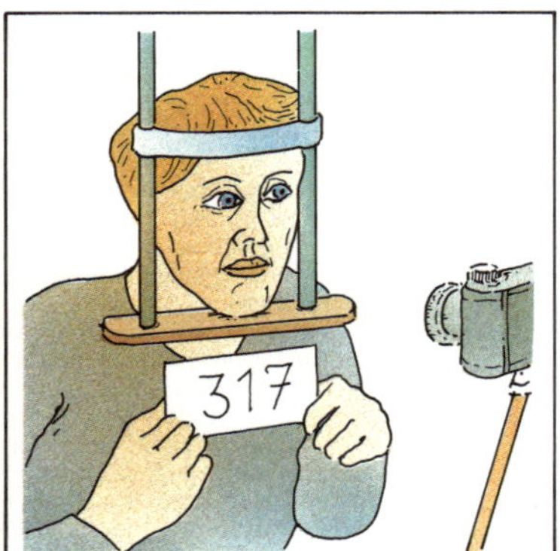


E Selbstdistanz

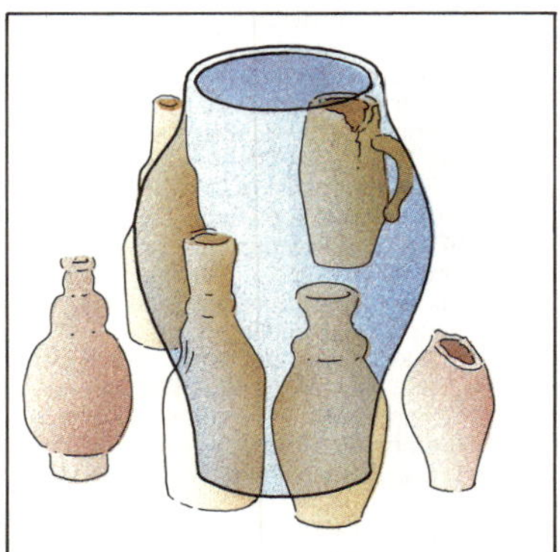

F Ausgewogenheit

Den Abschluß dieses Kapitels bilden zwei Begrenzungsfragen:

Welche (positiven) höchsten Ziele sind mit der Persönlichkeitsentwicklung verbunden (das Thema dieser Seite)?

Welche (negativen) gestörten Tendenzen können in der Persönlichkeit liegen (s. S. 277)?

**A Potentialität**

Die »Begabung« einer Persönlichkeit ist nicht feststehend, sondern entfaltet sich durch günstige Voraussetzungen (Anregung, Anforderung, Bestätigung). In der Geschichte der Philosophie und Ps. wurden viele oberste Persönlichkeitswerte genannt:

u. a. die verfeinerte Lust, die Gelassenheit, die Begierdelosigkeit, die Ausgeglichenheit, die Selbstverwirklichung.

Aber wegen der Vielfalt der individuellen Voraussetzungen kann es keine hinter allen stehende wünschbare Einheitspersönlichkeit (Abb. A) geben.

Weil alle Persönlichkeiten auch werthaltig sind, schließt sich daran für viele Psychologen (bes. der »humanistischen« Richtung) die Frage an, welche der humanen Eigenschaften vor allem befähigt sind, sowohl dem Individuum wie der Gemeinschaft einen Wert- und Sinnzuwachs vermitteln zu können, die den innerl. Reichtum der Persönlichkeit anvisieren (Ingeniologie = Lehre der ps. Reife).

**B Aufgeschlossenheit**

Gleichsam als Fundamentaleigenschaft zur psych. Vervollkommnung gilt die humane Unvoreingenommenheit und existentielle Aufgeschlossenheit (Sensibilität, Abb. B). Mit jedem Zuwachs an Erfahrung oder Wissen ist die Gefahr verbunden, neue Erfahrungen oder Erkenntnisse zu meiden, bes. wenn sie das bisher Erreichte gefährden (Innovationswiderstand). Der reife Mensch soll dieser Schwäche nicht unterliegen. SCHILLER sagte in seiner Universitätsantrittsrede von 1789 vom aufgeschlossenen Gelehrten:

»Er hat die Wahrheit immer mehr geliebt als sein System, und gerne wird er die alte mangelhafte Form mit einer neuern und schöneren vertauschen.«

**C Wertschätzung**

CARL ROGERS, der Begründer der Gesprächspsychotherapie, verlangt vom Psychotherapeuten die Fähigkeit, seinen Klienten gegenüber eine verständnisvolle Einfühlung und Wertschätzung zu bekunden (Abb. C).

Wer keinen Menschen rückhaltlos annehmen kann, wird weder zu sich noch zu anderen Vertrauen aufbauen können.

Im Durchschnitt sollte man zunehmend die anderen eher *auf-* als *abwerten*. Gleiches gilt für das allg. Niveau positiver Beziehungen zur belebten und unbelebten Umwelt und für die innere Begeisterungsfähigkeit.

**D Daseinseinklang**

Am schwierigsten ist die »Echtheit« eines Menschen zu beschreiben. Wichtig ist dabei die psych. Eigenständigkeit, Selbstidentität und Einklang mit dem Dasein (Abb. D).

Der narzißt. (selbstsüchtige) Mensch hat 2 Hauptmöglichkeiten zur überzogenen Selbstbestätigung:

er kann andere durch Tricks oder üble Nachreden herabsetzen oder er schließt sich identifizierend jemandem unter Selbstaufgabe an, hinter dessen Überhöhung er seine eigene Unzulänglichkeit vor sich und anderen versteckt.

Beide Wege sind gefährlicher als die ruhige, bescheidene Gewißheit der eigenen (relativen) »Daseinsintensität«. Im Einklang mit sich und der Welt erringt der Mensch die Echtheit, die seine Aussagen, Taten, moral. Haltungen glaubwürdig macht.

HEINRICH VON KLEIST sagt von einem solchen in-sich-ruhenden Menschen, daß sein Glück kaum verletzlich sei:

»es hängt von keinen äußeren Verhältnissen ab, kein Tyrann kann es rauben, kein Bösewicht kann es stören, wir tragen es mit in alle Weltteile umher«.

**E Selbstdistanz**

In einem Experiment wurden viele Personen in einem Gesichtsgestell photographiert, und sie mußten dabei eine Nummer halten (Abb. E). Eine Woche später sollten sie dieses »entwürdigende« Konterfei von sich selbst (anonym) beschreiben. Diesen gezielten Persönlichkeitsangriff erwiderten nur wenige mit humorvoller Gelassenheit und Selbstironie.

GOETHE schrieb:

»Wer sich nicht selbst zum Besten haben kann, der ist gewiß nicht von den Besten.«

**F Ausgewogenheit**

Wie bei Gefäßen bes. diejenigen stabiler sind, die eine ausgewogene Dimensionierung aufweisen, kommt es für das »Gefäß« der Persönlichkeit auf einen inneren Ausgleich an (Abb. F).

Schon ARISTOTELES erkannte in der Psyche das Gefüge (Diathesis) der Ordnung (Taxis) von Anteilen.

Beim Körper fällt eine Unstimmigkeit, z. B. ein verkürzter Arm, sofort auf. Im Psych. erkennen wir solche Unausgewogenheiten weit schlechter.

SENECA schrieb zusammenfassend:

»Demgemäß ist ein Leben dann glücklich zu nennen, wenn es sich im Einklang mit seiner Natur befindet, nicht ängstlich besorgt ist um den Körper und seine Ansprüche, wenn der Mensch dann noch eine Vorliebe hat für alle Dinge, die das Leben angenehm machen, freilich ohne eines dieser Dinge anzubeten, wenn er die Gaben des Glücks nutzt, aber nicht von ihnen abhängig ist.«

A Schizophrenie

B Zyklothymie

C Phobie

D Hysterie

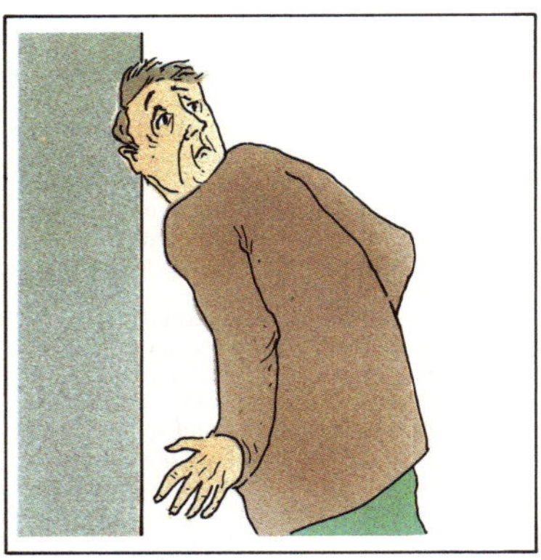

E Paranoia

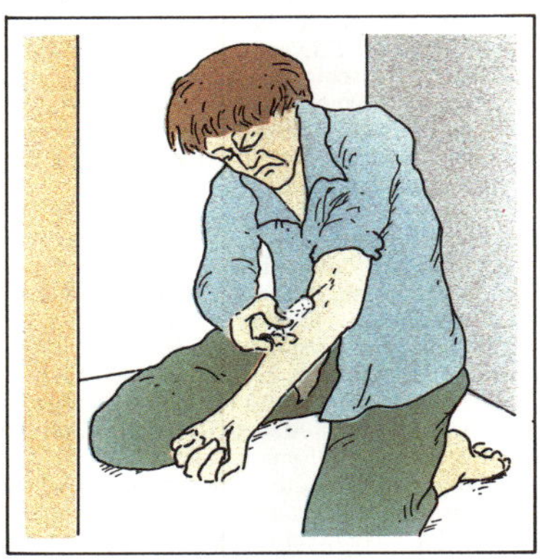

F Abusus

Die »untere« Begrenzung der Persönlichkeit führt zur Frage, welche Arten von **psych. Störungen** es gibt. Die Antwort wird durch zwei Tatsachen erschwert. Einerseits ist die Fülle der Störmöglichkeiten nicht kleiner als die Fülle der positiven Formen psych. Erlebens und Verhaltens. Eine Einteilung in hauptsächl. Störungsgruppen engt daher notwendigerweise diese Vielfalt ein.

Andererseits waren an dieser Einteilung drei vorrangige therapeut. Richtungen beteiligt, die von unterschiedl. Standpunkten aus die psych. Störungen klassifizierten: die Psychiatrie, die Psychoanalyse und die Verhaltenstheorie. Das Ergebnis ihrer Unterteilungen war die Herausarbeitung von drei Störbereichen, die sich teilweise überschneiden: die *Psychosen,* die *Neurosen* und die *Verhaltensstörungen.* Nachfolgend sind jeweils zwei Schwerpunktstörungen aus diesen drei Bereichen herausgehoben.

**A Schizophrenie**

Der im Jahre 1845 von Ernst v. Feuchtersleben eingeführte Begriff »Psychose« löste im Laufe des 19. Jh. die alten Begriffe Geisteskrankheit, Tobsucht, Wahnsinn usw. (lat. Alienatio mentis, Insania) ab. Darunter werden schwerste psych. Deformationen verstanden:

*exogene* Psychosen (u. a. alkohol. Delirium, Paralyse) mit offensichtl. Ursachen und *endogene* Psychosen (u. a. Schizophrenie, Zyklothymie) ohne erkennbare körperl. Ursachen.

Die *Schizophrenie* (Bezeichnung seit 1911 durch Eugen Bleuler) ist eine destruktive Persönlichkeitsstörung mit Wahnbildungen, Gefühlsstarrheit, Erlahmung der Antriebe, Realitätsverlust, Ich-Auflösung, selbstgewählter Isolation. Die Patienten ziehen sich zurück und unterliegen irrationalen, halluzinator. Angriffen, die sie oft auch bildlich darstellen (Abb. A).

**B Zyklothymie**

Die manisch-depressiven Psychosen sind zweiphasige (»bipolare«) Gefühlszustände mit *manischen* (»Größenwahn« oder »Tobsucht«) und *melanchol.* Phasen. Der Begriff Melancholie (griech. »schwarze Galle«), für die schwerste Form der Depression stammt von Hippokrates. Als »monopolare« (einphasige) *Depression* weist sie aber in den folgenden Bereich der Neurosen.

**C Phobie**

Der Begriff »Neurose« wurde erstmals 1776 von dem schott. Arzt William Cullen für psych. Störungen ohne anatom.-patholog. Befund gebraucht; seit der Unterteilung (Sigmund Freud) in *Aktualneurosen* (somatisch bestimmte Funktionsstörungen) und *Psychoneurosen* (Verursachung in ungelösten Konflikten aus der Kindheit) hauptsächlich von den tiefenps. Richtungen.

Zwischen Psychosen und Neurosen stehen die (früher »Randpsychosen«) *Borderline-Syndrome.*

Neurosen gelten als Störungen mit schwereren psychofunktionalen Behinderungen.

Darunter sind die *Phobien* chronifizierte, massive Angstzustände bei einer Vielzahl mögl. Anlässe, die aber in keinem Verhältnis zur ausgelösten Reaktionsstärke stehen.

**D Hysterie**

Freud begann seine Psa. (Kap. XXI) mit Hysteriestudien.

Unter *Hysterie* wird eine »künstl.« Erkrankung mit »Konversionen« (körperl. Störungen, z. B. Krämpfen, Lähmungen, ohne somat. Verursachung) verstanden. Die Hysteriker zeigen demonstratives, unechtes, bisweilen simulator. Verhalten. Ihre zur Schau gestellte »Krankheit« wird in den Dienst sozialer Unterdrückung gestellt.

**E Paranoia**

Der Begriff »Verhaltensstörung« dient den Verhaltenspsychologen als Sammelbezeichnung für alle »sozialrelevanten« Störungen: sowohl des *Selbstbildes* (z. B. Minderwertigkeitskomplexe) wie innerhalb der *Gruppen* (z. B. Anpassungsstörungen) und gegenüber der *Gesellschaft* (z. B. kriminelle Delinquenz).

Als Beispiel: Der Paranoiker zeigt keine Handlungsfreiheit: er unterstellt sein Handeln fremden Mächten, fühlt sich in versch. Intensitätsstufen verfolgt: von der Sensitivität (Eindruck, ständig beobachtet zu werden) bis zum Verfolgungswahn.

**F Abusus**

Der *Abusus* (Mißbrauch) ist eine in einer sinnentleerten und angstmachenden Umwelt zunehmend auftretende Verhaltensstörung. Alkoholismus, Drogenmißbrauch (Abb. F), exzessives Rauchen, hekt. Arbeitsgetriebenheit (»workoholics«) usw. sind Beispiele für *Verhaltensabweichungen,* die den Betroffenen nicht selten in selbsterzeugte Lebensgefahr bringen. Sie gelten als (zumeist untaugliche) Abwehrversuche bei irrationalen Persönlichkeitsgefährdungen wie Hoffnungs- und Interesselosigkeit, Sicherungsangst, Verdeckung uneingestandener Unterlegenheit, Tarnung von Depressivität.

Zur Nomenklatur der psych. Störungen u. a.: DSM III (Diagnost. und Statist. Manual, 3. Aufl.; American Psychiatric Association); ICD 9 (International Classification of Deseases, 9. Aufl.; Weltgesundheitsbehörde); AMP (Arbeitsgemeinschaft für Methodik und Dokumentation in der Psychiatrie). In der Art von Entscheidungsbäumen (s. X/14, $B_1$) werden dabei Systeme mit Störungshierarchien gebildet.

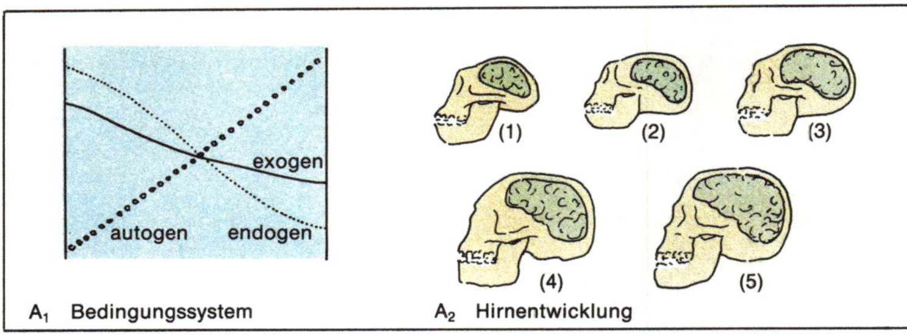


A Hominisierung

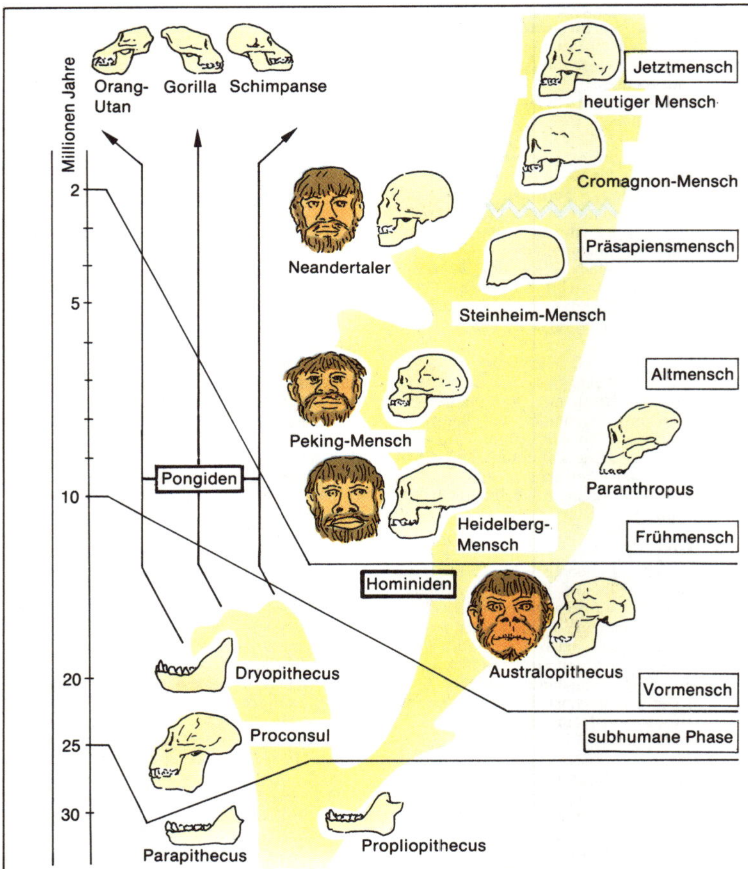


B Evolutionsstammbaum

Anfangs wurde Darwin mißverstanden. Man nahm an, er führe mit seiner **Abstammungslehre** den Menschen auf den Affen zurück. Diese Fehlinterpretation hat zwar der Verbreitung der Deszendenztheorie sehr genützt, aber auch eine weitverbreitete Gegner-, sogar Feindschaft gegen ihre Vertreter ausgelöst.

Der Mensch stammt *nicht* vom Affen ab, sondern Mensch und Affe besitzen *gemeinsame* Vorfahren, die sich in einer Evolutionskette (wenn auch noch nicht nachweisbar) bis auf die Anfänge des Lebens zurückverfolgen lassen. Der weitaus größte Teil der Lebensausprägungen ist ausgestorben. Ein kleiner Teil (wenn auch noch Millionen Arten) existiert bis heute. Dazu gehört auch der Mensch als (bislang) erfolgreichste Gattung.

**A Hominisierung**

($A_1$) Zur »Menschwerdung« (Hominisierung) kam es durch ein Geflecht von sich gegenseitig verstärkenden (bzw. abschwächenden) Faktoren aus 3 Bereichen:

*endogene* (Bedingungen für die Weiterentwicklung von Organen),

*exogene* (Umweltveränderungen mit entsprechenden Anpassungsnotwendigkeiten),

*autogene* Faktoren (Herstellung selbstgeschaffener Bedingungsänderungen, z. B. eine neue Kultur).

Für den Menschen hat sich die Bedeutung dieser 3 Bereiche zueinander zugunsten der autogenen Faktoren verschoben.

($A_2$) Für dieses Bedingungssystem wird immer wieder die Bedeutung des aufrechten Ganges (endogen) oder die Abwanderung in die Savannen (exogen) oder die Bedeutung der Hand für den Kulturaufbau (autogen) hervorgehoben. Eine entscheidende Grundlage bildete aber die aus allen 3 Richtungen vernetzt ausgelöste »Cerebralisation«, d. h. die Größenentwicklung des Gehirns.

Das Gehirn eines frühen Hominiden im Tier-Mensch-Übergang wie beim (1) Australopithecus africanus wies eine Schädelkapazität von ca. 500 $cm^3$ auf, beim (2) Pekingmenschen 1050 $cm^3$, beim (3) Präneandertaler 1175 $cm^3$, beim (4) Neandertaler 1440 $cm^3$ und beträgt beim (5) Jetztmenschen bis zu 2000 $cm^3$.

**B Evolutionsstammbaum**

Der Evolutionsstammbaum des Menschen umfaßt einen Zeitraum von derzeit vermuteten 20–25 Mill.J. einer *subhumanen* und von 2–10 Mill.J. einer *prähumanen* Phase. Die Trennung der *Hominiden* (Menschenähnlichen) von den *Pongiden* (Affenähnlichen) geschah allmählich und mit partiellen Ausprägungen, z. B. Schädel- und Gebißveränderungen einzelner Linien.

Die Hominidenentwicklung wird in 5 Stadien eingeteilt:

*Vormensch* (Praehomininen mit den Gruppen Australopithecus und den Habilinen), *Frühmensch* (Archanthropinen), *Altmensch* (Palaeanthropinen, u. a. »Neandertaler«), *Präsapiensmensch* (Übergang von Alt- zu Jetztmensch, u. a. »Steinheimer«) und *Jetztmensch* (Neanthropinen, u. a. »Cromagnon«).

Die Entwicklungslinien der Pongiden führten zu den heutigen Menschenaffen: Orang-Utan, Gorilla, Schimpanse.

Die Hominidenlinien bestehen aus »Hauptstraßen« und »Sackgassen« einer z. T. noch unbekannten humanen Entwicklungsausfächerung. Die Selektionsvorteile der erfolgreichen Linien werden auf 5 Akkumulationstendenzen zurückgeführt.

Die *Cerebralisation* ermöglichte den Überbau der zurückgedrängten Instinktprogrammierung durch die Konditionierung (»Versuch und Irrtum«, s. Kap. VIII) und die Kognitionierung (»Vorstellung und Denken«, s. Kap. X).

Die *Grazialisierung* bedeutet die Verfeinerung des Körpers (z. B. der Verlust der Vollbehaarung, Rückbildung der Reißzähne) und seiner Organe (z. B. aufrechte Körperhaltung, die die Hand von der Lauffunktion frei machte), wodurch zwar die Naturanpassung verschlechtert, aber die Kulturgestaltung vorbereitet wurde.

Die *Präsozialisierung* führte zu einer Ablösung der Herdenstruktur (Besamung der Weibchen nur durch das α-Tier) durch die monogame Sippenstruktur sowie die Entwicklungsverzögerung (Neotenie) und die Institutionalisierung der Sozialbezüge mit dem Vorteil eines verlängerten »Moratoriums« (der Abhängigkeit des Nachwuchses von der Elterngeneration).

Die *Technisierung* (mit dem Steinkeil beginnend) legte den Grund für die Ausweitung der rezeptiven und produktiven Bewältigung der Umwelt.

Die *Enkulturation* erweiterte das Betätigungsfeld des Menschen über das bloße Überleben hinaus: durch Kunst, Wissenschaft und Weltanschauung schuf sich der Mensch eine »geistige Welt«, welche seine »faktische« überlagert. Durch Sprache (seit ca. 100–200000 J.) und Schrift (seit ca. 6000 J.; Höhlenbilder seit ca. 30000 J.) wurde die erworbene Erfahrung unabhängig vom Individuum und der erfahrungserhaltenden Sippe. Der einzelne kann sich die technisch-kulturellen Errungenschaften der rd. 500000 Generationen, von den subhumanen Waldbewohnern zu den aufrechtgehenden Steppenläufern, aneignen. Viele dieser Erfahrungen wurden allerdings vergessen. Die neuartige Umweltanpassung überdeckte auch weite Teile des Instinktverhaltens. Der Jetztmensch hat nicht nur einen großen Wissensschatz gewonnen, er ist auch partiell an Naturerfahrung verarmt.

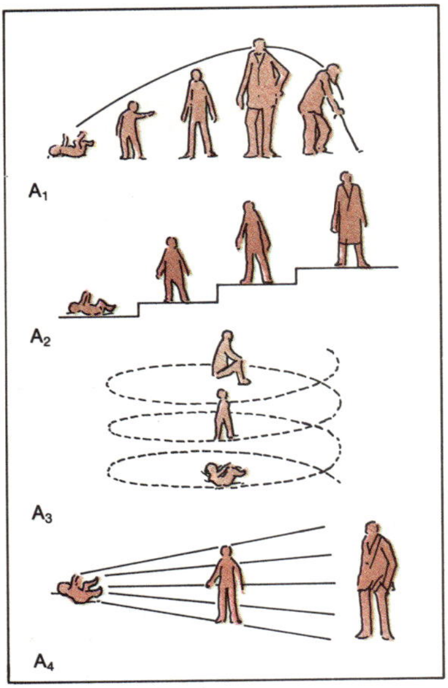


A Wachstumstheorien

B Formungstheorien

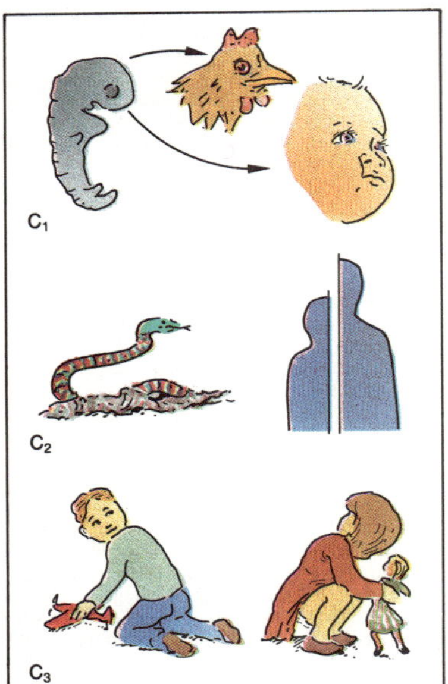


C Umbruchtheorien

D Gestaltertheorien

Die Individualentwicklung (Ontogenese) ist eine Reihenfolge von Veränderungsprozessen quantitativer und qualitativer Art sowie phys. und psych. Funktion. Daß der Mensch sich von der Zeugung bis zum Tod verwandelt, ist eine selbstverständl. Tatsache.
Aber *wie* und *warum* das geschieht, ist nicht offenkundig: dazu braucht man theoret. Erwägungen, die sich an der Totalität der Entwicklungsereignisse messen lassen müssen. Die Meinungen hierüber sind bis heute unter Fachspezialisten nicht einhellig. Die einen achten mehr auf körperl. Prozesse, andere z. B. mehr auf herausragende »alterstyp.« Erlebnisse. Folglich kann man zu versch. **Entwicklungstheorien** neigen (nachfolgend in 4 Gruppen geordnet).

**A Wachstumstheorien**
Diese Gruppe erläutert die Entwicklung »internalistisch«, d. h. von inneren Anstößen her. Sie orientiert sich am Körperwachstum als »Akkumulation infinitesimaler Zunahme« (KRECH u. CRUTCHFIELD, 1985), also an einer *Speicherung* der zum Grenzwert hin immer kleiner werdenden Aufstockung:

> Der Mensch wächst als Ungeborenes, Neugeborenes und Kind sehr rasch, langsamer als Jugendlicher, stagniert partiell als Erwachsener und bildet sich als Greis wiederum partiell zurück.

Von dieser Theoriengruppe wird die psychophys. Entwicklung als immanenter (innerer) Regelprozeß verstanden. Dazu lassen sich 4 Untergruppen festhalten.
($A_1$) Man kann diese Reihe als kontinuierl. Wachstums- bzw. Rückbildungsprozeß auffassen, der gleichsam einem *Kreisbogen* folgt.
($A_2$) Andere würden eher einen diskontinuierl. *Stufenbau* entdecken, wenn man auf »Phasen«, wie die früheren Entwicklungspsychologen (u. a. O. KROH), rekuriert.
($A_3$) Manche Theoretiker wie A. GESELL denken beim Wachstum an ein *Spiralmodell* mit einer geregelten Höhenschraubung bei gleichlaufender Zielstrebigkeit (»Äquifinalität«, WADDINGTON, 1971).
($A_4$) Schließlich stützt man sich auf das gestaltps. Modell der *Ausdifferenzierung*, wie z. B. H. WERNER und H. A. WITKIN, nach dem aus einem diffusen Anfangs- ein gegliederter Endzustand herauswächst.

**B Formungstheorien**
Ihr Grundgedanke ist die fast *plastische* Nachbildung der Entwicklungsanpassung nach den Bedingungen sozialer und kultureller Außeneinflüsse.

> E. DURKHEIM (1893) sprach bereits von der »Vergesellschaftung der menschlichen Natur«.

($B_1$) BALTES u. a. (1980) verweisen auf die Möglichkeit einer Verbindung der vorherigen Gruppe mit dieser: im Laufe des Lebens gibt es eine Abnahme innerer Entwicklungsfaktoren zugunsten der Veränderung im »sozialen Wandel«.
($B_2$) Aus der »sozioplast.« Formung wird die »soziokulturelle« Entwicklungsanpassung.
($B_3$) Bereits 1930 begründete WILLIAM STERN diese kombinierte Auffassung mit seiner »Konvergenztheorie«, nach der sich innere Entwicklungsbedingungen des Organismus (O) und äußere des Milieus (M) überdecken.

**C Umbruchtheorien**
Einige Theoretiker sehen den Entwicklungsprozeß bestimmt durch menschentyp. kurze, dramat. Eruptionen (»Katastrophentheorie«, COLEMAN, 1978). Hier können wiederum 3 Untergruppen festgehalten werden.
($C_1$) Nach dem (kaum noch akzeptierten) »biogenet. Grundgesetz« von ERNST HAECKEL (1874) ist die Ontogenese (Individualentwicklung) als »Zeitraffer-Evolution« der Phylogenese (Artengeschichte) aufzufassen; folglich z. B. die Embryonalentwicklung als Wiederholung der stammesgeschichtl. Umformung (der Embryo hat noch seitl. gestellte Augen wie das Huhn).
($C_2$) Wie bei den Schlangenhäutungen erfolgt für diese Gruppe der Übersprung zu einer neuen »Gestalt« relativ spontan in »sensiblen Phasen«.
($C_3$) Am häufigsten findet man eine 3. Gruppe unter psychoanalyt. beeinflußten Entwicklungstheoretikern. Der Umbruch (Ödipuskomplex) wird hier als ein notwendiger Entwicklungsanstoß begriffen, nach dem ein Neubeginn erfolgt.

**D Gestaltertheorien**
Mit EDUARD SPRANGER (1924) begann eine 4. Theoriengruppe, wonach das Kind und der Jugendliche auch aktiv an der Gestaltung seiner Entwicklung beteiligt seien.

> E. H. ERIKSON und R. J. HAVINGHURST sprechen von der aktiven Auseinandersetzung mit bestimmten Entwicklungsaufgaben (»development task«), und eine neuere Richtung der Entwicklungspsychologie (BRIM u. KOGAN, 1980; PRIGOGINE, 1980; LERNER u. BUSCH-ROSSNAGEL, 1981) geht von einer »Selbstgestaltungstendenz« aus.

Der Mensch wird von ihnen als Steuermann seiner Zukunft verstanden. Unter wechselnden Aufgabenstellungen zukunftsorientierter Zielsetzung muß er einen Verantwortungszuwachs erkennen, akzeptieren und zu bewältigen versuchen:

> z. B. altersentsprechende Betätigungen (vom Spielzeugauto, Roller zum Motorrad), neugenutzte körperl. und geistige Felder (Sport, Wissenschaft, Religion), neuartige Beziehungen (zum eigenen Körper, zu altersspezif. Partnern), Anwartschaft auf psych. und ökonom. Unabhängigkeit.

Zu den Selbststeuerungen gehört auch der realist. Umgang mit unüberwindl. Hindernissen auf dem Weg in die Zukunft.

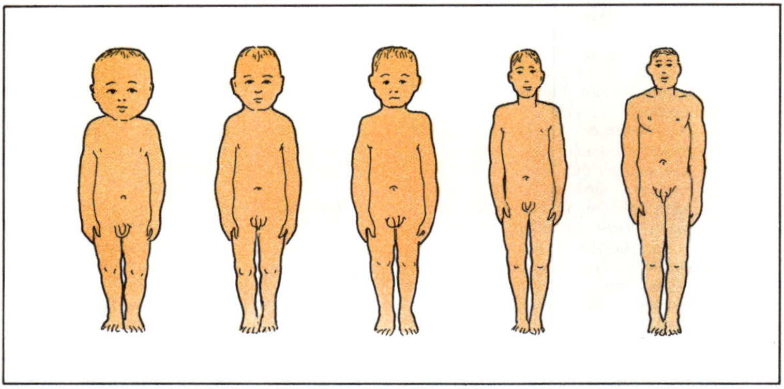

A Proportionale Entwicklung

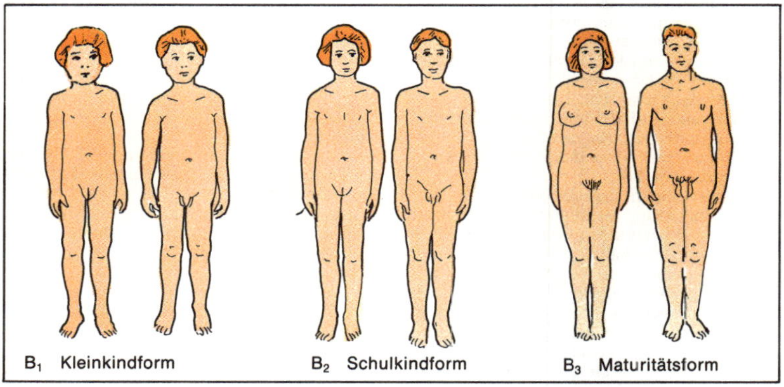


B Gestaltentwicklung

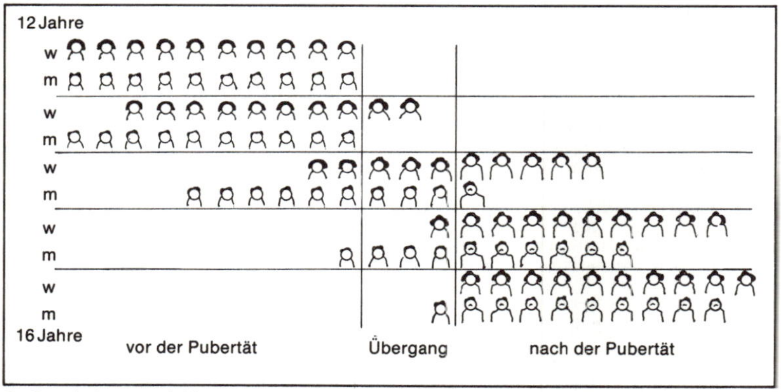


C Populationsentwicklung

Der Körper des Menschen wandelt sich im Lauf des Lebens in charakterist. Weise um. Neben der mehrheitl. Mittellage einer Entwicklungshauptlinie bestehen breite Felder von Abweichungen. Die Distanz zur Mittellinie ist keineswegs »abnorm«. Jeder Mensch weist solche Abweichungen auf. Man sollte die Normwerte nicht überschätzen. Sie dienen zur Orientierung in einem riesigen Gebiet der **körperl. Veränderung.** Nachfolgend 3 herausragende Merkmalsbereiche.

**A Proportionale Entwicklung**

Das Längenwachstum verläuft nicht in allen Teilen des Körpers gleichmäßig. Die anatom. Dimensionen des Körpers wachsen in unterschiedl. Tempo; Kopf, Rumpf und Beine nehmen in versch. Lebensaltern unterschiedlich an Länge zu. Einige Körperteile wachsen zunächst sehr schnell, danach verlangsamt sich das Tempo, wogegen andere Organe ihr Wachstumstempo beschleunigen.

Am auffallendsten ist die proportionale Wachstumsverschiebung zwischen Kopf-, Rumpf- und Beinbereich. Bei der Geburt z.B. hat der Kopf 25% der Gesamtlänge, beim Erwachsenen dagegen nur 12–14%.

**B Gestaltentwicklung**

In der Anthropometrie werden mit Meßgeräten (z.B. Gleit- und Tastzirkel) und Vergleichsinstrumenten (u.a. Spektralphotometer) unter biostatist. Prüfung allg. Durchschnittszahlen bzw. solche für best. Menschengruppen bezüglich versch. Indizes (z.B. Längen-Breiten-Index des Kopfes) errechnet. Das nachgeburtl. Wachstum erfolgt nicht gleichförmig, sondern in Schüben: Perioden der »Fülle« (C.H. STRATZ) folgen solchen der »Streckung« (6.–7. und 12.–15. Lebensjahr), so daß man früher einen 1. und 2. »Gestaltwandel« (W. ZELLER) mit 3 Ausprägungsformen annahm, der heute eher als fließender Gestaltverlauf gilt.

($B_1$) Die *Kleinkindform* ist gekennzeichnet durch einen rundl., kurzen Körperbau. Der große Kopf dominiert den Gesamtkörper. Im Gesicht beherrscht die gewölbte Stirn das weiche Mittel- und kleine Untergesicht (»Kindchen-Schema«). Die Oberlippe ist gegenüber der Unterlippe stärker ausgebildet. Die Nase ist kaum ausgeformt. Der Hals wirkt im Verhältnis zum Kopf unterproportioniert. Der Rumpf ist breit und zumeist fettreich. Die Seitenkonturen verlaufen parallel, der Bauch springt vor, die Schulterpartie ist dagegen schmal. Bei den Extremitäten zeigt sich deutlich die geringe Entwicklung der Muskulatur. Arme und Beine sind verhältnismäßig kurz und walzenförmig, die Gelenke verfließen mit ihrer Kontur. Männl./weibl. Unterschiede im Erscheinungsbild sind gering.

($B_2$) Die Veränderungen der *Schulkindform* betreffen sowohl den Gesamteindruck wie einzelne Körperpartien: der Körper erscheint schmaler, Mittel- und Untergesicht nehmen zu, die wachsende Schulterbreite ergibt eine nach unten schmaler werdende Silhouette, der Hals wird länger, die Taille wird sichtbar, Arme und Beine vergrößern sich im Verhältnis zum Rumpf, die Gelenke zeichnen sich ab.

($B_3$) In der *Maturitätsform* tritt der Geschlechtsunterschied deutlich hervor. Die Pubertät (mit Vor-, Mittel- und Nachphase vom ca. 10.–16. Lebensjahr) ist die Zeit der Reifung der Geschlechtsfunktion. Durch erhebl. somat. (neurale, sekretor. u.a.) Umwandlungen setzt ein »puberaler Wachstumsschub« mit maßgebl. Erscheinungsänderungen ein. Beim Mädchen entwickeln sich Brust und Becken, beim Jungen bes. die Schulterpartie. Die Geschlechtsorgane entwickeln sich und bekommen eine Terminalbehaarung. Der Gesamteindruck zeigt eine allg. Kräftigung.

**C Populationsentwicklung**

Das generelle Entwicklungswachstum wird je nach Population, Umwelt- und Kultureinfluß abgewandelt. Beispielsweise differiert der Wachstumsrhythmus bei Schwarzen und Weißen. In der »Populationsgenetik« werden solche Gruppenunterschiede herausgearbeitet. Man konnte z.B. Populationsmechanismen hinsichtl. Blutgruppe und Rhesusfaktor etwa für die Resistenz gegenüber der Malaria isolieren, so daß best. Gruppen höhere Selektionsraten aufweisen. Dadurch werden genet. (z.B. rass.) und umweltbedingte (z.B. Ernährungsunterschiede) unentwirrbar verknüpft. Trotzdem versucht man in der Zwillingsforschung Unterschiede zwischen eineiigen (gleiches Genmaterial) und zweieiigen (ungleiches Genmaterial) Zwillingen zur Frage heranzuziehen, was »gen-« und was »umweltbedingt« sein könnte. Die Anworten sind (trotz Hinweisen z.B. auf die Tuberkulosehäufigkeit) unklar geblieben.

Selbst ein so offensichtlich intrasomat. Prozeß wie der Eintritt der *Geschlechtsreife* (Abb. C), der immer einen Abstand zwischen Mädchen (Menarche) und Knaben (Erstpollution) aufwies, hat sich je nach Ländern in den letzten 100 Jahren erheblich verschoben.

Lebensalter und körperl. Reife sind nicht fest verbunden. In den Industrienationen konnte eine säkulare Akzeleration (allg. Reifebeschleunigung) seit dem 19. Jh. beobachtet werden. Seit den 70er Jahren scheint sich dagegen ein Stillstand, in afrikan. Staaten sogar eine Dezeleration (Reifungsverzögerung) abzuzeichnen. Die Gründe sind unklar, vermutlich eine Vernetzung mehrerer Ursachen: unterschiedl. Lebens- u. Ernährungsbedingungen, Urbanisierung (steigende Stadtpopulation), Änderung des psych. Reizklimas, gewandelte soz. Schichtung, Rückwirkung anderer körperl. Veränderungen (z.B. Trainingszustand), emot. Befindlichkeitsquerschnitte, klimat., rass. Merkmale.

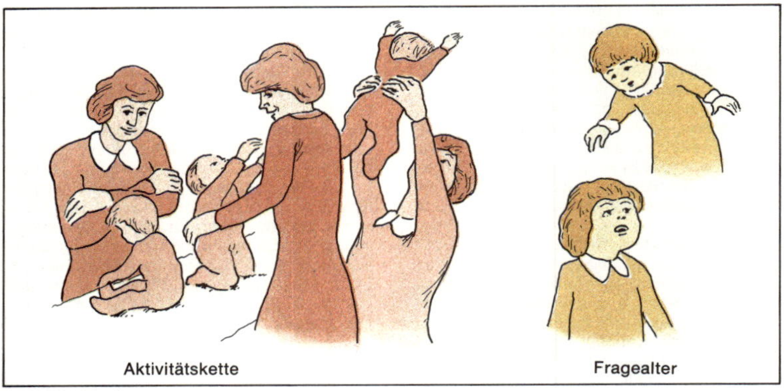


A Aktivitätsniveau

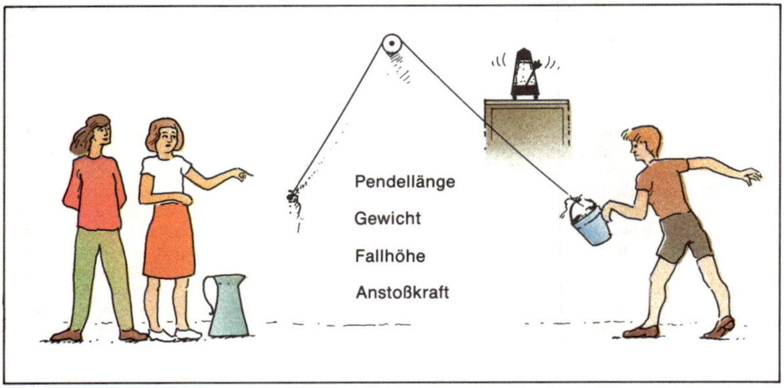


B Äquilibration

C Zeichenentwicklung

Dichter waren es, die sich erste Gedanken über die geistige Entwicklung gemacht haben. SCHILLER stellte 1780 ein Entwicklungssystem auf, in dem es z. B. für den Jüngling heißt:

»Oftmalige Wiederholung dieser Schlüsse macht sie nach und nach zur Fertigkeit.«

GOETHE schrieb:

»Der Mensch hat versch. Stufen, die er durchlaufen muß, und jede Stufe führt ihre bes. Tugenden und Fehler mit sich, die in der Epoche, wo sie kommen, durchaus als naturgemäß zu betrachten und gewissermaßen recht sind. Auf der folgenden Stufe ist er wieder ein anderer.«

Seit diesen frühen Anfängen hat sich die **Entwicklungsps. der Kognition** zu einem maßgebl. Gebiet der Ps. erhoben. Die Abläufe der kognitiven Entwicklung lassen sich an vielen Merkmalen ablesen; bes. wichtig sind die 3 folgenden.

**A Aktivitätsniveau**

Schon mit der Geburt weisen Säuglinge individ. Unterschiede ihrer Aktivität auf: u.a. Schlafdauer, Grad der Motorik, fordernder Einsatz von Weinen und Schreien. Die Eltern können nicht umhin, diese Forderungen individ. zu erwidern. Mit einem aktiveren Kind müssen sie sich mehr beschäftigen, ein bequemeres läßt sie mehr in Ruhe.

Das Kind *schafft* sich also auch seine Umweltbezüge, es *erleidet* sie nicht nur.

Diese Wechselwirkung hat Konsequenzen je nach Erreichen der Unter- bzw. Obergrenzen der Erwartungen bei Eltern und Kind: manche Kinder werden mehr angestachelt, andere mehr zur Ruhe gezwungen. Es entstehen somit »Aktivitätsketten«, die neben individ. auch typ. zeitl. Konzentrationen aufweisen.

In einem sog. 1. Fragealter (ca. 2. Lebensjahr) wird nach dem Namen von Dingen (»Was-Fragealter«), in einem 2. Fragealter (ca. 3. Lebensjahr) wird nach Gründen gefragt (»Warum-Fragealter«).

**B Äquilibration**

Mit diesem Begriff umschreibt JEAN PIAGET eine weitere Wechselwirkung. Das Kind hat zunächst noch einfache Vorstellungen (nach PIAGET: »Schemata«). Es setzt sich aber mit den Gegebenheiten der Umwelt aktiv auseinander und gewinnt komplexere Schemata von ihnen. Diesen Prozeß sieht PIAGET nicht als kontinuierlich an, sondern als stufenförmig:

(1) sensomotor. Phase, (2) vorbegriffl., (3) intuitive Verarbeitung, (4) konkrete und (5) formale Operationen der Informationsverarbeitung.

Wir pendeln nach PIAGET zwischen 2 Prozeßformen der *Adaptation* (Anpassung) des Organismus an die Umwelt.

Zum einen suchen wir (wie bei der uns bekömml. Nahrung) geistig das auf, was unserem Denkapparat verdaubar ist. Diese *Assimilation* ist gleichsam das konservative Denkprinzip: ein Kind oder Erwachsener neigt dazu, nur jenen Teil der Welt aufzunehmen, den er aufgrund seines bereits vorhandenen Wissens begreifen kann.

Das reicht aber nicht durchgängig aus. Manche Neuinformationen widersprechen den alten Ansichten.

Können sie nicht ignoriert werden, setzt das progressive Prinzip der *Akkommodation* ein. Durch sie erfolgt eine »ständige Erschaffung immer komplexerer Formen und eine fortschreitende Anpassung dieser Formen an die Umwelt« (PIAGET).

Insgesamt suchen wir nicht das völlig Neue, sondern das fast Verstandene, das an den Grenzen unseres gegenwärtigen Fassungsvermögens liegt, unserem Verstehen einzuverleiben.

Im Beispiel (Abb. B) geht es um die Frage, wodurch ein Pendel schnell oder langsam schwingt (Pendelfrequenz). Die Kinder können die 4 Bedingungen variieren und es steht ihnen ein Metronom als »umgekehrtes« Pendel zum Vergleich zur Verfügung: Pendellänge über Rolle veränderlich, Gewicht durch Wasserzugabe dirigierbar, Fallhöhe und Anstoßstärke durch Beobachtung bemerkbar.

Im Probieren erweisen sich nun die Kognitionsstadien: von der *empir.* Erfassung (»Du mußt toll anschubsen!«) bis zur *formalen* Erkenntnis (»Das Metronom ist wie ein umgekehrtes Pendel!«).

**C Zeichenentwicklung**

Auch dort, wo keine exakten Lösungen wie bei dem Pendelversuch möglich sind, gibt es eine Reifeentwicklung. Das Kind will mit seinen Kritzeleien keine »Kunst« machen, sondern Umgebung aufarbeiten:

»Gestaltungsdrang ist seinem Wesen nach Bewältigungsdrang, Aneignungsdrang im besten Sinne des Sich-etwas-zu-eigen-Machens« (G. MÜHLE, 1975[5]).

In den Zeichnungen je nach der Altersstufe sieht man ein Wechselspiel zwischen Eindruck und Ausdruck (das leider bei vielen Erwachsenen später abgebrochen wird). In der Abfolge (Abb. C) erkennt man die Ausprägung von 3 Gestaltungsentwicklungen:

Differenzierung der Organdarstellung, Durchgestaltung der gezeichneten Elemente und Anreicherung der Bedeutungen, z.B. der Verhaltensbeschreibungen (das Gehen).

Die Versuche, eine Stadientypisierung der Kinderzeichnungen aufzustellen, sind wegen der starken indiv. Bedingungsunterschiede schwierig, die Anregungssituation spielt gerade bei der Zeichenentwicklung eine große Rolle. Hier (Abb. C) werden einige »typische« Formen wiedergegeben:

»Kopffüßler«, »Röntgenbilder«, »Profilfiguren« sowie beginnende »Vollfiguren« mit Bewegungsdarstellungen.

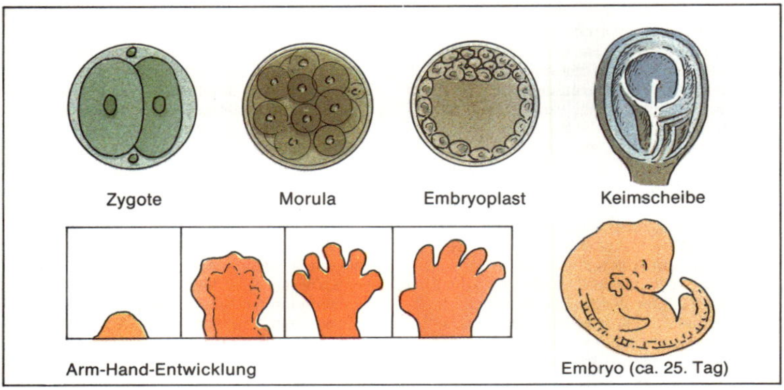


A Embryonalentwicklung

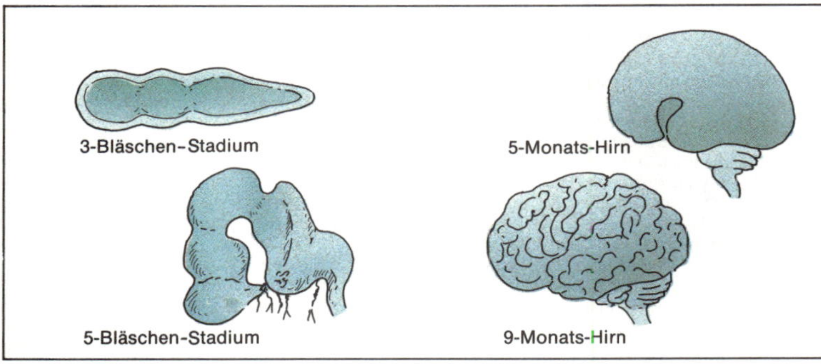


B Hirnentwicklung

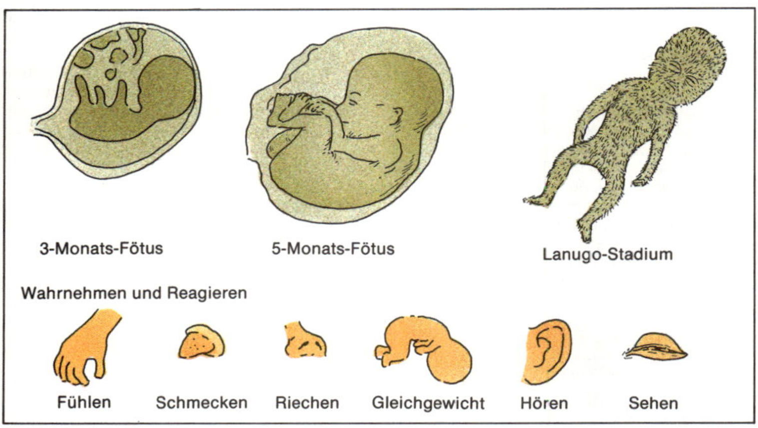


C Fötalentwicklung

Bis vor wenigen Jahrzehnten galt das ungeborene Kind als »tabula rasa«, als unbeschriebenes Blatt, als ein ps. Nichts. Inzwischen haben neue techn. Hilfsmittel, v.a. die Ultraschalltechnik, Einblicke in seine Lebensregungen ermöglicht und das Bild vom Ungeborenen grundlegend gewandelt. Embryo und Fötus, die beiden Stufen der **Vorgeburtentwicklung,** sind hochkomplexe, bereits »menschliche« Wesen mit eigenständigen Reaktionen.

**A Embryonalentwicklung**

Der Embryo ist das frühe Stadium des Lebens von der Zeugung bis zur 8. bzw. 11. Woche (die Angaben der Experten stimmen noch nicht überein). Das befruchtete Ei, die Zygote, teilt sich, gesteuert von Kontrollgenen, in 2 Tochterzellen (Blastomere). Nach ca. 3 Tagen hat sich schon die vielzellige Morula gebildet. Vom 4. Tag an dringt Flüssigkeit in sie ein und drängt im Embryoplaststadium 2 Zellansammlungen auseinander; aus der inneren entsteht der Embryo.

Im Stadium der sog. Keimscheibe bilden sich 2 und dann 3 Zellschichten:

*Ektoderm* (Ansätze für Nervensystem, Haut, Haar, Nägel usw.), *Mesoderm* (Ansätze für Knochen, Muskel, Herz, Blut, Nieren, Geschlechtsorgane usw.) und *Entoderm* (Ansätze für Darm, Lunge, Mandeln, einige Drüsen, Leber usw).

Am 28. Tag nach der Zeugung beginnt die Arm-Hand-Entwicklung; aus der Armknospe wird ein Handfächer, entstehen die Finger- und Armknochen, am Ende der 6. Woche ist die Hand ausgebildet und kann bewegt werden. Vom 25. Tag an, bei einer Größe von ca. 3,4 mm, besitzt der Embryo bereits die Ansätze für alle Organe.

**B Hirnentwicklung**

Am 22. Tag der Schwangerschaft schließt sich das »Neuralrohr«, eine einfache Zellschicht, und setzt die Entwicklung für das Basisorgan des Psychischen in Gang. Im *3-Bläschen-Stadium* sind Vorder-, Mittel- und Rautenhirn angelegt. In der 6. Woche hat im *5-Bläschen-Stadium* das Vorderhirn bereits die 2 Hemisphären des Großhirns ausgebildet und in der Krümmung die raumsparende Lagerung im Schädel vorweggenommen.

Im *Fötalabschnitt* des 5. bis 9. Monats ist das Gehirn weitgehend ausgebildet. Inzwischen hat eine »Zellwanderung« (Migration) stattgefunden, in der in festgelegten Wegstrecken die rasch sich teilenden Zellen von der inneren Matrixzone nach außen und von der äußeren Molekularschicht nach innen an Fasern entlang an ihre Plätze wandern. Am frühesten entsteht das Stammhirn (auch in der Evolution war es ein frühes »Reptilien«-Stadium). Die neuronalen *Vernetzungen* aber sind noch unvollkommen; in den höheren Hirnteilen benötigt das Wachstum dieser Nervenstränge noch weitere 3 Lebensjahre.

**C Fötalentwicklung**

Für den Fötus gibt es im Zeitraum von der 9. bzw. 12. Woche bis zur Geburt eine gewaltige Entwicklung, die man äußerlich am Größenwachstum und der Gestaltdifferenzierung sehen kann. Auch am Maß der Blutzirkulation läßt sich das erkennen: zu Beginn der Fötalzeit sind es 30 Liter pro Tag, zur Geburtszeit ca. 350 Liter pro Tag.

Interessant ist auch der Durchgang durch versch. Zustände, z.B. einen vorübergehenden Behaarungszustand (Lanugo) kurz vor der Geburt.

Die psycholog. wichtigste Frage aber lautet:

*Was nimmt der Fötus wahr und in welcher Weise kann er schon reagieren?*

Ablesbar sind diese Funktionen an den elektr. Hirnwellen (EEG), die ab der 8. Woche gemessen wurden. Das Ungeborene hat bereits ein psych. Erleben, das aber erst ferne Anmutungen von Lust und Kummer enthält, für die es noch keine Erinnerung gibt. Trotzdem können sich solche Zustände manifestieren, so daß bereits vor der Geburt ein gelernter Erfahrungshintergrund besteht. Die frühere Gleichstellung von »angeboren« und »genetisch programmiert« ist falsch. Mannigfaltige Lernprozesse finden bereits im Mutterleib statt. Das Kind übt wie bei einer Gymnastik die Haltungs- und Stellreflexe für ihre spätere willkürl. Beherrschung.

Die Sinnesorgane werden nach der Reihung (4), zuerst die Nah-, dann die Fernsinne, ausgebildet:

Taktilität ab 2. Monat, Geschmack ab 3., Geruch ab 5., Hören ab 6. und Sehen ab 9.

Der Gleichgewichtssinn braucht eine lange Ausreifung ab dem 2. Monat; wobei das werdende Kind den aktiven »Ausgleich« als Grundprinzip des Lebens erlernt. Denn es eignet sich eine *Eigenregulation* (Homöostase) an, durch die es Abweichungen durch Gegenbewegungen *erwidert:* aus diesem körperlichen entsteht ein psych. Grundprinzip.

Lust und Unlust der Mutter, ihre Zuneigung oder Ablehnung kann es über vielerlei Signale wahrnehmen und reagiert auf sie, sogar schon durch mimische Reaktionen. Einen Mangelzustand gleicht es z.B. durch lustvolles Daumenlutschen aus. So ist es bereits »eigenmächtig« und »machtlos« zugleich – wie später im ganzen Leben.

Manche Mangelzustände, wie den (körperl.) Sauerstoffmangel oder den (psych.) Haß der Mutter auf ihre Schwangerschaft, kann es nicht ausgleichen. Andererseits muß es auch mit der liebevollen Zuwendung (z.B. dem Berühren durch den Leib oder dem beruhigenden Singen der Mutter) etwas *anzufangen* lernen, etwa durch Mimik seine Zufriedenheit kundzutun. Dieses Wechselspiel von Empathie (sympathet. Einfühlung) und Reaktion (Verarbeitung und Erwiderung) bildet die Grundlage für störungsreduzierte Kommunikationen mit seiner späteren Umwelt.

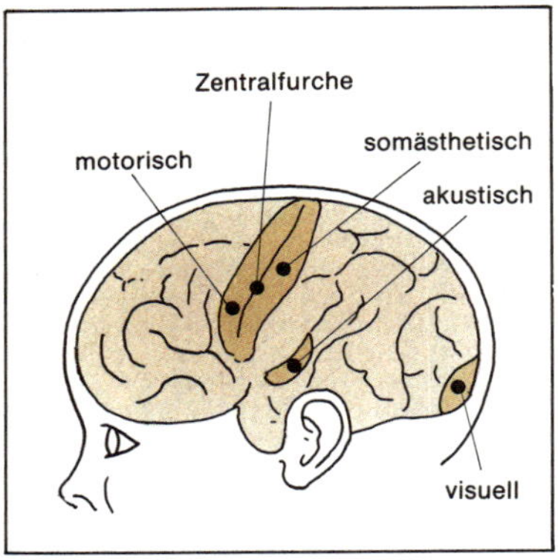


A Hirnrindenentwicklung

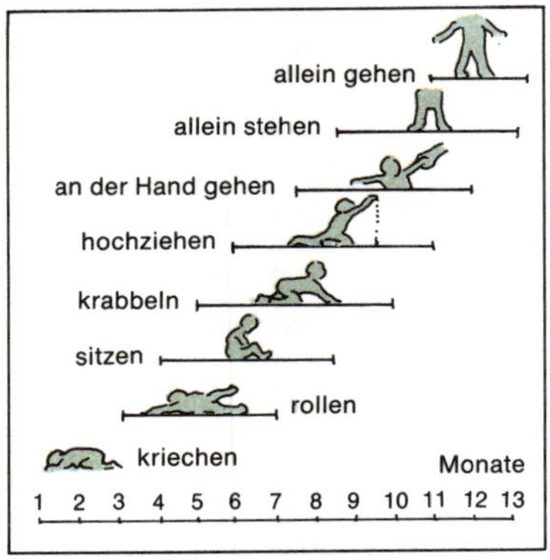


B Bewegungsentwicklung

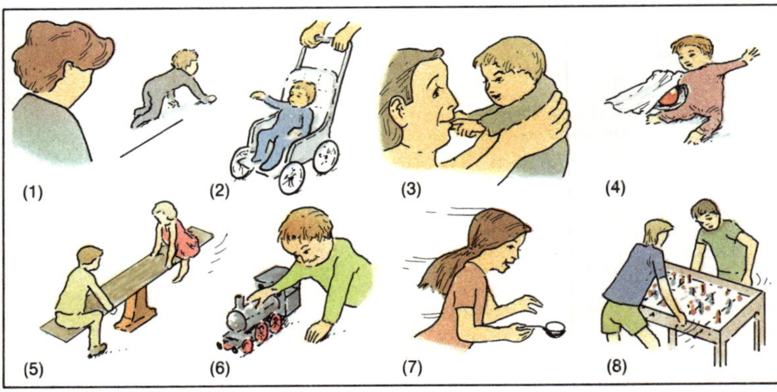


C Sozialentwicklung

$D_1$ Moralischer »Realismus« $D_2$ Heteronome Moral $D_3$ Autonome Moral

D Moralische Entwicklung

»Kinder sind Hoffnungen« (NOVALIS).

Ein Kind aufwachsen zu sehen, kann erfüllte Hoffnungen bringen, aber nicht selten auch schwere Gefährdungen zeigen. Die Kinderps. bemühte sich seit dem 18. Jh., die gesetzmäßige Abfolge der *inneren* Entwicklung aufzudecken, um Maßstäbe für die Normalität oder Abnormalität individ. Entwicklung zu finden. Seit dem 19. Jh. konzentrierte man sich auf vermutete »geheime Naturgesetze« der **Kinderentwicklung** und postulierte allg. Entwicklungsabschnitte, die jeder durchlaufen müsse.

SIGMUND FREUD war einer der vielen, die eine solche Phasentheorie aufstellten (orale, anale, genitale Phase).

Im 20. Jh. formulierte man stattdessen »Sozialgesetze« der Entwicklung, je nach den *äußeren* Anforderungen, die an die versch. Altersstufen gestellt werden: z. B. Wohnungs- und nachfolgend Straßengeübtheit, Kindergarten- und danach Schulanpassung, Berufsanforderungen usw.

Seit einiger Zeit versucht man, die *inneren* und die *äußeren* Gesetzmäßigkeiten zu vereinigen. Das Ziel ist, anstelle der spekulativen und als allgemeingültig angenommenen »Phasen« vielmehr »Tendenzen« der Entwicklung herauszuarbeiten, die sowohl aus den (inneren) *Reifungszuständen* wie auch aus den (äußeren) *Anregungssituationen* abgeleitet werden.

## A Hirnrindenentwicklung

Bereits vor der Geburt bildet sich das Gehirn aus und ist in Teilen funktionsfähig. Nach der Geburt findet eine weitere Hirnreifung statt, allerdings ebenfalls mit einem unterschiedl. *Reifungstempo* für die einzelnen Hirnabschnitte (Abb. A: die dunkleren Abschnitte sind die frühesten, die helleren bzw. weißen die späteren und die zuletzt reifenden).

Die erste Rindenregion, die reift, ist das motor. (Bewegungs-)Zentrum, die zweite das somästhet. (mit Botschaften von der Haut, den Muskeln, Sehnen und Gelenken), die dritte das Sehzentrum und die vierte das akustische Zentrum.

## B Bewegungsentwicklung

Obwohl die *Reihenfolge,* in der Kinder von einem Stadium zum nächsten voranschreiten, i. a. bei allen gleich ist, schwankt das *Alter* für deren Eintritt beträchtlich.

Abb. B zeigt die Abfolge, wie sie durch versch. Untersuchungen in zahlr. Ländern (u. a. ALDRICH u. NORVAL; EGGERS u. WAGNER; ZDAŃKA-BRINCKEN u. WOLAŃSKI) ermittelt wurden.

## C Sozialentwicklung

Die Schwankungsbreite für die Sozialentwicklung ist noch größer, weil hier die Anregungssituation noch stärker durchschlägt und kulturelle Betreuungsunterschiede bei Kleinkindern Veränderungen bewirken können. Das Kind kommt mit vielen Anforderungen in Berührung.

(1) Im *Krabbelalter* zeigen sich wachsende Entfernungen von der Bezugsperson.

(2) Zur *passiven* Erkundung verhilft der Spazierweg im Kinderwagen.

(3) Die *aktive* Erkundung beginnt beim Gesicht der Bezugspersonen.

(4) Beliebt ist das Verstecken und *Entdekken:* ein Ball, der links oder rechts unter dem Tuch versteckt sein kann, löst bei seiner Entdeckung Jubel aus.

Die Haupt-»Tätigkeit« des Kindes ist das *Spiel.* Warum Kinder spielen, hat seit altersher die Wissenschaftler beschäftigt. Heute stechen 6 Meinungsgruppen hervor:

Energieüberschuß (freie Energien werden ausgelebt), emotionale Entladung (Spannungen werden abgebaut), Einübung (spätere Leistungen werden spielerisch vorweggenommen), geistiger Gewinn (Möglichkeiten werden ausprobiert), Gemeinschaftsbedürfnisse (die Gemeinschaft wird erlebt bzw. erprobt), Wertstreben (man kann über sich hinauswachsen).

Im Spiel wird daher vieles wahrgenommen:

(5) das reine *Bewegungsvergnügen,*

(6) die *Phantasie* (Lok-Führer),

(7) die *Geschicklichkeit* (Eierlaufen),

(8) *Erfolg* und *Mißerfolg* (Wettkampfspiel).

## D Moralische Entwicklung

Zahlreiche Autoren (PIAGET, KOHLBERG, SCHENK-DANZINGER) weisen *Stufen* in der Moralentwicklung nach, wobei allerdings zahlreiche Personen, z. B. aus Milieugründen, zeitlebens nicht über die Anfangsstufen hinausgelangen. Die vielstufigen Systeme kann man auf 3 Grundstufen reduzieren.

($D_1$) Im moral. »Realismus« orientiert sich das (Vorschul-)Kind am Ausmaß der Strafe bei Verboten bzw. am Umfang der Belohnung für gewünschtes Verhalten:

Die Mutter sagt z. B.: »Du darfst kein Tier quälen« (*externe Moralität*).

($D_2$) Das Kind hat bereits Schuldgefühle, aber sie hängen noch vom Wunsch ab, das Wohlwollen der Erwachsenen zu erhalten:

Auch wenn die Mutter nicht dabei ist, fragt sich das Kind, was sie wohl dazu sagen würde *(heteronome Moralität).*

($D_3$) Die Normen sind nun verinnerlicht und individuelle Gewissensgrundsätze sind entwickelt:

»Das würde ich nie tun« (*autonome Moralität*), z. B. als »kontrollierte« (gezähmte) eigene Aggressivität.

Versch. Autoren verweisen auf die Bedeutung der alsbald auftretenden moral. Konflikte: bedingt durch den Wertepluralismus (Elternhaus – Schule usw.), ideolog. Widersprüche, Erfahrungen mit moral. Rückschlägen und die Selbstwertproblematik der beginnenden Pubertät.

A Pubertät

B Adoleszenz

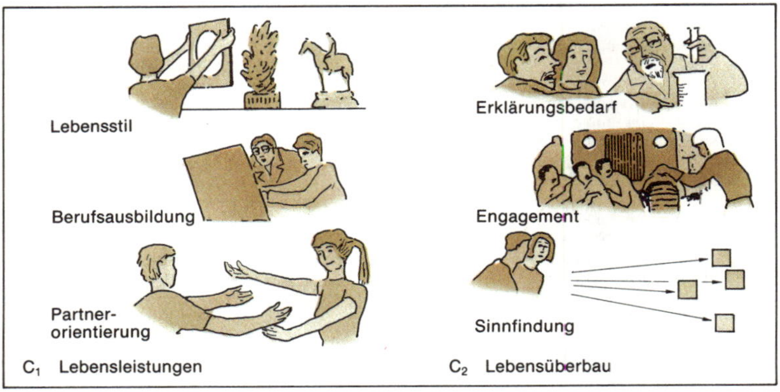


C Lebensleitlinien

Das **Jugendalter** ist der »revolutionäre« Lebensabschnitt. In diesen »Zehnerjahren« erleben die »Teenager« große Umwälzungen und Richtungsänderungen um den Preis einer emotionalen Unausgeglichenheit. Das ist allerdings nur die durchschnittl. Tendenz. Der einzelne Jugendliche kann ganz anders reagieren, und manche Zeiten und Umstände verstärken diese Tendenzen oder schwächen sie ab.

**A Pubertät**

Die Geschlechtsreife tritt je nach Ländern, Rassen, Milieus, Schichten usw. zu einem unterschiedl. Zeitpunkt ein.

Im allg. hat sich die erste Regelblutung (Menarche) und der erste Samenerguß (Erstpollution) im letzten Jh. erheblich vorverlagert (von ca. 17 auf ca. 11 Jahre), wobei der Abstand zwischen den Geschlechtern erhalten blieb: Mädchen ca. 10½, Jungen ca. 12 Jahre.

Der Pubertät geht eine Phase der *Vorpubertät* voraus, in der sich die hormonalen Veränderungen vollziehen und im Längenwachstum eher ein Stillstand eintritt.

($A_1$) Die Hauptphase der Pubertät, die *Pubeszenz,* setzt mit einem Wachstumsspurt nach Länge und anschließend auch Gewicht ein (wobei »unharmonische« Zwischenstadien auftreten). Primäre und sekundäre Geschlechtsmerkmale bilden sich aus. Die neuen Geschlechtsfunktionen fordern individ. Verarbeitungen.

($A_2$) Die *Geschlechtsrolle* wird als »fix« erkannt und muß als solche anerkannt werden (*Geschlechtsakzeptanz*). Das geschlechtstyp. Schmücken verhilft zur Akzeptanz.

($A_3$) Die folgende wichtige Aufgabe ist der *Geschlechtsgebrauch* mit seinen zahlreichen Tastversuchen, Probehandlungen (Masturbation), dem Einüben erster Kontakte bis zum erwachsenen Geschlechtsverhalten. Die jeweiligen Gesellschaftsverhältnisse steuern diese Ansätze des Geschlechtsgebrauchs ebenso wie die persönl. und situativen Voraussetzungen.

**B Adoleszenz**

Die Zeit von der Nachpubertät bis zum Dasein als Erwachsener ist eine »Aufbauphase« mit einer Reihe von Gefährdungen. Die Hauptaufgaben betreffen das *Selbstkonzept* ($B_1$) und das *Sozialkonzept* ($B_2$), die sich gegenseitig bestimmen.

Für einen angehenden Kunstmaler ist das Selbstporträt nicht nur eine Auseinandersetzung mit dem rätselhaften »Ich«, sondern auch ein Mittel, um sich künstler. freizuschwimmen von zu starken Außeneinflüssen und seinen eigenen Stil zu finden.

Die Anstrengungen zum eigenen Stil sind zwar bei anderen nicht so intensiv, fallen aber selten ganz aus. Die Versuche zur Eigenständigkeit geschehen in der Regel auf der Generationsfolie. Die Gleichaltrigen bevorzugen jeweils zeitgebundene Beziehungsinhalte. Typisch sind die *Heimlichkeiten* der Nachpubertät und die *Zusammenkünfte* im späteren Jugendalter. Es ist jetzt die Zeit der größten Familienferne.

Die Orientierung verlagert sich auf die »peer-groups«, die vorbildhaften Leitgruppen (polit., gesellschaftl., musikal., modische usw.).

Diese »Jugendkulturen« wechseln heute sehr viel rascher als früher.

**C Lebensleitlinien**

Selbstkonzept und Sozialkonzept werden konkretisiert in der Ausgestaltung der Lebenspläne:

was man erreichen will (Zielplan) und was man vermeiden will (Kontrastplan).

Das geschieht weniger in einer Reflexion auf grundlegende »Konzepte«, vielmehr steht hinter den Einzelentscheidungen eine diffuse Vorstellung von erreichbaren Zielen und wofür man sich verantwortlich fühlt.

($C_1$) Die anvisierten *Lebensleistungen* beziehen sich auf den *Lebensstil* (z. B. die Ausgestaltung des eigenen Zimmers), die *Berufsausbildung* (Berufswahl und Weiterführung der Berufsentscheidung) und die *Partnerorientierung* (Suche und Umsetzung der Vorstellungen vom anderen Geschlecht). Bei diesen Orientierungen kann sich der junge Mensch freier oder gebundener fühlen.

Je unfreier er sich vorkommt (z. B. durch Jugendarbeitslosigkeit, Numerus clausus, elterl. Behinderungen), desto »nutzloser« muß ihm eine Beschäftigung mit diesen Aufgaben erscheinen oder desto heftiger fällt sein Protest gegen das »Establishment« (die alten Institutionen) aus.

($C_2$) Diese Auseinandersetzungen bilden die Basis für den geistigen Überbau (*Lebensüberbau*). Aus erlebten Eindrücken, übernommenen Meinungen und erfahrenen Handlungsrückkopplungen formen sich Ansätze für eine private Weltanschauung. Sie wird nicht selten radikal vertreten, weil sie noch nicht durch die späteren Berufs-, Familien- und Lebensbindungen abgeschwächt wird. Man fordert *Erklärungen,* weshalb die kleinen und großen Dinge so funktionieren wie sie funktionieren, und man *engagiert* sich ungehemmter als der Erwachsene für ideolog. Ziele. Das Leben für *sinnvoll* zu halten, gelingt dem Jugendlichen leichter, weil die lange Lebenszeit, die vor ihm liegt, genügend Perspektiven eröffnet.

Um so schwerwiegender wirkt daher eine empfundene »Perspektivelosigkeit«. Sie wird Anlaß für verbreitete Jugendgefahren (z. B. »Null Bock«, Alkoholismus, Drogenabusus).

Die **Sinnfindung** erfordert eine aktive Einstellung, die schon in der früheren Zielstrebigkeit und lustvollen Selbstbeschäftigung verwurzelt sein soll.

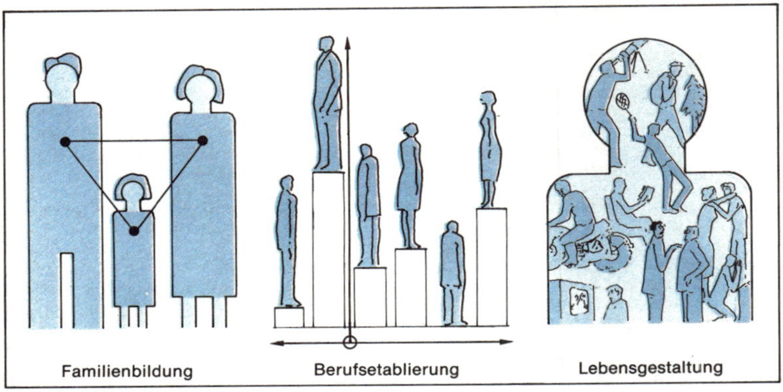


A Frühes Erwachsenenalter

B Mittleres Erwachsenenalter

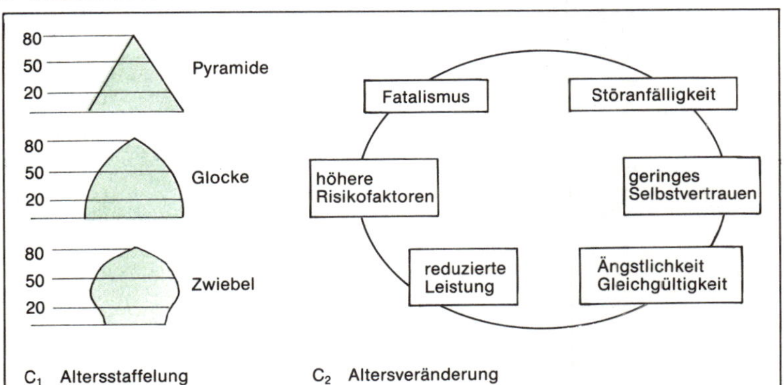


C Späteres Lebensalter

Bis vor wenigen Jahren endete die Entwicklung für die Entwicklungsps. beim Jugendalter. Seither aber spricht man v. a. in der amerikan. Ps. von *life-span development,* einem **lebenslangen Entwicklungsprozeß.** Im Erwachsenenalter greifen nicht mehr kurzfristige Veränderungen Platz, sondern eher latente (hintergründig-verborgene) Zustände, die trotzdem »alterstypisch« zu nennen sind.

**A Frühes Erwachsenenalter**

Im 3. und 4. Lebensjahrzehnt, dem »Gründungszustand«, stehen im Vordergrund die Aufbauleistungen bzw. die jeweilige Distanz zum »Erwartungsstand«.

Man erwartet, daß in einem best., gesellschaftl. vorgegebenen Altersrahmen geheiratet wird und die Kinder kommen (in manchen Ländern liegt dieser Rahmen bereits im Jugendalter, in anderen, wie z. B. China, wird er offiziell in die späten 20er Jahre verlagert).

Ein ähnl. Altersrahmen gilt auch für die Berufsetablierung.

Die geschlechtstyp. Trennung von männl. Arbeitstätigkeit und weibl. Haushaltsführung wird zunehmend verwischt, ebenso die frühere Rollentrennung in der Kindererziehung. Zur Lebensgestaltung gehören nicht nur der Aufwand für Wohnung, Kleidung usw., in viel stärkerem Maß als früher wird sie durch die Freizeitaktivitäten bestimmt. Zu diesem Bereich zählen verschied. Entscheidungen:

die *Wahl* der Bekannten und Freunde (letztere werden auch noch im späteren Leben neu gewählt), die *Wahl* der Urlaubsarten, der Abendunterhaltung (Buch, Fernsehen usw.), der Hobbies, der Wochenendbeschäftigungen, der Teilnahme an Gesellschaftsereignissen und Veranstaltungen der Weltanschauungskörperschaften etc.

Die 3 Gruppen *Familienbildung, Berufsetablierung* und *Lebensgestaltung* kennzeichnen den »Lebensstil«, der die Menschen stark voneinander unterscheidet.

**B Mittleres Erwachsenenalter**

Die beiden folgenden Lebensjahrzehnte sind gekennzeichnet durch die Konsolidierung des Lebenszuschnitts, durch erste Rückblicke und Überprüfungen, durch die Verarbeitung der allmählich eintretenden Routine und die Abwehr des daraus resultierenden Überdrusses. Es steckt also der Widerstreit zwischen *Konsolidierung* und *Routine* dahinter:

einerseits versucht man sein Leben dauerhaft abzusichern, andererseits wird es dadurch zäh und langweilig (WHITBOURNE, 1982).

Der Beruf, die Partnerschaft, die Freizeitbetätigung haben mit der Gewöhnung ihre Attraktivität verloren, sofern man nicht noch Steigerungen in sie einbringen kann. Für viele scheint die Aufgabe eines sinnvollen Wandels unlösbar. Sie versuchen durch einen Ausbruch (Ausstieg aus Beruf und/oder Ehe) einen Neuanfang, der letztlich wiederum (und viel schneller) im Routinestadium ankommt.

Nicht wenige Psychotherapeuten (u. a. C. G. Jung, V. E. FRANKL), die diesen Zustand lange vor dem Begriff *midlife-crisis* erkannten, fordern deshalb eine »geistige« Überhöhung für die Lebensmitte.

**C Späteres Lebensalter**

In den Industrienationen ist der Begriff »Alterspyramide« (mit breiter Jugend-Basis und schmaler Alters-Spitze) überholt; man benutzt ihn aber weiter, statt dessen entwickelt sich die Altersstaffelung ($C_1$) eher von der Glocken- zur Zwiebelstruktur. Ablesbar daran ist der dramatisch zu nennende relative Zuwachs der älteren Menschen. Dadurch bleiben deren alterstyp. Zustände nicht mehr ein »individ. Schicksal«.

In der Altersforschung (THOMAE, LEHR, BRÜSCHKE, BALTES) werden 3 Veränderungsbereiche hervorgehoben.

*Imminuität* (Schmälerung): Abbau von Haut, Muskeln, Sinnes- und anderen Organen sowie der mögl. geistige Abbau.

Man erkennt heute deutlicher die große Bedeutung des geistigen Trainings, wobei im allg. einem stärkeren Abbau der geistigen Flexibilität (»fluid intelligence«) ein nicht ins Gewicht fallender relativer Abbau der Verarbeitung des Wissens- und Erfahrungszuwachses (»crystallized intelligence«) gegenübersteht.

*Rigidität* (Starrheit): die vermehrte Unflexibilität des alten Menschen. Veränderungen werden als unangenehm bis unzumutbar erlebt. Man kehrt immer wieder zum gewohnten Verhalten zurück, ohne dessen gegenwärtige Unangepaßtheit zu berücksichtigen.

*Disengagement* ist das wichtigste, aber auch am besten beeinflußbare Altersmerkmal. Hauptsyndrom ist hier der »Familienverlust«, der oft Anlaß für vermeidbare psych. Altersfolgen ist. Weitere Gründe sind der schrumpfende Rollenumfang, schleichende Tätigkeitsentzüge, Rivalitätsverluste und Alterserwartungen (alte Menschen »dürfen« manches nicht mehr machen, wozu sie eigentlich noch fähig wären). Sie bilden einen negativen Zirkel von größerer körperl. Störanfälligkeit, geringerem Selbstvertrauen, Ängstlichkeit oder Gleichgültigkeit, reduzierter Leistung, vermehrten Risikofaktoren, Fatalismus und wiederum größerer Störanfälligkeit usw. Es ist nicht nur für den alten Menschen eine Aufgabe, diesen Teufelskreis (an der jeweils bestmögl. Stelle) aufzubrechen, sondern auch eine Aufgabe der Umgebung und der Gesellschaft:

»Es ist die Mitwelt, die für den Menschen sein Altern erkennbar macht« (BAUER u. a., $1980^3$). »Wenn der Alternsprozeß vielfältig und modifizierbar ist, besteht auch die Möglichkeit, ihn umzugestalten« (BALTES u. DANISH, 1979).

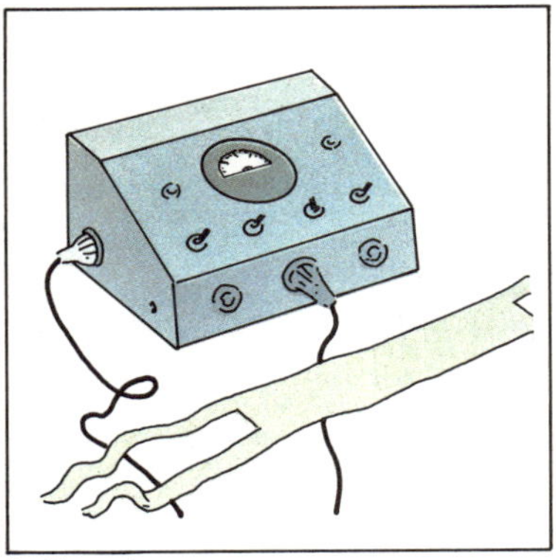

A Enuresis

B Anpassungsstörung

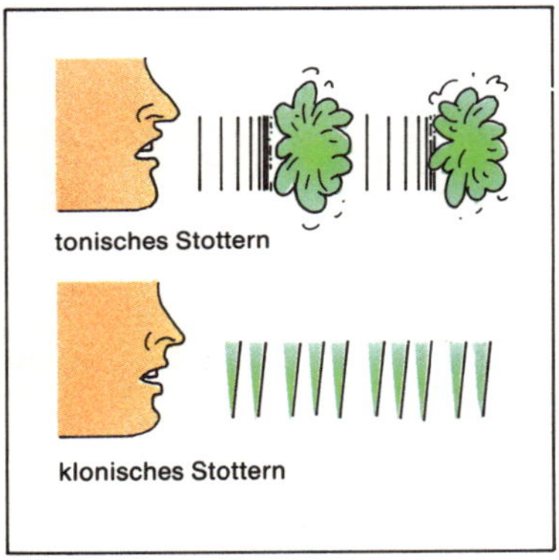


C Sprachstörung

| | |
|---|---|
| statt fua/auf (1) | statt ht/hat (2) |
| statt draei/drei (3) | statt katen/gehen (4) |
| statt leisch/erleichtern (5) | statt g/k d/t b/p (6) |

D Legasthenie

E Anorexia nervosa

F Ablösekonflikte

Die Entwicklung ist ein komplexer Prozeß, dementsprechend ist sie vielschichtig störbar. Die **Störungen** reichen vom Nägelkauen bis zur Poriomanie (dem kindl. Weglaufen), von der Nachtangst (pavor nocturnus) bis zur Schulphobie, vom psychogenen Erbrechen bis zur alterstyp. Sprachstörung. Diese Vielzahl zu ordnen, gelingt kaum. Die bisherigen Unterteilungsversuche richten sich nach 3 Gesichtspunkten.

*Entwicklungsstatistisch* wird ein Kind als »gestört« bezeichnet (u. a. SHEPHERD, OPPENHEIM, MITCHELL), wenn es mindestens 4 Verhaltensgrenzwerte unterschreitet, d. h. in wichtigen Lebensbereichen ein Verhalten zeigt, das eine »Seltenheit« von weniger als 10% (cut-off-Wert) aufweist.

*Entwicklungstypologisch* werden Gruppen aus »verdichteter Erfahrung« (WERNER) gebildet, die von der Unreife (pueriler Typ) bis zur Entwicklungseinseitigkeit (monotendenter Typ) reichen.

*Entwicklungschronologisch* richtet man sich meist nach der psychoanalyt. Neurosenlehre (v. VIEBAHN): Störungen der oralen, analen und genitalen Phase.

Nachfolgend einige häufige Störungen.

**A Enuresis**

Neben dem Einkoten (Enkopresis) wird das Einnässen (Enuresis) als Defäkationsstörung genannt. Von Enuresis kann aber erst vom ca. 3. Lebensjahr an gesprochen werden.

Neuerdings werden von der Verhaltenstherapie (vgl. S. 379) elektron. Apparate verwendet, die das Kind beim geringsten Einnässen durch Alarmsignale wecken und so das Einnässen verhindern.

**B Anpassungsstörung**

Das Kind kann sein Wollen noch kaum verbal ausdrücken. Es benutzt nonverbale Signale (z. B. »Bockigkeit«), die wiederum den Widerstand von Eltern auslösen, die die Spracharmut des Kindes nicht richtig einschätzen. Viele Disziplinschwierigkeiten laufen nach diesem Schema ab und können sich zu Verhaltensstörungen auswachsen. Die schwerste Form der Anpassungsstörung ist der kindl. Autismus, eine soz. Kontaktunterbindung, bei der das Kind durch andere »wie hindurch sieht« und ängstlich auf jede Veränderung der Umgebung reagiert.

**C Sprachstörung**

Die häufigste Sprachstörung des Kindes ist das Stottern (mit 4 : 1 mehr bei Jungen), die Störung des Sprachflusses.

Man unterscheidet das *tonische* (einzelne Laute, Silben, Wörter sind blockiert und »platzen« heraus) und das *klonische* Stottern (wie in Zuckungen werden die Sprachteile repetiert).

Zu den Sprachunterbrechungen kommen noch Sekundärschäden: u. a. stimmhaftes Atemholen, Grimassieren, Selbstunsicherheit, soziale Isolierung.

Das Stottern kann mit anderen Sprachstörungen gekoppelt sein, z. B. mit dem Stammeln (Auslassung von Lauten, falsche Silbenverknüpfungen).

**D Legasthenie**

Sie ist eine mehr oder weniger isolierte Störung von Lesen und Schreiben. Gehäuft treten dabei auf:

Umstellungen (1), Auslassungen (2), Hinzufügungen (3), Wortentstellungen (4), Wortzerfall (5) und Kippbuchstaben (6).

Das »ratende« Lesen führt zu Folgeschäden im Umgang mit Lernstoffen.

Die Gründe für die Legasthenie sind noch nicht abgeklärt. Am wahrscheinlichsten:

laterale Umpolung der Sprachfähigkeit zwischen den beiden Hirnhälften, daraus resultierende Differenzierungsschwäche für Wortbilder, mangelndes Wortbildgedächtnis (Speicherschwäche) sowie »Literalität«, eine falsche Ausbreitung der Signalwerte von Sprachelementen auf ähnl. Sprachteile.

**E Anorexia nervosa**

Die Pubertätsmagersucht betrifft im Verhältnis 10 : 1 mehr die Mädchen.

Die Magersüchtigen glauben normal zu essen, verspüren keinen Hunger, haben panische Angst vor dem Dickwerden, setzen immer neue Strategien ein, um z. B. durch Schlafentzug oder körperl. Überanstrengung (manisches Jogging) noch besser das Gewicht kontrollieren zu können, und sind stolz auf ihre »Beherrschtheit«.

Die Folge ist nicht nur eine gefährl. Abmagerung, sondern auch das Ausbleiben der Menstruation. Man nimmt deshalb an, daß die Ursache in der »Nicht-Annahme« der Geschlechterrolle zu suchen ist.

**F Ablösekonflikte**

Bindung (*bonding*) und Lösung (*absolving*) sind die beiden Beziehungstendenzen im sozialen Leben. Die Problematik der Ablösung beruht auf der Loslösung von der elterl. Bindung, ohne sie völlig aufzugeben. Daraus ergeben sich die beiden Störungsrichtungen:

absolute Trennung von den Eltern und ihrer Generation oder Unfähigkeit, sich von ihnen zu befreien.

Versch. Autoren (u. a. CHANDLER, 1978; ELKIND, 1978) haben nachweisen können, daß diese Umbruchsituation (Neuorientierung aller Lebensbezüge) nicht zuletzt eine kognit. Aufarbeitung benötigt. Eine neue Verantwortlichkeit ist aufgetragen, die vorher nicht in gleicher Weise bestand. Die gegenwärtige Häufigkeit der Ablösekonflikte rührt u. a. von dem oft verlängerten Moratorium (Zeitraum der Ausbildung bis zum Berufseintritt), das einen Zwiespalt zwischen Reifestand und ökon. Selbständigkeit heraufbeschwört.

A Schjelderup-Ebbe

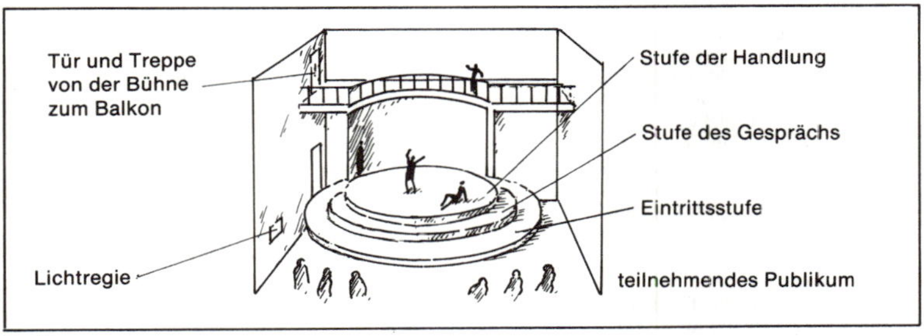


B Moreno

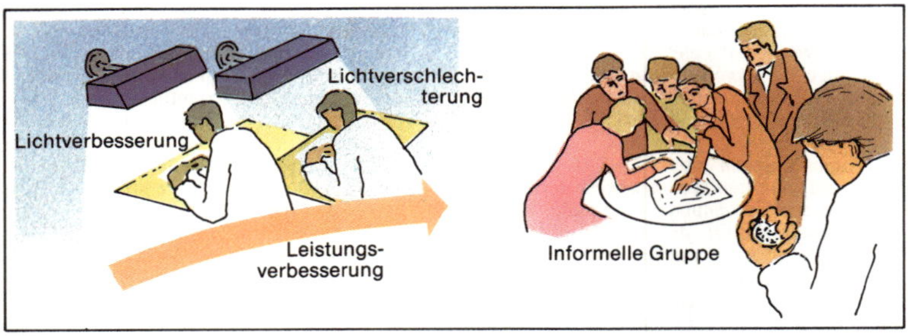


C Mayo

D Lewin

SIGMUND FREUD schrieb 1921:

»Wenn die Psychologie, welche die Anlagen, Triebregungen, Motive, Absichten eines einzelnen Menschen bis zu seinen Handlungen und in die Beziehungen zu seinen Nächsten verfolgt, ihre Aufgaben restlos gelöst und alle diese Zusammenhänge durchsichtig gemacht hätte, dann fände sie sich plötzlich vor einer neuen Aufgabe, die sich ungelöst vor ihr erhebt. Sie müßte die überraschende Tatsache erklären, daß dies ihr verständlich gewordene Individuum unter einer bestimmten Bedingung ganz anders fühlt, denkt und handelt, als von ihm zu erwarten stand, und diese Bedingung ist die Einreihung in eine Menschenmenge.«

Während die Ps. des Individuums seit zweieinhalb Jahrtausenden betrieben wird, reifte die von FREUD scharf geschilderte Erkenntnis von der Notwendigkeit einer **Sozialpsychologie** erst in den 20er Jahren. Sicher gab es bereits vorher »Sozialpsychologien« (W. MCDOUGALL schrieb 1908 eine ›Einführung in die Sozialps.‹, in der er sich auf den »Gesellungstrieb« bezog), aber eine gleichsam »ps. Mengenlehre« nach heutiger Auffassung war das nicht.

### A Schjelderup-Ebbe

THEODOR SCHJELDERUP-EBBE veröffentlichte 1922 eine Entdeckung, die er auf einem norweg. Bauernhof gemacht hatte.

Hühner hacken sich *nicht* wahllos vom Futternapf weg, sondern sie arbeiten recht genaue »Hack-Ordnungen« aus, die über lange Zeit erhalten bleiben. Maßstäbe der Ausarbeitung sind nicht nur Körperstärke, sondern auch Aussehen, Gesundheit, gute Beziehungen zum Hahn usw.

Ein ranghohes Huhn, das viele Hühner hakken darf, ohne selbst von diesen gehackt zu werden (α- oder β-Gruppe), kann beispielsw. bei einer recht tiefstehenden Henne (z. B. der γ- oder ϑ-Gruppe) den kürzern gezogen haben: man spricht deshalb von *Hackdreiecken,* nicht von Hacklinien.

Es gibt auch rangtiefe Verbündete, die gemeinsam ein viel kräftigeres Huhn unterjocht haben. Ranghohe Hühner hacken zumeist milder als rangtiefe.

Diese Entdeckungen wurden bei allen geselligen Tierarten ähnlich gefunden. Schließlich ergaben sie sich, wenn auch sehr abgewandelt und komplizierter, beim Menschen.

### B Moreno

Ohne von diesen Gesetzmäßigkeiten Kenntnis gehabt zu haben, beschrieb der österr.-amerikan. Psychiater JACOV LEVI MORENO 1924 die Wiener Stegreiftheater (»Theater aller mit allen«). Daraus entwickelte er Gruppenspiele, in denen das interne Gruppengeschehen für psychotherap. Zwecke genutzt wurde. In Beacon bei New York gründete er eine Bühne für »Psychodramen« mit Klienten als Akteuren (Protagonisten), Assistenten und teilnehmendem Publikum. Um dieses Gruppengeschehen genau festhalten zu können, erfand er das »Soziogramm« (s. S. 299).

### C Mayo

ELTON MAYO war 1927 der Leiter einer Untersuchungsreihe in den Hawthorne-Werken der Western Electric Company, die über 12 Jahre dauerte.

In den ersten Versuchen wurde die Wirkung von Licht auf die Arbeitsproduktivität gemessen. Erwartungsgemäß verbesserte sie sich parallel zur Lichtverbesserung.

Aber die nachträgl. Lichtverschlechterung verbesserte die Produktivität ebenfalls.

Aus diesem Irrgarten entkam die Forschungsgruppe erst, als die Bedeutung der *informellen Gruppen* erkannt wurde. Denn die »Gruppenbildung« mit den mitmenschl. Beziehungen sowie der neue Rang als »Versuchsgruppe«, nicht die Lichtverhältnisse, erbrachten die Leistungssteigerung. Diese Erkenntnisse revolutionierten die Sozialps. Damit war der Anfang der *Gruppenpsychologie* geschaffen.

### D Lewin

Mitte der 30er Jahre untersuchte KURT LEWIN mit einer Arbeitsgruppe die Auswirkung von versch. Führungsstilen auf die Gruppenatmosphäre.

Der *autokrat.* Führungsstil zeitigte eine größere Distanz des Führers zur Gruppe. In der Folge verbreitete sich eine gereizte Atmosphäre, eine geringere Arbeitsmoral und die Tendenz, alle Mißhelligkeiten einem »Prügelknaben« in die Schuhe zu schieben.

Beim *demokrat.* Führungsstil ergaben sich arbeitsintensive Untergruppen; die Atmosphäre war gelöst und konstruktiv. Alsbald entwickelte sich ein Gemeinschaftsgefühl.

Die *Laisser-faire*-Gruppe ergab sich zufällig, weil ein Gruppenleiter zur Führung ungeeignet war. Diese Gruppe blieb im ewigen Gerede stecken und kam kaum zur Arbeit.

Mit dieser Untersuchung begann ein für die Sozialps. wichtiges Arbeitsgebiet, das von LEWIN als *Gruppendynamik* bezeichnet wurde. Die Gruppendynamik weitete sich später zu einem prakt. Arbeitsgebiet aus (s. Kap. XV/9). Als Testgruppen wurden die Vorteile von permissiven (duldsamen) Führungsformen in Industrie, Schule, Behörde usw. erprobt bzw. eingeübt. Auch in der Psychotherapie fand die Gruppendynamik in Gestalt des »Sensitivity-Trainings« Eingang.

Diese Autoren sind die »Urväter« der heutigen Sozialps., deren spätere Entwicklung in 2 Richtungen verlief: Einerseits hat man allg. Theorien (z. B. die Interaktionstheorien, s. S. 207) entwickelt, die auch sozialps. Bedeutung erlangten; andererseits wurden die sozialps. Themen zunehmend ausdifferenziert.

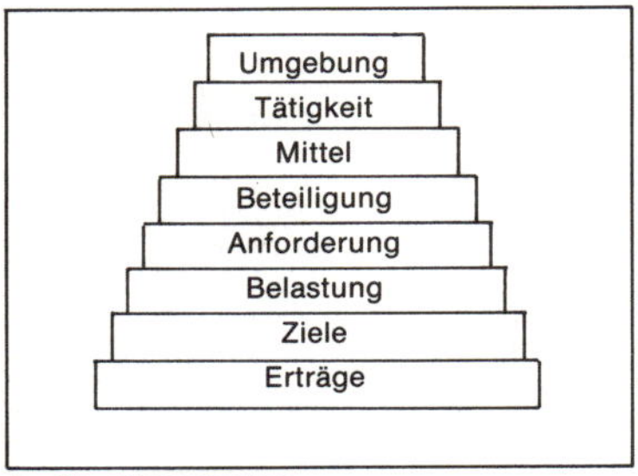


A Situationsanalyse

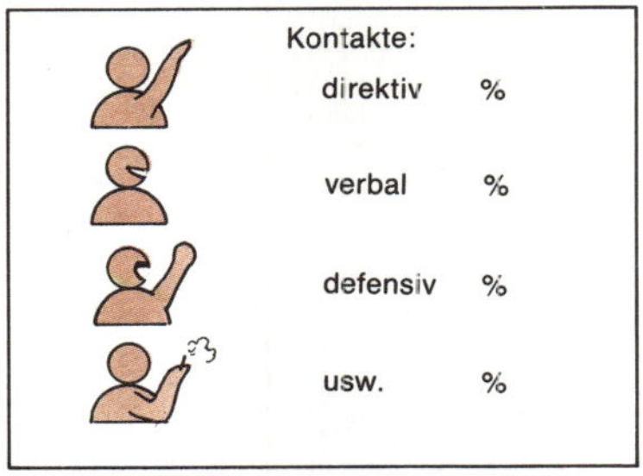


B Inhaltsanalyse

C Beobachtung

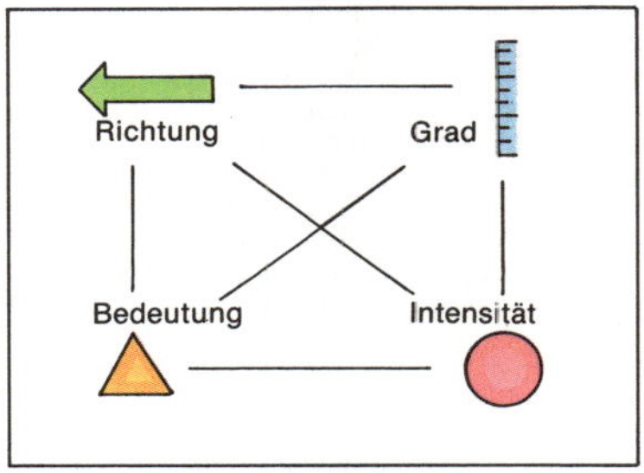


D Einstellungsmessung

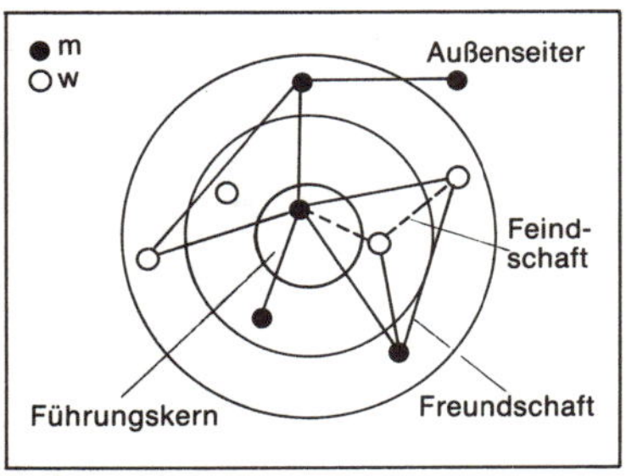


E Soziometrie

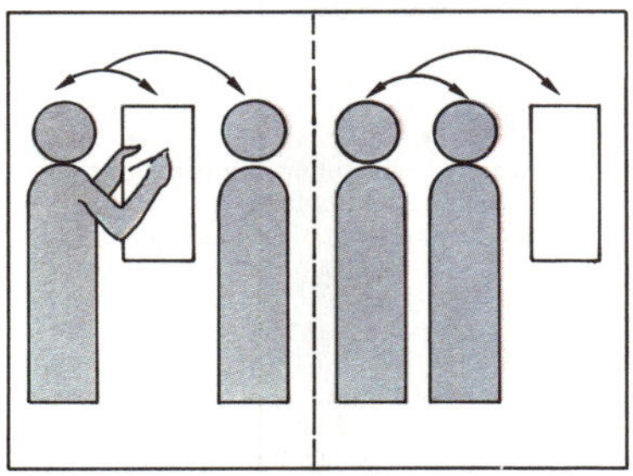

F Exploration

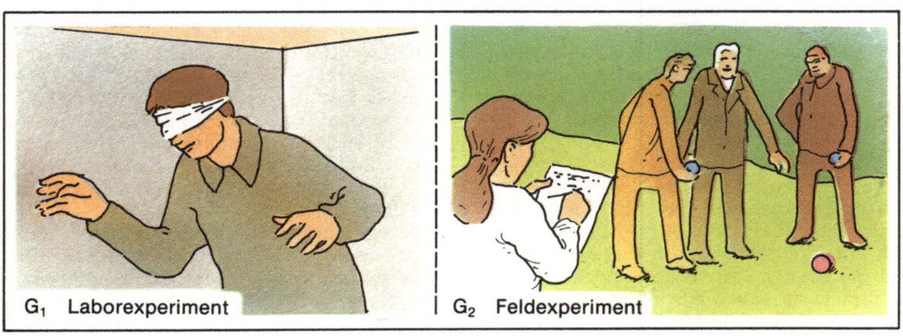


G Experimente

Der späte Aufbau einer Sozialps. lag auch am Mangel geeigneter **Methoden;** heute dagegen verfügt sie über ein reichhaltiges Methodenarsenal.

**A Situationsanalyse**

Phänomenologisch gibt der Begriff »Situation« eine Grundbedingung aller sozialen Sachverhalte wieder:

sie finden in einer *Gesamtlage,* d.h. in einem System von Einwirkungen mannigfaltigster Art, statt.

Am meisten ausgereift ist die Situationsanalyse in der Arbeitsps. (s. Kap. XXI/1) als *Arbeitsanalyse.* Sie ist eine Gesamtbeschreibung der Arbeitssituation, in der es zahlreiche Untergruppen gibt, die auch mit den folgenden Methoden erfaßt werden können. In der Übertragung und Vereinfachung werden für die sozialen Gesamtlagen die folgenden 8 Bereiche untersucht:

Umgebung, Tätigkeit, Mittel, Beteiligung, Anforderung, Belastung, Ziele, Erträge.

**B Inhaltsanalyse**

Soziale Beziehungen bestehen aus vielen Beziehungselementen, von denen einige bes. deutl. *Hinweis*zeichen für die Qualität der Gesamtbeziehung sind.

Zum Beispiel kann die Häufigkeit der Redebeteiligung von Gruppenmitgliedern als Maßstab für deren informelle Rangposition gelten.

Die *Inhaltsanalyse* (und in speziell qualitativen Fällen die *Wertanalyse*) nutzt diese Tatsache nach statist. Gesichtspunkten aus. So können eine Reihe von inhaltlichen Momenten sozialer Ereignisse statistisch ausgezählt (und ausgewertet bzw. weiter verarbeitet) werden.

Der Nutzen der Inhaltsanalyse vervollständigt sich erst, wenn genügend Kontroll- bzw. Vergleichsdaten zur Verfügung stehen.

**C Beobachtung**

Für die Systematisierung der Beobachtung von Leistungsgruppen hat R.F. Bales (1950) ein *Kategorisierungsschema* bei seinen Forschungen verwendet, das später bei vielen Untersuchungen übernommen wurde. Die Beobachtungsprotokolle schreiben 12 Beobachtungskategorien vor; so u.a.

die Aktivität der Beteiligung, die Hilfestellung für andere, die verbalen Kommentare, die Anzahl der Nachfragen, die ge- oder entspannte Stimmungslage, die Problemlösebeiträge.

**D Einstellungsmessung**

Um Einstellungen zu messen, werden Skalen zur *Quantifizierung* von Reaktionen oder Meinungen verwendet, die zumeist nach 4 Dimensionen gestaltet sind:

*Richtung* (Zuordnung von Zielen zu Aufgaben).
*Grad* (Höhe der Ausdifferenzierung nach einem Stufensystem).
*Intensität* (ermitteltes Engagement).
*Bedeutung* (subjekt. Verankerung).

Einstellungen (Attitüden) werden zumeist mit Fragebogentests ermittelt, in denen quantifizierbare Stellungnahmen, z.B. nach der Methode der Wertaddition (Likert-Skala), gewichtet sind.

**E Soziometrie**

Um Sozialstrukturen in ihrer Entwicklung besser überprüfen zu können, werden schemat. Zeichnungen, sog. *Soziogramme* (Moreno), verwendet. Sie enthalten u.a.

Zeichen für männl. und weibl. Mitglieder (Punkt, Kreis), Freundschaften, Feindschaften (durchgezogene und gestrichelte Linien), Leitungshöhe (vom Führungskreis bis zu den Außenseitern).

**F Exploration**

Unter Explorationen versteht man sehr verschiedenartige Befragungen. In manchen Fällen liegt das Gewicht beim *Frager* (Interviews mit festem Fragebogen), bei anderen beim *Befragten* (Aussprache mit offenem Verlauf).

Im wesentlichen wird versucht, die Antworten zu »standardisieren«: bei den Interviews bereits durch den Fragebogen, bei den Aussprachen zumeist erst nachträglich.

Ein wichtiges Problem bildet die Objektivierung der Antworten. Bei der *Reliabilität* soll gesichert werden, daß die Antworten nicht »zufällig«, also unabhängig von Ort und Zeit sind. Für die *Validität* kommt es auf die Übereinstimmung der Antworten mit den wirkl. Meinungen an.

**G Experimente**

Wiss. Absicherungen von sozialps. Theorien konnten erst durch die Einführung des Experiments voll gelingen. Dabei können 2 Gruppen unterschieden werden.

($G_1$) Die *Laborexperimente* unterstellen die Versuchsbedingungen einer strengen Kontrolle, müssen aber in Kauf nehmen, daß eine größere Zahl verdeckter Prozesse unbekannt bleiben.

Ein Beispiel sind die Suggestionsexperimente in abgesicherten Versuchsräumen. Ziel ist hier, allein die Wirkung suggestiver Einflüsse auf Versuchspersonen zu studieren.

($G_2$) Die *Feldexperimente* dagegen haben offene Versuchssituationen:

Viele Nebeneffekte können als »Störvariablen« die Ergebnisse beeinflussen. Ergebnisse müssen bei dieser Gruppe viel vorsichtiger interpretiert werden.

Gelingt es aber, experimentell gesicherte Ergebnisse auch in mehreren anderen Fällen mit ähnl. Resultaten zu erzielen, ist der Erfolg nützlicher als bei den anderen Verfahren.

A₁ Privation — A₂ Habitualisierung

A Soziale Formung

B₁ Interaktion — B₂ Internalisation

B Soziales Lernen

C₁ Gemeinschaftsschutz — C₂ Konformisierung

C Soziale Kontrolle

In einer frühen Definition wird die **Sozialisation** als »Vergesellschaftung der menschl. Natur« (DURKHEIM, 1893) bezeichnet. Heute wird sie nicht mehr allein »passiv« gesehen.

Bereits das Kind ist auch ein »Gestalter seiner Zukunft« (DOUVAN, ADELSON, 1966; PRIGOGINE, 1980).

Unbestritten ist ihre überragende Bedeutung. Grundlegend für die Sozialisation sind *Aktivation* (Kap. IX) und *Kommunikation* (Kap. XI).

**A Soziale Formung**

Zwei eindrucksvolle Beispiele können die beiden Seiten der *sozialen Formung* (in der verhaltenstheoret. Terminologie wird dafür auch der engl. Begriff *shaping* verwendet) verdeutlichen.

*Privation* (Sozialverhaftung; andere Begriffe sind Sozialprägung, En- oder Akkulturation; im Gegensatz dazu steht die *Deprivation,* der Sozialentzug).

($A_1$) Ende der 40er Jahre berichtete der ind. Referent SINGH von dem etwa 8 Jahre alten Mädchen Kamala, das bei Wölfen aufgewachsen war. Es konnte nur knurren und kreischen, lief auf allen vieren, aß vom Boden, aber konnte so schnell laufen, daß es Wildkaninchen erbeutete, die es an Ort und Stelle roh verspeiste.

($A_2$) Im Jahre 1919 bemerkte eine Wöchnerin in der Klinik eine Mundveränderung an ihrem 2 Tage alten Säugling, sie mutmaßte eine Verwechslung. Das Pflegepersonal konnte ihr aber beweisen, daß eine Verwechslung unmöglich sei. 12 Jahre später, unter den verbesserten biolog. Untersuchungsmethoden konnte die Verwechslung bestätigt werden. Es kam zu einem rechtskräftigen Urteil, wonach die Kinder umzutauschen seien. Der Umtausch wurde aber im Einvernehmen beider Eltern nicht durchgeführt: Das beiderseitige Hineinwachsen wurde sowohl von den beiden Eltern wie von den beiden Kindern als stärkere Bindung als die Blutsverwandtschaft empfunden.

Unter dem Begriff *Habitualisierung* (Gewohnheitsbildung) werden die starken Auswirkungen der sozialen Gewohnheiten (in diesem Fall der familiären Ähnlichkeit; *equity-theory*) zusammengefaßt.

**B Soziales Lernen**

In den Lerntheorien gibt es eine Forschungsgruppe, die besonders das Lernen von anderen hervorhebt. PAWLOW nennt es das Lernen von »Komplexreizen«, andere sprechen von »Nachahmung« (u.a. FLANDERS), von einem »identifikator. Prozeß« (u.a. MILTON), von Modell- oder stellvertretendem Lernen (BANDURA), am häufigsten wird nach ROTTER (1965) von »sozial. Lernen« gesprochen: positiv = funktional, negativ = dysfunktional. Dazu zwei Hauptthemen:

($B_1$) Das Kind imitiert bereits im Spiel die von ihm erlebten Rollen (Vater, Mutter, Arzt usw.). Aber es ist dies keine bloße Imitation, sondern eine *Interaktion* mit dem Vorbild, in die die *Aktivation* (Kap. IX) und die *Kommunikation* (Kap. XI), die dem Kind möglich sind, einfließen.

($B_2$) Die Interaktion wird ergänzt durch die *Internalisation.* Unter diesem Begriff versteht man die kognitive Verinnerlichung fremder Auffassungen, Werte, Normen, Erwartungen; sie reicht bis zur Identifikation (s. S. 375). Durch die Internalisation machen wir uns etwas »zu eigen«.

In den letzten Jahrzehnten ist es nachweislich das Fernsehen, das viele der kindl. Modelle dafür bereitstellt. Eine Fernsehserie wie die ›Sesam-Straße‹ hatte stärkere kulturell-integrative Effekte als manche »gesteuerten« Programme; in Untersuchungen (IRLE u.a., 1978) wurden Verbesserungen in den Internalisationslernzielen »Kooperatives, verständnisvolles Handeln« und »Selbständiges, überlegtes Handeln« festgestellt.

Für die soziale Einpassung gibt es noch kein entsprechendes Maß (Sozialquotient SQ) wie für die Intelligenz (IQ).

**C Soziale Kontrolle**

Sozialisation ist allerdings nicht nur ein »Angebot« zur Übernahme, sondern auch ein mehr oder weniger großer »Zwang«. Alle Gesellschaften waren bisher interessiert an der »Ähnlichkeit« ihrer Mitbürger. Ebenso ist es in den kleinen sozialen Einheiten. »Kontrolle« heißt hier also nicht unbedingt eine ständige *Überprüfung,* näher dem engl. Wort ist sie eine »regulierende *Mitbeteiligung*«.

($C_1$) Wohl für die weitaus meisten Menschen sind ihre Bezugsgemeinschaften (z.B. Eltern, Partner, Verwandte) gleichsam »Puffer für Schicksalsschläge«. In schweren Zeiten merkt man, auf wen man sich verlassen kann. Diesen *Gemeinschaftsschutz* zu verlieren, gehört daher zu den nachhaltigsten Kontrollmechanismen (z.B. in der Form des »Liebesverlustes«).

($C_2$) Eine berühmte Versuchsserie verdeutlicht eine andere »internalisierte« Form soz. Kontrolle. ASCH (1956) zeigte die Linien (Abb. oberer Teil) mit der Frage:

Welche der Vergleichslinien entspricht in der Länge der Standardlinie?

Normalerweise hätten nur 1% der Vpn. nicht die mittlere nennen dürfen. Aber in den Scheinversuchsgruppen war nur eine »richtige« Vp., die anderen sagten im Auftrag des Versuchsleiters absichtlich etwas Falsches. Unter diesem sozialen Druck ließen sich 30% der eigentl. Vpn. *immer* und weitere 45% *manchmal* zu offensichtl. falschen Urteilen bewegen.

Besonders bei Menschenmassen (s. Kap. XVI) ist diese *Konformisierung* (Anpassung an die Mehrheit) wirksam.

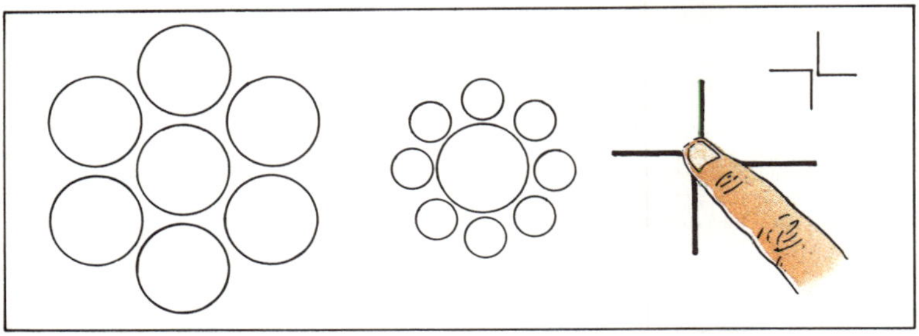

A Wahrnehmungsfeld

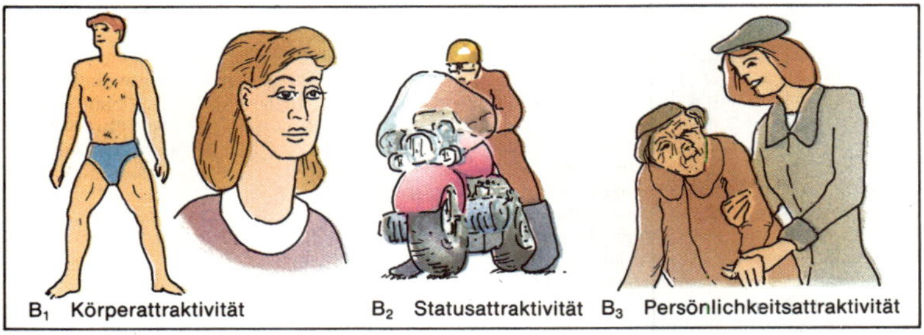


B Attraktivität

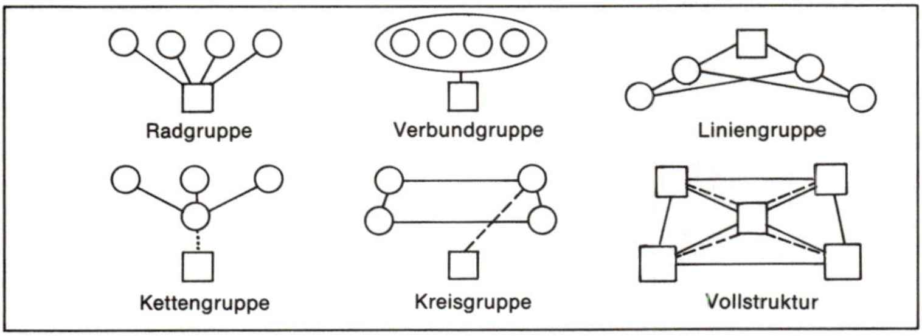


C Soziale Organisierung

D Soziale Bewertung

Der Begriff **»soziale Wahrnehmung«** wird in unterschiedl. Weise abgegrenzt. Gemeinsam ist den Definitionen:

persönl. Auseinandersetzung mit sich und dem Umfeld.

Engere Abgrenzungen beziehen sich auf die Selbstwahrnehmung (Introspektion), die Fremderkenntnis (Extraspektion, Personenwahrnehmung, Massenwahrnehmung) und die Umweltkonfrontation (Naturerleben, Verkehrsverhalten, Wohngefühle, Wasserwahrnehmung beim Schwimmen usw.). Dieses Forschungsgebiet soll die Eindrücke und Bewertungen, die im Sozialkontakt entstehen, abklären.

**A Wahrnehmungsfeld**

Ein einfacher Demonstrationsversuch kann die Abhängigkeit eines Gegenstandes von seiner Umgebung für unsere Wahrnehmung verdeutlichen:

Der mittlere Ring ist in beiden Fällen gleich groß – jedoch nicht für unseren Größeneindruck.

Von einem anderen Fall berichten BRUNER und POSTMAN (1947).

Bei Schätzungen der Größen von Münzen überziehen Unterschichtkinder die Münzgrößen noch stärker, als es Mittelschichtkinder tun.

Solche Schätzverzerrungen deuten auf die allg. Gesetzmäßigkeit der *Umweltabhängigkeit* unserer Urteile: Wenn man den Finger über die beiden Kanten legt, sieht man ein Kreuz.

Noch stärker fällt dieser Effekt ins Gewicht, wenn wir uns selbst oder unsere Nächsten zu beurteilen haben. Allerdings sind die Verschätzungen nicht gleichmäßig.

Zum Beispiel werden *negative* Selbsteinschätzungen schwieriger, wenn sie den *gegenwärtigen* Zustand statt den vergangenen, *wichtigere* Persönlichkeitsmerkmale (z.B. amoral. Taten) statt weniger wichtige (z.B. einfache Vorlieben) betreffen.

**B Attraktivität**

Der Sozialpsychologe T. NEWCOMB untersuchte in den 50er Jahren den Prozeß des *Bekanntwerdens* (*acquaintance process*). Wenn man eine Gruppe von Personen, die sich vorher nicht gekannt haben, über einige Zeit zusammenbringt, stellt sich regelmäßig heraus:

Die größte Anziehungskraft oder Attraktivität der Personen im Erstkontakt besitzt die *Ähnlichkeit* best. Merkmale wie Alter, Religion, Vorliebe für künstler. oder techn. Fächer, städt. oder ländl. Herkunft.

In späteren Untersuchungen ergaben sich einige Variationen dieses Befundes.

Die Resultate gelten eher für Kleingruppen, bei großen Gruppen ziehen dagegen stärker Prestigemerkmale (z.B. Prominenz des neuen Partners).

Verallgemeinert läßt sich sagen, daß die *Ähnlichkeit*, gepaart mit einer *Anhebung* der Merkmale in die für sich selbst gewünschte Richtung, bevorzugt wird (Similaritätsprinzip). Dementsprechend lassen sich 3 Hauptrichtungen der Beliebtheit beobachten.

($B_1$) Die *Körperattraktivität* wird gemessen an den zeitbedingt gängigen Idealen wie

z.B. Schönheit, Kraft, Gesundheit, Jugendlichkeit, Schlankheit. In oft überzogener Form kann man sie an Mannequins u.ä. wiederfinden. Sie dienen rückwirkend wiederum als Vorbilder.

($B_2$) Die *Statusattraktivität* wird typisch durch die Werbebranche wiedergegeben:

in berufl. Hinsicht z.B. durch Flugkapitäne und Stewardessen; Alltagspersonen werden durch Statussymbole u.a. mit attraktiven Motorfahrzeugen aufgewertet.

($B_3$) Die *Persönlichkeitsattraktivität* könnte man unterschätzen. Tatsächlich aber wünscht man sich i.a. sehr stark best. Persönlichkeitsmerkmale für den Umgang mit Menschen. In der Beliebtheitsskala dominieren

Fröhlichkeit, Offenheit, Sicherheit des Auftretens, Hilfsbereitschaft, Anerkennung anderer, Selbstkritik.

**C Soziale Organisierung**

Soziale Gemeinschaften organisieren sich ziemlich rasch nach Rängen, Rollen, Normen (s. S. 305ff.). Die *Strukturen* von Gruppen lassen z.B. bei 5 Teilnehmern nach H. FISCHER (1962) rd. 5000 Kooperationsformen zu, von denen die abgebildeten 6 Formen einige wesentliche herausheben:

*Radgruppe* (Anführer [= Quadrat] steht den einzelnen »vor«),
*Verbundgruppe* (Anführer steht der »Einheit« vor),
*Liniengruppe* (2 Vermittlungsträger),
*Kettengruppe* (Anführer kommuniziert über einen informellen Führer),
*Kreisgruppe* (Gruppe ist selbständig),
*Vollstruktur* (jeder interagiert mit jedem und kann zum zeitweiligen Anführer erhoben werden = autonome Gruppe).

**D Soziale Bewertung**

Soziale Wahrnehmung ist immer auch soziale Bewertung. Denn wir fassen soziale Situationen zusammen, ordnen sie nach unserer Gewohnheit und würdigen oder gewichten sie. Eine der wichtigsten Reaktionen ist dabei die Einschätzung von *Konfliktsituationen*. KURT LEWIN unterschied dabei den Widerstreit von Appetenz (Annäherung, Sich-hingezogen-Fühlen; engl. *approach*) und Aversion (Vermeidung, Umgehung; engl. *avoidance*):

($D_1$) *Annäherungs-Annäherungskonflikt* zwischen 2 begehrenswerten Zielen;

($D_2$) *Vermeidungs-Vermeidungskonflikt* zwischen 2 unangenehmen Aufgaben;

($D_3$) *Annäherungs-Vermeidungskonflikt,* bei dem das Objekt begehrenswert, aber z.B. der Preis zu hoch ist.

A Anführer

B Stäbe

C Unterführer

D Sympathisanten

E Masse/Minderheit

F Außenseiter

Man könnte sich eine ranglose Gesellschaft vorstellen oder sogar eine völlige Ebenbürtigkeit aller Menschen wünschen. Drei Gründe verhindern diese Utopie:

die stammesgeschichtl. Verankerung der Gruppenränge, die unterschiedl. Funktionen der Menschen und ihre versch. persönl. Voraussetzungen.

Allerdings sind die Rangebenen durchlässiger und wandelbarer geworden. Sie hängen stärker von partiellen und momentanen Wechselwirkungen zwischen den **Rängen** ab.

**A Anführer**

Was zeichnet einen Anführer aus?

Eine solche globale Frage ist kaum zu beantworten. Im allg. fällt eher die jeweilige *Führungssituation* als die Persönlichkeitsmerkmale des Anführers (Charisma) ins Gewicht. Wichtigstes Merkmal der Führungssituation sind die *Führungsfunktionen.* Diese wiederum gründen auf 2 Hauptvoraussetzungen. Erstens bestehen in den meisten Sozialeinheiten (s. XV/8) mehr oder weniger fixierte *Aufträge* (z. B. was getan werden soll), für die sich eine individ. Verantwortlichkeit herausbildet. Zweitens gibt es immer latente (untergründige) *Über-Unterordnungsverhältnisse.*

Bei den beiden Figuren (Abb. A) läßt sich aus ihrer Haltung erschließen, daß die linke der Ranghöhere sein dürfte. Tritt nun eine Verantwortungssituation ein, so ist wahrscheinlich, daß dann dem Ranghöheren die Führungsfunktion zufällt.

Bei *festgelegten* Führungen (formelle Leitung, z. B. im Industriebetrieb der Werkmeister) gibt es kaum Austauschmöglichkeiten. Dagegen in *offenen* Situationen (informelle Leitung, z. B. der »Sprecher« einer Gruppe) kommen vermehrt Gruppenerwartungen zum Tragen:

ob der Anführer stark genug ist, um die Gruppe nach außen zu vertreten; ob er ihre internen Ziele respektiert; ob er die Gruppe zusammenhalten kann sowie ähnl. Nützlichkeitserwägungen.

**B Stäbe**

Führungsfunktionen sind manchmal »angeboren« (z. B. die Funktion der Eltern). Sehr oft aber sind sie nur kurzfristig und partiell übertragen (z. B. der »Regisseur« eines Fußballteams, der die Bälle verteilt und andere Spieler »einsetzt«). Die meisten Führungsformen sind daher eher Führungskreise als Einmannführungen.

In Industriebetrieben werden Stäbe gebildet, wenn Sonderaufgaben, z. B. außerhalb des eigenen Unternehmens, anfallen. Diese Stäbe werden aus der Ranghierarchie ausgegliedert.

**C Unterführer**

In den polit. Organisationen spricht man von den »Organen der Staatsmacht« (z. B. der Polizei). Anführer größerer Einheiten benötigen »Handlanger«; je komplizierter die Organisation, desto mehr.

In der Industrie hat die prozentuale Zahl der Unterführer wesentlich stärker zugenommen als die der Anführer und Mitarbeiter.

**D Sympathisanten**

Als »Mitläufer« hat diese Gruppe einen schlechten Ruf. Denn je erfolgreicher z. B. eine Partei ist, desto leichter finden sich die Wahlhelfer, die an ihren Erfolgen teilhaben wollen. Größere Einheiten besitzen zumeist eine »engagierte Basis«, auf die man die vielen Funktionen verteilen kann, für die keine offiziellen Aufträge zur Verfügung stehen. Die uneigennützige Hilfsbereitschaft dieser Ranggruppe kann aber leicht in eine Kontrastellung zur Führung umschlagen, weil sie schneller enttäuscht ist, wenn die Führung Kompromisse eingehen muß.

**E Masse/Minderheit**

Die Masse als Summe vieler Minderheiten ist Thema des Kapitels XVI. Es gibt sehr unterschiedl. »Menschenmassen«; ihre Reaktionen sind oft ein Rätsel. Das liegt v. a. an unserer Abwehr dagegen, selbst ein Glied von Massen zu sein. Wir neigen zur Auffassung, unser Verhalten sei unabhängig von der Situation *gleichförmig.* Demgegenüber ist schwer zu bestreiten, daß der einzelne als Glied einer Masse, z. B. während einer Sportveranstaltung, grundsätzlich *anders* reagiert als allein.

**F Außenseiter**

In der Regel gehören zu einer kleinen oder großen Gruppierung die *negativen* und *positiven* Außenseiter. Zu den negativen zählen die Prügelknaben, die Unansprechbaren, die Querulanten; zu den positiven die Dissidenten, die Kritiker, Warner und Unabhängigen (vgl. XXI/4, B: LPC-Score). Trotz ihres »Draußenstehens« ist ihre Gruppen- oder Massenfunktion unbestreitbar.

Diese 6 Ebenen zusammen ergeben ein hochkomplexes soz. Netz. Nach der kybernet. Systemtheorie sind sie durch 4 Hauptmerkmale charakterisiert:

**Komplexität.** Die Haupt- und Nebenwirkungen zwischen den Beteiligten bilden ein vielschichtiges Wechselspiel an Kooperationen und Konflikten.

**Eigendynamik.** Das Wechselspiel erhält sich selbst und ist durch Außeneingriffe oder Ausagierungen nur z. T. beeinflußbar.

**Intransparenz.** Wegen der Vielzahl der Wechselwirkungen ist das System schwer durchschaubar.

**Inhabilität.** Ein Gemeinschaftssystem ist grundsätzl. schwer zu etwas zu bewegen bzw. umgekehrt in seiner Abrollrichtung abzubremsen oder umzulenken.

A Rollenbegriff

B Rollenauffassung

$C_1$ Rollenposition

$C_2$ Rollenvorgabe

$C_3$ Rollengemeinschaft

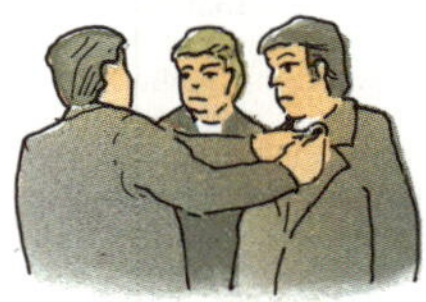

$C_4$ Rollenbefriedigung

C Rollenfunktion

D Multiple Rollen

E Rollenbruch

SHAKESPEARE vergleicht das Menschenleben mit einem Schauspiel:

»Ein jeglicher spielt viele Rollen zu seiner Zeit und seine Akte dauern sieben Alter.«

In der sozialps. Literatur wird der Begriff **Rolle** erst seit den 40er Jahren eingesetzt. Aber schon W. JAMES spricht vom Unterschied zwischen dem »reinen Ich« und dem »sozialen Selbst«.

### A Rollenbegriff

Der Rollenbegriff wurde in Analogie zur Theaterrolle aufgegriffen (SADER, 1969). Dementsprechend sind Rollen vorgegeben, ihre Merkmale bilden eine Einheit, die Verhaltensmuster sind lernbar, sie sind tauschbar, ablehnbar, zeitabhängig; kurz:

»hinter« der Rolle steht die »eigentliche« Person, z.B. wenn jemand sagt: »Ich als Angestellter ..., aber als Privatmann ...«

Damit wird eine Trennung vollzogen, die noch erhebl. Raum für individ. Auffassungen (eigene Rollenkonzepte) zuläßt. Die meisten Rollen besitzen Gegenrollen (z.B. Berater – Klient).

### B Rollenauffassung

Die Rollen, die jemand einnimmt, werden von ihm meist nur teilweise durchschaut. Das liegt v. a. daran, daß sie sehr vielschichtig sind.

Neben Grundrollen (z.B. männl.) bestehen Spezialrollen (z.B. Vater einer erwachsenen Tochter); neben Zwangsrollen (z.B. Schüler) finden sich fakultative Rollen (z.B. Fußballspieler); neben offenkundigen (z.B. Lehrer) gibt es mehr oder weniger undeutliche (z.B. Katholik); neben kontinuierlichen (z.B. Norweger) diskontinuierliche (z.B. Segler).

Diese Beispiele zeigen, wie »arbiträr«, d.h. teilfrei wählbar, Rollen sind. Man kann 2 Grundauffassungen unterscheiden:

einerseits begegnen wir äußeren *Rollenerwartungen,* denen wir nachkommen sollen oder müssen; andererseits entdecken wir in uns *Rollenaussichten,* deren Chancen wir wahrzunehmen suchen.

Aus beiden wird zumeist eine individ. Überdeckung mit Gewichtung mehr zur einen oder anderen Seite gefunden, öfters abgewandelt.

In der Rednerrolle kann man (1) einen demagog. Volkstribunen spielen, (2) leise und suggestiv den Zuhörer verführen wollen, (3) sachlich eine Mitteilung formulieren oder (4) wie im Selbstgespräch auf die Zuhörer nicht achten.

### C Rollenfunktion

Warum gibt es überhaupt Rollen?

($C_1$) Rollen dienen der sozialps. Ortsfestlegung und damit zur sozialen Orientierung:

*Rollenposition.*

($C_2$) Zur Erleichterung der Orientierung haben die Gesellschaften meist Rollenkennzeichen als »Insignien« festgeschrieben:

beruflich z.B. der weiße Mantel des Arztes, rangmäßig z.B. die Krone des Königs oder persönlich z.B. die Pfeife für Männlichkeit: *Rollenvorgabe.*

($C_3$) Der einzelne ist selten alleiniger Besitzer einer Rolle, andere haben dieselbe Rolle. Dadurch entsteht auch ein Rollendruck von seiten der ident. Rolleninhaber:

z.B. für Richter, wenn sich einer als bestechlich erweist: *Rollengemeinschaft.*

($C_4$) Eine 4. wichtige Rollenfunktion ist die Zufriedenheit mit der Rolle und der Rollenübernahme. Man kann dabei die materiellen Vorteile oder Privilegien von den ideellen Werten unterscheiden, die in der Rolle liegen:

Die Ordensverleihung z.B. kombiniert mehreres: der Orden kann Ansehen, soziale Identität, eine neue Ordensgemeinschaft, aber auch Karrierevorteile einbringen: *Rollenbefriedigung.*

### D Multiple Rollen

Die bisherige Rollenbeschreibung zeigt die Vielschichtigkeit der Rollen auf. Für den einzelnen werden sie zusätzlich verwischt, weil er oder sie selbst Träger(in) vieler der unterschiedlichsten Rollen ist.

Als Beispiel nur die 6 Rollen: Frau, Verkäuferin, Mutter, Ehefrau, Hausfrau, Sportlerin.

Jeder Rolle entsprechen *Begleitrollen;* u.a. auch Gegenrollen, z.B. der Mutterrolle die Kindrolle. Treffen versch. Rollen aufeinander, kann es zu Irritationen kommen.

Kommt das Kind in das Geschäft, in dem die Mutter Verkäuferin ist, so wird sie selbst zwar kurzfristig die Rollen wechseln können, das Kind kann den Rollentausch zur Verkäuferin kaum nachvollziehen.

### E Rollenbruch

Unter dem Begriff Rollenbruch (Rollendiskordanz) werden die versch. Formen von Schwierigkeiten mit der Rollenfindung zusammengefaßt.

In der harmlosesten Form stören sie nur, man »fällt aus der Rolle«, man benimmt sich »daneben«; bereits schwerwiegender sind die unvereinbaren Rollen (z.B. Priester und Gastwirt); ferner gibt es tabuisierte (unter sozialer Abwertung stehende) Rollen, z.B. die homosexuelle Rolle; schließlich kann der Rollenverlust zu psych. Störungen führen, z.B. durch den Pensionierungsschock, die Unfähigkeit, den Berufsverlust zu verkraften.

Das Hauptproblem jeder Rolle ist ihre individuelle Ausfüllung:

Ist man nur ein Direktor-»Darsteller« oder hat man auch die entsprechende Autorität?

Meist stellt sich die Rollenerfüllung erst im Laufe der Zeit ein, weil auch die anderen sich erst an die Figur des neuen Rollenbesitzers gewöhnen müssen.

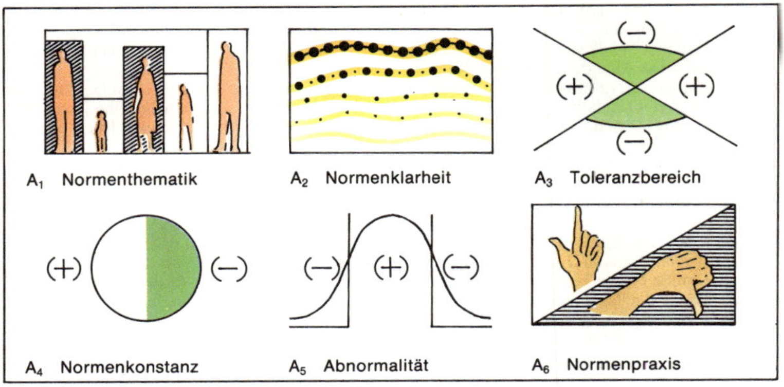


A Normenmerkmale

B Normengenese

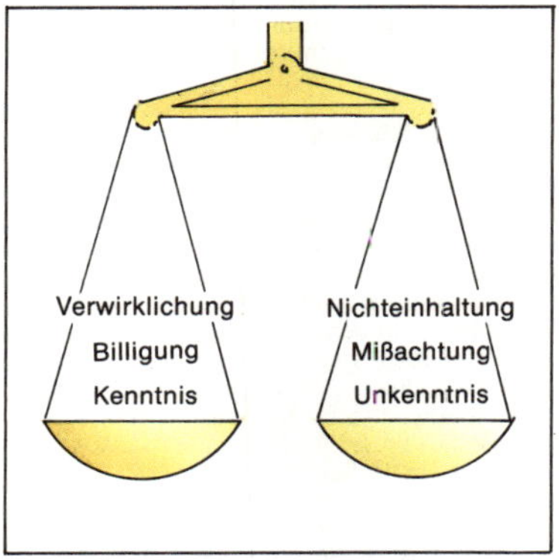


C Normensystem

D Abweichendes Verhalten

E Normenwandel

Es gibt Normen im Rechtswesen als Gesetze, in der Medizin als Krankheitsmaßstäbe, in der Pharmazie als Rezepturen, in der Philosophie als Wertnormen, in der Technik als DIN-Normen.

Wenn man in der Sozialps. von **Normen** spricht, sind die *Verhaltensnormen* gemeint, die »ungeschriebenen Vorschriften«, die jede Gruppe und jede Gesellschaft im Laufe ihres Bestehens ausbildet.

**A Normenmerkmale**

Normen sind Ordnungsübereinkünfte, die das soziale Leben regeln und Konflikte schon vor ihrem Ausbrechen ausschalten sollen. Geregelt wird sowohl durch die *Übermittlung* von Standardverhalten wie durch die *Androhung* von Sanktionen (Strafsymbole). Da Normen aber im Sozialbereich selten klar formuliert werden, sondern eher als »Selbstverständlichkeiten« oder bloßes Kopfschütteln (»so etwas tut man doch nicht«) existieren, gelten diese symbol. Absprachen oft nur für begrenzte Personenkreise und dienen somit auch zur Ausgrenzung der »anderen«. Daran zeigt sich, daß Normen versch. Funktionen haben. Normenmerkmale:

($A_1$) Die *Normenthematik* fragt, *wer was* darf oder soll.

($A_2$) Die *Normenklarheit* zeigt auf, wie deutlich faßbar und unterscheidbar eine Norm für die Betroffenen ist.

($A_3$) Der *Toleranzbereich* kennzeichnet den Umfang des akzeptierten Verhaltens und den Beginn der Mißbilligung.

($A_4$) Die *Normenkonstanz* gibt die Festigkeit der Normen wieder, ob sie nur manchmal gelten bzw. immer.

($A_5$) Die Bestimmung der *Abnormalität*, des nichtnormgerechten Verhaltens, unterliegt auch den 4 bisher genannten Merkmalen (z. B. kann sie schwer oder leicht bestimmbar sein).

($A_6$) Die *Normenpraxis* ist jeweils individuell, aber auch überindividuell charakterisierbar; mit ihr soll wiedergegeben werden, ob und wie Normen im tatsächl. Verhalten wirksam werden.

**B Normengenese**

Wie entstehen Normen?

In einer Geschichte wird berichtet, daß man im 19. Jh. erkundete, warum immer ein Posten an einem Baum im Zarenpark stehen mußte; das Ergebnis: rd. 100 Jahre vorher hatte die Zarin den Befehl gegeben, eine dort blühende Margerite bewachen zu lassen!

Ähnlich absurd sind manche Normen entstanden, z. B. die Bügelfalte der Hosen durch einen engl. Thronfolger, dessen Hosen im Schrank plattgepreßt wurden. Aber Normen können sich auch latent (ohne sichtbaren Grund) herausgebildet haben. Dagegen bedeutete einst die offene Hand zur Begrüßung auch, daß man keine Waffe verbirgt.

**C Normensystem**

Normen stehen nicht für sich allein, sie bilden vielmehr ein System. Entsprechend gibt es auch generelle Haltungen der einzelnen: man kann gegenüber Normen aufgeschlossen sein oder sie grundsätzlich mißachten. Dabei lassen sich 3 Stufen unterscheiden.

Die Vertrautheit oder *Kenntnis* (Manifestanz) besagt, ob man Normen überhaupt wahrnimmt.

Die Anerkennung oder *Billigung* (Akzeptanz) mißt, inwieweit man Normen zustimmt.

Die Einhaltung oder *Verwirklichung* (Respondanz) stellt den Grad des Normenvollzugs fest.

**D Abweichendes Verhalten**

Abweichendes Verhalten oder *Devianz* betrifft die Nichteinhaltung von gesellschaftl. oder gesetzl. Normen.

Die individ. *Annäherung* an Normen reicht von einer äußerl. (extrins.) bis zur innerl. (intrins.) Anerkennung.

Wenn ein Jugendlicher seine Eltern nach einer Schadenserfahrung vorwurfsvoll fragt: »Warum habt ihr es mir nicht verboten?«, so verlangt er nach einer äußerl. Begrenzung.

Die persönl. Reife zeigt sich (auch) in der (intrins.) Selbstakzeptanz von Normen. Viele Devianzen resultieren aus der sozialen Unreife, die den Betroffenen nur durch Bestrafung, Einzäunung, Dirigierung ein Normverhalten zeigen läßt. Da diese Mittel aber nicht immer bereitstehen, verletzt er aus soz. Unterentwicklung Normen.

Die andere Form der Devianz ist die absichtl. Mißachtung von Normen, die zumeist durch den Gegenaufbau krimineller (Gruppen-)Normen verstärkt wird.

**E Normenwandel**

Manche Normen sind kurzlebig, andere überdauern zäh lange Zeiträume; grundsätzlich aber sind alle Normen endlich. Wenn Normen aufgehoben werden oder sich umwandeln, so geschieht das meist so, daß bestehende als »alt« hingestellt werden können und »neue« ein höheres Prestige entwickeln.

Am einfachen Beispiel der Bademoden kann man den enormen Wandel der Bekleidungsmoden (die auch ein Stück Männer- oder Fraueneinstellung wiedergeben) über kaum 80 Jahre sehen.

Die Einstellung zu den Normen unterliegt zumeist der ideolog. Ausrichtung. Im allg. neigt der Reaktionär zu Normen der Vergangenheit, der Konservative zur Beibehaltung bestehender, der Progressive zum Abbau gegenwärtiger und zum Aufbau noch nicht erprobter Normen. Da aber Normen zwangsläufig altern, bleiben neue Normen nicht aus, wobei sie zunächst auf Widerstand stoßen und schließl. ihrerseits erstarren.

A Primärverbände

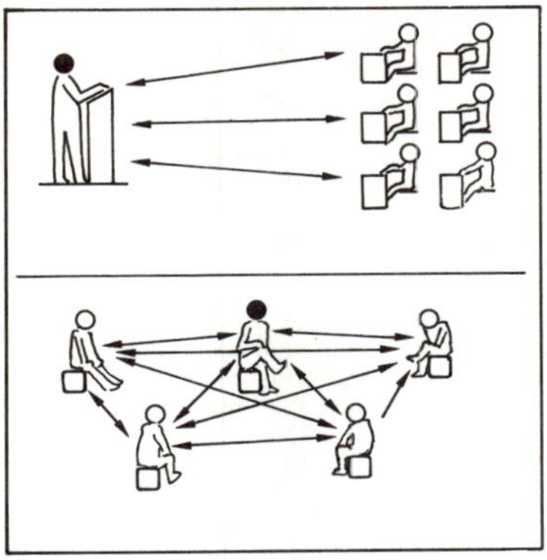

B Schulungssysteme

C Arbeitsgruppen

D Umweltsysteme

E Soziale Verbände

F Ethnische Systeme

Ein Spötter meinte, die Gemeinschaft sei ein »lebenserhaltendes Gefängnis«.

Sicher stimmt es, daß soziale Einheiten den Menschen sehr beengen, stören, sogar seiner Individualität berauben können. Andererseits heben Gemeinschaften die Leistungsbereitschaft, erhöhen den Schutz der einzelnen, fördern ihre Fähigkeiten; kurz: sie sind unverzichtbar.

Für die Sozialps. kommt es nicht in erster Linie auf eine Bewertung der **Sozialsysteme** an, sondern wichtigstes Ziel ist die Charakterisierung der *Besonderheiten* der verschiedenen Systemarten.

**A Primärverbände**

Primärverbände sind 2- bzw. 3-Generationensysteme, Familien von der Groß- bis zur Kleinfamilie (bis zum Einzelerzieher). Die Eltern-Kind-Familie ist immer noch das Paradigma (Grundmuster) der Mehrzahl der Sozialsysteme. Zu ihrer sozialps. Analyse können 3 diagnost. Kriteriumsgruppen befragt werden.

(1) *Welche Konstellation herrscht?* Dazu gehören u. a. Fragen zur Wohnsituation, zu den Machtverhältnissen, zur Paarbildung oder ob eine Konkurrenzsituation *(competition)* besteht.

H. E. Richter (1963) fand Familien, in denen das Kind Ersatz für den entfremdeten Ehepartner sein sollte, in anderen eine Idealrolle für selbst nicht erreichte Ziele zugeschoben bekam usw. Familie ist auch ein »Kollektiv-Ich«; er unterschied die angstneurot. Familie (die er »Sanatorium« nennt), die paranoide Familie (die sich gegen die feindl. Umwelt zur »Festung« zusammenschließt) und die hyster. Familie (die »Theater« spielt).

(2) *Welche Familienatmosphäre besteht?* In den Familien kann man unterschiedl. emotionale Grundstimmungen feststellen: u. a. wohlig-sichere, gespannt-streitsüchtige, weinerliche, distanzierte, freundliche, gelöste. An diesen Grundstimmungen kann man den Grad des Zusammenhalts oder der latenten bzw. offenen Auflösung einer Familie erkennen.

(3) *Welche Regeleinhaltungen werden erwartet?* Hierzu gehören die Verteilungsprobleme (z. B. die Fleischverteilung beim Mittagstisch), die Rücksichtnahmen bei der Lautstärke, Fragen zum Umgang mit dem anderen, der Erziehungsdruck.

Diese 3 Kriterien ergeben zusammen das »Familienklima«.

**B Schulungssysteme**

Die Sozialps. der Schule erweitert die Sozialmerkmale auf die Institution. In Großorganisationen kommen 2 Regel-Strukturen hinzu: die *Arbeits-* und *Funktionsteilung* (Lehrer-Schüler) und die *Autoritäts-* und *Kompetenzhierarchie* (Prüfungen, Erklärungen, Nachfragen).

Die Abb. zeigt die Struktur des strengeren Frontalunterrichts und der gelockerteren seminarist. Schulung.

In diesen unterschiedl. Sitzordnungen spiegeln sich auch die geänderten Funktionen und Kompetenzhierarchien.

Der Frontalunterricht setzt stärker auf die Autorität des Lehrers als die seminarist. Form, bei der die Kompetenz des Schülers stärker beansprucht wird.

**C Arbeitsgruppen**

Die Analyse von Arbeitsgruppen war mit einer der frühesten Untersuchungsgegenstände der Sozialps. (Roethlisberger, Dickson, 1939). Die Problematik wird hier erweitert durch das Merkmal »Erwerb des *Lebensunterhalts*«. Die Sozialmerkmale ändern sich durch die Unvermeidlichkeit bzw. den Zwangscharakter von Arbeit. Die Arbeitsgruppen erhalten dadurch häufig ihren *Konfrontationscharakter.*

**D Umweltsysteme**

Die Umweltsysteme erregen erst in letzter Zeit Aufmerksamkeit. Jeder Mensch ist auch Nachbar, Straßenbewohner, Gemeindemitglied, Benutzer der Natur, der Straßen usw. Wenn diese Umwelt zunehmend gefährdet wird, ändert sich nicht nur seine Lebensqualität, sondern auch sein *Solidaritätsgefühl* mit den ebenfalls betroffenen Mitbürgern. Resultat können völlig neue *Bürgerkonstellationen* sein.

**E Soziale Verbände**

Große Sozialverbände wie die Parteien ändern sich ebenfalls in ihren Sozialmerkmalen, wobei die äußeren Formen eine scheinbar feste Tradition vortäuschen können. Die alten europ. bürgerlichen und Arbeiterparteien haben sich in ihrem Mitglieder- und Wählerbestand erheblich gewandelt. Das gilt nicht nur soziologisch nach der *Berufs-* und *Schichtzugehörigkeit,* sondern auch nach den *sozialen Zielen* konservativer oder progressiver Ausrichtung. Auch eine »fortschrittl.« Partei ist nicht gefeit, allmählich zu einer »reaktionären« zu werden.

**F Ethnische Systeme**

Die landschaftl., nationalen und staatl. Systeme sind ebenfalls auch Sozialsysteme und als solche unterstehen sie best. Sozialmerkmalen. Der Unterschied zu den vorherigen besteht aber in ihrer »Globalität«, d. h. sie sind schwerer auf einen Nenner zu bringen.

Was unterscheidet einen Bewohner am Rande eines Meeres von dem in einer Gebirgslandschaft?

Vermutungen sind leicht zu äußern, aber sehr schwer in Analysen nachzuweisen, weil eventuelle Ergebnisse wahrscheinlich durch die vorhergehenden Sozialsysteme noch stärker mitbetroffen sind.

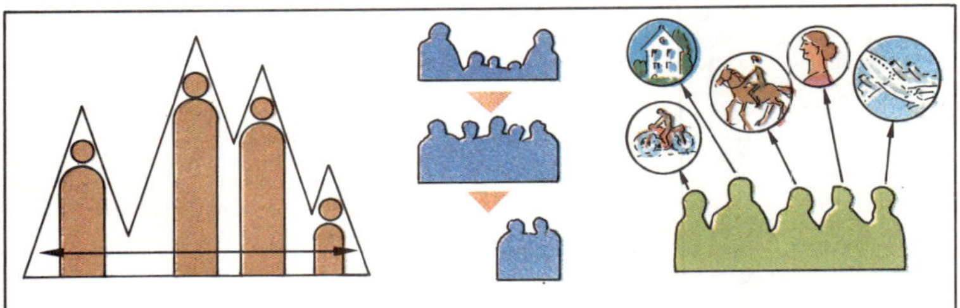

A₁ Konstellation A₂ Verlauf A₃ Motivation

A Gruppenanalyse

B₁ Beteiligung B₂ Übereinstimmung B₃ Zusammenhalt

B Gruppenaktionen

C₁ Diskurs C₂ Geplante Spiele C₃ Biotische Verfahren

C Gruppenarbeit

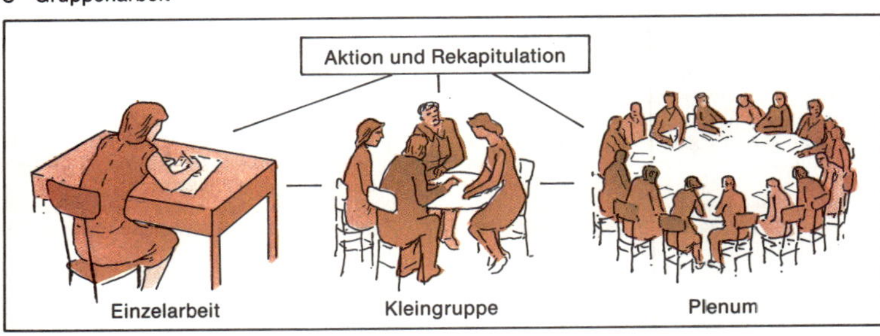


D Gruppenfeedback

RONALD LIPPITT beschrieb in einem Artikel, wie KURT LEWIN aus einem Zufall heraus die **»Gruppendynamik«** entwickelte.

Bei der Arbeit mit Kindergruppen in Iowa, USA, wurden auch unterschiedl. Führungsstile ausprobiert. Dabei zeigten sich erhebl. Wirkungen auf den Gruppenzusammenhang.

In der Folge beteiligten sich viele Forscher an der Grundidee, die dynam. Kräfte in Gruppen zu analysieren und für Gruppenveränderungen zu verwerten.

**A Gruppenanalyse**

Wenn man etwas verändern will, muß man es vorher möglichst genau kennen.

Vor der Gruppenveränderung steht die Gruppenanalyse. Ihre Aufgabe ist umfassend.

($A_1$) Die *Konstellation* bezieht sich auf die *Gruppengröße* (wichtig u. a. für den Zusammenhalt), die *Ungleichheit* (Ranghöhe, Rollenverteilung), das *Gruppenterritorium* (im Verhältnis zur Gruppengröße, den »Lebensraum«, die Verteilung der Besitzabschnitte, die Ausbreitung oder Abschottung) und die Permeabilität oder *Durchlässigkeit* gegenüber Dritten (räumlich, funktional sowie in der Aufnahmeleichtigkeit für neue Mitglieder).

($A_2$) Der *Verlauf* oder die G-dauer ist sowohl *absolut* (wie lang besteht die Gruppe) wie *relativ* (Rhythmik der Veränderungen) von Bedeutung. Je »älter« Gruppen sind, desto *stereotyper* geraten die Reaktionsformen. Umgekehrt können die Wandlungen *kontinuierlich* oder *diskontinuierlich,* d.h. abbruchartig gewandelt, sein.

($A_3$) Die *Motivation* bezieht sich sowohl auf die Gründe des Gruppenbeginns (Zufall bei *stranger-groups,* d.h. die Mitglieder waren sich fremd; »geboren« wie bei der Familie), wie auf die *momentane Motivation* (z.B. Erlebniszuwachs für eine Freizeitgruppe) und die *Zielmotivation,* die zusammen oft ein *group think,* d.h. eine von außen unbelehrbare Gruppenmeinung, ergeben können.

**B Gruppenaktionen**

Zunächst ist hier die *Thematik* wichtig (z.B. Bürgerinitiative, Kegelclub, Staatsregierung). Daneben müssen 3 allg. *Aktionskriterien* bedacht werden:

($B_1$) die Art der *Beteiligung* (Bereitschaft der Mitglieder, Verantwortung zu übernehmen),

($B_2$) die *Übereinstimmung* (Verbreitung und Ausgleich der Informationen, Verteilung der Kontakte und Sympathien, Verarbeitung von Widersprüchen) und

($B_3$) der *Zusammenhalt;* diese Kohäsion einer Gruppe ist Resultat zusätzl. Faktoren: innere und äußere Barrieren (soziale Schranken, Tabus), Zentralisierungsgrad *(conforming* oder Mittelpunkt bildende Tätigkeiten), interne und externe Konkurrenz bzw. Kooperation mit jeweiligen Gegenreaktionen (Schismogenese).

**C Gruppenarbeit**

Die Gruppenarbeit soll ein Gegengewicht gegen direktive Erziehungsmaßnahmen, fixierte Berater-Ratsuchende-Beziehungen, überhaupt gegen festgefahrene Sozialbezüge liefern und die Gruppenvorteile nutzen.

Statt: Wie arrangiere ich die Gruppe?, soll es etwa heißen: »Wir müssen lernen, miteinander auszukommen!« (DÄUMLING, 1968).

In einer Reihe von Verfahrensformen (*sensitivity training,* Organisationslaboratorien, Trainigsgruppen) wird das Lernziel »Umgang in und mit Gruppen« v.a. im Hinblick auf eine Selbstvervollkommnung angestrebt. Drei Hauptverfahren haben sich dabei herausgebildet.

($C_1$) Der *Diskurs* soll best. Erfahrungen vermitteln. Viele haben Sozialbeziehungen nur negativ erlebt, als hämisches oder herabwürdigendes Sozialelend. Hier hingegen sollen sie die Gruppe als »Ort der Freiheit« (METZGER, 1962) kennenlernen. In wechselseitiger Akzeptierung wird die »Einbahnstraße« von Befehl und Gehorsam in einen gleichberechtigten Zusammenschluß aufgelöst.

($C_2$) Direkte Gruppeneffekte sollen in *geplanten Spielen* erzielt werden. Zum Beispiel werden in Rollenspielen wechselnde Themen durchgespielt und eine »Rollenreversibilität« (Durchlässigkeit der Rollen) eingeübt.

($C_3$) Die *biot. Verfahren* gehen zu »lebensechten« Situationen über. Im »Tavistock-Programm« (A. K. RICE, [2]1973) werden die eigenen Gruppenprozesse in der Rückkopplung erarbeitet. In den meisten Trainingsgruppen geht man heute vom *Stranger*(Fremden)-Prinzip ab und arbeitet mit Bekanntengruppen, die über längere Zeit zusammenbleiben und dabei reale Praxisprobleme aufarbeiten.

**D Gruppenfeedback**

Wie wirken einzelne Teilnehmer und die gesamte Gruppe auf die Gruppenmitglieder?

Dieser Frage wird in den meisten Verfahren der Gruppendynamik, z.B. in der Verwaltung, bei Klinikpersonal, im Industriemanagement usw., nachgegangen. Man glaubt:

Je besser das Mitglied die Gruppenprozesse versteht, desto günstigere Wirksamkeiten lassen sich in der Gruppe und durch die Gruppe erreichen.

Jeweils einer Aktions-Phase folgt eine Rekapitulations-Phase, in der die »Teilbarkeit der Führung« in Form einer offenen Mitbeteiligung gespiegelt wird. In die geistige Aufarbeitung des Gruppenfeedbacks werden auch Verfahren der Psychotherapie einbezogen.

Die Erfahrungsrückkopplung geschieht häufig in 3 Stufen:

Arbeit im Plenum (alle Teilnehmer eines Kurses), Kleingruppenarbeit (z.B. in 3er-Gruppen) und Einzelarbeit im variierten Wechsel.

A Soziale Beachtung

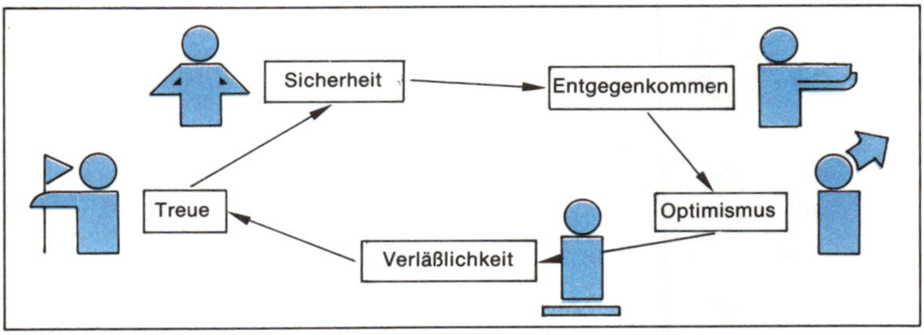


B Soziales Vertrauen

C Sozialer Anstoß

D Soziale Mechanismen

»Die Menschen schmeicheln sich mit ihren großen Taten, obwohl diese doch oft nicht Wirkungen eines großen Wurfes sind, sondern Wirkungen des Zufalls.« (LA ROCHEFOUCAULD, Betrachtungen, 1665)

Man kann bis heute nicht besser ausdrücken, wie vorsichtig man auf dem Feld der **Sozialwirkungen** von den *Ergebnissen* auf die *Ursachen* schließen soll. Trotzdem muß es die Sozialps. immer wieder versuchen. Die gegenwärtigen Ergebnisse tendieren in mehrere Richtungen.

Damit man bei anderen Wirkungen erzielen kann, müssen (neben mannigfaltigen momentanen und situativen Abweichungen) einige Voraussetzungen, wie die *Beachtung* und das *Vertrauensverhältnis,* erfüllt sein. Auch die »richtigen« *Anstöße* sind nötig. Daneben gibt es noch einige »Standarddivergenzen« (Wirkungsablenkungen), die man *soziale Mechanismen* nennt.

**A Soziale Beachtung**

In ps. Lehrbüchern wird die Beachtung oft durch den Bildausschnitt einer aufmerkenden Person (s. Mitte) demonstriert und auf der nächsten Seite an der ganzen Photographie gezeigt, *wodurch* die Aufmerksamkeit erregt wurde (nur *eine* überraschende Situation).

Die Provokationen der Wirklichkeit kommen aber aus 2 Richtungen:

von den (z. B. tätlichen) *Gefährdungen* und von den (z. B. erotischen) *Aufforderungen.*

**B Soziales Vertrauen**

Die vorherige Beachtung ist zwar nötig (ohne Beachtung keine Wirkung), aber ihre »Methoden« stören oft die zweite wesentl. Stufe: das *Vertrauensverhältnis.* Freiherr von KNIGGE in seinem ›Über den Umgang mit Menschen‹ von 1788:

»Die Kunst des Umgangs mit Menschen besteht darin, sich geltend zu machen, ohne unerlaubt zurückzudrängen.«

*Funktionale* Beziehungen bauen Vertrauen auf, *dysfunktionale* bauen es ab.

Vertrauen wird dem gewährt, der ein Gefühl der Sicherheit verbreitet, uns entgegenkommt, glaubhaften Optimismus vermittelt, verläßlich und treu wirkt.

Vertrauen wird also durch best. Erwartungen erregt, die in der Rückkopplung immer wieder bestätigt werden müssen.

**C Sozialer Anstoß**

Im Grunde ist jedes Verhalten, gleichgültig ob Tadel, Lob, Handgreiflichkeit, Mitteilung, sogar das Schweigen, »wirkungsvoll«. Manches ist intensiver als das andere oder erfolgreicher, anderes bewirkt genau das Gegenteil, d. h. ist »kontraproduktiv«. Damit soziale Anstöße »re-produktiv« werden, sollen 2 Bedingungen bedacht werden.

($C_1$) *weniger ist oft mehr:*

Erst wenn der Affe einige Nüsse fallen läßt, kommt er mit wenigen aus dem Hals des Kruges.

Oder: Manche marktschreierischen Werbeübertreibungen *(»ballyhoo«)* stoßen eher ab.

($C_2$) *Wirkungen müssen durch »Prestige« unterstützt werden.*

In einem Versuch brachte man einmal dem ranghöchsten, einmal dem rangtiefsten Affen ein zusätzl. Wissen bei (Öffnen der Bananenkiste):

Im ersten Fall lernten bald alle Affen das Schloß zu öffnen, im zweiten keiner.

**D Soziale Mechanismen**

Soziale Wirkungen unterliegen auch »typ.« Ablenkungen, darunter befinden sich die folgenden 6 Sozialeffekte.

($D_1$) Der *Halo*-Effekt (ALLPORT, $^2$1959) ist gleichsam die »Überstrahlung« einzelner Eigenschaften oder Bewertungen durch den Gesamteindruck.

In häufig negativer Weise wird davon in der Öffentlichkeitsarbeit *(public relations)* Gebrauch gemacht: »Tue Gutes und rede darüber!«; wobei manchmal das Darüber-Reden wichtiger ist als das Gutes-Tun und letztlich das Vertrauen zerstört.

($D_2$) Der *Bandwagon*-Effekt (*bandwagon* ist der Musikwagen an der Spitze eines Zuges) wird auch Gewinner-Effekt genannt. NIETZSCHE sagte:

»Nichts ist erfolgreicher als der Erfolg.«

An den Erfolg hängen sich die Erfolgsschmarotzer an.

($D_3$) Der *Underdog*-Effekt ist das Gegenteil.

Mit Schadenfreude sieht man David über Goliath siegen.

So wird manchmal der vermutl. verlierende Kandidat gewählt.

($D_4$) Der *Bumerang*-Effekt wird auch von der Werbung herangezogen.

Ein starkes Motiv aus der Bevölkerung wird den Menschen zurückgereicht, aber darin die eigene Werbebotschaft eingebaut.

Man nützt also die schon vorhandene motiv. Aufgeschlossenheit aus und hat leichteres Wirkungsspiel.

($D_5$) Der *Ignorierungs*-Effekt hilft, etwas Unangenehmes zu verdrängen.

Zum Beispiel aus Angst vor Krankheit läßt man sich nicht untersuchen.

Sozialwirkungen, die sich auf diesen Effekt stützen, bagatellisieren oder vertrösten auch bei echten Schwierigkeiten.

($D_6$) Der *Torschluß*-Effekt wird u. a. in den Selbstbedienungsläden ausgenutzt.

Knapp vor der Kasse stehen Körbe mit Waren, die man zum Schluß kauft, während man sie am Anfang nie erstanden hätte.

Auch im Lebenslauf kennt man die Torschlußpanik (als *midlife-crisis*). Diese 6 Mechanismen sind Beispiele für allg. wirksame Verhaltensausrichtungen; nicht selten werden sie manipulatorisch ausgenutzt.

$A_1$ Angstauslösende Situation

$A_2$ Fehlverhalten

A Situationsstörungen

$B_1$ Parataxien

$B_2$ Beziehungsstreit

B Beziehungsstörungen

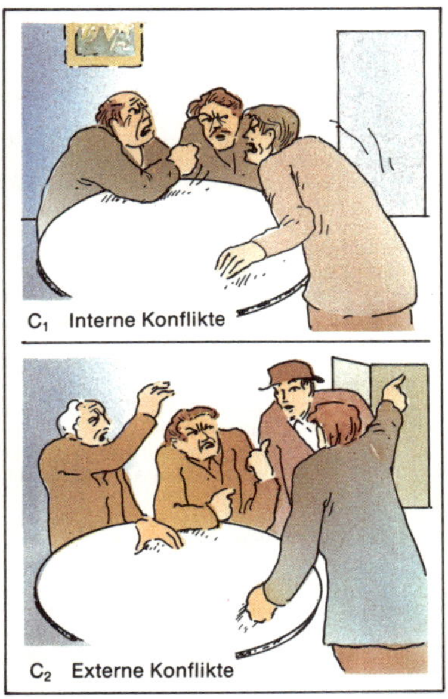

$C_1$ Interne Konflikte

$C_2$ Externe Konflikte

C Gruppenkonflikte

$D_1$ Umweltschädigendes Verhalten

$D_2$ Umweltbelastung

D Umweltkrisen

Wegen der gezeigten Kompliziertheit der Sozialbeziehungen ist es nicht verwunderlich, daß es im Sozialzusammenhang auch mannigfaltige Störmöglichkeiten gibt. Diese Vielzahl kann man nach der Sozialstruktur in 4 Gruppen unterteilen:

*situative, personale, gemeinschaftliche* und *umweltbezogene* **Sozialstörungen.**

**A Situationsstörungen**

Situationen sind wiederkehrende Augenblicksumstände, die man in ihrer Gleichartigkeit wiedererkennt und im Verhalten zumeist gleichförmig erwidert. Im Alltag ist das ökonomisch.

($A_1$) Man kann aber auch regelmäßig, wenn diese Situationen auftreten, versagen. So gibt es für die meisten Menschen best. Situationen, die sie mehr fürchten als ähnliche, die wiederum für andere stärker *angstauslösend* sind:

das öffentl. Reden z. B. oder die Angst vor Unterführungen oder Fahrstühlen.

($A_2$) Bes. unangenehm sind Situationen, die durch Angstvorstellungen »magnetisch« anziehend wirken:

der schlechte Radfahrer, den die Vorstellung, er könnte an den Baum fahren, erst recht *»fehlangepaßt«* an den Baum fahren läßt.

**B Beziehungsstörungen**

Die häufige Darstellung von Beziehungsstörungen in der Literatur und den Medien verdeutlicht die Masse und Alltäglichkeit dieser Störgruppe. Man kann sie in 2 Hauptgruppen zusammenfassen.

($B_1$) Die *Parataxien* oder »unscharfen« Beziehungen leiden unter ungeklärten sozialen Kontakten oder überhaupt an Beziehungslosigkeit. Partner entfremden sich, gehen eigene Wege, vermeiden Berührungen und leben isoliert nebeneinander her.

($B_2$) Demgegenüber steht der *Beziehungsstreit;* die Auseinandersetzung verhindert die Isolierung, treibt aber einem krit. Punkt zu, wenn aus den Widersachern Feinde werden, die absichtlich zuwiderlaufende Handlungen begehen. Solche Beziehungen müssen nicht immer zum Bruch führen. MARIE V. EBNER-ESCHENBACH schrieb:

»Manche Ehen sind ein Zustand, in dem zwei Leute es weder mit noch ohne einander durch längere Zeit aushalten können.«

Bei beiden Gruppen liegt das Problem in der Partnerkonstellation: einer oder beide finden ihre Stellung ungenügend, falsch eingeschätzt, erniedrigend. Eigentlich wollen sie da heraus, können es aber nicht ausdrücken und suchen als Ersatz »Scheingefechte«. Hier hilft die Analyse der *wirklichen* Ursachen:

*Rangstörung.* Man findet den anderen zu dominierend oder zu schwach; man fühlt sich unterdrückt und entwertet bzw. schämt sich der Schwächen des anderen.

*Rollenstörung.* Die vom anderen zugeschobene Partnerrolle (z. B. immer nachzugeben) wird abgelehnt.

*Kontaktstörung.* Die partnerschaftl. Atmosphäre ist z. B. durch latente Erpressung, Gereiztheit, Uninteressiertheit vergiftet.

*Normenstörung.* Gemeinschaftl. moral. Regeln (z. B. Treue), geistige Wertungen (z. B. Kino kontra Konzert) oder Lebensziele (z. B. Kinderwunsch) werden tatsächl. bzw. vermeintl. vom anderen verletzt.

**C Gruppenkonflikte**

In der Sozialps. hat seit ihrer Begründung der Begriff Konflikt eine große Rolle gespielt. Es gibt eine Reihe von Konflikttheorien (behaviorale, phänomenolog., kognitive, psychosoziale und motivationale). Hinter allen steht das Grundmodell der *Unvereinbarkeit von Verhaltenstendenzen.* Theoretisch sollen von ihnen die versch. Formen der Auslösung und Verarbeitung von Konflikten erklärt werden. Ein größerer Unterschied ergibt sich bei der Trennung von *internen* (Konflikte innerhalb der Gruppe) und *externen* Konflikten (zwischen der Gruppe und Dritten).

($C_1$) Der Streit innerhalb der Gruppe ist zumeist ein *Rang-* oder *Rollenkonflikt.* In emotionaler Hinsicht bilden Rivalitäten mit Neid, Rache und Schadenfreude die mißl. Grundlage. Oft sind diese Haltungen so verfestigt, daß der urspr. Anlaß keine Bedeutung mehr hat.

($C_2$) Die Auseinandersetzungen *zwischen* der Gruppe und Dritten (einzelnen oder wiederum Gruppen) sind meist *Interessenkonflikte.* Als Verteidigungsgemeinschaft lehnt sich die Gruppe gegen äußere Forderungen auf.

**D Umweltkrisen**

Der Begriff Umweltkrise kann in zweifacher Weise verstanden werden: als gestörtes Verhalten gegenüber der Umwelt und als psych. Auswirkung *durch* Umweltstörungen.

($D_1$) *Umweltschädigendes* Verhalten wird nicht mehr als bloße Gedankenlosigkeit angesehen. Durch wachsendes Umweltbewußtsein steigt das Niveau der Verurteilung

z. B. von Schädigungen in Naturschutzgebieten durch Geländemotorräder.

($D_2$) Neben den phys. Schädigungen werden auch zunehmend psych. Beeinträchtigungen durch *Umweltbelastung* erkannt,

z. B. durch Lärmbelästigung, durch Wahlpropaganda mit Haßaufputschung, durch Manipulation mit doppelzüngiger Information, durch soz. Isolierung von Bevölkerungsgruppen.

Beide Formen, Umweltschädigung und Umweltbelastung, bilden einen Zirkel. Denn Umwelt ist nicht nur ein passives Umfeld, sondern ein aktiv genutzter Lebensraum mit psychophys. Wechselwirkung, den man in Anlehnung an den Begriff Biotop *Psychotop* nennt. Somit sind Umweltschädigungen auch Störungen des sozialen Milieus, auf das die Menschen einen Anspruch haben.

A Massentendenzen

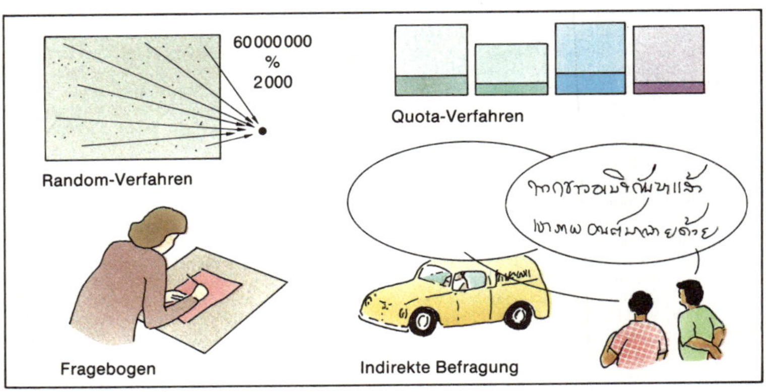


B Massenuntersuchung

Ende des 19. Jh. kam der Begriff **»Massenpsychologie«** auf, hauptsächlich in Frankreich: LEBON (1895), TARDE (1895), SIGHELE (1897). Sporadisch, immer wenn gehäuft Zusammenrottungen, soziale Konflikte, Revolutionen das Interesse auf aktive Volksmengen lenken, steigt die massenps. Erörterung.
Zunächst stand eine negative Betrachtung der »Masse« und ihre »Vermassung«, d. h. Entindividualisierung, im Vordergrund. Allmählich wurde aber genauer die *Machtpotenz* der Massen erkannt. Seither ist die Massenps. ein selbständiges Gebiet, weil auch die »Masse« neben der Gruppe und der Einzelperson eine eigenständige Sozialeinheit ist (vgl. Massenkommunikation, XI/7).

**A Massentendenzen**

Was ist »Masse«? Ist sie eine myst. Körperschaft oder bloß die Summe aller Bürger?

Weder das eine noch das andere – oder etwas von beiden. Die Masse kann so heterogen (in sich unterschiedlich) sein, daß sie fast mit der Summe aller gleichzusetzen ist. Das *kann* der Fall sein, wenn jeder einzelne oder jede Kleingruppe ihren eigenen Interessen nachgeht und diese keine Deckungsgleichheiten aufweisen. Aber das ändert sich sofort, wenn plötzlich gemeinsame Interessen entdeckt werden, wenn viele das gleiche bewegt.

Masse ist kein Subjekt, aber sie kann auf dem Wege zum Subjekt sein, wenn sie zu einer schwerdurchschaubaren, kaum dirigierbaren Massenmacht aufläuft.

Mit anderen Worten:

Die Masse ist streckenweise (nach Zeit bzw. Thematik) *inaktiv* durch Ungleichheit der Bestrebungen – sobald aber Konformität auftritt, kann etwas schwer Berechenbares daraus entstehen.

Solches gleichartiges Verhalten ergibt 2 Hauptformen von Massen: durch die »alte« Bedingung der Körpernähe entwickeln sich anwesende Massen oder *Präsenzmassen* und durch die »neue« Bedingung der gleichen Meinungsbildung mittels Massenmedien kommt es zur *medialen* Masse

Gelegentlich treten sie kombiniert als *mediopräsente* Massen auf, wenn z. B. ein Massenaufstand (wie in Asien geschehen) über Rundfunksender gelenkt wird.

Von massenps. Bedeutung werden diese Prozesse aber erst, wenn *Massenergebnisse* daraus resultieren; z. B. Wahlergebnisse, Aufstände, gleichförmige Handlungen.
Aus der Fülle dieser Massenergebnisse ein immerwährendes Beispiel ist die Kleidermode. An ihr lassen sich die 3 scheinbar widersprüchl. Bewegungsmerkmale für Massenerscheinungen demonstrieren.
($A_1$) Die *Konformisierung* der Bekleidung ist überdeutlich. Durch alle Zeiten und alle Völker hat es eine Bekleidungsangleichung gegeben, der sich der einzelne kaum entziehen konnte. Aus der bloßen Körperbedeckung wurde etwas Gemeinschaftliches, sogar ideolog. Schickliches gemacht. Traditionen spielen eine große Rolle.

Die heutige »westl.« Mode ist zum größten Teil aus der altgerman. Bekleidung (1) von Bluse, Rock und Umhang für Frauen und (2) Rock und Hose für Männer bereits seit der Bronze- und Hallstatt-Zeit (ca. 8. Jh. v. Chr.) entstanden. Die (3) röm. Mode, die (4) islam. Verschleierung oder die (5) außereurop. Bekleidung konnten sich international nur wenig durchsetzen.

($A_2$) Die *Distanzierung* kann erst auf dem Hintergrund einer gewissen Gleichförmigkeit entstehen.

Mit »Kleiderordnungen« hat man frühzeitig schon seine (partielle) Andersartigkeit dargestellt; am stärksten bei (6) Priestern und (7) Soldaten. Aber auch (8) die Sippenverbände entwickelten für Kinder, Erwachsene und Alte unterscheidbare Trachten.

($A_3$) Die *Akzentuierung* ist am deutlichsten an der Frauenmode zu erkennen.

Den Körper der Frau modellierte man je nach der zeitgemäßen Frauenauffassung: (9) im alten Ägypten gab es durchsichtige Kleider, (10) die myken. Priesterinnen öffneten durch Jacken den Blick auf ihren Busen, (11) die Rokokodamen betonten die Hüften bis zur Karikatur, (12) das Biedermeier machte aus der Frau ein kindl. Geschöpf mit Häubchen und (13) im frühen 20. Jh. begann die Emanzipation mit Anleihen aus der Männermode. Heute beeinflussen Ausläufer von schnellwechselnden Außenseitermoden die generelle Moderichtung.

**B Massenuntersuchung**

Massenerscheinungen sind selten so sichtbar wie die Bekleidungsmoden, bevor sie sich zu *Massenreaktionen* großen Stils auswachsen. Man möchte sie mit *demoskop.* Forschungen an »repräsentativen«, d. h. trichterartig dem Ganzen entsprechenden Minderheiten erkennbar machen.

Das *Random-Verfahren* ist eine Zufallsauswahl, wobei aus der Menge zufällig z. B. 2000 Personen aus 60 Millionen gezogen werden.

Im *Quota-Verfahren* bilden die soziolog. Hauptgruppen die Auslese; z. B. Frauen/Männer, Arbeiter/Angestellte/Beamte usw. Aus diesem kleinen Kreis wird unter wahrscheinlichkeitstheoret. Gesetzmäßigkeiten (s. IV/3) auf die Gesamtheit geschlossen.

Methodisch werden *Fragebogen* (s. III/7) verwendet, die im Fall geringer Abstraktionsfähigkeit durch Bilddarstellungen unterstützt werden.

In diesem Beispiel wurde in einer *indirekten Befragung* mit »Sprechblasen« die Wirkung amerik. Filmwagen in Indien (MASLING, 1953) erfragt.

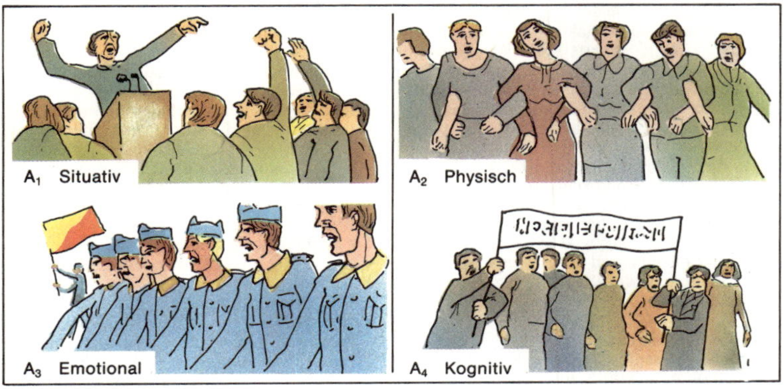


A Koaktionsareale

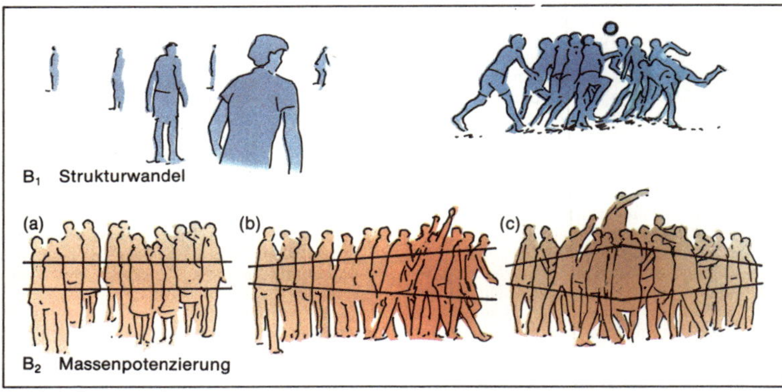


B Verhaltensmassierung

C Energiepotential

In der Gruppendynamik (XV/9) ging es um die Analyse der dynam. Kräfte in Gruppenzusammenhängen und um ihre Verwertung für die Gruppenänderung. Die dynam. Kräfte in den Massen sind viel gewaltiger:

Beispiele sind die zahlreichen polit. Aufstände und die Aggressionen in Sportstadien.

Lasssen sich diese noch steuernd verändern? Zweifellos ist das viel schwieriger. Aber von vielen Seiten und aus unterschiedl. Absichten wird das versucht. In der **Massendynamik** werden die Grundlagen für die Massensteuerung analysiert.

**A Koaktionsareale**

Der Analyse von Massenaktionen steht das allg. Vorurteil entgegen, selber als Glied einer Masse *nicht* anders zu reagieren wie als einzelner (»Mythos der Verhaltenskonstanz«). Dementsprechend »erklärt« man mißachtete Ereignisse von Aufläufen oder Ausschreitungen gern mit Taten von verachteten Personengruppen (Außenseitern, *underdogs,* Alkoholikern usw.).

Tatsächlich ist jeder als Mitglied einer Präsenzmasse mehr oder wenig anfällig für ein Verhalten, das nicht typisch für ihn selbst sein muß. Viele werden sogar nach Massenerlebnissen süchtig. Eigene Selbstverluste (Frustrationen des Wollens und Könnens) werden *ersetzt* durch sporadisch gesteigerte Daseinserlebnisse in der Masse (Allmachtserlebnisse im Massenkörper).

Für diesen »genußvollen Zustand«, Mitglied einer gleichgesinnten Masse zu sein, werden 4 Grundbedingungen vorausgesetzt.

($A_1$) Es muß ein *situativer* Massenbezug entweder auf einen Massenstar oder eine gegner. Masse vorhanden sein.

($A_2$) Durch *phys.* Kontakte wie das gegenseitige Einhaken wird der Körperkontakt mit der Masse hergestellt bzw. verstärkt.

($A_3$) Die *Emotionen* müssen, z.B. durch Marschgesänge, bis zum *»thrill«* (der aufgeregten Massenspannung) gesteigert werden.

($A_4$) Die *kognitive* Gleichschaltung geschieht durch formelhaft verkürzte Parolen (z.B. auf Transparenten oder in demagog. Reden) oder Symbole (Fahnen, gleiche Kleidung), die entweder die eigenen Ziele repräsentieren oder den Gegner herabsetzen.

**B Verhaltensmassierung**

Gegenüber der Gruppe weist die Masse *abbauende* und *aufbauende* Strukturänderungen auf.

($B_1$) Ein Fußballspiel stellt in der Regel eine *Gruppenstruktur* dar.

Wenn aber 12jährige spielen, kann man oft den *Zerfall* der Gruppenstruktur beobachten: alle rennen massiert hinter dem Ball her (Rangwegfall, Rollenminderung, Normenverlust).

($B_2$) An Stelle der verlorenen Gruppenstruktur entsteht eine *Massenpotenzierung* mit 3 Haupttendenzen:

(a) Prägung durch Verhaltensnivellierungen (Tendenz zur vagen Mitte),

(b) neue Einflußempfänglichkeit nach einer Zeit der Gleichförmigkeit im Anschluß an vorher nicht beachtete Extremgruppen (aktive Minoritäten),

(c) Aufbau eines neuen Konformismus mit Ausrichtung auf neue »charismatische« Anführer (Autoritätsanschluß).

**C Energiepotential**

In der Menschenmasse werden *Aktionsbereitschaften* in *Aktionsrealisierungen* umgesetzt:

Die Masse potenziert das Bedürfnis des einzelnen zum Leiden (Masochismus) oder zur Gewalttat (Sadismus).

Fragt man, was eine solche Potenzierung dem einzelnen »bringt«, so dürfte dies in erster Linie eine ihm sonst nicht zugängl. Machterfahrung sein. Neben diesen Allmachterlebnissen können noch eine Reihe weiterer Massenbedürfnisse genannt werden:

Dem einzelnen wird eine Risikobereitschaft abverlangt, die ihm relativ leicht zu Erfolgserlebnissen verhilft. In der Masse ist er weitgehend anonym und deshalb geringer zur Verantwortung zu ziehen wie als einzelner. Wenn die Großtat vorüber ist, kann er gegenüber Dritten herauskehren, daß er dabeigewesen ist. Eventuelle eigene Körperschäden können ihm als Heldentat angerechnet werden.

($C_1$) Eines der beiden Hauptmotive im Energiepotential der Masse ist die *Leidenserzeugung.* Sie kann sich entweder auf einen realen oder imaginären Gegner oder auf sich selbst als einzelnen, Gruppe oder Masse richten.

Beim Stierkampf z. B. »rächt« sich die Masse (Analyse von KOHUT, 1977) für erlittene narzißt. Frustrationen stellvertretend an dem Stier.

Wie der Massenselbstmord der Volkstempler 1978 lehrte, kann sich diese Aggression auch gegen die eigene Person richten.

($C_2$) Häufiger dient das Massenpotential aber der *Selbststimulierung.* Statt Argumente auszutauschen, Langeweile durch Selbstbeschäftigung abzubauen oder in anderer Form sich selbst zu bestimmen, imitiert man das Gängige und stimuliert sich durch die soziale Bestätigung mit dem an die Masse angepaßten Verhalten. Allerdings nur solange, wie die Gleichförmigkeit nicht als Beengung erlebt wird und bis die Chance für neue Mode-Inhalte eröffnet wird (Ausbruchs- oder *crowding*-Effekt).

Der süchtige Teilnehmer an Massenereignissen überträgt seine Erlebnisbedürfnisse auf »seine« Leute und fällt über die »anderen« imaginär (z. B. als Konsument aggressiver Filme) oder real her.

Ein Beispiel dafür ist der »Stehkurven-Vandalismus« (Stehplätze in den Kurven der Stadien) beim Fußball.

A Fokussierung

B Polarisierung

C Postierung

D Aktive Minoritäten

E Aktionsverlauf

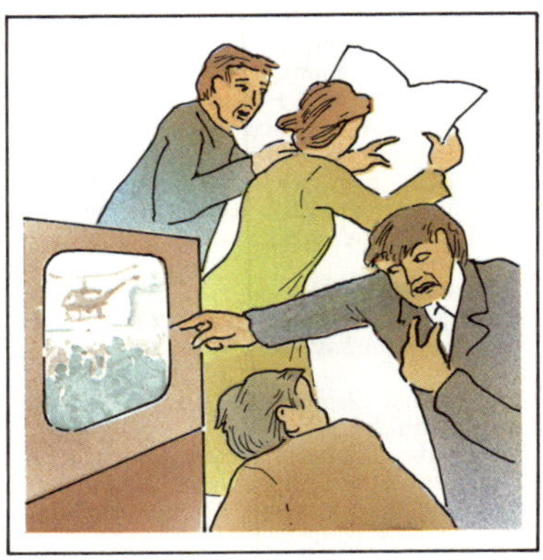

F Medienreflex

**Massenreaktionen** sind auf einige wenige Verhaltensformen begrenzt.

Die *präsente* Masse kann passiv zuhören, applaudieren, Mißfallen durch Pfeifen oder Johlen äußern, symbol. Meinungen darstellen (z.B. Personenketten bilden) und schließlich handgreiflich agieren (z.B. zu irgendwelchen Waffen greifen). Die Orte, wo dies geschehen kann, sind Straßen und Plätze, Stadien oder Säle.

Die *mediale* Masse hingegen besteht aus »jedermann«, der dasselbe Massenmedium konsumiert (im Falle des Fernsehens viel größere Massen als die präsenten) und dadurch in manchen Verhaltensbereichen (z.B. Meinungen zu Tagesereignissen) vereinheitlicht wird, um wiederum in erkenn- bzw. meßbaren Situationen (z.B. Wahlen) eine abhängige Verhaltensänderung zu erfahren.

Die *mediopräsenten* Massen sind Mischungen aus beiden vorhergehenden. In (elektr. verstärkten) Rockkonzerten z.B. können aufputschende Ereignisse auch zu Massenaktionen, zum Zertrümmern der Einrichtung oder zum Aufruhr führen.

Das eigentl. Interesse an Massenreaktionen steigt aber erst, wenn es zu aufstandsähnl. Übergriffen präsenter Massen kommt.

Wann kann das passieren?

**A Fokussierung**

Massen werden gebildet, wenn Menschen zusammenströmen. Das ist zunächst »körperlich« gemeint. Aber damit dies geschieht, müssen sie ein gemeinsames Ziel empfinden. Dieses Ziel muß nicht bewußt erkannt sein, es kann auch einen untergründigen Drang bilden, der unreflektiert die Masse zu einem Brennpunkt (Fokus) treibt.

**B Polarisierung**

Massenreaktionen verflachen, wenn keine *Konfrontation,* d.h. kein belebender Widerstand, erfolgt. Massen, aber auch schon randalierende Gruppen, befinden sich latent auf Gegnersuche.

Wenn ein Passant eine *»gang«* anblickt, kann er zum Gegner werden; ähnlich wie ein Zoowärter vermeiden muß, Orang-Utans scharf ins Auge zu sehen, weil diese dadurch zum Angriff gereizt werden.

Bei Revolten gibt es »gespeicherte« Gegnerschaften, d.h. Urfeindschaften, die, scheinbar vergessen, im Moment der Polarisierung als programmierte Gegner dienen (z.B. Polizei, ausländisch aussehende Personen, anders Bekleidete). Gegner können mitten im Kampf gewechselt werden, wenn die neuen der Polarisierung dienlicher sind.

**C Postierung**

Wegen der Fokussierung braucht die Masse räuml. *Begrenzungen* (territoriale Druckerhöhung bei »Ringmassen«, CANETTI). Manche Räume pressen gleichsam die Masse zur erhöhten Aktion.

Die Stehkurven der Stadien eignen sich dafür besonders, weil keine Sitzmöglichkeiten Aktionen hemmen und ein Raumgewinn aufbaufähig ist: dem akust. Raumgewinn durch Überschreien kann der phys. Raumgewinn im Angriff folgen.

Somit bildet der Raum das Szenario, die jeweils schlechter oder besser geeignete Bühne.

**D Aktive Minoritäten**

Das *Führungsproblem* stellt sich für Massen anders als für Gruppen dar. Während der Anführer für Gruppen Befehlsgeber oder anleitender Helfer ist, kann der Anführer von Massen allein wenig erreichen, wenn ihn keine Führungsgruppe unterstützt. Inmitten von Massenaktionen richtet man sich kaum nach ernannten Führern, sondern nach aktiven Minoritäten, zumeist mit charismat. Repräsentationsfiguren. Diese reißen die Masse mit, wenn sie aktiver deren Kurs vormachen:

als Minoritäten sind sie »Majoritätsdarsteller«, d.h. sie verkörpern leistungstüchtiger die geheimen oder offenen Wünsche der Majorität gleichsam als deren *Stoßkeil.*

**E Aktionsverlauf**

Jede Massenaktion hat ihre *Dramarturgie,* bewußt geplant oder zufällig. Im allg. liegt ihr ein Steigerungsfaktor zugrunde:

aus einer gegnerischen Schwäche entwikkelt sich eine »Lawine«, gegen die man nicht anrennen kann.

In der Ekstase des Höhepunkts ist die Mehrzahl der Menschen zu allem fähig. Das Risiko wird gesucht, die eigenen Wunden vernachlässigt, erst später ist man heilfroh (nämlich froh, mehr oder weniger heil), ohne schwere Folgen daraus hervorgegangen zu sein.

Bei längeren Aktionen, über mehrere Tage oder Wochen hinweg, erfolgen in der Regel zwischenzeitliche Beruhigungen (»retardierende Momente«) oder Wendepunkte als »Knicke« (i.S.d. Katastrophentheorie; R. THOM, 1968).

**F Medienreflex**

Das Ende einer Massenaktion ist noch nicht ihr Abschluß. Nun erfolgen erst die »Nachbereitungen«, die ihrerseits eine Massenwirkung haben können.

Zunächst können die Teilnehmer anderen beteuern, daß sie »dabei-gewesen« sind und dadurch ihr Prestige erhöhen.

Dann werden für Massenaktionen die Medienberichte gesammelt und zur kollektiven Erinnerung aufbewahrt.

Schließlich bilden sich Vereinigungen der »Veteranen«, je nach dem Großereignis.

Am Schluß steht die eventuelle literar. Verarbeitung nach dem stolzen Wort von HÖLDERLIN:

»Was bleibt, stiften die Dichter.«

A Massenrezeption

B Massenmotivation

C Massenwirkung

Einer der Begründer der Medienforschung, CARL HOVLAND (1954), kennzeichnete die **Massenmedien** als

»Mittel, die für unpersönl. Übermittlungen von Informationen an ein großes Publikum benutzt werden«.

Diese Medien schaffen dadurch eine *andere* Art von »Masse« als die der präsenten Massen, die es seit dem Altertum gibt. Mit der Erfindung des Buchdrucks um 1445 begann mit dem Flugblatt eine Massenbeeinflussung, ohne die z.B. auch die Reformationsbewegung nicht denkbar ist. Dieses neue Medium gilt als eines der Merkmale für den Beginn der Neuzeit.

Ein neuer Umbruch zur »medialen« Massenentwicklung ergab sich mit der Einführung des Fernsehens in der 2. Hälfte des 20. Jh.

**A Massenrezeption**

Techn. Medien ersetzen teilweise präsente Massen durch *mediale* Massenbildungen.

Nach Krawallen in Fußballstadien wird immer wieder vorgeschlagen, nur noch »Geisterspiele« vor leeren Rängen zu veranstalten. Die Massen der Fernsehzuschauer würden bei Großveranstaltungen sowieso bei weitem die randalierenden, sogar mordenden *präsenten* Massen zahlenmäßig überragen. Ihre Aggressionen könnten sie dann, wie öfters geschehen, an ihrem Fernsehapparat auslassen.

Demgegenüber erscheint eine totale Beseitigung präsenter bzw. mediopräsenter (s. S. 319) Massen unwahrscheinlich; obgleich zweifelsfrei ein Teilabbau präsenter Massen zugunsten medialer Massen stattfindet (z.B. in der Zahl der Massenkonzerte gegenüber heimischer Hifi-Rezeption). Man kann Ereignisse vor diesen Medien zunehmend bequemer und besser konsumieren.

**B Massenmotivation**

Die Motive der Massen sind nicht gleichzusetzen mit der Summe der Motive aller einzelnen.

Wäre dies der Fall, so gäbe es eine unendl. Motivbreite. Aber in der Massensituation der Medien reduzierten sich von vornherein die Erwartungen.

Das trifft für eine Minderheit nicht zu. Deren Ansprüche überfordern die Leistungsfähigkeit der Massenmedien.

Umgekehrt meinen die Verwalter der Massenmedien zumeist, sie würden nicht das Niveau drücken, sondern sich dem niedrigeren der Gesamtbevölkerung anpassen.

Dem ist entgegenzuhalten, daß sie sich nur auf häufige Motivierungen stützen, um die größtmögl. Zahl der erreichbaren Konsumenten zu bedienen.

Sie *kanalisieren* und *potenzieren* dadurch ein abgesenktes Niveau.

In dieser Wechselwirkung kommt es im Konkurrenzverhältnis der Medien zwangsläufig zur weitgehenden Ausnutzung des Massenaspektes:

möglichst vieles, in viel zu knapper Zeit und gespickt mit Suggestionselementen, auf die die größte Mehrheit anspricht, anzubieten.

Daraus hat sich seit einigen Jahrzehnten ein Doppelstrang der Medienentwicklung ergeben.

($B_1$) Technisch sind aktuelle Ereignisse und Informationsangebote aus der gesamten Welt gewaltig vermehrt zugänglich geworden. In einer *Informationsimplosion (information-overload)* stürzt heute täglich eine früher undenkbare Angebotsfülle auf die medialen Massen ein.

($B_2$) Die Konsumenten beantworten sie mit einer *Nachfrageexplosion,* die sich allerdings auf eine flache und kurzfristige Interessenbeteiligung mit anstrengungsloser Verarbeitung beschränkt. Man konzentriert sich als Masse auf kompensator. Bedürfnisse:

auf ein bloßes »Mit-reden-können«, auf Ablenkungen von eigenen Problemen, »Unterhaltungen«, d.h. Entspannung, Sorglosigkeit, Ersatz für die eigene soziale Isolierung.

Und zwar, obgleich der einzelne als Person davon abgehoben ein reicheres Interessenfeld aufweisen kann, stellt er sich unreflektiert auf ein gewandeltes Angebot um.

**C Massenwirkung**

($C_1$) In zahlreichen Untersuchungen prüfte ALBERT BANDURA (1969) das *Imitationsverhalten* von Kindern nach einem Filmangebot mit Aggressionen.

Er konnte eine Steigerung des Aggressionsverhaltens feststellen.

Spätere Untersuchungen zeigten jedoch, daß es auf die Art der Angebote ankommt.

Bei spielerisch »unwirklichen« Filmangeboten (z.B. Aggressionen im Zeichentrickfilm) kommt es eher zu einer Minderung des Aggressionspotentials (YALOM, 1974).

An diesem Beispiel wird deutlich, daß die Wirkungen der Massenmedien in ihrer Vernetzung nicht einfach zu beurteilen sind.

($C_2$) Ein wesentl. Unterschied ist in der zeitl. Abfolge der Wirkungen festzustellen (BENESCH, 1968). Die kurz nach dem Medienangebot auftretenden psych. Wirkungen decken sich selten mit den *Langzeitauswirkungen.* Letztere sind jedoch das eigentl. massenps. Problem. Genauso wie man die langfristigen Auswirkungen der Erfindung des Buchdrucks kaum auf einen Nenner bringen kann, fällt es schwer, die ps. Langzeitwirkung der neuen Massenmedien abzuschätzen.

Am ehesten ist offenkundig, daß im Umkreis der tägl. Verrichtungen (Essen, Arbeiten, Schlafen usw.) der Sektor *Informationsaufnahme* zugenommen hat.

Im allg. hat sich die *Erwartung* ggü. Sensationsereignissen (sichtbar am »Katastrophentourismus«) gewandelt.

A₁ Kabinettsentscheidung — A₂ Entscheidungsvermittlung

A Regierungsfunktionen

B₁ Regierungsautorität — B₂ Regierungseffektivität

B Regierungspersonal

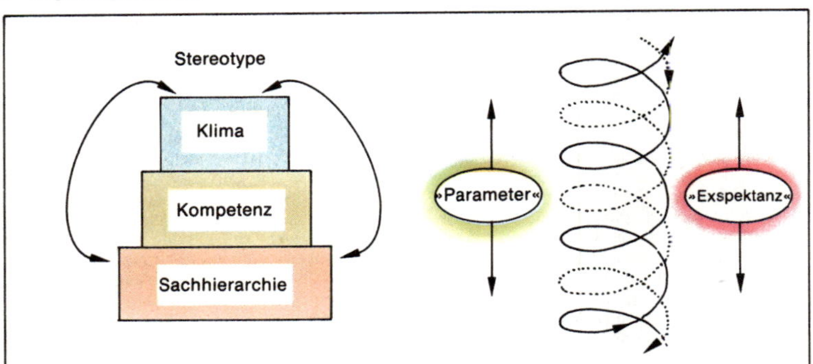


C₁ Strategie — C₂ Taktik

C Regierungskonzepte

SIGMUND FREUD schrieb vom Psychoanalytiker, er sei »der dritte jener unmögl. Berufe, in denen man des ungenügenden Erfolgs von vornherein sicher sein kann. Die beiden anderen, weit länger bekannten, sind das Erziehen und das Regieren«.

Regierungserfolge sind realistisch zumeist erst historisch zu würdigen. Zu ihrer Zeit widersprechen sie fast immer einer Unzahl von (auch irrationalen) Erwartungen, so daß man kaum von »Erfolgen« sprechen kann. Die verworrene millionenfache Interessenlage der Regierten durchbricht einzelne Regierungsfaktoren, die in erster Linie den Eindruck bilden, ob es dem betreffenden Staat momentan gut oder schlecht geht. Die **Regierungspsychologie** ist mit dieser Problematik der komplizierteste Abschnitt der Massenps.

**A Regierungsfunktionen**

Zwei Funktionsbereiche kennzeichnen zuoberst eine Regierung:

ihre *Tätigkeit* (einschl. ihrer Unterlassungen) und ihre *Darstellung*.

In beiden Fällen ist sie nicht autark, d.h. alleinbestimmend.

Die Macht von Regierungen hängt zwar von der Verfassung (demokrat., totalitär, gemischt) ab, aber es ist immer zwischen der offiziellen und der inoffiziellen Verfassungswirklichkeit zu unterscheiden. Die Macht ist *verteilt,* allerdings von Staat zu Staat mit erhebl. Gewichtsverschiebungen.

In demokrat. Staaten haben z.B. Interessenverbände (Lobbies), »Seilschaften« Gleichgesinnter, in totalitären die Sicherheitsdienste große (ideologiebildende) Macht.

($A_1$) Die (variable) Bandbreite der Ausübung der Regierungsmacht wird in den Entscheidungsabläufen der »Kabinette« ausgefüllt.

Entscheidungen sind abhängig von Wirkungswellen, d.h. sie müssen auf den entscheidenden Augenblick (griech. »Kairos«) stoßen, zu dem eine Sache reif für eine wirkungsvolle Weiterentwicklung durch viele andere geworden ist.

Dazu gehört auch eine gewisse Hartnäckigkeit bei der Verfolgung der Regierungsziele.

($A_2$) Entscheidungen stoßen immer auf Kritik.

Deshalb ist die Darstellung der Entscheidung nicht allein abhängig von ihrer Güte. Sie bedarf der verständl. und glaubwürdigen Vermittlung an die Betroffenen, z.B. durch Interviews.

**B Regierungspersonal**

Wer bis zur Regierung vorstößt, hat eine polit. Karriere hinter sich, die bereits eine Auslese best. Persönlichkeitsvariablen mitbestimmt:

u.a. hohe Belastbarkeit, geringe Kontemplationsneigung gegenüber vermehrter Präsentation und höherem Aktualitätsinteresse, gepaart mit dem Wunsch, sich Geltung zu verschaffen.

($B_1$) Für die *Regierungsautorität* gibt es keine festgelegten Persönlichkeitstypen. Der jeweilige Autoritätshintergrund hat jeweils eigene Vor- und Nachteile:

z.B. die Unnahbarkeit mit erhöhter Achtung und nachteiliger Fremdheit – oder die Leutseligkeit mit leichterer Vertrauensbildung und schnellerer Mißachtung.

In jedem Fall sollte sich aber die Anerkennung der Regierenden auf *natürliche* und nicht nur auf institutionelle Autorität stützen.

($B_2$) Die *Effektivität* der Regierenden hängt selbstverständlich auch vom Fleiß ab; unabhängig davon wirken sich aber das Verhandlungsgeschick gegenüber den Mitwirkenden und das Überzeugungsgeschick gegenüber der breiten Öffentlichkeit aus.

Das Vertrauenskapital als wichtigster Bestandteil des Persönlichkeitsbildes (Image) stützt sich auf den Eindruck von Führungsstärke und Zielsicherheit, sowohl in der Vertretung der Gruppeninteressen (a) wie der Abwehrstärke gegenüber Gegengruppen (b).

**C Regierungskonzepte**

Der frühere amerikan. Außenminister Kissinger meinte, Regierungskonzepte müsse man vor Amtsantritt besitzen, während der Amtszeit bleibe dafür keine Zeit.

Bei den Konzepten unterscheidet man *Strategie* (wenige, gleichbleibende und immer deutlich zu machende Grundziele) und *Taktik* (Alltagskompromisse, gemessen am Erreichbaren).

($C_1$) Strategisch wichtig sind die *Sachhierarchie* (Hauptthemen der Regierungspolitik, von den Parteien oft überzogen angekündigt), die *Kompetenz* (realist. abschätzbare Machtausübung), das *Staatsklima* (Summe der Eindrücke vom Befinden des Staates). Sie bilden »Stereotype«, d.h. schwer wandelbare Einstellungen der Bevölkerung zum »Vater Staat«:

z.B. Staat als »Selbstbedienungsladen« oder als »Stiefvater«, dem man besser aus dem Weg geht.

($C_2$) Die Erfolgs-Mißerfolgsspirale in ihrem Auf und Ab ist der greifbare Zustand eines Staates, gebildet durch die »Parameter« (Maßzahlen) des tatsächl. Wohlstandes und die »Exspektanz«, d.h. die Summe der mehr oder weniger gerechtfertigten Erwartungen je nach vorhandener Einsicht.

Unterhalb der offenen Reaktionen verstecken sich latente Stimmungen, die als Handlungspotential längst vorhanden sein können, ehe sie ausbrechen:

z.B. als latente resignative Demoralisierung oder als aggressive moral. Reaktanz, die sogar eine gefährl. irrationale Mischung eingehen können, die dann zu überraschenden Masseneruptionen führt.

A Umweltbelastung

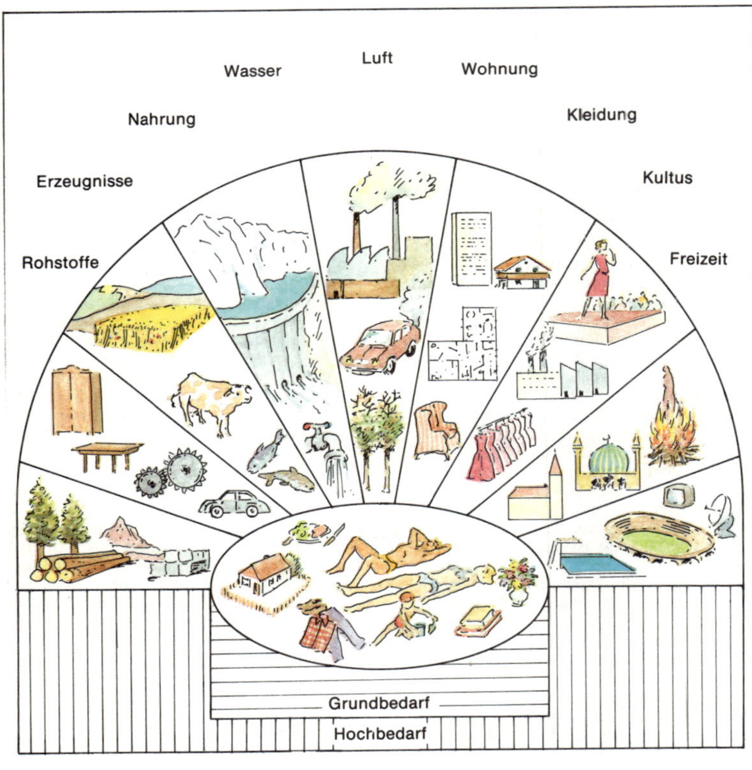


B Umweltbedarf

Die **Umweltpsychologie** ist der jüngste Zweig der Ps. Sie entstand parallel zum gestiegenen Umweltbewußtsein. Aufgabe der Umweltps. ist es, im Gesamtzusammenhang der weltweiten Umweltprobleme die ps. Anteile zu klären. Dafür sind 3 Sichtweisen maßgeblich.

(1) Der Mensch lebt in seiner Umwelt wie in einem Gefäß, das ihn ständig positiv und negativ beeinflußt.

(2) Der Mensch gestaltet Umwelt, indem er die Erde in radikaler Weise verändert.

(3) Oberhalb der genannten beiden Beeinflussungsrichtungen besteht ein Mensch-Umwelt-Öko-System, in dem es nicht nur Biotope, sondern auch *Psychotope,* d. h. ps. Lebensraumsysteme gibt:

u. a. als Wetterabhängigkeit, durch die landschaftl. Qualität, die Anteile der natürl. und künstl. Bestände (z. B. Wald, Industrie usw.), die Dichte der Besiedelung, die Logistik der Verbindungen (Anteil der Mobilitätssysteme wie z. B. Straßen und ihre Frequenz) und den Angebotscharakter des Lebensraumes (Anschlüsse an Kommunikationssysteme oder der Freizeitwert der Gegend) sowie deren »Vernetzung«, d. h. die Verflochtenheit dieser Faktoren.

**A Umweltbelastung**

Die Belastung der Umwelt durch den Menschen wird bes. durch 2 Tatsachen bestimmt:

Die Population der Frühmenschen bestand nur aus isolierten Arealen von wenigen tausend Exemplaren, die die Umwelt nicht belasteten; heute zählt die Menschheit nach steigenden Milliarden.

Zum zweiten waren die Bedürfnisse bis zu den Cromagnon-Menschen (vor 30000 Jahren) begrenzt auf die Grundbedürfnisse nach Nahrung, Wohnung, Bekleidung, Tätigkeit plus Ruhe, Nachkommenschaft und Kultus. Die Bedürfnisse der Jetzt-Menschen, v. a. in den Industrie- und Energieländern, sind explosionsartig gestiegen.

Beide, *Bevölkerungs-* und *Bedürfnisanstieg,* tendieren in die gleiche Richtung. Die Erde mit ihren Ressourcen wird immer stärker ausgeplündert und die Umwelt mit Schmutz und Lärm erfüllt.

In der Frühzeit der Erdgeschichte gab es eine ähnl. Situation. Eine Sorte der Blaualgen war so immens erfolgreich, daß sie letztlich ihre eigene Lebensgrundlage aufbrauchte und sich selber vernichtete.

Die »Erfolge« der Menschheit weisen in eine nicht unähnl. Richtung. Gegenüber früheren Katastrophen wie Kriegen oder der Pest scheint die heutige Lage weniger gefährlich für den, der ihre Zwangsläufigkeit ignoriert. Aber eine Fortschreibung der heutigen Voraussetzungen muß die Weltkatastrophe unausweichlich erscheinen lassen.

Die Umweltps. beteiligt sich als prakt. Disziplin auch an der Besserung des allg. Umweltbewußtseins.

**B Umweltbedarf**

Welche unverzichtbaren Bedürfnisse hat der Mensch?

Hierfür gibt es kein obj. Maß. Die genannten Grundbedürfnisse (s. A) müssen in einer ihnen jeweils zukommenden Weise erfüllt sein, will der Mensch nicht Not leiden. Darüber hinaus strebt er nach ihrer verläßl. Absicherung, hat also bereits einen Überbedarf entwickelt. Durch sozialen Vergleich wird er zu weiterer Bedürfnissteigerung angestachelt. Ferner ermattet die Befriedigung, so daß neue Befriedigungsarten gesucht (bzw. angeboten) werden. Das zeigt, daß die Bedürfnissteigerung mehrfach abgestützt ist und kaum aussichtsreich umkehrbar erscheint.

Auch die Überbevölkerung ist regulär (ohne Vernichtungskriege) nicht umkehrbar, sondern nur mühevoll abzubremsen. Der steigende Umweltbedarf ist wohl nur durch die Verlagerung von Umweltkonkurrenten (wie die Industrie) auf außerird. Bereiche auf lange Sicht lösbar. Dabei bleibt das Umweltproblem auf der Erde weiterhin bestehen.

Auf den folgenden Seiten sollen die spezif. Probleme der wichtigsten Umweltsektoren erörtert werden. Nicht bes. herausgehoben wird dabei der Bereich »Kultus«. Es wäre aber verfehlt, diesen nicht weniger fundamentalen Bedarfsausschnitt unbeachtet zu lassen (vgl. Kap. XXI). Seit Menschheitsbeginn hat man sich mit Geistern und geheimen Mächten gedanklich auseinandergesetzt. Die Opfer- und Bestattungsriten zeugen von den jeweiligen Weltanschauungen. Die heutigen Weltanschauungen haben dagegen weitgehend ihre Allgemeingültigkeit hinsichtlich ihrer Welterklärungen, der Lebenszielsetzungen und Sinnbildungen eingebüßt.

Das liegt nicht zuletzt an der komplexen Verflechtung des *Grund-* und des *Hochbedarfs* der Gegenwartsmenschheit in der Umweltkonfrontation (Abb. B).

Die älteren Weltanschauungssysteme einschl. der Religionen mußten diese Probleme noch nicht in ihre Auseinandersetzungen einbauen und bleiben deshalb entsprechende Antworten schuldig. Die Überlebenschancen der Menschheit hängen auch an der zukünftigen Ausgestaltung der etablierten und der neuen Weltanschauungen, inwiefern sie Einsichten in die Überlebenskapazität der Menschheit zwingend vermitteln können.

Bereits 1911 erörterte W. Hellpach die ps. Umweltproblematik in seiner ›Geopsychologie‹:

»Die Natur um uns bildet also den 3. Umweltkreis [neben den Mitmenschen und der Zivilisation], in den wir eingeschlossen bleiben ... Körper und Seele in ihrer natürl. Gegebenheit, als Erbgut wie in ihrer Gemeinschaftsbedingtheit, Zivilisiertheit und Kultiviertheit, stehen jeden Augenblick unter solchen Natureinwirkungen, bewußt und (noch viel mehr) unbewußt.«

A Wohnungsgebrauch

B Betätigungsfeld

C Darstellungsfunktion

In der **Wohnumwelt** spielt sich (neben der Arbeitsumwelt, s. Kap. XXI/1) für die meisten Menschen der größte Teil ihres Lebens ab. In ihr wird die Familie gestaltet, von ihr aus der Bedarf gedeckt und eingebracht, die Freizeit organisiert usw. Es ist deshalb kein Wunder, daß die Wohnung zentrale Bedeutung für den Menschen hat und ein Wohnungswechsel sogar Entwurzelungserlebnisse bereiten kann. Die Wohnung ist aber nicht nur der Ort der Geborgenheit, sondern auch Anlaß sowie Austragungsort für Spannungen.
In der ps. Analyse werden 3 Hauptfunktionen der Wohnung erörtert: ihre *Gebrauchsarten,* die Wohnung als *Betätigungsfeld* und ihre Bedeutung als Mittel der *Selbstdarstellung.*

**A Wohnungsgebrauch**
Schlafplätze gibt es schon im Tierreich. Der Mensch hat mehr daraus gemacht.
($A_1$) Bereits bei den Frühmenschen beweisen die Höhlenmalereien, daß diese Plätze ausgeschmückt und in ihren Funktionen (z. B. als Kultstätten) ausgeweitet wurden. Die urspr. Höhle wurde ersetzt durch selbstgeschaffene mobile Unterkünfte, etwa die Zelte der Nomaden, bis die Seßhaftigkeit (die auch heute noch als soziales Merkmal gewürdigt wird) eine höhere Stufe des Wohnbedarfs einleitete.
($A_2$) Die »Zivilisation« hat den Wohnbedürfnissen nicht nur genützt, indem man Bäder, Küchen, Spezialzimmer (u. a. Kinderzimmer) funktionell trennte: Durch die Vermassung des Wohnens ist damit auch ein Herd für Lebensstreß geschaffen worden.
Der Wohnkomfort differiert nach Ländern und Schichten außerordentlich stark.

Manche Lehmhäuser in Entwicklungsländern sind »humaner« als die Wohnsilos in Industrieländern. Andererseits repräsentiert nichts so deutlich das Elend der Menschen wie ein Slum.

Die Wohnbedürfnisse stoßen bei der Mehrheit der Erdbevölkerung an finanzielle Grenzen, die die übl. Nutzungsvielfalt (Obdach, Ort für Schlafen, Essen, Kinderaufzucht) zu erweitern (Depot für Besitztümer, Herberge für Besuche, Trennbereiche nach Personen und dem Eigenleben) nicht zulassen.

**B Betätigungsfeld**
Hier kann man 2 Formen unterscheiden: die Arbeit *an* der Wohnung und die Arbeit *in* der Wohnung. Beide Betätigungsformen zeigen Tendenzen zur Stützung der ps. Bedeutung der Wohnung.
($B_1$) An der Wohngestaltung selbst mitzuarbeiten wird sowohl aus finanziellen wie ideellen Gründen heute vorgezogen. Das stärkt die Identifizierung mit der »eigenen« Wohnung.
($B_2$) Es wurde immer in der Wohnung auch gearbeitet. Die frühere Handwerkerfamilie hatte ihre Werkstatt meist neben der Wohnung. Die Kinder kannten die Berufstätigkeit des Vaters. Mit der Industrialisierung im 19. Jh. erfolgte eine strikte Trennung von Wohnen und Arbeiten.
Durch die künftige Ausgestaltung der Fernkommunikation dürfte in absehbarer Zeit die Wohnung auch wieder als *Arbeitszentrale* an Bedeutung gewinnen.

Falls dies vermehrt eintritt, sind enorme sozialps. Konsequenzen (z. B. für die Frauenarbeit oder die Kindererziehung) zu erwarten.

Wohnung ist der Ort für einen Großteil der gelebten Biographie, sie steigert oder senkt die Lebenszufriedenheit. Kleine und große Familienkonflikte werden durch Wohnungsmerkmale mitbestimmt:

u. a. welche Temperatur ist angemessen, wer bestimmt das Fernsehprogramm – oder wer behält die Wohnung nach einer Trennung.

Aber auch allg. Lebensprobleme realisieren sich am Wohnerlebnis:

die Sinnentleerung eines Lebens, z. B. nachdem die Kinder das Haus verlassen haben oder durch die Isolierung von anderen, konzentriert sich in der Langeweile einer als »leer« empfundenen Wohnung.

**C Darstellungsfunktion**
Der Mensch drückt sich nicht nur durch Mimik und Gestik aus, er teilt sich und seinen Stil auch durch die Wohngestaltung mit. Wenn auch diese Darstellungsfunktion oft durch finanzielle Grenzen gehemmt wird, lassen sich zumindest in Ansätzen potenzierende und kompensierende Tendenzen im Wohnausdruck unterscheiden.

*Potenzierend* ist man bestrebt, z. B. ein vorhandenes Sportbedürfnis durch zahlreiche Sportgeräte in der Wohnung aufzuwerten.
*Kompensierend* versucht man eine »Gegenwelt«, z. B. zum nüchternen Berufsalltag, durch den Ausbau alter Gebäude zu schaffen.

Mit Wohnung kann man vieles repräsentieren: Gemütlichkeit, Sozialstatus, Entspannung, Lässigkeit, Korrektheit, Familienübereinstimmung, Geschmack, Romantik usw. In die Raumgestaltung spielt aber sehr stark der Konformitätsdruck des Zeitgeistes hinein.

Auf dem Höhepunkt des *Schwulstes* um 1890 ($C_1$) war es die Vielzahl der Repräsentationsobjekte, die beeindrucken sollte; um 1965, auf dem Höhepunkt der Nüchternheit ($C_2$), war das Leitbild die großzügige Leere.

Die Wohnung ist aber nicht isoliert von der Umgebung. Urbanität und Naturnähe (s. XVII/3 u. 4) sind Umwelterlebnisse, die vom Wohnwert und dem Wohnniveau der eigenen Wohnung nicht trennbar sind.
Außerdem ist der Baugrund für Wohnungen nicht unerschöpflich. Das tangiert auch die Gestaltung der Häuser und Wohnungen. Das Thema Wohnungsps. wird daher bedeutsam bleiben.

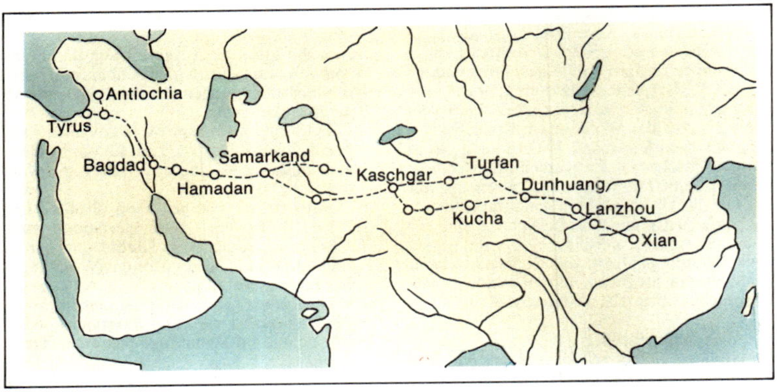


A Stadtstrukturen

B Stadterleben

C Stadtutopien

*Urbanitas* heißt im Lateinischen sowohl das Stadtleben wie auch das feine Benehmen. Im Mittelalter sagte man:

Stadtluft macht frei.

Seit Jean-Jacques Rousseau gilt das gleiche von der Landluft.

Die Einstellungen zur **Stadt** sind zwiespältig:

einerseits schätzt man ihre »logist.« Vorteile (an Verbindungen und Angeboten), andererseits erfährt man v. a. die Großstadt als belastend und anonymisierend.

In einem Standardwerk der Umweltps. (Ittelson, Proshansky u. Winkel, 1977) sprechen die Autoren von der Stadt als »unnatürl. Habitat« (Habitat = ständiger Aufenthaltsort), ja sogar von der

»patholog. Stadt ..., weil (sie) eine Geschichte ziemlich negativer Assoziationen hat«.

Diese Verteufelung hat Tradition. In der Bibel wird von der »Hure Babylon« gesprochen. Andererseits sind fast alle Gesellschaftsutopien *Stadt*utopien (auch die von Thomas Morus: »Utopia« ist eine Insel von 54 Städten; auch die Zielvorstellung von Tommaso Campanella hieß eigentlich »Sonnen*stadt«).*

**A Stadtstrukturen**

Städte waren das Ergebnis von Konzentrationen. An der Seidenstraße, der ältesten Handelsstraße der Welt, entstanden Städte, wo Teilstrecken zusammenstießen, vor oder nach Hindernissen, bei Transportwechsel von der Straße auf den Wasserweg, wo die Landschaft zur Marktbildung mit einem Versorgungsumland einlud. Sekundär entwickelten sich daraus Kulturzentren. Der Buddhismus und die aus dem Abendland verdrängten nestorian. und manichäischen Sekten des Christentums drangen über sie nach Osten vor.

Dunhuang mit ihren herrl. Fresken aus dem 1. bis 15. Jh. ist z. B. am Teilungspunkt zweier Wüstenwege entstanden.

Neben diesem Charakter als Knotenpunkt weisen Städte noch eine Reihe von Strukturmerkmalen auf:

sie sind *regierte Wohneinheiten* (man unterscheidet Zentral- und Mosaikstädte, letztere mit wuchernden Trabantensiedlungen), daneben sind sie *Verkaufs-* und seit dem 19. Jh. verstärkt auch *Produktionszentren* (Industrieansiedlungen), sie sind *Verkehrsverbundgebiete* mit Komprimierungen an Wirtschaftspotenz.

Nicht zuletzt sind wichtige Städte auch zu *gesellschaftl. Machtzentren* geworden. Durch Bevölkerungsmassierungen entstanden hier die Revolutionen, in Städten konzentrierten sich die Religionen mit ihren Kirchen, kulturelle Entwicklungen konnten in den Städten schneller ein Publikum über die Buch- und Theaterproduktion sowie ihre Verbreitung durch Zeitungen finden.

Lediglich die *Erholungsmöglichkeiten* bleiben ggü. dem Umland meist zurück.

**B Stadterleben**

Die *Lebensqualität* in den Städten ist natürlich sehr unterschiedlich. Städte wie Kalkutta oder Paris, Rio de Janeiro oder Tokio haben scheinbar nichts miteinander zu tun. Trotzdem gibt es einige ähnl. Tendenzen im »typ.« Stadterleben.

In der ganzen Welt (mit wenigen Ausnahmen) besteht seit dem 19. Jh. ein Trend vom Land zur Stadt:

in den USA von 6% Stadtbevölkerung zu Beginn des 19. Jh. zu über 70% heute.

In den Ländern, in denen es eine genauere Bevölkerungsforschung gibt, besiedeln 15 bis 30% der Bewohner eine Grundfläche von 5% (Gottman, 1966).

Diese Zusammenballung konzentriert auch die Reizüberflutung, die Verschmutzung und fordert insgesamt eine höhere Lebensenergie ab. Allein die Stockungen im Verkehr deuten auf den überhöhten Streß in den Städten hin. Entsprechend liegt die Kriminalitätsrate prozentual zur Bevölkerungsanzahl in den Städten deutlich höher.

Milgram (1974), der durch seine Autoritätsuntersuchungen bekannt geworden ist, verwies auf die *Verantwortungsreduzierung* in den Großstädten. Die Auswirkungen dieser Drucksituationen lassen sich an der Krankheitsrate ablesen.

Selbst eine Mustergroßstadt wie Stockholm liegt mit rd. 30% über der Krankheitsrate von ganz Schweden.

Die Vorteile an Lebensqualität in der Großstadt (kulturelle, sportl. usw. Angebote) werden durch ein anonymes Nischenwohnen für den größten Teil der Bevölkerung erkauft.

Der Blick auf das Häusermeer von *New York* (Abb. B) verdeutlicht die erstaunl. Anpassungsfähigkeit des Menschen an die urbane Wirklichkeit.

**C Stadtutopien**

Albrecht Dürer war 1527 einer der ersten, die sich über die »ideale« Stadt Gedanken machten.

Die Rekonstruktion seines Stadtplanes (Abb. C) zeigt eine militärisch ausgerichtete Stadt, die offensichtlich dem Durcheinander der ihm bekannten mittelalterl. Städte entgegengestellt werden sollte.

Das Extrem solcher »Zuchtstädte« ereichten architekton. Planer der 60er Jahre unseres Jh., als sie Monstergebilde für Hunderttausende von Menschen über der See ersannen, um mit dem Bevölkerungswachstum Schritt halten zu können.

Eine Lösung des Stadtproblems ist noch nicht vorhanden. Aus der Sicht einer erst in Umrissen bestehenden Architektur- bzw. Stadtps. muß v. a. die Anonymität zugunsten von größeren Nachbarschaftseinheiten abgebaut werden. Durch neue techn. Kommunikationsmittel verändert sich zwangsläufig der mitmenschl. Begegnungscharakter.

A Naturpsychologie

B Naturkonfrontation

C Naturgestaltung

Natur und Zivilisation schienen eine Zeitlang unvereinbare Gegensätze. Wie stark aber jegl. Kultur und Zivilisation auf die »freie« **Natur** angewiesen sind, wurde z. B. in der asiat. Kultur früher weniger vergessen als in den christl.-abendländ. Anschauungen. Erst die bedrohlich gewordenen Umweltschäden und ihre katastrophalen Folgen haben ein Umdenken eingeleitet.

**A Naturpsychologie**

Was kann der Mensch mit der »Natur« anfangen?

Er kann sich an sie anpassen, sie ausbeuten, sich von ihr bedroht fühlen, über sie Macht gewinnen, sich in ihr erholen, Anschauungen über sie bilden, sie erforschen, sie malen oder direkt umgestalten usw.

Es gibt vieles, wozu sie ihn auffordert. Wissenschaftlich dient sie von den Naturwissenschaften bis zu Naturphilosophie als Untersuchungsgegenstand. In der Mitte liegt die Naturps. In ihr werden sowohl die Naturwahrnehmungen wie die Naturbehandlungen erörtert.

($A_1$) Die *Naturwahrnehmung* ist selektiv, d. h. die Menschen sehen und hören nur Ausschnitte von ihr.

Die Vogelstimmen nimmt man erst deutlich wahr, wenn man einige Vogelrufe zu unterscheiden gelernt hat, vorher waren sie nur unbemerktes Geräusch.

An Untersuchungen »unvergeßl. Erlebnisse« (s. S. 141) kann man aber ablesen, daß die Naturerlebnisse zu den häufigsten positiven Erlebnisnachwirkungen zählen. Viele erinnern sich gern an Sonnenuntergänge im Gebirge. Der emot. Gewinn liegt in der Rückwirkung der Ruhe und Geborgenheit der Situation. Aber auch aufregende Abenteuer wie z. B. auf dem Meer können im Naturerlebnis gesucht werden.

($A_2$) Die *Naturbehandlung* ist ein unüberschaubar großes Gebiet.

Eine der frühesten »Behandlungen« war die Domestizierung von Tieren und ihre züchter. Selektion. Durch Tiere erleichterte sich der Mensch das Leben und schuf sich mit ihnen gleichzeitig Begleiter, Bewacher und Gefährten.

Der Mensch verwertete ferner die anorgan. und organ. Natur in zunehmendem Maß, so daß diese »Ausbeutung« zur Gefährdung seiner Lebensbasis führte. Erst allmählich setzt sich das Wissen um die »Biotope« als vernetztes Zusammenwirken von Stoffen, Pflanzen, Tieren, Klima usw. durch, die eine Entsprechung in den »Psychotopen« haben, die das vernetzte Zusammenwirken von Natur, Zivilisation und Kultur als Voraussetzung für ein humanes Überleben darstellen.

**B Naturkonfrontation**

Ob er will oder nicht, ist der Mensch mit der Natur konfrontiert.

In positiver Hinsicht nützt er sie z. B. für den Urlaub, in negativer bedroht sie ihn durch Katastrophen.

($B_1$) Im Urlaub fahren viele an die Strände zum Baden, Faulenzen usw. Neben diesen Urlaubsmotivationen (s. S. 435) zum »Kräftesammeln« kann man die Natur zur Flucht vor dem Alltag (Eskapismus), als Hobby (zum Blumensammeln), als Landschaft für das Wandern, als Leistungsgelände (z. B. für das Bergsteigen), als nostalg. Erinnerung früherer Landschaften sowie in vieler anderer Hinsicht nutzen.

($B_2$) Die Naturkatastrophen verdeutlichen dem Menschen, daß er nicht allmächtig ist. Erdbeben, Überschwemmungen, Orkane, Hitze, Kälte, Schneemassen und Lawinen sind Beispiele für seine relative Ohnmacht der Natur gegenüber und die Ungewißheit seines Lebens.

**C Naturgestaltung**

Seit dem Altertum wird zwischen *natura naturans* (der belassenen Natur) und *natura naturata* (der geschaffenen Natur) unterschieden. Die Naturgestaltung fasziniert sehr viele Menschen. Sie wollen offensichtlich ein »Paradies« wenigstens teilweise zurückholen, für das es in allen bekannten Religionen Beschreibungen und Hinweise auf die Vertreibung daraus gibt.

Die einzelne Pflanze, die gesät wird, ist ein Sinnbild oder auch ein Ersatz für die Geburt von etwas Neuem. Die Natur im größeren Rahmen bietet Gelegenheit für eine »Naturarchitektur«. Die Geschichte der Gartenbaukunst ist von großem ps. Interesse. An der Gartengestaltung läßt sich die zeitbedingte Naturvorstellung ablesen und darüber hinaus ein Stück Weltanschauung, die sonst schlecht artikulierbar ist, wiederfinden.

Die Natursymbolik ist im Christentum (Heiligensymbole), im Islam (Blumenteppiche), im Buddhismus (Bodhibaum), im Taoismus bzw. Konfuzianismus (Teichgärten mit Lotos) ausgeprägt.

In der Gartengestaltung lassen sich 2 Hauptrichtungen unterscheiden, die auch entsprechende ps. Hintergründe aufweisen.

Der ältere französ. Barockgarten ist »rationalistischer«, der spätere engl. Garten dagegen »empiristischer«. Im ersten Fall (Abb. $C_1$) ist der Garten »gezügelter«, im anderen (Abb. $C_2$) stärker »naturbelassen«.

Der starke Hang zur Gartengestaltung zeigt indirekt den Verlust an Natur, der den modernen Menschen getroffen hat. Er wird hier zwar zum eigenschöpfer. Gestalter, seine Kreativität erhält ein Betätigungsfeld; nicht wenige Privatgärten zeigen aber die Naturfremdheit ihrer Besitzer: ortsfremde Bepflanzung, unnatürl. Zusammenstellung, pflanzenschädigende Vermassung. Naturwunsch und Naturverständnis klaffen oft weit auseinander.

A Ressourcen

B Sukzession

C Hochideologisierung

Die größten Umweltzerstörungen werden durch Kriege herbeigeführt. Die beiden Weltkriege zerstörten das Leben von Millionen Menschen, vernichteten ungeheure materielle Werte und brachten (neben partiellen *individ.* Reifungsverstärkungen) insgesamt eine massenps. Verrohung mit sich. Die Vermeidung von Kriegen ist seit der Einführung der Atombombe eine Frage des Überlebens der Menschheit.

Die Ps. thematisiert das Kriegsgeschehen zweifach:

für die »Ps. Kriegführung« werden Mittel zur ps. Schädigung der gegner. Bevölkerung zusammengetragen;

in der **»Ps. Friedensforschung«** dagegen hauptsächlich die Ursachen von Kriegen erörtert, um zu ihrer Verhinderung beizutragen.

**A Ressourcen**

Kriege werden i.a. um materieller Vorteile willen geführt. Die Vorteile müssen nicht immer im Landgewinn, der Rohstofferbeutung und der Menschenversklavung (den 3 »klass.« Kriegsnutzen) gesehen werden. Nicht selten sind es irrationale Gründe, wie z.B. oft überzogene Sicherheitsbedürfnisse oder aber der Haß auf die »niederen« Menschen des anderen Landes, die hier hineinspielen und eine emot. Kriegslüsternheit erzeugen.

Unter dem Begriff *Ressourcen,* nutzbringende Hilfsmittel, kann man sich viele mögl. Interessenvorteile versprechen, die die zu erwartenden Kriegsnachteile aufzuwiegen scheinen. Die prakt. Friedensforschung kann den Nachweis führen, daß die Vorteile für den Sieger den Kriegsaufwand selten übersteigen.

Trotzdem erscheint i.d.R. vor Kriegsbeginn der momentane Zustand negativ so überwertig, daß der Krieg irrationale Hoffnungen weckt.

Ein häufiger Kriegsgrund war der Landgewinn, wenn die eigene Bevölkerung zu massiert erschien. Selbst in Tierversuchen wurde der Aggressionsschub bei Überpopulation nachgewiesen. Die Massierung der Erdbevölkerung nimmt rapid zu.

In 500 Jahren wäre die Bevölkerungsdichte der Gesamterde so wie abgebildet, wenn die Wachstumsrate gleichmäßig weiterliefe.

Es ist klar, daß dies nicht der Fall sein wird. Schon vorher wird entweder in einer unvorstellbaren Atomkatastrophe die Erde entvölkert, oder (und das ist die Aufgabe der Friedensforschung) für dieses und die anderen Ressourcenprobleme werden friedl. Lösungen gefunden.

**B Sukzession**

Diese Gruppe der Kriegsgründe ist am schwersten begreiflich, man nennt sie auch die »psychologischen« Gründe. Alle Situationen haben eine Abrollrichtung (innere Sukzession). Hier ist es die ps. Zwangsläufigkeit.

Allmählich verdichtet sich der Eindruck, der andere sei zu gefährlich geworden oder ist zu schwächlich. Einerseits drängt die Angst vor dem Machtverlust (allg.: »Gesichtsverlust«) zum »prophylaktischen« (vorbeugenden) Angriff; andererseits reizt die vermeintl. Wehrlosigkeit des anderen, dessen Ressourcen im eigenen Interesse zu beschneiden. In einem »Nervenkrieg« werden Drohgebärden und Terroraktionen als Erpressungsversuche eingesetzt, bis sie nach einem Kippunkt (point of no return) nur noch kriegerisch lösbar scheinen.

Solche Machtmechanismen werden zumeist nicht reflektiert, sie wirken als »Selbstverständlichkeiten« (z.B. aus herrischer Selbstgerechtigkeit oder kriegstechn. Begehrlichkeit). Deshalb sind Über- wie Unterrüstungen gleichermaßen gefährlich. Objektive Maßstäbe für beide gibt es aber nicht.

**C Hochideologisierung**

Der geistige Lebensüberbau ist nicht nur ein individ. Bedürfnis. Menschengruppen, Nationen entwickeln Religionen, Ideologien, Weltanschauungen, um sich eine feste Ausrichtung zu schaffen.

Merkmal dieser geistigen Systeme ist ihr Anspruch, durch sie im Besitze der »Wahrheit« zu sein. Gleichzeitig meint man, alle anderen unterlägen Trugbildern, Irrtümern oder seien böswillig, wenn sie die eigene Weltanschauung nicht annehmen. Man muß sie also überreden, überzeugen, notfalls zur »Wahrheit« der eigenen Anschauung zwingen.

Viele Kriege, wie der 30jährige Krieg, waren auch Religionskriege, daneben oder darüber waren sie freilich Ressourcen- und Sukzessionskriege (d.h. mehr oder weniger irrational entstanden). Zumeist ist der Erstanlaß eines Krieges eine Mischung aus diesen drei Ursachengruppen.

In der Regel entstehen daraus Auffassungen der Bagatellisierung (der Krieg dauert nicht lang; der Gegner wird bald einsehen, daß er aufgeben muß usw.), der Machtüberschätzung (man kennt nur die eig. Kriegsvorbereitungen und hält sie für besser), der Waffengläubigkeit (vor Kriegsbeginn entstehen zumeist neue Waffensysteme) und der Unterschätzung des Feindes (ideologisch ist er der Minderwertige; Analogieschluß: folglich kann seine Verteidigungsenergie nur gering sein).

Die Kriegsverhinderung als ps. Aufgabe kann daher *nicht einlinig* sein. Die gegenseitige Verstärkerwirkung dieser Ursachengruppen, der spiralförmige sog. »Richardson-Prozeß« der zunehmenden Kriegsgefahr, muß aufgedeckt und auch in seinen ps. Zusammenhängen gesehen werden; denn der äußere Friede ist nicht vom inneren Frieden der Mehrheit der Bevölkerung trennbar.

A Verhaltenskombination

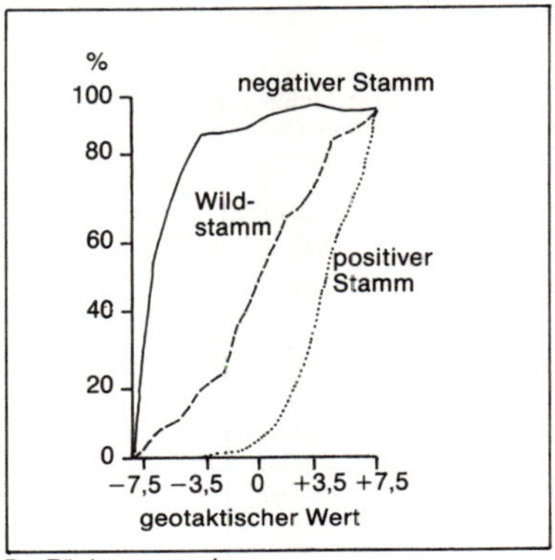

B Züchtungsauslese

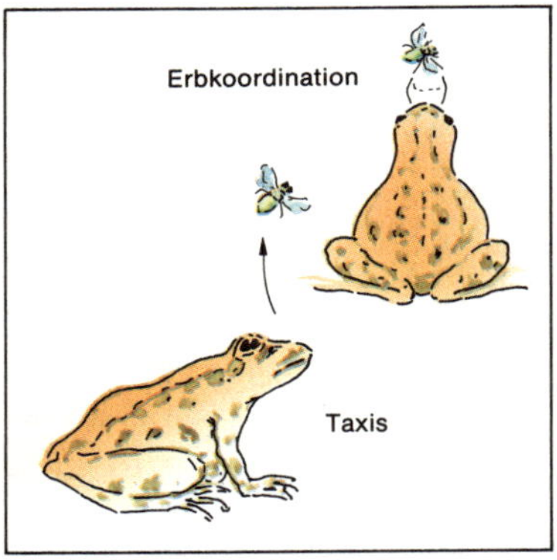

C Hereditätsverhalten

D Prägungsverhalten

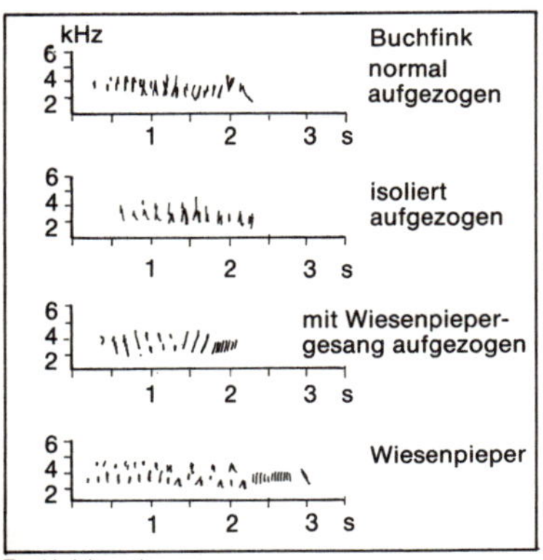

E Habituation

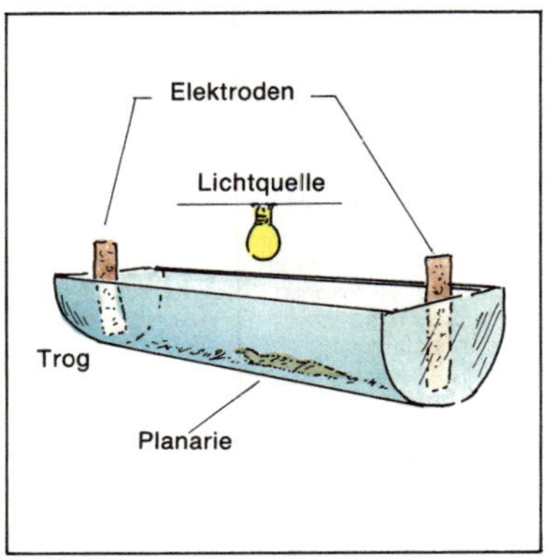

F Konditionierung

Die **Tierpsychologie** hat eine wechselvolle Geschichte. Als Begründer der Disziplin gilt nach R. A. STAMM (1978) der frz. Forscher RENÉ-ANTOINE FERCHAULT DE RÉAUMUR (1683–1757), der in einem 6bändigen Werk die exakte Beobachtung der Insekten (durch Beobachtungsstöcke mit Glaswänden) einführte und sich der vermenschlichenden Betrachtungen (Anthropomorphismen) enthielt. 1859 (im Jahr der Veröffentlichung von DARWINS ›Ursprung der Arten‹) verwendete GEOFFROY SAINT-HILAIRE zum erstenmal den Begriff »Ethologie« für das Studium der Tiere (später z. T. auch der Menschen) in ihrem natürl. Lebensraum.

Seit 1911 erarbeitete OSKAR HEINROTH (1871–1945) die heutige Ethologie als Verhaltensbiologie (weitere Vertreter: KARL v. FRISCH, OTTO KOEHLER, KONRAD LORENZ, JULIAN HUXLEY, NIKOLAAS TINBERGEN, ERICH v. HOLST u. a.). Unter ihrem Einfluß ist die gegenwärtige Tierps. eine »Tierverhaltensforschung«.

**A Verhaltenskombination**

Das Verhalten der Tiere ist abhängig von ihrem Organisationsgrad, bes. dem des Nervensystems: je höher dieser Grad, desto komplexer das Verhalten. Um das Verhalten systematisch zu ordnen, kann man es nach den Arten der *Auslösung* (Reizstrukturen), der *Verarbeitung* (neuronale Festlegung) und nach der *Verhaltensweise* (z. B. die Untereinheiten Anschleichen, Fassen usw. für das Beuteverhalten der Katze) gliedern.

In der Regel ist das Verhalten eine Kombination der jeweiligen Komponenten. Das gilt auch für die (wichtigste) Unterteilung nach der Verarbeitungsart. In der früheren Grobunterteilung nach »Vererbung« (Hereditát) und »Umwelt« (Anpassung durch Lernen) läßt sich selten ein Trennungsstrich zwischen beiden ziehen, weil *beide* am Verhalten beteiligt sind. Allerdings gibt es experimentelle Anordnungen, um sie zu unterscheiden.

Manche Papageienarten transportieren das Nistmaterial im Gefieder ($A_1$), andere im Schnabel ($A_2$). Kreuzt man nun beide Arten (W. C. DILGER, 1962), so zeigen die Bastarde ein *unkoordiniertes* Verhalten. Der Gefiedertransport mißlingt, weil ein Verhaltensteil (das Einrütteln ins Gefieder) nicht vererbt wird.

Ähnl. Versuche bei Barschen (D. FRANCK, 1979) zeigten, daß bei Bastarden verlorene Verhaltensteile *nicht* nachgelernt werden.

**B Züchtungsauslese**

Mit der Domestikation ging eine Auslese von Tiereigenschaften einher. Meist handelte es sich um bessere Erträge, aber auch um Verhaltenseigenschaften, wie die Aggressionsbeseitigung bei den einst gefährlichen röm. Wachhunden, die heute als Berner Sennenhunde bes. friedlich sind. Künstl. Selektionen werden bei Arten mit schneller Generationsfolge experimentell genutzt.

Ein Experiment von HIRSCH u. ERLENMEYER-KIMLING verdeutlicht Eigenschaftsveränderungen bei der *Fruchtfliege* in der 48. Generation (positiver Stamm; zum Vergleich der negative und der Wildstamm).

**C Hereditätsverhalten**

Das ererbte Verhaltensprogramm wird unterschiedlich definiert. Das reine (unbedingte) Reflexgeschehen, z. B. der Lidschlagreflex, wird von der »Erbkoordination« (engl. *fixed action pattern*) unterschieden, die aus oft und stark wechselnden Handlungsbereitschaften besteht. Solche artspezif. Handlungsfolgen werden überlagert von »Taxiskomponenten«,

z. B. die teilweise lernbare Hinwendung des Frosches zur Fliege, ehe die eigentl. Erbkoordination im Fangreflex abläuft.

**D Prägungsverhalten**

Prägungen sind bereits Lernprozesse, die aber als anlagebedingte Voraussetzung eine artspezif. Lerndisposition (AAM, angeborene Auslösemechanismen) in einer »krit.« Prägephase aufweisen. Zuerst wurde die Nachfolgeprägung entdeckt:

Das Entenküken folgt im Prägungskarussell der Attrappe, die es später im Vergleich eindeutig bevorzugt.

Andere Prägungen sind die sexuelle Partnerprägung, die Objektfixierung und die Gesangsprägung.

**E Habituation**

In der *positiven* Habituation ergänzt z. B. der Jungvogel seine artgebundene Gesangsprägung im Frühjahr *nach* seinem Geburtsjahr durch den örtl. »Dialekt«.

Im Experimentalbeispiel ergänzt der Buchfink seinen Prägungsgesang durch den *habitualisierten* Wiesenpiepergesang.

In der *negativen* Habituation wird z. B. bei gleichbleibenden Reizen ohne negative Folgen das Fluchtverhalten reduziert.

**F Konditionierung**

Selbst bei so niederen Tieren wie den Plattwürmern lassen sich bedingte Reflexe (s. S. 143) konditionieren.

Der Elektroschock als unbedingter Reiz wurde mit einem neutralen Lichtreiz gekoppelt. Nach einigen gleichzeitigen Darbietungen beider Reize wird der neutrale Lichtreiz zum »bedingten« Reiz, der die Fluchtreaktion in gleicher Weise wie der unbedingte Elektroreiz auslösen kann.

Dieser einfachste Lernprozeß wird je nach Tierhöhe zu dynam. Stereotypen aufgestockt und führt letztlich bis zum intelligenten Verhalten, das erst den höchsten Tierarten zukommt (s. S. 349). Dieses evolutionäre Aufstockungsprinzip kann als ein Grundprinzip für die gesamte Ps. angesprochen werden.

A Verhaltensauslöser

B Verhaltensstärke

C Nahrungssemantik

D Pflegesemantik

E Kampfsemantik

F Kontaktsemantik

In seinem 2. großen Buch ›Die Abstammung des Menschen‹, nahm Darwin diese Abb. eines Ohrs, gemalt von dem Bildhauer Woolner, auf, der ihn auf den »vorspringenden Punkt a« aufmerksam machte, wie er ihn bei manchen Menschen beobachtet habe. Darwin sah darin einen »Überrest der Spitze von einem früher aufgerichteten und zugespitzten Ohr«. Heute nennt man diesen Knorpel »Darwin-Knoten«.

Solche »Residuen« (Rückstände) früher Vorstufen des Menschen gibt es auch im Psychischen. Um ihren verhaltensbiolog. Sinn, d. h. ihre »Semantik«, zu entschlüsseln, kann die Soziobiologie (E. O. Wilson) und der Teil der Ethologie herangezogen werden, der sich mit der **Verhaltenssemantik** beschäftigt.

4 Fragen zum Verständnis des tier. Verhaltens interessieren bes.:

wodurch wird es *ausgelöst,* wie variiert es in seiner *Stärke,* welche biolog. *Bedeutung* hat es und wie sieht seine *Wirkung* sowie deren *Rückkopplung* auf das eigene und fremde Verhalten aus?

**A Verhaltensauslöser**

Die *Auslöser* (engl. *trigger*) von Instinktverhalten sind zumeist auf ein best. Merkmal begrenzt.

In den Attrappenversuchen balzt z. B. der Stichling die »übernormale« statt der »realist.« Attrappe an: Die obere, unrealistische enthält das Auslösemerkmal »dicker Bauch« stärker als die untere.

Beim Menschen verfährt u. a. die Mode ebenfalls nach dieser Signalverstärkung.

**B Verhaltensstärke**

Die vererbten Verhaltensprogramme sind zwar nach ihren Ablaufformen wenig veränderlich, aber wie bereits aus den Attrappenversuchen ersichtlich, können die Intensitätsgrade variieren.

Das Buchfinkenweibchen verfügt über ein abgestuftes Verhalten zur Begattungsaufforderung von schwach (oben) bis stark (unten).

**C Nahrungssemantik**

Mit der Entdeckung der »Hackordnung« durch Th. Schjelderup-Ebbe begann die Kenntnis der Nahrungsrangreihen, wie sie bei versch. Tiergattungen eingehalten werden.

Während die ranghohen Tiere das Futter aufnehmen, müssen die rangniedrigen warten, bis sie an der Reihe sind.

**D Pflegesemantik**

Die tier. Körperpflege dient nicht nur hygien. Zwecken.

Neben (1) dem *Putzen* (Reinigen der Federn, Haare usw.) gehören hierher Reinigungsbewegungen (2) als *»Behaglichkeitssuche«* (Kortlandt), (3) als Ausdruck des *Wohlbefindens* (z. B. Sichschütteln oder Reiben), (4) als *»Räkelsyndrom«* (Tembrock) für den physiolog. Ausgleich und (5) als *»Übersprungbewegung«* (Tinbergen; z. B. als Übersprungkratzen).

Am Beispiel der Übersprungbewegung (engl. *displacement activity*) läßt sich die semant. Vielfalt der Pflegehandlungen ersehen. Zu Übersprunghandlungen kommt es bei überstarker Erregung, die sich auf normalem Wege nicht ableiten läßt.

Die häufigste Ursache für sie ist der Konflikt zwischen 2 widerstreitenden Tendenzen wie z. B. Angriff oder Flucht, wobei an Stelle von einem der beiden eine Putzbewegung (beim Menschen das verlegene Kopfkratzen) als Ersatz für die noch nicht ausgetragene Entscheidung tritt.

Die Funktionen der Körperpflege wie der Behaglichkeitsäußerung werden mit dem Begriff »Komfortbewegung« (Baerends) umschrieben.

**E Kampfsemantik**

Die Kampfappetenz wird in der Regel vorangekündigt, was durchaus auch als Schutz vor zu häufiger Aggressivität verstanden werden kann.

Den »Drohgesten« ($E_1$) stehen oft Demutshaltungen gegenüber, um die Unterlegenheit anzuerkennen und eine eventl. »Beißhemmung« auszulösen.

Der eigentl. Kampf ($E_2$) kann in seinem Ablauf ritualisiert sein.

Abzutrennen sind die Kampf*spiele* mit »unernsten« Intentionen (Kommentkampf), die auch einen ritualisierten Verlauf nehmen können.

**F Kontaktsemantik**

Das soziale Signalement ist bei Tieren (und Menschen) bes. reichhaltig.

Es beginnt bei den Bettellauten der Jungvögel und reicht bis zum sozialen Lausen oder Fremdputzen (engl. *allogrooming*).

Die Semantik der Kontakte ist aber nicht eindeutig, sondern *arbiträr,* d. h. eine Geste kann viele Bedeutungen je nach Kontext haben.

Das menschl. Hochziehen einer Augenbraue kann u. a. Ausdruck von Aufmerksamkeit oder ein stiller Gruß sein, es steht ferner für Flirt, Ironie, Überraschung, Neugier, Unmut, Arroganz, Ablehnung, Betonung, Erstaunen, Mahnung.

Nicht nur wegen dieser Vielfalt versteht man die nonverbale Semantik oft schlecht. Sie wird auch durch das Übergewicht der verbalen zurückgedrängt.

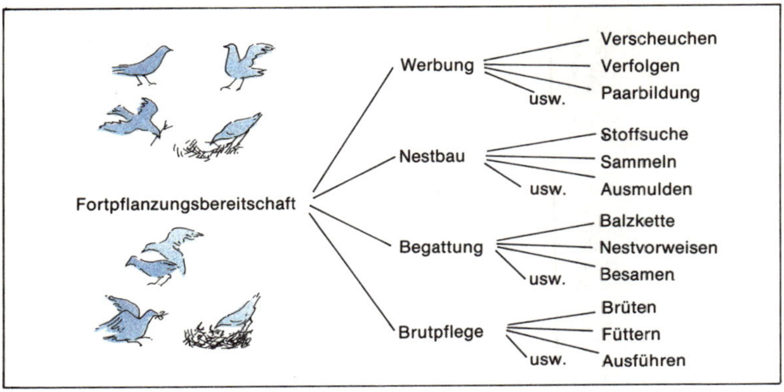


A Fortpflanzungsphasen

B Werbeverhalten

C Nestbau

D Begattung

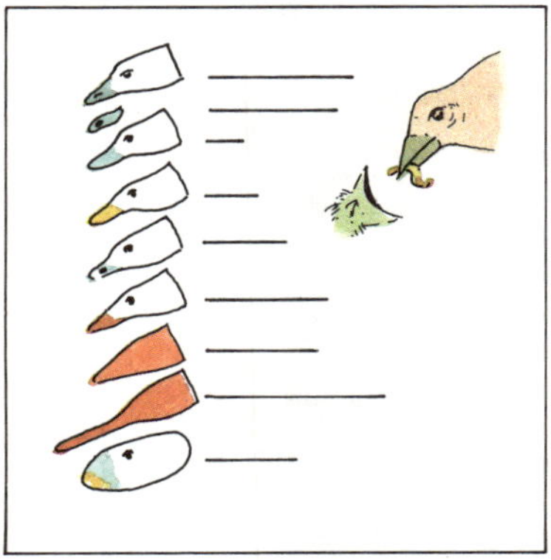

E Brutpflege

Die Sexualität ist wegen ihrer Bedeutung für die **Fortpflanzung,** für die Erhaltung der Art, so wichtig, daß sie durch ein komplexes Verhaltenssystem abgesichert ist. Dieses System wird durch zahlreiche Faktoren bestimmt und läuft in zusammenhängenden Phasen ab. Wie kompliziert es ist, zeigt sich an der Jahreszeitabhängigkeit:

Singvögel verteidigen nur im Frühjahr ihre Fortpflanzungsterritorien. Die Bereitschaft zur Paarbildung, zum Nestbau, Brüten, Füttern ist jeweils an versch. Phasen gebunden, sie werden nacheinander aktiviert.

**A Fortpflanzungsphasen**

In Anlehnung an eine von N. TINBERGEN (1942) erstellte Aufgliederung der Fortpflanzungsphasen gehören 4 Abschnitte zur Fortpflanzungsbereitschaft:

Werbung, Nestbau, Begattung, Brutpflege.

Alle Phasen und ihre untergeordneten Einzelhandlungen sind genetisch programmiert. Wie eng dies für Tiere gilt, zeigt sich an der Werbedauer bei einigen Gattungen.

Bei den Trauerschnäppern dauert die Werbung nur kurz. Aus dieser Tatsache wird geschlossen, daß deshalb bei dieser Schnäpperart häufiger Paarungen mit mehreren Partnern vorkommen und die Brutpflege unkoordinierter abläuft, wobei öfters die Gelege vor der Aufzucht verlassen werden.

Offensichtlich dient auch die Werbedauer für die Stabilität der drei folgenden Phasen der Fortpflanzungsbereitschaft.

**B Werbeverhalten**

Das Werbeverhalten hat mehrere Funktionen. Es dient der Paarbildung, der Verscheuchung von Rivalen, dem Abbau der Kontaktscheu und der Abstimmung der Partner aufeinander, damit die Begattung bzw. Befruchtung ermöglicht wird.

Bei manchen Vögeln putzen die Männchen einen Balzplatz leer und beginnen auf einem Zweig darüber mit ihren Balzgesängen (Abb. $B_1$), andere stellen sich direkt vor einem ausgewählten Partner auf und schlagen ein Rad wie der Pfau.

So zeigt das Werbeverhalten viele Unterarten, die auch der Artspezifizierung dienen.

Bei den meisten Arten wirbt das Männchen, bei einigen aber das Weibchen, andere zeigen ein gemischtes Verhalten.

Bei einigen Affenarten zeigt das Weibchen seine Genitalseite zur Stimulierung des Männchens ($B_2$).

Von Balzverhalten spricht man hauptsächlich bei Vögeln und Fischen, bei Säugern eher von Brunft bzw. Brunst.

**C Nestbau**

Bei vielen Fischen und Vögeln enthält bereits das Werbeverhalten ein Element dieser Phase:

dem umworbenen Weibchen wird der Nestplatz bzw. eine vorbereitete Höhle gezeigt, um es in »Neststimmung« zu versetzen und dieses Nest in Besitz zu nehmen.

Die meisten Arten beginnen aber erst nach der Paarbildung mit dem Nestbau. Die Nestherstellung ist artgebunden.

Das fertige Nest bildet den Ort einer intensiven Gewöhnung, z. B. durch Begrüßungs- und Besitzzeremonien (Abb. C).

**D Begattung**

Auch die Kopulationsarten differieren im Dienste der Artentrennung erheblich. Ihre Kompliziertheit zeigt die Balz- und Kopulationsabfolge bei Stichlingen, bei der jede Reaktion eine weitere beim Partner auslöst:

ein dickbäuchiges Weibchen löst den Zickzacktanz des Männchens aus, im weiteren Verlauf wird das Weibchen bis zur Neströhre begleitet. Nach dem Einschlüpfen löst das Männchen durch einen »Schnauzentriller« die Laichabgabe aus und besorgt anschließend die Besamung.

Die meisten Elemente dieser Kette werden durch opt. Signalreize *(trigger)* ausgelöst, die Eiablage erfolgt durch taktile und die Besamung durch chem. und wahrscheinlich auch durch taktile Reize.

**E Brutpflege**

Das Brutverhalten besteht i. d. R. aus den Phasen Brüten (oder Austragen) und Füttern (bzw. zusätzl. Hilfestellung). Bei der Brut z. B. der Vögel muß das eroberte Nest weiter verteidigt werden. Das geschieht durch »Hassen« (Drohgebärden) gegenüber Eindringlingen. Wichtig sind die Ablöserituale beim Brüten, wobei häufiger ein Verdrängen vom Brutplatz als dessen Leerstehen vorkommt. Bei der Brütwilligkeit haben i. a. die Männchen einen zeitl. Vorsprung. Nach dem Schlüpfen werden die verräter. Eierschalen beseitigt und den Neugeborenen ein bes. Schutz gewährt.

Manche Tiere vollbringen Höchstleistungen bei der Betreuung. Die Wale z. B. heben die Jungen zum Atemholen an die Wasseroberfläche.

Das Jungefüttern wird bei vielen Tierarten bereits im Werbeverhalten vorweggenommen durch das »Balzfüttern«, »Begrüßungsfüttern« bzw. Schnäbeln. Das ritualisierte Futterverhalten wird durch opt. Signalreize unterstützt. In Untersuchungen von TINBERGEN u. PERDECK wurden dabei die Elemente der Schlüsselreize auf ihre Bedeutung hin getrennt:

Die Länge der Striche zeigt die jeweiligen Auslöseeffekte nach ihrer Häufigkeit an. Das oberste Modell besitzt die normalen Merkmale. Die folgenden Modelle deuten auf die relativ hohen Werte für die rote Farbe, des Fleckes und der Schlankheit des Kopfes gegenüber dem relativ geringen Wert des Kopfes und der gelben Schnabelfärbung hin.

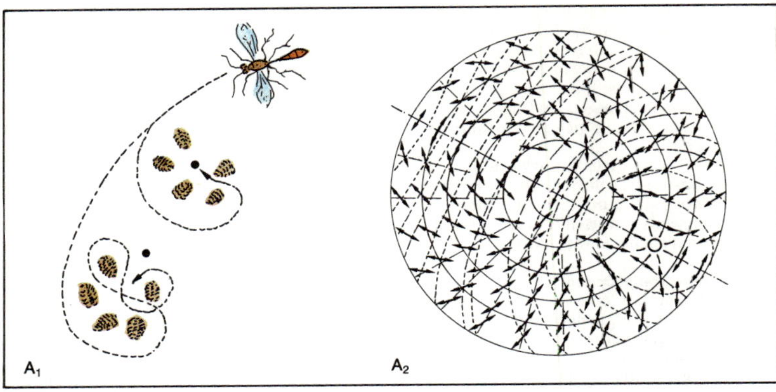


A Nestorientierung

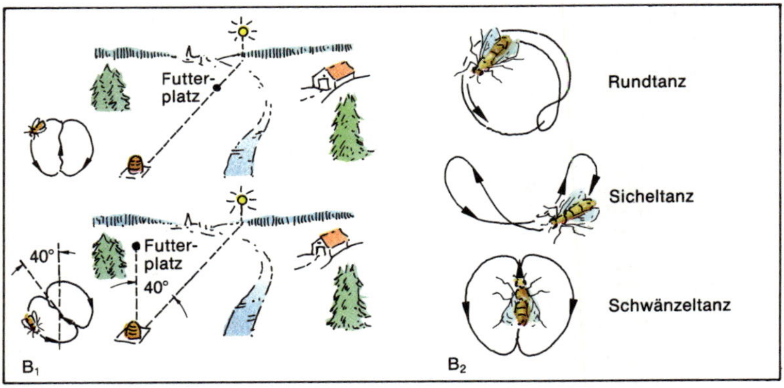


B Bienensprache

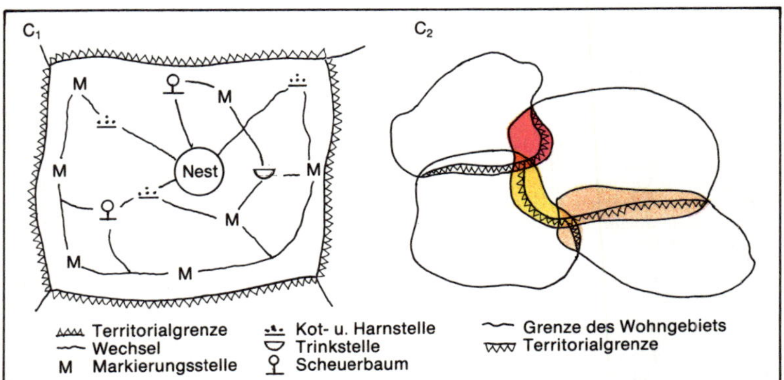


C Territorien

KANT sagte, unsere Verarbeitung der beiden Grundkategorien Raum und Zeit erfolge »a priori«, d. h. *vor* jeglicher Erfahrung.

Dem entspricht, daß in der Ethologie die **Orientierungen** für Raum und Zeit zu den *Erbkoordinationen* zählen. Sie sind buchstäblich lebensnotwendig: für das Überleben unverzichtbar.

Beispielsweise müssen die Lachse zum richtigen Zeitpunkt (Zeitorientierung) ihre Laichplätze (Raumorientierung) über weite Strecken aufsuchen. Eine solche Fähigkeit ist das Ergebnis eines physiolog. Zusammenspiels, an dem auch der vertraute Geruch des Heimatgewässers beteiligt ist.

**A Nestorientierung**

($A_1$) Wenn eine Raubwespe nicht mehr zu ihrem Nest zurückfände, wäre das für ihre Brut tödlich. Deshalb »prägt« sich diese Wespe ihre Nestumgebung ein, indem sie vor dem Wegflug einige Kreise um den *Nestausgang* fliegt.

Legt man um das Loch einige Zapfen und verschiebt sie nach dem Wegflug der Wespe, so sucht sie das Nestloch vergeblich an der alten Stelle zwischen den Zapfen.

($A_2$) Die gekoppelte Raum-Zeit-Orientierung ist bei versch. Tiergattungen sehr unterschiedlich. Bei der *Richtungskoordination* können Tiere entweder die Änderung des Winkels zur Ausrichtung oder die Änderung des Winkels zu einer raumfesten Bezugsrichtung, z. B. der Sonne, neuronal verarbeiten.

Bei Fischen z. B. ist die Körperlage von der Schwerkraft und dem Lichteinfall bestimmt. Beleuchtet man den Fisch seitlich, so stellt er seinen Lagewinkel *zwischen* Licht und Schwerkraft schräg ein (je nach Stärke der Lichtquelle).

Tiere können noch andere Orientierungsquellen einsetzen, z. B. den Erdmagnetismus, die Sterne, den Ultraschall, aber auch bisherige Erfahrungen, z. B. auffällige Landmarken vom vorjährigen Vogelzug.

Sogar Außeneinflüsse, wie die unterschiedl. Windverdriftungen, können ausgeglichen und Polarisationsmuster des Himmels (Abb. $A_2$), die gesetzmäßig um die Sonne angeordnet sind und mit ihr wandern, ausgewertet werden.

Die Orientierungsfähigkeit birgt noch viele Rätsel.

**B Bienensprache**

Eine der bedeutendsten Entdeckungen der Ethologie wurde parallel von GUSTAV KRAMER bei Staren und KARL VON FRISCH bei Bienen gemacht. Viele Jahre mißtrauten die Fachleute v. FRISCHS Entzifferung der Bienensprache. Danach teilt die Kundschafterbiene den Stockbienen 5 Informationen mit:

die gefundene *Blütenart* (über den Duft), die *Rentabilität* der Futterquelle (durch die Lebhaftigkeit des Tanzes und durch Schnarrlaute), die *Richtung* (durch die Winkelstellung zur Sonne bei Vertikalversetzung an der senkrecht stehenden Wabe; Abb. $B_1$), die *Entfernung* (durch die »Tanzart«: Rundtanz bei nahen Zielen, Sicheltanz bei mittleren und Schwänzeltanz für weitere Entfernungen; Abb. $B_2$. Zusatzinformationen liefert ferner die Aufeinanderfolge der Tänze) und die *Aufforderung* an die Nach-Tänzerinnen, sich auf den Weg zu machen.

Neuere Untersuchungen haben ergeben, daß der Energieaufwand bei der Eigenfluggeschwindigkeit Grundlage für die Entfernungsmessung ist. Dadurch fallen eventl. Fehlerquellen bei Gegenwind oder Aufwärtsflug für eine reine Zeitmessung weg.

**C Territorien**

Die meisten Tiergattungen bilden *Heimatterritorien.* Ihre Vorteile sind verständlich:

Im Heimatbezirk kennt man sich aus und orientiert sich leicht, man identifiziert sich mit dem Raumbesitz als Erweiterung der Körpersphäre, und diese Arealbildung mindert die Aggressivität, sofern die Territorien durch die Nachbarn respektiert werden.

($C_1$) Je nach Gattung werden die Grenzen markiert (Urin, Sekrete, Wälle usw.) und enthalten die verhaltensspezif. Betätigungselemente (Nest, Scheuerbaum usw.; Meisen erinnern bis zu 100 Futterverstecke).

($C_2$) Territorialgrenzen müssen nicht eindeutig sein.

Bei den Wohngebieten können die Grenzen ohne nennenswerte Aggressionen *überlappen.*

Unterschiedl. Größe weisen die Territorialarten auf, die sich z. T. überdecken. Das *Nahrungs*territorium kann bei geringem Nahrungsangebot um das Mehrfache das *Wohn*territorium überschreiten. Dagegen sind die *Balz-* und *Paarungs*territorien zumeist viel kleiner.

Einige Säugetiere, z. B. die Wanderratte, der Löwe oder die Tüpfelhyäne, verteidigen *Gruppen*territorien. So entstehen Sippengelände, die das Sozialverhalten der Tiere mitprägen.

Über die evolutionäre Bedeutung der Territorien bei Lachmöwen schreibt R. A. STAMM (1984):

»Durch den Streit zwischen Nachbarn, der immer im wechselseitigen und oft lang hingezogenen Kopf-zu-Boden-Drohen endet, wird aber etwas zustande gebracht, das nicht von Anfang an feststand: Nur wirklich kampffähige, weil auch wirklich zur Brut motivierte Individuen können nebeneinander bestehen. Die Auseinandersetzung führt zu einer Auswahl, bei der zu wenig motivierte ... Individuen vom beschränkten Brutraum ferngehalten werden.«

A Sozialsignalement

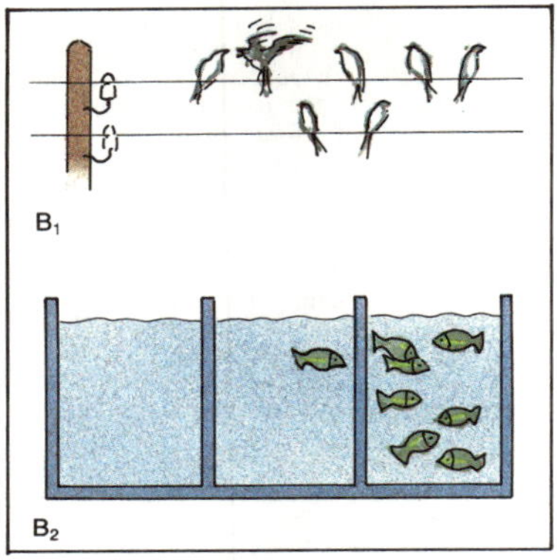


B Sozialattraktion

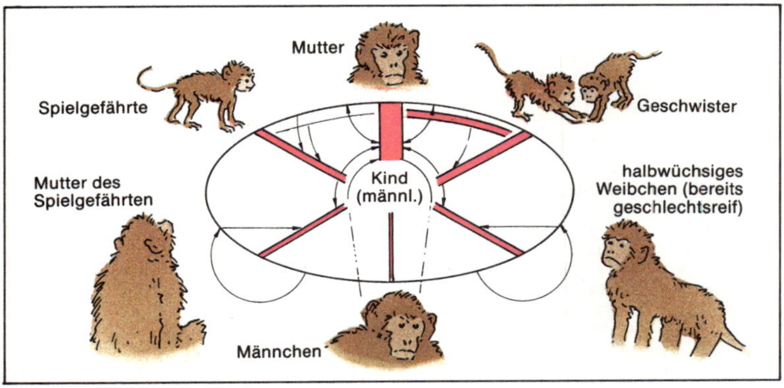


C Soziale Koordination

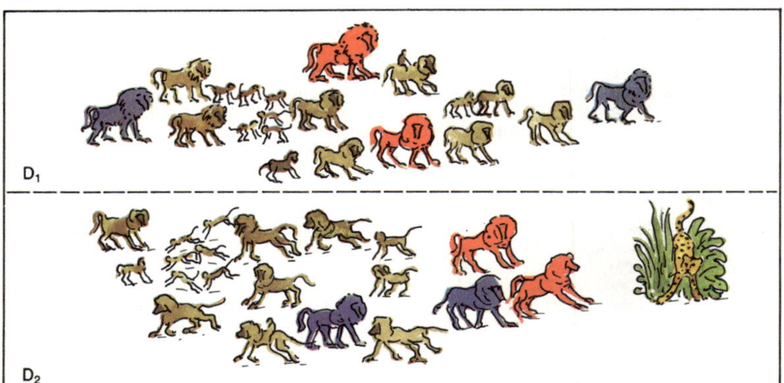


D Gruppenbildung

Artgenossen sind stärker aufeinander angewiesen als artfremde Lebewesen. Die Gemeinschaftsbildung variiert aber stark nach den Gattungen.

Selbst so extreme Einzelgänger wie der Kuckuck benötigen in der Fortpflanzungsphase die geschlechtl. Gemeinschaftsbildung.

Im allg. sind die Sozialaktivitäten der Tiere streng festgelegt, erst bei den höheren Tieren führt die Komplexität des **Soziallebens** zu einer Wandlungsfähigkeit der Beziehungen und differenzierten Beziehungsgesten.

### A Sozialsignalement

Von Charles Darwin stammt die Formulierung des Prinzips der soz. »Antithese«. Sie besagt,

daß das Sozialverhalten unterschiedl. Funktionen voraussetzt, die dann zu entgegengesetzten Ausdrucks- und Begegnungsformen führen; auch dann, wenn sie gegenwärtig nicht mehr »gebraucht« werden. Sie hätten zwar keinen aktuellen Nutzen, besäßen aber einen hohen Ausdruckswert.

Ganz bes. sind die Über-/Unterordnungen im *Rangsystem* durch diese Merkmale ausgeprägt.

In der Reihe (Abb. A) sind links übergeordnete (dominante), rechts untergeordnete (subdominante) Individuen von Stichling, Zebrafink, Fuchs und Schneeziege (Tembrock) wiedergegeben.

Neben diesen Signalen der Körperhaltung gibt es solche der Abkehrbewegung, des spieler. Kommentkampfes usw., die der Festlegung bzw. Bestätigung der Rangpositionen dienen.

### B Sozialattraktion

Die Überlebensvorteile der Gemeinschaftsbildung beziehen sich nicht nur auf die Paarung und Aufzucht, weitere Vorteile sind die Gefahrenreduzierung (gemeinsamer Kampf gegen Feinde), die Nahrungsausnutzung (Auffinden und Weitermelden von Futterquellen), das soziale Lernen (Weitergabe gelernter Erfahrung) und spezielle Vorteile wie die gemeinschaftl. Wärmeregulation in den Bienenstöcken.

Der *Affiliation* (soziale Annäherung; s. XI/4) steht aber die *Ditention* (soziale Abstandsbildung) gegenüber.

Bes. deutlich ist sie im Herbst bei den Schwalben zu beobachten, wenn sie sich zum Abflug sammeln (Abb. $B_1$). Sobald eine bestimmte Individualdistanz unterschritten wird, kommt es zu kurzen Auseinandersetzungen, bis der normale Abstand wiederhergestellt ist.

Die *soz. Attraktion* (Affiliation) kann dagegen bei schwarmbildenden Fischen gut beobachtet werden:

Der Einzelfisch im Mittelteil des Aquariums (Abb. $B_2$) hält sich viel häufiger im rechten Teil seiner Kammer auf, neben der sich der Schwarm befindet.

### C Soziale Koordination

In der Gemeinschaft wird das Verhalten geregelt. Die einfachste Gemeinschaft ist der *anonyme Verband,* bei dem sich fremde Tiere beliebig zusammenschließen. Darüber liegen die viel häufigeren *Individualverbände,* in denen jeder jeden kennt *(face-to-face-groups).* Schließlich gibt es noch die *Tierstaaten,* in denen zumeist die Familienstruktur (z. B. mit der Bienenkönigin) potenziert ist.

Die erweiterte Familie gibt die *Grundstruktur* der sozialen Koordination wieder. Die Sozialps. (s. Kap. XV) bezieht sich auf 4 Hauptmerkmale der sozialen Koordination:

Ränge, Rollen, Kontakte und Regeln.

Die *Kontakte* (für die anderen vgl. D) können quantitativ und qualitativ charakterisiert werden. Für die Kontaktmenge dient das Modell einer Gruppe Rhesusaffen (R. A. Hinde):

Die Dicke der Linien gibt die relative Wichtigkeit der Beziehungen eines Affenkindes in 6 Richtungen wieder. Auffällig ist die geringe Kontaktaufnahme mit dem Männchen. Das würde sich ändern, wenn das Kind weiblich wäre: die Väter kümmern sich in Notlagen mehr um Töchter als um Söhne.

Außenbeziehungen können dieses Grundsystem der Kontakte erheblich verändern. Ersichtlich ist das an dem Eingriff der Mütter von Spielgefährten. Umgekehrt kann die Kinderfreundschaft mit dem Kind einer ranghohen Mutter dem Rangplatz auch der eigenen, tiefer stehenden Mutter nützen. Dies zeigt die Komplexität der soz. Koordination.

### D Gruppenbildung

Außer den Kontakten sind die *Ränge, Rollen* und *Regeln* für das tier. Sozialleben von erhebl. Bedeutung. Mit den Rängen sind die Rollen vorgezeichnet, aber unabhängig von den Rängen können Rollen für sich bedeutsam werden,

z. B. in der wechselnden Bemutterungsrolle durch die versch. Weibchen einer Paviangruppe.

Wie die Verhaltensregeln in die Rang- und Rollenordnung eingreifen, zeigt dieses Beobachtungsmodell von I. deVore (1966).

In der ungestörten Marschformation ( Abb. $D_1$) wird die Gruppe vorn und hinten durch *rangniedere* Männchen (blau) gesichert, während die *ranghöchsten* (rot) in der Mitte bei den Weibchen mit Kindern marschieren.

Taucht aber eine Gefahr, z. B. ein Leopard, auf (Abb. $D_2$), rücken die *ranghöchsten* Männchen (rot) vor, wogegen die *rangtiefen* (blau) zurückbleiben.

So verteilen sich Vorrechte (z. B. bei der Futterabfolge) mit Pflichten (z. B. erhöhte Feindberührung) auf die Mitglieder von Gruppen.

A Umweglernen

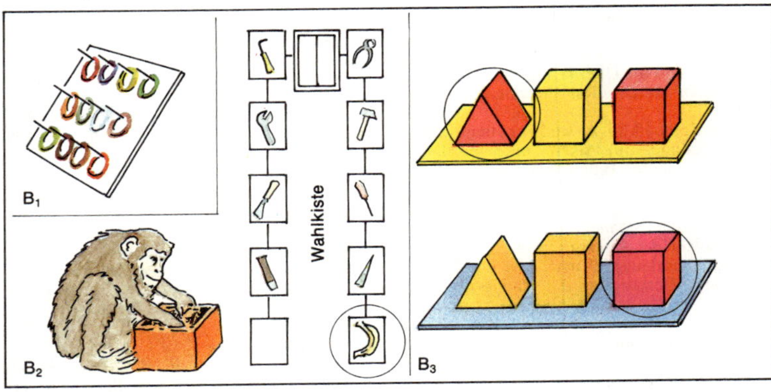


B Wahlhandlung

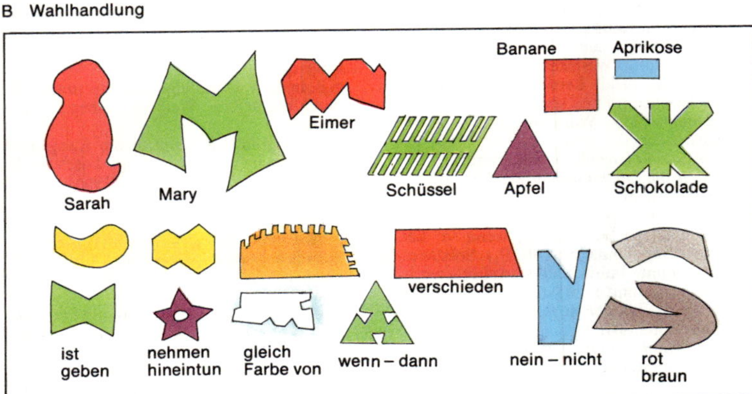


C Intelligenzgrenzen

Wohl jeder Hundebesitzer wird seinem Gefährten ein »Bewußtsein« zusprechen:

Der Hund hört auf seinen Namen, erinnert sich an einen vergrabenen Knochen und träumt, wenn er schläft.

Der Irrtum dieser Bewußtseins-Annahme liegt an der ungenügenden Bewußtseins-Definition. Begriffe wie Bewußtsein oder Intelligenz werden als Alles-oder-Nichts-Begriffe, d. h. als einheitl. Phänomene, mißverstanden. Demgegenüber sind die psych. Grundlagen für sie so vielfältig zusammengesetzt, daß wir erst grobe Anteile überschauen. Die **tier. Intelligenz** ist demnach eine andere (weil anders zusammengesetzte), mit der menschlischen nur schwer vergleichbare Intelligenz. Mit zieml. Sicherheit vermag kein Tier über sich zu reflektieren:

»Das Tier weiß, wie groß es ist. Aber es weiß nicht, daß es das weiß« (R. OESER).

**A Umweglernen**

($A_1$) Viele Forscher (u.a. W. FISCHEL, B. RENSCH) haben den Umweg, den z. B. ein Zwergchamäleon machen muß, um an seine Beute heranzukommen, als »höhere Hirnleistung« bezeichnet. Trotzdem unterscheidet sich diese Instinkthandlung von den Lernleistungen, die W. KÖHLER bei seinen Schimpansenversuchen (s. VIII/3) »Umstrukturieren« genannt hat.

($A_2$) In Versuchen von RENSCH u. DÖHL (1968) gelang es sogar, eine Schimpansin soweit zu trainieren, daß sie mit Hilfe eines Magneten einen Eisenring durch ein kompliziertes Labyrinth, das man in jedem Versuch änderte, fehlerfrei durchzog.

Vor dem Versuch betrachtete sie das Labyrinth, »überlegte« den Weg und führte ihn dann aus.

Das »Überlegen« ist allerdings eher die Bildung eines Gesamteindrucks, der zur Lösung unbewußt befähigt.

In einem ähnl. Fall kann man ebensowenig sagen, ein Vogel, zu dessen Gelege man ein Ei dazuschmuggelte, hätte »nachgezählt«, wenn er zu brüten aufhört, sondern das eingeprägte Gesamtbild des Geleges hat sich verändert, so daß der Brutinstinkt blockiert wird.

**B Wahlhandlung**

($B_1$) In Versuchen (KAPUNE) wurden 12 verschiedenfarbige Ringe in wechselnder Anordnung und Farbigkeit gegen unterschiedl. Futtermengen eingetauscht.

Trotzdem gelang es dem Rhesusaffen zu fast 100%, die 3 *höchstbelohnten* Ringe herauszufinden.

Man nannte dieses Verhalten einen »vorsprachl. Wertbegriff«, nährt allerdings dadurch das Vorurteil, darin eine Vorstufe für moral. Verhalten zu sehen.

($B_2$) Dagegen ist der folgende Versuch (DÖHL) tatsächlich eine Vorform *kognit.* Verhaltens.

Die Schimpansin muß aus einer Wahlkiste (oben) jeweils das richtige Werkzeug wählen, das sie in einer Kettenwahl bis zur Bananen- (statt zur leeren) Kiste vordringen läßt.

Eine solche Leistung benötigt eine komplizierte Kenntnis der Versuchsanordnung, damit eine hohe Trefferzahl zustandekommt.

($B_3$) Regelrechte Wahlhandlungen erfordert dieser Versuch (HARLOW).

Das Tier mußte in einer *Farb-Form-Alternative* jeweils das *ungleiche* Merkmal herausfinden: auf der gelben Unterlage das *formungleiche* Objekt (links) und auf der blauen Unterlage das *farbungleiche* Objekt (rechts).

Diese Versuche konnten noch wesentlich weiter getrieben werden.

**C Intelligenzgrenzen**

In Untersuchungen hat H. HEDIGER (1984) zur Frage Stellung genommen, ob Tiere ein »Bewußtsein« haben. Einige Anteile, die auch zum menschl. Bewußtsein gehören, konnten bei höheren Tieren nachgewiesen werden:

*Körperbewußtsein* (Wissen um Ausdehnung, Organbeschaffenheit, Funktionen),
*Sozialbewußtsein* (Kenntnis der sozialen Stellung und Funktion),
*Ortsbewußtsein* (Lage und Besitz der Lokalität),
*Selbstbild* (Kenntnis des Eigenduftes, des Spiegel- und Schattenbildes sowie der eigenen Ähnlichkeit mit den Artgenossen).

Eine andere Frage ist, wieweit ihre Intelligenz reicht, um dieses Bewußtsein mit Inhalten zu füllen. Die Fähigkeit, über Sinn und Zweck des eigenen Lebens nachzudenken, ist auch noch beim Menschen die Ausnahme.

Die Frage, wie »intelligent« Tiere sein können, hat seit den Affenversuchen von W. KÖHLER die Ethologie stark beschäftigt. Bei Säugetieren wurde bereits die Fähigkeit gefunden, vorsprachl. Abstraktionsleistungen auszuführen.

Bei einer Zibetkatze (G. DÜCKER) konnten Versuche zur Mustererkennung die abstrakte Unterscheidung von »gleich – ungleich« ermitteln.

Mrs. GARDNER, die Betreuerin der Schimpansin Washoe, konnte ihr in 22 Monaten Unterricht 30 versch. Zeichen der Taubstummensprache beibringen.

Eine andere Schimpansin, Sarah, konnte schließlich mit 130 Wortzeichen (eine Auswahl zeigt Abb. C) umgehen.

Bei den Zeichen fällt der hohe Abstraktionsgrad auf, weder in Form noch in Farbe erinnern sie an die gemeinten Hinweise (außer vielleicht bei »Sarah«; ansonsten besteht eine arbiträre »Symbolbeliebigkeit«).

Das Interesse an solchen Unterhaltungen mit Menschen verschwand bei Sarah allerdings mit dem Eintritt der Geschlechtsreife.

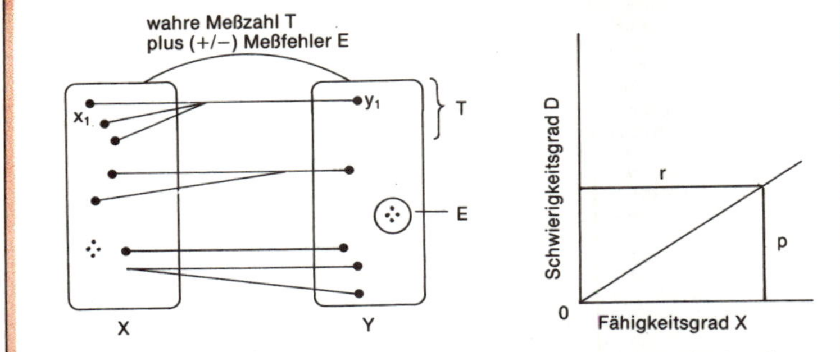


$A_1$ Klassische Testtheorie

$A_2$ Alternative Testtheorie

A Testaxiomatik

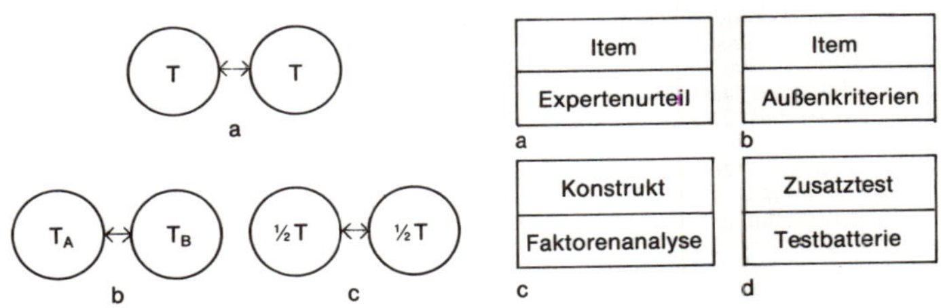


$B_1$ Reliabilität

$B_2$ Validität

B Gütekontrolle

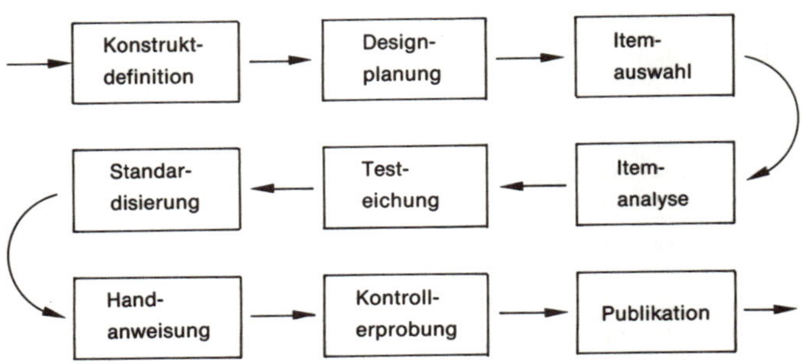


C Testkonstruktion

Die Einschätzung der eigenen Menschenkenntnis entspricht nur bei einer Minderzahl der Menschen ihren tatsächl. Fähigkeiten, die Persönlichkeitsstruktur anderer Menschen zu durchschauen. Zumeist überschätzt man seine diesbezügl. Talente.

Der Wunsch allerdings, mehr und bessere Menschenkenntnis zu besitzen, hat auch die frühzeitige Beschäftigung mit den »Tests« beflügelt. Der Begriff Test leitet sich von dem altfranzös. Wort für die Tiegel bei alchimist. Experimenten her. Wichtige Förderer der **Psychodiagnostik** waren GALTON, KRAEPELIN, EBBINGHAUS, MCKEEN CATTELL, BINET.

Mit der Einführung der Statistik (s. Kap. IV) in die Ps. wurde auch versucht, die Testdiagnostik exakter abzustützen. Die Testtheorie soll die Testanwendung wissenschaftlich absichern. Dabei werden 3 Aufgaben hervorgehoben:

Welche theoret. Annahmen (Axiome) liegen der Testanwendung zugrunde?

Wie kann die Interpretationssicherheit durch Gütekontrollen gesteigert werden?

Welche Maßnahmen, von der Planung bis zur Publikation, sind für Tests erforderlich?

**A Testaxiomatik**

($A_1$) In der sog. »klass.« Testtheorie geht man von einem *determinist.* Modell aus, wonach die Ergebnisse $y_1 \ldots y_n$ auf Gegebenheiten $x_1 \ldots x_n$ zurückgehen. Dabei wird aber angenommen, daß Meßfehler (E) eine Rolle spielen. Daraus folgt die theoret. Implikation:

Die *beobachteten* Meßwerte Y messen T nicht im Einzelfall, sondern im Durchschnitt (d.h. in nichtbeobachtbaren »wahren« Werten) zusammen mit einem Meßfehler E, d.h. $Y = T + E$.

($A_2$) Um die Schwächen der »klass.« Testtheorie (ihre empir. Unprüfbarkeit) zu beseitigen, gibt es eine Reihe von »alternativen« Testtheorien (u.a. kriteriumsorientierte Meßtheorien). Eine wichtige Gruppe sind die *Rasch-Modelle* (nach GEORG RASCH, 1901–1980), von denen das wichtigste *stochast.* (zufallstheoret.) orientiert ist.

Danach besitzt jede Testaufgabe (Item) einen *Schwierigkeitsgrad* D und jede Testperson einen *Fähigkeitsgrad* X. D und X sind Größen, die die Bedingungen der absoluten Skalierung für die Indikatoren p und r erfüllen sollen.

Somit stellt diese Theorie Forderungen an die Testkonstruktion, die im Skalierungsniveau (s. S. 47) nicht leicht erfüllbar sind.

**B Gütekontrolle**

Es gibt eine Reihe von Testgütekriterien (Objektivität, Ökonomie, Einsetzbarkeit usw.), von denen 2 wichtige herausragen.

($B_1$) Die hohe *Reliabilität* (Genauigkeit, Zuverlässigkeit) eines Tests ist gegeben, wenn er das, was er mißt, *genau mißt,* unabhängig davon, *was* er mißt. Bei seiner Prüfung wird der Zuverlässigkeitskoeffizient $r_{tt}$ durch das Verhältnis der *wahren* zur *gesamten* Varianz gemessen (s. Varianzanalyse, S. 69).

(a) Im *Re-Test (stability)* wird der Test wiederholt und die Ergebnisgleichheit gemessen.

(b) Im *Paralleltest (equivalence)* existieren 2 Parallelformen A und B, deren Übereinstimmung gemessen wird.

(c) Bei der *Testhalbierung (split-half)* werden die Testergebnisse der ersten mit denen der zweiten Hälfte des Tests rechnerisch verglichen.

($B_2$) Die hohe *Validität* (Gültigkeit, Stimmigkeit) eines Tests ist gegeben, wenn er *das,* was er vorgibt zu messen, auch *tatsächlich* mißt und nichts anderes. Bei hoher Validität entsprechen sich Testwert und Vergleichswert (*score,* d.h. Meßwert).

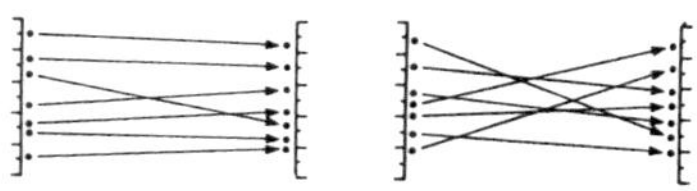

Hohe Validität Niedrige Validität

(a) Die *Inhalts*validierung erfolgt durch den Vergleich von Expertenurteilen mit den Testitems (d.h. Fragen- oder Aufgabeninhalten).

(b) Bei der *Außenkriteriums*validierung wird die Übereinstimmung mit fremden Kriterien (z.B. Schulnoten) festgestellt.

(c) Bei der *Konstrukt*validierung wird mit Faktorenanalysen (s. S. 73) das Zielkonstrukt (z.B. die Intelligenz bei Intelligenztests) mit der Testbatterie verglichen.

(d) Bei der *Zuwachs-* oder *inkrementellen* Validierung wird gemessen, um wieviel sich die Validität einer Testbatterie durch den Zusatztest erhöht.

**C Testkonstruktion**

Die Herstellung neuer Tests ist unter den gegebenen statist. Auflagen ein aufwendiger und vielstufiger Vorgang. Dabei sind 9 Hauptstufen zu unterscheiden:

*Konstruktdefinition* (genaue Kenntnis des ps. Zielgebietes),

*Designplanung* (welches Verfahren soll eingesetzt werden),

*Itemauswahl* (Fragen- bzw. Aufgabensammlung),

*Itemanalyse* (Prüfung der Güte),

*Testeichung* (Trennschärfenbestimmung),

*Standardisierung* (Herstellung von Vergleichszahlen für alle Testpersonen),

*Handanweisung* (Hilfsmittel für den Tester),

*Kontrollerprobung* (evtl. Testrevision) und

*Publikation* (u.a. Herstellung von Testheften, Auswertungsschlüssel).

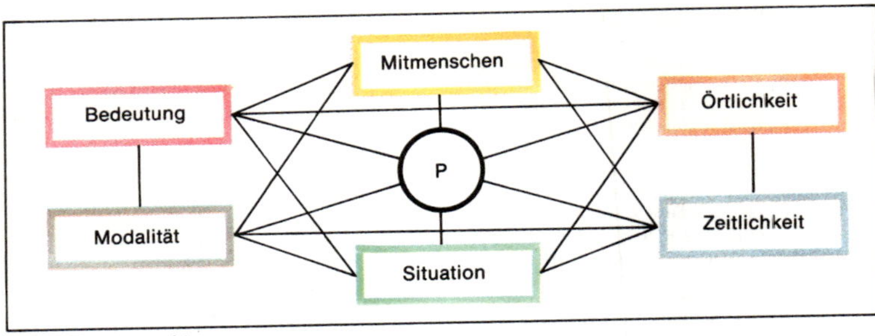


A Verhaltensstruktur

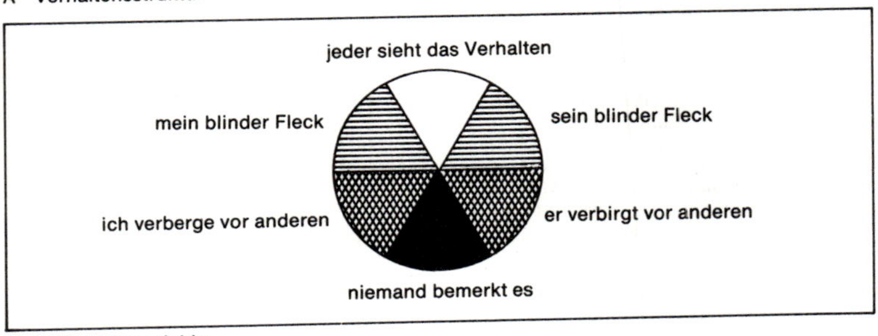


B Verhaltensvariable

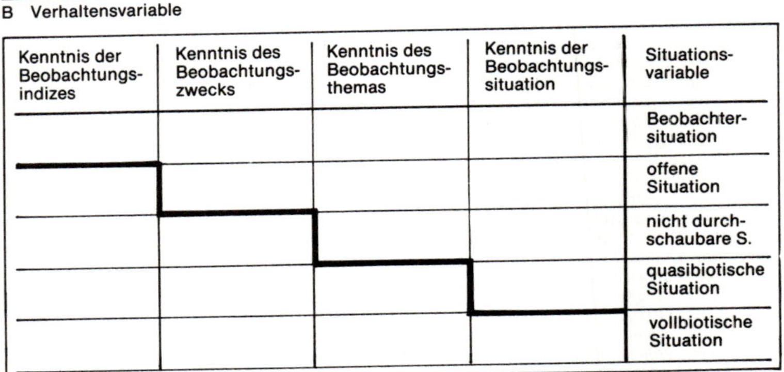


C Beobachtungsstruktur

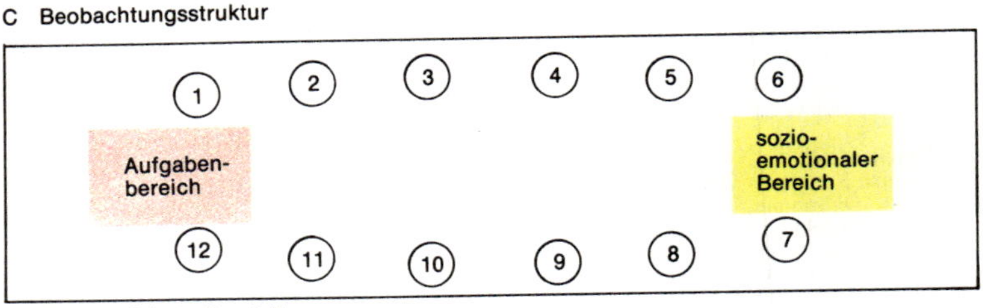


D Standardisierte Beurteilung

Die Verhaltensbeobachtung eines anderen Menschen scheint keine schwierige Sache zu sein. Tatsächlich verhindert aber unsere »naive Verhaltenstheorie« die richtige Beobachtung.

Wir schließen zu schnell z. B. von einem »zu teuren« Auto darauf, daß der andere über seine Verhältnisse lebt.

Einen anderen, der erhobenen Hauptes an uns vorbeigeht, halten wir schnell für arrogant.

Im Alltag wird geurteilt, ehe man das Verhalten aufmerksam ins Auge faßt und alle mögl. Erkundigungen einzieht.

Die **Verhaltensanalyse** geht genau umgekehrt vor. Ihre »Urteile« sind eher *Zusammenfassungen* aller erfaßbaren Verhaltensanteile. Deshalb ist sie in erster Linie eine Verhaltens*systematik*.

### A Verhaltensstruktur

Unser Verhalten ist *vernetzt,* d. h. alle unsere Taten, Verrichtungen, Leistungen, Äußerungen, Reaktionen usw. hängen mit einer Reihe von Außenkomponenten untrennbar, aber auch individuell verschieden gewichtet zusammen. Wenn wir also etwas Wesentliches vom Verhalten eines anderen sagen wollen, müssen wir dieses Umfeld mitberücksichtigen. Dazu sind 6 Hauptkomponentenbereiche abzuschätzen.

Die *Mitmenschen* erfaßt z. B. das »Charakterolog. Soziogramm« von Ehrig Wartegg.

Der Proband hat alle Namen zu nennen, die ihm spontan einfallen. Reihenfolge und Auslassungen wichtiger Namen dienen für Rückschlüsse.

Die Komponente *Örtlichkeit* kann ebenfalls in ihrer Struktur ermittelt werden, indem man Aufenthaltsorte spontan nennen läßt.

Die Komponente *Zeitlichkeit* ist als »Zeitbewußtsein« wie als »Zeitbezug« wichtig, d. h.

welche Schwerpunkte werden für die Tempi Vergangenheit, Gegenwart und Zukunft gesetzt, wie häufig wird das Verhalten vorausgeplant bzw. im Verhältnis zur Altersgruppe mehr in der Gegenwart gelebt.

Die *Situation* als Komponente ist sehr vielschichtig.

Zum Beispiel geraten manche häufiger in Gefahrensituationen als andere.

Die Gründe müssen in der Quervernetzung mit den anderen Komponenten abgeschätzt werden.

Die Komponente *Modalität* wird zumeist unterschätzt. Jeder hat Eindrücke über seine »Möglichkeiten«.

Diese Modalitäten sind sowohl Erwartungen (was man erreichen könnte) wie Abschätzungen (wozu man sich für fähig hält).

Die Modalitätskomponente wird immer im Umgang mit anderen erstellt.

Die Komponente *Bedeutung* ist die umfangreichste. Es gibt ungezählte »mitgestellte Fragen«, deren wir uns selten bewußt werden, die aber trotzdem von uns unbemerkt mitbeantwortet werden.

Beispielsweise ist die Wahl der versch. Verkehrsmittel auch eine Antwort darauf, ob wir das ausgewählte für uns als »passend« ansehen (z. B. die Straßenbahn).

### B Verhaltensvariable

Das Verhalten wird verschieden eingeteilt; z. B. trennt man psychophysiologisches von rein psychischem oder langanhaltendes von kurzfristigem usw.

Eine wesentl. Sichtweise ist die Beschreibung nach seiner *Offensichtlichkeit.* In der Regel dürfte das Verhalten sowohl offen wie verdeckt sein:

jeder sieht es, der einzelne hat blinde Flekken sich selbst gegenüber, man verbirgt einen Teil, und vieles bleibt für alle unbemerkt.

### C Beobachtungsstruktur

Ähnlich wie bei Heisenbergs Unschärferelation in der Physik wird auch das Verhalten durch die ps. Beobachtung beeinflußt.

In dieser Tabelle von B. Spiegel (Abb. C) wird die Abhängigkeit von den Variablen der *Beobachtungssituation* aufgeschlüsselt.

Unter der biot. Situation versteht der Autor eine lebensechte, unter quasibiotischer eine Situation, bei der der Vp. nur die Versuchsfunktion bekannt ist.

### D Standardisierte Beurteilung

Ein wesentl. Problem aller Verhaltensanalysen ist ihre »offene« Beurteilungslage. Ein ethologisch ausgebildeter Psychologe wird in einem Verhalten eher Reste tier. Verhaltens entdecken als ein individualpsychologisch ausgebildeter. Und da es sehr viele Ausbildungsrichtungen in der Ps. gibt, soll von Wertungen in schul. Ausrichtung möglichst abgesehen werden.

Von R. F. Bales stammt ein Kategoriensystem, das nur 12 positive und negative Beobachtungskategorien auswertet, die aber das Verhalten umfassend abbilden sollen:

1. zeigt Solidarität,
2. schafft entspannte Atmosphäre,
3. stimmt zu,
4. macht Vorschläge,
5. äußert Meinungen,
6. orientiert andere,
7. erfragt Orientierung,
8. fragt nach Meinungen,
9. erbittet Vorschläge,
10. stimmt nicht zu,
11. zeigt Spannung,
12. zeigt Antagonismus.

Die Verhaltenssystematisierung unterteilt sich nach Verhalten zum *sozioemotionalen* und zum *Aufgaben*bereich. Ein solches Standardisierungsbeispiel zeigt die Möglichkeiten für Verbesserungen der Verhaltensanalyse auf.

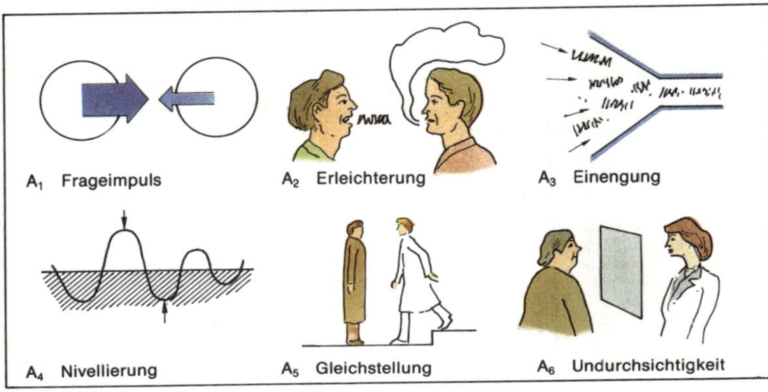


A Fragefunktion

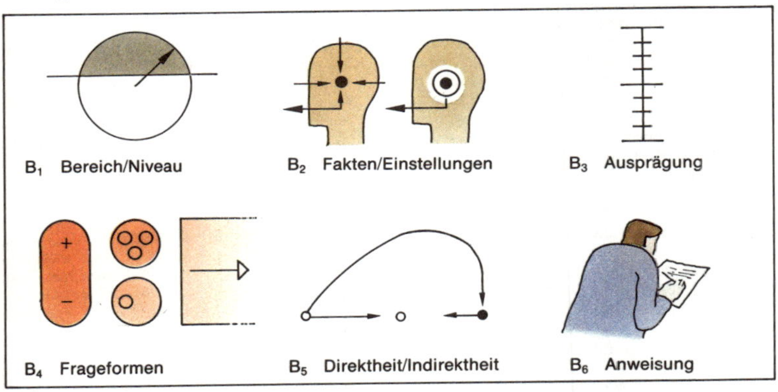


B Fragegestaltung

C Fragebogen

Die **Fragebogenverfahren** haben in den letzten Jahrzehnten die anderen Testarten überflügelt. Das liegt v. a. an ihrer günstigeren statist. Verarbeitbarkeit. Sie gelten daher als »wissenschaftlicher« im Vergleich z. B. zu den Projektivtests. Ob dieses Vertrauen gerechtfertigt ist, bleibt offen.

Wenn es Mängel gibt, so liegen sie zumeist in der Behandlung der Fragen. Man glaubt, jeder könne ohne Spezialschulung *Fragen* stellen. Tatsächlich aber ist das richtige Fragen oft schwieriger als das Antworten.

**A Fragefunktion**

($A_1$) Die Frage ist ein *Impuls* für eine Antwort. Der Aufforderungscharakter der Frage kann zu schwach (man erkennt die »Fragwürdigkeit« nicht) oder zu stark sein (man wird überrumpelt).

Letzteres geschieht bei den Suggestivfragen, wie sie mancher journalist. Interviewer bevorzugt: »Sind Sie auch der Meinung, daß ...«

Fragen können leicht zu Kommandos entarten.

($A_2$) Eine geschickte Frage *erleichtert* die Antwort. Diese Kunst erfordert eine durchdachte Frageformulierung. Fragen müssen klar und verständlich sein, die Antwortüberlegung unterstützen.

Zum Beispiel durch die Visualisierung der Frage und Vorgabe einer leeren »Sprechblase« für die Antwort.

($A_3$) Viele Menschen entscheiden sich nur schwer zwischen den ihnen möglich erscheinenden Antworten. Frageformulierungen sollen auch die Antwortmöglichkeiten kanalisieren und auf »einfache« Antworten *einengen*. Gewiß ist damit oft ein Verlust an Information verbunden, aber der Gewinn an Antwortklarheit wiegt ihn auf.

($A_4$) Die Antworten hängen von der Intelligenz des Befragten, seiner Bereitwilligkeit, auf Fragen einzugehen, und vielen anderen persönl. Bedingungen ab. Ihnen gegenüber soll das Fragebogenverfahren auch zur *Nivellierung* (Chancenangleichung) aller dienen.

Man erreicht das z. B. durch vertrauenbildende Trainingsfragen mit ganz leichten Antworten oder durch Pufferfragen, zwischengeschaltete Fragen, die die Ermüdungs- oder Ausstrahlungseffekte (»halo«) aufheben.

($A_5$) Das Fragen ist immer auch ein sozialdynam. Geschehen:

der Frager gerät leicht in eine übergeordnete Position (»Lehrereffekt«).

Wichtig ist zu ihrer Verhinderung die »neutrale« Formulierung der Frage, um keine Versuchsleitererwartungen zu provozieren und die *Gleichstellung* zwischen Frager und Befragtem zu gewährleisten.

($A_6$) Um zu diagnostisch verwertbaren Ergebnissen zu gelangen, ist es zumeist nötig, die Fragen in ihrer eigentl. Zielsetzung *undurchsichtig* zu stellen, um Verzerrungen je nach der sozialen Erwartung zu vermeiden.

**B Fragegestaltung**

Die themat. Seite der Fragestellung ist vielschichtig. Man kann dabei einige wichtige Gestaltungsformen unterscheiden.

($B_1$) Fragen decken einen Fragen*bereich* ab *(scope)* und halten ein Frage*niveau* ein *(level)*.

($B_2$) Sie beziehen sich auf *Fakten* oder *Einstellungen*.

($B_3$) Sie versuchen auch skalierte *Ausprägungsgrade* (z. B. stark, mittel, schwach) zu eruieren.

($B_4$) Die *Frageform* reicht von Ja-nein-Fragen über 3- und mehrwertige Fragen bis zu »offenen« Fragen, die man auch W-Fragen (wann, welche, weshalb usw.) nennt.

($B_5$) Man kann ein Thema *direkt* oder *indirekt* angehen.

Indirekt z. B.: man gibt eine fiktive Prozentreihe (83%, 55%, 27%, 8%) vor, um den Trend der Meinungsbildung zu erkennen.

($B_6$) Die *Anweisung* für einen Fragebogentest dient der Orientierung des Probanden und muß sehr wichtig genommen werden. Denn spätere Nachfragen während der Befragung stören erheblich.

**C Fragebogen**

Die Einzelfrage ist relativ bedeutungslos, erst die *Kombination* vieler Fragen sichert das jeweilige diagnost. Ziel ab. Die Ps. besitzt eine große Zahl von geeichten und erprobten Fragebogen *(inventory)*, u. a.:

16 PF (CATTELL), Minnesota Multiphase Personality Inventory (HATHAWAY), Freiburger Persönlichkeitsinventar (FAHRENBERG).

($C_1$) Fragebogen sind nicht »logisch«, sondern »psychologisch«, d. h. nach dem Ablauf der Beantwortungssituation aufgebaut; deshalb werden sie thematisch *zergliedert*.

($C_2$) Der Ablauf beginnt zumeist mit einer leicht zu beantwortenden *»Eisbrecher«*-Frage, um Hemmungen abzubauen.

($C_3$) Die *Dramaturgie* des Fragebogens ist wichtig: Globalfragen vor Detailfragen, Kreuzungsfragen (mit gesonderten Antwortwegen), Pufferfragen (zur Aufmunterung) usw.

($C_4$) *Kontrollfragen* wiederholen vorherige Fragen zur Überprüfung in anderer Formulierung oder bestehen aus Fragen zur Überprüfung der Glaubwürdigkeit.

($C_5$) Die noch vertretbare *Länge* eines Fragebogens ist kontrovers, weil es auch auf die Situation ankommt.

($C_6$) Die *Auswertung* wird erleichtert durch Schablonen, damit sie auch von weniger geschultem Personal vorgenommen werden kann.

Der Gesamtfragebogen wird i. d. R. einer »Eichung« unterzogen: z. B. an Personengruppen untersucht, die seine Zielsetzung sehr stark repräsentieren.

A Leistungsauslese

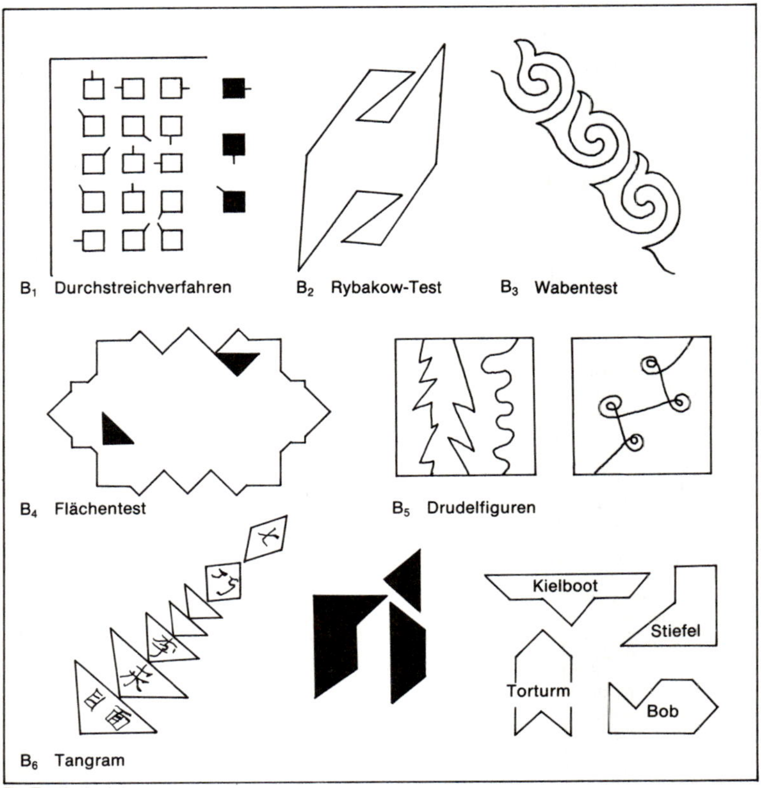


B Testbeispiele

In zahlreichen Lebensbereichen kommt es auf die versch. *Leistungsfähigkeiten* an. Man untersucht sie an »Probeleistungen«, die das Niveau der Gesamtleistung repräsentieren sollen (s. Reliabilität und Validität, S. 351). Diese »künstl. Aufgaben« (ANASTASI) können sehr einfach sein, aber auch kompliziert, und finden meist unter Zeitdruck statt.

**A Leistungsauslese**

In China wurden seit dem Jahre 124 vor Chr. bis 1911 Prüfungen für die Mandarine, die höchsten Beamten, durchgeführt. In diesen Prüfungen mußte man seine Bildung durch die Gestaltung eines Gedichtes und dessen Übertragung in eine Tuschzeichnung nachweisen. Das Thema war für alle Teilnehmer gleich. In kleinen Räumen hatten die jungen Prüflinge ihre Bilder und Gedichte kalligraphisch und aufgabengetreu zu verfertigen. Die Beurteilung geschah anonym. Diese Prüfungen fanden in den Provinzen und für deren Sieger in Peking statt. Es war keine Schande, wenn man sie nicht bestand; schon die Teilnahme bedeutete den Nachweis hoher Bildung. Den siegreichen Teilnehmern winkten lebenslange, einträgl. Stellungen im Beamtenadel, der über das ganze Land herrschte.

Im Westen begannen systemat. Leistungsprüfungen erst im 19. Jh., nicht wie in China als Schluß-Prüfungen, sondern meist als *Eingangs*-Prüfungen. Man wollte wissen, wer sich für eine Ausbildung *eignet.*

**B Testbeispiele**

Leistungen, die man mit Leistungstests prüft, reichen von der bloßen Aufmerksamkeit und Konzentration bis in die Höhe der Kreativität. Spezielle Bereiche, wie die Intelligenz (s. S. 363), werden dabei ausgeklammert. Im Zentrum stehen die Voraussetzungen für die Aufgabenbewältigung.

($B_1$) Die Leistungstests begannen 1888 mit einem *Rechentest* von A. OEHRN.

Die Vp. mußte 2 Stunden lang einstellige Zahlen addieren. In einer Konzentrationskurve wurden dann Schnelligkeit und Richtigkeit in ihrem Verlauf registriert.

Die Zahlenadditionen wurden später zum **»Durchstreichtest«** (BOURDON-Test) umgewandelt, wobei aus den gelieferten Texten oder den wahllosen Buchstabenfolgen bestimmte vorgegebene Buchstaben *durchgestrichen* werden mußten.

Das Beispiel zeigt ein Durchstreichverfahren von R. ZAZZO.

Die 3 linksstehenden (schwarzen) Quadrate weisen seitl. Striche auf. Im Test (von dem hier nur ein kleiner Ausschnitt wiedergegeben ist) sollen diese 3 Sorten der Reihe nach ermittelt (d.h. durchgestrichen) werden. Der Testleiter nimmt die Zeit und zählt mit Lochschablonen die richtig bzw. falsch angestrichenen Figuren.

($B_2$) Der **Rybakow-Test** (ab 1910) ermittelt das räuml. Vorstellungsvermögen und die visuelle Kombination.

Das Beispiel zeigt eine aus einer Reihe von geometr. Figuren, die man sich durch einen einzigen Strich so unterteilt vorstellen soll, daß die beiden Teile, anders zusammengesetzt,ein Quadrat ergeben.

($B_3$) Dieses Beispiel stammt aus einer Serie von H. RUPP (ab 1919).

Angefangene *Muster,* z.B. Sechsecke (daher nennt man diese Gruppe auch **»Wabentest«**), sollen in gleicher Weise fortgesetzt werden.

Die räuml. Vorstellung wird durch die räuml. *Gestaltung* ergänzt.

($B_4$) Während die Tests zur Raumvorstellung relativ einfach zu leisten sind, erfordert dieser eine schnellere Auffassung von räuml. Gebilden, wenn man ihn unter *Zeitdruck* stellt.

Im vom Autor (BENESCH, 1970) entwickelten Test soll die Anzahl gleichgroßer Dreiecke ermittelt werden, die in dem geometr. Gebilde Platz finden (2 Dreiecke sind vorgegeben).

($B_5$) Die *Vorstellungsfähigkeit* wird auch auf kreativem Niveau getestet.

Das Beispiel zeigt das Modell einer abstrahierten Figur. Die Aufgabe besteht in der Suche nach einer *originellen* Bedeutung.

Solche Aufgaben werden **»Drudelbilder«** (R. PRICE) genannt.

In einem berühmten Beispiel sieht man einen kleinen Kreis konzentrisch in einem großen Kreis, an dem außen, einander gegenüber, 2 kleine abgerundete Spitzen sitzen.

Eine »Lösung« lautet: Mexikaner mit Sombrero fährt Rad, von oben gesehen.

($B_6$) Für Kreativitätsprüfungen wird häufig das **»Tangram«** in Abwandlungen verwendet. Es stammt aus China, das eine lange Tradition in solchen Leistungsaufgaben besitzt. Als Chi Chae Pan (»Siebenschlaubrett«, wegen der 7 Steine) reicht es bis in die Chu-Zeit (740–330 v. Chr.) zurück. Erste Lehrbücher gibt es aber erst seit dem 18. Jh. Sie fanden sehr schnell Eingang in Europa. Seit diesem Jh. werden die *Legefiguren* in vereinfachter Form mit nur 3 Elementen zur Prüfung für schöpfer. Fähigkeiten eingesetzt.

Die Beispiele sind aus den schwarzen Figuren zusammengesetzt; aus den 3 Elementen sollen von der Vp. *weitere* figürl. Modelle entwickelt werden.

Weitere Beispiele für Leistungsprüfungen sind u.a. hergestellt für die Aufmerksamkeit (z.B. d2 von BRICKENKAMP), das Gedächtnis (z.B. Ranschburg-Test), die Konzentration (z.B. Pauli-Test), die Ermüdung (z.B. Standard-Flimmer-Test von v. BRACKEN), die Planung (z.B. Rangiertest von TRAMER), die Begabung (z.B. Begabungstestsystem von HORN), die Berufseignung (z.B. Giese-Test-System von DORSCH).

A₁

A₂

A Projektionsbereiche

$B_1$ Vergleichszeichenprobe

$B_2$ Rorschachtest

$B_3$ Welttest

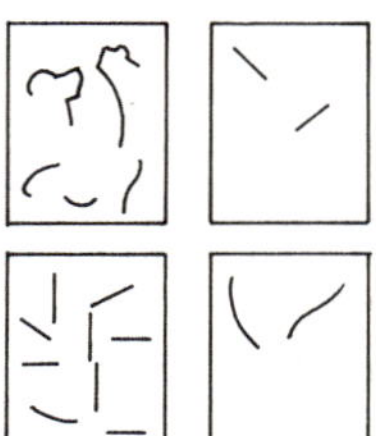

$B_4$ Gestaltungstest

$B_5$ Picture-Frustration-Test

$B_6$ Themat. Apperzeptions-Test

B Testbeispiele

Dem Begriff »**Projektion**« (lat. proicere, hervortreten lassen) wird in einem Sammelreferat (Murstein u. Pryer, 1959) vorgeworfen, daß er mehr Interpretationen erfahren habe als das Lächeln der Mona Lisa. In die ps. Fachterminologie wurde er 1895 durch S. Freud eingeführt. Dessen enge Auslegung (Symbolbildung bei Ichbedrohung) wird in der Psychodiagnostik aufgehoben. L. K. Frank verwendete den Begriff 1939 erstmals für die Gruppe der Tests, die eine unwillkürl. »Repräsentation der unsichtbaren Eigenwelt der Vp.« gewährleisten. Die ersten Tests dieser Richtung entstanden aber schon zu Beginn der 20er Jahre.

**A Projektionsbereiche**

($A_1$) Vermutlich jeder dürfte irgendwann einmal merkwürdige Wolkenbilder *gedeutet* haben. Es gehört zu den eindrucksvollsten Naturerlebnissen, die Sonne hinter Wolken am Meer untergehen zu sehen.

Diese Deutungen zeugen von der allg. Neigung, etwas *hinter* den Dingen entdecken zu wollen. Noch stärker und fast unumgänglich ist dieses Bedürfnis im Umgang mit den Mitmenschen. Jeder kennt nur sein eigenes Innenleben; das des anderen müssen wir erschließen, wenn er es uns nicht mitteilen will oder kann. Grundsätzlich ist uns bei diesen Deutungen die persönl. Grenze unserer eigenen *Differenziertheit* gegeben. Allerdings ist diese Grenze durch Schulung hinausschiebbar. Diese Funktion übernehmen die Projektionsverfahren.

($A_2$) In diesem Gesicht eines alten Mannes kann man »lesen«.

Bei solchen Deutungen spielen die Regeln der Personenwertung (s. S. 267) eine Rolle.

**B Testbeispiele**

($B_1$) In der »**Vergleichszeichenprobe**« des Autors (Benesch, 1958) wird das (vieldeutige) Photo des alten Mannes (Abb. $A_2$) als Vorlage genutzt.

Jeder der 3 Zeichner (Photos) legte entsprechend seiner Konstitution (s. S. 34) etwas von seinem Körperbautypus in seine Abzeichnung hinein.

Auch in den ebenfalls geforderten Beschreibungen deuten die Vpn. die psych. Eigenschaften des alten Mannes jeweils aus ihrer eigenen »Sichtweise« und verraten so ungewollt auch etwas über sich *selbst.*

Das Auswertungsschema berücksichtigt natürlich nicht die »Zeichenfähigkeit«, sondern das *Formbild* (u. a. Strichführung, Strichvielfalt), das *Raumbild* (u. a. Größe, Format), das *Bewegungsbild* (u. a. Strichverbundenheit, Druckstärke), das *Bildgewicht* (u. a. Detailbetonung, Seitengewicht) sowie die *Ausdrucksmerkmale* (u. a. Bevorzugung best. Merkmale).

($B_2$) Mit zu den ältesten Projektivtests gehört der **Rorschachtest** (1921). Zunächst von dem Schweizer Psychiater Hermann Rorschach als Wahrnehmungsexperiment geplant, entwickelte sich der aus ein- und mehrfarbigem Klecksmaterial (durch Längsfaltung breitgedrückte Kleckse) hergestellte Test zum wohl bekanntesten Test überhaupt.

Zu den 10 Testtafeln sollen die Testpersonen »sagen, was sie bedeuten könnten«. Die (komplizierte) Auswertung erfolgt sowohl nach *Formerfassungen* wie nach *Inhaltsanalysen.*

($B_3$) Der **Welttest** (ähnl. auch der Makette-Test), urspr. von M. Lowenfeld, durch Ch. Bühler standardisiert, besteht aus 160 Materialien (Personengruppen, Häusern, Bäumen, ferner Plastilin, Papier usw.), mit denen eine »Welt« gebildet werden soll.

Er dient als Projektivabbild für das eigene »Weltbild«.

($B_4$) Diese 4 Tafeln vertreten die zahlreichen **Gestaltungstests** (Sandertest, Wartegg-Zeichentest usw.). Unter Verwendung von *einer* Tafel soll das angefangene »Bild« gegenständlich fortgesetzt werden. Dabei ist eine projektive *Wahl* mit einer persönl. *Gestaltung* verbunden.

Die Auswertung erfolgt entsprechend nach der Bevorzugung der komplizierten oder einfachen, runden oder geraden Vorlage.

($B_5$) Der **Picture-Frustration-Test** von S. Rosenzweig umfaßt 24 Situationen mit »emotionalem Streß«.

Der Proband wird aufgefordert, die leeren Sprechblasen über der einen skizzierten Person auszufüllen. Dabei wird angenommen, daß man sich mit den »benachteiligten« Personen identifiziert und die für einen selbst typ. Reaktion einschreibt. Die 24 Antworten werden in ihrer Richtung auf *Aggression* und in der Art der *Handlungsreaktion* ausgewertet.

($B_6$) Der **Thematische Apperzeptions-Test** von H. A. Murray gehört zu den bekanntesten »Erzähltests«.

2 Serien zu je 10 Vorlagen werden dem Probanden an 2 Tagen vorgelegt. Für jede soll er eine Erzählung von ungefähr 5 Minuten anbieten. Die Tafeln sind durchgängig *mehrdeutig* (wie hier die beiden Frauenabbildungen).

Die Auswertung konzentriert sich in erster Linie auf die Hauptfigur, ihre Erlebnisse, Bedürfnisse, Empfindungen usw. Großer Wert wird auf die inhaltsanalyt. Skalierung der Leistungsmotive, Gemeinschaftsbedürfnisse, Machtvorstellungen und auf zentrale klin. Problemkreise gelegt.

Weitere Tests der Projektionsgruppe sind u. a. Scenotest (v. Staabs), Farbpyramidentest (Heiss), Squiggle-Technik (Winnicott), Baumtest (Koch), Mosaiktest (Lowenfeld), Dorftest (Arthus), Erzähltest (Wartegg), Physiognomietest (Thomae), Familie in Tieren (Brem-Gräser), Symboltest (Römer), Myokinetik-Test (Mira-Lopez).

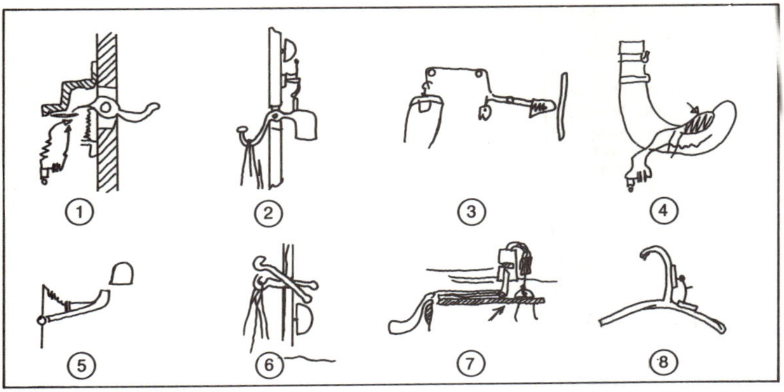


A Technische Fähigkeiten

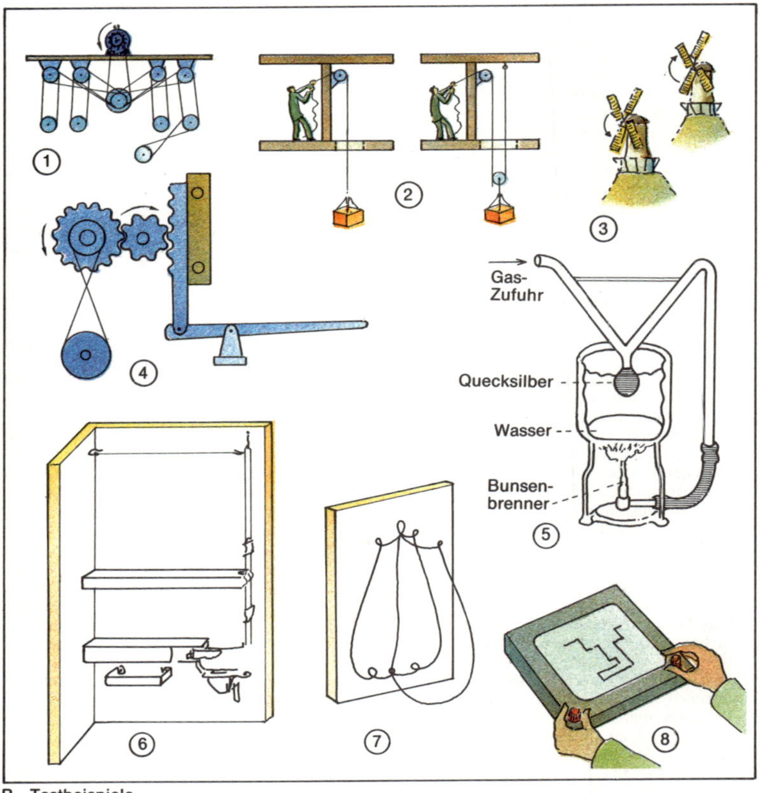


B Testbeispiele

Ein Großteil der frühen **techn. Tests** bezog sich auf die Verkehrsps. WILLIAM STERN schrieb in einer Untersuchung im Jahre 1917:

»Daß die Ps. der Berufseignung ihr Interesse zu allererst den Lenkerberufen (Fahrern der elektr. Bahn, Kraftwagenführern, Fliegern) zuwendet, ist kein Zufall. Diese Vorliebe ist zunächst methodisch bedingt: Nirgends ist die erforderl. Eignung so leicht auf ihre ps. Formel zu bringen, und nirgends läßt sich die verlangte Fähigkeit so leicht experimentell prüfen wie hier.«

Im Laufe der Forschungen hat sich aber herausgestellt, daß die Bedingungen für das unfallfreie Fahren bzw. Fliegen sehr viel komplizierter sind. Trotzdem ist die Eignungsdiagnostik ein wesentl. Bestandteil in einer Reihe von Gebieten der Angew. Ps. (Kap. XXI) geblieben.

**A Technische Fähigkeiten**

WALTER MOEDE, ein Pionier der Erforschung techn.-konstruktiver Fähigkeiten, stellte in einer *offenen* Testsituation den Prüflingen (Ingenieurstudenten im 1. Semester) folgende Aufgabe (zur Diebstahlsicherung):

»Entwerfen Sie einen Kleiderhaken. Beim Abnehmen eines angehängten Kleidungsstückes soll eine Glocke kurz ertönen.«

Die Ergebnisse waren brauchbare, weniger geeignete und unbrauchbare Lösungen.

(1) In dieser elektr. Ausführung schließt der frei gewordene Kleiderhaken kurzfristig den Klingelkontakt.

(2) Eine mechan. Lösung, die allerdings technisch so nicht funktioniert.

(3) Dieser umständl. Vorschlag stellt die Verbindung durch einen Seilzug her.

(4) Unter dem Kleiderhaken befindet sich ein bewegl. Nocken, der beim aufgehängten (statt beim entfernten) Kleidungsstück einen Dauerton abgibt.

(5) Der primitive Vorschlag (Kleiderhaken ist gleichzeitig Glockenklöppel) ist offenkundig und deshalb als Diebstahlsicherung unbrauchbar.

(6) Ohne eine Feder gibt dieser Haken kein Alarmsignal.

(7) Umständl. Lösung mit 2 Luftzylindern.

(8) Eine Glocke ist auf dem Kleiderhaken montiert; prakt. nicht verwertbar.

Diese offene Testsituation liefert zwar deutl. Hinweise (der Autor gibt die Erfolgsrate der Prognose zum späteren Examenserfolg mit 82% an), die Testdiagnostik bemüht sich aber um *standardisierte,* engbegrenzte Testitems, die eine hohe *Validität* (Gültigkeit) und *Reliabilität* (Meßgenauigkeit) aufweisen.

Bei den Testkonstruktionen wird zumeist zwischen dem technisch-konstruktiven Denken (wie im obigen Beispiel) und dem technisch-praktischen Handeln (wie in den meisten folgenden Beispielen) unterschieden. Oben geht es zumeist um Problemlösungen, etwa in der Stellungnahme zu technisch-mechanischen Vorgängen. In neuerer Zeit ersetzt man diese Aufgaben durch kybernet. Vernetzungsprobleme, die Begabungen für den Computergebrauch geeigneter prüfen. Für das prakt. Handeln nutzt man Testmanipulationen an techn. Material oder prüft einfach Handlungen unter Zeitvorgabe.

**B Testbeispiele**

Die Testbeispiele beziehen sich auf 3 wichtige Prüfbereiche:

das *techn. Verständnis* (1–5), die *Handgeschicklichkeit* (7, 8) und die Fähigkeit für *innovative Konstruktionen* (6).

(1) Eine einfache Aufgabe ist die Feststellung der Drehbewegung der Räder, bei angegebener Motordrehrichtung.

(2) Welcher der beiden Arbeiter muß mehr Kraft aufwenden und warum?

(3) Wenn der Wind von vorn weht, dreht sich eine der beiden Windmühlen besser als die andere; welche?

(4) Bei diesem Test wird gefragt, in welcher Richtung man den Hebel betätigen muß, um die angegebene Drehrichtung der unteren Scheibe zu erreichen.

Um diese Aufgabe richtig lösen zu können, muß man zuvor die Konstruktion durchschauen, die in einer Umsetzung einer Auf- und-Ab-Bewegung in eine Kreisbewegung (wie beim Hubkolbenmotor) besteht.

(5) Noch komplizierter ist dieses Modell. Man soll dabei die Funktion erkennen und die Funktionsweise beschreiben: Was passiert im Laufe der Erwärmung des Wassers?

(6) Bei diesem komplizierten Test handelt es sich um eine »Fadenzerreißmaschine«. Üblicherweise wird hier eine solche Maschine zuerst beschrieben, danach sollen die Probanden die Maschine im ganzen und auch spezielle Details skizzieren.

In der Auswertung wird u.a. geprüft, ob eine Waage mit ungleich langem Arm vorhanden ist, wie die allmähl. Belastungsstärke gemessen wird, ob die Zeichnung anschaulich ist.

Der erfinderisch besonders Begabte wird sich zusätzlich noch Verbesserungen einfallen lassen.

(7) Für die Drahtbiegeproben gibt es zahlreiche Vorlagen; neben einfachen, wie z.B. einem Kreis, auch kompliziertere (s. Abb.). Die Probanden erhalten zu dem dünnen Draht oft eine kleine Flachzange.

Ausgewertet wird die Handarbeit: Regelmäßigkeit, Planung, Behutsamkeit usw. sowie die Genauigkeit der Modellangleichung.

(8) Die Koordination der beiden Hände ist für viele Tätigkeiten wichtig. Die Zweihandprüfer fordern eine aufeinander bezogene Bewegung der beiden Hände.

In älteren Geräten werden dafür Handkurbeln verwendet, neuere nutzen löschbare Zeichentafeln (Screen-Test).

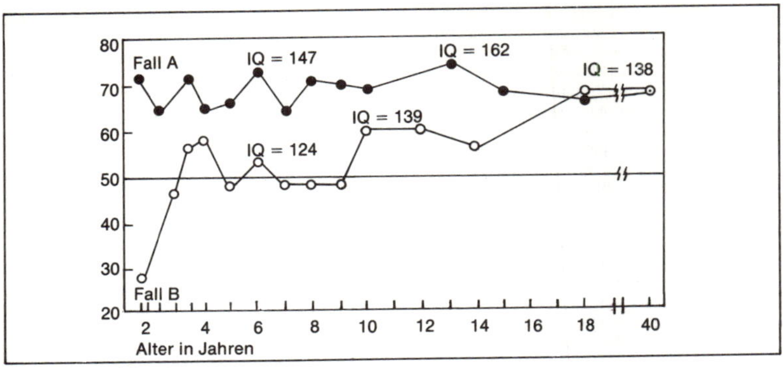


A Intelligenzleistungen

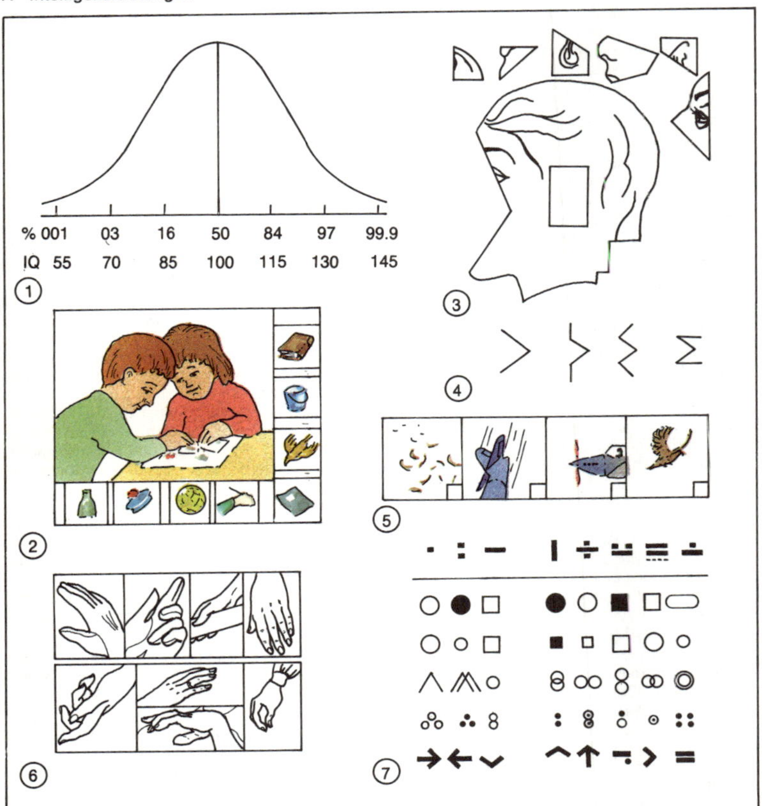


B Testbeispiele

Die Intelligenzmessung hat eine lange Geschichte. Die ersten Messungen (u.a. GALTON) waren qualitativ ausgerichtet. Mit den verbesserten experimentellen Studien und statist. Prüfverfahren wurden auch die **Intelligenztests** so abgewandelt, daß man sie an den Leistungen der Gesamtbevölkerung orientieren konnte (Intelligenzquotient).

Die heutigen Tests stützen sich auf die gängigen Intelligenztheorien (s. X/8). Je nach den zugrundegelegten Intelligenzfaktoren werden dabei eine Reihe von Einzeltests zu Testbatterien zusammengestellt.

Neben den sprachl. (z.B. SASKA) bzw. sprachfreien Tests (Progressive Matrices von J. C. RAVEN) sind die meisten aufgabengemischt (u.a. Wechsler-Test, IST von R. AMTHAUER).

**A Intelligenzleistungen**

Urspr. wurde angenommen, daß die Intelligenz zwar mit dem Alter zunähme, aber ab dem Jugendalter im Niveau relativ konstant bliebe. Neuere Untersuchungen konnten nachweisen, daß auch die Intelligenz stärker wandlungsfähig ist. In den Untersuchungen von M. HONZIK u. J. W. MACFARLANE (1973) wurden sehr unterschiedl. Intelligenzverläufe vom Alter von 18 Monaten bis zum 40. Lebensjahr festgestellt (Durchschnittsscore 50).

Im Fall A verläuft das IQ-Niveau zieml. konstant.

Fall B beginnt ziemlich niedrig, aber verbessert seine Leistungen allmählich, bis sie denen von A entsprechen.

In den anderen, nicht eingezeichneten Fällen fand man Kurven mit höherem Ausgangswert, der im Laufe der Zeit absackte; sonstige Beispiele ergaben allmähliche Anstiege oder gleichbleibende Ergebnisse von einem mittleren Niveau, wobei später noch Änderungen nach oben oder unten möglich sind.

Die Gründe für die Veränderungen sind vielschichtig. Ein wichtiges Moment ist jedoch die jeweilige geistige Aufforderungssituation und die Bereitschaft, sie (auch für neue Bereiche) anzunehmen (Intelligenzmotivation).

**B Testbeispiele**

Die Intelligenztests sind in der Regel so gestaltet, daß die Ergebnisse »normal verteilt« (s. S. 63) sind, d.h. die Hälfte der Bevölkerung (.50) das mittlere Ergebnis ca. 100 Punkte erreicht.

Die kumulativen Prozentsätze geben die Häufigkeit in der Bevölkerung wieder; z.B.

.84 über IQ 115 heißt: 84% haben einen IQ bis zu 115 Punkten und 16% über 115.

(1) Ab 1905 entwickelten BINET u. SIMON im Auftrag der französ. Regierung ein Auswahlsystem für die versch. Schulgattungen, aus dem später das »Binetarium«, ein Kasten mit umfangreichem Testmaterial zur geistigen Entwicklung, hergestellt wurde.

In anderen Ländern wurde dieses Testsystem abgewandelt, so u.a. für die USA zum Stanford-Binet-Intelligenz-Test mit Bildserien, Testkarten, Holzperlen usw., zur Untersuchung eines genormten »Intelligenzalters« (IA: Intelligenzniveau zu Lebensalter).

(2) In der 1. Hälfte des 20. Jh. wurden unendlich viele Testaufgaben erstellt, die in der 2. Hälfte kaum noch erweitert, sondern zumeist in den Gütekriterien verbessert wurden.

Eine dieser Testaufgaben besteht in der Zusammensetzung von zerstückelten Gesichtsbildern.

(3) Beim französ. Test »Mosaique de Gille« müssen Kinder

den fehlenden Ausschnitt aus den 8 Angeboten auswählen.

(4) Der sowjet. Charkowtest dient der Regelsuche:

Welche nächste Abwandlung muß diese Figurenreihenfolge erfahren?

(5) Sehr zahlreich sind Testaufgaben mit Bildserien, deren Reihenfolge man ordnen und damit seine Fähigkeit zum log. Denken dokumentieren soll:

Wie folgen die Bilder 1, 2, 3, 4?

Eine ähnl. Folge zur Prüfung log. Funktionen ist verbal; z.B. wird für mehrere Wörter nach dem *Oberbegriff* gefragt:

für Straßenbahn, Fahrrad, Taxi.

Eine andere Sorte fragt nach Entsprechungen ähnlich wie: Sommer verhält sich zu Winter, wie warm zu kalt. Einige Fragen lauten:

Schnecke : Motorrad = langsam : . . .;
Halm : Getreidefeld = Baum : . . .;
Erfolg : Übermut = Mißerfolg : . . .;
Quadrat : Würfel = Kreis : . . .

(6) Ferner gibt es zahlreiche Serien, deren Ziel es ist, die Treffsicherheit des Urteils zu ermitteln.

In diesem einfachen Beispiel wird gefragt, welche der abgebildeten Hände eine linke Hand ist.

(7) Unter den nichtverbalen Tests finden sich viele Testaufgaben (Items) für abstrakte Denkleistungen.

In diesem Testbeispiel soll, der vorgegebenen Reihenfolge gemäß, aus den 5 rechten Zeichen das zu den 3 linken als 4. dazugehörige ausgewählt werden (durch Unterstreichen); in der obersten Reihe (Punkt, Doppelpunkt, Strich, ?) also der Doppelstrich.

An den Intelligenztests wurde in den letzten Jahren heftige Kritik geübt, weil sie das Intelligenzmilieu nicht berücksichtigen und daher untere Bevölkerungsschichten benachteiligen. Bei ihrer Verwendung sollte daher stets der *abstrakte* Wert solcher Untersuchungen erkannt und die intellektuelle Motivation für die spätere Intelligenzentwicklung mitbedacht werden. Denn die Intelligenz ist nicht nur eine passive Eigenschaft, sondern eher das aktive Aufnehmen von Problemen.

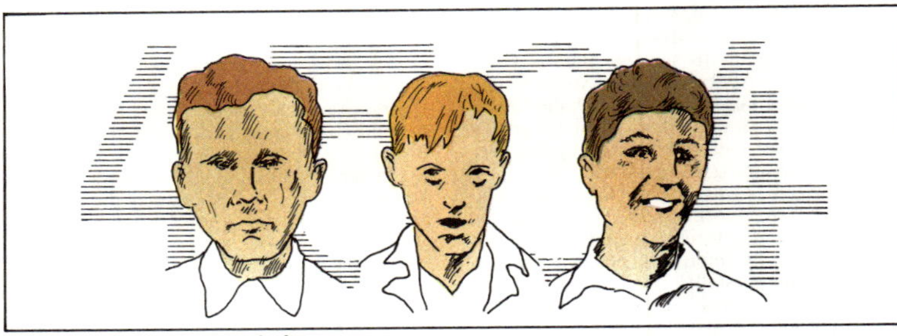

A Persönlichkeitseigenschaften

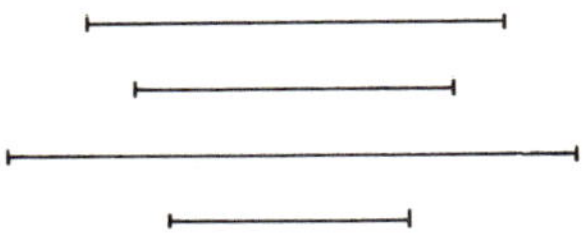

$B_1$ Augenmaßprüfung

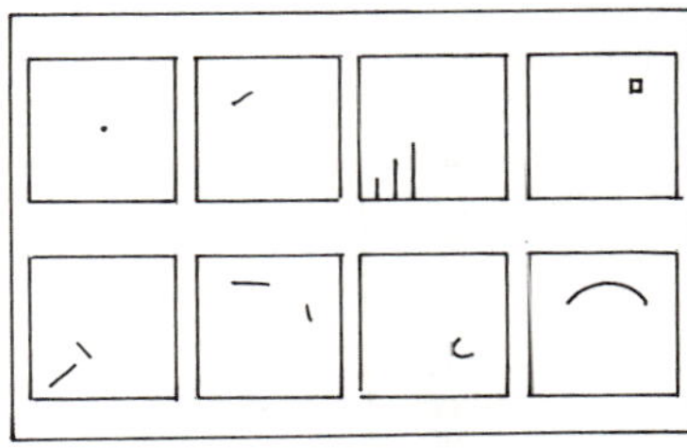

$B_2$ Wartegg-Zeichentest

$B_3$ Gestaltzerfall

$B_4$ Farbtest

$B_5$ Farb-Form-Alternative

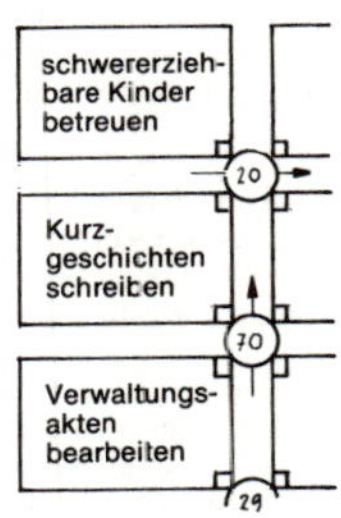


$B_6$ Interessentest

59. Ich glaube, daß ein großes Maß an Freiheit wichtiger ist als gute Manieren und Achtung vor dem Gesetz. (a) stimmt, (b) unsicher, (c) stimmt nicht.

$B_7$ 16-PF-Test

$B_8$ Barron-Welsh Art Scale

B Testbeispiele

Der Begriff **Persönlichkeit** gehört zu den umfangreichsten Begriffen der Ps. überhaupt. Folglich ist er auch einer der am meisten kontrovers diskutierten. Neben mehr oder weniger philosoph. gefärbten Persönlichkeitstheorien gibt es »eigenschaftszentrierte« (deren Interesse mehr einzelnen Eigenschaften gewidmet ist), faktorentheoretisch ermittelten Modellen stehen »implizierte« (unreflektierte), naive, tiefenpsychologisch oder psychophysiologisch ausgerichtete entgegen (vgl. XIII).

Es kommt noch das Problem der Funktion der Messung hinzu. Man kann die Begutachtung für versch. Zwecke benötigen und entsprechende *engbegrenzte* Bereiche bevorzugen oder nur ein *globales* Niveau anstreben.

**A Persönlichkeitseigenschaften**

Zwei berühmte amerikan. Psychologen, G. W. ALLPORT und H. A. ODBERT, stellten ein Lexikon mit 4504 Persönlichkeitseigenschaften zusammen.

Daß diese 3 Jugendlichen (Abb. A) unterschiedlich sind, sieht man auch aus den Skizzen auf den ersten Blick.

Wollte man deren Unterschiede alle aufschlüsseln, käme man bald in ähnl. Tausenderbereiche. Jeder Mensch ist in seinem Eigenschaftsspektrum komplex. Es gibt keine »einfachen« Menschen. Andererseits kann man nicht endlos analysieren. Deshalb werden Mittelwege gesucht:

entweder man kürzt die Zahl der beobachteten Eigenschaftsgruppen,

oder man beläßt es bei der Menge, aber kürzt deren Differenzierungshöhe.

So kam man auf diagnostisch überschaubare Persönlichkeitsmodelle.

Neuerdings, unter dem Eindruck der (elektronisch gestützten) Kybernetik, scheut man sich nicht mehr vor der Komplexität. Diese Modelle basieren auf der Semiotik (s. S. 245) und ihren taxonom. Blockschaltbildern. Allerdings werden dadurch auch die diagnost. Erfordernisse anspruchsvoller.

**B Testbeispiele**

($B_1$) Mit diesem Test soll das »Augenmaß« geprüft werden; man untersucht lediglich ein *eingegrenztes,* kaum als wesentlich zu bezeichnendes Persönlichkeitsmerkmal.

Man soll für diese Striche zunächst den Mittelpunkt festlegen und sie danach in 3 gleichlange Teile trennen.

($B_2$) Beim **Wartegg-Zeichentest** kann man dagegen nur eine globale Charakterisierung erwarten. Der Proband soll in den 8 Feldern unter Verwendung der Anfangszeichen gegenständl. Bildskizzen verfertigen.

Mit dem 5. Zeichen will man z. B. ermitteln, in welcher Art die konträr gestellten Linien aufgefaßt werden: ob der Pb. sie »durchstößt« (z. B. als Pfeil und Bogen) oder »umgeht« (z. B. als Umrundung wie bei einem Gesicht).

Die folgenden Testbeispiele beziehen sich auf 4 Persönlichkeitsbereiche: Wahrnehmungsapperzeptionen, Interessenstrukturen, soziale Einstellungen, ästhet. Urteile.

($B_3$) Diese Reihe entstammt einer Serie zum **Gestaltzerfall** (F. SANDER). Die 5 Ecken bilden zunächst ein deutlich erkennbares Gesicht. Durch allmähl. Drehung der Ecken gegeneinander zerfällt das Gesichtsbild.

Es zeigen sich individ. Unterschiede bei der gegenläufigen (von rechts nach links) Einblendung: manche Pbn. bauen schneller Deutungsprofile auf als andere.

($B_4$) Eine Kontrolltafel (verkleinert) für **Farbenblindheit.**

($B_5$) Tests zur **Farb-Form-Alternative** gibt es in vielfältiger Gestaltung.

Das Beispiel eignet sich für die kurzfristige Diaprojektion. Von Farbsehern spricht man, wenn Farben zu Farben, von Formsehern, wenn Formen zu Formen zugeordnet werden.

Im Laufe der Kindentwicklung nimmt das *Formsehen* gegenüber dem vorher dominierenden *Farbsehen* zu. Man nimmt an, daß die Bevorzugungen konstitutionstypologisch unterschiedlich sind und Formseher eher introvertiert, Farbseher extravertiert sind.

($B_6$) Die Interessen bestimmen eine Person entscheidend. Entsprechend gibt es unter den Persönlichkeitstests eine größere Anzahl von **Interessentests** (u. a. CLEETON, MITTENECKER u. TOMAN, TODT, BENGE). Viele von ihnen beziehen sich auf die Berufsinteressen, die für die Berufsberatung von Wichtigkeit sind.

Das Beispiel zeigt (gekürzt) einen Ausschnitt aus dem Berufs-Interessen-Test (BIT) von M. IRLE, der jeweils zu einem Vergleich von 4 Alternativen auffordert.

($B_7$) Einer der bekanntesten verbalen Persönlichkeitstests ist der **Sixteen Personality Factor Test** (16 PF) von R. B. CATTELL, der bes. auch *soziale* Eigenschaften mißt.

Das Beispiel gibt die Frage 59 (von 187) der Form A wieder, die sich auf die Dominanz bezieht.

($B_8$) Seltener werden Tests zu *ästhetischen* Urteilen eingesetzt.

Das Beispiel stammt aus einer Serie der Barron-Welsh Art Scale, durch die Präferenzen für ästhet. Gebilde ermittelt werden sollen.

A Lückentest

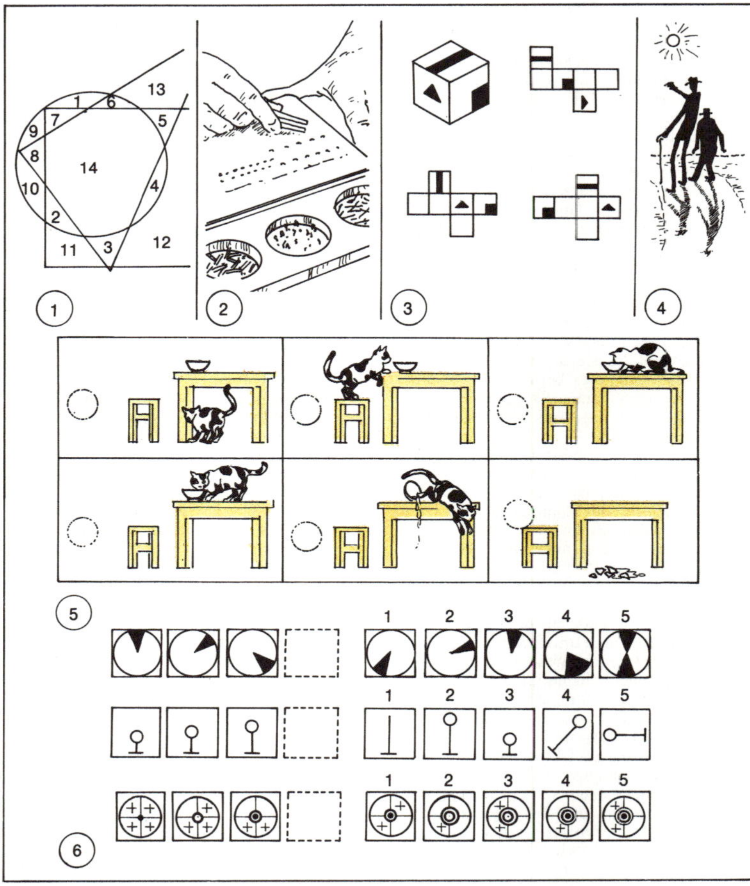


B Testbeispiele

Die umfangreichste Gruppe der Tests überhaupt sind die **Schultests.** Das hat histor. Gründe. Zur Auslese der Schüler für versch. Schulgattungen benötigte man immer wieder neue, noch nicht bekannte Verfahren; ferner war die Pädagog. Ps. schon frühzeitig ein stark vertretenes Fach an den Hochschulen, deren Vertreter sich sehr oft für die experimentelle Schülerauswahl interessierten.

Später kamen in vielen Ländern Ausleseverfahren für den Zugang zu den Hochschulen hinzu, wie z. B. der SAT (Scholastic Aptitude Test) in den USA.

**A Lückentest**

Im Jahre 1895 fragte die Stadtverwaltung von Breslau den dortigen Ordinarius für Ps., HERMANN EBBINGHAUS (1850–1909), nach seiner Meinung über die Beschwerden besorgter Eltern, ihre Kinder würden durch den Nachmittagsunterricht überfordert, und dieser brächte daher nichts an Lerngewinn ein. EBBINGHAUS wollte diese Frage experimentell klären und erfand dafür den »Lücken-Test«:

»Den Schülern werden ihrer Fassungskraft angemessene Prosatexte vorgelegt, die in der mannigfaltigsten Weise durch kleine Auslassungen unvollständig gemacht sind. Bald sind einzelne Silben fortgelassen, und zwar sowohl am Anfang als auch am Ende, wie auch in der Mitte eines Wortes, bald Teile von Silben, bald ganze Worte.«

Die Kinder mußten nun die Texte (er entnahm sie ›Gullivers Reisen zu den Zwergen und Riesen‹ von JONATHAN SWIFT) sinngemäß ergänzen. Im Vergleich zwischen den Vormittags- und Nachmittagsleistungen konnte er genauere Hinweise erlangen, ob diese Zusatzbelastung den Kindern nützlich oder schädlich war. EBBINGHAUS wurde damit zum Schöpfer des ersten Schultests.

**B Testbeispiele**

(1) ALFRED BINET (1857–1911) und THEODORE SIMON (1873–1961) erhielten Ende des 19. Jh. vom französ. Unterrichtsministerium den Auftrag, Unterscheidungsverfahren zwischen »normalen« und »hilfsschulbedürftigen« Kindern zu entwickeln. Im Jahre 1905 legten sie erstmals ihr Staffelsystem zur Prüfung der alterstyp. Intelligenz vom 3. bis 15. Lebensjahr vor. In den revidierten Ausgaben von 1908 und 1911 reduzierten sie die Fragen je nach Altersstufe auf 4–6 Fragen. Dieses später **»Binetarium«** genannte System wurde in versch. Ländern abgewandelt (in den USA als Stanford-Binet-IQ-Test, in Deutschland als Binet-Simon-Bobertag) und dient bis heute zur Schulauslese.

Im Beispiel (für höhere Jahrgänge) steht z. B. die 13 nur im Dreieck; gefragt wird: wo steht 3, 4, 5? (Ausgabe Bobertag).

(2) In ähnl. Testsystemen wird die Reife der **Handgeschicklichkeit** untersucht, z. B.:

Steckbrett mit 3 Steckgrößen.

(3) Aus dem Stanford-Binet stammt dieser Testteil zur **Raumwahrnehmung.**

Gefragt ist der zum Modell links oben passende aufgeklappte Würfel (= rechts unten).

(4) Durch die große Anregung des Binetariums ist es verständlich, daß bes. die französ. Ps. der 20er und 30er Jahre eine Vielzahl an Tests für den **Schulgebrauch** entwickelt hat. Dieses und das folgende Testbeispiel stammen aus dem Test »P. V.« des Mitherausgebers des Binet-Systems, THEODORE SIMON.

In einer Reihe von Situationen wie dieser soll von den Jugendlichen die »Unmöglichkeit« herausgefunden werden (andere sind z. B.: eine Frau mit 2 linken Händen; NAPOLEON, der mit BLÜCHER telefoniert; ein Mann betätigt einen Siphon, dessen Einsatzrohr nicht bis zur Flüssigkeit herunterreicht).

(5) In diesen **Bildgeschichtenreihen** steckt eine log. Abfolge:

das Kind soll sie entdecken und durch den Eintrag der Ziffernfolge wiedergeben (Abb.: richtige Reihenfolge).

(6) Auf wesentl. höherem, abstrakterem Niveau ist dieser amerikan. »kulturfreie« Test **IPAT** (Institute for Personality and Ability Testing) von R. B. und A. K. S. CATTELL.

Nach dem Vorbild der oberen Reihe soll für das schraffierte freie Quadrat aus der rechtsstehenden Reihe das passende *Modell* ausgesucht werden (im Vorbild die Nr. 1). Die Abb. gibt zwei Items aus Test 1, das 1. und das 12. (letzte) Item, wieder.

In den komplizierteren Schultests (u. a. für die Zulassung zu den Numerus-clausus-Fächern) werden Mischungen unterschiedl. Testarten für jeden Prüfungstermin neu zusammengestellt. R. BRICKENKAMP (1975) ordnet die Schultests in 9 Gruppen:

*Einschulungstests:* Auslese der Schulreife (u. a. die Weilburger Testaufgaben für Schulanfänger WTA von H. HETZER).

*Spezielle Schuleignungstests:* bei Verdacht auf spezif. Behinderungen (u. a. Testbatterie für geistig behinderte Kinder von C. BONDY).

*Mehrfächertests:* sollen die Streubreite der Leistungen klären (u. a. Differentieller Wissenstest von E. FÜRNTRATT).

*Lesetests* (u. a. Zürcher Lesetest von M. LINDER u. H. GRISSEMANN).

*Rechtschreibtests* (u. a. Diagnost. Rechtschreibtest von R. MEIS).

*Wortschatztests:* der passive Wortschatz wird abgeschätzt (u. a. Wortschatztest von H. ANGER u. a.).

*Rechentests* (u. a. Mathematiktest von G. A. LIENERT).

*Fremdsprachentests:* Sprachleistung in versch. Sprachen (u. a. Hamburger Englisch-Test von B. FETTWEISS u. a.).

*Sonstige Schulleistungstests:* beziehen sich auf Einzelfächer (u. a. Erdkundetest von H. HORN u. a.).

A Testsituation

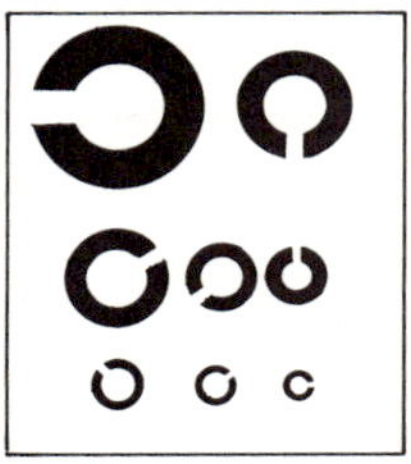

$B_1$ Landolt-Ringe

$B_2$ Tapping

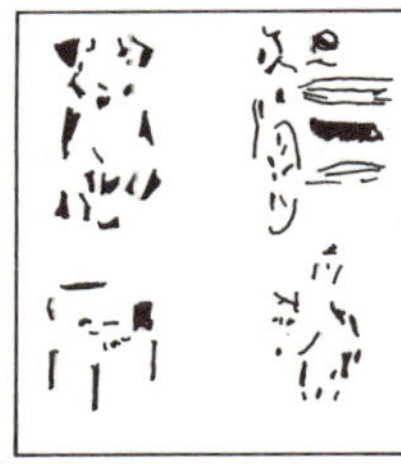

$B_3$ Pemberton-Test

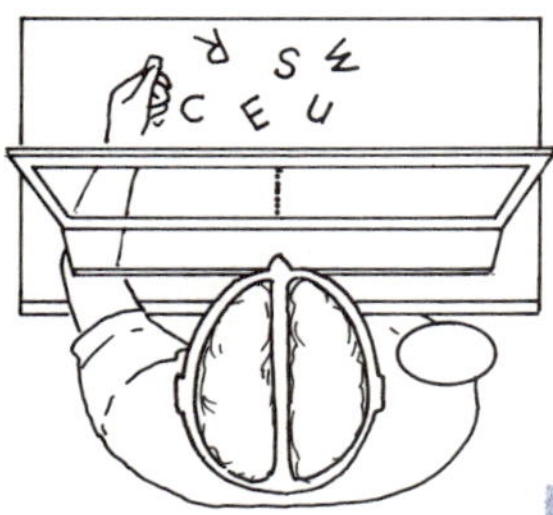


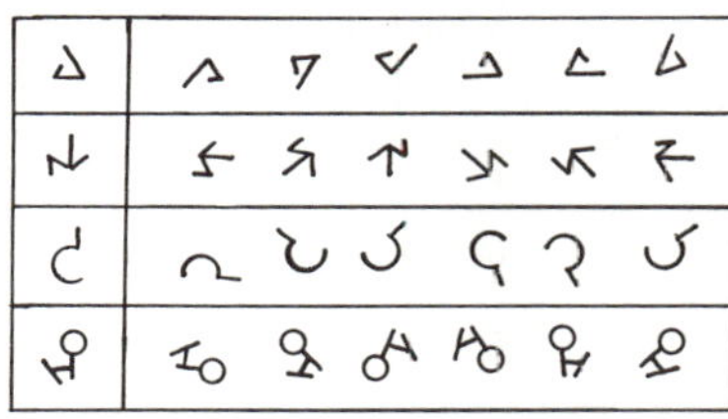

$B_4$ Lateralität

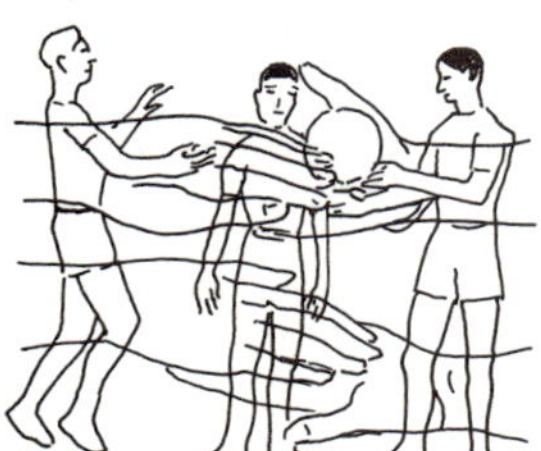

$B_5$ Selektionstest

$B_6$ Szondi-Test

B Testbeispiele

Die Anfänge der Klin. Ps. (Kap. XX) lagen in Frankreich. Hier auch nutzte J. É. D. ESQUIROL 1838 erstmals sprachl. Aufgaben, um geistige Behinderungen frühzeitig zu identifizieren. Erst gegen Ende des 19. Jh. (GALTON, KRAEPELIN u. a.) zogen andere Länder nach. Die **Klinische Psychodiagnostik** ist heute eine umfangreiche und in den meisten Psychotherapien fest verankerte Disziplin.

**A Testsituation**

Die klin. Testsituation ist problematischer als die anderer Untergruppen. Im allg. gleicht die Testsituation einer *Prüfungssituation,* bei der möglichst neutrale, unpersönl. Beziehungen zwischen Proband und Testleiter bestehen sollen, um die Prüfungsergebnisse nicht unkontrolliert zu beeinflussen. In der Klin. Ps. dagegen ist die Diagnostik bereits ein Teil der Therapie. Folglich kann der Klin. Psychologe seine Therapeutenrolle als Diagnostiker nicht völlig verlassen. Erfordert die Therapieschule ein starkes Eingehen auf den Klienten, so muß der Therapeut im Diagnostikabschnitt darauf Rücksicht nehmen, was u. U. einen generellen Testfehler einschließt. Die therapiebezogenen Testergebnisse können somit nicht unbedingt mit den Ergebnissen aus der Begutachtung für andere Zwecke verglichen werden.

Eine zweite Besonderheit sind die Testziele. Die Persönlichkeitseigenschaften, nach denen in der Regel gefragt wird, sind im Falle der Klin. Psychodiagnostik die »Psych. Störungen«. Ihre Definierbarkeit wird durch fächer- (Psychiatrie, Psychologie, Sozialwissenschaften) und schulübergreifende (Psychoanalyse, Verhaltenstherapie, Gesprächspsychotherapie usw.) Störungsauffassungen behindert.

Eine dritte Besonderheit dieses Bereichs sind die unterschiedl. Skalierungen. Die Maßstäbe für die geistige Behinderung gelten nicht für die Angstzustände, für die aggressiven Verhaltensstörungen oder für die Depressionshaltungen. Die Klin. Ps. besitzt bereits eine große Zahl spez. Tests für Einzelstörungen, zumeist in Fragebogenform (s. S. 355), die untereinander nicht austauschbar sind. Allgemeine Störungstests sind seltener bzw. stark umstritten.

**B Testbeispiele**

Wegen dieser äußerst aufgesplitterten Situation der Klin. Psychodiagnostik repräsentieren die angeführten Beispiele weniger das Gesamtgebiet, sondern vertreten nur den jeweiligen Implikationsrahmen.

($B_1$) Zu den *Sinnesleistungen* (Sehen, Hören, Riechen, Schmecken, Tasten) sowie ihren Anschauungsformen (Raum- und Zeitauffassung, Bewußtseinsstufen) gehören umfangreiche Testgebiete.

International am gebräuchlichsten für Sehtests sind die Landolt-Ringe, deren Öffnungsrichtung erkannt werden muß (sie sind in ihrer Größenabstufung gleichförmiger als die Buchstaben oder Zahlen mit ihren versch. Formen).

($B_2$) Die *motor. Leistung* kann durch das **Tapping** (Knox Cube Test) gemessen werden:

Mit einem weichen Bleistift sollen je 6 Sekunden lang mit der linken und der rechten Hand, so schnell wie irgend möglich, Pünktchen nebeneinandergesetzt werden. Zusammengezählt 83 (männl.) oder 85 (weibl.) Pünktchen ergeben eine mittlere Beweglichkeit (Spitze: 102 männl., 110 weibl.; 10%-Tiefpunkt: 73 männl., 71 weibl.).

($B_3$) Unvollständige Zeichnungen sind eine beliebte Form, um die Trägheit der **Auffassungsfähigkeit,** die sich aus vielen psych. Störungen ergibt, abzuklären (PEMBERTON).

($B_4$) Durch die Forschungen von R. W. SPERRY ist die **Hemisphärendominanz** (Lateralität) der Informationsverarbeitung in die Klin. Diagnostik aufgenommen worden.

Bei 95% der Rechts- und 60% der Linkshänder ist die gegenüberliegende Hirnhälfte u. a. für die Sprache vs. (versus) Raumvorstellung; log.-assoziatives vs. intuitiv-ganzheitl. Denken dominant; beim Beidhänder (Ambidexter) und Pseudorechtshänder (auf rechts umgelernter Linkshänder) ist das Verhältnis noch komplizierter. Die Folge ist eine funktionelle Asymmetrie oder Lateralitätsschwäche (PERRET).

Beim entsprechenden Versuch sollen die Figuren im rechten Zeilenteil unterstrichen werden, die richtig gedreht (statt spiegelverkehrt) auftauchen.

($B_5$) Im **Selektionstest** (NEISSER, BECKLEN) wird die Fähigkeit geprüft, Simultanbilder für sich herausheben zu können. Die Selektionsstörung gilt als altersbedingt, ähnlich wie man im Alter im Stimmengewirr einer Party die Einzelrede nicht mehr so leicht versteht (»Partytaubheit«).

($B_6$) Einer der wenigen Tests, die zwischen den psych. Störungen unterscheiden wollen, ist der umstrittene **Szondi-Test.**

Man soll dabei aus einer Serie von 6 mal 8 Abbildungen von früheren psychiatr. Patienten jeweils die 2 sympathischsten und 2 unsympathischsten auswählen. Es soll damit eine Auslese nach Sadismus, Masochismus, Katatonie, Paranoia usw. mögl. sein.

Der Test hat sehr unterschiedl. Erfolgsnachweise erbracht. Mehrfache Abwandlungen (u. a. von L. LASZLO) zeugen von der Unausgereiftheit der klin. Globaltests.

Die klinischen Tests werden heute nicht mehr nur anamnestisch (als Eingangsuntersuchung) verwendet. In rekursiven Modellen (SCHIEPEK, 1986) sind sie therapiebegleitend. Die Therapie kann dadurch den jeweiligen Erfordernissen angepaßt werden:

»Diagnostik, Therapieplanung und Therapiedurchführung sind Glieder eines Regelkreises, der stetig durchlaufen wird.« (SCHULTE, 1982).

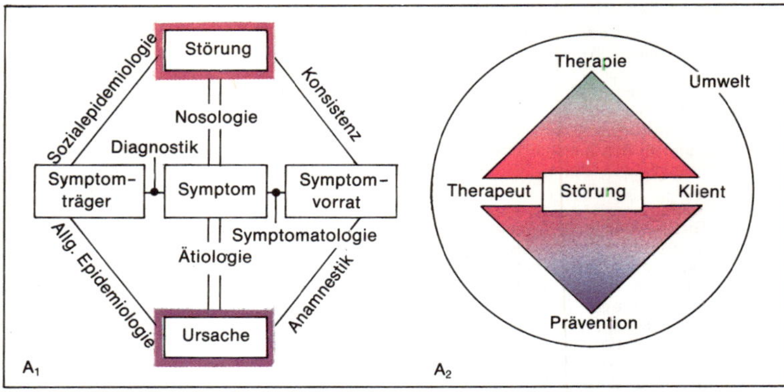


A Systeme der Klinischen Psychologie

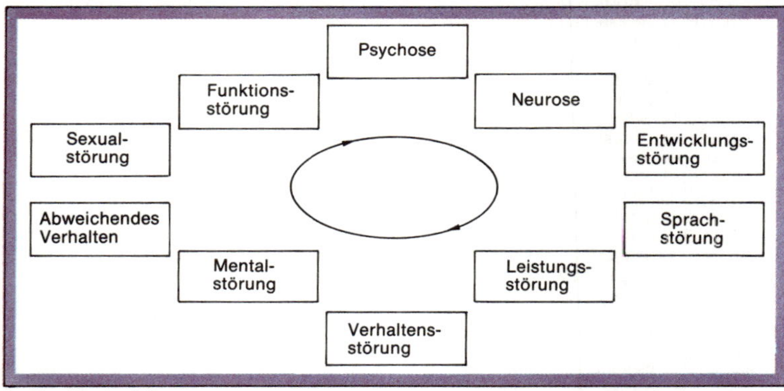


B Psychische Störungen

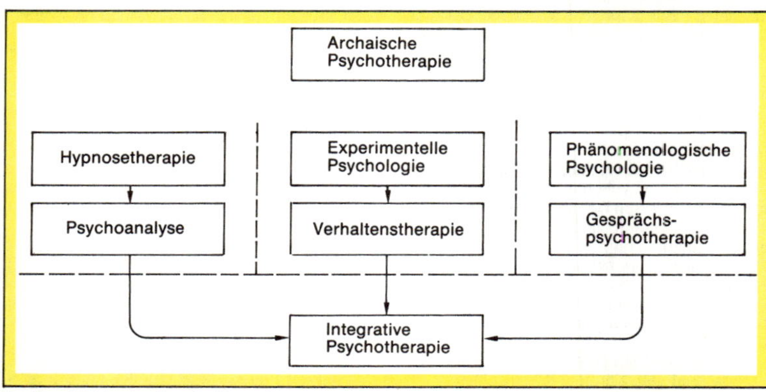


C Geschichte der Psychotherapie

Die **Klinische Psychologie** hat ihren Namen aus der amerikan. Ps., wo die Psychotherapie stärker an die ps. *Kliniken* gebunden war. LIGHTNER WITMER, ein Schüler von WILHELM WUNDT, dem Begründer des 1. Ps. Instituts in Leipzig, eröffnete nach seiner Rückkehr nach Philadelphia in den USA zu Beginn des 20. Jh. die 1. Ps. Klinik und gründete 1907 die Zeitschrift ›Psychological Clinic‹. Von hier aus konnte sich die Bezeichnung Klin. Ps. weltweit durchsetzen, obgleich sehr viele Klin. Psychologen nicht in Kliniken arbeiten.

**A Systeme der Klinischen Psychologie**

Durch die Tatsache, daß heute die meisten berufstätigen Psychologen auf dem Gebiet der Klin. Ps. arbeiten (ca. 42%), hat sich die »Angewandte Klin. Ps.« als Themengebiet in den letzten Jahrzehnten extrem ausgeweitet. Der gegenwärtige Stand erlaubt es, die *funktionellen Konzepte* und die *Themenbereiche* systematisch zu ordnen.

($A_1$) Dieses kybernet. Modell baut auf dem mittleren Blockbalken *Störung – Symptom – Ursache* auf. Jede therapeut. Richtung muß sich mit den Fragen auseinandersetzen:

Was ist »Störung«, wie entsteht sie, welche Ursachen hat sie?

Die Symptome (Störungsmerkmale) haben einen »Symptomträger« (Patient, Klient, Ratsuchender usw.), und sie gehören zu einem »Symptomvorrat« (maximale Ansammlung von Störungsmerkmalen, s. B). Dadurch ergeben sich 8 Verbindungsstrecken, die mit 8 wissenschaftl. Aufgaben korrespondieren:

**Nosologie** (Beschreibungslehre der Störungen),
**Symptomatologie** (Merkmalscharakteristik der Störungen),
**Ätiologie** (Ursachenforschung und -lehre),
**Diagnostik** (Erkennen der individ. Störung),
**Konsistenz** (Festigkeit bzw. Beeinflußbarkeit der Störung),
**Anamnestik** (Erfassung der Ursachenbeziehung),
**allg. Epidemiologie** (Verbreitung psych. Störungen),
**Sozialepidemiologie** (Störungsverhältnis von Klient und Umwelt).

($A_2$) Um die Zentralstelle *psych. Störung* gruppieren sich die personalist. Funktionsanteile der Klin. Ps.

Die *Therapie* umschließt die Intervention (Summe der mögl. Eingriffe) durch den *Therapeuten* gegenüber dem *Klienten*.

Diesem Dreieck steht ein anderes gegenüber, das an der Stelle der Therapie die *Prävention* (Vorbeugung vor psych. Störungen) aufweist.

Umschlossen wird dieses persönl. Verhältnis der an der Intervention Mitwirkenden durch ihre jeweilige und gemeinsame *Umwelt* mit ihrem Einfluß auf das Therapie-Präventions-Geschehen.

**B Psychische Störungen**

Eines der schwierigsten Probleme der Klin. Ps. ist die *Einordnung* der psych. Störungen. Grundsätzlich ist jede psych. Leistung mehrfach störbar. So ergibt sich eine unendl. Fülle an Störungen mit mannigfaltigen Symptomen und Syndromen (Symptomeinheiten). Die Störungsbezeichnungen haben sich z. T. über mehrere Jahrtausende entwickelt, andere sind neueren Datums. Es ist daher nicht verwunderlich, daß sie sich nicht ohne weiteres in ein System einfügen.

In der Sammeldarstellung sind die wichtigsten (sich gegenseitig überlappenden) Störbezeichnungen vereinigt, die im einzelnen in den entsprechenden Kapiteln (z. B. Persönlichkeitsstörungen im Kap. XIII) behandelt werden.

Eine große Frage ist dabei, inwiefern die Störungen veränderungsfähig sind.

**C Geschichte der Psychotherapie**

A. A. ROBACK verweist in seiner ›Weltgeschichte der Ps. und Psychiatrie‹ (1970) auf die »Höhlentherapeuten« der Steinzeit, die ein Loch in die Schädeldecke schlugen, damit

»die bösen Geister den Patienten verließen; doch die ungeahnte Nebenwirkung war ein Nachlassen des Drucks im Kopf durch die Verringerung von Gewebe und Flüssigkeit«.

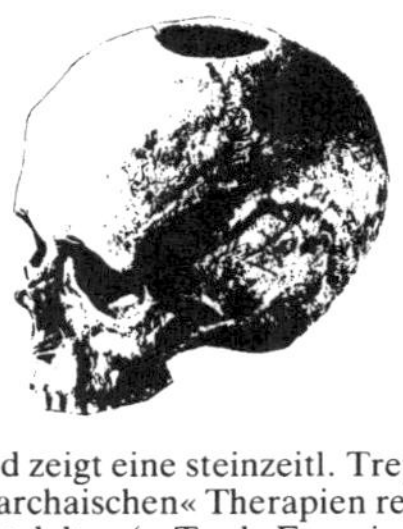

Dieses Bild zeigt eine steinzeitl. Trepanation. Manche »archaischen« Therapien reichten bis in das Mittelalter (z. T. als Exorzismus bis in die Gegenwart).

Systematisch wurde zuerst die *Hypnose* (s. S. 393) zu Beginn der Neuzeit verwendet, aus deren Absetzung sich die Psychoanalyse entwickelte. Aus der *Experimentellen Ps.* entstammt die Verhaltenstherapie und aus der *Phänomenolog. Ps.* (s. S. 45) entwickelte sich u. a. die Gesprächspsychotherapie. Gegenwärtig bestehen etwa 140 namhafte ps. Therapien (KRECH u. CRUTCHFIELD, Bd. 8, 1985).

Gerade diese Fülle zwingt die Klin. Ps. zu einer »integrativen Psychotherapie«, die allmählich im Entstehen begriffen ist. Sie wird wohl kaum die vorherigen therapeut. Schulen ablösen, sondern eher einen Rahmen für die persönl. Unterschiede im Therapiehandeln der einzelnen Psychotherapeuten bilden. In den folgenden Abschnitten werden die wichtigsten speziellen Psychotherapien behandelt.

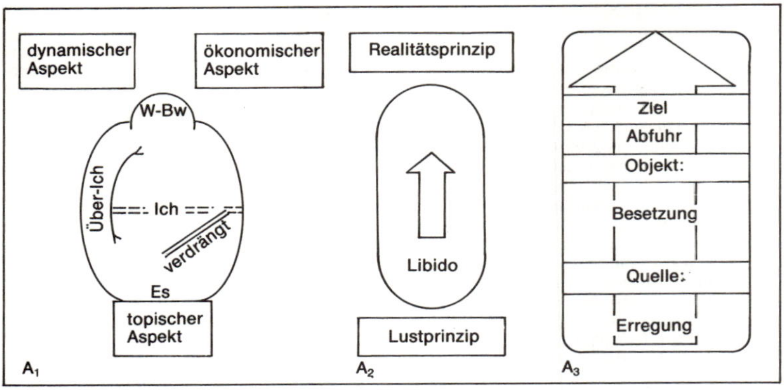


A Metapsychologie

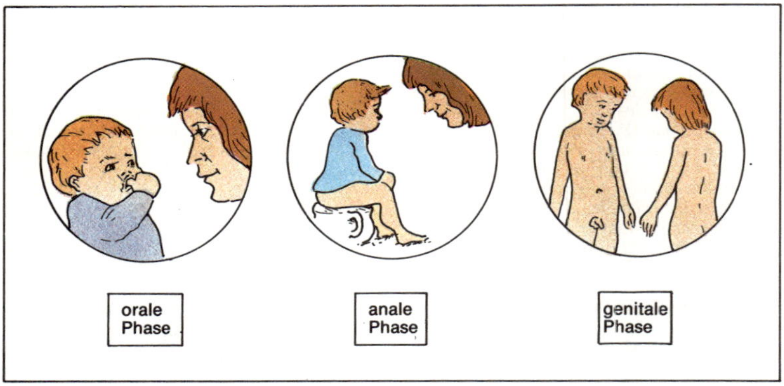


B Organisation der Libido

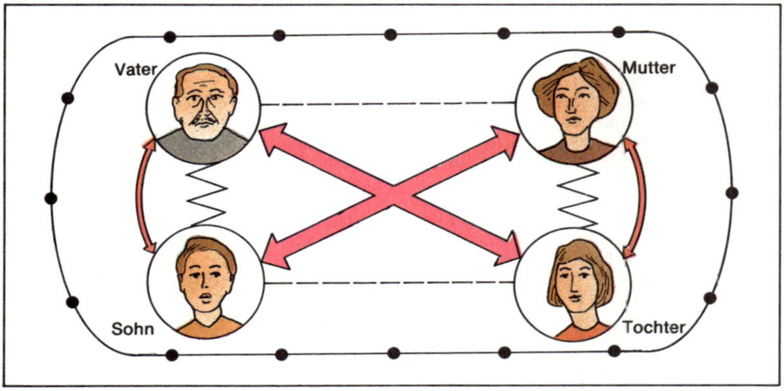


C Ödipuskomplex

SIGMUND FREUD (1856–1939) erarbeitete die **»Psychoanalyse«** im Laufe seines langen Lebens. Dadurch entstand eine Vielschichtigkeit, die einer einheitl. Betrachtung entgegensteht. Man kann aber wesentl. Teile herausheben, die auch heute noch die »orthodoxe« Psychoanalyse kennzeichnen. Da dieses Werk aus der persönl. Erfahrung FREUDS entstand, war die Chance gering, daß es seinen Schöpfer unversehrt würde überstehen können.

Die heutige Psa. ist immer auch eine *Abwandlung* der FREUDschen Psa. (wenn sie nicht als »Neoanalyse«, s. S. 377, überhaupt neue Wege geht). Wie kaum eine andere Therapie geriet sie frühzeitig in den öffentl. Meinungsstreit, nicht zuletzt wegen ihrer Abkehr von der Macht des Geistes und der offenen Beschäftigung mit der Sexualität, bes. auch mit deren kindl. Vorform.

**A Metapsychologie**

»Wenn ich die himml. Mächte nicht bezwingen kann, dann will ich die Unterwelt in Bewegung setzen.«

Diesen Vers aus der ›Äneis‹ des VERGIL setzte FREUD auf sein erstes Hauptbuch, die ›Traumdeutung‹, als Motto. Da er seine klin. Erfahrungen nicht durch seine zeitgenöss. Bewußtseinsps. zu erläutern vermochte, schuf er sich selbst eine Ps. dieser »Unterwelt«, die den Namen »Tiefenpsychologie« erhielt.

($A_1$) Wichtigste Aufgabe war die Erstellung eines neuen Menschenmodells, das er 1932 ähnlich wie in dieser Skizze darstellte. Der *dynam. Aspekt* kennzeichnet den Konflikt widerstreitender Seelenkräfte, der *ökonom. Aspekt* die Energieumsetzung dieser Teile und der *top. Aspekt* ihre innere Ordnung (Instanzenmodell):

Das »Ich« (unbewußt-bewußtes Selbst), das »Über-Ich« (»Träger des Ich-Ideals«; internalisiertes »Aufsichtsorgan«), das »Es« (Triebpol).

($A_2$) Dieser Triebpol wird in erster Linie als »Libido«, als energet. Gesamtbegriff für die phys. und psych. Sexualität angesehen.

Das Es reagiert nach dem *Lustprinzip,* während die Ichtriebe (die FREUD mehrfach geändert interpretierte) dem *Realitätsprinzip,* d. h. der von der Umwelt geforderten Anpassung, gehorchen.

($A_3$) Die Libido ist eine *Quelle* der somat. Erregung; das *Ziel* ist die »Abfuhr« dieser Spannungsenergie; ihm dient das *Objekt* als reales oder phantasiertes Mittel (z. B. als »Besetzung« durch eine geliebte Person, aber auch in Gestalt eines Ersatzobjektes).

**B Organisation der Libido**

Die Entwicklung der Libido geschieht nach FREUD nicht erst in der Pubertät. Bereits in frühester Kindheit beginnt der Autoerotismus am eigenen Körper durch »Partialtriebe«. Ihre Quelle wechselt über best. Körperorgane, so daß 3 Hauptphasen je nach der Befriedigungsart (Spannungsabbau) unterschieden werden.

*Orale Phase* (ungefähr das 1. Lbj.). Im Zentrum der Lustsuche steht das Saugen, Im-Mund-Behalten, Schlucken, Betasten; im späteren Teil das Beißen, Ausspucken, Von-sich-Werfen (»Ejektion«), das Verschlingen (»kannibalist.« Phase). Frühe Ängste der oralen Verluste.

*Anale Phase* (ungefähr 2. u. 3. Lbj.). Zunehmender Aktionsradius. Aufbau konstruktiver und destruktiver Tendenzen. Zentrale Lustsuche in den Ausscheidungsprozessen. Ängste der Machtverluste.

*Genitale Phase.* In der frühen genitalen Phase, um das 4. bzw. 5. Lbj. ereignen sich »dunkle Impulse« der beginnenden Geschlechtsdifferenz (s. C, Ödipuskomplex). Die Entdeckung des Genitale als Lustobjekt bildet für FREUD den Dreh- und Angelpunkt der späteren Entwicklung.

**C Ödipuskomplex**

In der Tragödie ›Ödipus rex‹ von SOPHOKLES erschlägt der Sohn unwissentlich seinen Vater und heiratet seine Mutter.

FREUD verwendet den Titel metaphorisch für die frühen genitalen Wünsche. Nach diesem Modell keimen infantile Neigungen des Knaben gegenüber der Mutter *(Ödipuskomplex)* und der Tochter gegenüber dem Vater *(Elektrakomplex;* nicht für FREUD), während gleichzeitig ein »Ausschaltungswunsch« gegenüber dem gleichgeschlechtl. Elternteil entsteht. Allerdings hebt FREUD die letztere »Feindschaft« teilweise wieder auf, indem er eine »ambivalente« Beziehung (Haßliebe) zum gleichgeschlechtlichen Elternteil konstatiert:

Der Knabe »benimmt sich auch gleichzeitig wie ein Mädchen; er zeigt die zärtl., feminine Einstellung zum Vater«.

Spätere Tiefenpsychologen haben dieses Modell ergänzt durch die teilweise »ambivalenten« Beziehungen der *Eltern* (u.a. ERIC BERNE, s. S. 385) und die Rivalität der *Geschwister* untereinander (ALFRED ADLER, s. S. 377).

Für FREUD war die Anerkennung des Ödipuskomplexes als allgemeingültiges Durchgangsstadium jedes Menschen das »Schibboleth« (biblischer Ausdruck für ein absolutes Trennungszeichen) der Psa., »welches die Anhänger der Psychoanalyse von ihren Gegnern trennt«.

Dadurch wird ein »Glaubenssatz«, der wegen seiner *Nichtprüfbarkeit* (die »Ambivalenz« ist nicht verifizierbar) einer wiss. Untersuchung unzugänglich ist, zur schul. Grundlage erhoben.

So unanfechtbar die Tatsache der *Schwierigkeit* der Geschlechtsidentifizierung ist, hat doch dieser Grundsatz als »Ödipuskomplex« zur Ablösung vieler Dissidenten unter den frühen Psychoanalytikern geführt.

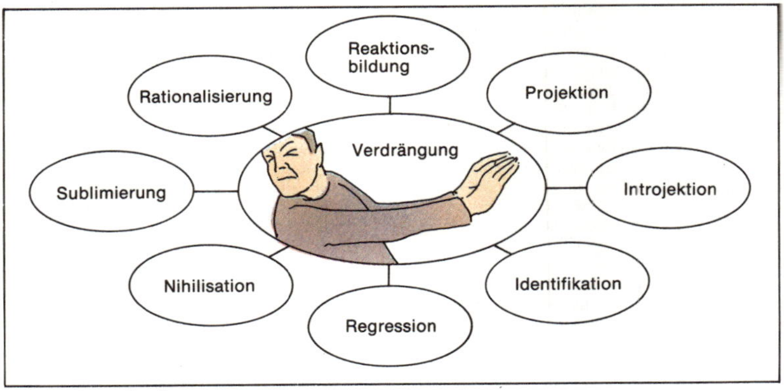


A Abwehrmechanismen

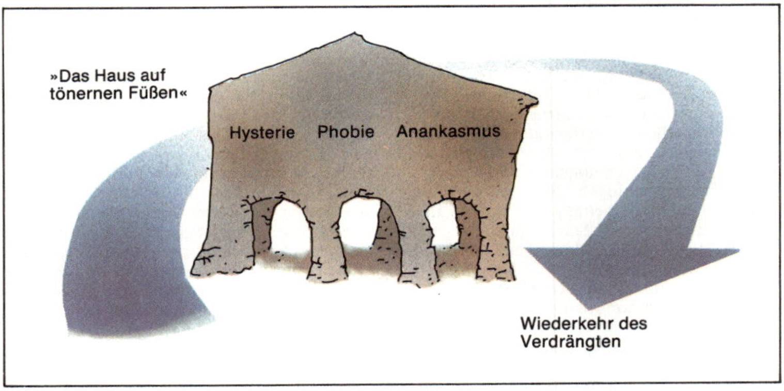


B Neurosenlehre

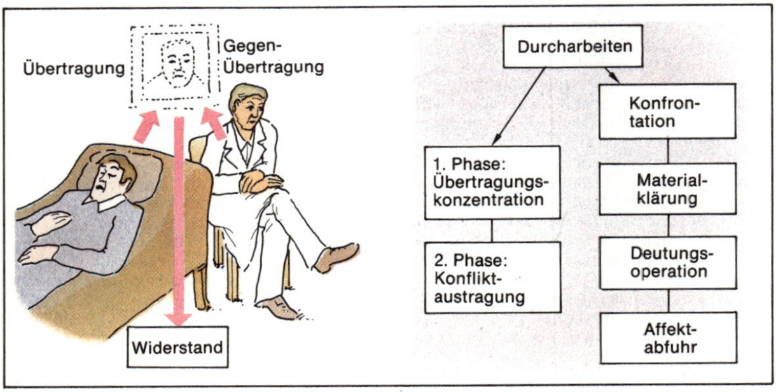


C Analytische Therapie

Die Annahme eines »Unterbewußten« hat eine lange Tradition, die zumindest bis LEIBNIZ zurückgeführt werden kann. Für FREUD ist dieser (zu seiner Frühzeit von der Ps. kaum akzeptierte) psych. Anteil mehr als nur »unter« dem Bewußtsein.

Das »Unbewußte« stellt er sich als eine gesonderte *Einheit* mit einer eigenen »Logik« (u.a. Traumlogik) und dem Menschen selbst unbemerkten Absichten (kenntlich u.a. an den Fehlleistungen) vor.

Diese Auffassung einer *Abtrennung* (Demarkationslinie oder »Zensur«) zum Unbewußten wurde vielfach kritisiert.

**A Abwehrmechanismen**

Nach FREUDS »Metaps.« verarbeitet der Mensch z.B. peinl. Erlebnisse durch »Abarbeitungen«, sie verschwinden durch Vergessen. Das gelingt aber nicht immer. Manche belastenden Erlebnisse müssen aktiv »verdrängt« werden, indem man sie z.B. umdeutet. Das Unbewußte »verkleidet«, wie FREUD in seinen Traumforschungen gesehen hat, die Erlebnisse durch Veränderung, Verschiebung, Dramatisierung, Symbolisierung. Der Traum ist nach ihm eine »verkappte Wunscherfüllung«. In seinen Traumdeutungen versucht er gleichsam die Sprache des Unbewußten im Traum verstehen zu lernen:

hinter dem *manifesten Trauminhalt* die *latenten Traumgedanken* zu entziffern.

Aber nicht nur im Traum, auch in den Tagträumen und schließlich im Wachbewußtsein ist ein großer Anteil unbewußter Mechanismen, wie sie im Traum am Werk sind, enthalten. In diese unerkannten Gefilde der menschl. Ps. vorzudringen, ist das erklärte Ziel der Psa. Dabei stieß man auf eine größere Zahl von *Abwehrmechanismen* um die zentrale Form der **Verdrängung** (d.h. Abdrängung ins Unbewußte und dortige Fixierung als unerkannter Komplex). Der patholog. Verdrängung gliedern sich »normale« Abwehrmechanismen an, von denen (neben weiteren, etwa die Selbstverleugnung, der Starrsinn, die Tatsachenignorierung) die 8 genannten die wichtigsten sind:

Als *Reaktionsbildung* sind sie »permanente Gegenbesetzungen«, d.h. vermeintl. Aufhebungen durch Gegenhandlungen.

Die *Projektionen* legen eigene unbewußte Regungen anderen zur Last.

*Introjektionen* verinnerlichen äußere Bedrohungen zu Konfliktphantasien.

*Identifikation* gibt es in vielen Formen, u.a. als Ich-Anschluß an einen Aggressor, den man nicht überwinden kann.

*Regression* bedeutet einen gesuchten Rückfall in frühe Lebensabschnitte.

*Nihilisation* dient dem vermeintl. Ungeschehenmachen mit Hilfe der Phantasie.

*Sublimierung* verlagert ein anstößiges Verlangen in ein kulturell anerkanntes.

*Rationalisierung* ist eine nachträgl. Umdeutung (Attribuierung) in eine akzeptable Begründung.

**B Neurosenlehre**

In der Neurosenlehre unterscheidet FREUD zwei große Gruppen an Neurosen. Die Aktualneurosen (u.a. Neurasthenie, Depressivität, Angstneurose) haben »reale« Ursachen; hingegen haben die Psychoneurosen (= Abwehrneurosen) einen psych. Mechanismus zur Grundlage. Zu ihnen zählt er u.a. die Hysterie, Phobie, Zwangsneurose (Anankasmus). Letztere stehen im Mittelpunkt des Interesses; in der Psa. wurden sie als »Haus auf tönernen Füßen« bezeichnet. Ihnen liegt ein ungelöster unbewußter Konflikt zugrunde:

ungelöst, weil zutiefst *verdrängt.*

Der Ursprung der Neurose ist also nach der Psa. eine »Wiederkehr des Verdrängten«, allerdings zumeist in verschleierter Form.

Die Waschsucht eines Zwangsneurotikers ist danach die Wiederkehr verdrängter »schmutziger« sexueller Bedürfnisse.

**C Analytische Therapie**

Die ps. »Kur« der Analyse ist eine einseitige Aussprache des Klienten über alles, was ihm im Zusammenhang mit seinen Traumerlebnissen einfällt. Der Therapeut sitzt hinter dem auf der Couch liegenden Patienten und hört »neutral« zu. In der Regel treten 2 wichtige Momente auf.

Der Patient hat »Widerstände« gegenüber seinem Unbewußten zu überwinden und er *überträgt* unbewußt seinen unverarbeiteten Ödipuskomplex auf den Psychoanalytiker.

Unter »Gegenübertragung« versteht man eine Projektion des nichtverarbeiteten ödipalen Urkonfliktes des *Therapeuten* auf den Klienten, die in einer »Lehranalyse« (Selbstanalyse durch einen Lehranalytiker) aufgehoben werden muß.

Die Übertragung der ödipalen Urkonflikte des Patienten auf den Therapeuten wird dagegen nicht als »Fehler«, sondern als *nötiger* Bestandteil der Therapie angesehen. FREUD unterscheidet 2 Phasen:

»In der ersten wird alle Libido von Symptomen her in die Übertragung gedrängt und dort konzentriert: in der zweiten wird der Kampf um dieses neue Objekt durchgeführt und die Libido von ihm freigemacht« (Ges. Werke XI).

GREENSON unterscheidet 4 Abschnitte des »Durcharbeitens«:

*Konfrontation* (z.B. Trauminhalte werden fragwürdig gemacht),

*Materialklärung* (z.B. Zusammenstellung von Traummaterial),

*Deutungsoperation* (sie hielt FREUD für eine »Kunst«) und *Affektabfuhr.*

Zu letzterer schreibt FREUD:

»Die für den guten Ausgang entscheidende Veränderung ist die Ausschaltung der Verdrängung bei diesem erneuten Konflikt.«

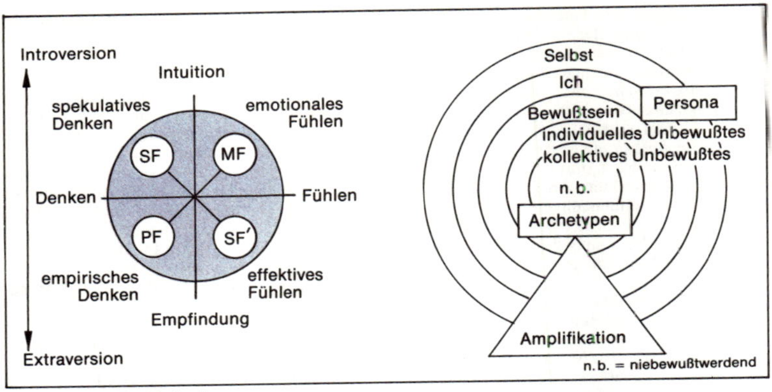


A Komplexe Psychologie

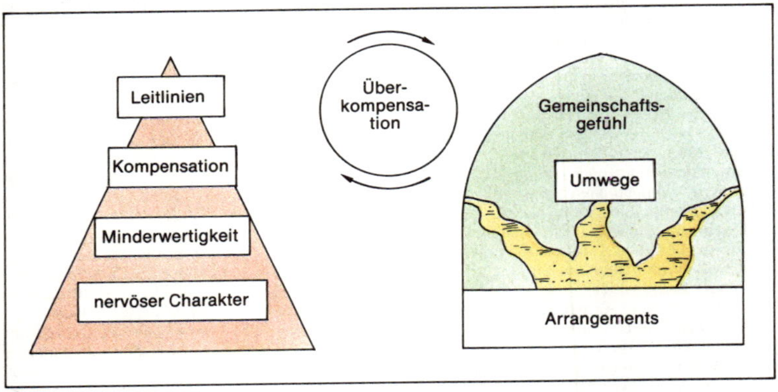


B Individualpsychologie

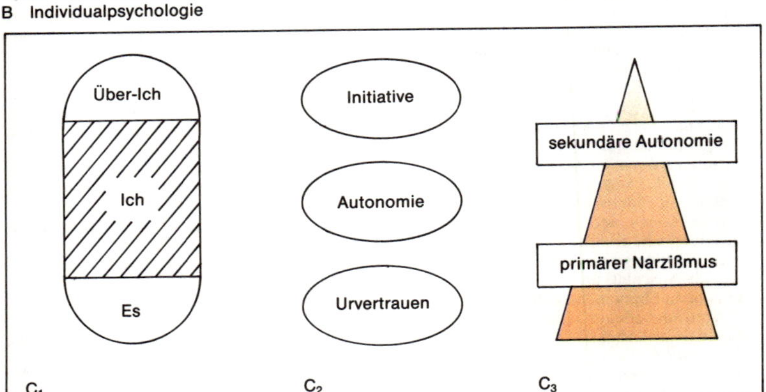


C Ich-Analyse

Die Geschichte der Psa. ist die Geschichte ihrer *Abspaltungen*. Da FREUD persönl. Erfahrungen verwertete, mußten andere aus ihrer Erfahrung eigene Schlüsse ziehen und manche von ihnen neue tiefenps. Richtungen begründen. Bis heute ergibt sich daraus eine verwirrende Vielzahl von tiefenps. Therapien, von denen 3 wesentliche folgen.

**A Komplexe Psychologie**

C. G. JUNG verließ die FREUDsche Richtung bereits 1913. Seine (Analytische oder) Komplexe Ps. gründet auf anderen Vorstellungen des Unbewußten und seiner Wirkungsweisen als die Psa. FREUDS.

JUNG fragte sich, wie FREUD und ADLER zu so gegensätzl. Auffassungen zur Neurose kommen konnten:

»Das kommt wohl daher, daß vermöge ihrer ps. Eigenart die beiden Forscher gerade das an der Neurose am ehesten sehen, was ihrer Eigenart entspricht.«

Er gelangte für beide zu einer typolog. Unterscheidung, die zur bekanntesten Typologie avancierte:

*Introversion* (für FREUD) und
*Extraversion* (für ADLER).

Diesen setzt er 4 Funktionen an die Seite, so daß er zu 8 Funktionstypen gelangt, die wiederum Primärfunktionen (PF), Sekundärfunktionen (SF), minderwertige Funktionen (MF) und nichtgewählte Sekundärfunktionen (SF') bilden können.

Zu diesem komplizierten Persönlichkeitsschema fügt er seine Vorstellung der schichtartig gestaffelten Personenebenen:

»Das Ganze meiner Psyche« als *Selbst,* das »*Ich* als Zentrum des Bewußtseinsfeldes«, das *Bewußtsein,*
den eigenen »Schatten« oder das *persönl.* Unbewußte, das *kollektive* Unbewußte und den *niebewußtwerdenden* Teil des kollektiven Unbewußten.

Dieses »kollektive Unbewußte« ist der »überpersönl. oder unpersönl. Anteil der individuellen Psyche«, und dessen Inhalte sind die »Archetypen« (s. S. 247).

Die Therapie JUNGS wird *Amplifikation* genannt:

Sie ist eine gemeinsame Erarbeitung kollektiver Symbole, um sie in einem »Individuationsprozeß« an die höheren Schichten der Psyche heranzuführen und dadurch einen »Kompromiß zwischen Individuum und Sozietät« sowie einen intensiveren Lebenssinn anzubahnen.

**B Individualpsychologie**

ALFRED ADLER trennte sich 1911 von FREUD und gründete den ›Verein für freie Psa.‹, der später in ›Verein für Individualps.‹ umbenannt wurde, um die einmalige, einzigartige, freie Existenz des einzelnen auszudrücken. Allerdings sah er sie für grundsätzlich gefährdet an:

das Individuum komme »zur Welt«, in der alle anderen stärker sind. Durch seine Schwäche (soziale Abhängigkeit, Organminderwertigkeit usw.) müsse es mühsam seinen Anteil an *sozialer Macht* kompensatorisch erringen.

Komme nun zu einem »nervösen Charakter« ein *Minderwertigkeitsgefühl,* so reiche oft die normale Kompensation nicht aus und werde zur *Überkompensation,* die sich in Arrangements, d. h. »fiktiven Leitlinien« kundgibt.

Die Therapie ADLERS ist eine Psychagogik oder Lehre von den richtigen *Lebensplänen,* die die »Umwege« der Arrangements aufhebt und den Menschen zur »endgültigen Rückkehr in die menschl. Gemeinschaft ohne Phrase«, d. h. zum Gemeinschaftsgefühl, bewegt.

**C Ich-Analyse**

($C_1$) Einer großen Anzahl von Psychoanalytikern mißfiel die schmale Basis, die FREUD dem »Ich« gegenüber dem »Es« und »Über-Ich« zubilligte. Sie stellten diesen Bereich in das Zentrum ihrer Therapie.

Einer der ersten war H. HARTMANN, der von einer »Ich-Psychologie« ausging.

Für KAREN HORNEY ist das Ich auf der Suche nach Sicherheit:

auf etwas hin, gegen etwas oder von etwas fort; und zwar gleichsam im umwelt- und kulturell bedingten *Wettbewerb*. Eine grundsätzliche Trennung zwischen Normalität und Neurose kann sie nicht finden, nur einen graduellen Unterschied.

($C_2$) Mit der Bezeichnung Ich-Analyse wird gegenwärtig v. a. die Ps. ERIK ERIKSONS gleichgesetzt. Er beschäftigte sich bes. mit der »Identitätskrise«, also den Schwierigkeiten des Ichs, zu sich selbst zu kommen. Nach seiner Theorie sind es viele Faktoren, die die Ich-Qualität ausmachen.

Dazu gehören u. a.: das »Urvertrauen«, die Herstellung einer »Autonomie« und die Entwicklung eigenständiger »Initiative«.

($C_3$) Für die sog. Chicagoer Schule und bes. HEINZ KOHUT kommt die *Selbstfindung* über den primären Narzißmus (der urspr. Selbstliebe des Kleinkindes) zustande, die zu einer »sekundären Autonomie« führen soll.

Den Kern der narzißt. Störung und damit die Hauptursache der Neurosen sieht er in der mangelhaften Struktur des Selbst, gleichsam einem defekten Selbst.

Das Ziel dieser Therapie ist die Weiterentwicklung und Umformung der Persönlichkeit, um die aus der »Ichhaftigkeit« (F. KÜNKEL) und dem »narzißt. Selbst hervorgehenden neutralisierenden Kräfte« (H. KOHUT) abzubauen.

Die heutige Entwicklung der Tiefenps. ist gekennzeichnet durch die Verschmelzung mit einem Teil der folgenden Therapien und dem Aufbau von Spezialtherapien (z. B. Familientherapie, Selbstmordprophylaxe).

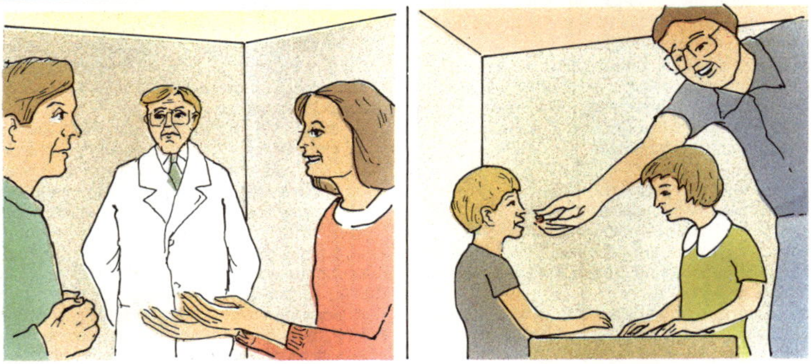

A₁ Modellernen

A₂ Token-economy

A Aneignungsverfahren

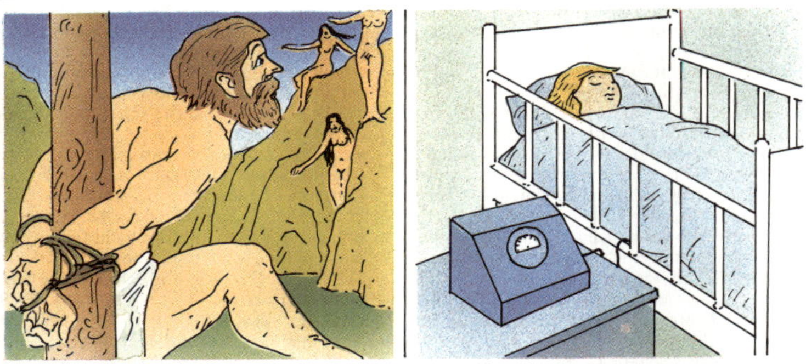

B₁ Vermeidungsverhalten

B₂ Apparative Verhinderung

B Beseitigungsverfahren

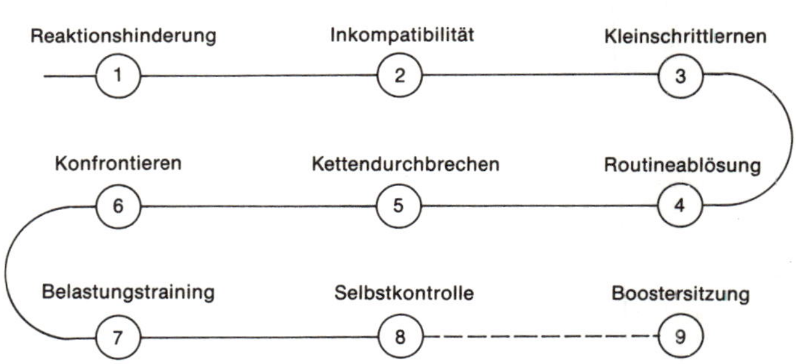


C Verhaltensausformung

Von dem französ. Philosophen PASCAL (1623–1668) stammt der Satz:

»Gewohnheit ist eine zweite Natur, welche die ursprüngliche zerstört.«

Es gibt aber nicht nur *gute,* sondern auch *schlechte* Gewohnheiten. Die **Verhaltenstherapie** (VT) zielt auf beide durch Aneignungs- und Beseitigungsverfahren. Die VT im engeren Sinn begann Anfang der 20er Jahre mit 3 Arbeiten von Schülerinnen des Begründers der Verhaltenstheorie, JOHN BROADUS WATSON (1878–1958).

Sie behandelten Kinder mit Tierphobien durch Konditionierungen (s. Kap. VIII, Lernps.).

Seither ist die VT zu einer der meistverbreiteten ps. Therapierichtungen geworden.

**A Aneignungsverfahren**

Was in der Erziehung seit je galt, daß Verhalten lehr- und lernbar ist, wird in der VT systematisch betrieben. Mit zu den wichtigsten Verfahren gehört das *Modellernen.*

($A_1$) Man kann es partizipierend (die Assistentin, rechts vom Therapeuten, Mitte, führt dem Klienten das einzuübende Verhalten vor), symbolisch (es wird z. B. im Film vorgeführt) oder verdeckt (es wird u. a. in Gedanken vorweggenommen) nachahmen lassen *(shadowing).*

($A_2$) Bei Kindern werden direkte Verstärker (s. S. 145) in Form von Bonbons für wünschenswertes Verhalten verwendet *(token-economy).* Bei Erwachsenen dienen Münzverstärkungssysteme, aber auch Privilegien, dem gleichen Zweck.

Das *prompting* (die vorbildhafte Unterstützung durch den Therapeuten) wird bei Erfolg allmählich ausgeblendet (*fading*).

**B Beseitigungsverfahren**

($B_1$) In HOMERS ›Odyssee‹ läßt sich Odysseus auf Anraten Circes an den Mastbaum festbinden, damit er nicht den lockenden Gesängen der Sirenen nachgeben kann. Seinen Begleitern wurden die Ohren mit Wachs verschmiert.

Dieses drast. Vermeidungsverhalten wird in der VT zwar abgeschwächt, aber erfolgversprechender umgewandelt.

Dem negativen Verhalten, z. B. dem Alkoholmißbrauch, wird dabei ein aversiver Reiz, z. B. ein ekelerregender Geruch, vorgeschaltet.

($B_2$) Mit einem Enuresisapparat wird das Bettnässen unterbunden, indem schon beim geringsten Tropfen Urin ein Weckmechanismus in Gang gebracht wird.

**C Verhaltensausformung**

Unter dem Begriff *»shaping«* (Verhaltensausformung) wird in der amerikan. VT ein zusammenhängendes, aber individuell *variables* Verfahren mit einer Reihe von Schritten verwendet.

Zu Beginn der Behandlung neigt der Klient zur übersteigerten Schilderung seiner Leiden, er schwelgt oft im Selbstmitleid.

(1) Das erklärt der Therapeut für nutzlos und verhindert drastisch diese Lamentation,

z. B. durch Huptöne (*Reaktionshinderung*).

(2) Stattdessen erlernt der Klient ein zum Jammern *inkompatibles* (unvereinbares) automatisiertes Verhalten,

etwa freudvolle Gedanken oder (häufiger) eine Ruhigstellung oder Entspannung.

(3) Das schlechte Verhalten wird nach seinen Symptomen aufgeschlüsselt

und in kleinen Schritten abgestellt (*Kleinschrittlernen*).

(4) Ein wichtiger Teil der *Shaping*-Therapie ist der Ausbruch aus der Routine, die den Menschen in eine Zwangsjacke einschließt und ihn dadurch unfähig für Verhaltensänderungen macht. Er lernt z. B.,

betont langsam Auto zu fahren;
sich nicht irritieren zu lassen, wenn er 2 verschiedenfarbige Schuhe anzieht;
Redegewohnheiten abzuwandeln;
das schon zum Ritual erstarrte morgendl. Aufstehen und Fertigmachen völlig abzuwandeln.

Diese abzuwandelnden Verhaltensänderungen sind der Versuch einer »Abwehr von Bequemlichkeit« (*Routineablösung*).

(5) Das *Kettendurchbrechen (chaining)* setzt die VT systematisch fort. Bei komplizierten Verhaltenskonditionierungen, z. B. dem Suchtverhalten, genügen die einfachen aversiven Deprivationen (Entzugsschritte) oft nicht.

Das Gesamtverhalten wird in einzelne Sequenzen aufgeteilt *(branching)* und diese dann erst nachträglich zu einem neuen Verhaltensprogramm zusammengesetzt.

(6) Im *Konfrontieren* wird Selbstsicherheit, die zu jedem ausgereiften Verhalten gehört, aufzubauen bzw. zu verstärken versucht.

Man übt z. B. einem anderen über längere Zeit Knie an Knie gegenüber zu sitzen und ihm unverwandt ohne Ablenkung in die Augen zu sehen.

(7) Solche Belastungssituationen werden durch spezielle Verfahren (*coping skill training*) gefördert.

Man läßt den Klienten z. B. ihm bes. unangenehme Aufträge, wie das Bettelngehen, ausführen.

(8) Nicht unbedingt nur an den Abschluß stellt man Verfahren zur *Selbstkontrolle.* Diese reichhaltige Gruppe enthält u. a.

Niederschriften des Verhaltens, Gedankenkontrolltechniken (z. B. Gedankenstoppen, Solilogie oder lautes Selbstgespräch), Streßimpfung,

die den Übergang zur *Eigenständigkeit* ohne den Therapeuten einleiten sollen.

(9) Nach best. Zeiten können sog. *Boostersitzungen,* Ergänzungs- oder Wiederholungsstunden nach Beendigung der Therapie, für eine Auffrischung des Gelernten sorgen.

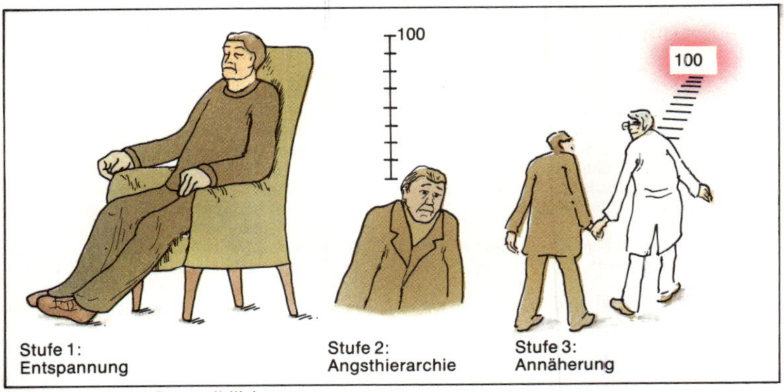


A Systematische Desensibilisierung

B Konfrontationsverfahren

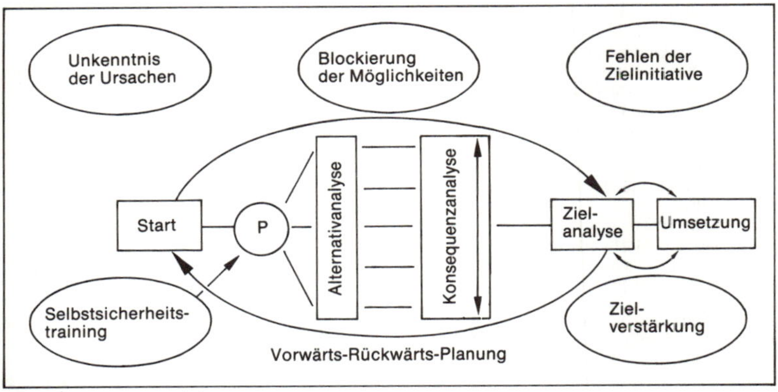


C Problemlösungstraining

Bei der VT wiederholte sich der in allen Therapieschulen zu beobachtende Entwicklungsverlauf. Die den Gründern folgenden Generationen veränderten die Ursprungstherapie oft bis zur Unkenntlichkeit, so daß heute bereits eine »Neo-VT« besteht, für die es keinen einheitl. Namen gibt. Diesen oft nominellen Änderungen stehen einige Standardmethoden gegenüber, die nach wie vor (wenn auch oft in neuem Gewand) weitergepflegt werden.

**A Systematische Desensibilisierung**

Dieses Verfahren stammt von dem südafrikan. Therapeuten JOSEPH WOLPE, der darunter »den schrittweisen Abbau neurot. Angstgewohnheiten« versteht. Das Verfahren geht in 3 Stufen vor.

(1) Die 1. Operation beschäftigt sich noch nicht mit den Symptomen, sondern es wird als *Entspannungstraining* neu eingeübt oder als schon beherrschtes (z. B. autogenes Training, gestufte Aktivhypnose, Meditation) aufgefrischt.

Meist wird zur Grundlage das Entspannungstraining von JACOBSSON verwendet. Man spannt und entspannt dabei ruckhaft die Muskeln und variiert Atem und Sprechapparat so, daß jederzeit auf Kommando eine Ruhigstellung erzeugt werden kann.

(2) Der Klient wird aufgefordert, *Angsthierarchien* aufzustellen.

Er muß also klären, welche Angstbereiche stärker oder schwächer sind, und die gewonnenen Zustandsbeschreibungen in eine Skala von 0 (ohne Angst) bis 100 (maximale Angst) einzuordnen.

(3) Beide vorhergehenden Stufen sind sowohl Problemanalyse wie Therapievorbereitung.

In der eigentl. Therapie vergegenwärtigt sich der Klient im entspannten Zustand kurzfristige (ca. 10 Sekunden) *Vorstellungsinhalte* nach der Angsthierarchie; sobald er sich ängstigt, signalisiert er dies dem Therapeuten, worauf dieser die Entspannungsphase solange ausdehnt, bis er die Beendigung der Angstreaktionen bemerkt.

Die allmähl. Annäherung an die jeweils höher angstauslösenden Situationen kann mit weiteren Verfahren (außer der Entspannung) gekoppelt werden, z. B. mit Rollenspielen und in der Gruppe mit angstfreien Personen.

**B Konfrontationsverfahren**

Diese Gruppe unterscheidet sich von der vorhergehenden hauptsächlich dadurch, daß beim Auftreten einer Angstreaktion der Kontakt nicht abgebrochen, sondern sogar *forciert* (gesteigert) wird, in der Annahme, daß sie dann (unter genauer Beobachtung durch den Therapeuten) spontan aussetzt.

Beim *flooding* (Reizüberflutung) wird jemand mit einer Schlangenphobie im Wechsel mit lebenden Schlangen (*in-vivo-flooding*) und intensiven Vorstellungen von Schlangen (*flooding-in-imagination)* in gezielter Übersteigerung mit den angstauslösenden Tieren konfrontiert.

Es gibt eine größere Anzahl dieser »Roßkuren«, deren Anwendung umstritten ist (u. a. Implosionstherapie von STAMPFL).

**C Problemlösungstraining**

Bereits seit Beginn des 20. Jh. wurden intensive Problemablaufuntersuchungen durchgeführt (DEWEY, ROSS, WALLAS, SELZ, DUNCKER). Seit den 20er Jahren verwendet man Verfahren wie das Brainstorming (gemeinschaftl. Herstellen von Lösungen; OVERSTREET, OSBORN), um Problemlösungen zu fördern. Mit der Einführung der Computer avancierte der Problemablauf zu einem Thema der Planungswissenschaft.

In der VT dient das Problemlösungstraining zum Trainieren von soz. Kompetenz (Zuständigkeit, Lebenskundigkeit). Bei den Verfahren werden einige Stadien unterschieden.

Zwischen *Start* und *Ziel* findet eine Vorwärts-Rückwärts-Planung statt. Zunächst muß das *Problem* (P) analysiert und alle damit zusammenhängenden Schwierigkeiten bekannt gemacht werden. Psychologisch hemmend wirkt sich dabei ein eventl. Mangel an Suchbereitschaft aus. Es folgt eine Aufgliederung (*branching)* auf alle für möglich erkannten *Alternativen,* bei denen sich »Betriebsblindheit« wiederum hemmend auswirken kann.

Bes. schwierig ist die Analyse der *Konsequenzen* der Alternativen und (vor allem) ihre Wechselwirkung (Verflechtung der Vor- und Nachteile).

Die Entscheidung für die »beste« Lösung scheint einfach, aber wie H. A. SIMON nachwies, verfällt man leicht der *erstbesten* Lösung.

Das Problemlösetraining zeigt paradigmatisch die 3 Hauptschwierigkeiten:

Unkenntnis der Ursachen,
Blockierung der Möglichkeiten,
Fehlen einer Zielinitiative.

Auch der beste Vorsatz verhilft noch nicht zum Durchhalten bis zur Erledigung des Vorhabens. Eine Hilfe ist das *Selbstsicherheitstraining.* Die Umsetzung in Handlung geschieht durch ständige Rückkopplung mit der Zielanalyse als Zielverstärkung.

Diese Aufgabenstellung hat man schließlich (unter versch. Namen) zu einer Gruppe von »Selbststeuerungen« ausgebaut. Selbsthilfe ist dabei die fachlich gestützte Förderung der Selbstheilungskräfte. Die Selbstmodifikation oder -regulation geschieht über Selbstbeobachtungstechniken, Selbstverstärkungen und Verfahren der Selbstkontrolle.

Im Ärgerkontrolltraining z. B. werden Ärgerzentren analysiert, ihre kognit. Aufarbeitung organisiert, Aggressionen abgebaut und ein entspanntes Verhältnis zu den vormaligen Ärgerzentren eingeübt.

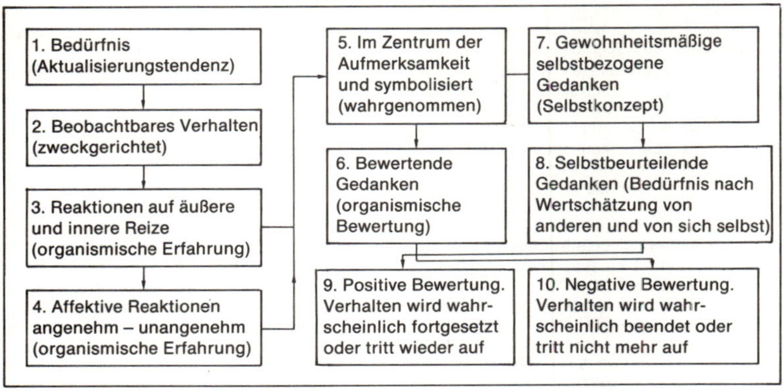


A Persönlichkeitsauffassung

B Therapeutenvariable

Stufen

Funktionen

| | Merkmale | I/II | III/IV/V | VI/VII |
|---|---|---|---|---|
| 1 | Emotion | unausgedrückt | verfügbar | freie Gefühle |
| 2 | Vergegenwärtigung | minimale Bewußtheit | anwachsende Bewußtheit | volle Bewußtheit |
| 3 | Inkongruenz | unbemerkt | erkannt | aufgehoben |
| 4 | Selbstkommunikation | fehlend | anwachsend | volles Selbstbild |
| 5 | Erfahrung | verzerrt | abnehmende Rigidität | autonome Erfahrung |
| 6 | Problemverarbeitung | unverarbeitet | Problembewußtheit | Selbstverantwortung |
| 7 | Personenbeziehung | abgewehrt | beginnendes Vertrauen | freimütige Beziehung |

C Prozeßvariable

Viele psychisch Belastete fühlen sich von allen mißverstanden. Erst wenn ihnen durch andere das wiedergegeben wird, was sie empfinden, fühlen sie sich verstanden. Allmählich sind sie dann auch für eine Veränderung bereit.

CARL R. ROGERS, der Begründer der **Gesprächspsychotherapie** (GT), setzte diese Erfahrung, die er auch von Ideen des Neoanalytikers RANK und aus chines. Quellen übernahm, in eine Psychotherapie um.

Nicht wenig trug eine Sensation zum Erfolg seines 1. Buches ›Counseling and Psychotherapy‹ (1942) bei: es enthielt die vollständige Tonaufzeichnung einer Einzeltherapie.

**A Persönlichkeitsauffassung**

ROGERS (1942):

»Es wird manchmal vergessen, daß die Resultate jeder Art von Psychotherapie von der Annahme abhängen, daß das Individuum, wenn ihm geholfen wird, sich zu reorientieren und seine Einstellungen neu zu organisieren, auch zu einer normaleren und weniger mühsamen Anpassung gelangen und auf sozial anerkannte Weise Befriedigung finden kann.«

Um dieses Ziel zu erreichen, versucht die »non-direktive oder klientenzentrierte Psychotherapie« (wie die GT auch genannt wird), den »organism. Bewertungsprozeß« (d.h. die Prüfung des Organismus gegenüber den Erfahrungen auf ihre Förderlichkeit für die Selbsterhaltung) zu »reorganisieren«.

Das 10-Stufenschema reicht von der *Aktualisierungstendenz* (eine generelle Zielstrebigkeit, sich zu vervollkommnen) über das *Selbstkonzept* (änderbares Muster des Selbst bezüglich der eigenen Vergangenheit, Gegenwart und Zukunft) bis zur *Neubewertung*.

Als Ziel setzt ROGERS die »vollfunktionsfähige Persönlichkeit« (1959), deren wichtigste Merkmale sind

die Offenheit gegenüber Erfahrungen, die Übereinstimmung von Selbstbild und Erfahrung, Wertschätzung des eigenen Selbst, unverzerrte Realitätswahrnehmung und reife, befriedigende soziale Interaktionen.

**B Therapeutenvariable**

Mehr als andere Psychotherapien fordert die GT vom Therapeuten *Zurückhaltung*. Der Grund ist paradox. Dem Therapeuten wird relativ rasch der (nach seiner impliziten Theorie interpretierte) »wahre« Grund der psych. Störung klar. Aber:

»Je genauer und zutreffender die Interpretation, desto größer die Wahrscheinlichkeit, daß der Klient ihr mit Abwehr und Widerstand begegnet.« (ROGERS).

Dieser *Widerstand* gilt für den Psychoanalytiker als Blockade des (ödipalen) Unbewußten und wird in den Mittelpunkt der »Durcharbeitung« gestellt; der Verhaltenstherapeut antwortet ihm mit *Gegenkonditionierung;* der Gesprächspsychotherapeut läßt ihn *ins Leere laufen*. ROGERS zitiert den chines. Philosophen LAO-TSE (6. Jh. v. Chr.):

»Wenn ich vermeide, mich einzumischen, sorgen die Menschen für sich selber; wenn ich vermeide, Anweisungen zu geben, finden die Menschen selbst das rechte Verhalten.«

Allerdings ist dies keine Tatenlosigkeit. Der Therapeut muß 3 »Therapeutenvariable« einhalten.

(1) Er gibt die Äußerungen des Klienten spiegelbildlich zurück. Dadurch erfährt der Klient sich selbst aus dem Mund des Therapeuten und beginnt sich zu korrigieren (*Verbalisierung emotionaler Erlebnisinhalte*). Er fühlt sich verstanden, aber auch zur Veränderung bewogen.

(2) Die nächste Kernvariable ist die *positive Wertschätzung* des Klienten und die *emotionale Wärme* ihm gegenüber. Diese Würdigung verstärkt das Selbstvertrauen und das Vertrauen in die Therapie.

(3) Die *Echtheit* und *Selbstkongruenz* ist die schwierigste Forderung an den Therapeuten. Die Sozialzustände verlangen vielerlei Verstellung, Unwahrheit und Heuchelei. Diese müssen radikal einer Selbstöffnung (*self-disclosure*) weichen, damit vermutete Unechtheiten nicht beim Klienten zu Ungewißheit, Verschlossenheit und dem Entzug aus dem positiven Beziehungsverhältnis führen.

**C Prozeßvariable**

Nach jeder der 6–25 vorgesehenen Therapiesitzungen (ca. 45 min.) klären die Therapiepartner ihre Fort- oder Rückschritte.

Dafür gibt es eine Reihe von *Fragebogen*. Der von TOMLINSON u. HART (1962), überarbeitet von ROGERS, sieht 7 Funktionsbereiche (Zeilen) und 7 Stufen (3 Spalten) vor, in denen sich ein mögl. Fortschritt abzeichnen kann.

Im Rahmen dieses Therapieverlaufs werden 2 hauptsächl. Prozeßvariable angegeben:

*Selbstexploration* (Finden neuer Aspekte seines inneren Erlebens) und

*experiencing* oder Selbsterleben (krit. Selbstreflexion, innere Entfaltung, erweiterte Anwendung).

Die Gesprächspsychotherapie betont, daß die Ergebnisse der Therapie kein Schluß, sondern der Beginn einer zunehmenden *Selbstaktualisierung* oder Selbstverwirklichung sind. ROGERS schreibt dazu (›Rückblick‹, 1976):

»Es war die nach und nach entwickelte und geprüfte Hypothese, daß das Individuum in sich selbst riesige Hilfsquellen für das Sich-selbst-Verstehen, für die Änderung seines Selbstkonzeptes, seiner Einstellungen, und für die Veränderung seines selbstbestimmten Verhaltens hat.«

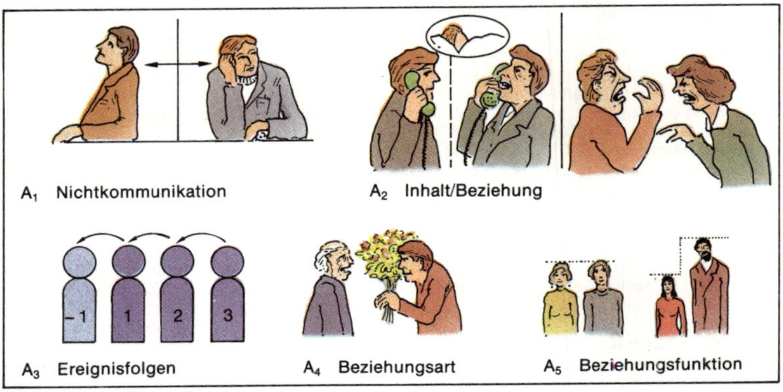


A Kommunikationsstörungen

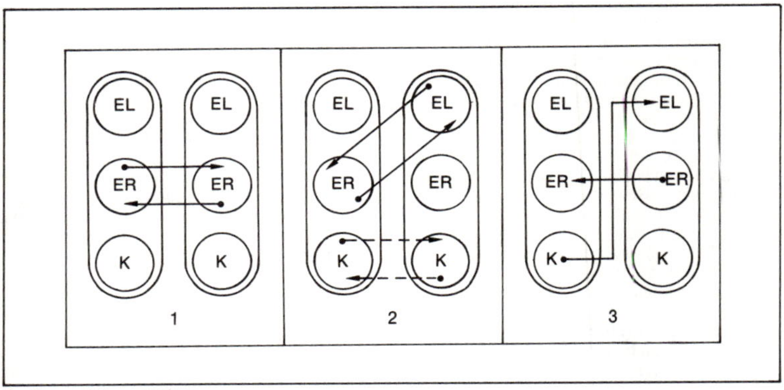


B Transaktionsanalyse

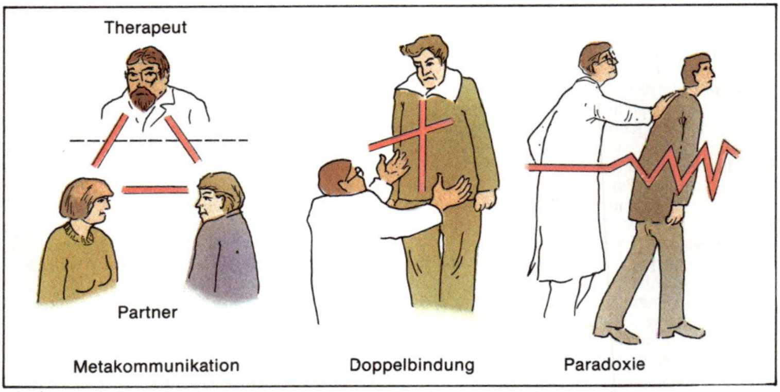


C Therapeutische Kommunikation

Es besteht kein Zweifel, daß viele psych. Störungen durch die Partnerschaft verursacht bzw. verstärkt werden. Es liegt deshalb nahe, daß sich eine Gruppe von Psychotherapien bildete, die die Kommunikationen in der Partnerschaft als Zentrum ihrer Intervention ansehen mußte. Es gibt dabei zwei Theoriegruppen zu unterscheiden.

Die einen untersuchen (formalist.-deskriptiv) die Beziehungsformen *zwischen* den Partnern;
die anderen verfolgen (ganzheitl.-idiographisch) den »Geist« dieser Gemeinschaft, d.h. ihr unverwechselbares Gruppen-Ich, dem sie sofort unterliegen, wenn sie zusammentreffen.

Entsprechend neigen die **Kommunikationstherapien** (KT) in 2 Richtungen.

**A Kommunikationsstörungen**

Watzlawick u.a. ([2]1971) unterscheiden 5 Kommunikationsprinzipien mit entsprechenden Störmöglichkeiten.

($A_1$) Da alle Kommunikation »Kreiskausalitäten« (Beziehungsvernetzungen) unterliege, gäbe es keine *Nicht-Kommunikation:*

»Man kann nicht nichtkommunizieren« (auch das Schweigen oder Wegdrehen besagt etwas).

($A_2$) Jede Kommunikation besitzt eine *Inhalts-* und eine *Beziehungs*ebene. Aus einer Therapie wird eine ehel. Auseinandersetzung berichtet:

Ein Ehemann lud nach telefon. Anfrage einen Freund zur Übernachtung ein. Obgleich die Frau ebenso gehandelt hätte (Inhaltsebene), fühlte sie sich bei dieser Entscheidung übergangen (Beziehungsebene).

Den Partnern war aber nicht klar, daß es bei ihrem Streit nicht um die Einladung (über die sie sich stritten) ging, sondern um ihre Beziehungen.

($A_3$) Bei einem Streit gibt es keinen »Anfang« (wer war es gewesen), weil jeder noch weitere *Vor*-Ursachen finden kann.

($A_4$) Kommunikationen können nach der Computersprache »digital« oder sprachlich (z.B. wörtlich als Kompliment) bzw. »analog« oder nichtsprachl. (z.B. Darbietung eines Geschenks) sein. Aus der Verwechslung können Mißverständnisse entstehen (vgl. XI/1).

($A_5$) Symmetr. Beziehungen sind Gleich-zu-Gleich-Beziehungen, während in Komplementärbeziehungen sich die Partner ergänzen. Störungen ergeben sich aus Wünschen nach der jeweiligen Gegenstruktur.

**B Transaktionsanalyse**

Die Transaktionsanalyse (TA), begründet von Eric Berne, geht von sozialen Wechselbeziehungen aus. In Abwandlung wird das topische Modell von Freud sozial gewendet:

einem *Kindheits-Ich* (K) stehen das *Erwachsenen-Ich* (ER) und ein *Eltern-Ich* (EL) gegenüber.

Jeder besitzt also 3 Ichs: man kann kindlich, erwachsen oder vom Über-Ich der Eltern geleitet reagieren. Das macht die Beziehungen »doppelbödig« und schwer verständlich.

Wenn z.B. die Frau zum Mann sagt: »Du hast in letzter Zeit wieder viel zu viel gegessen« (Erwachsenenebene), kann er darauf reagieren: »Immer mußt du wie meine Mutter an mir herumerziehen« (Kindebene interpretiert Elternebene).

Zu Störungen kommt es, wenn die Beziehungen nicht parallel (wie 1 oder 2) verlaufen, sondern (wie 3) sich *überkreuzen.*

Der Therapeut hat die Aufgabe, diese Überkreuz-Kommunikationen (z.B. gegenseitige Erpressungsrituale: »Wenn du nicht ...«) zu »entschmelzen«, d.h. zu erklären und in Parallelbeziehungen umzusetzen. Dazu ist es nötig, daß sich die Menschen ein neues »Lebens-Skript« (Ausrichtungen) mit Hilfe der »Skript-Analyse« erarbeiten.

**C Therapeutische Kommunikation**

Für diese Gruppe, die sich im Anschluß an die Ps. von Gregory Bateson gebildet hat, steht der Therapeut gegenüber den Partnern in einer *Metakommunikation,* d.h. er ist in die ehel. Dyas eingebaut, ihr aber auch übergeordnet, so daß er »Metaregeln« einführen kann. Diese Regeln beziehen sich sowohl auf *Doppelbindungen (double-binds)* wie auf *Paradoxien.*

Doppelbindungen sind solche Kommunikationen, die durch ihre Aufforderung deren Ziel *verhindern.*

Wenn jemand einen anderen auffordert: »Sei spontan!«, so kann er nicht mehr spontan, also ungezwungen reagieren.

Dies ist bereits eine Form der paradoxen Intervention, die Viktor E. Frankl in die Logotherapie eingeführt hat. Man dreht dabei seine Aufforderungen gleichsam um, stellt sie auf den Kopf.

Konkret heißt das, den Klienten das Verhalten *vorzuschreiben,* das zur Störung führt. Man nimmt dabei an, daß die Spontaneität verloren gehen würde und dadurch das Störverhalten zum Verschwinden gebracht werden könne.

Watzlawick schreibt dazu:

»Die Achillesferse unserer Interventionen ist natürlich die Notwendigkeit, jemanden erfolgreich zur Ausführung einer Verhaltensverschreibung zu bringen.«

Deshalb schließt man einen »Teufelspakt«, der den Klienten zwingt, das Störverhalten aufrechtzuerhalten. Woraus sich evtl. das heilsame Dilemma dieser Therapie, der Ausschluß des Störverhaltens, ergibt.

Zu dieser Gruppe gehören eine Reihe von partnerschaftl. Verfahren, die Trainingsprogramme zwischen dem Ist-Zustand und dem gewünschten Soll-Zustand der Partnerschaft über die Erhöhung der Flexibilität des Systems und neue Umgangsformen vermitteln.

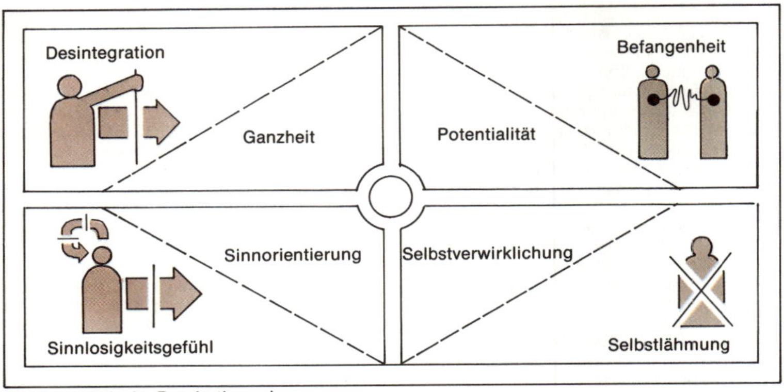

A Humanistische Psychotherapie

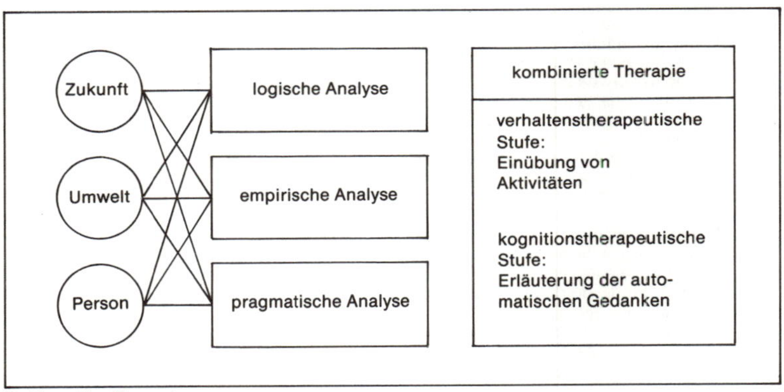

B Kognitive Therapie

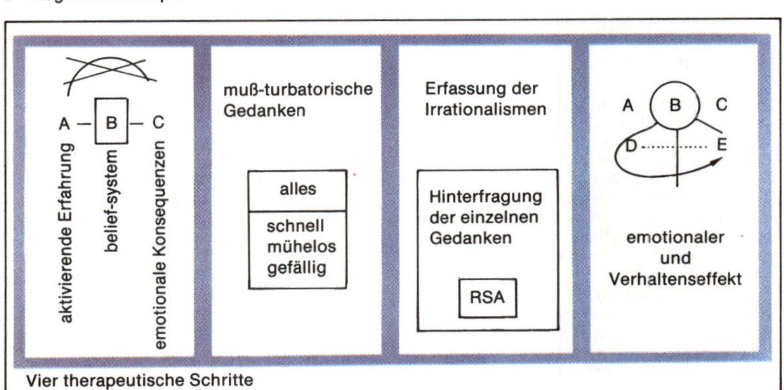

C Rational-emotive Therapie

Die sog. kognitive Wende der Ps. Anfang der 70er Jahre leitete eine Belebung von Auffassungen ein, die es in der Geschichte der Psychotherapie immer gegeben hat. Jetzt wurden sie aber durch neue Erkenntnisse aus der Kognitionsps. (s. Kap. X) unterstützt. Sie setzten sich von alten Vorstellungen ab, der Geist sei nur der Überbau gesellschaftl. Verhältnisse (MARX), unfrei gegenüber dem Unbewußten (FREUD) oder gar der »Widersacher der Seele« (KLAGES):

Nunmehr gilt der Geist als ein selbständiges Steuerungsinstrument (in einer vorgestellten »bonne distance«, J. LACAN), das uns sowohl in die Irre wie aus ihr heraus führen kann.

**A Humanistische Psychotherapie**

Die Humanist. Therapien stützen sich in unterschiedl. Gewichtung auf 4 (aufeinander bezogene) *humane* Zielsetzungen und ihre Verfehlung.

(1) Die *Ganzheitlichkeit* ist nach der Gestaltps. ein Grundphänomen.

Für die Gestalttherapie (F. PERLS) gelingt dem Neurotiker diese Ganzheitlichkeit nicht, er ist ein »Selbstunterbrecher«.

(2) Die *humane Potenz* ist der umfangreiche Anteil an menschl. Regungen wie Hilfsbereitschaft, Güte, Wohlwollen, Wertschätzung.

Die Daseinsanalytiker (BINSWANGER, v. GEBSATTEL) sprechen für den psych. Gestörten von verschütteter Menschlichkeit, PERLS nennt ihn »befangen« (ein Parallelbegriff zur psa. Verdrängung).

(3) Der *Sinnorientierung* stellt V. E. FRANKL in seiner Existenzanalyse und Logotherapie die neurot. Depersonalisations-Derealisations-Spirale gegenüber,

die zu einem »Reflexionskrampf« und Sinnlosigkeitsgefühl führen.

(4) Die *Selbstverwirklichung* steht im Zentrum der Bemühungen der Existentialtherapeuten R. MAY und A. M. MASLOW.

Im Gegensatz dazu unterliegt der Neurotiker lähmenden Zwängen, die ihm ein Zu-sich-Kommen verhindern und statt einer ruhigen Selbstgewißheit eine Störungsanhäufung eintragen.

Für die Humanist. Therapien ist die Gestalttherapie ein Beispiel. Dieses unorthodoxe Verfahren nimmt alles an Anregungen anderer Therapien auf, was den »Gestaltzerfall« einer Person aufhalten kann:

Körperarbeit, Traumarbeit, Gruppenrückmeldung, psychodramat. Inszenierungen, *Hot-seat*-Technik (der Klient sitzt im Kreuzfeuer einer Gruppe). In einem *sharing* genannten Prozeß sollen die Konflikte zum unmittelbaren Ausdruck gebracht werden.

**B Kognitive Therapie**

Die Kognitive Therapie von A. T. BECK entstammt der Depressionstherapie, wurde später aber auch auf andere psych. Störungen ausgedehnt. Diese Therapie geht von den *negativen Bewertungssystemen* aus, denen versch. Falschbewertungen zugrundeliegen:

die negative Sicht auf die *Zukunft,* die *Umwelt* und die eigene *Person.*

Da diese Anschauungssysteme weitgehend irrational sind, werden sie 3 Analysen unterzogen:

der *logischen* (Beispiel: beruht ein vergessener Gruß wirkl. auf Ablehnung?),
der *empirischen* (Beispiel: unterblieb ein Telefonanruf nicht nur aus techn. Gründen?) und
der *pragmatischen* Analyse (Beispiel: Niedergeschlagenheit soll in ihrer Konsequenz als Unattraktivität erkannt werden).

Ihnen folgt eine kombinierte Therapie:
In einer *verhaltenstherapeut.* Phase werden Mobilisierungen der Aktivität trainiert, Aufgaben zu bewältigen versucht. Da der Therapeut ihre Grenzen deutlich macht, erklärt er daraus die »automat. Gedanken«, z. B. als Annahme der eigenen »Wertlosigkeit«. Als Ziel der *kognitionstherapeut.* Phase wird eine »Neuattribuierung«, d. h. eine positive Bewertung der anfänglich negativen Triade Zukunft, Umwelt und Selbst angestrebt. BECK (1979) schreibt:

»Die Erklärung des kognitiven Modells liefert eine Basis für die anzuwendenden Techniken, aber es unterstreicht auch die Notwendigkeit der Zusammenarbeit zwischen Therapeut und Klient.«

**C Rational-emotive Therapie**

ALBERT ELLIS (1980) schreibt über den Unterschied seiner rational-emotiven Therapie (RET) zu anderen, sie würde anerkennen,

»daß der Mensch eine sehr starke Kontrolle über das hat, was er fühlt und was er tut«.

Für die RET werden 4 therapeut. Schritte genannt.

(1) Die ABC-Theorie besagt, daß A (aktivierende Erfahrungen aus der Umwelt) nicht die Ursache von C (emotionale Konsequenzen) sein kann.

Zwischen ihnen steht B: das *belief system,* d. h. die Denkgewohnheiten.

(2) Der Mensch hat irrationale Erwartungen (ELLIS nennt sie »muß-turbatorisch«).

Alles muß schnell, bequem und ohne Mühe geschehen; alle Menschen müssen mich lieben usw.

(3) Jeder dieser Irrationalismen wird einzeln vorgenommen und hinterfragt:

Ist der Gedanke realistisch, wodurch wird die Überzeugung falsch?

(4) Als Ergebnis nennt ELLIS die Änderung der Lebenseinstellungen:

»Dieser therapeut. Effekt steht am Ende des rationalemotionalen Prozesses.«

Die Stufen auf diesem Weg sind die rationale Selbstanalyse (RSA) über den Disput (D) zum Effekt (E).

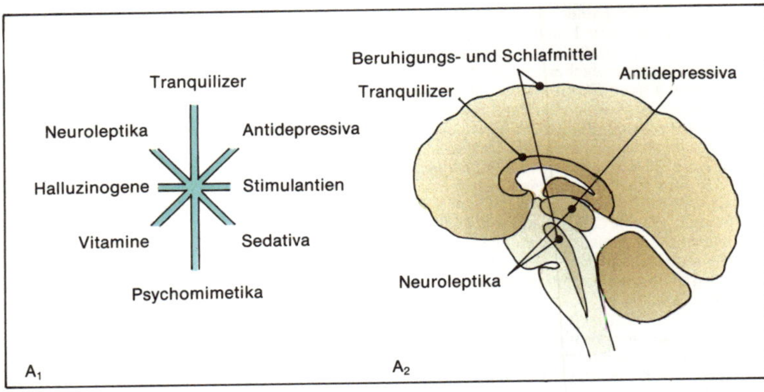


A Psychopharmaka

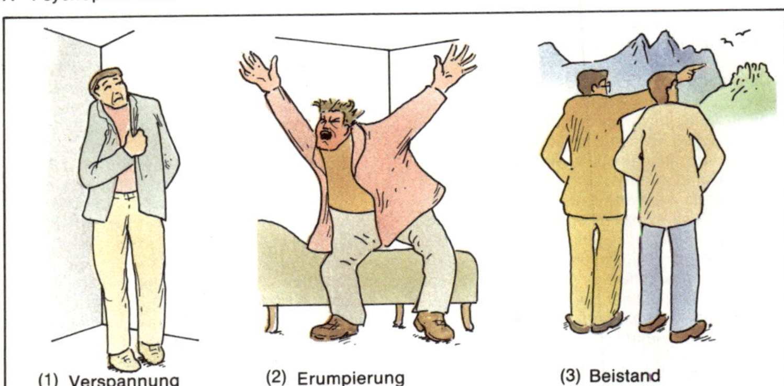


B Biodynamik

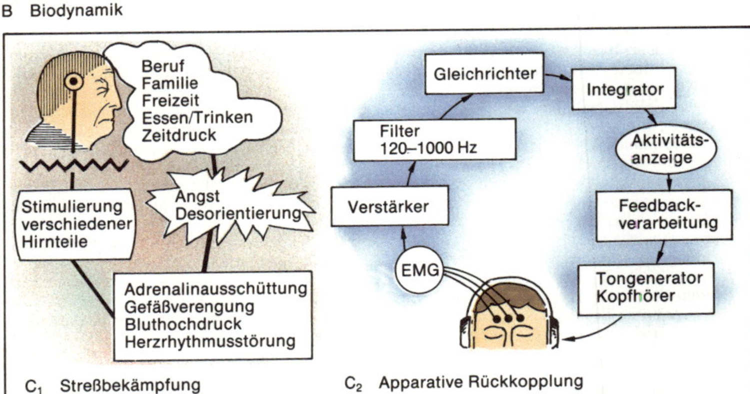


C Biofeedback

Seit das Leib-Seele-Problem einer Lösung zugänglich wird (vgl. Kap. V/1), ist es absehbar, daß die Wechselwirkung zwischen Körperlichem und Psychischem erklärbar ist. Vorläufig geben wir uns mit der Tatsache zufrieden, daß ein enger Zusammenhang besteht. Man kann diese Wechselwirkung in Richtung von Körper auf Psyche (wie z. B. die Bewegungstherapien) oder von Psyche auf Körper (z. B. wie die Suggestionstherapien) nutzen. Die gebräuchlichsten **Körpertherapien** kombinieren beide Wege.

### A Psychopharmaka

Weil die chem. Einflußnahme so bequem ist (und durch Wirtschaftsinteressen gestützt), überflügelt sie noch immer die psychologische.

($A_1$) Man kann die Vielzahl der Psychopharmaka nach versch. Aspekten unterteilen:

nach ihrer psych. Wirkung, der therapeut. Zielsetzung, den betroffenen physiolog. Systemen oder ihrer chem. Zusammensetzung.

Nach letzterem Aspekt unterscheidet man:

*Tranquilizer* (*»happy pills«*), *Antidepressiva, Stimulantien, Sedativa* (Linderungsmittel), *Psychomimetika* (Alkaloide), *Vitamine* (als Mega-Vitamin-Therapie), *Halluzinogene* (die körperlich und psychisch abhängig machenden Drogen), *Neuroleptika* (zur Schizophreniebehandlung).

($A_2$) Die Wirkungsorte der Psychopharmaka sind verschieden:

Die Beruhigungsmittel wirken auf die Großhirnrinde und den Hypothalamus, die Tranquilizer auf das Limbische System, die Antidepressiva auf den Hypothalamus und die Neuroleptika auf Hypothalamus und Formatio reticularis.

Man sieht daran auch, daß es eine Streubreite für die Psychopharmaka gibt, die ihren psychotherapeut. Einsatz unsicher gestaltet. Ferner kritisiert man, daß sie den Patienten abhängig machen und seine Selbstheilungspotenz schmälern.

### B Biodynamik

Die Körpertherapien gehören nicht nur zu den ältesten Therapien (z. B. als chines. T'ai Chi Chuan seit dem 12. Jh.), sondern auch zu den zahlreichsten. Grenzen zu Gymnastik und Sport lassen sich nur schwer ziehen.

Neben ganz einfachen Verfahren wie der Holdingtherapie von TINBERGEN (langes Umklammern bei autist. Kindern) gibt es anspruchsvollere wie die Eutonie von ALEXANDER (körperl. Selbsterfahrung) oder das Rolfing von IDA ROLF (Zurechtrücken von automatisierten Haltungsfehlern).

Aus der Fülle ein Beispiel: Abgeleitet von der umstrittenen Orgontherapie von WILHELM REICH (Nackttherapie zur Befreiung verschütteter libidinöser Bedürfnisse, phys. Ausbrüche gegen die psychophys. »Charakterpanzerung«) milderte ALEXANDER LOWEN seine »Bioenergetik« auf 3 Aspekte.

(1) Jeder baut im Laufe seines Lebens nicht nur psych., sondern auch phys. Verspannungen auf. Diese müssen erkannt werden.
(2) Anschließend erfolgt die Erumpierung dieser Verspannungen.
(3) Im Beistand des Therapeuten sollen die lustvollen, unverspannten Seiten des Lebens bis hin zu einer sinnvollen Daseinsgestaltung vermittelt werden.

### C Biofeedback

Diese Therapie ist eine apparative Körpertherapie. Zumeist wird sie zur Streßbekämpfung (Vorbeugung vor Streß oder Therapie gegen Streßfolgen) verwendet.

($C_1$) Streß ist ein Vernetzungsphänomen:

Persönl. Situationen wie Mehrfachbelastungen, Sondersituationen und falsche Gewohnheiten ergeben Desorientierung und Angst.

Der Kreislauf von Adrenalinausschüttung, Gefäßverengung, Bluthochdruck, Herzrhythmusstörungen und wiederum Stimulierung versch. Hirnteile (Cortex, Thalamus, Hypothalamus) muß aufgebrochen werden.

($C_2$) Dies geschieht durch Ruhigstellung, die aber nicht nur psychisch, sondern auch physisch ansetzen muß, damit das ganze betroffene System entlastet wird. Der techn. Abgriff geschieht mit elektr. Geräten:

Der Muskeltonus (EMG), als Indikator für den Anspannungszustand, wird festgehalten, über mehrere Wandler geführt und dem Klienten rückgemeldet.

Durch diese »elektron. Prothese« (VAITL) können Tonuskontrollen unmittelbar zur Beruhigung beitragen.

Im Extremfall werden sogar Beruhigungen (z. B. der abfallende Ton über Kopfhörer) simuliert, damit durch diesen vorweggenommenen Beruhigungszustand seinerseits das Gesamtsystem gedämpft und dem Klienten eine Erleichterung verschafft wird.

Die Gruppe der Körpertherapien wurde in den letzten Jahren stark ausgeweitet. Dabei traten 4 Richtungen hervor:

*Körperkontrolle.* »Motologische«, d. h. bewegungsanalysierende Verfahren wie die Konzentrative Bewegungstherapie von M. GOLDBERG u. a., die ein gewandeltes Körperbewegungsbild anstrebt.

*Sinnesfunktionstraining.* Verschiedene Sinnesbereiche wie z. B. der Geruch wird für die Sensibilitätssteigerung eingesetzt; etwa die mit Essenzen arbeitende Aromatherapie von J. VALNET.

*Körpererfahrung.* Rückkopplung von Körpererlebnissen zur Erhöhung des Körperbewußtseins; z. B. die Feldenkrais-Therapie.

*Körperl. Spezialfunktionen.* Hervorhebung spez. Körperleistungen wie das Atmen; z. B. im Breathing von M. PROSKAUER.

A Meditationsablauf

B Asiatische Meditation

C Westliche Meditation

**Meditationen** sind Selbstversenkungsmethoden, die in der Klin.Ps., meist ihres religiösen Ursprungs entkleidet, auch als Selbstfindungsverfahren eingesetzt werden.

Im Osten stammen sie aus dem Taoismus, Hinduismus oder Buddhismus, im Westen aus der christl. Mystik und dem ostjüd. Chassidismus.

Nicht gering ist ihr Anteil am sog. Psychoboom, als mod. Primitivierung berechtigter und nützl. Psychotherapie-Erfahrungen.

**A Meditationsablauf**

Trotz großer Unterschiede halten die versch. Meditationsrichtungen einen best. Ablauf ein.

($A_1$) Je nach Richtung wird eine bes. *Meditationshaltung* eingenommen,

für die dem Neuling häufig eine Meditationsbank angeboten wird.

($A_2$) Anschließend werden die Kontakte zur *Außenwelt* unterbunden,

z. B. als Augenschluß praktiziert, aber auch als Ausblendung und Abkehr von der Umwelt, Ruhe und Rückzug auf ein »Versenkungsbewußtsein«.

($A_3$) Der eigentl. Meditationszustand wird erst in einem best. innerl. *Imaginationserlebnis* erreicht. Dieser Zustand unterscheidet sich je nach Meditationsrichtung.

Er kann als Ziel eine »Entleerungsverfassung« haben, gleichsam ein Schlafbefinden bei Wachbewußtsein. Andererseits gibt es Meditationen, die als Imaginationserlebnis einen rauschhaften Zustand anstreben, der im Gegensatz zur entäußernden Ekstase als (nach innen gerichtete) »Enstase« (MASSA, 1974) bezeichnet wird. Im Nachgang zum islamischen Sufismus werden sogar

Entrückungszustände der Derwische nachgeahmt, in denen man über glühende Kohlen gehen kann.

Da diese Zustände nicht leicht zu erreichen sind, benutzt man zur Konzentration u. a. *Schaubilder:*

Solche »Mandalas« (Abb. $A_3$) dienen zur gedankl. Sammlung der inneren Kräfte im Durchschreiten von 3 Kreisen: Flammenkreis (Reinigung), Vajrakreis (Einweihung), Lotuskreis (Wandlung), um in das Zentrum des Seins zu gelangen.

Ideolog. Momente kommen in den Meditationsablauf hinein, die die eigentl. Unterschiede der versch. Meditationen ausmachen.

**B Asiatische Meditation**

($B_1$) Der *Yoga* (wörtl. »Anjochen der Gedanken«) ist eine eth.-geistig-körperl. Zucht, das Anspannen der Sinne zu höherer Vergeistigung. In seiner westl. Adaptation verliert er seinen religiösen Hintergrund und dient eher der Herbeiführung von Gipfelerlebnissen (VBZ = veränderte Bewußtseinszustände; MASLOW, 1962).

Im Lotossitz, mit nach oben gekehrten Fußsohlen, im Schoß sich berührenden Händen und gerader Körperhaltung (die Wirbelsäule ist das Symbol der Weltachse), sammelt man das enstat. Bewußtsein aufsteigend in 5 buddhist. oder 7 hinduist. Chakras (Lotosblütenblättern) oder Konzentrationsschwerpunkten.

Jede Stufe symbolisiert eine Seinsebene, z. B. die Kehle das heilige Wort. Das Ziel ist das Einswerden mit dem Absoluten.

In anderen Meditationsformen dienen ikonograph. (Mudras) und verbale (Mantras) Symbole für dieses Bestreben.

Im Lamaismus wird das heilige »OM Mani Padme HUM« (OM und HUM sind Ursilben, Mani das männl. und Padme das weibl. Prinzip) und im Zen-Buddhismus (chines. Chan) werden »Koan« (»Speicher der Weisheit« oder paradoxe Gedankenmuster), Sumi-e (japan. Tuschmalerei), Ikebana (Blumenstecken) und das Tee-Zeremoniell zur Meditation verwendet.

($B_2$) Das chines. *Schattenboxen* (T'ai Chi Chuan) entstammt dem Taoismus (Tao, der Weg).

Das Symbol von Yin und Yang versinnbildlicht die Harmonie von Himmel und Erde, Männlichem und Weiblichem usw.

Diese Bewegungsharmonie findet man im Schattenboxen wieder:

jede (langsame) Bewegung wird durch eine Gegenbewegung ergänzt und aufgehoben.

**C Westliche Meditation**

Bereits im griech. Dionysos-Kult finden sich Formen meditativer Versenkung.

($C_1$) Im Exerzitienwerk des Jesuiten-Ordensgründers IGNATIUS V. LOYOLA wird 1548 eine 4wöchige geistige Reinigung und Erleuchtung beschrieben, die heute noch ausgeübt wird:

Der Exerzitant kniet (der christl. Tradition entsprechend), wird gelegentlich von einem anderen unterstützt und meditiert über den Leidensweg Christi; außerdem hat er Selbstbeobachtungen durchzuführen, die in ihrer Methodik als Vorläufer für die Verhaltenstherapie angesehen werden können.

Verbale Meditationsformeln gehen auf den hl. GREGOR vom Sinai zurück:

mit jedem Wort des Namen-Jesu-Gebetes wird Atem und Herzschlag gekoppelt.

($C_2$) In den *Bild-Musik-Bewegungsmeditationen* fällt der ideolog. Hintergrund weitgehend weg. Hier geht es in erster Linie um

ein »Durchströmen der Wesenskräfte« (BODEN, 1978), also um eine Intensivierung der Erlebnisfähigkeit.

In der Tanztherapie werden trancehafte Bewegungserlebnisse, in der Musiktherapie emotionaler Gipfelausdruck und in der meditativen Maltherapie Einschwingungen in zumeist abstrakte Muster angestrebt.

Das Beispiel zeigt einen Ausschnitt aus einem schwingenden Malmuster, das den meditativen Charakter dieser Zeichenproduktionen verdeutlicht.

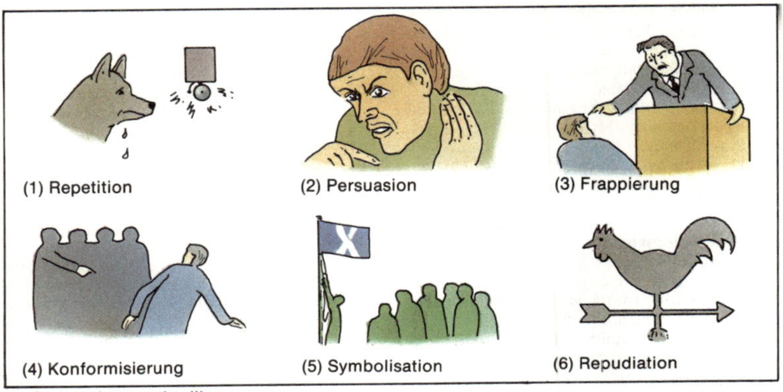


A Suggestionsmethodik

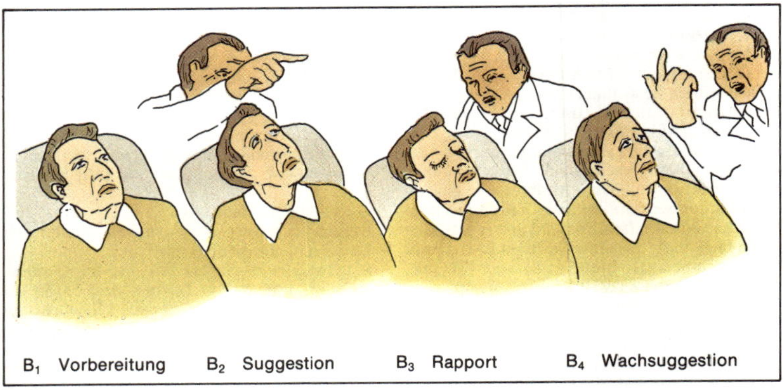


B Hypnose

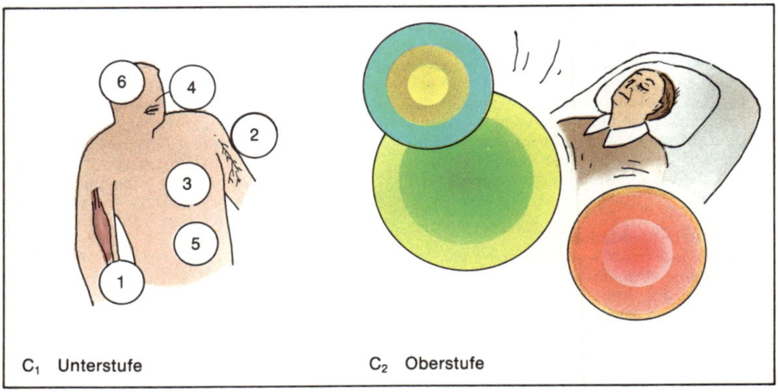


C Autogenes Training

Vor längerer Zeit schrieb ein Psychotherapeut (E. Boirac, 1920), die *Suggestion* sei das »Amerika«, das alle 30 Jahre wiederentdeckt werden müsse. Daran ist richtig, daß die Suggestionsthematik zeitl. Höhen und Tiefen im Durchschauen ihrer hintergründigen Wirkungen aufweist. Ihrer Funktion nach ist sie genau das Gegenteil des »Durchschauens«:

Man weiß selten, *was* sie bewirkt, und man will nicht gern kundgeben, auf welche Weise man Wirkungen zu erzielen hofft.

**A Suggestionsmethodik**

*Geistige* Beeinflussung zielt auf das Verständnis des anderen; dem Verstehen soll ein Überzeugtsein folgen, worauf der Betreffende gemäß dieser Überzeugung handelt.

Die *Suggestion* dagegen vermeidet diese rationale Übernahme; sie sucht den direkten Weg einer unbewußten *Beeindruckung*. Dafür gibt es viele Methoden, von denen die 6 wichtigsten folgen.

(1) Die *Repetition* (Wiederholung) setzt auf die zwanghafte Wirkung der Wiederholung (wie bei Pawlows Hund).

(2) Die *Persuasion* (Überredung) fesselt durch persönl. Ausstrahlung, Geheimniserzeugung, Ausschaltung krit. Nüchternheit.

(3) Die *Frappierung* (Überrumpelung) will den Widerstand niederwalzen, sei es durch bloße Gewalt oder feinere Repressalien. Man suggeriert dem anderen seinen Willen auf; etwa durch den Vorsatz »Bekanntlich ...« vor einer Behauptung, so daß der Eindruck entstehen soll, alle wußten es, nur er nicht.

(4) Die *Konformierung* (Gleichschaltung) verläßt sich auf die Abneigung der Menschen, Außenseiter zu sein.

(5) Die *Symbolisation* stützt sich auf Symbole (AAM, s. S. 12), z. B. die Fahne, um patriot. Gefühle zu wecken. Andere Beispiele sind die »übernormalen Attrappen«, d. h. übertriebene Signale z. B. der Sexualsymbolik (besonders des weibl. Körpers), die eine prompte Beeindruckung erzeugen sollen.

(6) Die *Repudiation* (sophist. Gegensuggestion) wendet (wie der verkehrte Wetterhahn) das eigentl. Gemeinte in das Gegenteil, um es um so sicherer in dieser offensichtl. Ironie übertragen zu können. Diese Verfahren sind oft recht kunstvoll, deshalb auch nicht immer gut erkennbar.

**B Hypnose**

Die Hypnose ist das intensivste Suggestionsverfahren. Durch Einreden und Manipulationen wird der Klient in einen schlafähnl. Zustand versetzt, bei dem er aber den Einflüsterungen des Hypnotiseurs gegenüber *offen* bleibt. Zu ihrer Herbeiführung sind 4 wichtige Stadien zu unterscheiden.

($B_1$) Vorbedingung ist eine selbstsuggestive Ruhigstellung. Dadurch lädt sich der zu Hypnotisierende mit wirkungsvollen *Erwartungen* auf.

($B_2$) Nun wird verbal (mit geheimnisvoll beruhigender Stimme) und mit einschläfernden Reizen (z. B. Fixieren eines Gegenstandes) ein Einschlafen suggeriert.

($B_3$) Im Hypnosezustand besteht ein »Rapport« (abhängige Anweisungsbeziehung), in ihm können posthypnot. Befehle (nachwirkende Verschreibungen) erteilt werden: Dimissionshypnosen (unerwünschtes Verhalten, z. B. bei Alkoholismus, wird aversiv aufgeladen). Konditionshypnosen (neues Verhalten wird eingeredet) und Prophylaxehypnosen (auf künftige Situationen wird prospektiv vorbereitet).

($B_4$) Die Wecksuggestionen nehmen den Schlafzustand (3 Stadien: Somnolenz, Hypotaxe, Somnambulismus) zurück, enthalten aber zumeist den hypnot. Befehl, sich nachher sehr wohl zu fühlen.

Die Hypnosetherapie sollte sehr zurückhaltend eingesetzt werden, da sie in der Regel süchtig nach ihr macht.

Freud kritisiert an ihr, daß sie die Probleme des Patienten nicht klärt sondern »zudeckt«.

**C Autogenes Training**

I. H. Schultz, der Begründer dieses weitverbreiteten Verfahrens, hat es aus der Hypnose entwickelt, allerdings ohne einen Schlafzustand zu suggerieren.

($C_1$) In der *Unterstufe* dieses Verfahrens lernt der Patient seine (normalerweise nicht beherrschbaren) vegetativen Funktionen zu beeinflussen. In 6 Abschnitten werden Beruhigungen und Körpereindrücke vermittelt.

Schwere-, Wärme- oder Kälteempfindungen werden suggeriert und wieder zurückgenommen, so daß man allmählich lernt, mit ihnen umzugehen.

Die Stadien betreffen der Reihe nach die (1) Muskeln, (2) Blutgefäße, (3) Herz, (4) Atmung, (5) Bauchorgane und (6) Kopf.

Bei der Wärmeübung wird z. B. suggeriert: »Der rechte (linke) Arm ist ganz warm.«

Nach etwa 2 Minuten wird das Wärmegefühl schnell zurückgenommen und mit einem wohligen Räkeln abgeschlossen.

($C_2$) Im *Oberstufentraining* werden nicht mehr körperl., sondern innerpsych. Funktionen suggestiv beeinflußt. Durch versch. Vorstellungssuggestionen wird versucht, eine »Resonanzdämpfung der Affekte«, ähnlich den Meditationen (s. S. 391), zu erreichen:

Zum Beispiel erhält der Klient im Versenkungszustand den Auftrag, beruhigende Farbvorstellungen vor seinem inneren Auge zu produzieren (Farbkreise, Ringe usw.).

Beide Stufen verlangen eine lange Trainingszeit, viel Entgegenkommen durch den Klienten und eine große Beharrlichkeit in den später selbständig durchzuführenden tägl. Selbstsuggestionen.

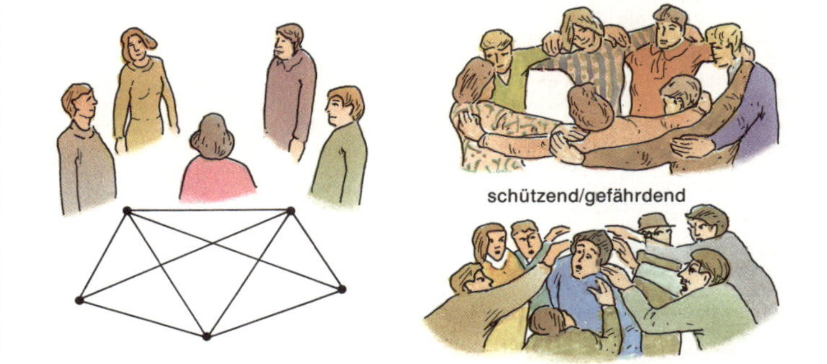


$A_1$ Gruppenbeziehung $A_2$ Beziehungsprozesse

A Gruppenprozesse

$B_1$ Teilnehmer $B_2$ Aktionen

B Psychodrama

$C_1$ Begegnung $C_2$ Sicherheit $C_3$ Gemeinschaft

C Encounterbewegung

Es gibt kaum eine Therapierichtung, die nicht neben der Therapie für den einzelnen auch solche für **Gruppen** ausgebildet hätte. Manche sind überhaupt nur für Gruppen von Menschen einsetzbar. Die *Gruppenform* hat einige Vorteile gegenüber der Einzeltherapie:

Einmal ist sie ökonomischer, weil mehrere Klienten gleichzeitig behandelt werden.

Ferner beeinflussen neben dem Therapeuten auch die anderen Klienten sich untereinander.

Schließlich kann sie die Gruppe selbst beeinflussen und verändern.

**A Gruppenprozesse**

Die Gruppenps. interessiert sich für den *Gruppenaufbau,* ihren *Entwicklungsverlauf* und die *Gruppenqualitäten.* Der Gruppenaufbau wird nach den Merkmalen untersucht, die von der Sozialps. (Kap. XV) behandelt werden (Ränge, Rollen, Kontaktarten, Normen). Übertragen auf die Gruppentherapien wird hier das innere Geflecht einer Therapiegruppe in den verbalen und substantiellen (z. B. hilfreichen) Austauschprozessen berücksichtigt und therapeutisch genutzt.

($A_1$) Man kann daran sehen, wieweit es die Gruppe schon auf dem Weg zu einer autonomen, voll funktionsfähigen Gruppe (vgl. S. 303) gebracht hat. Zu den wichtigsten Beziehungsqualitäten gehören

die Regeln der Kontakte (Gleichheit der Beteiligung, permissiver Rangausgleich), Gruppenstimmung (wenig Spannungen, gelassene Atmosphäre) und Hilfsfunktionen (Eintreten füreinander, auch gegenüber Dritten).

($A_2$) Daraus ergibt sich ein Querschnitt mehr *stützender* oder mehr *gefährdender* Prozesse, die eine Gruppe charakterisieren.

**B Psychodrama**

Die älteste Gruppentherapie ist das Psychodrama. Der Psychiater JACOV LEVI MORENO (1889–1974) bezog sich in einer frühen Arbeit (1911) und in einer Schrift über das Stegreiftheater (1924) auf die in Wien traditionellen Formen des Volkstheaters und ihre Wirkungsweise als »Theater aller mit allen«. Die Umformung dieser Erfahrungen in ein therapeut. Gruppenverfahren erfolgte 1931 nach seiner Übersiedlung in die USA.

($B_1$) Der Grundgedanke ist das Nachspielen der belastenden Situationen unter Beteiligung anderer Personen, so daß auch eine *emotionale Aufarbeitung* möglich wird.

Der Klient ist der Hauptdarsteller, der Protagonist; ihm zur Seite stehen der Leiter oder »Theaterdirektor«, seine Assistenten und Hilfstherapeuten, die zumeist die Mitklienten sind.

Durch ihre »supportative Funktion«, d. h. ihre tätige Teilnahme am Geschehen, machen sie den therapeut. Prozeß zu einem »Soziodrama«, »Physiodrama«, »Axiodrama« (Betonen eth. Werte), je nach dem dargestellten Störungsinhalt.

Dramentechnisch gibt es zu Anfang Warm-up-Übungen (Aufwärmen, Lockerung der Spontaneität), später folgen möglichst bildhafte Darstellungen von exzeptionellen Situationen (berufl., familiäre usw.) sowie Fremd- und Selbsteinschätzungen.

($B_2$) Zur Belebung der projektiven Aktionen werden dramaturg. Spielvarianten eingeführt:

Nutzung des »leeren« Stuhls als Bühnenmittelpunkt, Rollentausch, Doppelgängermotiv, Spiegelverhalten (Ausspielen der Gegenposition), Vergangenheits-Zukunfts-Projektionen, Play-back (Spielwiederholungen oder Nachspiele).

**C Encounterbewegung**

Im Anschluß an die ersten Trainingsgruppen (*T-groups*) von KURT LEWIN (s. S. 297) entwickelten sich in den letzten Jahrzehnten eine große Zahl von Encounter- oder Begegnungsgruppenverfahren. C. ROGERS zählt u. a. auf:

*T-groups, sensitivity training, sensory awarness groups, body awarness groups, team building groups, synanon games, creativity workshops.*

Er teilt sie in *face-to-face-groups* (Bekanntengruppen), *stranger-groups* (Fremdgruppen) und *staff-groups* (Betriebsgruppen).

Mehr oder weniger bei allen kommt es auf 3 Gruppenerfahrungen an, die dem einzelnen eine Persönlichkeitsstärkung vermitteln sollen.

($C_1$) In der Begegnung mit anderen wird das Selbstwertgefühl durch wechselnde positive Berührungen erhöht.

($C_2$) Da viele Menschen das Vertrauen in andere Menschen verloren haben, das seinerseits wiederum die Grundlage auch für das Vertrauen zu sich bildet, wird ein Vertrauenstraining durchgeführt, in dem jeder erleben kann, wie er sich auf den anderen verlassen muß.

($C_3$) Schließlich wird in der Begegnung mit der Gemeinschaft das Sozialgefühl eingeübt. Die Teilnehmer spielen soziale, polit. u. a. Themen durch.

Wie breit offensichtlich der Bedarf gegenüber sozialen Mangelzuständen ist, zeigt, daß sehr viele Therapierichtungen ähnl. Verfahren entwickelt haben.

In der Neoanalyse ist dafür die *Themenzentrierte Interaktion* von RUTH COHN ein Beispiel, bei der »Sensibilität gegenüber anderen Menschen und intuitive Fähigkeiten« (COHN, 1975) entwickelt werden sollen.

Thematisch beziehen sich diese Verfahren auf jeweilige soz. Verlusterlebnisse; so z. B. bei »Angst vor Nähe« (W. SCHMIDBAUER) auf Erfahrungen soz. Kontakte mit »ungewöhnlichen« Berührungen (Rücken an Rücken mit Fremden), bei soz. Mißtrauen in Übungen mit verbundenen Augen, wobei man sich in die Arme anderer fallen lassen soll.

A Familiendiagnostik

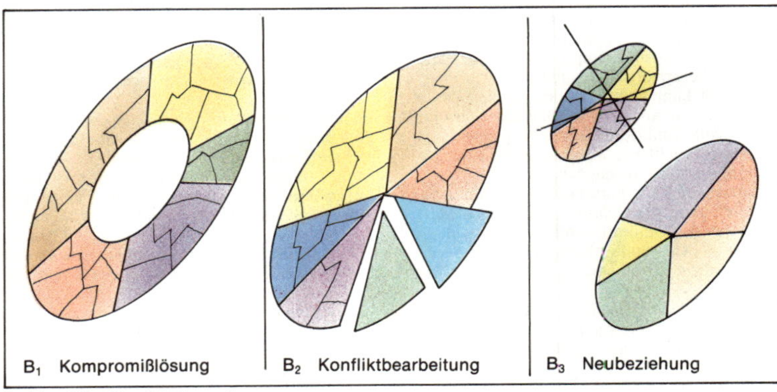


B Familiäre Konflikttherapien

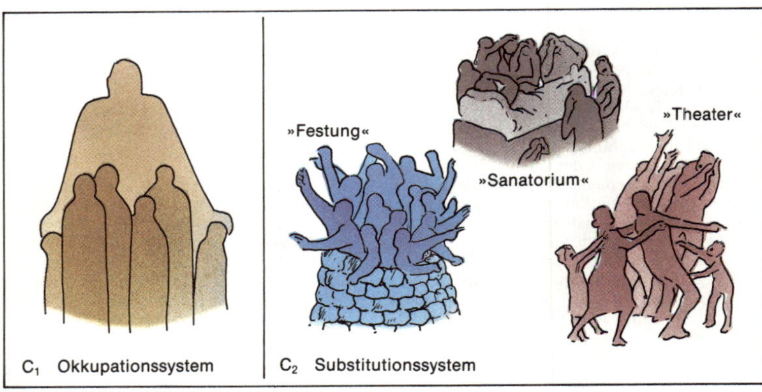


C Familiäre Systemtherapien

Die **Familie** wurde oft totgesagt, zu Unrecht. Nach wie vor bildet sie das Zentrum der Lebenserfahrung und den Ausgangspunkt der Lebensstrategien.

Nicht selten ist sie aber eine »Zwangsdiktatur« (ROHLFS), der viele entkommen wollen. Welche Problematik in ihr steckt, läßt sich allein schon an der Progression neuer Verfahren ablesen, die es in keinem anderen Psychotherapiebereich im gleichen Umfang gibt. Man kann heute mehrere Dutzend namhafte Verfahren unterscheiden, die schwer auf einen Nenner zu bringen sind.

Ebenso fließend sind die Grenzen: zur Kindertherapie (weil Kinder oft der Austragungsort für Familienspannungen sind) und zur Alterstherapie (weil ein wesentl. Problem des Alters der Familienverlust ist).

**A Familiendiagnostik**

Was macht eine »kranke« Familie aus?

Die Antwort ist ebenso schwierig wie die auf die zu Anfang dieses Kapitels behandelte Frage nach der Abnormalität.

In der Praxis definiert oft zumindest ein Teil der Familie den Zustand als unerträglich.

Der Familientherapeut kann sich mit einer solchen Feststellung natürlich nicht zufrieden geben. Bei der praktisch unendl. Anzahl mögl. Familienschädigungen ist seine erste Aufgabe eine Familiendiagnose (die häufig schon ein Teil einer Familientherapie sein kann). Die 3 wichtigsten Kriterien:

($A_1$) Die *Familienkonstellation;* sie ergibt sich aus den Rängen, Rollen, Machtverhältnissen, Wohnaufteilungen usw. Es gibt Test- bzw. Spielverfahren, die die Konstellation durchsichtig machen können und dann die Mängel zeigen, z. B.

zu große Nähe oder Ferne, als zu gering empfundene Loyalität, Nichtbeachtung, Erpressung, unfaire Benennung, Nichtannahme von Angeboten, Sündenbockrollen, Ignorierung usw.

Manche Mängel waren oft von den Beteiligten selbst bis dahin unerkannt geblieben.

($A_2$) Zur *Familienatmosphäre* gehören auch gespannte, aufständische, streitsüchtige, weinerliche, distanzierte u. ä. Stimmungen, die im Wechsel mit anderen verwirren; aber meist haben sie doch einen einheitl. Tenor und können viel zur »Unerträglichkeit« beitragen.

($A_3$) Jede Familie bildet eine Unzahl *Gemeinschaftsregeln* aus, die selten reflektiert werden, deren Verletzung aber um so mehr sanktioniert (angeklagt und bestraft) wird. Intakte Familien unterscheiden sich von gestörten darin, daß ihr Regelsystem angemessen ist und von den Mitgliedern relativ homogen eingehalten wird.

Verstöße gegen dieses System können eine Familie »krank« machen, z. B. wenn die Regeln überzogen sind, sich gegenseitig widersprechen oder einzelne Mitglieder sich von ihnen ausnehmen.

**B Familiäre Konflikttherapien**

Ein Teil der zahlreichen Familientherapien bezieht sich auf die zuletzt genannten Ursachen. Wenn man sie erkennt und noch mehr, wenn sie ausgeräumt werden können, hat man viel für das Überleben einer Familie getan. Zentrifugale (auseinanderstrebende) Kräfte werden meist im Beziehungsbereich gesehen.

So stellt SALVADOR MINUCHIN (1979) »Grenzverletzungen« als Anlässe für Störungen der »Familienlandkarte« fest.

In VIRGINIA SATIRS *Conjoint*-Therapie wird Zwangsverhalten in offenes Verhalten umzuwandeln versucht.

($B_1$) Konflikte können in einem Kompromiß, den alle Beteiligten akzeptieren und einhalten, bewältigt werden.

($B_2$) Man kann Konflikte auch Sektor um Sektor durcharbeiten und Abhilfen vorbereiten.

In Partnertherapien werden z. B. irrationale Streitpunkte aufgelöst und Glaubwürdigkeitsverluste abgewendet.

($B_3$) Schließlich kann man unter das Gewesene einen Strich ziehen und einen Neubeginn anstreben.

Diesen Weg schlägt v. a. die klientenzentrierte Familientherapie (GORDON, GUERNEY u. a.) vor.

**C Familiäre Systemtherapien**

Einen grundsätzlich anderen Weg gehen Familientherapien, die hauptsächlich aus tiefenps. Schulen entstanden sind. Für sie ist das ganze »unbewußte« System einer Familie veränderungsbedürftig. Dabei unterscheiden sie:

($C_1$) Okkupationssysteme, d. h. ein Einzelherrscher »okkupiert« die Familie oder die Eltern »okkupieren« die Kinder nach dem Delegationsprinzip (H. STIERLIN) als Träger ihrer nichterreichten Ideale.

($C_2$) Substitutionssysteme, d. h. die Familie »substituiert« sich als »Festung« (paranoide Verteidigung), als »Sanatorium« (angstneurot. Selbstbemitleidung) oder als »Theater« (hyster. Verdrängung), wie H. E. RICHTER »familiäre Charakterneurosen« umschreibt.

Hier werden nicht mehr Einzelkonflikte oder Störungssymptome einer Familie bekämpft, sondern das »familiäre Unbewußte« (GERLICHER, 1977) einer analyt. Durcharbeitung unterzogen.

Weitere Verfahren schließen sich an allg. Verfahren an; z. B. die Behaviorale Familientherapie von R. P. LIBERMAN, die Gestaltfamilientherapie von W. KEMPLER oder die Kommunikationsfamilientherapie von M. SELVINI-PALAZZOLI.

Daneben entstanden zahlreiche Verfahren für einzelne Familienmitglieder wie die Paartherapie von H. G. PREUSS, die Mehrgenerationentherapie von G. SPARK, die Ehetherapie von J. HALEY sowie eklektische Verfahren wie die Integrative Familientherapie (M. E. TEXTOR, 1985).

A Therapierichtungen

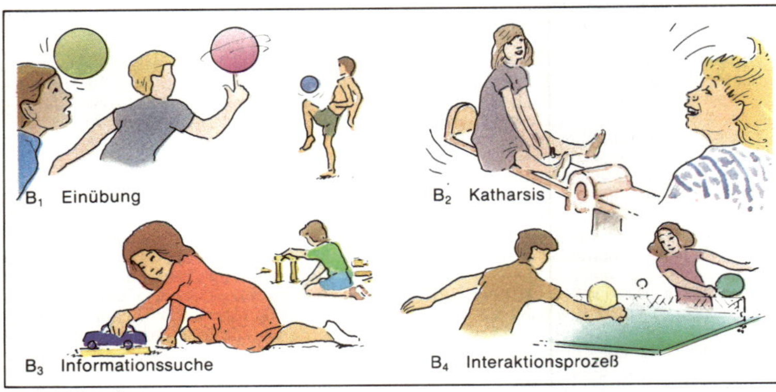


B Spieltheorien

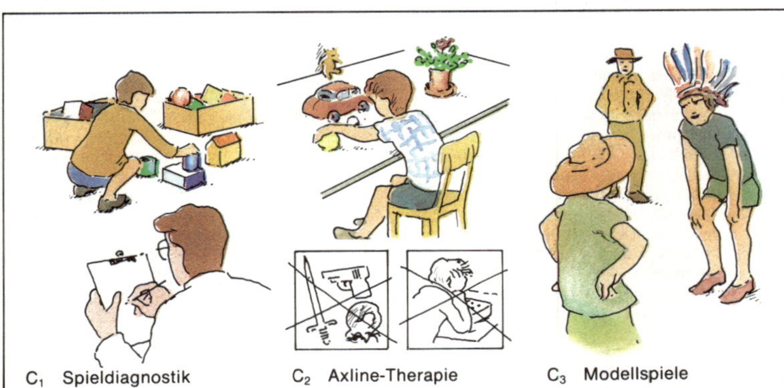


C Spieltherapien

Die **Therapie bei Kindern** unterscheidet sich von der Erwachsenentherapie. Die Gründe sind naheliegend.

Das Kind hat andere Probleme und es ist weniger verbal zugänglich.

Trotz der Verschiedenartigkeit der schul. Therapierichtungen ist ihnen der Bezug zum Spiel als der Hauptätigkeit der Kinder gemeinsam.

**A Therapierichtungen**

Die 3 Hauptrichtungen der Psychotherapie findet man auch in der Kindertherapie wieder.

($A_1$) Die *psychoanalytische* Kindertherapie ist durch eine frühe Kontroverse zwischen MELANIE KLEIN und ANNA FREUD gekennzeichnet.

M. KLEIN nahm für jeden Spieleinfall des Kindes einen *symbol.* Hintergrund an.
A. FREUD ist dagegen skeptisch gegenüber einer durchgängigen Ausdeutung des Spiels.

Gemeinsam ist dieser Gruppe, daß die Therapie die *Verdrängung* unterbinden soll (vermittels der Katharsis).

($A_2$) Die *verhaltenstherapeutische* Richtung eint, trotz vielfältiger Methoden, das Ziel:

*Stützung* der Entwicklungsstadien je nach Alter mit entsprechenden Einübungen von alterstyp. Verhalten.

($A_3$) Die *klientenzentrierte* Kindertherapie ist auf die Selbstaktualisierung des Kindes ausgerichtet, die keine direktiven Eingriffe durch Erwachsene benötigt.

**B Spieltheorien**

Um das Spiel in der jeweils anvisierten Weise einzusetzen, entwickelten die Richtungen spezif. Spieltheorien. Der Beginn dieser Entwicklung liegt bereits im 18. Jh. (H. SCHEUERL). Deshalb gibt es eine große Fülle solcher Theorien, von denen die 4 wichtigsten folgen.

($B_1$) Mit zu den ältesten gehören die *Einübungstheorien,* die annehmen, daß das Spiel ein instinktives Verhaltensprogramm sei, das in der Evolution zur Vorbereitung auf die Lebensaufgaben eingesetzt ist.

Der Betätigungsdrang des Kindes wird noch nicht für Ernstsituationen gebraucht, deshalb werde die Lebenskraft für das Spiel verwendet.

($B_2$) Andere (wie z.B. FRIEDRICH SCHILLER) meinten, das Spiel sei ein Phänomen des *Kraftüberschusses;* später wird es im Zusammenhang mit der Aufarbeitung von belastenden Zuständen (*Katharsis,* Reinigung von unangenehmen Gefühlen) hauptsächlich durch die tiefenps. Schulen gesehen.

Teilweise wird das Spiel auch als Anspannungs-Entspannungs-Zirkel (H. HECKHAUSEN) in versch. *Homöostase*-(Fließgleichgewicht-)Modellen aufgefaßt.

($B_3$) Die neueren Kognitionstheorien sehen im Spiel u.a. eine *Informationssuche,* eine Form der geistigen Selbstverwirklichung (Neugierverhalten).

Das würde auch das Risikoverhalten in vielen Spielen erklären.

($B_4$) Schließlich betonen viele Theorien den *sozialen* Charakter v.a. der Partner- und Mannschaftsspiele.

Ein Motiv ist dabei der Wettbewerb und der Geltungsanspruch. Aber auch schon das bloße Mitwirken kann den Spielwunsch auslösen.

**C Spieltherapien**

($C_1$) In den meisten Kindertherapien wird das Spiel nicht nur therapeutisch, sondern schon *diagnostisch* eingesetzt.

Das Spiel kann dabei u.a. nach Spieldauer, Menge und Auslese des Spielmaterials, alterstyp. Spielweisen (z.B. sind Gemeinschaftsspiele erst in der späten Kindheit möglich) sowie nach Komplexitäts- bzw. Organisationsgrad der Spielinhalte ausgewertet werden.

($C_2$) Die Spieltherapie von VIRGINIA AXLINE, einer Schülerin von CARL ROGERS, ist mit am bekanntesten geworden:

»Die Spieltherapie geht davon aus, daß das Spiel ein natürl. Mittel zur Selbstdarstellung des Kindes ist. Sie gibt dem Kind Gelegenheit, seine Gefühle und Konflikte ›auszuspielen‹.« (AXLINE, 1972)

Man gibt dem Kind Spielmaterial, das »mittelstarke Diskrepanzen« (GOETZE, JAEDE, 1978) auslösen soll, d.h. weder zu Aggressionen reizen (z.B. ein Schwert), noch zum Stillsitzen zwingen (z.B. Schach) soll. AXLINE fordert in 8 Grundprinzipien u.a.,

daß dem Kind eine warme, freundl. Beziehung vermittelt, keine direktiven Eingriffe erfolgen und Gefühle und Gedanken frei ausgedrückt werden sollen.

($C_3$) Die *behavioralen* Spieltherapien stützen sich meist auf das Modell-Lernen (s. S. 145).

Im *Behavior-Rehearsal* von LAZARUS und der *Fixed-role-therapy* von KELLY werden simulationsartig Situationen vorbildhaft durchgespielt.

Dabei werden auch andere verhaltenstherapeut. Methoden, z.B. die *token-economy* (s. S. 379), eingebaut. Mit diesen Rollenspielen (z.B. als »Indianer«) ist der Anschluß an andere Therapiegruppen, z.B. das Psychodrama, hergestellt.

Die präventiven Spieltherapien (BENESCH, 1980) benutzen Spiele zur psych. Vorsorge: u.a. zum *Spannungsausgleich* (weder Hektik noch Langeweile sind psych. zuträglich, das Spiel gewährt Regulation der Anspannung), als *Verstärkung* (im Wechsel von Gewinnen und Verlieren dient es als intermittierendes Erfolgserlebnis), zum *»Durchspielen«* (kreative Experimentierhaltung), als *Lustgewinn* (emotionale Belebung), zur *Selbstverwirklichung* (durch Spiel kann man »zu sich selbst kommen«), als *Risikokatharsis* (befreiendes »Spiel mit dem Feuer«), als *Gemeinschaftsbezug* (spieler. Partnerverhalten).

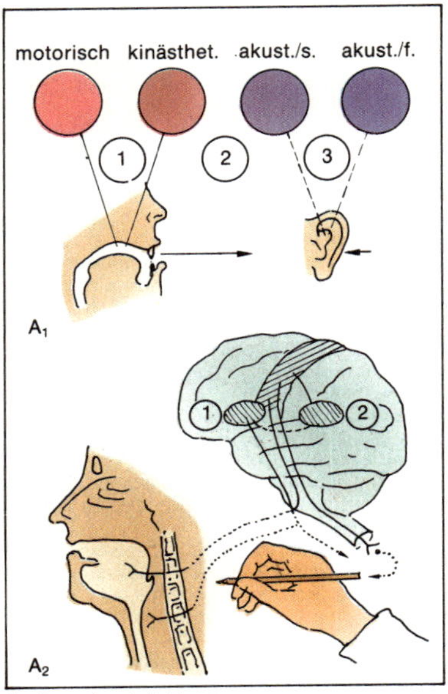


A Sprachentwicklung

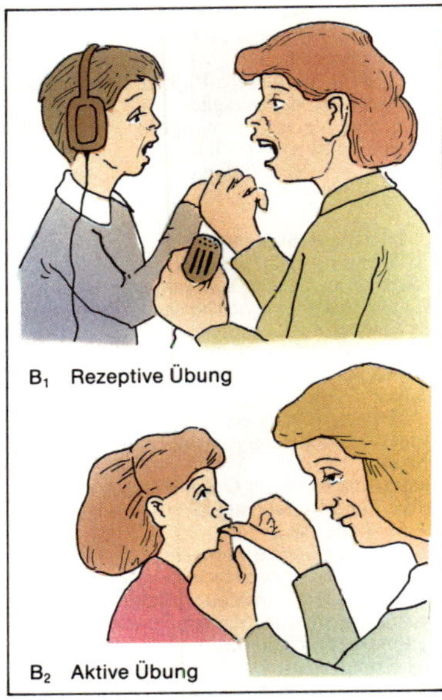


B Logopädie

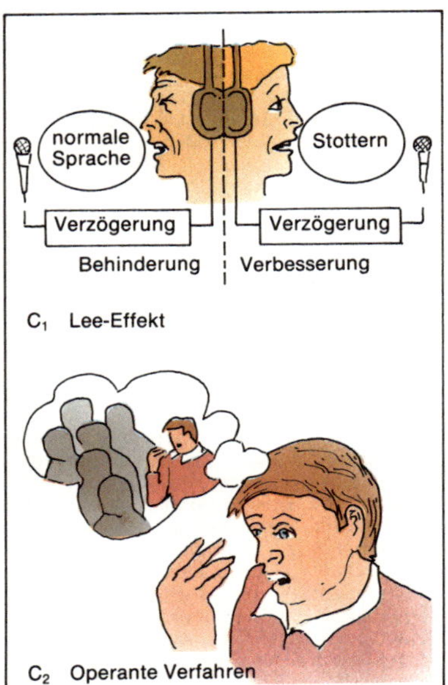


C Rückmeldeverfahren

D Sprechtraining

Wann in der Phylogenese des Menschen die **Sprache** auftaucht (Claiborne, 1978, schätzt vor 100–200 Tausend Jahren), ist schwer festzulegen. Sicher war es ein langer Prozeß von wenigen Signallauten bis zu langen Satzperioden mit abstrakten Ausdrücken. Die ältesten *Schriften* lassen sich in China um 1000 v. Chr. nachweisen.
Die *verbalen* Kommunikationen verhelfen zur engen Partizipation, zur Übernahme des bisherigen Bildungsgutes und zur persönl. geistigen Reife.

Der Sprachbehinderte entbehrt folglich eine fundamentale Voraussetzung seiner Selbstverwirklichung in mehr oder weniger großem Ausmaß.

**A Sprachentwicklung**

Die *Ontogenese* (Individualentwicklung) der Sprache dürfte eine gewisse Ähnlichkeit mit ihrer Phylogenese haben.
($A_1$) Das Schreien des Neugeborenen, die ersten Gefühlsfärbungen ab der 6. Lebenswoche, das spätere Lallstadium, die ersten Schmatz- und Schnalzlaute führen zu einem (1) *primären* Sprachkreis, der eine motor.-kinästhet. Rückkopplung (Bewegungserlebnisse) aufweist.
Der (2) *sekundäre* Sprachkreis bezieht die akust. Komponente ein: selbstproduzierte Laute werden abgewandelt.
Im (3) *tertiären* Sprachkreis werden schließl. die Laute der Umgebung nachgeformt.
($A_2$) Die spätere Schreibhandlung wird (parallel zur mündl. Sprache) beim Rechtshänder von der dominanten linken Hirnhälfte über das (1) motor. (Broca-Areal) und (2) sensor. (Wernicke-Areal) Sprachzentrum zur Hand geführt.

**B Logopädie**

Am Sprechprozeß sind nicht weniger als 70 Muskelgruppen beteiligt. Bis zur vollen Sprachreife sind ferner zahllose psych. Voraussetzungen, von der verbalen Speicherfähigkeit bis zur Spracherfahrung, nötig. Es ist bei einem so komplizierten Aufbau verständlich, daß es eine große Zahl von *Sprachstörungen* gibt, aus denen die folgenden herausragen:

Stottern (tonische oder klonische Störung der Sprechflüssigkeit, s. S. 295), Stammeln (fehlerhafte Laut-, Silben- und Wortbildung), Poltern (Störung der sprachl. Koordination, z. B. überstürzte Rede), Artikulationsstörung (pathol. Abweichung durch Störung des Sprechapparates), Agnosie (Wörter werden gehört oder gesehen, aber nicht verstanden), Aphasie (Verlust der Sprachfähigkeit), Apraxie (sprachl. Merkausfälle), Aphonie (Stimmlosigkeit), Logorrhöe (gesteigerter, zusammenhangsloser Rededrang).

Zu ihrer Beseitigung werden versch. Verfahren angewendet. In der *Logopädie* (Sprachheilkunde) besteht eine Spezialausbildung für Sprechhilfen:

($B_1$) *rezeptive* Sprechhilfe (die vorgesprochenen Laute werden imitiert) und
($B_2$) *aktive* Sprechhilfe (die Artikulation wird mit der Hand oder Instrumenten, z. B. Sondiergeräten, unterstützt).

**C Rückmeldeverfahren**

($C_1$) Wenn man die eigene Sprache über Kopfhörer um Sekundenbruchteile verzögert rückmeldet, wird die Normalsprache behindert, beim Stotterer dagegen häufig gebessert (Lee-Effekt; B. Lee, 1951).

Ähnl. Verfahren nutzen z. B. das Nachsprechen eines Tonbandes *(shadowing)*, das Chorsprechen (Unisono-Methode), die Sprachmaskierung (konstantes Geräusch über Kopfhörer).

($C_2$) Behinderungen beim Sprecheinsatz *(pull-out)* werden durch *operante* Methoden (s. S. 145), manchmal auch durch paradoxe Intervention (z. B. absichtl. Stottern) angegangen. Mit systemat. Desensibilisierung (Annäherung über das vorgestellte Sprechen; s. S. 381) wird die Sprechangst abgebaut.

**D Sprechtraining**

Zu den neueren Methoden gehören die der *psychosozialen Sprechmodifikation* (v. Riper). Sie gehen von der Annahme aus, daß die Sprachstörung auch von der *Sprechmotivation* abhängt. Zu dieser Gruppe zählt bereits eine größere Zahl an Verfahren:

Förderung verbaler Kontaktbedürfnisse. Förderung der Ausdrucksfreude, multisensuelle Zuwendung, Erfolgserlebnisse.

Bes. der letzte Ansatz wird durch versch. Verfahren des Selbstbehauptungstrainings unterstützt, die zu einer »Vermeidungs-Reduzierungs-Therapie« (Wittling) führen.
Das soziale *Sprechtraining* bezieht die Gruppe der Gleichbetroffenen in die Therapie ein. In 2 Stufen erfolgen Formulierungs- und Redeübungen (Benesch).

Im Anschluß an Stimmschulungen, die das »Instrument« der Sprache unterstützen, werden Formulierungsgrundsätze (Gegenstände und später abstrakte Themen treffend zu beschreiben) durchgearbeitet.

In den eigentl. *Redeübungen* werden Verfahren aufgegriffen, die es bereits im Altertum gab. Aristoteles schrieb dazu:

»Die sittl. Verfassung ist wirksam, wenn die *Darstellung* durch die Rede von der Art ist, daß sie den Redenden glaubwürdig macht, denn dem rechtschaffenen Mann glauben wir bes. da, wo nicht absolute Gewißheit möglich ist, sondern Verschiedenheiten der Meinungen ins Spiel kommen, sogar unbedingt. Es muß aber diese Wirkung durch die redner. Darstellung erreicht werden und nicht das Resultat einer vorgefaßten Meinung über die sittl. Beschaffenheit des Redenden sein.«

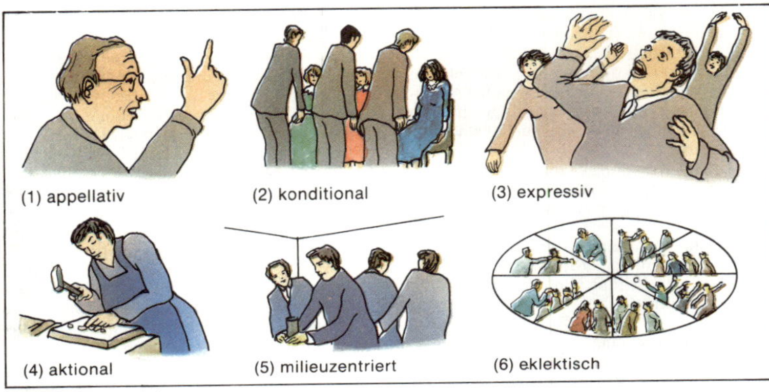


A Stützungsverfahren

B Lebensberatung

C Prävention

In heiterer Weise spricht WILHELM BUSCH die Veränderungshemmung an:

»Aufstrebend mußt du dich bemühen, doch ohne Mühe sinkest du. Der liebe Gott muß immer ziehen, dem Teufel fällts von selber zu.«

Zur Veränderung zum Besseren gehört zwar auch die Einsicht (»Selbsterkenntnis ist der erste Schritt zur Besserung«), aber ausreichend ist sie nicht. Es gehören eine Reihe von Unterstützungsverfahren hinzu, die den Erfolg stabilisieren. Die allgemeinmenschl. Möglichkeiten dafür bilden ein Hauptgebiet der Prakt. Ps. und werden zumeist unter dem Begriff **Psychagogik** (wörtl.: Seelenführung) zusammengefaßt.

**A Stützungsverfahren**

Wie kann man der Einsicht auf den Weg in die Realisierung der guten Vorsätze verhelfen?

Obgleich die Methoden hierfür unübersehbar sind, sind die Grundgedanken leider nicht zahlreich und auch nicht sehr erfolgssicher. Es gehört von beiden Seiten (vom Berater wie vom Betroffenen) viel Zähigkeit dazu, das Ziel zu erreichen. Man kann die Stützungsverfahren in 6 Gruppen zusammenfassen.

(1) Der *Appell* stützt sich auf die moral. Stärkung:

der Weg, den die meisten Weltanschauungen gehen; wie man weiß, mit zweifelhaftem Erfolg.

Aber auch andere fordern zu »mehr Einsicht« auf.

(2) Nicht minder häufig wird es *konditional* versucht:

Fast alle Gesellschaften vermitteln in der Erziehung nicht nur Wissen, sondern üben mit ihrer Jugend Verhalten ein: entweder als Fortführung vorhandener Anlagen (Paralmethode) oder als Verhinderung unerwünschter Anlagen (Versalmethode).

(3) Alte (z. B. afrikan.) Kulturen nutzen u. a. in wiederkehrenden Festen das Ausleben erweiterter *expressiver* Möglichkeiten: sie sollen den psych. »Bodensatz« wegspülen.

Heute z. B. werden psychagog. Kunsttherapien oder Animationsverfahren eingesetzt.

(4) Auf den heilsamen Wert der *Aktion* setzen etwa die Bewährungshilfe für Strafentlassene oder die Beschäftigungstherapie für Langzeitpatienten sowie das Case-work (Sozialdienst) für Milieugeschädigte. Grundgedanke ist hier die Umlenkung der Aufmerksamkeit von sich auf nützl. Sachverhalte.

(5) Das *Milieu* kann ebenso nutzbringend eingesetzt werden:

in einfachster Weise durch die Farbtherapie mit beeinflussenden Farben; beispielsweise werden in Kliniken oder Heimen die Wandfarben ps. eingesetzt.

Die Veränderung des Milieus wird im Freizeitbereich durch den Reiseurlaub genutzt.

Die Heimerziehung ist auch eine Milieuerziehung, wenn auch oft nicht in der gewünschten Weise.

Schließlich gibt es hier neuerdings zahlreiche Möglichkeiten zum Training sozialer Kompetenz (s. S. 381).

(6) Damit ist auch schon der größte Bereich angesprochen: der *eklektische*, der ohne Eingrenzung auf alle nur greifbaren Anregungen setzt.

**B Lebensberatung**

Die Lebensberatung war früher bes. der prakt. Bereich der Religionen, heute sind diese Funktionen säkularisiert. Die Themen haben sich teilweise verändert:

Eheberatung, Erziehungsberatung, Sucht-(Drogen-)Beratung, Altersberatung u. a.

Beim Beratungsgang heben sich 4 Abschnitte heraus.

(1) Eine Beratung muß unbedingt von der Lage des zu Beratenden ausgehen. Der Berater muß die *Kongruenz* (Deckungsgleichheit) der Intentionen durch die Veränderung seiner *eigenen* Zielvorstellungen herstellen; erst dann kann er minutiöse Veränderungen der Zielvorstellungen beim Klienten wagen.

(2) Danach erkennt der Berater den *Interventionsbedarf:* wieviel muß ich zu bewirken versuchen; jedes Mehr ist gleichzeitig eine Minderung der Initiative des Klienten (Tarierung einer Waage).

(3) Das Aufspüren der *Störquellen* für Fortschritte ist fast wichtiger als die Kenntnis der Zielsetzungen.

(4) Jetzt erst kann man über die zu ergreifenden *Maßnahmen* nachdenken.

Für die Alterstherapie gelten z. B.:

Abbau sozialer Hilflosigkeit, Sicherung der Teilnahme am soz. Leben, Erweiterung neuer Aktivitäten, Neugliederung der Zeiteinteilung, Erhaltung von Anregungssituationen, Aufbau von Selbstkontrollverfahren.

**C Prävention**

Viele Ansätze zu psych. Störungen sind *voraussehbar.* Deshalb wurde schon früh mit der sog. Psychohygiene versucht, Störquellen aufzuspüren und zu beseitigen.

(1) *Dispensorisch* (vorsorgend) geht z. B. die Architekturps. gegen »krankmachende« Wohnsilos vor.

(2) *Prohibent* (verhindernd) versucht man z. B. gefährl. Brücken (als Selbstmordschwerpunkte) zu entschärfen.

(3) *Immunisierend* (abwehrend) versucht man z. B. die Schäden von bei Wahlkämpfen »geschaffenen Feindbildern« zu entschärfen.

Diese dringend wichtigen Vorbeugemaßnahmen werden oft verkannt und befinden sich noch in einem fast nur theoret. Zustand. Hier macht sich der Mangel an Institutionen geltend, die im Gegensatz zu den vielen Manipulatoren Gegenkräfte mobilisieren.

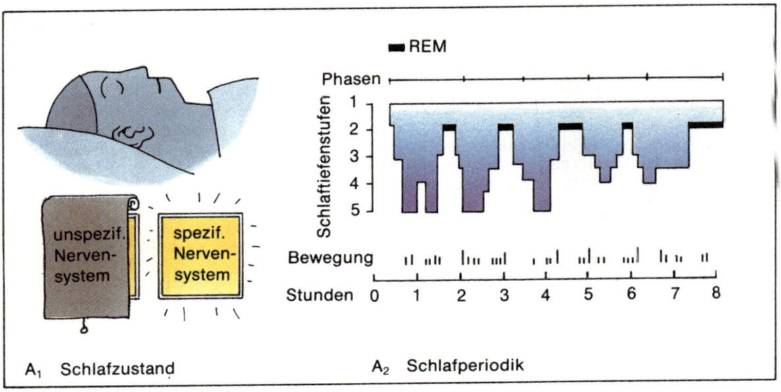


A Schlafpsychophysiologie

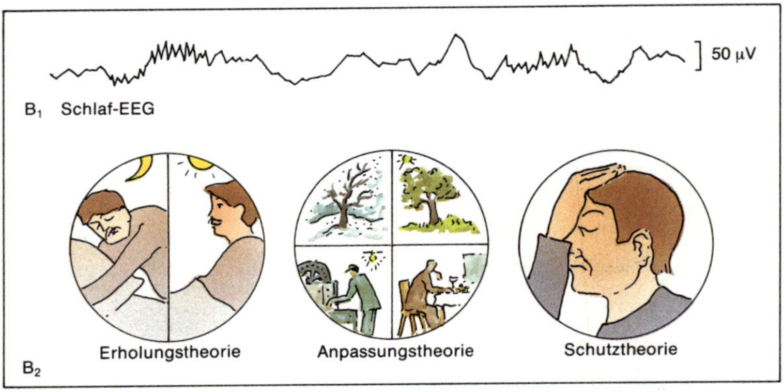


B Schlaftheorie

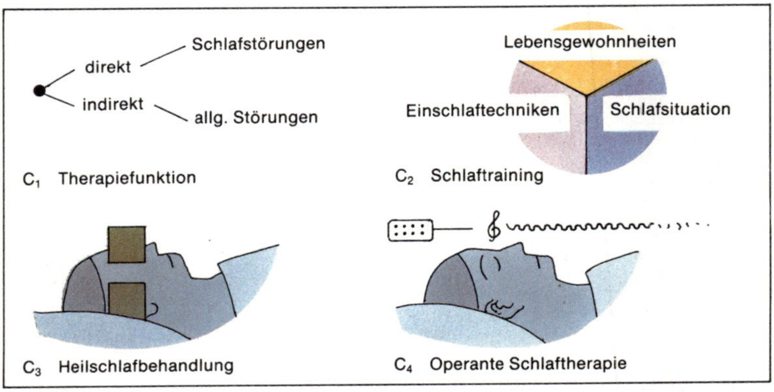


C Schlaftherapie

In SCHILLERS ›Wallenstein‹ stehen die Verse:

»Ich denke einen langen Schlaf zu tun. Denn dieser letzten Tage Qual war groß. Sorgt, daß sie nicht zu zeitig mich erwekken.«

Der »süße Schlaf« war immer auch als ein Heilmittel bekannt. Aber trotz erhebl. Forschungsfortschritte bleibt am **Schlaf** wissenschaftlich noch vieles ungeklärt.

**A Schlafpsychophysiologie**

($A_1$) Vor dem Schlaf bereitet sich der Körper bereits durch eine Reihe von physiol. Prozessen vor, die dann im Schlaf voll wirksam werden:

Veränderung der Herz- und Atemrhythmik, Verengung der Pupillen, erhöhte Tätigkeit des parasympath. Systems, verminderte sensor. Rückkopplung, Reduzierung des Energieumsatzes.

Wichtig ist, daß nur der (höhere) *unspezifische* Teil des Nervensystems im Schlaf blockiert ist, dagegen der *spezifische* weiterarbeitet.

Deshalb können wir im Schlaf zwar alles hören, aber nichts wahrnehmen, d.h. ein Knall läßt uns aufwachen, jedoch wissen wir meist nicht, weswegen wir wach geworden sind.

($A_2$) Durch einen Forschungszufall entdeckten die beiden Neurologen N. KLEITMAN und E. ASERINSKY 1953 die (bereits von ARISTOTELES beobachteten) periodisch heftigen *Augenbewegungen* während des Schlafes.

In den REM*(rapid eye movement)*-Phasen geschehen rd. 80% der Traumzustände, während in den NREM(*non*-REM)-Phasen nur 7% vorkommen (der Rest ist unentscheidbar).

Die Tabelle zeigt diese Phasigkeit des Schlafes und entsprechend die Schlafbewegungen.

**B Schlaftheorie**

($B_1$) Die Schlafforschung wurde erheblich durch die EEG-Forschung (Aufzeichnung der Hirnstromwellen) unterstützt:

Ein typ. Schlaf-EEG zeigt eine geringe Hirnaktivität mit einzelnen »Schlafspindeln« (schnelle Abfolge von Wellenfrequenzen um 13 Hz).

Am EEG läßt sich deutlich die wechselnde Schlaftiefe unterscheiden (unterteilt von 1. Halbschlaf bis 4. Tiefschlaf).

($B_2$) Bei den Begründungen, weshalb der Mensch schlafen muß, werden 3 Theorien hervorgehoben.

Die *Erholungstheorien* sehen im Schlaf die Regeneration der Überlebensfunktionen durch Einschub von Phasen der Untätigkeit, um »frische« Kräfte für den Wachzustand zu sammeln.

Die *Adaptationstheorien* gehen von der zeitl. Variation der Umwelt (Nahrungsangebot, Lichtverhältnisse usw.) aus, die je nach Anpassung einen Tages-, Nacht- oder Winterschlaf nach sich ziehen.

Die *Schutzhemmungstheorien* sehen den biolog. Sinn des Schlafes im Schutz vor Dauerreizung der Hirnzellen, die nicht wie die meisten Körperzellen ersetzbar sind.

**C Schlaftherapie**

($C_1$) Bei der Schlaftherapie müssen 2 Hauptgruppen unterschieden werden:

die Gruppe, die *direkt* auf den (gestörten) Schlaf bezogen ist, und

die andere, die in der Unterstützung eines »gesunden« Schlafs *anderweitige* Störungen (z.B. Streßreaktionen) lindert.

($C_2$) Das *Schlaftraining* zur Besserung von Schlafstörungen richtet sich auf 3 Bereiche.

Bei der Analyse der *Lebensweise* lassen sich häufig schlafstörende Gewohnheiten entdecken (Eß- und Trinkgewohnheiten usw.), die gezielt abzustellen sind.

Für die *Schlafsituation* können zahlreiche Momente herangezogen werden: u.a. Lebensprobleme, Wohnungssituation.

Die *Einschlaftechniken* berücksichtigen die allg. Einstellung zum Schlaf (persönl. Schlaffunktion) und die Art, wie jemand einzuschlafen versucht (psychophysiolog. Vorbereitungszustände).

($C_3$) Die *Heilschlafbehandlung* ist zumeist ein Versuch, die Schlafdauer zu erhöhen, um seine psychophysiolog. Vorteile zu nutzen. So wurde er schon im Altertum verwendet.

Für den Heilschlaf kommt es auf ein reizarmes Milieu (»Schlafbunker«) an, in dem auf mehrere Tage oder Wochen der Schlaf nur für wichtige Verrichtungen wie Mahlzeiten und Körperpflege unterbrochen wird. Da aber dann der Schlafbedarf überschritten wird, wechselt der Schlaf in einen Dämmerschlaf über.

($C_4$) Die *operante Schlaftherapie* nutzt schlafstützende Methoden.

Bei der bedingt-reflektor. Schlaftherapie (WAZURO), wird der Schlaf zunächst als UCR (s. S. 381) mittels Medikamenten erzeugt, aber von einem CR (konditionierten Reiz, etwa einer leisen Tonfolge) begleitet, der nach Einübung als Bedingter Reflex den Schlafzustand auslöst bzw. auf Dauer beläßt.

KLEINSORGE (1958) betont die Nützlichkeit der Schlaftherapie hinsichtlich ihrer Funktion als intensiver »Erholungsaufenthalt«:

»d.h. sie wird wirksam im Sinne einer Milieutherapie, deren Ziel es ist, einen Patienten einmal völlig aus dem gewöhnlichen Milieu zu lösen und ihn in eine völlig andere Umwelt von Natur, Wohnung und Mitmenschen zu bringen«.

Durch den stationären Aufenthalt eignen sich die versch. Schlaftherapien auch zu Kombinationen mit anderen Verfahren, wie z.B. mit Hypnosen oder Autogenem Training.

Neuerdings (SCHULTE, TÖLLE) wird im Gegensatz dazu auch mit *Schlafentzug* bei Depressionen behandelt.

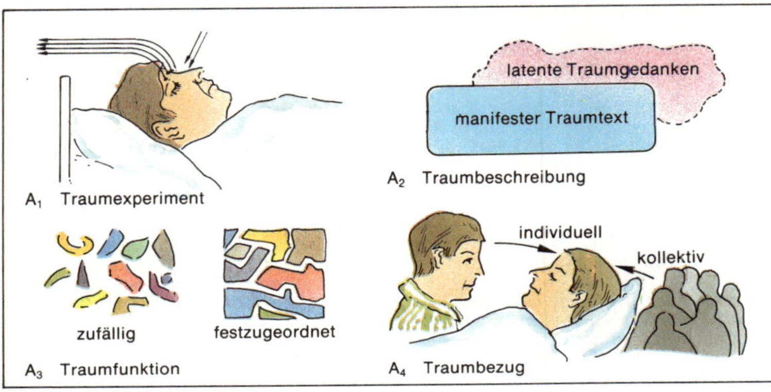


A Traumtheorien

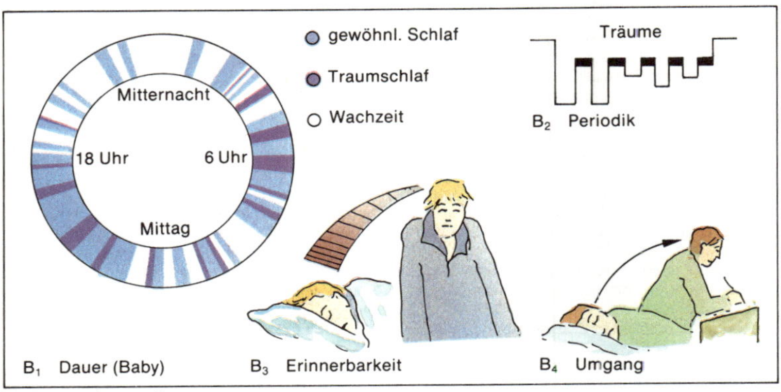


B Traumdiagnostik

C Traumsemantik

Der **Traum** wurde immer als etwas Geheimnisvolles angesehen. Als wiss. Thema wird er deshalb von vielen gemieden. Aber mit der Nichtbeachtung ist er nicht beseitigt. In den letzten Jahrzehnten wird er aus mehreren Richtungen erneut untersucht.

**A Traumtheorien**

Die ersten Traumexperimente wurden Mitte des 19. Jh. (KOHLSCHÜTTER) als Schlafentzugsversuche durchgeführt.

Mit Alarmglocken wurde der Schlaf unterbrochen und das Traumgeschehen systematisch erfragt.

($A_1$) Heutige *Traumexperimente* stützen sich hauptsächlich auf die Erforschung der Hirnwellen und Augenbewegungen während des Schlafes und die entsprechenden phänomenalen Traumwiedergaben.

Dadurch konnte die sog. Traumrhythmik (phasische Abfolge von ca. 5 Traumsequenzen pro Schlafperiode) ermittelt werden.

($A_2$) Demgegenüber entwickelte sich eine inhaltl. *Traumbeschreibung,* seit S. FREUD (1900) die Traumdeutung als »Königsweg« zum Unbewußten in die Psychotherapie einführte. Er unterschied zwischen dem tatsächlich geträumten *manifesten* Traumtext und den *latenten* (d. h. hintergründigen) Traumgedanken.

Der Traum erscheint nach dem Erwachen als »unechte Wirklichkeit« (HEISS); während des Träumens aber als stark emotionalisierte (ca. 70%), zumeist unlustbetonte (davon 2 Drittel), überwiegend visualisierte (80% parallel zu weniger häufigen anderen Sinnesgebieten) psych. Realität.

Nur bei seltenen *luziden* Träumen wird gleichzeitig vergegenwärtigt, daß man träumt.

($A_3$) *Trauminhalte* werden in den versch. Traumtheorien als *zufällige* Bildvorstellungen oder als Symbole für *festzugeordnete* Bedeutungen angesehen. Allerdings neigt eine Mehrheit zu der Annahme, daß beides zutreffen kann.

Für die physiolog. Theorien sind wirre Impulsserien aus tieferen Gehirnregionen für den Traum verantwortlich, die aber in den höheren Regionen durch deren Koordinationsfunktion zu Bildkomplexen zusammengefaßt werden, wodurch eine »Sinnappetenz« entstünde, die sowohl zufällig wie typisch sein könne.

($A_4$) Daraus ergibt sich für den *Traumbezug,* daß Träume nach den tiefenps. Schulen durchaus individuell umgesetzt wie aus dem »kollektiven Unbewußten« (C. G. JUNG) gespeist sein können.

**B Traumdiagnostik**

Um das individ. Traumerleben messen zu können, benötigt man einen überindivid. Traumstandard, der z. Zt. noch nicht ausreichend erforscht ist.

($B_1$) Die allg. *Dauer* von Träumen ist altersabhängig.

Das Diagramm, für ein Baby, gibt insgesamt 17 Schlafstunden mit erhebl. Traumanteilen wieder.

In mittl. Jahren rechnet man mit ca. 20% und im Alter mit ca. 14% und weniger Traumanteilen am Gesamtschlaf.

Die Traumdiagnostik interessiert sich jeweils für die individ. Unterschiede zum Standard mit entsprechenden Begründungen.

($B_2$) Ähnliches gilt auch für die *Traumperiodik.*

($B_3$) Auch die *Erinnerbarkeit* von Träumen variiert stark, wobei es aber mehr

auf den zeitl. Abstand des Traums zum Erwachen ankommt: je näher, desto erinnerbarer.

($B_4$) Bei der Traumdeutung wird oft vergessen, daß das Träumen auch abhängig von der *Beschäftigung* mit den eigenen Träumen ist:

wer z. B. regelmäßig ein Traumtagebuch führt, beeinflußt auch sein Träumen.

**C Traumsemantik**

Bereits ARTEMIDOR (2. Jh. n. Chr.) unterschied in seiner ›Onëirokritika‹ (Traumanalyse) zwischen zukunftsdeutenden und anderen Träumen als

»bloße Folge und Spiegelung von etwas schon Vorhandenem, wie Hunger, Durst usw.«

($C_1$) Unter dem Begriff *»Tagesreste«* versteht man »die Elemente des Wachzustandes vom Vortage« (LAPLANCHE), die in das Traumgeschehen eingreifen.

($C_2$) Die häufigste Traumgattung scheinen, wie Traumregistrierungen über Jahrzehnte hinweg nachweisen (F. HACKER), die *Angstträume* zu sein.

($C_3$) Gefolgt werden sie von den *Substitutionsträumen,* die FREUD zu stark verallgemeinerte in seiner oft zitierten Definition des Traumes als »Versuch einer Wunscherfüllung«.

($C_4$) Viele Träume sind »Vergangenheitsbewältigung« wie auch *Rückkehr* in die Vergangenheit (Geborgenheitsbezüge).

Sehr wichtig für die Traumanalyse ist ihre formale Konstruktionsdeutung. Viele Träume sind »gedankl. Unleistungen« (HEISS), deren Realitätsveränderung trotzdem aufschlußreich sein kann:

($C_5$) *Verschiebung,* oder Dilation, ist die »falsche« Zuschreibung von Merkmalen, z. B. auf eine andere Person;

($C_6$) *Verdichtung,* oder Agglutination, konzentriert auf ein Hauptmerkmal;

($C_7$) *Umwandlung,* oder Permutation, kann eine Veränderung von Materie in Personen oder umgekehrt bedeuten.

Die Semantik (Zeichenlehre) der Träume ist wissenschaftlich noch weitgehend offen, wobei aber schon gesagt werden kann, daß feste Zuordnungen zwischen Traumbild und Bedeutung nicht die Regel sind.

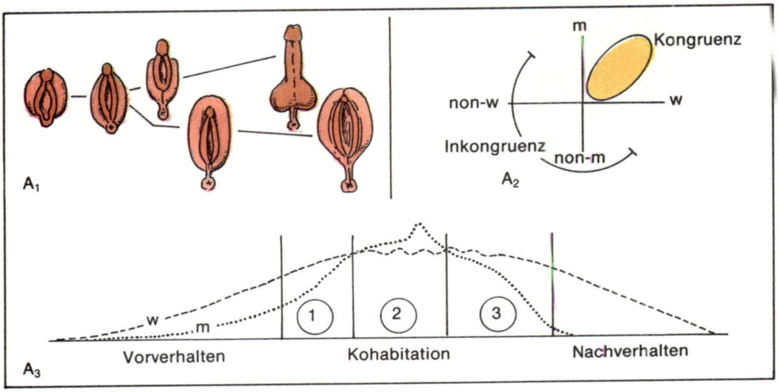


A Sexualdifferenz

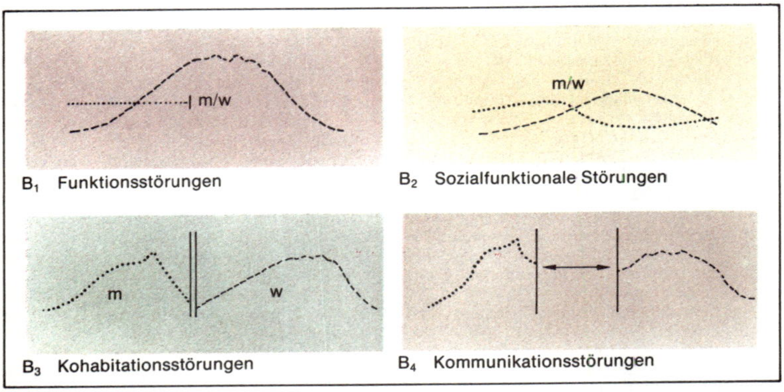


B Sexualstörung

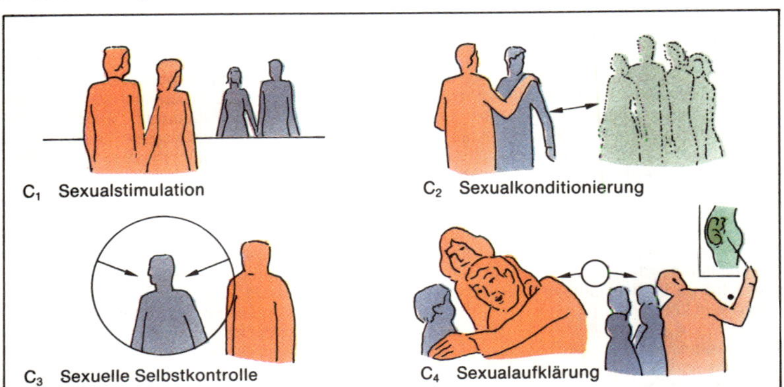


C Sexualtherapie

Statt von **Sexualität** spricht man oft vom »Intimbereich«. Ein solcher Ausdruck deutet auch ihre ps. Empfindlichkeit an.

Sexualität findet weitgehend unter Ausschluß der Öffentlichkeit statt.

Andererseits eignet sie sich dadurch für kommerzielle Interessen zur Veröffentlichung.

Je nach den gesellschaftl. Voraussetzungen schwankt die Einstellung zur Sexualität und der Umgang mit ihr von Land zu Land und Zeit zu Zeit.

**A Sexualdifferenz**

In der Evolution bot die geschlechtl. Vermehrung gegenüber der Zellteilung enorme genet. Vorteile. Sie muß man sich vergegenwärtigen, wenn man ihre *sozialpsychol.* Vor- und Nachteile kritisiert.

Durch den Geschlechtsunterschied wird die Menschheit in zwei leicht unterscheidbare Hälften geteilt. Das hat zwar den Vorteil der besseren sexuellen Stimulierbarkeit, aber immer auch die Gefahr, daß daraus ein (individ. oder kollektiver) »Kampf der Geschlechter« entsteht:

Die gesellschaftl. Unterdrückung der Frauen ist eine der gravierendsten Folgen der Geschlechtsdifferenz.

Diese Differenz wird vom *biolog.* Bereich über den *individualpsychol.* bis zum *sozialen* jeweils größer.

($A_1$) An der *ontogenet.* Entwicklung kann man deutlich den gemeinsamen Ursprung von Penis und Klitoris, Hoden und Schamlippen erkennen, die sich erst im embryonalen Stadium trennen.

($A_2$) Die *psych.* Unterschiede sind zwischen den Geschlechtern zwar unbestreitbar, aber der Deckungsbereich (Kongruenz) ist nicht kleiner als der Differenzbereich (Inkongruenz). Dagegen wird der Unterschied schon durch die Bekleidungsnormen verstärkt kenntlich gemacht.

Die *soziale* Chancenungleichheit der Geschlechter übersteigt bei weitem den tatsächl. *biologischen* Unterschied.

($A_3$) »Mißverständnisse« zwischen den Geschlechtern gibt es auch im privaten Intimbereich. Das Sexualleben ist bes. störanfällig durch die physiol. Bedürfnisunterschiede, die sich in falschen gegenseitigen Erwartungshaltungen verschärfen können.

Die durchschnittl. sexuellen Erregungskurven unterscheiden sich bei den Geschlechtern für die 3 Stadien (1) Erregungs-, (2) Orgasmus- und (3) Rückbildungsphase in der dargestellten Form.

**B Sexualstörung**

Die Vielzahl mögl. Sexualstörungen kann man u.a. nach den 3 Abschnitten Vorverhalten (Aufbau der Erregung), Kohabitation (Sexualverkehr) und Nachverhalten (z.B. Isolation nach dem Verkehr) unterteilen.

In ähnl. Weise werden hier 4 *sozialpsychol.* Momente als Unterscheidungskriterien verwendet.

($B_1$) Die *Funktionsstörungen* beziehen sich auf Minderungen (z.T. auch Übersteigerungen) der Sexualfähigkeit:

z.B. Impotenz oder Perversion.

($B_2$) Die *sozialfunktionalen Störungen* sind häufig verursacht durch Sozialängste:

Näheangst, Angst vor Geschlechtskrankheiten oder AIDS.

Sie können aber auch durch situative Momente bedingt sein:

Raum- oder Trennungsnot, Milieuhindernisse.

($B_3$) Zu den direkten *Kohabitationsstörungen* gehören u.a.:

Scheidenkrampf, Orgasmusschwierigkeiten wie die vorzeitige Ejakulation.

($B_4$) Die *Kommunikationsstörungen* sind Störungen des sexuellen Verständnisses bei sich (Informationsmängel) oder gegenüber dem Partner (u.a. Sex als Austragungsort für Beziehungsstörungen). Tatsächliche oder vorgestellte Gefährdungen durch die Sexualität bei gleichzeitigem Sexualdrang ergeben in ihrer Wechselwirkung die verbreitete ps. Problematik des Geschlechtslebens.

**C Sexualtherapie**

Die Sexualtherapien dienen sowohl der Verbesserung des partnerschaftl. Sexuallebens wie dem individ. Sexualausgleich und der prophylakt. Aufklärung.

($C_1$) Die *Stimulationstherapien* gehen auf die Pionierarbeit von MASTERS und MASTERS-JOHNSON zurück. Sie fordern für die Therapie die Paarigkeit sowohl der Klienten wie der Therapeuten.

In der Therapie werden die vorzunehmenden Übungen besprochen, die (auch aus Stimulierungsgründen) nicht überschritten werden dürfen.

($C_2$) Die *Konditionierungstherapien* sind dagegen mehr Einzeltherapien,

u.a. mit systemat. Desensibilisierung (s. S. 381) bei Sexualängsten.

($C_3$) *Sexuelle Selbstkontrolle* wird durch den Therapeuten in die Wege geleitet, aber (oft vertragsartig) der eigenen Ausführung überantwortet,

z.B. als Erneuerung der Gewohnheiten.

($C_4$) Die *Sexualaufklärung* als präventives Verfahren ist immer noch (auch pädagogisch) umstritten. Die kontrovers beantworteten Fragen lauten:

Wer soll wann, was an Aufklärung wie und wofür anbieten?

Für das Gesamtgebiet der Sexualität kann man einen Satz von NOVALIS hervorheben:

»Der Mensch ist überhaupt nur dann ehe- und familienfähig, wenn er mit sich selbst eine glückl. Ehe führt.«

In Wahrheit darf dies ganz allg. von allen psychotherapeut. Tätigen erwartet werden.

A Arbeitsprozeß

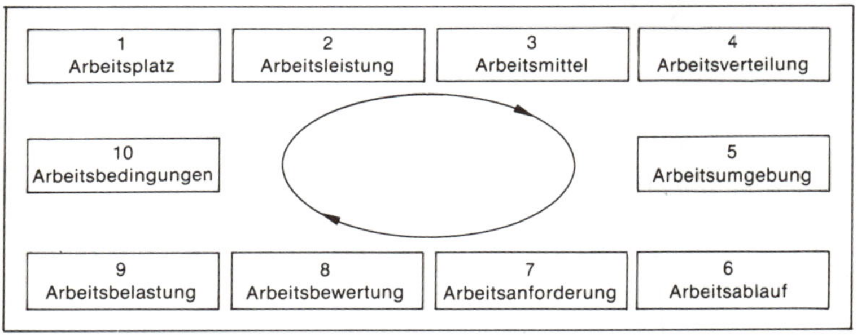


B Arbeitsanalyse

C Arbeitsbelastung

Die Geschichte der **Angewandten Psychologie** (F. Dorsch, 1963) reicht bis in die Ausläufer des 19. Jh. zurück. Eines der frühesten Fächer ist die **Arbeitspsychologie.** Ihre Aufgabe ist die Erforschung und Nutzung von Bedingungen zur menschl. Berufstätigkeit. Im Mittelpunkt steht dabei die industrielle Berufsarbeit.

**A Arbeitsprozeß**

Eine der schwierigsten Voraussetzungen der Industriearbeit ist ihre hohe Differenziertheit. Sowohl die *vertikale* (Ranghöhe der Arbeitsteilung) wie die *horizontale* Struktur (Aufteilung der Arbeitsaufgaben) weisen eine schwer überschaubare örtl. Vielfalt auf.

Die Systematisierung der vertikalen Ordnung gelingt der Betriebsps. (Erforschung der ps. Besonderheiten des einzelnen Industriebetriebes, s. S. 417) besser als eine generelle horizontale Systematisierung. Sie unterliegt der *Vielfalt* der industriellen Aufgaben, die wenig Gemeinsamkeit z. B. für Stahlunternehmen, Textilbetriebe oder Nahrungsmittelwerke erkennen läßt.

Ganz allgemein kann man die horizontalen Beschäftigungsarten am besten nach der *chronolog.* Bearbeitung der *Produkte* unterteilen:

(1) *Vorbereitung* (oder »Einrichtung«; sie bezieht sich auf die Planung des Produktionsablaufes und die »Zurüstung« der Bearbeitungswerkzeuge),
(2) *Grundproduktion* (Herstellung z. B. von »Rohlingen« durch Gießen, Pressen usw.),
(3) *Bearbeitung* (vor der arbeitsteiligen Produktion müssen zumeist noch Vorarbeiten vollzogen werden),
(4) *Fließbandproduktion* (die hauptsächlichste industrielle Produktionsform),
(5) *Steuerung* (in der mechanisierten oder automatisierten Produktion geschieht dies in zunehmendem Maß durch die Elektronik),
(6) *Montage* (falls nicht bereits in der Fließbandarbeit enthalten, bes. der Einbau von Produktionsteilen von Zulieferfirmen),
(7) *Kontrolle* (Funktionsüberprüfung) und
(8) *Abtransport* (Lagerung oder Auslieferung).

**B Arbeitsanalyse**

Um die Gesamtdarstellung einer Arbeit durchführen zu können, benötigt man ein *Beschreibungssystem.* Dieses 10teilige System umfaßt alle wichtigen Beschreibungskategorien, die in sich wieder recht umfangreich sind.

(1) *Arbeitsplatz:* Merkmale der Platzgestaltung (Sitze, Beweglichkeit, Verlassen des Platzes, Kontakte usw.)
(2) *Arbeitsleistung:* Anteile der Beteiligung (Verantwortlichkeit, Motivation, Kraftaufwand usw.)
(3) *Arbeitsmittel:* gegenständliche Anteile (Werkstoffe, Maschinen, Arbeitsunterlagen usw.)
(4) *Arbeitsverteilung:* Auftragssituation (Aufträge, Ablaufpläne, Zeitvorgaben, Weisungsbindung usw.)
(5) *Arbeitsumgebung:* Arbeitsumfeld (Raumgestaltung, Arbeitsgruppen, mitmenschl. Kontakte bzw. Distanzen usw.)
(6) *Arbeitsablauf:* Verlaufsanalyse (Ablaufpläne, Netzplantechnik, Aufsicht, Akkord usw.)
(7) *Arbeitsanforderung:* ps. Leistungsvoraussetzungen, Funktionsverteilung, Kenntnisbedingungen, Fehleranalyse usw.
(8) *Arbeitsbewertung:* Kontrollsituation (System der Leistungsmessung, Bewertungsdurchführung usw.)
(9) *Arbeitsbelastung:* Erschwernisanalyse (Gefährdungsgrade, Aufmerksamkeitserfordernisse, Leistungsanspruch, Unfallanalyse usw.)
(10) *Arbeitsbedingungen:* äußere Voraussetzungen (Entlohnung, Zulagen, Erholzeiten, Arbeitsplatzsicherheit usw.)

**C Arbeitsbelastung**

Für den Arbeitspsychologen ist die Analyse der Arbeitsbelastung (Punkt 9) bes. für die Sicherheitsvorsorge bedeutsam. Dabei prüft er v. a. die 4 wichtigsten Belastungsbereiche, die Ursachen für Unfälle sein können.

(1) Die *Risikobelastung* ist gekennzeichnet durch die Quote der Fehler*potenz,* d. h. wie viele der möglichen schwerwiegenden Fehler gemacht werden können.

Die Zahlen differieren hier sehr stark. Beim Hochhausbau genügt ein einziger Fehltritt für katastrophale Folgen.

Der Unfallpsychologe bemüht sich prophylaktisch um eine systemat. Beseitigung von Unfallursachen.

(2) Die *klimatische Belastung* ist z. B. bei Seeleuten im arkt. Fischfang bes. hoch und entsprechend auch die Möglichkeit für gesundheitl. Schäden. Aber auch in weniger extremen Berufen gibt es einen mehr oder weniger hohen Gefährdungsgrad durch Kälte, Hitze, Luftfeuchtigkeit, Verschmutzung usw.

(3) Die *Konzentrationsbelastung* ist dort bes. hoch, wo starke Nebenreize (z. B. Lärm) auf ein großes Gefährdungspotential (z. B. die mögl. Verletzung von sich und anderen) treffen. Konzentration kann nicht gleichmäßig aufrecht erhalten werden, sie schwankt mit der Dauer, der Tages- oder Wochenzeit usw.

(4) Die *mentale Belastung* betrifft nicht nur die geistige Arbeit; jede körperl. Arbeit ist auch ein Informationsverarbeitungsprozeß, der wiederum von der Verantwortungsbereitschaft und dem Einsatzwillen des Arbeitenden abhängt.

Jeder neue Unfall verändert seinerseits wieder das Unfallrisiko, so daß die Arbeitssicherheit (Hoyos, 1980) ein hochkomplexer Gleichgewichtszustand ist, der nur durch die Optimierung aller dieser Risikominderungen herbeigeführt werden kann.

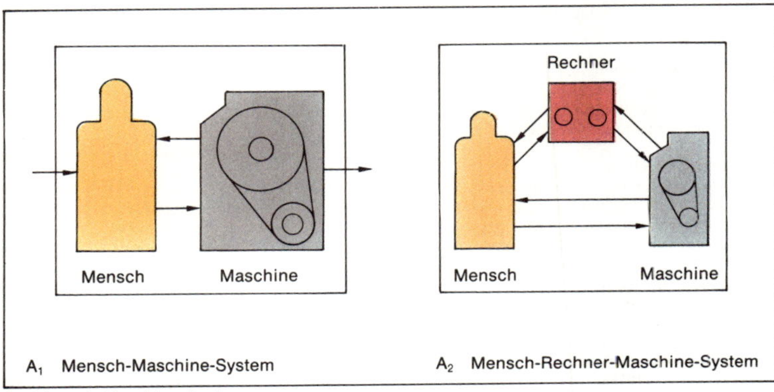


A Mensch-Maschine-System

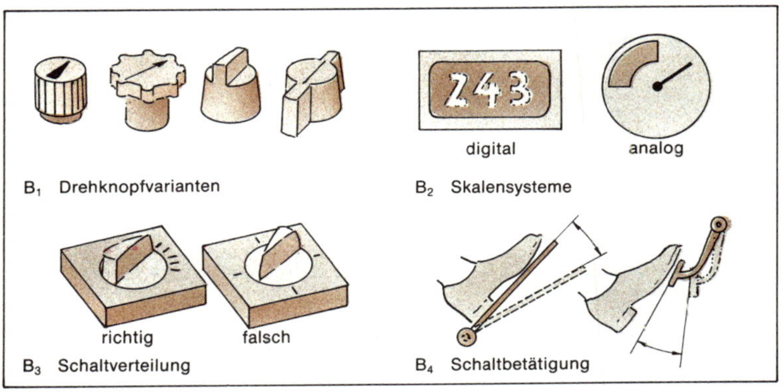


B Instrumentengestaltung

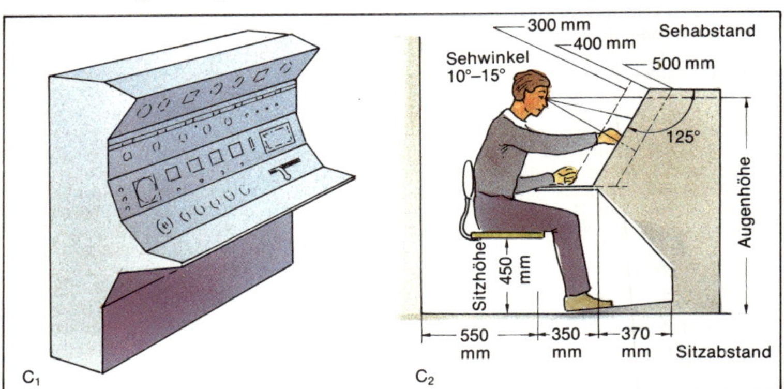


C Arbeitsplatzgestaltung

Die ersten Arbeitsschutzgesetze wurden in England, dem Land der frühesten Industrialisierung, im Jahre 1802 erlassen, als sich bei den Militärmusterungen erhebl. gesundheitl. Defekte bei der arbeitenden Jugend herausstellten. Die Bezeichnung ›Morals and Health Act‹ läßt allerdings diesen Hintergrund der Schutzbestimmungen gegen die Kinderarbeit kaum erkennen.

Der Begriff **Ergonomie** (zusammengesetzt aus griech. *ergon,* Leistung, und *nomos,* Gesetz), als Forschungs- und Anwendungsgebiet für die *Wechselbeziehungen* zwischen Mensch und Maschine, wurde erstmals in der poln. Zeitschrift ›Natur und Industrie‹ 1857 verwendet:

»Damit wir aus diesem Leben die besten Früchte bei der geringsten Anstrengung mit der höchsten Befriedigung für das eigene und das allg. Wohl ernten und dabei anderen und dem eigenen Gewissen gegenüber gerecht verfahren.«

**A Mensch-Maschine-System**

In der frühen Maschinenentwicklung nahm man noch wenig Rücksicht auf den arbeitenden Menschen und seine Leistungsfähigkeit. Das Problem der Minderleistung ging man mit der Auslese der geeigneten Menschen als Arbeitnehmer an. Erst im 20. Jh. setzte sich die Erkenntnis durch, daß die Produktivität am ehesten zu sichern ist, wenn man eine optimale Beziehung zwischen Mensch und Maschine *beiderseits* herstellt.

($A_1$) Das Verhältnis wurde unter dem Aspekt eines Gesamtsystems betrachtet:

»Mensch-Maschine-Systeme« (MMS) bilden nicht nur ein Aggregat (Nebeneinander), sondern eine Einheit, in der ein *Ausgleich* und ein relatives *Gleichgewicht* der Elemente oder Anteile herrschen soll, wobei die Prozesse eine *Interdependenz* (Wechselseitigkeit), *Kompatibilität* (Verträglichkeit) und *Integration* (Verflechtung) aufweisen.

Diese Systeme verfügen über prozessuale *Eingaben* (*input*), *Verarbeitungen* (*throughput*) und *Ausgaben* (*output*).

($A_2$) Seit die Arbeiter kaum noch handwerklich tätig sind, sondern nur noch Maschinen betätigen, ferner in der mechanisierten bzw. automatisierten Industrie zunehmend nur noch über Computer mit der Herstellung von Produkten in Berührung kommen, wird dieses System zu einem

»Mensch-Rechner(Computer)-Maschine-System« erweitert.

**B Instrumentengestaltung**

Die Ergonomie ist ein interdisziplinäres Gebiet, dem auch andere Disziplinen beigeordnet sind:

u. a. die ingenieurtechn. Verfahrensforschung, die Arbeitsmedizin, die Industrieanthropologie.

Der Psychologe bearbeitet Teilbereiche, so u. a. die Fragen der besten Gestaltung von Instrumenten.

($B_1$) Zylinderdrehknöpfe, Rastscheibendrehknöpfe, Zylinderdrehknöpfe mit Knebel und Drehknebel (von links nach rechts) haben versch. Vor- und Nachteile bei den jeweils geforderten Betätigungen (z. B. möglichst schnelle oder sehr genaue). Die Formvorteile müssen im Experiment getestet werden.

($B_2$) Bei Anzeigeinstrumenten gibt es versch. Formen:

u. a. Digital(Zahlen)-, Analog(Zeiger)-Anzeigen; ferner auf-absteigende Zählröhren, Anzeigen mit stehendem Zeiger und bewegl. Skala, akust. Anzeigen und kombinierte. Im gezeigten Beispiel muß der optimale Skalensprung gefunden werden. Im linken Beispiel ist er übersichtlich, während im rechten die Drehbewegung mehr Kraft kostet, ohne die entsprechende Skalentreffsicherheit zu erhöhen.

Die optimale Anzeige richtet sich nach den jeweiligen Gegebenheiten, die geprüft werden müssen.

($B_3$) Außer bei der Drehknopfgestaltung kann man auch Fehler bei der Aufteilung der Skalenbereiche machen.

($B_4$) Nach der Informationsaufnahme (dem »besten« Überblick) interessiert meist die »beste« Steuerung (die Betätigung).

Beispielsweise werden Pedale i. a. bei gröberen Steuerungsaufgaben (mehr Kraftaufwand, größerer Betätigungsweg, geringere Einstellgenauigkeit) verwendet.

Stehende Pedale (links) lassen sich mit dem ganzen Bein betätigen, ihr Aktionswinkel kann größer sein als bei hängenden Pedalen (rechts), die mit der Fußspitze aus dem Knöchel heraus bewegt werden.

**C Arbeitsplatzgestaltung**

($C_1$) Unter »Display« oder »Konsole« versteht man den zunehmend häufigeren Arbeitsplatz mit kombinierten Anzeige- und Steuerungsapparaturen.

Hier wird eine größere Anzahl Anzeigeinstrumente (auch Bildröhren) und Steuerungshebel oder -schalter zu einer Einheit zusammengestellt.

($C_2$) Bei der ps. Untersuchung werden v. a. die Anforderungen an Vigilanz (Daueraufmerksamkeit), der Beanspruchungswechsel (lange Untätigkeit und plötzl. Höchstbeanspruchung) sowie die soziale Isolierung in ihrer Auswirkung auf die Leistungsmotivation untersucht.

In ergonom. Hinsicht steht die Richtgestaltung der Konsolen dieser Datensichtgeräte im Vordergrund. Hierfür gibt es einzelne Richtwerte (Abb. $C_2$).

Am Beispiel der Personal-Computer bzw. der Home-Computer ist die enge Verflechtung der Ergonomie mit dem Industriedesign ersichtlich.

A Berufswahl

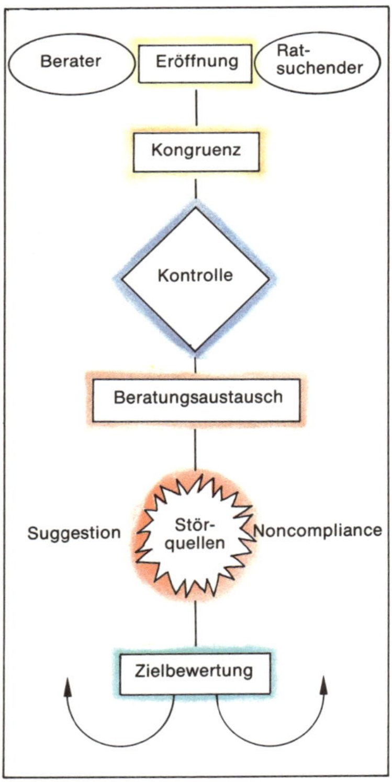


B Berufsberatung

C Berufserleben

Für viele ist der Beruf »das Rückgrat des Lebens« (Nietzsche). SCHELSKY (1971) hebt hervor, daß die Berufsqualifikation für die meisten Menschen die einzige persönl. Sicherheit in sozialer Hinsicht biete und MENNINGER (1964) meint sogar, ohne berufl. Tätigkeit könne der Mensch auf Dauer nicht psychisch gesund bleiben.

Sicher ist, daß es kaum einen gewichtigeren Identifizierungsbereich wie den **Beruf** gibt. Trotz dieser Sachlage ist das Thema Beruf in der Ps. noch ungenügend behandelt. Das liegt v. a. an der schweren Faßbarkeit dieses Themas.

### A Berufswahl

»Die wichtigste Angelegenheit für das Leben ist die Wahl des Berufes: der Zufall entscheidet darüber. Die Gewohnheit macht Maurer, Soldaten, Dachdecker«,

schrieb BLAISE PASCAL vor über 300 Jahren. Damit ist er ein Vorläufer der »Gewohnheits-Zufalls-«Berufswahltheorien, die CRITES (1969) als »atheoretisch« bezeichnet.

Berufe werden tatsächlich auch in Nachahmung bekannter Berufe (wie z. B. dem des Lehrers) gewählt.

Aber wie bei anderen Motiven (vgl. Kap. XIII) sind es selten *einzelne,* die die Berufsmotivation bilden. Eher vereinigen sich versch. Motive zu »Konglomeraten« (wie in der Geologie die Gesteinsgemenge), bei denen die Einzelmotive unauflösbar zusammengefügt sind.

Zu den Einzelmotiven gehören zumeist auch *sozio-ökonom.* Motive:

Ansehen des Berufs, zeit- und ortsbedingte Wertschätzung, Erwartungen hinsichtlich von Einkommen und Einsatz-Nutzen-Relation.

Die noch stärker subjekt. Motivierungen beziehen sich

auf die (zu Recht oder Unrecht) angenommene *Eignung* (TH. SCHARMANN), auf die tiefenps. »Ersatzbefriedigungen« (U. MOSER), auf ein »Bild von sich selbst« (D. E. SUPER), zu dem eben auch als Teil des Selbstkonzepts der Beruf gehört.

A. ROE (1972) nennt diesen Anteil die »Ausrichtung« auf einen Berufswunsch, der im konkreten *Entscheidungsverlauf* mehr oder weniger getroffen wird. Solche Ausrichtungen weisen ps. Erwartungsinhalte auf, die schwerpunktartig mehr *introvertiert* bzw. mehr *extravertiert* charakterisiert sind.

Die introvertierte Seite kann man wiederum in die stärker *gestaltenden* (sachbezogenen) sowie in die stärker *vereinzelnden* (auf sich selbst begrenzten) Zielrichtungen unterscheiden.

Ähnlich sind die extravertierten Ausrichtungen in die stärker *befehlenden* (machtbewußten) oder *helfenden* (auf prosoziales Verhalten gestützten) Motivierungen trennbar.

Im Einzelfall können jedoch durchaus Zusammensetzungen unvereinbarer Motivierungen den Berufswunsch ausmachen.

### B Berufsberatung

Es ist eine Hauptaufgabe der Berufsberatung, diese unbewußten Motivierungen zu klären und in realisierbare Zielsetzungen umzuwandeln.

Im Zentrum des Beratungsverlaufs steht der *Austausch* zwischen Ratsuchendem und Berater.

Wichtige Teilschritte sind die *Kongruenz* (Deckungsgleichheit) ihrer Erwartungen sowie die Ausschaltung von *Störquellen* (Suggestionsverhalten des Beraters und Noncompliance oder Verweigerung durch den Ratsuchenden).

Die *Zielbewertung* ist ein Rückkopplungsprozeß, d. h. erst die Nachbereitung des gesamten Beratungsverlaufs durch den Ratsuchenden kann zu einem für ihn selbst vertretbaren Urteil führen.

### C Berufserleben

($C_1$) Der Wahl des Berufes folgt der Ausbildungseintritt. Hier soll sich die Richtigkeit der Berufswahl bestätigen.

Aber oft differiert die *Ausbildung* von der *Ausübung,* so daß ein vorschnelles Urteil über den Beruf gewagt ist.

Andererseits ist die Gewißheit, eine richtige Wahl getroffen zu haben, eine wesentl. Voraussetzung für die spätere Berufszufriedenheit. Nicht wenig Anteil hat diese wiederum an der Lebensproblematik.

Auch bei einer Kompromiß-Wahl ist deshalb die *Identifizierung* mit dem Beruf eine Notwendigkeit.

($C_2$) Die berufl. Selbstgewißheit bzw. das Selbstvertrauen benötigt jeder, um die unabwendbare *Routine,* die zwar den Berufsalltag erleichtert, ihn aber auch langweilig macht, aufzuarbeiten. Bei der Frage, wie erfolgreich man im Beruf ist, spielen oft Deutungen statt objektive Tatsachen eine Rolle.

Die »Berufskompetenz« setzt sich nicht nur aus dem *Können,* sondern auch aus den *Gegebenheiten* vor Ort (s. Betriebsps., S. 417) und der eigenen *Effektanzmotivation* (A. B. WEINERT) zusammen, dem Wunsch nach Wirksamkeit, Verantwortung und Selbstverwirklichung.

($C_3$) Je fester und ausschließlicher die Berufsbezogenheit, desto schwieriger ist die *Berufsablösung* (durch Pensionierung oder Arbeitslosigkeit; schon bei Urlaubsabwesenheit).

Ein zunehmend wichtigeres Teilproblem ist hier der *Berufswechsel,* der durch die technolog. Revolution sehr viel häufiger vorkommt.

Alle Berufsablösungen benötigen Tätigkeitsersatzebenen, die den Erlebnisverlust aufheben. Durch diese Problematik kommt der Freizeitps. (s. S. 435) erhöhte Bedeutung zu.

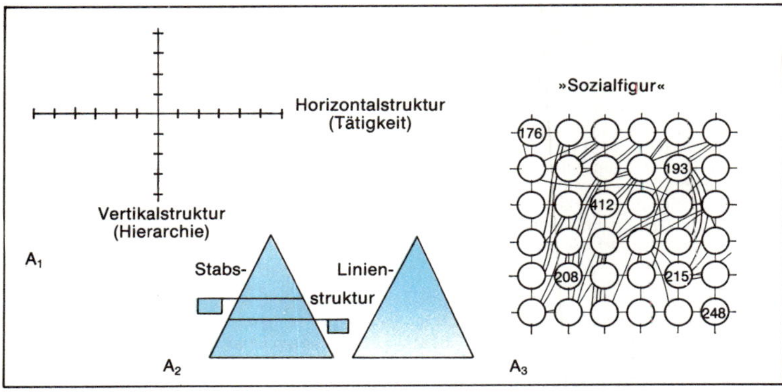


A Betriebsstrukturen

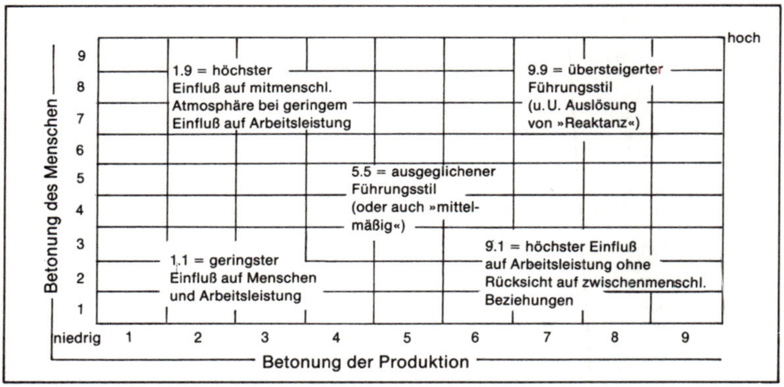


B Führungsstile

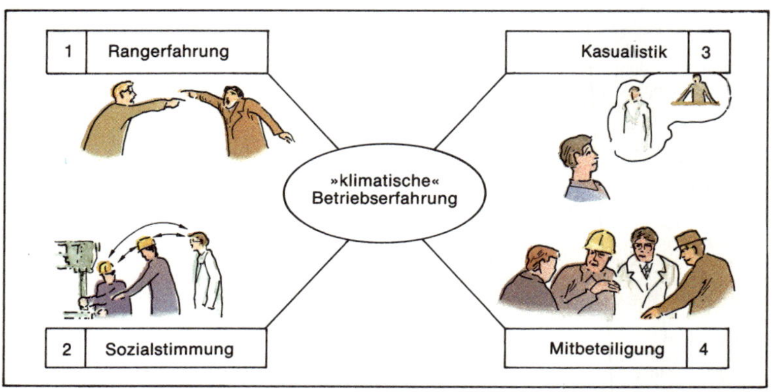


C Betriebsklima

Ob eine Tätigkeit, z. B. die eines Drehers, im Betrieb A oder B ausgeübt wird, kann erhebl. Unterschiede ausmachen.

Die Gründe für diese Differenz sind die Themen der **Betriebspsychologie.** Drei wesentl. Bereiche der nicht geringen Themenspannweite sind die Strukturmerkmale des Industrieunternehmens und deren ps. Folgen, die Aktivierungssituation durch die Vorgesetzten und das Betriebsklima.

**A Betriebsstrukturen**

Am deutlichsten heben sich 2 Strukturrichtungen für alle Unternehmen heraus:

die *Vertikalstruktur* mit der Über-Unterordnung der Belegschaftsmitglieder und die *Horizontalstruktur* mit der Aufteilung der Arbeit.

Beide Einteilungen haben wichtige Konsequenzen für den Stil des Unternehmens und damit auch für dessen Effizienz.

Dabei sind nicht nur ökonom. oder ps. Fragen wichtig, hier sind auch *ideolog.* Vorstellungen tangiert, bedingt durch die polit. Systeme des Kapitalismus und des Kommunismus sowie ihre zahlr. Abwandlungen (z. B. »Soziale Marktwirtschaft« oder NEP, LENINS Neue Ökonom. Politik).

Letztlich unterstehen alle Richtungen *psychosoz. Organisationsgesetzmäßigkeiten,* die man unabhängig von der »polit. Ordnung« untersuchen und in ihren realen Konsequenzen für den Betrieb vor Ort analysieren kann.

($A_1$) Bei der *Horizontalstruktur* erhebt sich die Frage nach den örtl. Auswirkungen durch die jeweilige Aufteilung der Arbeit.

Im allg. gilt, daß die stärkere Unterteilung (Spezialisierung) eine schnellere Routine und einen geringeren Überblick erzeugt: beides muß man bei einer zusätzl. Arbeitsmotivierung berücksichtigen.

Die unterteiltere *Vertikalstruktur* bedeutet eine Vermehrung der Ränge, bei stärkerer Überlappung der Kompetenzen:

Gegengewicht ist hier ein reibungsloser Informationsdurchfluß.

($A_2$) Für die Vertikalstruktur wurden zahlreiche Verbesserungsmodelle entwickelt.

Das Beispiel zeigt eine Vorgesetzten-Untergebenen-Pyramide (rechts) und ein sog. *Stabs-Linien-System* (links), d. h. aus der Hierarchie sind Stäbe mit bes. Verantwortung ausgegliedert, deren Arbeitsmotivierung in der Regel höher ist.

($A_3$) Die Horizontalstruktur bezieht sich nicht nur auf die Arbeitsteilung, sie hat auch Konsequenzen für das *Beziehungsgeflecht* (die »Sozialfigur«) der Belegschaft.

Das Soziogramm gibt sowohl Horizontal-(Beziehungs)- wie Vertikal(Ranghöhen)-Strukturen wieder.

**B Führungsstile**

R. R. BLAKE und J. S. MOUTON (1968) haben in einem *Gitter*-Modell (*grid-model*) das industrielle Führungsverhalten auf die kürzeste Formel der wesentl. Tendenzen gebracht.

Überkreuzung von (sozialer) Betonung der Mitarbeiter (*social-emotional leader*) und die (sachliche) Betonung der Produktion (*task-oriented leader;* jeweils nach 9 Stufen).

E. FIEDLER stellte in einem LPC-Score (*least preferred coworker*) ein »Kontingenz-Modell« für die *Entfernung* (Distanz) zwischen Anführer und letztem Mitarbeiter auf.

*Große* Distanzwerte gelten als günstig, wenn die Aufgaben starr festgelegt sind und gute Beziehungen zum Anführer bestehen; *geringe* Distanzwerte werden für ungünstige Sympathiebeziehungen als Gegengewicht angesehen und stehen für ein hohes Interesse des Anführers an emotional positiven Kontakten der Mitarbeiter untereinander. Nach der »Partial-goal-Theorie« unterscheidet der Anführer i. d. R. zwischen einem wohlwollend beachteten und auch zur Mitarbeit aufgeforderten Insider- und einem unnachsichtiger dirigierten Outsider-Teil der Gruppe.

**C Betriebsklima**

Bei Überhitze und großer Kälte in den Betriebsräumen sinkt die Arbeitsproduktivität. Ebenso besteht ein *psych.* »Klima«, das bei Extremwerten zum Absinken der Produktivität führt. Eine wesentl. Aufgabe der angewandten Betriebsps. ist daher die Kenntnis des jeweiligen Betriebsklimas. Merkmale für ein schlechtes Betriebsklima sind:

häufige Konflikte, Gruppen verschließen sich vor anderen Betriebsgruppen, viele Kündigungen, hoher Krankenstand, Mitarbeiter vertun ihre Zeit auf Gängen, Gerüchte halten sich hartnäckig, Intriganten und Querulanten finden Anklang.

In positiver Hinsicht kann das Betriebsklima durch *objektive* Bedingungen (z. B. Arbeitserleichterungen), Verbesserung der Betriebs*informationen* und durch die Anhebung der *subjektiven* Betriebserfahrungen günstig beeinflußt werden. Letzteres ist die Hauptaufgabe des Betriebspsychologen.

(1) Er verbessert u. a. durch Vorgesetztenschulung die *Rangerfahrungen* (Aufhebung von Rangstreitigkeiten, Despotie etc.).

(2) Die durchschnittl. Gefühlslage, die *Sozialstimmung,* läßt sich auch von oben nach unten verbessern, wenn sie als Aufgabe erkennbar gemacht werden kann.

(3) *Kasualistik* ist die Erfahrung, inwiefern man im Unternehmen seine persönl. Wünsche z. B. nach Aufstieg (u. a. durch das grundsätzl. Angebot von Führungspositionen zuerst im eigenen Betrieb) von Fall zu Fall realisieren kann.

(4) Die *Mitbeteiligung* an betriebl. Entscheidungen kann das Verantwortlichkeitsgefühl für das Unternehmen steigern und wirkt indirekt positiv.

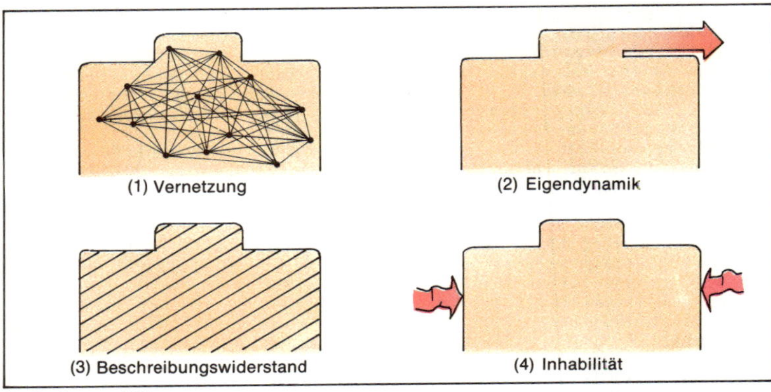


A Systemqualitäten

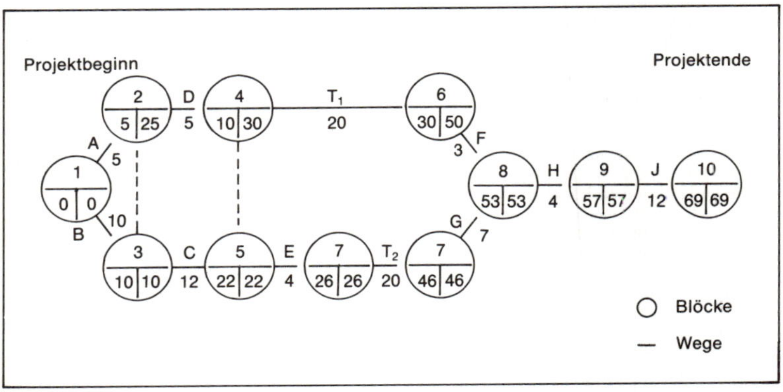


B Netzplantechnik

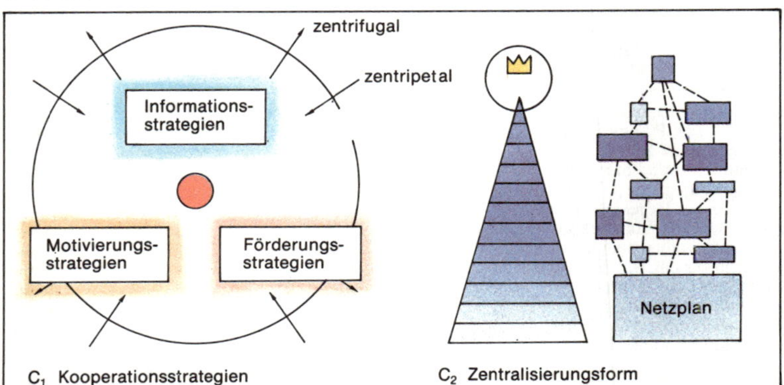


C Organisationsqualitäten

Zu Beginn der 60er Jahre wurde der amerikan. Weltraumbehörde NASA die Aufgabe gestellt, buchstäblich Zehntausende von Firmen für ein einziges Projekt, den Weltraumflug, so einzuspannen, daß ihre Lieferungen termingerecht und paßgenau einträfen.

Herkömml. Planungsverfahren genügten dazu nicht mehr. Man mußte neue Verfahren unter Zuhilfenahme der elektron. Datenverarbeitung entwickeln. In dieser fächerübergreifenden **Organisationsplanung** erhielt der Psychologe die Aufgabe, den »Faktor Mensch« z.B. für die Konfliktzentren oder die Ermattungsschwerpunkte vorweg einzuberechnen.

**A Systemqualitäten**

Das Groß- oder *Supersystem,* also ein Projekt oder eine Organisation mit sehr vielen Beteiligten und einer riesenhaften Aufgabenteilung, kann nur teilweise mit einer kleinen Gemeinschaft, in der sich alle kennen, verglichen werden. Im Supersystem gelten zwar auch die gruppendynam. Gesetzmäßigkeiten (s. XV/9), z.B. die konforme Angleichung; darüberhinaus müssen aber 4 Qualitätsunterschiede für Organisationen berücksichtigt werden.

(1) Die *Regelkreisvernetzung* im Supersystem bedingt, daß die Anstöße für Reaktionen untereinander unendlich überkreuzt sind. Man ist abhängig von unbekannten Größen, die der einzelne nicht kennt. Daraus entwickelt sich der Anonymitätseindruck:

es fällt schwer, sich mit dem System zu identifizieren bzw. die gleiche »Moral« zu entwickeln, die man kleineren Gruppen gegenüber einhält.

(2) Durch die Vernetzung werden unendl. Potenzen zu einer Gesamtkraft vereinigt, die eine *Eigendynamik,* eine eigengesetzl. Abrollrichtung aufweist.

Der Anführer kann ein Supersystem nicht absolut beherrschen, sondern dieses nur in seiner Dynamik mehr oder weniger beeinflussen, d.h. Richtungsanstöße vermitteln.

(3) Die Analyse der Supersysteme ist erschwert durch die Größe der Vernetzung der Komponenten.

Es bestehen keine überschaubaren Ursache-Wirkung-Verhältnisse mehr.

Dadurch setzen sie dem Untersucher einen *Beschreibungswiderstand* entgegen, so daß ihm kaum vollständige Analysen gelingen können.

(4) Aus diesen Punkten folgt, daß man bei dieser *Inhabilität* (Unhandlichkeit) Supersysteme nicht so behandeln kann wie überschaubare Gruppen.

**B Netzplantechnik**

Um Supersysteme *bewegbar* zu machen, braucht man andere Instrumentarien als die alten Machtmittel von Befehl und Gehorsam. Das Instrument wurde in der elektron. Datenverarbeitung gefunden.

Im Projektmanagement regiert der vorbereitete Plan, der so programmiert ist, daß der augenblickl. Stand jederzeit parat ist und Fehlerquellen (wie beim Raketenstart) ohne menschl. Zutun entdeckt werden und der Ablauf gestoppt werden kann.

Der kybernet. Vernetzung der Aufgaben entspricht der *Netzplan* mit seinen Instanzen (z.B. die Beteiligten als Blockbilder) und Schritten, in dem erledigte Aufgaben als Linien verzeichnet sind.

In dem einfachen Beispiel (Abb. B) wird nur nach 2 Aufgaben unterteilt, die ihrerseits (auch aufeinanderbezogene) Reihen (A, D usw. bzw. B, C usw.) mit entsprechenden materiellen und zeitl. Vorgaben bis zu ihrer Vereinigung (Nr. 8) und zum Projektende (10) aufweisen. Die inneren Ziffern verweisen auf die Beteiligungsaktivitäten.

**C Organisationsqualitäten**

Der Organisationspsychologe bearbeitet solche Großprojekte anders als mitmenschl. Probleme in Kleingruppen. Er konzentriert sich auf die ps. *Störquellen.*

Großorganisationen weisen zentripetale Kräfte des Zusammenhalts (z.B. Wünsche nach Kooperation) wie zentrifugale Kräfte des Auseinanderstrebens (z.B. Rivalitäten) auf.

($C_1$) Damit der ständigen Gefahr des Organisationszerfalls begegnet wird, nutzt er 3 *Kooperationsstrategien* als Gegenwirkungen gegen die Systemauflösung:

*Informationsstrategien* (Aufträge verständlich machen, für den Informationsstand interessieren),
*Motivierungsstrategien* (Beteiligung an der Planung, Weckung der Verantwortlichkeit) und
*Förderungsstrategien* (Führungsseminare, Organisationsberatung).

($C_2$) Dadurch ändert sich zwangsläufig die Organisationsform der Unternehmen. Ein vollständiges Liniensystem, das gleichsam wie ein Königreich regiert wird, kann es kaum noch geben, denn dafür ist der Projektplan viel zu gewichtig.

Das Projektmanagement fördert eine *dezentralisierte* Organisationsform, die aus relativ eigenständigen Einheiten besteht, die eine Eigenverantwortlichkeit übertragen bekommen.

Ohne die Netzplantechnik würde eine solche Form zur Zersplitterung neigen.

Da aber der übergeordnete Plan eine feste Klammer bildet, ändern sich nur die alten Betriebsfaktoren.

Am schwersten begreiflich ist dies Vorgesetzten, die ihr Prestige in ihrer persönl. Anordnung sehen. Deshalb ist eine der wichtigsten Aufgaben des Organisationsplanungspsychologen die Schulung des Führungspersonals im Hinblick auf die neuen Organisationsqualitäten.

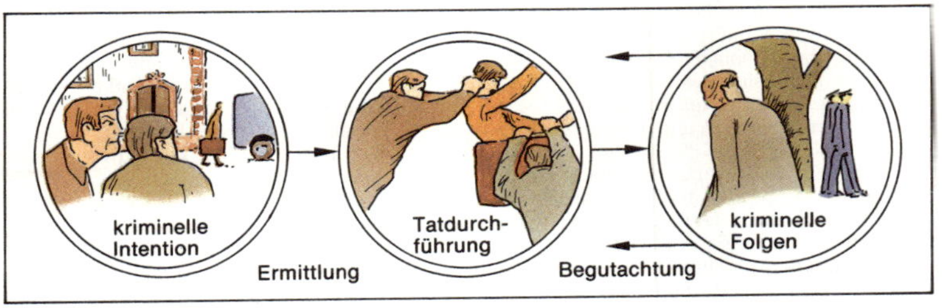


A Kriminalpsychologie

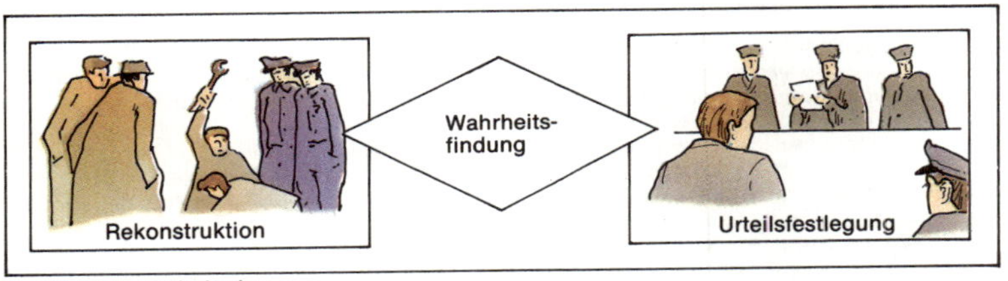


B Gerichtspsychologie

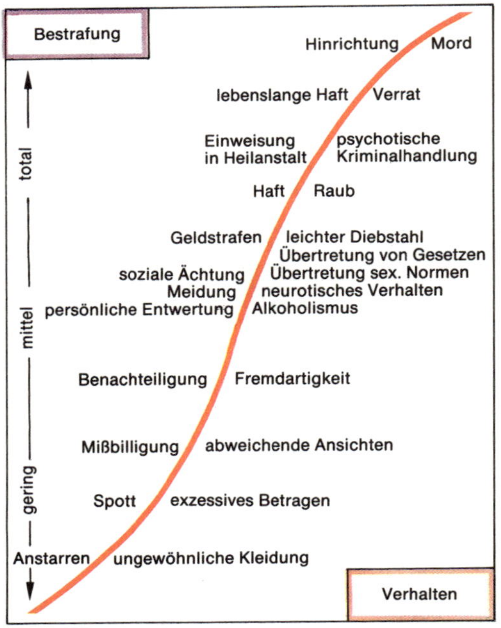


$C_1$ Strafnormierungen

$C_2$ Vollzugsverarbeitung

$C_3$ Rehabilitation

C Vollzugspsychologie

Es gibt nur wenige Zeitungen, in denen keine forens.-psychol. Fragen auftauchen. Kriminelle Taten fordern Erklärungen: nach Tatmotiven, Verantwortlichkeit, Einflüssen der Tatsituation; manchmal auch, ob der Angeklagte wirklich der Täter war.

Die Bezeichnung **Forensische Psychologie** leitet sich von *forum* (latein. Marktplatz) ab, auf dem in der Antike die Gerichtsverfahren stattfanden. Heute wird darunter jedoch sowohl die Ps. der *kriminellen Tat* wie die des *Gerichtsverfahrens* und auch des *Strafvollzugs* verstanden.

**A Kriminalpsychologie**

Die Beliebtheit der Kriminal*romane* deutet auf das weitverbreitete Interesse an den Kriminal*taten:* wegen ihrer zumeist geheimnisvollen Ausführung, der damit verbundenen Angstlust und evtl. den damit gekoppelten heiml. Wunschvorstellungen zur eigenen kriminellen Macht.

In der Forschung konzentriert man sich auf 3 Hauptstadien der kriminellen Handlung.

(1) Die *kriminelle Intention* wird nach 8 Tatgruppen (mit zahlreichen Verflechtungen) eingeteilt:

Eigentumsdelikte, Gewaltverbrechen, Sexualdelikte, Wirtschaftsvergehen, Bandenkriminalität (organisiertes Verbrechen), polit. Kriminalität (z. B. Terrorismus), Verkehrsdelikte und Devianzstraftaten (u. a. Drogenkriminalität).

Die Motivierung für sie schwankt sehr stark. Ätiologisch (nach der Verursachung) gehören mindestens dazu:

die persönl. *Ausrichtungen* (Eignung, Neigung, Milieu usw.),
das *aktuelle* Motiv (Rache, Bereicherung, Gruppenanpassung usw.),
die übergeordnete kriminelle *Energie* (Risikobereitschaft, kriminelle Karriere, Handlungsstrategien usw.) und
die *Gelegenheit* (situative Vorbedingungen, Mittäterschaft).

(2) Die *Tatdurchführung* ändert die Situation. Die Realitäten der kriminellen Handlungen bestimmen zwar die Durchführung, man kennt aber auch die »kriminelle Handschrift«, d. h. die persönl. Routine.

(3) Die kriminellen *Folgen* umfassen die Nach-, Aus- und Rückwirkungen,

d. h. sowohl die Erfolgs- bzw. Mißerfolgswirkungen (z. B. den Umfang der Beute) wie die Rückkopplung (Auswirkung auf Folgetaten, z. B. als Anbahnung für neue Straftaten).

Ein neueres Gebiet der Forens. Ps. ist die ps. »Viktimologie«. Die Hauptinteressen dieser Opferps. gelten den Fragen, wie jemand zum Opfer wird (Opfer-Prädisposition), wie er sich innerhalb der kriminellen Handlung verhält (Täter-Opfer-Interaktion) und welche Nachwirkungen das Kriminalgeschehen hinterlassen hat (Viktimisierung).

**B Gerichtspsychologie**

Alfred Binet war einer der ersten Psychologen, der (1900) zur ps. Begutachtung in Gerichtsverfahren herangezogen wurde.

In solchen Gutachten geht es in der Regel um die *Glaubwürdigkeit* des Delinquenten. Später kommen die Fragen der *Verantwortungsfähigkeit* hinzu.

Manche Delikte werden je nach Absicht, z. B. die Tötungsdelikte in Totschlag oder Mord, getrennt.

In theoret. Hinsicht werden die ps. Besonderheiten der Gerichtsprozesse in die folgenden Phasen eingeteilt:

*Rekonstruktion* des Tatherganges (mit der Abschätzung der Erinnerungstäuschungen),
*Wahrheitsfindung* (als Klammer zwischen Rekonstruktion und Beurteilung) und
*Urteilsfestlegung* (mit den Spezialgebieten der jeweiligen individ. oder gesellschaftl. Rechtsauffassung, die entweder den Vergeltungs-, Abschreckungs- oder Besserungsaspekt betont).

**C Vollzugspsychologie**

($C_1$) Jede Gesellschaft (bzw. jedes polit. System) entwickelt mehrheitl. Vorstellungen über die soziale Ablehnung von nichtangepaßtem Verhalten. Entsprechend rigoros oder großzügig können die entsprechenden Strafnormierungen sein.

Die Kurve (Abb. $C_1$) gibt eine allg. Beziehung zwischen dem Negativverhalten und der Straferwartung wieder.

Am Beispiel der Hinrichtung wird der Unterschied der Rechtsauffassung je nach der Beibehaltung oder Ablehung der Todesstrafe durch das Gesetz und den (wechselnden) prozentualen Meinungen in der Bevölkerung deutlich.

($C_2$) Ein wesentl. Teil der Forens. Ps. betrifft die Betreuung der Verurteilten. Die Möglichkeiten des Gefängnispsychologen sind in der Regel begrenzt (in diktator. Staaten sogar äußerst unerwünscht).

Das Dilemma ergibt sich aus der Problematik der Beziehung zwischen der Besserungsfähigkeit und den psych. Schädigungen durch die Folgen der sozialen Isolierung.

Die Tätigkeit des Psychologen richtet sich deshalb in erster Linie auf die Diagnose der *Vollzugsverarbeitung* durch den Gefangenen und auf die klin.-ps. Aufgabe einer Schädigungsreduzierung.

($C_3$) Die *Rehabilitation,* die Vorbereitung der sozialen Wiedereingliederung der zu entlassenden Gefangenen kann selten ausreichend durchgeführt werden.

Der hohe Prozentsatz »Rezidivisten« (erneut straffällig Gewordene) spiegelt die mangelhafte Lösung dieses Problems.

Gegen diese Aufgabe gibt es grundsätzl. Widerstände bei denen, die von einem Vergeltungsgrundsatz ausgehen.

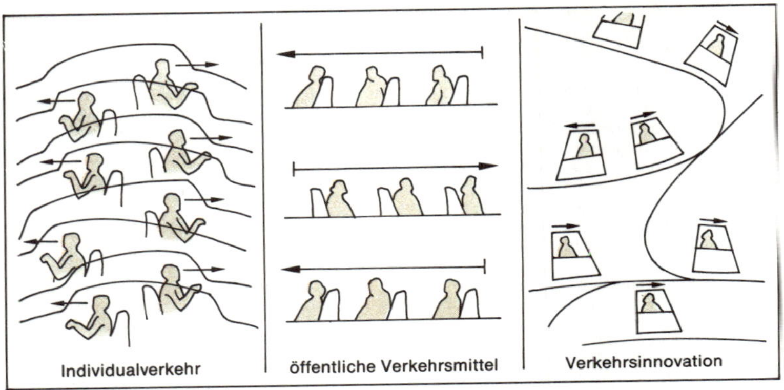


A Wahl der Verkehrsmittel

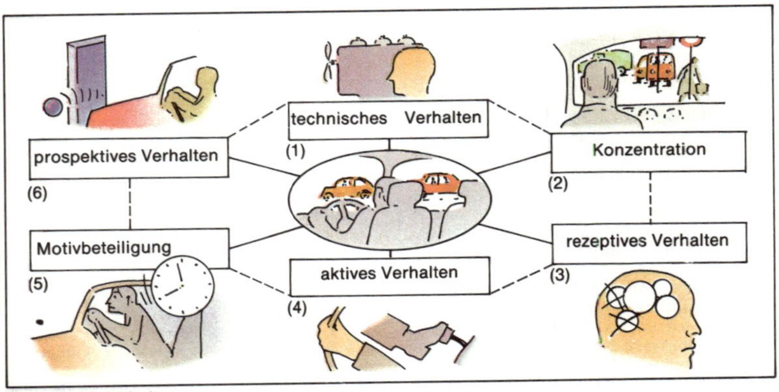


B Verkehrsverhalten

C Verkehrstauglichkeit

Mit den um die Jahrhundertwende neu aufkommenden Verkehrsmitteln (Straßenbahn, Auto, Flugzeug) drängte sich die ps. Frage auf, wer zu ihrer Führung geeignet ist. Zunächst schien die Antwort je nach der experimentell prüfbaren Reaktionssicherheit und -schnelligkeit leicht feststellbar zu sein. Doch bald komplizierte sich das Problem, weil niemand in versch. Situationen ein gleiches Reaktionsverhalten zeigt. Man mußte also zusätzl. Komponenten erforschen. Angesichts der vielen Verkehrsopfer werden diese Fragen sehr ernst genommen.

**A Wahl der Verkehrsmittel**

Der Aufbruch zur kollektiven Mobilität ist ein wesentl. Merkmal des 20. Jh. geworden. In den meisten Ländern war es eine Entscheidung für den Individualverkehr, zugunsten des Autos.

In neuerer Zeit werden in vielen Ländern Anstrengungen unternommen, durch Verkehrsinnovationen die Vorteile der freieren Entscheidbarkeit mit denen der öffentl. Verkehrsmittel zu verknüpfen, z. B. durch automat. Kabinentaxis. Dabei spielen ps. Fragen des Fahrkomforts und der Bedürfnisbefriedigung eine große Rolle. Zum Fahrkomfort gehören u. a. die Kapazität der Kabine, ein größerer Kurvenradius, erträgl. Anfahrbeschleunigung und Abbremsstopps. Die Bedürfnisse beziehen sich u. a. auf die Bequemlichkeit, Preisgünstigkeit, leichte Zugänglichkeit, Sicherheit und Schnelligkeit dieser Verkehrsmittel, z. B. durch automat. Start-Ziel-Beförderung.

**B Verkehrsverhalten**

Im Zentrum der Verkehrsps. steht die theoret. und prakt. Erforschung des Verkehrsverhaltens.

Der Autofahrer hat eine große Zahl von (mindestens 60) Prüfreaktionen richtig auszuführen, um als verkehrstauglich angesehen zu werden.

Die Vielzahl läßt sich auf 6 wesentl. Gruppen vereinigen.

(1) Das *techn.* Verhalten bezieht sich auf die Bedienungsverrichtungen:

Kuppeln, Gasgeben, Bremsen usw., aber auch z. B. auf die schonende Behandlung des Motors.

(2) *Konzentration* ist die Fähigkeit, die Vielzahl der Reize auf wenige wichtige einzuengen. Sind sie auf die wirklich wesentlichen begrenzt, muß anschließend ihre Bedeutung für die Gesamtreaktion und die nötigen Reaktionszeiten ermittelt werden.

Allg. gilt, daß die zentrale Verarbeitung der Reize im Gehirn größere Reaktionszeiten (ca. 70 bis 300 ms) benötigt als die beiden peripheren Verarbeitungen (afferent und efferent je ca. 1 bis 30 ms).

(3) Das *rezeptive* Verhalten repräsentiert die ps. Seite dieser Verarbeitung:

Erkennen aller Einzelheiten der Verkehrssituation.

(4) Das *aktive* Verhalten besteht hauptsächlich im Lenken (dem *tracking):*

Nachführung der Bedienungselemente nach Genauigkeit und Schnelligkeit.

(5) Die *Motivbeteiligung* hat sich als folgenreich herausgestellt:

Verkehrsteilnehmer gehen unbewußt unterschiedl. Risikograde ein, die mit ihrer emotionalen Beteiligung (Angst, Aggression, Minderwertigkeitsgefühle usw.) zusammenhängen.

(6)Das *prospektive* Verhalten hat wesentl. Anteil am Verkehrsgeschehen:

Wenn ein Ball über die Straße rollt, erwartet der prospektiv Mitdenkende für den nächsten Moment ein herausrennendes Kind und stellt sein Fahrverhalten darauf ein.

**C Verkehrstauglichkeit**

Ein Werbespruch forderte auf:

Pack den Tiger in den Tank.

Motivpsychologisch spricht eine solche Aufforderung die *aggressive* Erregungssuche im Autofahrer an. Das Verkehrsgeschehen eignet sich aber weder zur Rivalitätsaustragung noch als Kompensationsinstrument für anderweitig erlittene Frustrationen. Es wird aber von einer nicht zu kleinen Gruppe von Autofahrern dafür mißbraucht.

Neben der Aggressivität ist das *Anpassungsverhalten* ein weiterer Schwerpunkt für die Verkehrstauglichkeit. Dabei werden 3 Arten der Anpassungsstörung unterschieden.

(1)Unangepaßt ist der *übervorsichtige* Zögerer, der bei einem Vorfahrtsschild zu lange wartet und im ungünstigsten Moment (seine Hemmungen überwindend) ausbricht und Karambolagen provoziert.

(2) Unangepaßtes Verhalten kann auch an *ungenügender* Beherrschung der Verkehrsregelung (Verkehrszeichenkenntnis) liegen, so daß in krit. Situationen Verwechslungen vorkommen.

(3) Ein gänzlich anderer Grund ist die *absichtliche* Nichtbeachtung von Verkehrszeichen, z. B. aus Leichtsinn oder aus Ignoranz bzw. aus dem Versuch, sich ohne Regelbindung durchzusetzen.

Die Verkehrstauglichkeit wird ferner in weit mehr Fällen, als sie geahndet werden, durch *Alkoholeinfluß* beeinträchtigt. Bereits bei 0,6 Promille Blutalkoholwert ist die Verschlechterung der Reaktion zu beobachten (dagegen glauben viele, sie würden unter Alkoholeinfluß zumindest nicht schlechter Auto fahren):

Es kommt zu Fehleinschätzungen des Risikos (z. T. wird es, wie beim übertrieben langsam Fahrenden, sogar überschätzt), zur Sichteinengung und Nichtbeachtung des peripheren Gesichtskreises, zur langsamen oder schreckhaften Reaktion, zum überemotionalen Verhalten.

A Produktgestaltung

B Imagebildung

C Marktforschung

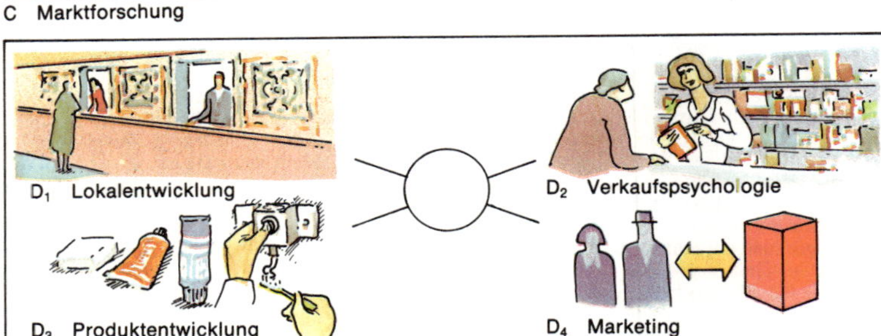


D Marktpsychologie

Für die **Wirtschaft** ist es außerordentlich wichtig, die Erwartungen, Reaktionen und Empfindlichkeiten des Publikums genau und im voraus zu kennen und in die eigenen Entscheidungsverläufe einzubauen. In der Masse der Bevölkerung sehen sie anders aus als in der Summierung des Verhaltens vieler einzelner Menschen. Das liegt an der unterschiedl. Potenzierungs- und Rückwirkungsfähigkeit von Reaktionen in der Masse. Man benötigt also eine *spezialisierte* Ps., um das komplizierte Verhalten von Kunden offenzulegen.

**A Produktgestaltung**

($A_1$) Jedes Produkt der Wirtschaft erfährt eine »Gestaltung«, die mehr oder weniger häufigen Änderungen unterliegt.

Wie kommt es z. B. zu den Modeänderungen, etwa zu der Veränderung der Kleiderlänge (Abb. $A_1$) zwischen den Jahren 1963 und 1977?

Die Ursachen setzen sich zusammen aus:

*allg. Bedürfnissen* (u. a. dem allg. Wunsch nach Änderung: man wird des ewig Gleichbleibenden überdrüssig),

*Verkaufsinteressen* der *Produzenten* (u. a. ihrem Wunsch nach ps. Veraltung, damit trotz Brauchbarkeit der vorhandenen Kleidung neue erstanden wird),

*momentanen* Zeiterscheinungen (u. a. neue Einstellung zur Sexualität oder veränderte Konjunktur) und

*Modeverwirklichungen* (z. B. einem überzeugenden neuen Modekonzept eines führenden Designers oder Trendmakers).

Der Anteil an »rein« ps. Momenten ist also recht groß. Ähnlich ist es bei den meisten Produkten.

($A_2$) Produkte besitzen beim Publikum einen Umkreis an Vorstellungsbildern *(Image-Aura):*

Wenn man viel über den Raucherkrebs gehört hat, weckt v. a. die dunkle Farbe der Verpackung Krankheitsängste. Dem steuert man entgegen, indem »gesunde« Farben (sehr oft: weiß oder rot) für die Verpackung verwendet werden.

**B Imagebildung**

Solche mehr zufälligen Assoziationen werden systematisch erforscht und ebenso systematisch zu einem konstanten Produktbild geformt.

Will man z. B. einer Zigarettenmarke ein *»Jugend«*-Image beilegen, verpackt man die Werbung in entsprechende Symbole ($B_1$). Wird dagegen auf männl. Robustheit gesetzt, so werden Abenteurertypen und -situationen (*»Kühnheits«*-Image) bevorzugt ($B_2$).

Durch die dauerhafte Koppelung dieser Bildinhalte mit dem Produkt bilden sich Produktvorstellungen, die die Treue zu dieser Marke über die gewünschte *Zielprojektion* beim anvisierten Publikum erbringen.

**C Marktforschung**

Bevor man langfristig auf ein Image setzt, muß man sicher sein, daß es tatsächlich auf Dauer einen Kundenstamm anreizen kann. Dafür sind langwierige experimentelle und demoskop. Untersuchungen nötig. Der Wirtschaftspsychologe ist vornehmlich für erstere zuständig.

Mit Periskopen ($C_1$) oder Torsionsstereoskopen ($C_2$) werden unbewußte Assoziationen geprüft.

Greifbühnen ($C_3$, $C_4$ = Rückseite) machen Impulshandlungen beobachtbar.

Indirekte Spiegelscheiben ($C_5$, $C_6$) lassen unbemerkte Beobachtungen zu.

Solche experimentellen Anordnungen werden auch herangezogen, wenn ein schon vorhandenes Produkt-Image genau abgeklärt werden soll.

**D Marktpsychologie**

Die experimentelle Marktforschung ist ein Teilgebiet der *Marktpsychologie;* u. a. gehören dazu 4 Schwerpunkte:

($D_1$) Die *Lokalentwicklung* beschäftigt sich mit den atmosphär. Eindrücken der Verkaufslokale.

Eine Bank z. B. soll auch im Kundenraum den Eindruck vermitteln, daß hier das Geld der Kunden »sicher« ist. Das geschieht durch Geräuschdämpfung (Teppichboden usw.) und Soliditätseindrücke (wertvolle Hölzer usw.).

($D_2$) Die *Verkaufspsychologie* beschäftigt sich v. a. mit dem Verkäufer-Kunden-Verhältnis. Die Kundengespräche sind auch sozialps. Ereignisse und als solche empfindl. Instrumente der Kundenbindung.

In Schulungen wird den Verkäufern ein Grundgerüst an ps. richtigem Umgang mit Menschen beigebracht.

Zur Verkaufsps. gehören aber auch allg. Förderungen: zur Kaufaktivität (z. B. Beseitigung der »Schwellenangst« vor Betreten des Geschäftes), zur Anreizsituation (z. B. Schaufensterdekoration, Schlußverkäufe), zur Kundenmitbeteiligung (z. B. Anproben, Kundenzeitung).

($D_3$) Die *Produktentwicklung* stützt sich nicht nur auf die erwähnte Imagebildung. Es wird auch untersucht, wie man den Gebrauch der Ware so verbessern kann, daß die bequemere Handhabung eine leichtere Zugänglichkeit und damit Kundentreue erzeugen kann.

Es läßt sich z. B. kaum noch vorstellen, daß man vor einigen Jahrzehnten statt der Zahnpastatuben mit Zahnreinigungspulver oder Zahnseifen auskommen mußte.

($D_4$) Unter *Marketing* versteht man die Zusammenfassung aller Förderungsmöglichkeiten für den Verkauf von Produkten. Aber Marketing ist nicht nur die Summe dieser Maßnahmen, sondern die gegenseitige Abstimmung aller Verbesserungen für den Verkauf (Marketing-Mix).

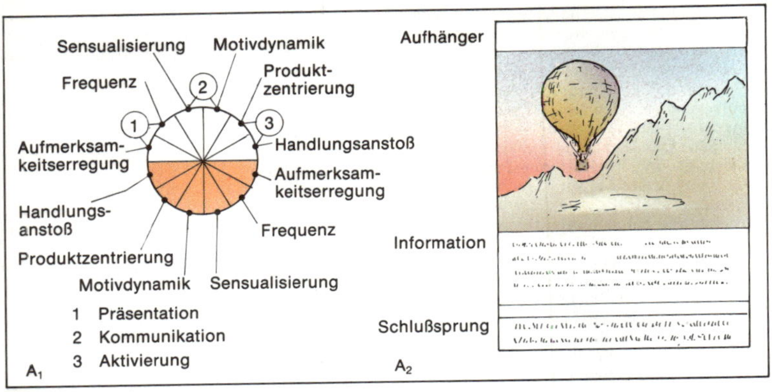


A Werbegestaltung

B Werbeaufhänger

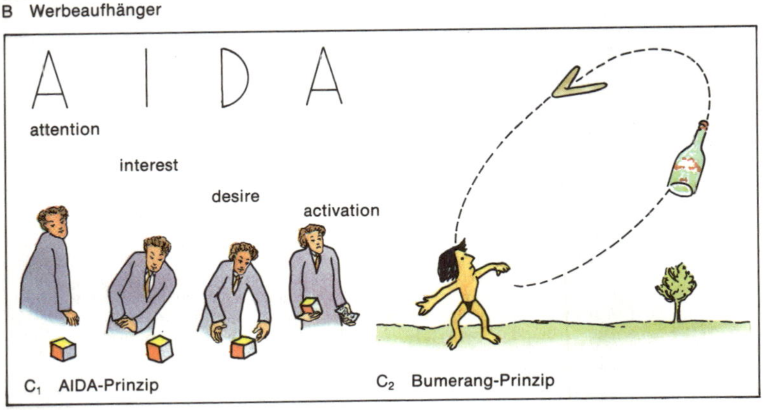


C Werbeprinzipien

Das Ansehen der **Werbung** ist in der Öffentlichkeit zwiespältig. Braucht man überhaupt diese oft aufdringl. Art von ungebetener Beeinflussung? Man muß die Frage bejahen.

Bereits im antiken Griechenland haben Kaufleute geworben, z.B. indem sie Wersprüche von leichtgeschürzten Mädchen in den Sand des Strandes treten ließen.

An diesem Beispiel wird das Hauptprinzip jegl. Werbung deutlich:

der eigene Nutzen (Kundenwerbung) wird einem Interesse des Publikums (Anblick hübscher Mädchen) beigemengt.

Dieses als Bumerangprinzip (s.u. C) bekannte Phänomen gibt es aber nicht nur in der Wirtschaftswerbung. Auch die polit. oder Weltanschauungspropaganda und schließlich die gegenseitige Werbung der Geschlechter verbinden die eigenen Interessen mit Grundbedürfnissen (z.B. Sicherheits-, Prestige-, Orientierungsbedürfnisse) des Publikums.

**A Werbegestaltung**

Um eine Werbung auf ihre ps. Wirksamkeit abschätzen zu können, braucht man eine Reihe von *Wirksamkeitsmaßstäben.*

($A_1$) Das Profil baut sich nach Stärkegraden (positiv=oben, negativ=unten) der 6 erreichbaren Werte von gering bis äußerst wirksam (bzw. stark abstoßend) auf.

3 Hauptmerkmale (Präsentation, Kommunikation, Aktivierung) werden je durch 2 Untermerkmale graph. wiedergegeben:

a) *Aufmerksamkeitserregung,*
b) *Frequenz* (Häufigkeit der Werbeeinschaltung),
c) *Sensualisierung* (Übersetzung in Bildsprache),
d) *Motivdynamik* (Einsatz von Publikumswünschen),
e) *Produktzentrierung* (Mittelpunktbesetzung durch das Produkt),
f) *Handlungsanstoß* (Aufforderung zum Kauf).

Die 3 Hauptmerkmale können in einem Werbeexponat (z.B. einer Annonce) unterschiedl. verteilt sein.

($A_2$) In dieser schematis. Werbung folgt dem »Aufhänger« (Erregung der Aufmerksamkeit durch einen Freiballon) die Werbeinformation (z.B. die Verbindung der *headline,* der Überschrift, mit dem Hinweis auf den Erfolg durch das angepriesene Produkt) und der »Schlußsprung« (auch »Kadenz« = Aufforderung zum Kauf).

**B Werbeaufhänger**

Für den »Aufhänger« ergeben (s.o. A) sich eine Reihe von Möglichkeiten. Man geht zunächst von der (wahrscheinlich richtigen) Annahme aus, daß ein primäres Interesse oder gar eine Anstrengungsbereitschaft oder Wißbegierde für das Produkt kaum oder nicht vorhanden sind. Aber wie erreicht man ein »Aufwachen«?

($B_1$) Wenn etwas Ungewohntes oder Überraschendes auftaucht (wie z.B. ein verknoteter Füllfederhalter), merkt man auf.

($B_2$) Die persönl. Ansprache, bes. wenn sie suggestiv gestaltet ist, macht uns erwartungsvoll aufmerksam.

($B_3$) Am sichersten ist die Aufmerksamkeit zu erreichen, wenn etwas bildlich angeboten wird (z.B. ein Busen).

**C Werbeprinzipien**

($C_1$) In der älteren amerikan. Reklameps. gab es eine Kurzformel für die Werbeaufgabe:

AIDA, für *attention* (Aufmerksamkeit), *interest* (Interesse), *desire* (Wunsch), *activation* (Handlungsanstoß).

($C_2$) In der neueren Werbeps. werden die Grundfunktionen noch stärker konzentriert und in das Bumerangparadigma übersetzt.

Die austral. Ureinwohner verwendeten ein sichelförmiges Wurfholz, das dann, wenn es nicht traf, zum Werfer zurückkehrte (»Kehrwiederkeule«) und erneut geworfen werden konnte.

Dieser *Wiederkehreffekt* dient als Verbildlichung der werbl. Hauptintention:

Das, was schon sowieso an Reizlust im Publikum vorhanden ist, läßt sich leichter einsetzen als ein neuaufzubauendes Interesse.

Man geht also auf die (experimentelle) Suche nach solchen allg. vorhandenen Interessen, die man einsetzen kann. Sie sind leicht in den Anreizmotiven (vgl. XIII/10) auszumachen:

Grundbedürfnisse nach Essen, Trinken, Selbsterhaltung, Fortpflanzung, Umweltorientierung, Icherhöhung und Selbstaktualisierung.

Die Aufgabe besteht nun darin, dem eigenen Produkt (z.B. einem Getränk) ein passendes Grundbedürfnis zuzuordnen.

Ein solcher Auslösemechanismus findet sich z.B. in dem *herabrinnenden* Tropfen an einem »kalten«, beschlagenen Bierglas, der das Urbedürfnis der Flüssigkeitszufuhr an einer Quelle symbolisiert.

Das Produkt und die Symbolik müssen nun so angeordnet werden, daß sie für den Betrachter eine unlösliche *Einheit* bilden. Ihm soll suggeriert werden, daß allein dieses Produkt dem Grundbedürfnis Rechnung trägt. Das Verhaltensziel ist der *unbewußte Schluß:*

Wenn Durst, dann ... (das eigene Produkt).

Dieser Bumerangeffekt läßt sich verschieden abwandeln, so daß er oft nicht mehr so leicht als Grundprinzip der Werbung erkennbar ist.

Im Stück ›Wenn der Eismann kommt‹ von EUGENE O'NEILL sagt ein *salesman:*

»Es war der reine Sport, mir meine Leute anzusehen, ihre Lieblingswunschträume aufzuspüren und so zu tun, wie wenn ich glaubte, was sie selber von sich glauben wollten. Dann schlossen sie einen ins Herz, vertrauten einem und wollten was kaufen, um ihre Dankbarkeit zu zeigen.«

A Fernsehwahrnehmung

B Mediale Wechselwirkung

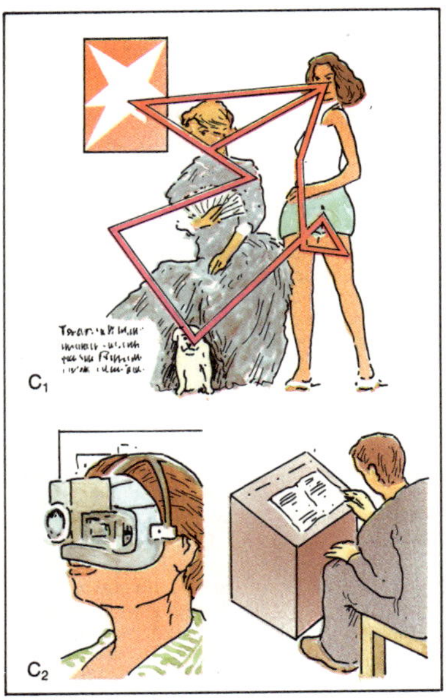


C Medienforschung

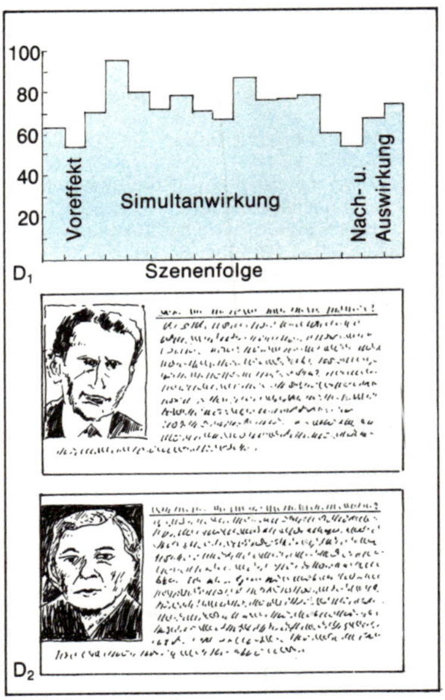


D Wirkungsforschung

In den 20er Jahren untersuchte die Wiener Psychologin HILDE HERZOG beim Radiopublikum, wieweit es sich ps. Vorstellungen über die nur vom Lautsprecher akustisch bekannten Sprecher machen konnte. Aus dieser und folgenden Untersuchungen ging hervor,

daß die Hörer meist *umfänglichere* Vorstellungen haben, als man sie objektiv erwarten kann.

Die »überobjektiven« Wahrnehmungen bzw. Reaktionen belegen die schwer greifbare Tendenz, daß die **Medien** eine Wirklichkeit aus »zweiter Hand« herstellen, die sich von der selbständigen Begegnung mit der Umwelt in wesentl. Punkten unterscheidet.

**A Fernsehwahrnehmung**

Am leichtesten ist der Unterschied zwischen der *medialen* und der *realen* Wirklichkeitsbegegnung an der Fernsehwahrnehmung erkennbar.

Obgleich das Fernsehbild auf dem Röhrenboden plan projiziert wird, erlebt man es wie eine Höhle in den Fernsehapparat nach hinten verlängert.

Auch noch andere als die Tiefenwahrnehmungen unterscheiden sich von der Realwahrnehmung (z.B. auch Größenschätzungen).

Man ist immer wieder verblüfft, wenn man später eine schon aus dem Fernsehen bekannte Landschaft wirklich sieht und sie ganz anders empfindet.

Die Fernsehwahrnehmung unterscheidet sich von der Normalwahrnehmung ferner durch den Wechsel und die Einbettung der Einzelsendungen sowie durch den Sinnzusammenhang im Gesamtprogramm, durch die erwarteten schnelleren Bildsequenzen, den Bekanntheitsgrad der Mitwirkenden, die Fernsehsituation als Routinehandlung, die Bildeinrahmung durch den Apparat, die Abdunklung der Umgebung, die Größenkonstanz (s. S. 101), die geringere Plastizität und Tiefenwahrnehmung, die stärkere opt.-akust. Rivalität.

Nicht nur die Wahrnehmungskomponenten differieren, sondern auch andere »Kanäle« (emotionale, intellektuelle) unterliegen verändernden Bedingungen, so daß die neuen Medien auf Dauer auch einen gewandelten Umweltbezug erzeugen.

**B Mediale Wechselwirkung**

Die oben einseitig geschilderte Einflußlinie muß aber als *Rückkopplungsprozeß* begriffen werden.

In manchen Fällen wählt der Zuschauer ein *spezifisch* interessierendes Programm aus, in anderen möchte er *unspezifisch* durch irgendetwas unterhalten werden.

Gerade für typ. Unterhaltungsmedien (Fernsehen, Illustrierte) verleitet die unspezif. Interessenlage zu einem Angebot von wenigen Faszinationsthemen:

Sensationen, Sexualität, Verbrechen, Prominenz, Skandale, heile Welt, Abenteuer, die die Realität in verzerrender Weise wiedergeben.

**C Medienforschung**

Je nach der Medienart (Rundfunk, Fernsehen, Zeitung, Illustrierte, Schallplatte usw.) ergeben sich aus der medialen Wechselwirkung bes. Forschungsprobleme.

($C_1$) Fragt man z.B., welche Informationsteile von der Titelseite einer Illustrierten wahrgenommen werden, so ergeben experimentelle Prüfungen einen Querschnitt der Blickbewegung.

Man kann also die Informationsauswahl des Publikums bzw. seine Interessenschwerpunkte feststellen. Dazu dienen versch. Untersuchungsgeräte:

($C_2$) Einfache Lesepulte mit eingebauten Kameras, die durch einen Schlitz die Blickbewegung registrieren und durch Eichtafeln die Blickorte nachträglich festlegen lassen; Blickbewegungskameras, die (allerdings ziemlich unbequem) sowohl Gesichtsfeld wie Blickpunkt der Augenbewegung im aufgezeichneten Film wiedergeben.

So kann man z.B. erkennen, daß der Text links unten in Abb. $C_1$ kaum gelesen wird.

**D Wirkungsforschung**

Die Wirkung der Medien, bes. des Fernsehens, ist schwer abzuschätzen. Denn sie ist nicht nur von Mensch zu Mensch unterschiedlich, sondern schon beim einzelnen stark wandlungsfähig.

So unterscheidet sich in der Regel die Wirkung *während* der Darbietung (Simultanwirkung) von der im *Nachhinein* (Nacheffekt) und der langanhaltenden *Auswirkung* (Veränderungsfolge).

Simultan ist die Wirkung zumeist intensiver und positiver als der unmittelbare Nacheffekt; wogegen die Langzeitwirkung oft gering ist und wiederum eher zum Positiven neigt. Die Vielzahl der Angebote verhindert die Langzeitwirkung des Einzelangebotes (Informationsabstumpfung).

($D_1$) Die Stufenkurve gibt die Schwankungen im durchschnittl. Gefallen bzw. Mißfallen im Laufe der Zeit für eine Unterhaltungsserie wieder:

die *Vor*einstellung (aus der Kenntnis der früheren Sendungen) und die *Nach*einstellungen ähneln sich verständlicherweise. Dagegen steigt nicht selten das Gefallen *während* der Sendung (Simultanwirkung) deutlich an.

($D_2$) Die experimentellen Daten werden i.a. durch Projektivphotos erlangt, deren Einstellungsmaße für die Gesamtbevölkerung durch Voruntersuchungen bekannt sind.

Mit einer Serie solcher retuschierten Photographien kann man ein repräsentatives Maß von Einstellungsvergleichen ermitteln.

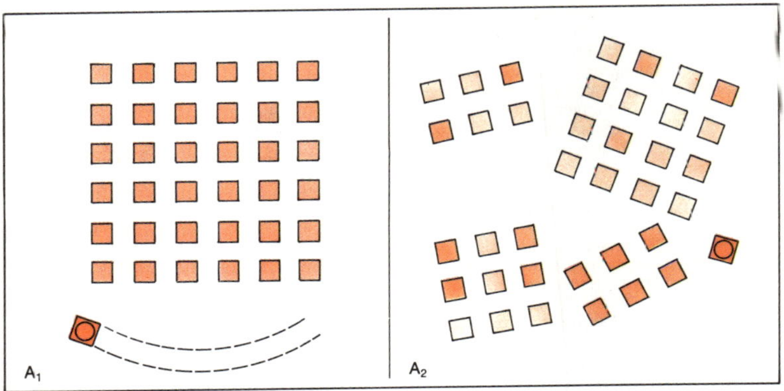


A Lehrer-Schüler-Verhältnis

B Leistungsmotivation

C Schulstörungen

In den meisten Ländern bestimmen Gesetze, daß alle Kinder eine Schule besuchen müssen (Zwangsausbildung). Daraus folgt ein allg. Interesse an Schulfragen.
Am Meinungsstreit beteiligt sich die **Schulpsychologie** in best. Ausschnitten:
in erster Linie, um das Verhalten der Schüler bzw. der Schulklasse und der Lehrer zu erforschen.
Die prakt. Tätigkeit konzentriert sich auf die Hilfe bei Schulkonflikten.

**A Lehrer-Schüler-Verhältnis**

Nicht nur die Schüler sind Individuen, auch die Schulklassen bilden »Individuen«, d. h. sie wirken sich als einmalige Konstellationen aus.
Vom einzelnen unterscheidet sich die Klasse durch ihre noch größere Wandlungsfähigkeit. Je nach der Lehrerpersönlichkeit, die ein Glied dieser Gruppenindividualität ist, verändern sich die Gruppenmerkmale der Ränge, Rollen, Normen und die emotionale Gruppenatmosphäre.
Eine entscheidende Bedingung für die Auswirkung des Lehrereinflusses ist die »Kohäsion« der Klasse.
($A_1$) Hier bildet die Klasse eine mehr oder weniger einheitl. Gruppendynamik aus, d. h.
hat jeder Schüler einen angemessenen Rang- und Rollenplatz, so ist der Lehrereinfluß ebenfalls relativ homogen auf alle Schüler bezogen.
($A_2$) Anders ist es in einer Klasse, die in rivalisierende Cliquen auseinanderfällt.
Hier stützt sich der Lehrer, ob er will oder nicht, auf einzelne Cliquen und verschärft somit den Cliquenkonflikt.
Es entsteht dadurch das Bild eines *ungerechten* Lehrerbezugs, der zu Privilegien bzw. Distanzierungen eines typ. unsachl. Lehrer-Schüler-Verhältnisses führt.
Der Schulpsychologe hat oft die Aufgabe, solche gruppendynam. Mechanismen dem Lehrer im Konfliktfall zu erläutern.

**B Leistungsmotivation**

Daß die ältere Generation die jüngere für dümmer und fauler hält, ist nicht neu. Schon aus altägypt. Quellen, mehrere tausend Jahre alt, sind solche Ansichten überkommen. Das liegt einerseits an der Verklärung der eigenen Jugend, aber auch am ständigen Wandel der Anforderungen. Letzteres ist gerade für die Gegenwart bes. gravierend am neuen Wissensstoff der Computer-Software erkennbar.
Die Leistungsausrichtung unterliegt vielfachen Einflüssen.
Wer nur »Dummheit« oder »Faulheit« als Ursachen für den »schlechten Schüler« gelten läßt, wird die Leistungsmotivation kaum richtig einschätzen.
Neben anderen Gründen müssen 3 wichtige Momente mitbedacht werden.
($B_1$) Die Erfolge und Mißerfolge (z. B. beim Weitsprung) sind qualifizierbar nur im Vergleich mit anderen Leistungen *(Sozialrelativität)*. Mit der gleichen Leistung kann man in der einen Gruppe erster, in der anderen letzter sein. Die nötigen Erfolgserlebnisse sind also auch zufällig, u. a. eben im Verhältnis zum Leistungsstand der Bezugsgruppe.
($B_2$) Der eine Betreuer sieht die gleiche Leistung als Anfang späterer Erfolge an, der andere als Beweis für eine Minderbegabung. Wie der einzelne in seinen Leistungen bestärkt wird, kann seine Leistungskarriere mitbestimmen *(Verstärkungsgrad)*.
($B_3$) Jede Leistung ist auch relativ gegenüber den persönl. Widersprüchen, die man mit ihrem Vollzug überwindet. Wie Leistungswiderstände, z. B. eine Behinderung, »aufgefaßt« werden (stimulierend oder resignativ), das ist ebenfalls dirigierbar und somit eine Aufgabe für die Schulps. *(Hemmnisinterpretation)*.

**C Schulstörungen**

Die Hauptaufgabe des Schulpsychologen ist die Behandlung von psych. Störungen, die mit der Schulpflicht zusammenhängen. Die genannten 4 Beispiele gehören zu den wichtigsten.
($C_1$) Die *Konzentration* unterliegt notwendigen Schwankungen, wie an diesem Beispiel eines Konzentrationsabfalls bei gleichzeitiger Ablenkungsbeanspruchung durch eine Zusatzaufgabe deutlich wird.
Die Konzentrationsfähigkeit kann sowohl überbeansprucht wie funktionell zu gering ausgebildet sein. Für beide Fehler gibt es entsprechende Interventionsmaßnahmen.
($C_2$) *Partielle Minderleistungen,* z. B. die Schreib-Lese-Schwäche (Legasthenie), können sich auch auf nichtgeschädigte Leistungsbereiche ausbreiten.
Deshalb dient das Legastheniker-Training nicht nur der Beseitigung der Schwäche selbst, sondern auch der Vorbeugung gegen eine allg. Leistungsresignation.
($C_3$) *Sozialstörungen* sind im Schulbereich keine Seltenheit; denn hier treffen unterschiedl. Interessenrichtungen erstmals im Leben mit voller Härte auf das Kind.
Wie es sie zu verarbeiten lernt, prägt auch stärkstens seine späteren Lebensstrategien. Dieser Herd für die zivilisator. Entwicklung der Gesellschaften wird bis heute viel zu wenig beachtet.
($C_4$) Die *Schulphobie* ist eine bes. dramat. Form des Entzugs vom Schulstreß.
Kinder können, um der Schule zu entfliehen, unbewußte körperl. Reaktionen (z. B. regelmäßiges morgendl. Erbrechen) entwickeln, die dann von unverständigen Therapeuten allein in ihren körperl. Symptomen behandelt werden.
Eine wesentl. Aufgabe des Schulpsychologen ist auch die Aufdeckung der psych. Zusammenhänge und die Einübung neuer Formen des Schulverhaltens.

$A_1$ Zimbardo-Experiment
$A_2$ Milgram-Experiment

A Politisches Handeln

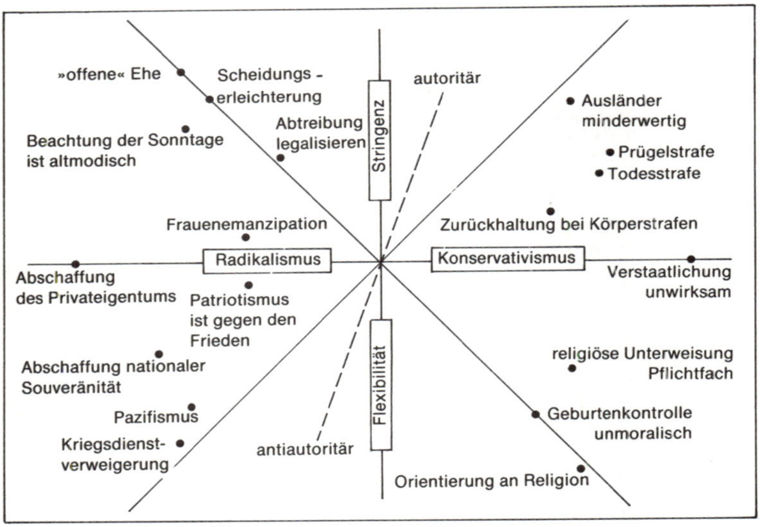


B Politisches Meinungsfeld

$C_1$
$C_2$
$C_3$

C Wahlpsychologie

Die **Politische Psychologie** ist in mehrfacher Hinsicht eine bes. Disziplin der Angew. Ps. Zunächst fällt auf, daß sie bis heute mehr *theoretisch* als praktisch erscheint. Das liegt v.a. daran, daß die Auslese polit. tätiger Menschen einen Aktionismus erfordert, der wenig zur Fähigkeit für polit. Analysen paßt. Es fehlt also an einsichtsvollen Auftraggebern, die mehr als nur momentanen Nutzen (z.B. vor Wahlen) aus der Ps. ziehen wollen.

Andererseits darf auch nicht verschwiegen werden, daß die Aufgabe, die polit. Reaktionen der Gesamtbevölkerung voraussehbar zu machen, äußerst schwierig und derzeit noch kaum gelungen ist. Trotzdem ist das Untersuchungsmaterial bereits größer als es in der polit. Praxis Verwendung findet.

**A Politisches Handeln**

Zwei berühmte Forschungsexperimente haben ein entscheidendes Licht auf die Extreme polit. Handelns geworfen.

($A_1$) Das *Zimbardo-Experiment* (genannt nach dem Versuchsleiter P. G. ZIMBARDO) teilte student. Freiwillige in 2 Gruppen: Gefangene und Aufseher.

Binnen kürzester Frist bildeten beide Gruppen ein typ. Rollenverhalten aus.

Die Gefangenenwärter gingen teilweise so weit, daß sie die Gefangenen quälten und so unterdrückten, daß das Experiment vorzeitig abgebrochen werden mußte.

($A_2$) Die berühmten *Milgram-Studien* waren so angelegt, daß eine uneingeweihte Vp. einen Schüler, der angebl. Fehler machte, über einen Schockgenerator bestrafen sollte, entweder höher oder niedriger, als sie die Strafe für sich selbst bemessen hätte:

»In den meisten Fällen besteht ein deutl. Unterschied zwischen der Schockhöhe, die die Vp. gab, und der Höhe, die sie selbst als Probeschock zu akzeptieren bereit war.« (S. MILGRAM, 1982).

Der Autor spricht zusammenfassend von der Gefährdung des Menschen, zum »Handlanger in einem grausamen Vernichtungsprozeß« zu werden. Die polit. Handlungspotenz der Massen ist daher höher zu veranschlagen, als sie der Alltag repräsentiert.

**B Politisches Meinungsfeld**

Polit. Einstellungen sind stark von Umweltfaktoren abhängig:

Da ist zunächst der Einfluß der Familie, später der Schule und bes. der Schulfreunde, der Freizeitgruppen, der polit. Zeitumstände (die Verfassungswirklichkeit in ihrem Verhältnis zum Verfassungsanspruch) zu berücksichtigen.

In der Jugend neigt man eher zu ausgeprägteren Einstellungen, im Alter zu ausgeglicheneren. Polit. Meinungsträger hingegen verschärfen nicht selten im Laufe ihres Lebens ihre Positionen.

J. EYSENCK stellte nach Untersuchungen ein faktorenanalyt. Bild der Meinungsunterschiede nach Konservativismus und Radikalismus sowie nach Flexibilität (Wandlungsanpassung) und Stringenz (Folgefestigkeit) mit entsprechenden typ. Auffassungen der Richtungen zusammen.

**C Wahlpsychologie**

Es liegt nahe, daß Wahlen in demokrat. Ländern ein wichtiges Thema für die Polit. Ps. sind.

Interessanterweise »bereinigen« Demoskopen ihre Meinungsbefragungen zumeist um einige Prozente zugunsten von Parteien, von denen sie aus Erfahrung wissen, daß man sich in Befragungen scheut, diese Partei freimütig als Partei seiner Wahl anzugeben, sie aber doch insgeheim wählt.

($C_1$) Offensichtlich spielen bei der Wahl sehr unterschiedl. Motive eine Rolle. Neben den Gewohnheitsentscheidungen der Stammwähler gibt es u.a. Motive wie:

Anhänglichkeit, Personenfaszination, Hoffnungsvorgabe, moral. Identifikation, Schadenfreude oder Angstabwehr u.a. gegen Übermächtige und intensive, manchmal sogar vor sich selbst verschwiegene Eigennutzinteressen.

Diese Motivierungen stimmen untereinander weder beim anvisierten Wahlpublikum noch beim Einzelwähler immer überein.

Ein variabler Großteil der Wähler trifft die Wahlentscheidung nicht vorbehaltlos, sondern wählt das »kleinere Übel« oder enthält sich aus Trotz.

Eine solche Kompromißentscheidung ist wesentlich schlechter abzuschätzen, weil sie stärker außengeleitet, zufällig und unbewußt geschieht als die gezielte Willenskundgebung des kompromißlosen Wählers. Wenn bei den Wahlprognosen immer wieder, auch bei sorgfältiger, ps. abgestützter Meinungsbefragung, verblüffende Änderungen des Wahlverhaltens auftauchen, so ist das auch ein Ergebnis der schwer zugängl. Wahlmotivierung.

($C_2$) Ein nicht geringer Teil der Wähler ändert noch auf dem Weg und vor der Wahlurne seine Entscheidung, die bei seiner Vorentscheidung ($C_1$) scheinbar festzustehen schien. Mancher erlebt dann nach Bekanntgabe der Wahlergebnisse ($C_3$) eine gewisse Reue, daß er so sein Gewicht nicht in die Waagschale hätte legen wollen.

Die Wahlentscheidungen unterliegen bei vielen einem Umwandlungsprozeß, in dem der Urnengang nur eine Momentaufnahme ist. Es ist seit längerer Zeit bekannt, daß sich das Wählerverhalten oft im letzten Moment ändert. Hauptgründe dafür dürften ein zunehmender Autoritätsanschluß, Gewichtungsüberlegungen, Bekanntenvorbilder, Trotzreaktionen u.ä. unbewußte Eingebungen sein. Diesem *Prozeß*, und nicht der Urnenentscheidung allein, gebührt die Aufmerksamkeit der Polit. Psychologie.

A Freizeitverhalten

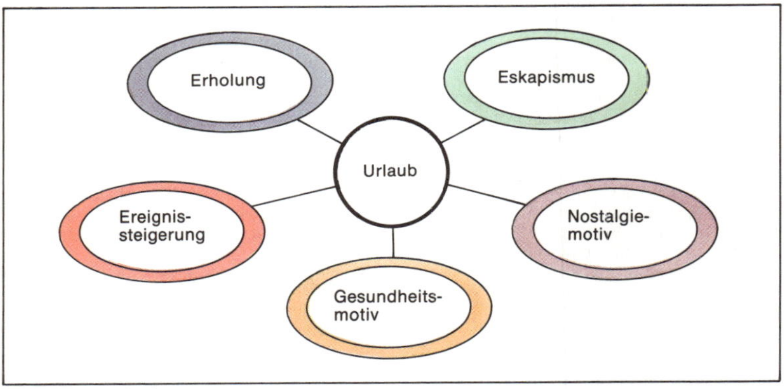


B Urlaubsmotivation

C Freizeitstörungen

Früher war es unvorstellbar, wie die kärglich bemessene Freizeit Schwierigkeiten bereiten sollte. Allein das Bestreben nach *mehr* Freizeit bildete das Problem. Jetzt aber wird die Freizeit selbst zur ps. Fragestellung erhoben. Als neuartige Disziplin der Angew. Ps. ist die **Freizeitpsychologie** unfertig und weist noch große Lücken auf.

**A Freizeitverhalten**

Freizeit ist teilweise ein *Komplement* (Gegenstück) zur Arbeitszeit, aber nicht nur. Je weniger Zeit und körperl. Anstrengung die Arbeit abverlangt, desto unabhängiger wird die Freizeit von der Arbeit, auch motivpsychologisch.

($A_1$) Der »Feierabend«, z.B. auf einem Dorf, war in erster Linie *Ausruhen* nach schwerer Arbeit.

($A_2$) Der Kinobesuch oder das Tennisspiel am Abend sind heute eher *Anregungen* nach einer Arbeit, die nur geringe Ausschnitte des Selbst tangiert.

Als Aktivation wird die Freizeit zur Ausfüllung der seel. Bedarfslage genutzt. Dadurch kommen die Unterschiede in den Freizeitgruppen stärker zum Vorschein.

Die Freizeit nach Dienstschluß am Arbeitstag und das Wochenende mit dem Sonntag sollen nicht mehr gleichförmig sein, sondern deutlich etwas anderes darstellen. Ganz bes. gilt das für die 3. Gruppe der Freizeit, den Urlaub.

**B Urlaubsmotivation**

Die Länder unterteilen sich seit einiger Zeit in Urlaubs- und Nichturlaubs(oder urlaubseingeschränkte)-Nationen. Dieser Unterschied hängt zwar auch mit dem Grad der Industrialisierung zusammen, aber ist nicht mit ihm identisch.

In manchen industrialisierten Ländern ist der Reiseurlaub sehr viel stärker anzutreffen als in anderen, ähnlich industrialisierten.

Das liegt auch an ps. Nationaleigenschaften, wobei sich höhere Aktivität in einer höheren Mobilität niederschlägt.

In der Hauptsache finden wir 5 Gruppen von Urlaubsmotivation.

(1) Die *Erholung,* das Kräftesammeln, ist sicher ein Urlaubshauptgrund; er dient aber häufig als »Kulissenmotiv«, d.h. er wird vorgeschoben, um andere Motivierungen zu verdecken, da dieses Motiv »nützlicher« (im Zusammenhang mit der Arbeit) erscheint.

(2) Der *Eskapismus,* das Entfliehen vor den Bindungen des Alltags, wird beispielsweise wesentlich weniger gern geäußert, weil man damit eine Abwertung der sonstigen Lebenssituation bekennen müßte.

(3) Die *Ereignissteigerung* sowohl als Erlebniszuwachs, Informationsgewinn, Sozialkontakterweiterung, Abenteuer- oder Hobbyrealisierung usw. ist ein wesentl. Urlaubsmotiv; hier streuen die Wünsche am breitesten.

(4) Das *Gesundheitsmotiv* schlägt sich entweder als Aktivierung (z.B. Bergsteigen) oder als Erholung (wie in der 1. Gruppe; z.B. als Badeurlaub) nieder. Man findet dieses Motiv selten für sich allein, es dient eher als Zusatzmotiv.

(5) Das *Nostalgiemotiv* bezieht sich auf Wiederholungen gewesener Ereignisse, z.B. als Besuch der alten Heimat oder früherer Urlaubsorte.

Diese 5 Gruppen sind nicht trennbar; die konkreten Urlaubsmotivationen sind meist Mischungen mit vielen (auch zeitl.) Abwandlungen.

**C Freizeitstörungen**

($C_1$) Durch die Vermehrung der Freizeit wird auch ihre negative Kehrseite deutlicher. Am offenkundigsten (abgesehen von der Landschaftsverschmutzung) ist die *Risikosteigerung* in den Ferien.

Sehr viele Urlauber muten sich mehr zu, als sie im Normalalltag zu tragen geneigt und in der Lage sind.

Schon die *Urlaubsfahrt* zum Zielort wird risikoreicher geplant (Überbeanspruchung).

($C_2$) Am Ferienort möchte man das einholen, was man sonst versäumt zu haben glaubt. Das Klima an vielen Urlaubsorten ist ungewohnt und der Wechsel wird unterschätzt (z.B. im Extremfall der sog. »Tropenkoller«).

Auf der anderen Seite steht die Aufdeckung der eigenen *inneren Leere,* die sich in der Urlaubslangeweile niederschlägt (und z.B. durch die Lektüre von Kriminalromanen gebannt wird).

Hier springt neuerdings die Urlaubs-Animation mit dem neuen Beruf des Animateurs ein, der sich auf die ps. Kunst der Anregung individ. stark unterschiedl. Selbstverwirklichung verstehen muß.

($C_3$) Weitere kognitive Fehler ergeben sich aus dem vorschnellen Kulturvergleich zugunsten der eigenen Kulturumwelt.

Im Urlaub können ferner larvierte (unerkannte) *Beziehungsstörungen* auftauchen. Man erkennt die Andersartigkeit des Partners krasser.

Verschärfend kommt dabei hinzu, daß plötzlich die sozialen Rollen verändert sind oder gewohnte Rollen nicht mehr zur Verfügung stehen.

Im Extremfall reicht die Urlaubsunfähigkeit bis zur Urlaubsphobie, d.h. der untergründigen Angst vor dem Urlaub, die sich in schweren körperl. Störungen niederschlagen kann. Man hat im Grunde (wie beim »workoholic«) nur die Arbeit als Sinngeber kennengelernt, Freizeiten sind demzufolge Leerzeiten. Selbst an Sonn- und Feiertagen weiß man nichts mit sich anzufangen. Die sinnvolle Chance zur eigenständigen Beschäftigung oder zur erlebten Muße schlägt in das Schuldgefühl des als leer interpretierten Müßiggangs um und führt zu einer »Sonntagsneurose« (Stimmungstief mit körperl. Streßstau).

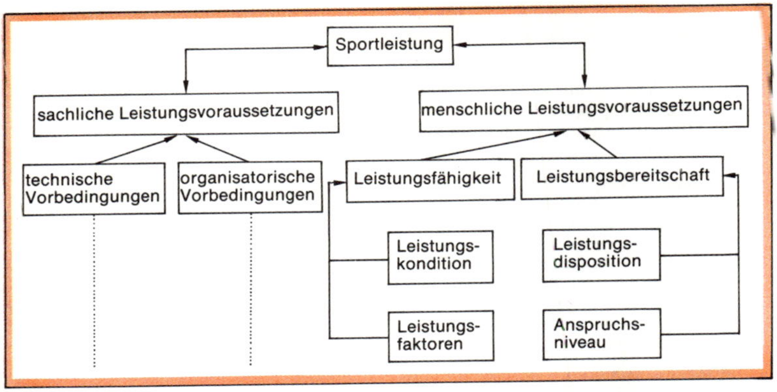


A Sportleistung

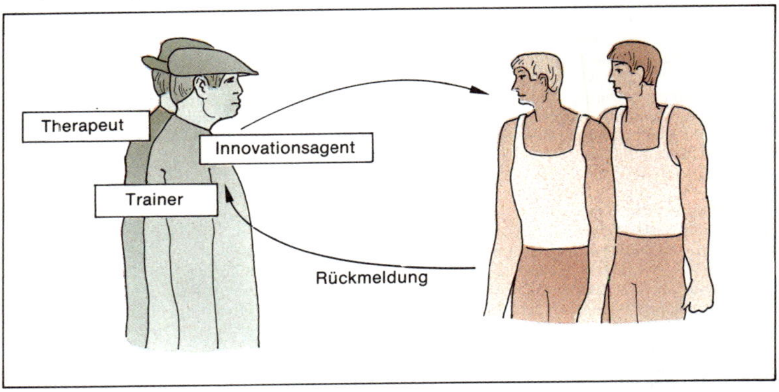


B Sporttraining

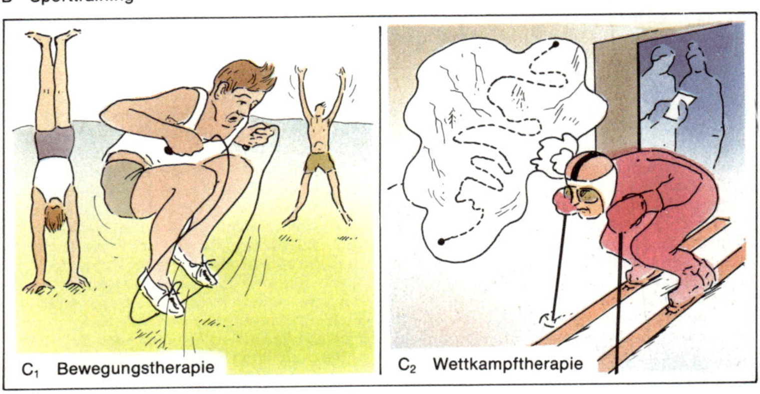


C Sporttherapie

Aktiv oder passiv ist jeder, ob er will oder nicht, am **Sport** beteiligt. Sport ist aber psychologisch gesehen ein sehr uneinheitl. Phänomen.

Für den einen kann er reine Betätigung und Freude am körperl. Ausdruck des eigenen Leibes sein – im anderen Grenzpunkt aber ein Mittel zur Bekämpfung von Rivalen.

Es ist sehr fraglich, ob beide Seiten psychologisch etwas miteinander zu tun haben. Trotzdem ist der Sportpsychologe bemüht, die vielen Sportaspekte unter einheitl. theoret. Modellen zu fassen.

**A Sportleistung**

Sieht man zunächst von den Motivierungen und anderen Verursachungen ab, so ist Sport eine (mehr oder weniger freiwillige) Körperleistung. Sie baut auf den schon im Mutterleib eingeübten Haltungs- und Stellreflexen auf, die nach der Geburt zur Betätigungsfreude der Extremitäten, von Kopf und Rumpf als zunehmend gekonnte Funktionen führen. Aus diesem natürl. Boden kann körperl. Leistung zur gezielten Sportleistung bzw. Rekordleistung erweitert werden.

Bei einer Analyse muß man die *sachl.* und *menschl.* Leistungsvoraussetzungen unterscheiden, von denen letztere das ureigene Gebiet der Sportps. sind.

Die *Leistungsfähigkeit* richtet sich nach den physiolog. Voraussetzungen (z.B. Körpergröße für den Hochsprung); daraus folgt die kombinierte Leistungskapazität oder *Kondition.* Nimmt man die situativen *Leistungsfaktoren* hinzu, so ergibt diese Reihe eine mehr physiolog. Leistungsrückkopplung.

Die *Leistungsbereitschaft* umfaßt die nicht weniger wichtigen ps. Faktoren. Zur *Leistungsdisposition* gehören die bisherigen Erfolge und Mißerfolge sowie deren psych. Verarbeitung, die momentanen Erwartungen von sich und den Rivalen sowie sozialps. Dispositionen der Sportgruppendynamik. Mit dem *Anspruchsniveau* werden die jeweiligen Zielprojektionen der eigentl. Leistungsmotivation angesprochen.

Die sportlichen Leistungsvoraussetzungen erfahren je nach Sportart Abwandlungen. Die Unterschiede korrelieren mit den Sportarttypen:

(1) ohne direkten Wettkampfkontakt: Wettkampf mit sich in »öffentl. Einsamkeit« (z.B. Geräteturnen);
(2) mit direkter Wettkampfberührung: Einwirkung auf den Gegner (z.B. Ringen);
(3) als parallele Gruppenleistung: getimte Anstrengung mit Gegnerreaktion (z.B. Fußball);
(4) Nichtwettkampfspiele: Angrenzung zum Spiel (s. S. 399).

**B Sporttraining**

Will man in die Sportleistung positiv eingreifen, so müssen diese *Rückkopplungen* (s.o. A) dort aufgebrochen und verstärkt werden, wo sie Mängel aufweisen.

Wenn beispielsw. der Verdacht besteht, daß eine Hemmung des Anspruchsniveaus vorhanden ist, so kann dieses durch systemat. (und vorsichtige) Anhebung gefördert werden. Dafür stehen die Methoden der Verhaltenstherapie (XX/5 u. 6), bes. das Skilltraining, zur Verfügung.

Der Trainer ist sowohl *Innovationsagent* (der aufgefordert ist, erstrebenswerte und internalisierbare Ziele zu setzen) wie *Therapeut* (bei psych. Hemmnissen).

Trainer und Leistungsträger stehen in einer Leistungsrückkopplung, d.h. ihre Zielvorstellungen dürfen nicht auseinanderklaffen.

Diese Kongruenz ist schwer zu erreichen; nicht wenige Trainer mißverstehen sich eher als Kontrolleure.

**C Sporttherapie**

Sport dient nicht nur der körperl. Selbstverwirklichung, sondern steht auch in Beziehung zur Psychotherapie. Einerseits dient der Sport als *Therapeutikum,* andererseits benötigt der Hochleistungssportler nicht selten eine psychotherapeut. *Betreuung.*

($C_1$) Die körpertherapeut. Seite des Sports steht im Zusammenhang mit den *Bewegungstherapien,* deren Anfänge mehrere Jahrhunderte zurückreichen.

Zum Beispiel haben sich das chines. Schattenboxen (T'ai Chi Chuan) und der Schwertkampf (T'ai Chi Chian) aus buddhist. Glaubensritualen entwickelt und verbreiten sich gegenwärtig über die ganze Welt.

Die vielfältigen Formen der Bewegungstherapie stützen sich zumeist auf den Gedanken der *Katharsis,* der schon für die thrak. Heilekstasen des Asklepios im antiken Griechenland verwendet wurde. Man glaubte, durch ein *expressives* Ausleben verborgene innere Verkrampfungen lösen zu können.

($C_2$) Im Wettkampf steht der Spitzensportler unter erhebl. *Streß:*

sowohl in seiner Aufgabe, zeitgenau Höchstleistungen zu bringen, wie auch mit den oft zu hoch geschraubten Erwartungen der näheren Umgebung oder der Öffentlichkeit, in der Niederlage fertig zu werden.

Durch Massenmedien werden oft schon Jugendliche einer schonungslosen Identifizierung ausgeliefert, die oft an Massenhysterie heranreicht. Zur Prophylaxe gegen diesen Identitätsrummel dient u.a. die *Streßimpfung* (*Inoculation-Training* von Meichenbaum, 1977) mit 4 Phasen der Streßbewältigung:

kognit. Vorbereitung auf die zu erwartenden Streßmechanismen,
Konfrontation und Einübung im Umgang mit dem Stressor,
Überwindung des Gefühls des Überwältigtwerdens und
verstärkende Selbstaussagen.

A Allgemeine Lebensführung

B Verhaltensrichtwerte

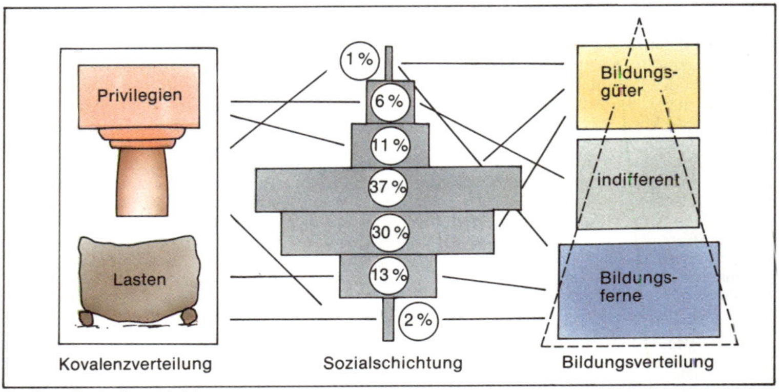


C Gesellschaftsschichtung

Das letzte Kapitel ist den obersten Themen menschl. Leistung vorbehalten. Die Begriffe **»Kultur«** und **»Zivilisation«** werden in versch. Sprachen unterschiedlich verwendet.

Gemeinsam ist ihnen aber eine graduelle Abstufung zwischen einer Gruppe von Steigerungsformen der Alltagsbedürfnisse (im Deutschen: Zivilisation) und einer anderen Gruppe von emotional-kognit. Höchstleistungen (Kultur).

Die Zivilisationsbereiche sind nicht absteckbar, weil sie letztlich das gesamte Leben umschließen. Zivilisations- wie Kulturmerkmale sind Sache des einzelnen, aber ebenso Aufgabe größerer Einheiten wie z.B. der Nationen oder Volksgruppen. Zusammenfassend kann man die Bereiche (A) allg. Lebensführung, (B) Verhaltensrichtwerte und (C) Gesellschaftsschichtung behandeln.

**A Allgemeine Lebensführung**

Wie man sein Leben zu führen hat, lernt man mehr oder weniger unbewußt von seiner Umgebung. In der »Vergleichenden Zivilisations- und Kulturforschung«, der »Völkerpsychologie« (wie sie seit W. Wundts 10bändigem Monumentalwerk genannt wird) werden auf der Basisebene die identifizierbaren Querschnittserwartungen bezüglich Essen, Trinken, Wohnen usw. gesammelt.

Auf Reisen kann der Forscher wie der Tourist die großen Unterschiede von Nation zu Nation erleben.

Es gibt keine größeren Fehler, als die Zivilisationsgewohnheiten seines eigenen Landes als Maßstäbe für ein anderes Land zu nehmen; ebenso, seine Maßstäbe anderen aufzwingen zu wollen.

Sauberkeitsbedürfnisse, Wohnkomfort, Essensqualitäten sind ein so festes Verhaltensrepertoire, daß ihre Abwandlung in anderen Ländern auf Befremden, Widerstand, sogar Feindschaft stößt.

Wie »man« z.B. zu *essen* hat, ist von Land zu Land verschieden und sollte als zivilisator. Unterschied respektiert werden.

Abwandlungen sind möglich, aber bedürfen großer Zeiträume.

**B Verhaltensrichtwerte**

Innerhalb aller größeren sozialen Bezugsgruppen (Schichten, Nationen, Erdteilbevölkerungen) haben sich über Jahrhunderte *Verhaltensrichtwerte* für alle entscheidenden Sozialbezüge ausgebildet:

die »ungeschriebenen Gesetze«, an die man sich zu halten hat, wenn man zumindest am Rand »dazu« gehören will.

Insgesamt bilden sie eine spezielle Hierarchie, in der Werten wie Ehrlichkeit, Höflichkeit, Pünktlichkeit, Einhaltung von Versprechungen, Fairneß, gepflegte Häuslichkeit und sehr viele andere Nützlichkeiten, Moralsätze oder eth. Forderungen zwar ungeordnet, aber doch in einer deutl. Über-Unterordnung je nach Sozialeinheit und Zeitmode (*in-out*-Komponente) ein höherer oder niederer Wert beigelegt wird.

Diese unüberschaubare und schwer registrierbare Vielzahl an »Wertentscheidungen« (Herzog, 1984) kann man in 4 Großbereiche einteilen.

(1) Das *Benehmen* gibt die Summe der konventionellen Verhaltensnormen an.

Schon dem Kleinkind wird durch Vorbild, Überredung oder Zwang bedeutet, wie man sich z.B. bei einem Besuch zu benehmen hat.

(2) Das *Höherstreben* wird durch Konsens im Mitteleinsatz beim Vorwärtskommen geregelt.

Angefangen beim Überholen im Verkehr, fortgesetzt in der erlaubten Karriererivalität im Beruf, bis zum genossenen Ansehen der neuen Elite *ächtet* oder *belohnt* eine Gesellschaft ihre Emporkömmlinge und behandelt ihre Absteiger entsprechend.

(3) Die *Sitten* und *Gebräuche* umfassen die Selbstbelohnungen, die sich eine Gesellschaft, u.a. in Form von Fest- und Feiertagen und ihrer spezif. Ausgestaltung, erteilt.

(4) Die *Traditionen* bzw. der Traditionsabriß kennzeichnen die langfristige Festigkeit dieser Verhaltensrichtwerte als Zeitstile.

Jede Zeit bevorzugt auch bestimmte implizite Glückstheorien.

**C Gesellschaftsschichtung**

Der kulturelle Zustand einer Nation ist (neben anderen Bewertungsmaßstäben) an einigen Grundmerkmalen ablesbar. In der Mitte der Abb. C ist eine typ. *soziale Schichtung* in westl. Industrienationen dargestellt:

Oberschicht, obere, mittlere, untere Mittelschicht, obere, untere Unterschicht, sozial Ausgeschlossene.

Zur linken Seite ist die *Kovalenzverteilung* angeordnet:

wie werden die Privilegien (das »leichte« Leben der angenehmeren Arbeit und ihre u.a. finanziellen Vorteile) und die Lasten (»schweres« Leben mit Arbeit zum bloßen Überleben) verteilt, und welche Formen von Humanisierung (z.B. der Arbeit, des Gefangenenwesens, der Gemeinschaftsleistungen) werden angestrebt?

Rechts ist die *Bildungsverteilung* von »gebildet« (kulturelle Interessen, s. S. 441ff.) bis »kulturell unansprechbar« eingezeichnet. Die 3 Rubriken können *homogene* (schichtungsparallele) oder *inhomogene* (überkreuz verlaufende) Beziehungen aufweisen.

Zum Beispiel kann eine *ungebildete* Funktionärsschicht *hohe* Lebensansprüche stellen, die sie den (gebildeteren) Untertanen nicht zubilligt.

Bei solchen Konstellationen ist das Kontrollgefälle hoch (starke geheimdienstl. Kontrolle), um die gesellschaftl. Inhomogenität abzusichern.

A Ästhetische Maße

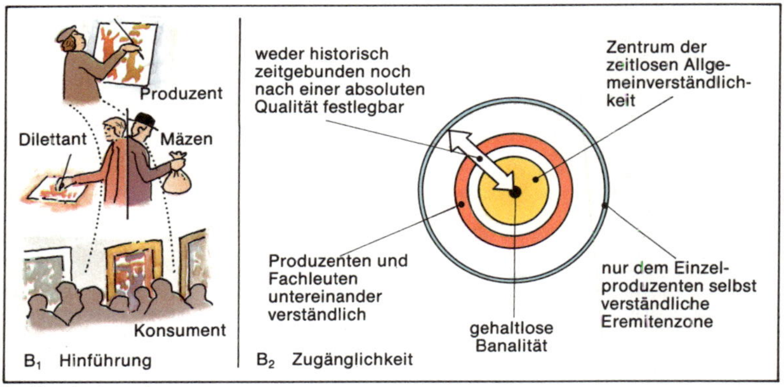


B Kunstgebrauch

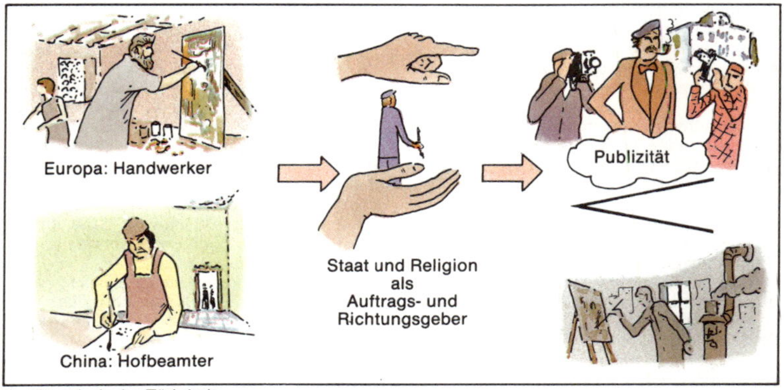


C Künstlerische Tätigkeit

Die Menschen in vorgeschichtl. Zeit besaßen nur ein Mittel, sich über ihre Lebensschwierigkeiten geistig zu erheben: sich künstlerisch auszudrücken.

Die Felsenbilder der Cromagnonmenschen in der Höhle Lascaux beweisen die Vielschichtigkeit dieses Ausdrucksmittels, das bis heute nicht voll ausgedeutet ist.

Erst später trennten sich, oft nur teilweise, die Weltanschauungsbedürfnisse sowie die wissenschaftl. Bemühungen aus der vorherigen, mehr künstler. »Einheitskultur«.

Im antiken Griechenland hob man die 3 großen Kulturziele des *Schönen, Wahren* und *Guten* hervor. Für das Schöne wurde die **Kunst** zuständig.

**A Ästhetische Maße**

Über Jahrhunderte war das »Schöne« gleichbedeutend mit der Überhöhung der Wirklichkeit zu einer, die ästhet. Bedürfnisse befriedigenderen *Wohlgefälligkeit.*

Abweichungen von dieser Kunstauffassung gab es z. B. im frühen Mittelalter, als u. a. kirchl. Fresken in erster Linie lehrhaft waren.

Seit dem 20. Jh. empfindet man die ästhet. Überhöhung als unwahr und ersetzt sie (zumindest in den bildenden Künsten) durch eine wirklichkeitsentsprechendere und später sogar bewußt »verunschönende« Wiedergabe der Welt. Die Kunstbasis verbreiterte sich dadurch zum allg. Ziel einer »Neuschöpfung von Welt«, in die sowohl *Schönheitsfindung* wie bewußte, z. T. als Aufrüttlung gedachte *Schönheitszerstörung* hineingehören. Grundlage ist aber immer noch ein Wissen um die *»Schönheitsmöglichkeit«*. Ihr in ps. Prüfungen näherzukommen, ist kaum gelungen.

($A_1$) Ästhet. Empfindungen lassen sich an einfachen Gebilden am besten erfassen. Die 5 Gebilde (›Ästhet. Vergleich‹, H. BENESCH) können in unendl. Variation gelegt werden:

es gibt ästhetisch bessere und schlechtere, ausgewogenere usw. Lösungen; sogar bewußt jegl. Einheit auflösende, gegenstandszerstörende sind möglich.

Somit können verschiedene ästhet. Auffassungen realisiert werden.

($A_2$) In dem ›Art Judgment Test‹ (N. C. MEIER) soll an versch. Testbildern jeweils die ästhetisch wirkungsvollere Gestaltung gewählt bzw. begründet werden.

**B Kunstgebrauch**

($B_1$) Von Beginn der Kunstbetätigung an gab es eine deutliche personelle Trennung zwischen *Produzenten* und *Rezipienten* von Kunst. Aber wohl zu allen Zeiten gab es mehr oder weniger auch den Versuch, beide Gruppen im *Kunstdilettanten* (z. T. im Kunstmäzen) zu vereinen. Ohne die Brücke der Kunstliebhaber mit unterschiedl. Mitteln (auch techn.) zur *partiellen* Eigenbeteiligung an Kunst würde sie zur esoter. Beschäftigung von Außenseitern und verlöre ihre schöpfer. Funktion für die Gesamtbevölkerung.

Während sich die ältere Kunstps. (WINKLER, MOLES) mehr für die ps. Ausdeutung von Kunstrichtungen interessierte, konzentriert sich die neuere (u. a. KREITLER) stärker auf die erlebniserweiternden Funktionen der Kunst.

($B_2$) Die Erlebnisfähigkeit des Menschen durch Kunst kann *angehoben* (Verstärkung und Intensivierung), *verbreitert* (zusätzl. Erlebnisbereiche) und *vertieft* (engere Verknüpfung mit dem eigenen Erleben) werden. Allerdings unterliegt die Zugänglichkeit zur Kunst ständig einer generellen Schichtung der allg. Kunstbeziehungen. Das Schema (v. SAALFELD) verdeutlicht das Wechselverhältnis zwischen Künstler, Kunst und Publikum. Die inneren Barrieren sind z. T. gewollt (»Esoterik«), aber auch das Ergebnis vorausschauender Einzelleistung, für die die Menge noch nicht reif ist.

**C Künstlerische Tätigkeit**

Die Bedeutung, Position und Funktion, die man der Kunst in einem Land zuweist, kennzeichnet auch seine Gesellschaft:

Man kann sie vernachlässigen und sich selbst überlassen oder als Propagandainstrument ausnutzen.

Beide negativen Eckpunkte schaden letztlich auch diesem Staat selbst. Aber auch ein staatl. Mäzenatentum ist nicht unproblematisch. Deshalb wird es wohl immer auch eine Auseinandersetzung zwischen Kunst und Staat geben, in die der Künstler als Person mit eingeschaltet ist.

Die Stellung des Künstlers in der Gesellschaft hat sich erheblich verändert. Im europ. Rahmen war der Maler, Bildhauer, Dichter zunächst eine Art Handwerker.

Demgegenüber erwuchs der Maler und Dichter in China aus den Mandarinen. Entsprechend hat sich die Kunst in Europa und Ostasien anders entwickelt.

Letztlich führten die Veränderungen in beiden Gesellschaften zum selbständigen Beruf des Künstlers. Das hat zwar seine Unabhängigkeit (im Unterschied zu dem in totalitären Staaten) gefördert und die Fülle der Kunstrichtungen und Richtungsablösungen mitbewirkt, aber auch eine soziale Spaltung in etablierte und nichtetablierte Künstler ergeben.

Sofern z. B. ein Maler, auch durch glückl. Umstände oder entsprechende Publizität, bekannt wird, sind die Museen und renommierten Kunstinteressenten gezwungen, ein Werk dieses Künstlers zu besitzen, so daß seine Werke enorme Preis- und Prestigesteigerungen erfahren.

Der Abstand zwischen dem reichen Künstler und dem »armen Poeten« ist gewachsen. Entsprechend den kunstfremden Zufälligkeiten der Publizität differiert die *Zeitkunst* von der *bleibenden* Kunst.

A Psychologische Epistemologie

| Modell / Theorie | Physik | Psychologie |
| --- | --- | --- |
| Regel-erklärung | Gegenstände fallen zur Erde | Gewöhnung erleichtert die Tätigkeit |
| Grund-erklärung | Theorie der Schwerkraft | Lerntheorie |

B Erklärungsebenen

| Wissenschaft intern | Wissenschaft extern |
| --- | --- |
| Ausbildung | öffentliche Einschätzung |
| Forschungsarbeit | Wissensvermittlung |
| Organisation | Wissenschaftspolitik |
| Wissenschaftsberuf | Internationalismus |

C Sozialpsychologie der Wissenschaft

Die »wahre« Wirklichkeit zu finden, ist das Ziel der Wissenschaft, und damit die Fortentwicklung eines der 3 Kulturziele.

Die **Wissenschaftspsychologie** kehrt dieses Ziel um auf die Wiss. selbst. Diese selbstkrit. Disziplin erfordert Selbstgewißheit und Infragestellung der Wiss. als Institution.

**A Psychologische Epistemologie**

Die ps. Epistemologie, die Wissenschaftslehre, untersucht den Umgang mit wiss. Erkenntnissen:

in erster Linie den Umgang mit der »Wahrheit«.

Eigentlich sollten wiss. Wahrheiten nur eine vorläufige Übereinkunft aufgrund von signifikanten Beweisen sein. Tatsächlich aber werden sie von vielen Wissenschaftlern wie Dogmen behandelt. Die ps. Gründe sind im Einzelfall zu erörtern.

Ein weiteres Thema ist das des Verhältnisses zum Wissen überhaupt. Für viele stehen *Wissen* und *Nichtwissen* in einem *komplementären* Verhältnis:

mit dem größer werdenden Wissen schrumpft das Nichtwissen (man legt die Lösungen gleichsam als erledigt »ad acta«).

Für die gegenteilige Meinung ist ihr Verhältnis *symmetrisch:*

mit dem größer werdenden Wissen vergrößert sich die Kenntnis des Nichtwissens, denn dieses ist prinzipiell unendlich (gleichsam wie die Perspektive unendl. Parallelen).

Diese epistemolog. Grundfrage ist auch *ideologieabhängig,* wobei erstere Ansicht näher dem »Fortschrittsglauben«, letztere näher dem »Agnostizismus« liegt, nach dem »Wahrheit« prinzipiell unerreichbar ist.

In konkreter Hinsicht sieht Th. S. Kuhn (1976) die ›Struktur wiss. Revolutionen‹ als Wechsel von jeweils geeigneteren Erklärungsmodellen. Allerdings betont er mit Max Planck (1928):

»Eine wiss. Wahrheit pflegt sich nicht in der Weise durchzusetzen, daß ihre Gegner überzeugt werden und sich als belehrt erklären, sondern die Gegner allmählich aussterben.«

W. James (1907) meint noch negativer:

»Eine neue Theorie wird ... zunächst als widersinnig bekämpft. Dann gibt man ihre Wahrheit zu, bezeichnet sie aber als selbstverständlich und bedeutungslos. Schließlich erkennt man ihre hohe Bedeutung an, und ihre früheren Gegner behaupten nun, sie hätten sie selbst entdeckt.«

**B Erklärungsebenen**

Die Babylonier konnten schon ca. 500 Jahre v. Chr. die Mondfinsternisse vorausberechnen. Allerdings ohne den Grund zu kennen; denn nach der gleichen Methode versuchten sie die Heuschreckenplagen vorauszusagen.

Die Babylonier hatten die *Regel* erkannt (Regelerklärung); aber *warum* das so ist, zeigte erst der kosm. Grund (Grunderklärung). In der Physik erklärt die Regel »Gegenstände fallen zur Erde« noch nicht den Grund, die Schwerkraft. Auch in der Ps. reicht die Regelerklärung »Gewöhnung erleichtert die Tätigkeit« noch nicht als Grunderklärung aus.

Die Lerntheorien von Pawlow oder Thorndike (vgl. VIII/1) liefern abgeleitete Ursachenzusammenhänge. Man kann dann über die Grunderklärungen *Gesetze* formulieren:

In der Ps. (und im gewissen Sinn auch in der Physik) allerdings nur *relative* oder *statist.* Gesetze, die lediglich eine *prozentuale* Voraussagesicherheit und keine absolute Gewißheit erlauben.

**C Sozialpsychologie der Wissenschaft**

Wissenschaft wird von Menschen gemacht, folglich unterliegt sie auch sozialps. Gesetzmäßigkeiten. Man kann diese Gesetzmäßigkeiten je nach dem Sozialbezug in die *internen* und *externen* Zusammenhänge ordnen.

Die 4 sozialps. Hauptprobleme der internen Gruppe sind:

die *Ausbildung* zum Wissenschaftler (einschließlich der Nachwuchsförderung in der Forschung), die *Forschungsarbeit* (v.a. die Fragen zum Teamwork), die *Organisation* von Wissenschaft (z.B. die Grenz- oder Brückenbildung zwischen den Disziplinen) und die *berufsps.* Fragen.

Es ist noch eine offene Frage, welche Fähigkeiten zum »geborenen Wissenschaftler« gehören, und ob es diesen überhaupt gibt. Es wird häufig übersehen, daß die Auslese für die Forschungslaufbahn von sehr vielen subjektiven, statt von objektiven Kriterien abhängt.

Die *externen* Bezüge der Wissenschaft wirken auch auf die internen zurück. Die 4 genannten Problemfelder umfassen jeweils auch umfangreiche externe Bereiche.

Das *Ansehen* »der« Wissenschaft wird seit dem 19. Jh. hauptsächlich von den prakt. Erfolgen der Naturwissenschaft geprägt.

Die *Vermittlung* von Wissenschaft ist ein Streitthema. Nicht wenige Wissenschaftler befürworten eine Nichtweitergabe ihres Wissens an Nichtfachleute.

Die *Wissenschaftspolitik* ist auch mit eine Entscheidung für Enge oder Weite der Wissensförderung, z.B. wenn sie nur auf einen schnell verwertbaren Nutzen ausgerichtet ist.

Der wiss. *Internationalismus* ist eine Forderung, die auch in der Ps. nur teilweise erfüllt ist. Da das Gros der Psychologen gegenwärtig in den USA tätig ist, fördert dies die Ausrichtung auf die amerikan. Ps. unter Vernachlässigung von Forschungen in anderen Ländern.

Alle sozialps. Wirksamkeiten harren noch einer genauen Bestandsaufnahme.

A Welt- und Menschenbilder

B Weltanschauungsfunktion

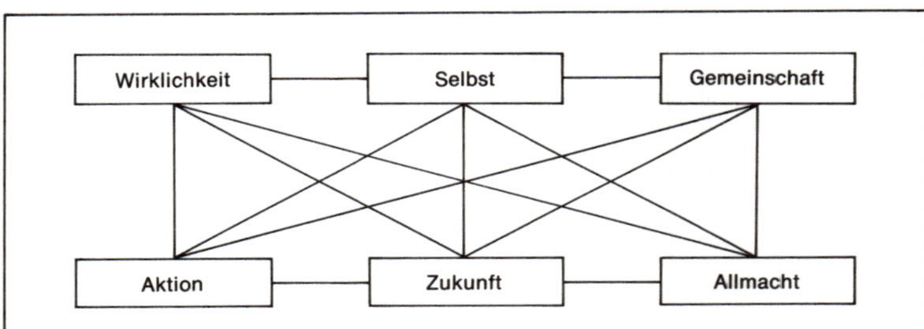


C Absolute Werte

D Erwerb von Weltanschauung

Der Begriff *Weltanschauung* (WA) stammt von KANT (1790), der darunter die persönl. Zusammenfassung der Unendlichkeit der Sinnenwelt verstand. Später dehnte man diesen Begriff auf die Gesamtheit der geistigen Auffassungen über die grundlegenden Existenzfragen aus. Die **Weltanschauungspsychologie** begründete KARL JASPERS (1919):

»Die Weltanschauungspsychologie ist ein Abschreiten der Grenzen des Seelenlebens, soweit es unserem Verstehen zugänglich ist.«

Im Zuge der kognitiven Wende der Ps. verbreiterte sich die Forschung auch auf die »Metakognition« (J. H. FLAVELL, 1979), worunter die grundlegenden, »strategischen« Aufgaben der Kognition verstanden werden.

Die Ps. der »privaten« Weltanschauung (H. BENESCH, 1984) soll die Bedürfnisse, die von den einfachsten animist. Zuschreibungen (vgl. X/5) bis zu den »offiziellen« Weltanschauungen der religiösen, polit. usw. Gedankensysteme reichen, auf ihre ps. Verursachung untersuchen.

## A Welt- und Menschenbilder

Drei wesentl. Fragen stellen sich jedem Menschen in mehr oder weniger dringlicher bzw. reflektierter Weise:

Welche »Bestimmung«, d.h. welcher erfahrbare Endzweck ist mit der Existenz verknüpft?

Welchen Verpflichtungen kann bzw. soll man sich stellen?

Welcher Sinn ist mit der Welt und der eigenen Existenz verbunden?

Gleichgültig, ob er solche Fragen ausdrücken oder nur dumpf empfinden kann, wohl jeder Mensch unterliegt in krit. Phasen seines Lebens solchen Ungewißheiten. In der Menge der Menschen und durch die Kumulation der daraus resultierenden Antworten, vermittelt durch Meinungsträger, erlangen die Weltanschauungen Wirkungen, die weltgeschichtl. Bedeutung gewinnen.

Neben den Welt- gibt es Menschenauffassungen, die aus den persönl. Erfahrungen Rückschlüsse auf allg. Ansichten zulassen,

z.B. ob die Menschen grundsätzlich gut oder böse sind, gedankenlos oder philosophisch ansprechbar, welche allg. Tendenzen in ihrem Inneren bereitstehen.

Am prägnantesten finden wir die Menschenauffassungen in der Kunst.

Die prähistor. ›Venus von Willendorf‹, die ›Venus von Milo‹ oder die ›Demoiselles d'Avignon‹ von Picasso sind 3 Beispiele für zeitbedingte Menschenbilder in der Kunst, die nicht ohne Zusammenhang zu den allg. Auffassungen von »der Frau« bzw. von allen Menschen stehen.

## B Weltanschauungsfunktion

Wozu braucht der Mensch eine Weltanschauung?

Manche verzichten auf sie, bemerken aber nur nicht ihren Anteil an ihr. Andere kennen nur ihre »absolute Wahrheit« und gestehen keiner anderen Ansicht eine Daseinsberechtigung zu. Die Ps. der Weltanschauungen geht nicht normativ (was man denken oder tun *soll*), sondern deskriptiv (was für Auffassungen möglich und Gründe vorhanden *sind*) vor. Es werden *Ausprägungsgrade* (z.B. beginnend bei Trivialansichten: »... so ist halt das Leben«) und *Erwartungsrichtungen* (z.B. moral. Grundhaltungen) unterschieden. Zu diesen gehören hauptsächlich 3 Richtungen:

($B_1$) *Deutungshilfe nach einer »Weltordnung«.* Erklärungsversuche, um sich das prinzipiell Unerklärliche (z.B. das »Schicksal«) sinnvoll anzueignen.

($B_2$) *Demonstrierte Handlungsgewißheit.* Unterstützung bei der moral. Bestätigung für das »richtige« Verhalten.

($B_3$) *Sinngebung und Verehrung.* Rituelle Sinnangebote, wie z.B. die Mekkafahrt für die Muslime der ganzen Welt.

## C Absolute Werte

Weltanschauungen sind nicht nur kognitive Instrumente der Lebensbewältigung, sondern oft gefährl. Mittel der Unterdrückung, sogar der Friedensgefährdung. Deshalb geraten sie zunehmend in das Blickfeld der Ps. Eine ihrer wichtigsten Funktionen ist die Aufstellung oberer und höchster Werte, z.B.:

die **Wahrheit** (überprüfbare, »wissenschaftl.« Wirklichkeit als Beweisgrundlage für alles Vorhandene),

das **Selbst** (egozentr. Bezugspunkt aller Handlungen),

die **Gemeinschaft** (überpersönl. Wertordnung),

die **Aktion** (moral. Handlungsaufforderung),

die **Zukunft** (Verantwortung gegenüber den Kommenden),

die **Allmacht** (Abhängigkeit gegenüber einer höchsten außerweltl. Instanz).

Diese »letzten« Ziele sind teilw. kombinierbar. In vielen Weltanschauungen dienen sie der existentiellen *Endabsicht* (was soll letztendlich getan werden) und dem geistigen *Hilfsanerbieten* (was kann der Mensch davon an Zuspruch erwarten).

## D Erwerb von Weltanschauung

Weltanschauungen werden zumeist in einer Rumpfanschauung von den Eltern übernommen, in der Jugendumgebung umgeformt und später konform oder kontrastierend weiterentwickelt. Sie sind abhängig vom *Erlernten, Erfahrenen* und der eigenen *Reflexion;* d.h.

sowohl selbstgebildet wie aus fremdem Gedankengut zusammengesetzt.

Weltanschauungen sind ein wesentl. Beitrag für das Überleben der Menschheit. Als ps. Thema harren sie noch – wie viele andere Themen – einer weiteren Erforschung.

# Begriffsverzeichnis

Die folgenden Begriffserklärungen erweitern das Glossar ps. Fachwörter aus Bd. 1 (S. 12–29).

**Aggression:** absichtsvoll-feindseliges Verhalten mit der Intention, andere (im Einzelfall sich selbst) so zu benachteiligen, herabzusetzen oder ihnen zu schaden, daß überwertige eigennützige Ziele erfüllt werden. Ursachen werden je nach der zugrunde gelegten Theorie unterschiedlich interpretiert:
(1) endogen: Annahme eines evolutionären Aggressionstriebs;
(2) konditional: Lernen an Aggressionserfolgen;
(3) differentiell: Merkmalsstützung u. a. durch hohe Affektivität, Selbstbehauptung oder Schuldzuschreibung an andere;
(4) psychoanalytisch: u. a. A. als Folge von Frustration;
(5) sozialtheoret.: als instrumentelle Machtausübung;
(6) kognitiv: als Krisenzustand in ambivalenten Entscheidungssituationen;
(7) motivational: als emotionale Kombination mit Wut, Angst, Ärger usw. oder A. auf Befehl;
(8) handlungstheoret.: Reaktionsumschlag bei wechselseitig gesteigerten Gegenmaßnahmen.
Zur Beseitigung bzw. Entschärfung von A. werden sowohl Abbau- (z. B. paradoxe Relativierung von Aggressionssignalen) wie Aufbauverfahren (z. B. Entspannung, Ärgerkontrolle) vorgeschlagen.

**Aktivation** *(activation, arousal):* Sammelbegriff für eine Vielzahl von Verhaltensanstößen, die von der neuronalen Erregung bis zur kognitiven Reizbarkeit reichen. Als neuronale Erregung ergibt sie sich aus der Desynchronisation (Steigerung der Frequenz, Abnahme der Amplitude) der EEG-Rhythmen. Weitere physiolog. Äquivalente sind Herzrhythmus- und Atemfrequenzerhöhungen, Pupillenerweiterung, Änderung des elektr. Hautwiderstands usw.
In der neueren Aktivationsps. werden weitere Bereiche des aktiven Umweltbezugs angegliedert: die Aufmerksamkeit als eine zielgerichtete Beachtung von ausgewählten Objekten, die Anspannung als emotionale Beteiligung an dem Aufmerksamkeitsgegenstand, die Anpassung als Eingewöhnung an die Gegebenheiten reizstarker Milieus, der Wille als energet. Maß für die Durchsetzung von Zielbestimmungen (Destination).
Je nach der Höhe der Aktivierung kann die Bewußtheit graduell verändert sein, wobei aber bei der Übererregung i. d. R. eine Bewußtseinstrübung eintritt, falls sie nicht durch die Konzentration auf schmale Aufmerksamkeitsgebiete begrenzt wird (Tenazität).
Bes. Formen der A. ergeben sich aus der Sozialsituation: soziale Anregung, mitmenschl. Anstöße, aber auch Gegenaktivierungen (Reaktanz) bei drohender Überwältigung. Die intentionalen Akte (F. Brentano) gründen auf der kognitiven Bereitschaft, Sachverhalte nicht nur zu ertragen bzw. auf sie zu reagieren, sondern sie geistig zu verarbeiten (animistisch = Rückführung auf unbekannte Mächte, final = Auffinden eines Zieles, regulativ = Einordnung in kognitive Systeme).
A.-Störungen beziehen sich auf zu geringe Aktivierungen (Defizite), zu hohe (Exzesse) oder fehlgeleitete (Defekte).
Die A.-Theorien stützen sich hauptsächl. auf die physiolog. Erregungsstärke, die behaviorale Auslösung (Stimuli), die hormonale Anregung (Triebkonzepte), die kognit. Verarbeitung (Interpretation und Engagement) und die sozialen Anstöße (u. a. partnerschaftl. Wechselwirkung), um die Aktivierung des Psychischen zu erklären.

**Angst:** Gefühl schaudernder und beengender Erregung, das von der kurzfristigen Beklemmung über Formen von Besorgnis, Bestürzung, Lähmung bis zur chron. Verzweiflung und Panik reicht. Psychologisch wird A. als Zustand (*state anxiety,* Erregungsanspannung bei akuter Bedrohung) und A. als Eigenschaft (*trait anxiety,* dispositionelle Ängstlichkeit, unabhängig von akuter Bedrohung) unterschieden. Die Theorien zur A. stammen hauptsächlich aus der Psa., der Lerntheorie und der Kognitionsps.
(1) In der Psa. (S. Freud) gilt das Ich als »Angststätte«, dem durch Angstsignale aus der Außenwelt (»Realangst«), den Trieben des Es (»neurot. Angst«) und den Bedrohungen des Über-Ichs (»Gewissensangst«) Furchtgefühle eingeflößt werden. Über die Verdrängungen aus lebenstraumat. Ereignissen können sich Angstsignale zu einer »freiflottierenden« A. ausweiten.
(2) In den Lerntheorien zur A. werden sowohl Beziehungen zu den schwachen Nervensystemen (I. P. Pawlow) wie bedingt-reflektor. Verbindungen mit angstauslösenden Reizkonstellationen angenommen, die später die Menge der Angstreaktionen ausweiten können.
(3) In der kognitiven A.-Theorie werden zur angstbezogenen Wahrnehmung bes. die emotionalen Konsequenzen aus der Informationsverarbeitung durch das Individuum hervorgehoben. Solche kognitiven Mechanismen können als Wegfall interner Kontrolle (J. B. Rotter) oder als gelernte Hilflosigkeit (E. P. Seligman) interpretiert werden sowie die Folge von Kontrollverlusten durch Fremdheit, Bewegungssperre, Ungewißheit, Verlust von

Geborgenheit, Verlassenheit, Vorwegnahme von Bedrohung, Zukunftsunsicherheit, Hoffnungslosigkeit usw. sein.
(4) Neben chron. Angstzuständen gibt es auch eine patholog. Angstlosigkeit, die Gefahrenmomente z. B. aus latenter Aggressivität ignoriert. Ferner gilt die Angstlust als ein »Spiel mit dem Feuer«, das als Risikobelastung belebend wirken kann.
Die Beseitigung von patholog. A. wird in allen wichtigen Psychotherapierichtungen angestrebt. Daneben gibt es den Versuch der antiängstl. Selbststeuerung, der sich hauptsächl. auf die Gewöhnung an Angstsignale und die Beseitigung der vorher genannten Verursachungen stützt.

**Attribution:** theoret. Erörterung der Zuschreibungsprozesse von jedermann, durch die erlebte oder erwartete Zusammenhänge ursächlich begründet werden sollen. Bereits beim Kleinkind folgt einem Was- (bzw. Wer- oder Wie-)Fragealter ein Warum-Fragealter, in dem ein Bedürfnis nach Begründung bzw. Schuldzuschreibung erwacht. Dieses Begründungsverhalten reicht auch beim Erwachsenen von irrationalen bzw. unreflektierten Ursachenannahmen bis zum exakt nachgewiesenen Kausalnexus. Die Mehrzahl der Alltagsbegründungen geschieht unter verminderter Vorinformation und gehört daher zur relativ unreflektierten Zuschreibung. Nach dem chronolog. Wirkungszusammenhang unterscheidet man (trotz fließender Übergänge) Kausalattribution (Zuschreibung auf verantwortl. Vorbedingungen), Simultanattribution (Beschreibung und Begründung momentaner Zustände und Befindlichkeiten) und Finalattribution (Begründung von vermuteten Erwartungen). Inhaltlich werden äußere (externe), innere (interne) und undurchschaubare (infirmative) Bestimmungsfaktoren unterschieden. Die Attribuierung von Ereigniszusammenhängen ist sowohl weltanschauungsabhängig wie weltanschauungsförderlich, weil sie i. a. in den größeren Zusammenhang ideolog. Welterklärungen gestellt wird.

**Aufmerksamkeit** *(attention):* versch. Formen des Objektbezugs in unterschiedl. Anspannungsgraden. Die Funktionen der A. werden in den entsprechenden Theorien uneinheitlich festgelegt.
(1) Als Alarmfunktion wird die A. in die Objektausrichtung, die allg. Reaktionsbereitschaft und den zielbezogenen Erregungszustand unterteilt.
(2) Als Selektionsfunktion wird die Distribution (Aufteilung der A.) und die Stimuluswirkung in den Mittelpunkt gestellt.
(3) Als Apperzeptionsfunktion bezieht sie sich auf die jeweilige Bewußtheitskonzentration, themat. Interessiertheit und kognitive Anregung durch Neuheit (kollative Variable; D. E. BERLYNE).
A. ist sowohl innen- wie außengeleitet, d. h persönl. Motivierungen, Einstellungen und Interessen verbinden sich mit dem Aufforderungscharakter der Objekte. Unter Aufforderungscharakter versteht K. LEWIN die aufmerksamkeitsförderliche Beschaffenheit von Gegenständen, Personen und Situationen (Figur-Grund-Differenz).
In der qualitativen Analyse der A. werden versch. Merkmale unterschieden: Richtung (feste: Fixation; wechselnde: Vagation; ungezielte: Scanning), Umfang (Streubreite der Bezugspunkte, Kanalkapazität der Sinne), Intensität (Anspannung, Erregungsgrad), Dauer (kurzfristig u. a.: Schreckreaktion, langfristig: Vigilanz), Diskriminanz (z. B. Laute aus Hintergrundgeräuschen herauszuhören: »Cocktail party problem«; CH. CHERRY), Thematik (Konzentration und Umstellungsfähigkeit in gegenseitiger Beteiligung).
Aus informationstheoret.-kybernet. Sicht wird A. als jeweiliges Maß an Signalverarbeitung zwischen Eingangs- und Ausgangsdaten (in-, through- und output) angesehen.
Unter klin.-ps. Thematik werden Mängel der A.-Funktion in dreifacher Hinsicht unterschieden: reaktiv (Unaufmerksamkeit), selektiv (defizitär oder exzessiv als Unkonzentriertheit) und kognitiv (u. a. als chron. Uninteressiertheit).

**Ausdruck:** deutungsfähige Verhaltensänderung je nach emotionaler, kognitiver, sozialer Beeindruckbarkeit, die als Wiedergabe von unterschiedl. innerer Verarbeitung für diagnost. Zwecke genutzt wird. Da die Umwelt in ihrem Ausdrucksgehalt nicht gleichmäßig, sondern jeweils nach Interessengebieten unterschiedlich erfaßt wird, gibt es sowohl inter- wie intraindividuelle Eindrucks-Ausdrucks-Schwerpunkte. Im allg. werden der Natur- und Landschaftsausdruck (z. B. eine friedvolle Seelandschaft), der urbane bzw. techn. A. (z. B. in der Architektur) und der personale Körperausdruck unterschieden. Der letztere spielte in der Ps. seit der frühen Ausdruckskunde des 18. u. 19. Jh. (LICHTENBERG, LAVATER, PIDERIT, DARWIN) eine große Rolle, die heute nicht mehr gleichermaßen gegeben ist. Der Hauptgrund dafür ist die Ausbreitung nichtwiss. Ausdrucksdeutungen, die zwischen Ausdrucksmerkmal und Ausdrucksbedeutung feste Beziehungen vorgeben wollten. Demgegenüber erkennt die wiss. Ausdrucksps. nur ambige (mehrdeutige) Beziehungen an, die durch mehrschichtige Verursachungen (z. B. eine gewollte Darstellung) in ihrem Ausdrucksgehalt abgewandelt werden können (Deutungsunschärfe). Die bevorzugten A.-Theorien sind deshalb »dyadisch«, d. h. sie verstehen den A. sowohl als »Entladung« (körperl. Begleitreaktion eines psych. Geschehens) wie als »Korrespondenz« (psychosoziale Wechselbeziehung mit Darstellungsfunktion).

Unter dieser Eingrenzung werden neben versch. A.-Arten (Mimik, Körperhaltung, Gestik usw.) unterschiedl. A.-Funktionen zur Personenwahrnehmung herangezogen: reaktiver A. (situativ ausgelöst, u. a. durch das Lachen eines anderen), symbol. A. (Haartracht, Make-up usw.), habitueller A. (z. B. eingeprägte Zornesfalten), vegetativer A. (z. B. Erröten), verbal-nonverbaler A. (Mittel der Sprache und der motor. Sprachergänzung), intentionaler A. (schauspieler. Effekte), konventioneller A. (gesellschaftl. Benehmen).

**Bedeutung:** die »subjektive« Seinskategorie neben den »objektiven« Kategorien Raum, Zeit, Relation und Modalität. Als Bedeutungsbewußtsein bezieht sich B. auf die Qualitäten sinngemäßen Verstehens. Dieses wird entsprechend dem semiot. Dreieck von OGDEN u. RICHARDS (1923) als Funktion zwischen den semant. Zeichen (z. B. dem Wort), dem bezeichneten Sachverhalt (z. B. dem Gegenstand) und dem Merkmalsumfang (Größe, Format, Rang, Wert, Geltung usw.; d. h. »Bedeutung« im engeren Sinn) aufgefaßt. Dieser Merkmalsumfang gibt die eigentl. ps. Erlebniswelt der B. wieder, die je nach Interessen in zahlreiche Bedeutungsbereiche gegliedert ist. Zu ihnen gehören bes. die Bedeutungszumessungen gegenüber dem eigenen Selbst (Selbstkonzept) und die Auffassung der eigenen Stellung in der Welt (Sozialkonzept). Bezogen sind diese Selbstbedeutungen auf die konzeptionellen Allgemeinbedeutungen, die einzelnen Menschengruppen oder großen Bevölkerungskreisen zukommen. Insgesamt bilden sie das gelernte (emotionale, kognitive, ideolog. usw.) konzeptuelle Bedeutungsrepertoire einer Gesellschaft.
Davon abzuheben ist die konnotative B., die auf den (motivationalen) Bestrebungen zur Verwirklichung von B. beruht.

**Bedürfnis:** Begriff aus dem Bereich der Motivationsps., der teilweise synonym für die apperzeptive Seite des Begriffes Motiv (ohne dessen aktive Seite = Strebung) verwendet wird und einen als ungenügend empfundenen Erlebnisstand umschreibt, der zu einer Befriedigung drängt. Je nach den zugrunde gelegten Motivationstheorien wird er unterschiedlich definiert.
(1) In der Psa. wird der Begriff B. mit den libidinösen Antrieben gleichgesetzt, die als Basis aller B. gelten.
(2) In anderen somatisch ausgerichteten Trieb- oder Instinkttheorien werden Sexualität und Aggressivität ergänzt durch weitere »Triebe« (Nahrungstrieb, Selbsterhaltungstrieb usw.); von diesen als »primär« bezeichneten B. werden die »sekundären« (Geltung, Interesse usw.) als abgeleitete B. unterschieden.
(3) Die sozialps. ausgerichteten Theorien betonen (statt der »Innengeleitetheit« der Triebe) die soziale Anleitung der B. durch Familie, Gruppe und Gesellschaft. MASLOW (1970) verweist demgegenüber neben den vorherigen als »defizitär« bezeichneten B. auf »abundante« B. (»Überschußmotive«), die (dilatorisch) erst bei Befriedigung der vorhergehenden defizitären B. auftreten können. Zu ihnen rechnet er vor allem die B. zur Selbstverwirklichung.
(4) In der neueren kognitiven Theorie (FESTINGER 1957; NEISSER, 1967; BERLYNE, 1973) werden v. a. die Tendenzen zur Harmonisierung kogn. Dissonanzen, die Erfüllung eines latenten Erklärungsbedarfs (»der Mensch als Forscher«), die Kontrollmotive und die Sinnappetenz als B. hervorgehoben.
Unterschiedl. Auffassungen bestehen ferner hinsichtlich der Struktur der B. Neben der strukturalist. Annahme einer mosaikartigen Zusammensetzung einzelner B. zu einem individuellen B.-System besteht eine Gruppe von holist. Auffassungen, wonach B. abhängige, ausdifferenzierte Glieder einer vorherigen individuellen B.-Ausrichtung (*needstate;* HULL, 1952) seien.

**Beeinflussung:** vielfältige Formen zielgerichteter Kommunikation mit sozialer Einwirkung *(influence)*. Stärke, Mittel und Ausrichtung der B. orientieren sich an den Möglichkeiten der Beteiligten und an den Zielen der B. Die B.-Stärke reicht von der bloßen Mitteilung, z. B. von Bedenken, bis zur suggestiven Manipulation im Sinne einer geistigen oder körperl. Druckausübung. Die Mittel der B. weisen ebenfalls eine große Vielschichtigkeit auf: Ratschläge, Bitten, Schmeicheleien, Ermunterungen, Ersuchen, Befehle usw. Nach der Ausrichtung werden (positive) Anstöße und (negative) Verhinderungen als Paralbzw. Versalmethodik unterschieden. In der Regel sollen B. Überzeugungen, Einstellungen, Meinungen, Verhaltensweisen bei einzelnen Personen, Personengruppen bzw. -massen verändern. Dadurch ergeben sich versch. themat. Bereiche der B., so u. a. die Propaganda, die Beratung, die Werbung oder die Psychotherapie. Ein wesentl. B.-Unterschied ist die Zielrichtung. Bei der Persuasion (Überredung) soll das bessere Argument den Beeinflußten überzeugen und von ihm in sein Denk- und Handlungsrepertoire aufgenommen werden. Die Suggestion, bes. in der Form der Manipulation, vermeidet i. a. die Erkennbarkeit der B.-Mittel und setzt auf ihre indirekte Wirkung.

**Begabung:** Auffassung von einem individuellen Befähigungssystem. In der älteren Forschung ging man von der Annahme einer feststehenden Summe individueller Befähigungen (»Grundkräfte«, »Vermögen«) aus, deren Ausprägung das Leistungsvermögen (»Talent«) bestimmt. Durch die parallele Intelligenz- und Kreativitätsforschung wurde

der Begriff B. einer zunehmenden Wandlung unterzogen, die die nichtpersonalen Bedingungen in die Analyse einbezieht. Der Begriff wird seither von versch. theoret. Richtungen unter best. Schwerpunkten in einer engeren B.-Charakteristik beschrieben.
(1) Unter nativist. Gesichtspunkten wird die B. weiterhin als mehr oder weniger feststehende »Disposition« (d.h. Verfügbarkeit vorgegebener Anlagen) angesehen.
(2) Deskriptiv-phänomenologisch wird die B. individuell (u.a. testps.) anhand von Vergleichsmerkmalen der Fähigkeitsverteilung in der Gesamtbevölkerung oder entsprechenden (z.B. Alters-) Gruppen gegenübergestellt und möglichst wertneutral beschrieben.
(3) Im Behaviorismus wird der Begriff B. gemieden bzw. lediglich im Sinne einer mehr oder weniger überdauernden Reaktionsbereitschaft für gelernte Leistungen eingesetzt.
(4) Unter sozialdynam. Aspekten wird die B. als gemeinschaftsbezogener Leistungsansatz verstanden, der nach Sozialisation und aktueller Sozialsituation mitbestimmt ist. Unter dieser Betrachtung hängt B. nicht nur an den individuellen Vorbedingungen, sondern ebenfalls an den Erwartungen der näheren (z.B. Familie) oder ferneren (z.B. Kulturkreis) Umgebung sowie deren Erziehungsstilen, Wertorientierungen oder bereitgestellten Stimulierungen. Der Begriff bezieht sich dadurch stärker auf die enge Vernetzung innerer und äußerer Bedingungen zu einem jeweils vorbestimmten und vorvermittelten allg. Eignungssystem, dem sich der einzelne in einem ihm zukommenden Grad anpassen oder nichtanpassen kann.

**Behaviorismus:** Verhaltenslehre (»Psychologie ohne Seele«, F. A. LANGE, 1866), begründet durch einen Artikel von JOHN BROADUS WATSON (1913): ›Psychology as the behaviorist views it‹. Diese Richtung der Ps. stützt sich auf ein theoret. Programm, das nur objektiv beobachtbares und meßbares Verhalten als Gegenstand der wiss. Betrachtung zuläßt. In den Anfängen des B. stützte man sich in erster Linie auf die psychophysiolog. Theorien der sog. Reflexologie der russ. Physiologen BECHTEREW und PAWLOW sowie auf Tieruntersuchungen. Dadurch geriet das Lernen in das Zentrum der Forschungen und avancierte zum Grundprozeß alles Psychischen. Im frühen B. (THORNDIKE, YERKES, MORGAN) dominierte das Lernen als Prozeß von Versuch und Irrtum *(trial and error)*. In der späteren Entwicklung spaltete sich der B. in drei Theorierichtungen: klassische, operante und kognitive Konditionierung.
(1) Die klass. Konditionierung besagt, daß Lernen durch »zeitweilige Verbindungen« im ZNS entsteht. Solche »Bedingten Reflexe« werden eingeschliffen, wenn ein unbedingter Reiz eines angeborenen Verhaltensprogramms öfters gleichzeitig oder kurz anschließend an einen neutralen Reiz erfolgt, der schließlich selbst als »bedingter« Reiz das Programm auslöst.
(2) Die operante Konditionierung geht eher deskriptiv vor. B. F. SKINNER, der Hauptvertreter dieser Richtung, beschreibt Lernerfolge, die durch Belohnungen (Verstärkung; *reinforcement*) erreicht werden. Dabei wird die Wirkung versch. Verstärkungsformen (Immer-Verstärkung, Partialverstärkung) in Lernkurven ermittelt. A. BANDURA erweiterte diese Richtung durch Lernwirkungen von Nachahmungen best. Vorbilder (Modelle) und nannte dies »Imitationslernen«.
(3) Die kognitive Konditionierung begann als Theorierichtung mit Untersuchungen von LASHLEY (1929) und TOLMAN (1932). TOLMAN bezog wieder Erlebnisbegriffe wie Zielerwartung, Vorstellung usw. als »intervenierende Variable« (dazwischentretende Verursachungen) in seinen Ansatz ein und verknüpfte so den »Neobehaviorismus« mit der »kognitiven Umstrukturierung« (W. KÖHLER) aus der Gestaltps. sowie mit deren Auffassung eines einsichtigen Handelns, das zumindest beginnend mit den Menschenaffen das Lernen mitbestimmt. Aus dem orthodoxen B. entwickelt sich die Verhaltenstherapie (EYSENCK), aus dem Neobehaviorismus die kognitive Verhaltenstherapie (MAHONEY).

**Beratung** *(counseling):* eine zielgerichtete Kommunikation, bei der ein (seltener: mehrere) Berater einer Person oder Personengruppe einen Beratungsinhalt vermittelt. Aus dieser Konstellation der B. ergeben sich drei Hauptfragestellungen.
(1) Der B.-Prozeß ist immer ein Austausch von Inhalten. Zwischen dem Berater und dem zu Beratenden besteht ein mehr oder weniger großes Wissensgefälle. Innerhalb der Kommunikation als Ausgleich dieses Gefälles sind zumeist gezielte Erwartungen für die Übernahme von Handlungs- oder Verhaltensvorschriften eingebaut. Die Inhalte der ps. B. können der Angew. Ps. (Unternehmens-, Organisations-, Planungs-, Berufs- usw. Beratung) oder der Klin. Ps. (Psychagogik, Erziehungs-, Schul-, Drogen- usw. Beratung) entnommen sein.
(2) Der zu Beratende (Rezipient) hat bereits ein Wissen bzw. Einstellungen, die als Grundlage für oder als Widerstand gegen eine angestrebte Umwandlung fungieren können.
(3) Der Berater selbst hat Zielvorstellungen, die für ihn unabdingbar sind und den B.-Prozeß mitbeeinflussen. Die Aufgabe jeder B. ist es, die Deckungsgleichheit sämtl. Interessen zu einem allseits akzeptierten Kompromißziel herzustellen. Von dieser Übereinkunft hängen die zu wählende Interventionsart und die einzelnen Entscheidungsstufen für den Beratungsablauf (Verhandlungseröffnung, Zielübereinkunft, Beratungsschritte, Handlungseinsetzung, Kontrollverhalten) ab.

**Berufspraxis:** Der Beruf des Psychologen ist relativ jung. Die ersten Psychologieprofessoren gab es Mitte des 19. Jh. (eine Ausnahme im 18. Jh. war J. F. ABEL, der Lehrer FRIEDRICH SCHILLERS an der Karls-Schule in Stuttgart). Erst zu Beginn des 20. Jh. setzte sich in den USA der Beruf des Klin. Psychologen durch. In Deutschland begannen später einige Psychologen mit einer verkehrs- und wirtschaftsps. Praxis. Heute gibt es ca. 60 ps. Spezialberufe, von denen nur wenige über eine größere Auswahl von Fachvertretern verfügen: Klin., Arbeits-, Betriebs-, Wirtschafts-, Forens., Verkehrs- und Militärpsychologen. Wegen dieser Spezialisierung ist eine Gesamtbeschreibung (»Professiogramm«) des Psychologenberufs schwierig.
(1) Die Tätigkeitsmerkmale teilen sich (nach DORSCH) in die interpretativen (u. a. Diagnostizieren, Analysieren, Testen, Experimentieren, Explorieren) und die eingreifenden (u. a. Psychotherapieren, Auslesen, Beraten, Reformieren).
(2) Die Beschäftigungssituation gliedert sich je nach der institutionellen Zugehörigkeit (z.B. Klinik, Industriebetrieb, Gefängnis, Forschungsinstitut, Beratungsstelle, freiberufl. Praxis) in ein örtlich bestimmtes Aufgabenspektrum. Mitbeeinflußt wird sie auch durch die jeweilige institutionelle Position, die Personalsituation und Konkurrenzlage.
(3) Die Berufsvoraussetzungen können hinsichtlich der Eignung wegen der zahlreichen Spezialaufgaben nicht präzise bestimmt werden. Nach der obigen Zweiteilung (Interpretieren, Eingreifen) sollte der berufstätige Psychologe vor allem eine verstehende Haltung und eine helfende Einstellung kombinieren.
(4) Die Berufspraxis wird auch durch die Selbst- und Fremdeinschätzung des Berufes mitbeeinflußt. Der Beruf des Psychologen ist in der Öffentlichkeit noch wenig bekannt, trotzdem scheint er eine positivere Einschätzung (Heterostereotyp) zu erfahren, als dies in der Selbsteinschätzung (Autostereotyp) der Psychologen erwartet wird.

**Bewußtsein:** psych. Wachzustand mit einer Reihe von Vergegenwärtigungsqualitäten, die nicht in jedem Fall beteiligt sein müssen. Der Begriff wurde erstmals von CHRISTIAN WOLFF 1720 verwendet. KANT verstand unter ihm bereits die individuelle Selbstbezogenheit (»ich denke«). Seine Unterscheidung des aktiven B. in Verstand (intellectus; Geistesfähigkeit als Mittel zur Strukturierung von Wissensinhalten) und Vernunft (ratio; umfassende und höchste Form der Welterkenntnis) konnte sich in der Ps. nicht durchsetzen. Diese Unterscheidung ähnelt der englischsprachigen Trennung in *consciousness* (das Haben von B.) und *awareness* (das bewußte Schaffen von Klarheit), wie sie bes. in der Klin. Ps. gebräuchlich geworden ist. In anderen Disziplinen der Ps. wird der Begriff B. in bestimmten Abwandlungen gebraucht. In der behaviorist. beeinflußten Ps. wird er gemieden. In der phänomenolog. Ps. steht er für den spezif. Erlebnishorizont, in dem das Selbst bzw. bestimmte Sachverhalte vergegenwärtigt werden. In der neueren Kogn. Ps. gilt er als Umschreibung der kognit. Präsenz. Sozialpsychologisch wird der Begriff für die Einschätzung der eigenen Stellung im Sozialgefüge eingesetzt. Dadurch kommt eine zweite Bedeutung des Begriffs in Sicht. B. ist dann die Manifestation von Einstellung sich und anderen bzw. den Weltereignissen gegenüber. In der kybernet. beeinflußten Ps. ist B. die Vernetzung von neurophysiolog. interpretierten Teilsystemen (u. a. Körperbewußtsein, Raum- und Zeitwahrnehmung, Erinnerung usw.), die teilweise oder gemeinschaftlich zu einer Intensivierung der Informationsverarbeitung führen, bei der es jeweils zu graduell unterschiedl. B.-Stufen (s. Stufen der Aufmerksamkeit) kommt. Neuerdings steht dieser Begriff im Zusammenhang mit dem »Alltagsbewußtsein« *(common sense)*. Man versteht darunter das durchschnittl. und volksnahe Denken über allg. Dinge des Lebens und seiner gewöhnl. Bestimmung. Der Gegenbegriff »Unbewußtes« (s. d.) deckt sich nicht mit der genauen Gegenposition zum B., sondern dient im erweiterten Sinn als Umschreibung für alle psych. Regungen, die augenblicklich nicht voll vergegenwärtigt werden. Dementsprechend gibt es versch. Arten von B.-Trübungen (kurzfristig: black out; überstrahlt durch stärkere Reize: red out; partielle Ausblendung: Absenz; künstl. Formen u. a. in der Hypnose: Somnolenz, Hypotaxe, Somnambulismus; tiefste Bewußtlosigkeit: Koma).

**Depressivität:** Sammelbezeichnung für eine Vielfalt von Verstimmungs- bzw. Bedrükkungszuständen, zu denen auch die Depression im engeren Sinn zu zählen ist. Eine Begrenzung dieser Zustände hat sich als schwierig herausgestellt. Man kann die D. bei der überreaktiven Schwermütigkeit und Inaktivität beginnen lassen, wenn sie im Nachgang zu Verlusten auftreten und sowohl nach Heftigkeit wie auch Dauer von der Norm abweichen. Am anderen Ende einer Formenreihe der D. steht die als Psychose eingestufte Melancholie, die bereits im Altertum bei HIPPOKRATES als endogen (melas, schwarz; chole, Galle), d.h. als psychische Auswirkung physischer Störungen angesehen wurde. Letztere treten häufig in zykl. Reihung (manisch, stuporös) auf. Für den mittleren Bereich spricht man oft von neurot. Depression. Sie macht die häufigste Form der behandelten D. aus.
Bei neurot. D. zeigen sich 5 Merkmalsgruppen: Verstimmungen (Traurigkeit, Niedergeschlagenheit), Verhaltensdefizite (minimale Anteilnahme, soz. Rückzug), exzessives Leiden (häufige Klagen, Hypochondrie, Selbstaggressionen), körperl. Zustände (Schlafstö-

rungen, Morgentief, ständige Müdigkeit, Gesundheitsängste, Migräne) und kognitive Manifestationen (niedrige Selbsteinschätzung, negative Erwartungen, Selbstanschuldigungen, Katastrophenerwartung).
Insgesamt erfährt der Depressive einen schwer erträgl. Gemütszustand, mit Erlebnissen der emotionalen Lähmung, der Abgeschlagenheit, des körperl. Drucks auf Magen und Brust; sein Denken kreist um das schlechte Befinden, das schuldhafte Versagen und die ausweglose Lage. Kommt es zu man. Phasen, so beherrscht die Patienten ein übersteigertes Machterlebnis bis zum Größenwahn, in dem unrealist. Pläne in Unstetheit und Ideenflucht geschmiedet werden, die aber alsbald in Teilnahmslosigkeit und Stimmungserstarrung umschlagen.
Zur Differentialdiagnose der *major depression* (depressives Allgemeinkonzept) werden mindestens die Hälfte der 8 Kriterien erwartet: defizitäre oder exzessive Appetitstörung sowie Schlafabweichung, Erregung-Hemmung-Dysfunktion, chron. Desinteresse, Erschöpfung, Wertlosigkeitsgefühl, verminderte Denkkonzentration, wiederkehrende Gedanken an Tod und Selbstmord.
Als Gründe für die D. werden u. a. angegeben: Mangelzustände bei neuronalen Transmittersubstanzen (somat. Modelle), Selbstaggressionen als Folge von Objektverlusten oder narzißt. Kränkungen (psa. Modelle), Wegfall positiver Verstärker, gelernte Hilflosigkeit (behaviorale Modelle), negative Einstellung zu sich, anderen und zur Zukunft (kognitive Modelle), überhöhtes Anspruchsniveau und Überreaktion bei krit. Lebensereignissen (persönlichkeitsps. Modelle) sowie Homöostase-Modelle als Integration der vorhergehenden Ätiologiemodelle.

**Deprivation:** in der Klin. Ps. steht dieser Begriff für eine der Hauptursachen für psych. Störungen. Man nimmt dabei als Mechanismus an, daß mangelhafte Betreuung oder Anregung aus der Umwelt zu unzureichender psych. Entwicklung führen, die später nicht mehr nachgeholt bzw. ausgeglichen werden kann. Dem stehen Erfahrungen einer Selbstanregung gegenüber, die einen psych. Mangelzustand nicht erst aufkommen lassen. Deshalb ist gegenwärtig das theoret. Konzept der D. noch unklar. Nicht jede Form des Sozialentzugs führt zu psych. Störungen. Eine Reihe von D.-Situationen gelten als bes. gefährdend: Mutterlosigkeit, Isolation, Hospitalismus, Verlust des Lebenspartners, Arbeitslosigkeit, Selbstentfremdung, Frustration zentraler Bedürfnisse, Verlust des kulturellen Hintergrunds, Statusabstufungen, Milieu- und Sozialisationsschäden, Altersisolierung.

**Einstellung:** individuelle Ansammlung von Bewertungen. Die Beziehungsmöglichkeiten zu Dingen, Personen und Sachverhalten sind praktisch unbegrenzt. Um nicht in einem Chaos leben zu müssen, wählt der Mensch daraus Ausschnitte und bewertet sie. Diese Bewertungen können aus der eigenen Erfahrung stammen oder von anderen übernommen worden sein. Neben diesem denkökonom. Aspekt kennzeichnet die E. ein rigider Aspekt. E. sind verfestigte Gedanken und Haltungen, die den Charakter von Vorurteilen annehmen können, die kaum noch durch neue Erfahrungen abgeprüft werden. E. bestehen aus partiellen Meinungen, speziellen Einschätzungen und personentyp. Verhaltensweisen (Attitüden), die aber zunehmend eine allg. Lebenseinstellung und weltanschaul. Einheit *(mental set)* bilden. Zur Beschreibung von E. werden 4 Merkmalsgruppen herangezogen.
(1) Zur inhaltl. Bestimmung werden die Gegenstandsbereiche von E. unterschieden (z. B. polit., rass., gesellschaftl. E.).
(2) In der qualitativen Bestimmung wird die Wertungsrichtung zwischen Akzeptanz (Anlehnungsbereich), Indifferenz (Neutralitätsbereich) und Kontrast (Ablehnungsbereich) unterschieden.
(3) Als Intensitätsbestimmung unterscheidet man die bloßen Voreingenommenheiten von den Denkgewohnheiten bis zu extremist., konditionierten und schematisierten Handlungsimpulsen.
(4) Die Konsistenzbestimmung charakterisiert die Erstarrung bzw. Wandelbarkeit der E. und die Gründe für eine mögl. flexible Umorientierung. Methodisch werden die E. durch Einstellungsmessungen (Skalierungen von Zu- und Abneigung u. a. Bestimmungsmerkmale) ermittelt.

**Emotion:** Oberbegriff für alle gefühlshaften Prozesse. Die enorme Vielfalt der Gefühlsformen macht es schwierig, die E. als ein einheitl. ps. Konstrukt zu formulieren. Bis heute bestehen lediglich nominalist. Definitionen, die eine taxonomische (erst recht keine taxometrische) Klassifikation zulassen. Trotzdem kennt jedermann die damit gemeinten Erlebniszustände. Um sie genauer zu fassen, werden zumeist 4 Beschreibungskategorien verwendet:
(1) Die neueren E.-Theorien, wie u. a. die Kontext- und Differenzierungstheorien (SCHACHTER, SINGER, LAZARUS, IZARD) beschäftigen sich hauptsächlich mit der Erfassung von notwendigen bzw. mehr oder weniger entbehrlichen Anteilen am Gefühlsgeschehen. Als unabdingbar werden dabei die folgenden 4 Anteile angesehen.
(a) E. haben in jedem Fall eine Erregungsgrundlage *(arousal),* die sich als Aufregung oder Unruhe (das »Brennen der Gefühle«) niederschlägt.
(b) Sie besitzen Valenzen (K. LEWIN), d. h. best. Wertungserlebnisse: angenehme Stimmungen oder unangenehmer Verdruß.
(c) Mit den E. sind zumeist Vorstellungen ver-

knüpft, die von globalen schemenhaften Eindrücken bis zu überdauernden Gefühlseindrücken reichen.
(d) E. sind psych. Aktivierungszustände, die, wie andere psych. Prozesse auch, drei Ablaufstadien aufweisen: Auslösephase (innere oder äußere Ursachen), Plateauphase (kurz- oder langfristiges Bestehen), Ausklang (Abebben der Gefühlswallung).
(2) Damit sind auch die unterschiedl. Intensitätsgrade angesprochen. Im allg. werden schwache E. als Anmutungen oder Stimmungen, die stärksten als Affekte bezeichnet. Allerdings gibt es hier unterschiedl. Sprachtraditionen nach Ländern und Nationen.
(3) Gefühle breiten sich aus (emot. Irradiation) und flauen ab (Gefühlsermüdung). Ihre jeweilige Aktualisierung ist abhängig von ihrer Verursachung, aber man kann sich in sie auch hineinsteigern (Gefühlskrampf) wie ihre Effekte unterdrücken (Controthymie).
(4) Die E. sind die subjektivsten psych. Erscheinungen. Deshalb gibt es auch in allen Sprachen eine Vielzahl von Gefühlsbenennungen, die sich einer Systematisierung widersetzen. In unserer Darstellung (XII. Kap.) haben wir die Unterteilung in die 5 Großgruppen nach der Beziehung zu angrenzenden Bereichen gewählt: somatische, situative, soziale, kognitive und meditative Emotionen. Die patholog. Gefühlsstörungen konzentrieren sich auf vier Bereiche: Parathymien (Erethik, Hypochondrie, Hypothymie, Hyperthymie u. a. als Affektsturm), affektive Neurosen (Affektbeteiligungen bei Phobie, Anankasmus, Hysterie, Paranoia), soziopath. Störungen (Dominanzkonflikte, Konfliktflucht usw.) und Depressivität (s. d.).

**Entscheidung:** kognitiver Abschluß einer Entweder-oder-Wahlsituation. Als ps. Prozeß stehen dabei mehrere Merkmale im Vordergrund: (1) die empfundene Zwangslage, (2) die Kenntnis der Wahlmöglichkeiten, (3) die Auswahlkriterien und (4) die Entscheidungsabwicklung.
(1) Zur E. ist eine best. psych. Energie (»Entschlußkraft«) nötig. Diese wiederum wird von Handlungsstrategien (Entschlossenheit ggü. Entschlußlosigkeit) mitbestimmt. Der Entschlossene erlebt die Zwangs- bzw. Konfliktlage als Aufforderung, der Unentschlossene versucht sie »auszusitzen«.
(2) In der Entscheidungssituation sind die Entweder-oder-Alternativen abzuschätzen, und zwar sowohl nach ihrer Anzahl wie nach ihrer Eintrittswahrscheinlichkeit unter den zu wählenden Maßnahmen. In dieser Hinsicht müssen E. oft unter einem Informationsdefizit getroffen werden.
(3) Die Auswahlkriterien unterscheiden sich nach ihrem finalen oder retrograden Charakter. Finale, d. h. einen Endzweck anvisierende Auswahlkriterien sind u. a. das Konsequenzprinzip (Erwartung des größtmögl. Nutzens; Spieltheorie nach v. NEUMANN u. MORGENSTERN), das Minimaxprinzip (geringstmögl. Verlust; MILNER u. THRALL), das Satisfizierungsprinzip (erstbeste, befriedigende Lösung; SIMON). Retrograde, d. h. aus vorherigen Entscheidungsmotiven abgeleitete Auswahlkriterien sind u. a. das Konformitätsprinzip (Angleichung an gebräuchliche E.; ROKEACH), das Contraformitätsprinzip (E. entgegen der Gewöhnlichkeit; KRECH e. a.), das Analogieprinzip (E. nach erfahrenen »guten« E.; BATESON), das Risikoschubprinzip (Anhebung riskanter E. u. a. in manchen Gruppen; KOGAN e. a.), das Animismusprinzip (E. unter Bezug auf unbekannte Mächte; HELLPACH).
Die E.-Theorien versuchen weniger die ps. Motivierungen von E., sondern die Auftretenswahrscheinlichkeit von Alternativen in mathematisierter Form vorhersagbar zu machen. Die Entscheidungsfehlerforschung unternimmt den Versuch, »normale« sowie »pathologische« Gründe für Fehlentscheidungen bes. in ihrer ps. Verursachung abzuklären.

**Entwicklung:** allg. Bezeichnung des biolog. Entfaltungs- und Rückbildungsprozesses für die Gesamtheit der Lebewesen (Phylogenese) und des Einzelwesens (Ontogenese). Zentrale Bedeutung für die Ps. hat die Erklärung der psych. Entfaltung im vorgeburtl., frühkindl. und jugendl. Alter. Im wesentlichen werden vier Theoriegruppen vertreten.
(1) Die Wachstumstheorien erklären die Entwicklung »internalistisch«, d. h. von inneren Anstößen her: als bogenförmiger Auf- und Abstieg, als Stufengang; als spiralförmige Zielstrebigkeit, als Ausfaltung anfänglich ungegliederter Zustände.
(2) Die Formungstheorien stellen den Gedanken der plast. Umweltanpassung in den Mittelpunkt. Sie sind daher »externalistisch« ausgerichtet.
(3) Die Umbruchstheorien sehen die E. durch dramat. Ereignisse bestimmt. Beispielsweise erfolgt durch den Einbruch der Sexualfunktion in der Pubertät ein E.-Schub. Später veranlaßt die soziale Selbständigkeit einen solchen E.-Neubeginn.
(4) Die Gestaltertheorien gehen von der aktiven Selbstbestimmung aus. Die Interessen sind Beispiele für selbstgewählte E.-Bestimmungen. Sie erklären E. also auch rückwirkend aus den eigenen Lebensentscheidungen.
Allg. wird die somat., soziale und mentale E. unterschieden. Diese drei Stränge müssen nicht parallel verlaufen; bei psych. Störungen können sie durch Jahre divergieren. Unter chronolog. Aspekt wird die vorgeburtl., früh- und spätkindl., jugendl. (adoleszente), Erwachsenen- und Altersentw. unterschieden. E.-Störungen erfolgen entweder durch zu späte oder unterbundene Ausreifungen (z. B. geistige Behinderung) oder durch alterstyp. Beeinträchtigungen (Bettnässen, Magersucht, Ablösekonflikte).

**Ergonomie:** interdisziplinäres Spezialgebiet der Arbeitswiss., in dem die Mensch-Maschine-Systeme zwecks Optimierung der wechselseitigen Anpassung sowohl zur höheren Produktivität wie zur größeren Arbeitszufriedenheit beitragen sollen. Der Begriff E. setzt sich aus den altgriech. Wörtern ergon (Arbeit) und nomos (Gesetz) zusammen. Zuerst wurde der Begriff 1857 in der poln. Zeitschrift ›Natur und Industrie‹ erwähnt und dort umschrieben:

> »Damit wir aus diesem Leben die besten Früchte bei der geringsten Anstrengung mit der höchsten Befriedigung für das eigene und das allgemeine Wohl ernten und dabei anderen und dem eigenen Gewinn gegenüber gerecht verfahren.«

Diesem hohen moral. Anspruch folgten später rationalist. Bestrebungen zur Verbesserung der Wechselbeziehung zwischen arbeitenden Menschen und der Technik der Maschinenfunktion. Beide werden als »System«, d.h. als Ganzheitswirkung gesehen. Auf der Seite des Arbeiters werden die Tätigkeitsmerkmale, die körperlich-geistige Belastung, die Verantwortungsbereitschaft, die Arbeitsgruppe, der Gefährdungsgrad, der Erholungsbedarf, die Entlohnung usw. einkalkuliert; auf der Seite der Maschinenfunktion u.a. der Produktionsvorgang, die Maschinenkonstruktion, die Werkstoffbeschaffenheit, die Arbeitsplatzgestaltung, die Arbeitsunterlagen, die Zeitvorgaben, die logist. Abwicklung z.B. am Fließband, die bioklimat. Belastung. Diese und andere Merkmale sind vernetzt und können nur im Gesamtzusammenhang als »ergonomische« Gestaltung verbessert werden.

**Experiment:** als Methode kommt das E. dem naturwiss., bes. physikal. Forschungsideal am nächsten. In der klass. Form ist es ein Rückschlußverfahren. Durch die Veränderung von Vorgaben (unabhängige Variable) wird an deren Auswirkungen (abhängige Variable) auf den Einfluß der Vorgaben und damit auf den ursächl. Zusammenhang rückgeschlossen. Der Rückschluß ist nur bei festen, ein-eindeutigen Beziehungen von Vorgaben und Auswirkungen berechtigt, dagegen bei ambigen (mehrdeutigen) Beziehungen unberechtigt (z.B. in der Logik: Schnee-weiß, aber nicht in der Umkehrung: weiß-Schnee). Da in der Ps. viele Beziehungen ambigen Charakter besitzen, ist eine krit. Vorsicht bei der Interpretation von Experimentalergebnissen nötig. Das trifft vornehmlich für die »klassischen« Prüfexperimente (experimentum crucis), sehr viel weniger für die anderen Formen (Demonstrations-, Erkundungs-, Quasi- und Feldexperiment) zu, die nicht in erster Linie kausalistisch interpretiert werden. Für die Methodik kommt es auf 5 krit. Einsatzüberlegungen an:
(1) Planmäßigkeit (Einbau in ein geprüftes Forschungsdesign),
(2) Variation (mehrfache Abwandlung und statist. Absicherung),
(3) Replikation (genaue Beschreibung, damit das E. von anderen wiederholt werden kann),
(4) Kontrollverlauf (kontrollierter Vollzug, so u.a. bezüglich der Motivierung der Vp.),
(5) Auswertung (angemessene Weiterverarbeitung: u.a. keine unsicheren Rohdaten statistisch aufwerten).

**Faktorenanalyse:** statist. Verfahren zur Gewinnung von Basisvariablen (d.h. Faktoren), um aus einer Vielzahl phänomenaler Beziehungen hypothet. Größen auszusondern, die einen Großteil der korrelativen Verwandtschaften innerhalb der betreffenden Phänomene erklären können. Dabei sind drei wichtige Verfahrensschritte hervorzuheben.
(1) Die Kommunalitätsschätzung bezieht sich auf die Anzahl der zu wählenden Basisvariablen, die den Varianzanteil, der durch die gemeinsamen Faktoren aufgeklärt wird, optimal in Annäherung an die Gesamtvarianz abdekken.
(2) Bei der Faktorenextraktion kommt es auf die Trennung der Generalfaktoren, Gruppenfaktoren und Einzelrestfaktoren an, um die wesentl. Bestimmungsfaktoren hinter allen beobachteten Größen herauszufinden.
(3) Durch die Umrechnung mit Hilfe der Winkelfunktionen wird das Koordinatenkreuz so gedreht, daß bei der FA im rechtwinkligen Koordinatensystem die wesentl. Variablenklumpen optimal getroffen werden. Für alle drei Schritte werden best. Verfahren zur Verfügung gestellt. Angrenzende Verfahren zur FA sind u.a. die Diskriminanzanalyse (Berechnung von Trennfunktionen zur Klassenbildung), Clusteranalyse (Sortierung von miteinander korrelierenden Untergruppen oder Cluster bei geringeren statist. Voraussetzungen), Konfigurationsfrequenzanalyse (verteilungsfreies multivariates Verfahren zur Auffindung von Typen oder Syndromen).

**Forschungsverfahren:** Wie jede Wiss. stützt sich die Ps. auf eine Reihe von unterschiedl. abgesicherten Methoden. In der Ps. ist diese Methodenreihe bes. groß, weil sie wegen ihrer Mittelstellung zwischen Natur-, Sozial- und Geisteswiss. von subjektiven Selbstbeobachtungen bis zu mathemat. Simulationen sowie zu Masseninterviews reicht. Entscheidend ist für alle Verfahren die Form ihrer Absicherung. Dafür stehen hauptsächlich drei Prüfdisziplinen zur Verfügung.
(1) Die Methodik stellt Kriterien zur Praxis des Quantifizierens, der Gestaltung von Meßdaten sowie die Aufstellung von Forschungshypothesen und Versuchsplänen auf.
(2) Die Testtheorie bietet Prüfkriterien bes. in Hinsicht auf die Objektivität, Meßgenauigkeit (Reliabilität) und Meßrichtigkeit (Validität) der Meßdaten.
(3) Durch die Statistik werden quantitative Werte in ihrer Zuverlässigkeit, in ihrer wechselseitigen Abhängigkeit, in der Höhe ihrer

Auftretenswahrscheinlichkeit geprüft sowie Zahlenmassen überschaubarer gemacht und auf Grundvariable (Faktoren) reduziert.
Die Methoden lassen sich in drei Grundverfahren zusammenfassen: Observationen (Beobachtungen des eigenen und fremden Verhaltens), Explorationen (Befragungen) und Experimente (Labor- wie Feldexperimente).

**Gedächtnis:** darunter ist kein einheitl. psych. Prozeß, sondern eine Vielfalt mnemistischer (»übergegenwärtige Beharrung«) Phänomene zu verstehen. Bereits auf der Neuronenebene gibt es kybernet. Halteregler, die der Augenblicksreaktion Kurzdauer (»Urgedächtnis«) verleihen können. Durch diese Vielfalt der mnemist. Funktionen war es nötig, den G.-Begriff differenzierter zu bestimmen. Dies geschah bes. in 2 Richtungen.
(1) Nach den Funktionen der Überzeitlichkeit werden Einprägen (Enkodierung), Behalten (Retention) und Abruf (Ekphorie) unterschieden. Die Einprägung bezieht sich auf den Merkstoff und die Art seiner Einspeicherung. Das Behalten meint die Dauer der Bewahrung von Erinnerungen bzw. Wissensinhalten. Der Abruf beruht auf der Art, wie das Gemerkte für den Augenblick verfügbar gemacht werden kann.
(2) Nach der funktionalen Gestaltung werden drei Theoriegruppen unterschieden. Die Filtertheorien gehen vom Auswahlgesichtspunkt für die Vielzahl einströmender Reize aus. Die Assoziationstheorien stützen sich auf die Gesetze des Zusammentreffens von Reizen (Ähnlichkeit, Gegenteiligkeit, Berührung in Zeit und Raum, Zusammenhang der Sachverhalte usw.). Die Stufentheorien werden heute am häufigsten vertreten. Die Drei-Stufen-Theorie besagt, daß wir ein Ultrakurzzeit-G. (ikon. Speicher im Sekundenbereich), Kurzzeit-G. (Bündelspeicher von ca. 7 Elementen und bis zu 15 Sek.) und ein Langzeit-G. (Dauer-G. mit unbegrenzter Reservekapazität) besitzen. Die G.-Leistung ist individuell sehr unterschiedlich, sie läßt sich aber durch Trainingsverfahren relativ leicht verbessern.
G.-Störungen hängen mit phys. Störungen (z.B. Ermüdung), situativen Einflüssen (z.B. Ereignisflut) und neurot. Schäden (z.B. Verdrängungen) zusammen.

**Gesprächspsychotherapie:** von C. ROGERS (1942) gegründete Therapieform aus der humanist. Therapierichtung. Zu den theoret. Grundlagen gehört eine Persönlichkeitsauffassung, nach der der Mensch durch eine Aktualisierungstendenz (Wunsch nach Selbstentfaltung) bestimmt ist. Ziel der Therapie ist die »vollfunktionsfähige Persönlichkeit«, deren Gefühle, Wünsche, Motive und Bedürfnisse abzuklären sind. Grundlage des Verfahrens bildet die Annahme, daß Interpretationen durch den Therapeuten dem Klienten Angst machen, dagegen er nur zur Einsicht durch Erfahrung gelangt, wenn er sie selbst erwirbt. Der Therapeut hält sich deshalb mit »Beratung« zurück und geht dafür aber in dreierlei Weise auf den Klienten ein: durch Empathie (»das ausgedrückte Gefühl anzuerkennen«, C. ROGERS), Wertschätzung (unbedingte Beachtung, emotionale Wärme, Würdigung der Person, Nächstenliebe) und Echtheit (Selbstkongruenz, Transparenz, Eigenständigkeit, Selbstöffnung). Im relativ kurzen Therapieprozeß (ca. 25 Sitzungen) soll der Klient durch Selbstexploration (Auseinandersetzung mit den eigenen Gefühlen) von einem unfreien Umgang mit den eigenen Gefühlen und Beziehungen zu offenen, unmittelbaren Selbsterlebnissen *(experiencing)* gelangen. Dieser angestrebte Veränderungsprozeß wird in Prozeßskalen formalisiert und in seinem Gelingen vom Klienten und Therapeuten nach jeder Sitzung formuliert. Das Verfahren wird bei Kindern als Spieltherapie (V. AXLINE), bei Erwachsenen sowohl als Einzel- wie Gruppentherapie *(encounter therapy)* eingesetzt.

**Gestalt:** von CHR. VON EHRENFELS (1890) eingeführter Begriff, der den übersummativen Zusammenhangscharakter von Relationseinheiten umschreiben soll. Vier Hauptmerkmale von Wahrnehmungsgestalten werden hervorgehoben: Figurprägnanz (Vorrang je nach Gestaltfaktoren), Übersummativität (Hauptform bedeutungsvoller als die Summe der Einzelteile), Transponierbarkeit (Übertragbarkeit der Musterform) und Beziehungsrahmen (ein Ankerreiz vermittelt die Auffassung der gesamten G.).
Die Forschungen der Gestaltps. bezogen sich vor allem auf die Ermittlung derjenigen Faktoren, die auf den Gebieten Wahrnehmung, Gedächtnis, Denken, Lernen, Handeln für das Zustandekommen von Ordnungsrelationen maßgeblich sind. Zu den wichtigsten Faktoren zählen: die gute G. (z.B. Gruppenbildung), die Geschlossenheit, die Gleichartigkeit, die Nähe, die gute Kurve, die Symmetrie, die Umkehrung, die Festigkeit, die fortlaufende Bewegung. H. HELSON (1933) hat über 100 weitere G.-Faktoren ermittelt. Die Theorie der G. hat sich auf zahlreiche andere Disziplinen (Physiologie, Biologie, Pädagogik usw.) fruchtbar ausgewirkt.

**Gruppendynamik:** eine von K. LEWIN (1936) begründete Unterdisziplin der Sozialps. der Gruppe, die die dynam. »Kräfte« in Gruppen erforscht, charakterisiert und beeinflußt. In der Gruppenanalyse stehen 3 Merkmalsbereiche im Mittelpunkt: Konstellationen (Gruppengröße, Territorien, Gruppendurchlässigkeit usw.), Gruppenentwicklung (geschaffene, gewachsene Gruppen, Mitgliedsdauer, Veränderungsrichtung usw.), Gruppenmotivation (Gruppengeist, Beziehungsarten, gemeinsame Ziele usw.).

Zur Beschreibung von Gruppenprozessen werden 4 Ordnungsbereiche hervorgehoben: Rangordnung (Hierarchie der Über- und Unterordnung), Rollenordnung (System der Gruppenfunktionen, z. B. ggs. Hilfestellung), Kontaktordnung (Eigenart der gewünschten bzw. erwarteten Beziehungen zwischen den Gruppenmitgliedern sowie deren externe Beziehungen), Normenordnung (zumeist ungeschriebene und unreflektierte Regeln des Verhaltens).
Die G. wird nicht nur zur Analyse von Gruppen (u. a. des Gruppengeistes, *group think*) herangezogen, sondern auch bei der Verbesserung der Gemeinschaftsbildung und der Gruppenleistung eingesetzt.

**Handlung:** Hauptbegriff der Aktivationsps., durch den die komplexe Abfolge und Koordination von umweltbezogenen Verrichtungen umschrieben werden soll. Jede H. setzt sich aus 3 vielschichtigen H.-Abschnitten zusammen: Voraussetzungen (Situationen, motivationale Anstöße, indiv. Befähigungen, soz. Erwartungen, ideolog. Begründungen usw.), Abläufe (Anfangszustände, Leistungskurven, Entscheidungen, Bestimmung der Endzustände usw.), Wirkungen (Momentaneffekte, dauernde Nachwirkungen, Breite der Konsequenzen, Anstöße für neue H. usw.).
H. können inhaltlich oder formal charakterisiert werden. Die inhaltl. Analysen beziehen sich auf die Themen, Aufgaben, Mittel, Intentionen und Ergebnisse. Die formalen Analysen behandeln die Bewußtheit (Grad der Vergegenwärtigung), die Bereitschaft (Einsatzanspannung, Aufmerksamkeit, konforme Anpassung oder elitäre Abstandbildung) und die Intention (gedankl. Einordnung und Organisierungsgrad der H. im Lebenszusammenhang).
Die inhaltl. Analysen sind öfters normativ (nach wünschenswerten H.) ausgerichtet, dagegen die formalen eher deskriptiv (nach den vorhandenen Bedingungen).
H.-Störungen sind ebenso vielfältig wie die H. selbst. Zu ihrer Ordnung werden die Sozialbeziehungen herangezogen: zu sich selbst (Selbstentfremdung, Selbstbildstörungen), zur Gruppe (sozialdynam. Störungen, u. a. Beziehungsstörungen), zur Masse (dissoziales Verhalten).

**Humanität:** dieser Begriff gehört zu den höchsten Moralbegriffen und beschäftigt auch die Ps. In ihrem Rahmen wird er in dreifacher Weise verstanden:
(1) als Merkmalsbeschreibung für alle Eigenschaften, die den Menschen vor anderen Lebewesen auszeichnen;
(2) als Bestimmung der Menschenrechte, die er als unveräußerl. Ansprüche an sich und die Gemeinschaft stellt;
(3) als Zielpostulierung für seine Ichfindung und Selbstgewinnung.
Alle diese Kategorien sind wertbezogen und weltanschauungshaltig, folglich nicht allgemeingültig definierbar.
(1) Für die erste Merkmalsgruppe wird i. d. R. auf die Voraussetzungen zur Menschwerdung (Hominisierung) hingewiesen: u. a. auf seine Geistesfunktionen, die Erstellung von Großgemeinschaften oder die technischen Leistungen.
(2) Diese Gruppe ist stärkstens ideologieabhängig, indem u. a. antike, christl., pragmat., kapitalist., marxist., ökolog., demokrat. Leitideen zu einer Zweck- und Sinnbestimmung des Menschen abgeleitet werden.
(3) Die eigentl. ps. Bedeutung dieses Begriffs erlangt die dritte Begriffsbestimmung. Danach soll der Mensch »zu sich« kommen, d. h. einem allg. sowie individ. Menschenbild entsprechen. Seit A. Maslow wird dieses Ziel als Selbstverwirklichung angesprochen. Dabei handelt es sich weniger um eine selbstsüchtige Eigenliebe, sondern um den Versuch, durch Selbstsuche und -gewinnung eine persönl. Reife zu erlangen, die in zwei Richtungen zielt: durch Selbsterziehung zu den individ. Höchstgrenzen der eigenen Befähigung vorzustoßen sowie eine geist. Haltung und ihre prakt. Umsetzung zu finden, die Gerechtigkeit, Freiheit und Würde auch für alle anderen Menschen ermöglicht.

**Humilität:** Sammelbegriff (engl. *humility*) für die beiden Haupttendenzen der Selbstunsicherheit: Selbstprägungskrisen und Sozialdeprivationen. Da beide Störungen rückgekoppelt sind, lassen sie sich in den einzelnen Störungsarten nicht trennen. Für beide treffen die folgenden vier Störungsgruppen zu.
(1) Die Identitätsproblematik wird in vielen ps. Schulen unterschiedlich erörtert (z. B. als Selbstaktualisierungstendenz, Ichidentität, Aufbau einer Persönlichkeitsstruktur, einer kognitiven Strukturiertheit, einer kognitiven Subjekt-Objekt-Beziehung, eines Selbstkonzepts). Verfehlt der Mensch dieses Ziel (Selbstentfremdung), so kann er nicht, wie Novalis sagt, »mit sich selbst eine glückliche Ehe führen«.
(2) Störungen der Selbstkonsistenz (d. h. des Fortbestehens des Selbstbildes) entstehen, wenn der Mensch in Situationen gerät (z. B. im Gefängnis, als Geisel, unter fremder Umgebung), in denen er nicht mehr seiner Persönlichkeit entsprechend leben kann.
(3) Störungen des Sozialkonzepts, d. h. Behinderungen der Eigenerwartungen (soz. Autostereotyp) für seine Stellung in der Umwelt, treten auf, wenn er allseits entgegen diesen Erwartungen eingestuft wird (Selbstwertproblematik) oder er sich selbst ständig herabstuft (Minderwertigkeitsgefühle) oder selbst verurteilt (Ergopathie).
(4) Die Individualplanung vertritt die zielorientierte Seite des Selbst- und Sozialkonzepts. Mit ihr wird versucht, die persönl. Le-

bensplanung durchzuführen. Sie kann selbst- wie fremdbehindert sein: z. B. durch die Ablöseproblematik von den Eltern, Ausbildungsengpässe, berufl. Rivalität oder durch Selbstunsicherheit, Hoffnungslosigkeit, Zukunftsangst.

**Hypnose:** künstlich herbeigeführter schlafähnl. Zustand, bei dem aber ein Kommunikationsbezug (Rapport) mit dem Hypnotiseur bestehen bleibt. Nach der H.-Tiefe werden drei Stufen unterschieden: Somnolenz (leichter Trancezustand; auch Lethargie oder Pseudo-H. genannt), Hypotaxe (partielle bis totale Unempfänglichkeit von Reizen außerhalb des Rapports; auch Parataxie genannt) und Somnambulismus (vollständiger Trancezustand ohne spätere Rückerinnerung). In zahlreichen Theorien wird dieses bereits im Altertum bekannte Phänomen zu erklären versucht (u. a. aus Schlaftheorien, der Selbstsuggestion, kognit. Rückkopplungen).
H. können in versch. Weise eingeleitet werden: Spontanh. (durch Faszination), sensorielle H. (durch Fixationen), Verbalsuggestionen (durch einschläfernde Beruhigungen). Die H. dient in der Klin. Ps. zur Entspannung (kathart. H.), zur Beseitigung unerwünschten Verhaltens, z. B. des Alkoholismus (Aversions- oder Dimissionsh.), zum Aufbau erwünschten Verhaltens, z. B. von Selbstvertrauen (Konditions- oder Ablationsh.) und zur Vorbereitung zukünftigen Verhaltens (Prophylaxeh.). Sonderformen sind u. a. Aktivh. (unter Mitwirkung des Hypnotisierten), Autoh. (selbstherbeigeführte H.), Gruppenh. (mehrere H.-Klienten).

**Hypothese:** innerhalb des strateg. Aufbaus von Forschungsprojekten (Zielsetzung, Methodenwahl, Versuchsplanung und -durchführung, Datenverarbeitung, Interpretation) hat die Bildung von H. die Aufgabe, die erwarteten empir. Antworten vorauszusagen, die dann (experimentell) bestätigt (Verifikation) oder widerlegt (Falsifikation) werden. In formaler Hinsicht unterscheidet man Ansatzh. (Probeschritte zum Aufbau einer Theorie) und Entscheidungsh. (Abschluß einer Entweder-oder-Frage) sowie Nullh. (distanzierende Formulierung für den nicht gegebenen Zusammenhang) und Alternativ- oder Arbeitsh. (Formulierung des erwarteten Zusammenhangs).
In themat. Hinsicht werden vier H.-Gruppen eingeteilt: Forschungsh. (Stadien auf dem Wege zur Ausformulierung einer Theorie), Zusammenhangsh. (Erklärung von Kausalbeziehungen), Veränderungsh. (Überprüfung von Annahmen), Einzelfallh. (Überprüfung von konkreten Einzelfällen).

**Identität:** Hauptmerkmal der Persönlichkeitsentwicklung, durch das sich ein Individuum auch psychisch zur unverkennbaren Person herausbildet (Selbstfindung). Dieser lebenslange Prozeß wird eher als stufenförmig (Loevinger) statt als fließend-kontinuierlich angesehen. Ziel ist die Einheit des Selbst unter Bestätigung aller erwarteten Ich-Kriterien. Eine solche bewußte oder unbewußte Zielsetzung setzt best. Zielvorstellungen voraus, die von Mensch zu Mensch erheblich variieren können:
(a) die Auffassung, was einem »zusteht« (Selbst-Anspruchsniveau),
(b) die Annahme, welche Eignung man dafür mitbringt (Selbst-Beurteilung, *self-monitoring),*
(c) die Vorgabe, was man von sich aus aktiv einbringen möchte (Selbst-Initiative) und
(d) das Verständnis, was man erreicht oder nicht erreicht hat (Selbst-Interpretation).
Der Prozeß selbst wird Identifizierung genannt und als solcher in mehrere Merkmalsbereiche unterteilt. Die Identifizierung kann sowohl heteropathisch (Scheler) wie zentripetal (Wallon) erfolgen: im ersten Fall ordnet man sich einem anderen oder einer I.-Gruppe zu (Projektion), im zweiten bezieht man diese in sich ein (Introjektion). Eine solche Assimilation ist mehr als eine Imitation. Sie setzt Empathie (Einfühlung), Sympathie (Wohlgefallen), Evidenz (Gewißheit, daß das Assimilierte wertvoll ist) und Suszeptibilität (leichte Übernahme von Identifizierungsobjekten) voraus.
Inhaltlich sind Identifizierungsobjekte sowohl Personen wie Personengruppen, ferner (von manchen Theoretikern ausgeklammert) gegenständl. Identifizierungsobjekte (z. B. Fetische, Besitztümer, Symbole), Funktionen (z. B. Berufsstellung), Institutionen (z. B. Vereine) und ideelle Objekte (z. B. Weltanschauungen, Nationalzugehörigkeiten). Als Internalisierung sind Identifizierungen Verinnerlichungen von Auffassungen (Normen, Erwartungen usw.), als Inkorporationen sind sie darüber hinaus Einverleibungen, die zu einem unveräußerbaren Stück des Selbst geworden sind. Identifikationen sind demnach sowohl rationale wie emotionale Bindungen. Sie können sowohl Teilaspekte, einzelne Eigenschaften oder Attribute des Identifizierungsobjektes umfassen (partielle Identifizierung) oder eine Person als Vorbild bzw. ganze Objektsysteme als Ideale (globale Identifizierung) sein.
I.-Krisen können in krit. Lebensphasen auftreten, wenn der bisherige Lebenszuschnitt nicht mehr brauchbar erscheint und die für die neue I.-Form notwendige Umwandlung sich nicht einstellen will.

**Individualpsychologie:** eine von Alfred Adler in Opposition zu S. Freuds Psychoanalyse gegründete Tiefenps. und Psychotherapie. Theoret. Grundlage ist die ganzheitl. Betrachtung des Menschen. Auf der Basis grundsätzl. Benachteiligungen (Erlebnis der eigenen Schwäche, Hilflosigkeit und Abhängigkeit,

Erfahrung sozialer Unterlegenheit in der präexistenten Familiengruppe, der Stellung in der Geschwisterreihe, der Organminderwertigkeit, der allg. menschl. Waffenlosigkeit gegenüber anderen Lebewesen und zahlreichen anderen Diskriminationen) bildet sich frühzeitig im Kind ein kompensator. »Wille zur Macht« mit einem entsprechenden Überwertigkeitsgefühl. Zur neurot. Entgleisung kommt es, wenn zu einer nervösen Überempfindlichkeit ein Streben nach (fiktiver) Überlegenheit bei gleichzeitigem Übertönen des (fakt.) Minderwertigkeitsgefühls kommt. Der Neurotiker wird einen »immer selbstquäler. Charakter tragen« (ADLER), der zu einer »Spaltung der Persönlichkeit« führt. In einer Überkompensation fixierter »Umwege« (Arrangements) von fiktiven Lebensleitlinien wird versucht, in ungeeigneter Weise seinen Lebenskonflikten zu entkommen. Demgegenüber ist der Mensch zu einem Gemeinschaftsgefühl befähigt, er kann das Minderwertigkeitsgefühl und seine Egoismen abbauen, produktiv für andere wirken und ein eigenverantwortl. Gemeinschaftsgefühl aufbauen.
Die individualps. Therapie ist eine Psychagogik (Menschenführung), die sich auf die Klärung der individ. Lebensleitlinien richtet, ihren selbstquäler. Charakter klarstellt und zu einer Umwandlung der Lebenspläne beiträgt. Da Lebensleitlinien bereits im Kindesalter entstehen, muß diese Aufgabe möglichst frühzeitig beginnen. ADLER gründete deshalb zahlreiche Erziehungsberatungsstellen, um über die Unterweisung der Eltern die individualps. Einflußnahme auf die Kinder zu gewährleisten. In der neueren I. haben sich diese Bestrebungen auf eine allg. Lebensberatung ausgedehnt.

**Intelligenz:** mehrschichtige »Fähigkeit zum Fähigkeitserwerb«, durch die schul., berufl. und allg.-existentielle Aufgaben besser zu bewältigen sind. Die ps. I.-Forschung hat zwei Hauptaufgaben: (a) die strukturelle und (b) die faktorielle I.-Beschreibung.
(a) In den Anfängen der I.-Forschung (SPEARMAN, BINET, TERMAN) kam es auf die Klärung der versch. I.-Anteile und ihre strukturelle Beziehung an. GUILFORD erstellte ein dreidimensionales Raummodell der I. mit 120 unterscheidbaren I.-Leistungen. Nach dem ganzheitl. Flächenmodell von MEILI enthält die I. Primäreigenschaften, die er in einem achtstelligen I.-Profil darstellte.
(b) Die faktoriellen I.-Beschreibungen basieren auf Faktorenanalysen intelligenten Verhaltens. SPEARMAN stellte einem übergeordneten generellen (g-) I.-Faktor für eine allg. geistige Energie zahlreiche spezielle (s-)Faktoren gegenüber, die die individ. I.-Leistung bestimmen. Zu diesen Faktoren zählen u.a. Sprachfähigkeit, Urteilsbildung, prakt.-techn. Begabung, räuml. Vorstellungsvermögen, Gedächtnis, Gestalterfassung, Leistungsbeharrlichkeit, manuelle Geschicklichkeit, die als stabile Vorbedingungen für intelligente Leistungen gelten.
Demgegenüber wird in der neueren I.-Forschung (STERNBERG) hervorgehoben, daß die I.-Leistung einer Wechselbeziehung zwischen situativen Anforderungen bzw. Bedingungen und übergeordneten intentionalen Steuerungsprozessen unterliegt. Diese gewandelte Sicht verschob die Forschungsschwerpunkte auf konkretere I.-Leistungen (SIMON) und ganzheitlichere, kognitive Problemlöse- und Informationsverarbeitungsprozesse (NEISSER). So erfuhr der I.-Begriff eine Erweiterung auch auf die kreative Leistungsfähigkeit.

**Interaktion:** Wechselbeziehung zwischen Individuum (A) und dem »anderen« (B: Mitmensch, Lebewesen, Gegenstand, Umgebung). Durch das Konstrukt I. wird die Fehlinterpretation der Persönlichkeit als »einsames Subjekt« aufgehoben und die Sozialbeziehungen als integraler Bestandteil jedes Menschen (»zoon politikon«) formuliert. Durch diesen weiten Begriffsrahmen sind die Bestimmungen von I. vage. Der sog. Interaktionismus (COOLEY u.a.) bewertet in der Wechselbeziehung Mensch – Umwelt stärker die bestimmenden Merkmale der Persönlichkeit; in der Gegenposition (MISCHEL) wird die Bedeutung zeitübergreifender Persönlichkeitsmerkmale gegenüber situationsspezif. Verhaltensakten abgewertet.
Die Problematik der Bestimmung von I.-Variablen beruht auf der Vielfalt der relevanten Merkmalsbereiche. Dem Individuum (A) mit seinen vielschichtigen Merkmalsbereichen (Individualeigenschaften, Momentanzuständen, intentionalen und unbewußten Bewertungen) steht »das andere« (B) mit einer noch größeren Skala an persönl. und gegenständl. Eigenschaften gegenüber, die beide (A und B) durch ihr übergeordnetes Wechselverhältnis (C) umschlossen werden. Dieses Wechselverhältnis ist seinerseits bestimmt durch die Situation (raumzeitl. Eigenschaften der Umgebung), die Inhalte der Kommunikation (s.d.), die Anforderungen, Erträge und Gewichtsverlagerungen zwischen den Teilnehmern (»transaktionale«, d.h. wechselseitig zugeschobene, reziproke Funktionen).
Gestörte I. betreffen deshalb sowohl die Beziehungen zu sich selbst (gespaltene Persönlichkeit), zu Gegenständen (z.B. Ärger mit Besitzobjekten), zu anderen Menschen (Beziehungsstörungen) und Gruppen, Medien usw. Schwerpunkte der I.-Forschung sind u.a. die Reaktanz (Reaktionen auf Bedrohung der Freiheit; BREHM) und die gelernte Hilflosigkeit (Reaktionen bleiben ohne Erfolg und behindern die I.-Bereitschaft; SELIGMAN).

**Kognition:** Sammelbezeichnung für das vorsätzl. Bemühen, Gegenstände zu finden, zu erfassen, zu erkennen, zu verstehen, zu unterscheiden, sie einzuordnen, zu beurteilen und als Themen zu behandeln, d.h. durch unterschiedl. geistige Verfeinerungen (Konkretisierung bis Abstrahierung) zu verändern. Über den Begriff Denken (der früheren Denkps.; KÜLPE, BÜHLER, DUNCKER) hinausgehend, umfaßt dieser Begriff das wortlose (graues Wissen) bis hin zum definierten (abstraktes Wissen) Erwägen von Möglichkeiten bzw. das Zurechtrücken (Umstrukturieren) vergegenwärtigter Inhalte. Diese Inhalte können vage Vorstellungsinhalte sein oder abstrakte Begriffe, Begriffskombinationen oder eigentl. Denkoperationen (z.B. Wenn-dann-Verbindungen).

Die K.-Theorien beziehen sich entweder auf die Art der Verknüpfung von Denkelementen (Meditationstheorie), die Verwandlung von vorherigen zu nachfolgend höheren Denkmustern (Umstrukturierungstheorie), auf die evolutionär bestimmte Verbesserung der angeborenen Orientierungsreaktion (Explorationstheorie), auf den Einsatz partieller geistiger Befähigungen (Faktorentheorie), den Denkablauf vom Erkennen eines Problems bis zur Lösung als Informationsverarbeitung (Stufentheorie) und auf die kybernet. Bedeutungstheorie, die Denken als biosystemimmanente Selbstorganisation und -steuerung interpretiert. Wegen der Fülle der dabei auftretenden Teilprozesse ist es nicht gelungen, »Kognitionstypen« aufzustellen. Demgegenüber versucht man globale K.-Merkmale u.a. wie die kognitiven Stile (individ. Besonderheiten bei der Informationsverarbeitung), Denkformen (axiomatische Begründungsregeln), Urteilsprozesse (z.B. Reflexivität kontra Impulsivität) und Phasen im Denkablauf (kognit. Kartieren, Problemsensitivität, Lösungsschemata usw.) experimentell zu ergründen. Angrenzende bzw. einbezogene Forschungsthemen sind Intelligenz (s.d.), Kreativität, Metakognition und künstliche Intelligenz.

**Kommunikation:** System und Inhalte der zwischenmenschl. Beziehungen. Die Theorien der K. bestimmen die Merkmale und Zwecke der Vermittlungen.

(1) Die Informationstheorien beschreiben am Vorbild der techn. K.-Mittel den zwischenmenschl. Raum als Kodierung und Dekodierung von Informationsmustern.

(2) Die Ertragstheorien unterscheiden zwischen mögl. Zwecken der K.

(3) Die Ausgleichstheorien würdigen den K.-Bedarf.

Alle diese Theorien stützen sich auf die Merkmalsketten realer K. Nach dem grundlegenden K.-Dreieck gehören zu jeder K. ein Kommunikator (Sender, Produzent usw.), ein Kommunikant (Empfänger, Konsument usw.) sowie ein Botschaftsinhalt (Aussage usw.) sowie ein Botschaftsinhalt (Aussage nonverbales Verhalten usw.). Der K.-Prozeß wird bestimmt durch die Teilnehmer (Anzahl, Aktivität), die Mittel (Sprache, Zeichen usw.), die Wege (intrapsych. = innerer Monolog oder »Soliloquium«; zwischenmenschlich = hör- und sichtbar, mediengebunden usw.) und die Wirkungen (Einfluß, Abwehr usw.).

Jeder Mensch entwickelt im Laufe seines Lebens z.T. als Nachahmung, als Erfahrung oder Einübung seinen K.-Stil und dessen situative Variationen. Die Stile lassen sich in 2 Dimensionen beschreiben: (1) Dominanz = psychophys. Machtrepräsentanz – Komplianz = willenloses Sich-Fügen und (2) Affiliation = gesellige Zuwendung – Ditention = gewollte Abstandsbildung.

Im inhaltl. Beziehungsverhältnis entstehen im Gruppenzusammenhang vier Regelsysteme: eine Rangordnung (Führerstruktur), eine Rollenordnung (unterschiedl. Gruppenbeiträge), eine Kontaktordnung (Eigenart der tendenziellen K.) und eine Normenordnung (Festlegung der einzuhaltenden Regeln). Je nach der Ausfüllung dieser Regelsysteme überwiegen autonome (selbständige), helfende, kontrollierende, defensive oder auch paradox-gemischte Beziehungsverhältnisse.

Durch diese Beschreibungssysteme soll die zumeist hochkomplexe verbale und nonverbale K. durchschaubar gemacht werden. Für die Massenk. s. unter Massentheorie.

**Komplexe Psychologie:** von C. G. JUNG gegründete tiefenps. Therapieschule. In theoret. Hinsicht beschreibt JUNG den Menschen nach einer doppelten Typologie: je nach dem Einsatz psych. Funktionen (Denken, Fühlen, Intuieren, Empfinden) und nach dem Aufbau von Bewußtseinsschichten (Selbst, Ich, Bewußtsein, persönl. Unbewußtes, kollektives Unbewußtes und dem nie bewußtwerdenden Teil des kollektiven Unbewußten).

Psych. Störungen entstehen durch »Sprengstücke«, d.h. als komplexe abgetrennte Teilbereiche, die der Mensch nicht mit sich selbst integrieren kann.

Inhalte des kollektiven Unbewußten sind die Archetypen, allgemeinmenschl. Urbilder, die sein Handeln untergründig bestimmen. Solche Bilder sind u.a. die jedem zukommenden Grundvorstellungen vom jeweils anderen Geschlecht (animus für die Frau und anima für den Mann). JUNG leugnet nicht die Entstehung der Neurose (s.d.) in der Kindheit, wie sie FREUD als einzige Form anerkennt, aber er glaubt eher an aktuelle Neurosesituationen, wenn krit. Phasen nicht bewältigt werden, man ihnen ausweicht und sie verdrängt.

Die Therapie der Komplexen Psychologie ist eine Amplifikation, d.h. Bewußtmachung und Horizonterweiterung auf die allgemeinmenschl. Quellen der Schädigung. Dazu zieht JUNG die Mythen, Sagen, Religionen usw. als archetyp. Belege heran. Dadurch versucht diese Therapieschule die beim neurot. Menschen unterbrochene »Individuation« (persönl. Reife) nachzuholen.

**Konditionierung:** verhaltenstheoret. Beschreibung der Lernprozesse. I. P. PAWLOW entdeckte den physiolog. Mechanismus der bedingten Reflexe: ein angeborener Reflex (z. B. Speichelfluß bei Nahrungsberührung mit der Zunge) wird mit einem regelmäßig gleichzeitig auftretenden, zunächst neutral unwirksamen Reiz (z. B. Klingelzeichen) neuronal verbunden (zeitweilige Bahnung) und kann nun seinerseits auch ohne Futterreiz den Speichelfluß auslösen. Das gelingt aber nur, wenn der »bedingte« Reiz (Klingelzeichen) gelegentlich wieder mit dem »unbedingten Reiz« (Futter) gleichzeitig dargeboten wird, sonst erlischt die Verbindung (Extinktion). Diese gelegentl. Wiederholungen mit beiden Reizen nennt PAWLOW Bekräftigung. Unter dem Namen Verstärkung *(reinforcement)* stellt B. F. SKINNER die Arten mögl. Verstärkungsoperationen (Häufigkeit, Abstände) in den Mittelpunkt seiner »operanten« K.-Theorie. A. BANDURA verweist auf die Wichtigkeit der Vorbildwirkung (imitative K.). In der Theorie der kognitiven K. (W. KÖHLER, K. BÜHLER) wird die Fähigkeit zur plötzl. Lösungseinsicht (Aha-Erlebnis) hervorgehoben, deren Lösungsschema gelernt und kaum noch vergessen wird. Neben diesen Hauptgruppen der K.-Theorien gibt es noch formale Lerntheorien (Lernen als Informationsstrategie) und prakt. Lernanleitungen (Stufenlernen mit Lernschritten und Trainingsformen).

**Konflikt:** Aufeinanderstoßen von zwei oder mehreren Sachverhalten oder Verhaltenstendenzen mit verschiedenartiger Gegensatzaustragung. Die meisten K.-Theorien gehen nicht von den widerstreitenden Inhalten, sondern von einer Ordnung der K.-Konstellationen aus.
(1) In den behavioralen K.-Theorien wird zwischen Annäherungs- und Vermeidungsk. unterschieden, wobei versch. Kombinationen auftreten können, die Intensität und Dauer des K. bestimmen.
(2) Die phänomenolog. K.-Theorien beschäftigen sich vornehmlich mit dem K.-Erlebnis: z. B. die zwiespältigen, ungewissen, bedrängenden und frustrierenden Erlebnisse dabei.
(3) Die kognitionalen K.-Theorien gehen von Bewertungsursachen für die K.-Entstehung aus: konkurrierende Wahlalternativen, ungewohnte Situationen, Meinungs- und Informationsdissonanz usw.
(4) Die psychosozialen K.-Theorien beziehen sich hauptsächlich auf das gruppendynam. K.-Geschehen: Konkurrenz, Auseinandersetzung nach Rang, Rolle, Kontakt oder Normen, rass. und internationale K.
(5) Die motivationalen K.-Theorien konzentrieren sich auf die Auslöse- und Begleitmotive bei K.: Verteidigungsbereitschaft, Harmoniebedürfnis, Aggression, Vertuschungstendenzen usw.
(6) Die klin.-ps. K.-Theorien stützen sich je nach tiefenps. Schule auf die unbewußte Seite der K.-Entstehung und -Austragung: Abwehrmechanismen, widerstreitende Lebensleitlinien usw.
Die K.-Lehren versuchen nicht nur die K.-Ursachen zu klären, sondern auch die Beseitigung von K. theoretisch darzustellen: als Nachgeben, Trennung der Gegner, Situationsbereinigung im Kompromiß oder als Aufarbeitung der oft nicht mehr erkannten K.-Genese.

**Kontrolle:** in allg. Sicht: Nachprüfung und Beaufsichtigung; psychologisch: Beherrschbarkeit mittels Regeln.
(1) Im Sinne der Kontrollmotive ist die K. eine Korrektur eigener (Selbstk.) oder fremder (Fremdk.) Handlungs- und Einstellungsgrundsätze (Attribution, Voreinstellung, Attitüde, Überzeugung usw.).
(2) In method. Hinsicht die Ausschaltung der Versuchsbedingung eines Experiments bei einer Gruppe von Vpn. zum Vergleich mit der Versuchsgruppe (Kontrollgruppe).
(3) Systemat. Verteilung bekannter oder unbekannter Faktoren, wodurch Untersuchungs- sowie persönl. Bedingungen auf Versuchs- wie auf Kontrollgruppen gleichmäßig zu verteilen sind (Ausbalancieren).
(4) Systemat. Zuordnung von Vpn. nach Vortests von jeweils ersten und letzten Rangplätzen per Zufall auf zwei oder mehrere Gruppen, um praktisch äquivalente Versuchsgruppen zu erhalten (Parallelisieren).
(5) Bei der Testeichung ist K. die Reliabilitäts- und Validitätsprüfung durch versch. Verfahren (Re-Test, Äquivalenztest, *split-half*, Außenkriterien usw.).
(6) In der Sozialps. umschreibt der Begriff die Einschränkungen durch bewußte (offene Regelung) oder unbewußte (verdeckte »Schere im Kopf«) Verhaltenskodizes nach Rollen-, Kontakt- und Normenvorgaben.
(7) In der Informationsps. sind K. Rückschleifen im homöostat. Systemprozeß.
Alle diese und weitere ähnl. Begriffsverwendungen des Begriffs K. in der Ps. sind abgewandelte Formen von rückbezügl. Zensuren, um über Sachverhalte mehr oder weniger frei verfügen zu können.

**Körpersprache:** neuerer Begriff für Ausdrucksphänomene, der insofern über den Ausdrucksbegriff hinausgeht, als er die gesamte nonverbale Kommunikation umfaßt. In den Forschungen zum gesamten Spektrum der zwischenmenschl. »Mitteilungen« hat sich das große Segment des nonverbalen gegenüber dem (zumeist als kleiner eingeschätzten) verbalen Segment herausgestellt. Nonverbale Kommunikation ist sowohl Signalelement (d.h. bewußt eingesetzte nichtsprachl. Verständlichmachung) wie Präsentation (d.h. unbewußt dargestellte Kundgabe). In beiden Fällen ist K. erst als Standardsignal nach einer gewissen Regelmäßigkeit aussagekräftig genug, um für die Deutung psych. Hintergründe gesicherte Hinweise zu bieten. Zumeist wird man mehrere Ausdrucksgelände (Gesten, Laute, Gestaltungen usw.) in ihrer mögl. Kongruenz oder Übereinstimmung prüfen, ehe sie in diesem Hinweischarakter akzeptiert werden. Dann aber können körpersprachl. Mitteilungen oft sehr viel subtilere und differenziertere Übertragungsmedien hauptsächlich für emotionale Kommunikationsinhalte sein. Beispielsweise zeichnet die K. des Orchesterdirigenten den Gehalt von Musikstücken vielschichtiger nach, als es die beste verbale Mitteilung vermöchte. Deshalb wird der Begriff K. gelegentlich auch ausgeweitet verwendet, als unter »Körper« auch gegenständliche Elemente bzw. Umweltmuster (der nonverbale Ausdruck von Baukörpern, Landschaftsgestaltungen usw.) verstanden werden, die durch ihre Präsentation in der Sozialisation das Lebensgefühl eines werdenden Menschen mitprägen können.

**Kultur:** Gesamtheit der Manifestationen humanen Schaffens und Wirkens. Gelegentlich wird davon die mehr techn.-funktionelle Gestaltung der Lebensumstände als »Zivilisation« abgetrennt und nur jener Teil als »Kultur« bezeichnet, der zu einer seel. Bereicherung (Lokupletation) und Verfeinerung der Lebensart (ästhet.-ideolog. Raffinement) beiträgt. Dahinter steht oft die Annahme, daß der Mensch aus einer urspr. »Roheit« zu einer immer komplizierter werdenden kulturellen Selbstverwirklichung (Abundanzmotivierung) strebt. In der Kulturps. werden die einzelnen Motivierungen bzw. ihr Ausbleiben untersucht. Hauptthemenbereiche sind dafür die Kunst-, Wiss.- und Weltanschauungsps. sowie die Bereiche der Sozialps., die sich mit Sitten, Gebräuchen, Bildung, Naturverfeinerung, Geschmack, Gesellschaftsformen usw. beschäftigen.
Die kulturellen Bezüge des Menschen sind sowohl rezipierend (Erleben und Gefallen an höher qualifizierten Erscheinungen) wie produzierend (eigene Herstellung bzw. Unterstützung von K.-Produkten). Die Einschätzung der Funktionen der K. wechseln nach Ort, Zeit und Personengruppen. Auch in der Ps. wird ihre Wirkung auf die seel. Ausgeglichenheit des Menschen unterschätzt. Erst seit versch. Richtungen von K.-Therapien (Kunsttherapie, Musiktherapie usw.) vermehrt betrieben werden, ist eine neue Einschätzung angebahnt worden.

**Leib-Seele-Problem:** Grundlagen zur existentiellen und essentiellen Fundierung des Psychischen im Körperlichen (Nervensystem). Die vier Hauptrichtungen sind der Monismus, der eine völlige Identität zwischen Psychischem und Physischem postuliert; der Parallelismus, der eigentlich ein Monismus ist, aber gewisse qualitative Unterschiede des Psychischen einräumt; der Dualismus, der Geistig-Seelisches als kategorial unterschiedlich zum Leiblichen einschätzt und beide in Wechselwirkung sieht; die Triplexitäts-Theorie, die zwischen Psychischem und Physischem eine vermittelnde Instanz in Gestalt medialer Musterprozesse festhält, die aus phys. Prozessen durch Kodierungen bedeutungshaltige Muster erzeugen, die dann das Psychische ergeben. Durch diese letztere Theorie wird erklärlich, weshalb Psychisches nur auf den Leistungen des Zentralnervensystems entstehen kann, aber trotzdem qualitativ höherwertig über »Freiheitsstufen« (d.h. Kodierungssprünge im Mustertransfer) zum immateriellen Psychischen aufsteigt (Emergenz). Als solcher Musterprägungsprozeß erklärt sich auch die ps. Bedeutungshaltigkeit zwischenmenschl. Kontakte und gegenständl. Erscheinungen, obgleich hier keine neuronalen Grundlagen existieren. In der Psychokybernetik (s.d.) wird die Kodierungsbasis dieser Beziehungen erklärt.

**Leidensverhalten:** ps. Reaktionen im Zusammenhang mit schädigenden oder bedrückenden Ereignissen. Nach den Reaktionsweisen unterscheidet SCHULTZ-HENCKE die lärmenden und die stillen Formen des Leids; man kann auch von der offenen (verbalen und z.B. in der verzerrten Mimik auch nonverbalen) und der verdeckten (zumeist nonverbalen) Kundgabe sprechen. Hinsichtlich der Verarbeitung von Leid finden wir eine Skala, die von der aktiven Abwehr (z.B. gewollte, kompensatorische Lustigkeit) über das widerstandslose Ertragen, das folgenschwere Scheitern bis zum selbstzerstörer. Aufsuchen von Leid reicht. In den Leidensabfolgen können »normale« und »pathologische« Verläufe von Leidensreaktionen (letztere z.B. als Chronifizierungen) unterschieden werden. Wesentlich ist nicht nur die individ. Reaktion, sondern auch die korrespondierende Leidensreaktion der Umgebung, z.B. in deren Verstärkung (z.B. hinsichtlich des sekundären Krankheitsgewinns) oder Abschwächung (z.B. den mannigfaltigen Tröstungen). Das L. wird in 5 Hauptbereichen nach inhaltl. Schwerpunkten untersucht bzw. behandelt: psychophys. Schmerzreaktion (Doleologie), ps. Trauerreaktion (Maerologie), präventive Selbstmordps. (Suicidologie), Lehre und Behandlung von Reaktionen zu Tod und Sterben (Thanatologie), Lehre und Betreuung von den Verbrechensopfern als Leidtragenden (Viktimologie). In allen diesen Disziplinen werden die Verursachung des Leidenszustandes, die Analyse der Schadensbildung, die Interaktion zwischen dem Leidenden und seiner Umgebung (z.T. auch den Schadenserregern), die eigene Leidensauseinandersetzung des Leidenden mit seinem Leiden (z.B. in weltanschaul. Hinsicht wie im Buddhismus) und die therapeut. Hilfsmöglichkeiten erörtert.

**Massentheorie:** Hypothesenbildungen und Untersuchungsergebnisse zu den möglicherweise gesetzmäßigen Reaktionen des Massenpublikums. Urspr. herrschte die Meinung vor, daß die Masse eine »strukturlose Menge unindividueller, anonymer, zur Entscheidung unfähiger Menschen« sei, die sich willenlos (z.B. als »Stimmvieh«) zu jeder Reaktion bei geeigneter Beeinflussungsmöglichkeit manipulieren ließe und im allg. zum Kulturverfall tendiere. Seit kurzem setzt sich eine gegenteilige Meinung durch, wonach (ähnlich wie für die Gruppendynamik) auch in der Masse gesetzmäßige, dynam. Prozesse ablaufen, die zu relativ differenzierten Reaktionen, z.B. im Wahlverhalten, führen können.
In der M. werden die Massenkonditionen, d.h. auf welche Bedingungen Massen reagieren, und die Massentendenzen, d.h. welche verallgemeinerungsfähigen Reaktionsrichtungen sie aufweisen, unterschieden. Für das erstere gelten einige Merkmale als bes. wichtige Unterscheidungsgründe: die Art der Massenbildung (präsente oder mediale bzw. mediopräsente Massen), die Polarisierung (ob und welche »Gegenpartei« vorhanden ist), die Postierung (die territorialen Bedingungen für einen Ausbruch von Massenleidenschaften), die themat. Brennpunkte (worauf sich die hauptsächlich auch emotionalen Reaktionen beziehen).
Die Massentendenzen sind in erster Linie eine Konformisierung der Leitlinie unter Angleichung der individ. Reaktionen; die Distanzierung ist eine ebenso wichtige Erscheinung in der latenten Reaktanz aller Massenteilnehmer als partieller Abhebungsversuch; die Nivellierung ebnet diese Differenzierungsversuche einzelner Massengruppen je nach der Art der Massenbildung (z.B. bei Aufständen) wieder ein; die Akzentuierung ist die Symbolbildung der Masse zur stärkeren Betonung ihrer Ziele (z.B. typische Modetrends) und schließlich die Potenzierung der Massenmacht, die den anonymen Teilnehmer zu Handlungen befähigt (ohne Individualverantwortung), die ihm als Einzelperson oder -gruppe nicht zugänglich wären. Unterhalb dieser offenen Reaktionen bestehen latente homogene Stimmungen, die lange vorhanden sein können, ehe sie in Massenaktionen ausbrechen. Beispielsweise kann es so zu latenten resignativen Demoralisierungen oder auch zu verdeckter Aggressivität (die »Wut im Bauch«), sogar zu gefährlichen irrationalen Mischungen beider trotz Unvereinbarkeit kommen, die dann zu überraschenden Masseneruptionen ohne scheinbar ausreichenden Grund aufbrechen.

**Mathematische Psychologie:** Ziel ist nicht die Erstellung eines gesonderten Forschungs- bzw. Anwendungsgebietes, sondern die Beibringung math. Modelle für (grundsätzlich) alle psychophys. Forschungsprobleme. Die Math. Ps. behandelt dafür 6 Hauptgebiete: die Erarbeitung der »Maßhaltigkeit«, d.h. der Quantifizierbarkeit psych. Phänomene (Meßtheorie), die Reduktion der Phänomene auf math. Modelle (Axiomatisierung), die Darstellungsfähigkeit je nach Prozeßverläufen: stetig, oszillatorisch, mutationsförmig (Komponentenzerlegung), die Extrapolation der Prozesse (Prognostik zukünftiger Entwicklungen, z.B. Pfadanalyse), die math. Beschreibung vernetzter Systeme (Netzpläne), die math. Handlungsbeschreibung (z.B. Auswahlmodelle). Bes. umfangreiche math. Theorien weisen u.a. auf: die Lerntheorie, mit math. Wiedergaben formalist. Lernabläufe (Operator- und Stadienmodelle); die Psychophysiologie, bes. zur math. Darstellung von EEG-Kurvenverläufen; die Informationstheorie hinsichtlich der Menge, Digitalisierung, kodierten Kanalisierung und Dekodierung von Informationen; die Entscheidungstheorie, z.B. als Präferenzregelung, Einsatz-Nutzen-Theorien, probabilist. Modelle bei Entscheidungswiederholung. In der Testtheorie werden neben den determinist. Modellen auch math. Modelle (u.a. RASCH-Modell) erstellt, die stochastisch orientierte Vorhersagen für die absolute Skalierung ermöglichen sollen.

**Medium:** Träger von Kommunikationen. Seine Funktion ist die Transferkodierung von Mitteilungen im weitesten Sinn. Solche »Zwischenträger« können Personen oder techn. Träger bzw. beide kombiniert (z.B. Moderatoren im Fernsehen) sein. Unter Transferkodierung werden 5 Merkmalsgruppen für Medien verstanden.
(1) Zur medialen Übertragung sind kodierbare Mittel vorhanden: Sprache, Schrift, Zeichen, Bild, Ausdruck und Handlung. Die Mittel transportieren Bedeutungen.
(2) Die medialen Wege werden in natürl. (Auge, Hand usw.) und techn. (Rundfunk, Telefon usw.) sowie in Einzelmedien (Direktbezug) und Massenmedien (anonyme Zugänglichkeit) unterschieden.
(3) Die Teilnehmer beteiligen sich an M. in mehrfacher Hinsicht: als Produzenten, Konsumenten, Prüfer, Besitzer von M. usw.
(4) Die Inhalte von M. sind medienabhängig: je nach dem verwendeten M. gelten andere Informationsbedingungen.
(5) Die Wirkungen von M. sind abhängig von vorher genannten Mitteln, Wegen, Teilnehmern, Inhalten und schließlich von den Funktionen, Zielsetzungen und Erwartungen, für die sie stehen.
Die Erforschung der personalen und techn. M. (z.B. ihre jeweilige Glaubwürdigkeit) bil-

det eine Grundlage für das Verständnis der Veränderungen der modernen Lebensvoraussetzungen.

**Meßtheorie:** theoret. Teil der Methodenlehre, der sich mit der Quantifizier- bzw. Meßbarkeit psych. Prozesse beschäftigt. Psych. Vorgänge entziehen sich in der Regel wegen ihrer Immaterialität der direkten (Fundamental-) Messung. An ihre Stelle muß zum Zwecke der Aufstellung von Gesetzen die abgeleitete Messung treten, um diese Gesetzmäßigkeit überprüfbar formulieren zu können. Daraus ergeben sich 3 Hauptprobleme.
(1) Die Repräsentativität verlangt von den aufgestellten Zahlenwerten, daß sie die psych. Prozesse ungekürzt wiedergeben und gleichzeitig math. Grundsätzen (z.B. Konnexität, Transitivität) gerecht werden.
(2) Die Skalierung verweist auf die unterschiedl. Qualitätshöhe der verwendeten Meßwertreihen: sie können bloße Numerierungen oder tatsächl. math. Ordnungen sein, an denen math. Bearbeitungen sinnvoll sind.
(3) Durch geeignete Reduktionsverfahren (z.B. Faktorenanalyse) können Quantifizierungen ihren eigentl. wiss. Zweck erfüllen, indem sie zur komprimierten Darstellung (gesicherte Generalisierung) von ansonsten unüberschaubarer Vielfalt beitragen können.

**Motivation:** Sammelbezeichnung für alle jene Prozesse, durch die Psychisches angestoßen wird, zu einem mögl. Ziel führen kann und die als Bezeichnung die Verschiedenartigkeit der individ. Handlungen erklären soll. Die M. besteht sowohl aus Einzelmotiven, Motivbündeln wie aus Globalprozessen, z.B. den Einstellungen. Die vielschichtigen Motivationsdimensionen (Konsumation, Aktivitätsausrichtung und -organisierung, Effektivitätsniveau, Modalitätsversion, Zielprojektion, Erregungskonzentration, Ergebnisrückmeldung, Widerstandswendung, Sozialvergleich, s. S. 253) machen eine kontroverse Theorienbildung unausweichlich. Hauptsächl. Theoriengruppen sind die energet. (Motive als »Nervenprozesse«), die behavioralen (Motive werden bezweifelt bzw. gelten durch den Stimulationsbegriff als auslösenden Reiz ersetzbar), die Triebtheorien (Motive sind Triebkräfte), die kognitiven (Motive sind Selbststeuerungen nach Interpretationen und Engagementsentscheidungen), die tiefenps. (Motive sind unbewußte Antriebe) und die Sozialtheorien (Motive sind interaktionale Anstöße). Nach der inhaltl. Festlegung unterscheiden wir: Antriebs-, Anreiz-, Handlungs-, Sozial-, Abundanz- und Kontrollmotive. Hinsichtlich der Beziehung zwischen Motiv und Verhalten gibt es vier epistemologische Gruppen, die ihre Bezüge erklären sollen: firmative (Motiv und Verhalten sind für alle Menschen oder nur individuell konstant, d.h. fest und eindeutig verbunden), arbiträr (Motiv und Verhalten hängen nur in einer statistisch häufigen Weise zusammen, es gibt z.B. einen Motivwandel bei gleicher Handlungsweise und umgekehrt), stochastisch (Motiv und Verhalten sind in ihrer Beziehung zufällig, deshalb sind Motive lediglich »Ausreden«). Trotz dieser vielschichtigen Theorienbildung hat die prakt. Motivforschung zu weitreichenden Erkenntnissen über das menschl. Verhalten geführt.

**Neurose:** mittelschwere psych. Störung (neben der »leichteren« Verhaltensstörung, der »schwereren« Psychose und abgehoben von dem zwischen N. und Psychose liegenden Borderline-Syndrom). Der Begriff wurde von dem schott. Arzt WILLIAM CULLEN im § 1091 seines Werkes ›First Lines in the Practice of Physics‹ (1776–84) für Sinnesaffekte oder Bewegungen eingeführt, für die keine körperl. Ursachen festgestellt werden konnten. Im Laufe der Zeit wurde dieser Begriff mehrfach umgeformt. S. FREUD, auf dessen N.-Lehre sich die psa. Schule bis heute stützt, unterschied vier N.-Arten: Angstneurose, Angsthysterie (Phobie), Zwangsneurose (Anankasmus) und Hysterie. Im gebräuchl. ›Diagnost. und Statist. Manual psych. Störungen‹ (DSM III) werden Hysterien, Phobien, anankast., neurasthen., hypochondr. Störungen, dysthyme Depressionen, generalisierte Angstsyndrome, dissoziative Störungen und psychogene Schmerzsyndrome genannt.
Zur Ätiologie (Verursachung) von N. werden als Gründe angeführt: gelerntes fehlangepaßtes Verhalten (Verhaltenstherapie), verdrängter Triebkonflikt, der in der Störform wiederkehrt (Psa.), falsches Selbstkonzept (Gesprächspsychotherapie), untaugl. Konfliktlösung (Daseinsanalyse), Arrangement als überkompensator. Lebensleitlinie (Individualps.), Auswirkung seel. Beschädigung zwischen Übererwartung und Bequemlichkeit (Neo-Psa.), Unterbrechung und Zurücknahme von Lebensbedürfnissen (Gestalttherapie), Sprengstücke und Reifungsverluste in der Individualentwicklung (Kompl. Ps.), Entscheidungsverfehlung und Verlust von Sinngebung (Logotherapie) sowie unzählige andere. Trotz der vagen Definition der N. und ihrer vielschichtigen Erklärung umreißt dieser Begriff eine beobachtbare Gruppe von psych. Leidenszuständen, die durch andere Begriffe nicht voll abgedeckt werden kann.

**Ökologische Psychologie:** als Vorläufer der »Ökopsychologie« (wie sie auch genannt wird) gilt W. HELLPACH (Die geopsych. Erscheinungen, 1911), der sich mit den geopsych. und bioklimat. Einflüssen, z.B. Landschaftsformen, Wetter, Luftfeuchtigkeit, Farben usw., auf den Menschen beschäftigte. Die heutige Ökopsychologie ist eine Umweltps. im doppelten Sinn:
a) als Milieups. untersucht sie die Auswirkun-

gen der Umwelt sowohl in ihrer Gänze wie partiell auf den Menschen;
b) als ökolog. Interventionsps. ist die Schaffung und Gestaltung von Lebensräumen (von den Wohnungen bis zur zivilisatorischen Umwandlung der ganzen Erde) ihr Thema. Dieser »Gebrauch von Umwelt« ist inzwischen problematisch bezüglich der Umweltzerstörung geworden. In ps. Hinsicht ist ein Hauptproblem die Frage nach den »Psychotopen«, d. h. den psych. Lebensraumsystemen, die (wie die Biotope in phys. Hinsicht) die Mindestanforderungen für eine »gesunde« Umwelt darstellen. Im einzelnen gehören zur Ökops.:
(1) als Klimaps. Fragen zur klimat. Wirkung auf die Befindlichkeit,
(2) als Wohnungsps. Erörterungen ihrer Nutzungen, Betätigungs- und Darstellungsfunktionen,
(3) als Architekturps. die ps. Probleme der Hausgestaltung und der Hausfunktionen,
(4) als Stadt- und Landschaftsps. die Themen zur natürl. und künstl. Umweltgestaltung,
(5) ps. Untersuchungen zur Arbeits- (ps. Ergonomie) und Freizeitwelt (Animationsps.),
(6) die Ps. der Extremlebensräume (u. a. in der Arktis, im Weltraum, auf dem Meeresgrund, im Gefängnis, in fremden Kulturen),
(7) teilweise auch die Kunstps. hinsichtlich des Gebrauchs von Kunstgegenständen.
Durch diese Vielzahl der Themen entwickelte sich die ö. Ps. zu einem wichtigen Feld der Angew. Ps.

**Organisation:** allg. eine Koordinationsgesamtheit von Subsystemen; speziell in mitmenschl. Hinsicht eine Gemeinschaftsordnung mit aufeinander bezogenen Leistungsverteilungen (a) und Kompetenzhierarchien (b). In solchen Systemen entstehen überindivid. »Kräfte« (Verhaltenstendenzen), die den einzelnen Teilnehmer in starkem Maß mitbestimmen.
a) Die Leistungsverteilungen unterstehen der jeweiligen Rollenordnung (welche Aufgaben der einzelne nach Übereinkunft oder Selbstzuschreibung zu erfüllen hat).
b) Die Kompetenzhierarchie untersteht der jeweiligen Rangordnung (wer was zu bestimmen hat).
Die internen Tendenzen unterliegen aber nicht nur rationalen Bestimmungen (Zusammenarbeit, Gruppenkonformität, Zielübereinkunft), sondern auch irrationalen Energien (Ruhmsucht, Neid, Verschleierung von Unfähigkeit oder Faulheit usw.). Die negativen Tendenzen bilden den Anlaß für Reibereien in Organisationen, die die Gruppenleistung mindern. Die positiven Tendenzen fördern die Gruppenleistung über die Summe der Einzelleistungen aller Gruppenmitglieder hinaus. Ob eine O. ein Übergewicht der positiven Gruppenleistungen aufweist und wie die positiven Leistungen im Bedarfsfall angehoben werden können, gehört zur Aufgabe des Organisationspsychologen. Dazu stehen ihm an Mitteln zur Verfügung: Leistungsanalysen in Gruppen, Veränderung der Gruppenstruktur, Anpassung der O. an die Spezialaufgabe, Anhebung der Gruppenmotivation, Netzplantechniken, Verbesserung der Leistungsvoraussetzungen, abgestufte Rückmeldung an Leistungserfolgen, Prämiensysteme, Kontrollvorgaben, zusätzl. Kontakte für den Gruppenzusammenhalt usw.

**Performanz:** Gesamtbegriff für das aktuelle Bedingungssystem der vielfältig mögl. Hantierungen, Taten, Arbeitsleistungen usw. Warum der Mensch tätig wird, behandeln zahlreiche Aktivationstheorien:
(1) Energet. Theorien (das ZNS leistet »Arbeit«, die sich in menschl. Leistung umsetzt),
(2) behaviorale Theorien (Stimuli oder Reizen folgen zwangsläufig Responses oder Reaktionen),
(3) Triebtheorien (hormonal bedingte Leistungsanstöße),
(4) Kognitionstheorien (Leistung durch Selbststeuerung),
(5) Sozialtheorien (Leistungsanstöße durch Umwelteinflüsse).
Im einzelnen weisen die P.-Theorien eine Reihe von Theorieschwerpunkten auf:
(1) P.-Bereitschaft versucht die Vorausbedingungen für die Bereitstellung der eigenen Aktivität zu klären (Aufmerksamkeit, Anpassung an Umweltvoraussetzungen, Anspannung von der Relaxation bis zur Tenazität).
(2) Als Kompetenz prüft man die Fähigkeitsvoraussetzungen (geistige, körperl., motivationale usw. Personenbedingungen).
(3) Interaktionsgeschehen konzentriert sich auf die Sozialbedingungen für Leistungen (Entwicklungsstand, soziale Aufforderung, Rivalität, Gemeinschaftsleistung).
(4) Konzentration soll den Einfluß der momentanen Bewußtheitszustände auf Leistungen prüfen (Selbststeuerung auf den Leistungsvollzug hin: Leistungsmotivierung, Interessenbildung, Rückgriff auf frühere Erfahrungen, Ausschaltung störender Nebeneffekte).
(5) Intentionalität berücksichtigt die Unterscheidung in zielgerichtete und zielungerichtete Handlungen (in externe und interne Reaktivität).
(6) Kontrolle behandelt die simultane oder retrospektive Überprüfung von fremder oder eigener Leistung (Attribution, Kontrollüberzeugung, Zielkenntnis, Perfektivität, Situationsbedingungen, Einsatzniveau).
(7) Erregungspotential meint den hauptsächlich emotionalen Einfluß auf Handeln und Erleben (Erregungsbegleitung bzw. -folge oder Anstoß durch Erregung).
(8) Leistungsgenese bezieht sich auf die Abfolgebedingungen irgendwelcher Leistungsvollzüge (Absichten, Vorentwürfe, Anspruchsniveau, Entscheidungen, Handlungs-

regulationen durch Rückmeldung des momentanen Leistungsstandes, abgeschlossene oder unabgeschlossene Handlungen, Auswirkungen von abgeschlossenen Handlungen).
Eine generelle Frage richtet sich auf die Veränderung von Leistungen im Laufe ihres zunehmenden Routineverlaufs: eine der Theorien nimmt eine zunehmende Differenzierung (Leistungsdifferenzierungshypothese), eine andere einen Abbau an Genauigkeit, bewußter Steuerung und Kontrolle (Leistungsimminutionshypothese), eine weitere eine unterschiedl. Entwicklung, teils besser (zunehmend schnellere Abwicklung), teils schlechter (z.B. Zunehmen des Unfallrisikos) an (Leistungsdivergenzhypothese).

**Persönlichkeit:** Gesamtheit aller individ. Merkmale von Menschen. Wegen dieser maximalen Weite der ps. Problematik kann man nicht erwarten, daß man diesen Begriff unkontrovers definieren könnte. Notwendigerweise gibt es eine Reihe von Theoriengruppen, die den Begriff P., von best. Schwerpunkten ausgehend, zu definieren versuchen. Alle diese Theorien sind aufgefordert, zumindest fünf Hauptfragen zu beantworten:
Welche inneren Ordnungsmerkmale können aufgestellt werden (Problem der Individualstruktur), was macht neben der körperl. Wiedererkennbarkeit des Individuums seine unverkennbare Einmaligkeit trotz des ständigen äußeren und inneren Wandels aus (Problem der Singularität und Kongruität), von welchen übergreifenden Merkmalsbereichen ist der Mensch ständig für seine Entwicklung abhängig und wie kann er sich störungsfrei weiterentwickeln (Problem der Individuation), wodurch werden seine, durch die vorherigen Bedingungen geschaffenen, potentiellen Möglichkeiten aktuell in Gang gesetzt (Problem der motivationalen Mobilisation), was macht die inhaltl. Werthaltigkeit einer P. aus (Problem der Dignität)?
Diese fünf Fragenbereiche lassen sich sehr unterschiedlich behandeln (oder können auch von den Theorien teilweise unbeantwortet bleiben). Die zahlreichen gegenwärtigen (neben den vielen antiken, mittelalterl., neuzeitl.) Theorien zur P. lassen sich in vier Hauptgruppen einteilen.
(1) Die naturwiss. P.-Theorien stützen sich auf die phylogenet. Entwicklung und ihre Auswirkung auf die menschl. Daseinsgestaltung (Hominisierung, Hirnentwicklung, Bio- und Ethnops., psychokybernet. Kodierungsgrundlagen im ZNS, Verhaltensrepertoire).
(2) Die sozialwiss. Theorien basieren auf der individ. Umweltbeeinflussung und der daraus gefolgerten Milieubestimmung (Interaktionismus, Sozialisation, soz. Bindung und Lösung, Beziehungsgestaltung).
(3) Die geisteswiss. Theorien werden auf den Möglichkeiten der individ. Selbststeuerungsfähigkeit aufgebaut und stellen die eigenständige Ausrichtung des Menschen dar (Attribution, Kontrollüberzeugung, Vorsatzbildung, Planungsverhalten, Interpretation und Engagement).
(4) Die tiefenps. P.-Theorien gehen vom unbewußten Verhalten aus und stellen den Menschen in seiner nichtkognitiven Abhängigkeit dar (Triebanspruch, kollektives Unbewußtes, Organminderwertigkeit und Kompensation, Frustration).
Alle diese Theorien können auf einer Skala mehr zum Eigenschaftskonzept einer überdauernden P.-Konstanz (Traitismus) oder mehr zum Veränderungskonzept je nach den Situationsvariablen (Interaktionismus) neigen. Die meisten P.-Theorien entwickeln auch entsprechende Motivationskonzepte mit unterschiedl. Schwerpunkten (Triebmotive, Handlungsmotive, Abundanzmotive usw.), Konzepte zur Vergleichsanalytik (z.B. interkulturelle Vergleiche) und Konzepte zur (positiven) P.-Reifung bzw. zur (negativen) P.-Störung. In method. Hinsicht tendieren die Theorien mehr zur quantitativen oder zur qualitativen P.-Forschung.

**Phänomen:** urspr., unmittelbares Erleben und dessen reflektierende Erfassung. Die Begrenzung der Ph. als Erlebnisgegenstände ist uneinheitlich. Während manche Theoretiker Ph. auf die sinnl. aktuelle Wahrnehmung beschränken, werden sie von anderen auch auf überzeitl. Erlebnisse wie Gedächtnisvorstellungen, Denkplanungen, emotionale Zustände und neurot. Sensationen ausgedehnt. In manchen phänomenolog. Theorien wird zwischen dem phänomenalen Ich und dem phänomenalen Umfeld je nach dem Erlebnisbezug unterschieden, wobei ersteres als immanente Akte des Bewußtseins und letzteres als internalisiertes Anschauungsfeld interpretiert werden.
Theoret. Schwerpunkte der Phänomenolog. Ps. sind u.a. die empir. Begründung des Wahrnehmungserlebnisses (z.B. Gestaltqualitäten in der Gestaltps.), die intentionalen Akte intuitiven oder rationalen Erfassens bei gleichzeitiger Evidenz (Gewißheit, Verläßlichkeit) ihrer realen Existenz (Aktps.), die eingeborene Tendenz zur Selbstverwirklichung, aus der der Mensch erst das aus sich macht, was den wahrhaften Menschen ausmacht (Humanist. Ps.).
In method. Hinsicht steht die qualitative Erforschung der Differenzierung des Erlebens im Vordergrund. Die method. Vielfalt reicht von der bloßen Selbstbeobachtung und Beschreibung des eigenen Erlebens (Introspektion) bis zur sozialps. Erfassung des Erlebens im Bevölkerungsquerschnitt (Demoskopie), die als grundlegendes Datenmaterial für die weitere, qualitative Verarbeitung dient. Über die Phänomenolog. Ps. hinausgehend gilt die phänomenale Analyse auch in anderen ps. Schulen und Disziplinen als ein erster, vorbe-

reitender und notwendiger Schritt auf dem Wege einer progredienten (aufbauenden, fortschreitenden) Methodologie.

**Psychische Störung:** Gesamtheit aller psych. Zustände und Verhaltensformen, die in den Bereich der »Anormalität« fallen. Die 3 wichtigsten Ordnungssysteme sind das DSM-III-R (Diagnost. und statist. Manual Psych. Störungen, 3. revidierte Aufl.), die Internat. Klassifikation durch die Weltgesundheitsorganisation (ICD-9) und das Manual zur Dokumentation psychiatr. Befunde (AMP). Das DSM-III-R-System zählt 17 Störungsgruppen auf: 1. Entwicklungsstörungen, 2. organisch bedingte Psychische Störungen, 3. Störungen durch psychotrope Substanzen, 4. Schizophrenie, 5. wahnhafte Störungen, 6. Psychosen (außer den genannten), 7. affektive Störungen, 8. Angststörungen, 9. somatoforme Störungen, 10. dissoziative Störungen, 11. psychosexuelle Störungen, 12. Schlafstörungen, 13. vorgetäuschte Störungen, 14. Impulskontrollverlust, 15. Anpassungsstörungen, 16. körperliche Mängel unter psychischem Einfluß, 17. Persönlichkeitsstörungen. Abnorm kann ein »Zuviel« (Exzeß), »Zuwenig« (Defizit) oder »Fehlerhaft« (Defekt) im Sinne eines persönl., fachl. oder gesellschaftl. Erwartungswertes (kultureller Sollzustand) bestimmt sein. Es gibt, nach den veralteten Begriffen Insania, Alienatio, seit dem 19. Jh. eine Tradition für 4 Hauptbegriffe: Psychosen (schwere), Borderline-Syndrome (mittelschwere), Neurosen (mittlere), Verhaltensstörungen (leichtere Störungszustände).
Zu den Psychosen zählen Schizophrenien, Zyklothymien, paranoide Psychosen, reaktive Psychosen, zerebralorgan. Psychosen. Zu den Borderline-Syndromen werden Hypochondrie, Depersonalisation, Derealisation, Soziopathie (antisoziale Persönlichkeit) gerechnet. Als Neurosen werden zumeist Hysterie (Konversionsneurose), Phobie, Zwangsstörung (Anankasmus) und Wahnhaftigkeit (Paranoia) zusammengefaßt. Die Verhaltensstörungen sind naturgemäß die vielfältigste Störungsgruppe: Funktionsstörungen (z. B. psychogener Schmerz, Eßstörungen), Entwicklungsstörungen (z. B. Pubertätsmagersucht, Midlife-crisis), Leistungsstörungen (z. B. Schulphobie, Legasthenie, Dyskalkulie), Abweichendes Verhalten (z. B. Alkoholismus, Drogenabusus, Pyromanie), Mentalstörungen (z. B. Rechthaberei oder Purgatie, Witzelsucht oder Moria, Altersdemenz), Sexualstörungen (z. B. Potenzschwäche, Frigidität, Paraphilie), Sprachstörungen (z. B. Aphasie, Stottern, Agrammatismus) und existentielle Leidensformen (z. B. Selbstmordgefährdung, Opferreaktion, Hospitalismus, Sinnlosigkeitsgefühl).

**Psychoanalyse:** älteste tiefenps. Psychotherapieschule, begründet von Sigmund Freud. Die P. hat (1) eine eigene »Metapsychologie« entwickelt, (2) eine entsprechende Neurosenlehre und (3) eine gesonderte Therapieform.
(1) Das psa. Persönlichkeitsmodell unterscheidet einen dynam. Aspekt (Aktivität der inneren Triebkräfte, bes. des Geschlechtstriebes), den ökonom. Aspekt (Lust- und Unlustprinzip mit Tendenz zur Aufhebung der Erregungsspannung), den top. Aspekt (Es-Ich-Überich-Einteilung). In der genet. Betrachtung wird eine orale (Saugzentrierung), anale (Ausscheidungszentrierung) und genitale (Geschlechtszentrierung) Phase mit weiteren Unterabschnitten unterschieden. In jeder Phase können Fixationen für das spätere Leben zurückbleiben und die neurot. Persönlichkeit hervorbringen. Dabei wird bes. Gewicht der frühen genitalen Phase mit ihrer geschlechtsspezif. Entwicklung (Ödipuskonflikt) beigelegt.
(2) Neurosen sind nach psa. Sicht zumeist die Wiederkehr des Verdrängten aus der frühen genitalen Phase, wenn die Ambivalenz (Gleichzeitigkeit widerstreitender Gefühle) zu den Eltern nicht ausgetragen wurde.
(3) In der Therapie enthält sich der Psychoanalytiker suggestiver Eingriffe (Sitzposition hinter dem auf der Couch liegenden Patienten) und Ersatzbefriedigungen (»Versagung« des Therapeuten). Im »Durcharbeiten« (Verarbeitung von Widerständen des Klienten, z. B. hinsichtl. der Traumdeutungen) tritt regelmäßig eine Übertragung (Verlagerung der Elternerfahrung auf den Therapeuten) auf, die sich zu einer »Übertragungsneurose« auswächst und die an der Person des Therapeuten abgebaut wird.

**Psychodiagnostik:** Untersuchung individ. Merkmale durch Beobachtungen, Messungen und Tests. Die Testdiagnostik bildet den Hauptteil der P. Tests sind standardisierte Kurzexperimente, die an einer Population geeicht und für das einzelne Testergebnis mit deren Durchschnittswerten verglichen werden können. Die Tests werden in method. Hinsicht in drei Kategorien eingeteilt: Fragebogeninventare (Sammlungen von Fragen, die in gegenseitiger Abstimmung graduelle Erkundungen best. psych. Merkmale sicherstellen), Leistungstests (genormte und standardisierte Aufgaben, deren Lösungsintensität am Durchschnitt aller Menschen gemessen wird), projektive Tests (Aufgabenstellungen oder Items, die persönl. Lösungen ermöglichen, die zu Rückschlüssen auf die zugrundeliegende Persönlichkeitsstruktur dienen). Zur Erhöhung der Zuverlässigkeit der Tests werden Testeichungen hauptsächl. in zwei Richtungen vorgenommen: Reliabilität (Meßgenauigkeit, d. h. Konstanz hinsichtlich der Wiederholung des Verfahrens), Validität (Meßrichtigkeit, d. h. konstanter Bezug zu den angezeigten psych. Merkmalen). Hauptbereiche, in denen Tests durchgeführt werden, sind: Eignungsbegutachtungen; techn. Tests, z.B. bei Einstellungen in Betrieben; Intelligenztests, z.B. bei der Auswahl der Schulgattung; Persönlichkeitsmessungen, z.B. im klin. Bereich bei der Bestimmung der psych. Störung im Verhältnis zur Gesamtpersönlichkeit; Schultests, z.B. bei Verhaltensstörungen oder Lernstörungen. Tendenziell werden Tests nicht isoliert eingesetzt, sondern in einer standardisierten oder jeweils neu zusammengestellten Testbatterie in einen Gesamturteilsprozeß eingeordnet, zu dem auch die anderen Diagnosemethoden (Verhaltensanalyse, momentane Beobachtung des Probanden, biograph. Analyse) hinzugehören.

**Psychokybernetik:** psych. Abstammungs- und Steuerungslehre. In der P. wird das Psychische nicht direkt auf phys. Prozesse bezogen, sondern die Umsetzung der phys. Grundlage über die formale Kodierung zur psych. Bedeutung (Triplexität von Träger-Muster-Bedeutung) berücksichtigt. Dadurch entspricht die P. weder dem Monismus (Identität von Nerventätigkeit und Psyche) noch dem Dualismus (Trennung von Körper und Geist).
Die »Emergenz« (Höherwertigkeit) des Psychischen gegenüber den Nervenprozessen ergibt sich aus zwei Freiheitsstufen:
(1) die Musterbildungen der Nervenprozesse (Rhythmik und Figuration) sind teilweise trägerunabhängig, insofern sie als Musterung von Träger zu Träger transferierbar sind;
(2) die psych. Bedeutungen dieser bedeutungshaltigen Muster sind teilweise musterunabhängig, insofern sie individuell oder konventionell mit unterschiedl. Bedeutungen belegt werden können.
Die Forschungsgrundlage der P. ist die Untersuchung der neuronalen Muster sowohl in ihrer phys. Beschaffenheit (Musterbildung als Kodierung, z.B. durch Amplituden- oder Frequenzwandel der elektr. Potentiale im Nervenprozeß) wie in ihrer psych. Bedeutung (Bedeutungshaltigkeit, z.B. von Sprachmustern). Der Musterbegriff verknüpft realitätsnah den tatsächl. Zusammenhang zwischen Gehirn und Psychischem. Um den hochkomplexen Mustern im Nervensystem theoretisch und forschungspraktisch gerecht zu werden, bedient sich die P. der Systemtheorie, der Semiotik und Semantik sowie der Theorie von sich selbst steuernden Organisationen.

**Psychotherapie:** Verfahren zur Beseitigung von psych. Störungen. Im Laufe des 20. Jh. hat sich die Zahl der zuerst wenigen Verfahren bis auf mindestens 140 namhafte Gruppen erhöht.
Um diese Vielfalt überschaubar zu machen, kann man sie auf 10 Gruppen verteilen.
(1) Die tiefenps. Therapien gehen von der Annahme unbewußter Prozesse aus, deren Bewußtmachung der Heilung dienen soll.
(2) Die behavioralen Therapien stützen sich auf Einübungen sowohl von neu zu erwerbendem wie zum Abbau von zu vermeidendem Verhalten.
(3) Die peritalen Therapien nutzen in der Therapie hergestellte Selbsterfahrungen zur Aufarbeitung der psych. Störung.
(4) Die kognitiven Therapien versuchen »falsche« Kognitionen zu ergründen und zu beseitigen.
(5) Die imaginativen Therapien nutzen hauptsächlich Suggestionen zur für den Klienten zumeist undurchschaubaren Zwangsbeeinflussung.
(6) Die kommunikativen Therapien beziehen die Gemeinschaft von Therapeuten und anderen Klienten in die gegenseitige Beziehungsklärung und Gemeinschaftsbeeinflussung ein.
(7) Die somatogenen Therapien stützen sich auf die Erfahrung, daß sich das Psychische über den Körper und der Körper über psych. Anstöße beeinflussen lassen.
(8) Die integrativen Therapien sind die notwendige Folge der Vermehrung der Therapieformen, indem sie ihrerseits die Anregungen aus den anderen Therapiegruppen kombinieren.
(9) Die fakultativen Therapien sind Therapien für »Gesunde«, indem sie helfend die Klienten in ihrer Selbstbeeinflussung unterstützen.
(10) Die Spezialtherapien gliedern sich zumeist an die vorhergehenden Therapien an, nutzen diese aber entweder für spezielle Klientengruppen (z.B. Kinder, Drogenabhängige, Gefängnisinsassen) oder für spezielle Störungen (z.B. Sprachstörungen, Sexualstörungen) sowie für Spezialtherapeuten (z.B. auch für Nichttherapeuten oder die Betroffenen selbst).
Diesen 10 Gruppen bei- oder übergeordnet ist eine Allg. P., die ohne Schulabhängigkeit eine stärker theoretisch orientierte Interventionswissenschaft ist.

**Reaktanz:** Verhalten, die eigene Wahlfreiheit zu schützen, wenn diese bedroht oder unterbunden ist. Reduzierte Freiheit entsteht sowohl durch die Behinderung durch andere als auch durch Selbstbeschränkung, z.B. in Form einer verstärkten Verpflichtung anderen Menschen gegenüber *(commitment)*. In emotionaler Hinsicht folgt der bedrohten Freiheit ein Gefühl der Bedrängnis, Beklemmung und Ärgerlichkeit; in kognitiver Hinsicht ein Tunneleffekt geminderter Alternativmöglichkeiten; in behavioraler Hinsicht eine Handlungsunterbindung. Auf diese Behinderungen reagieren Menschen individuell und situativ unterschiedlich. Den negativen emotionalen, kognitiven und behavioralen Folgen kann man sich durch Flucht entziehen (Eskapismus), sie still ertragen (Resignation oder gelernte Hilflosigkeit), sie kognitiv umwerten (vor der Freiheit in Regression, Masochismus usw. ausweichen), sich gegen die Bedrohung auflehnen (Widerstand) oder den Verursacher heftig befehden (Gegenangriff). Die Art der R. ist nicht nur von persönl. Eigenschaften, z.B. dem Maß erwarteter Wahlfreiheit, sondern auch von der Stärke und den Inhalten ihrer Bedrohung abhängig. Die Theorie der R. (J. W. Brehm) postuliert, daß diese Gegenbewegung, welche Verhaltensformen sie auch annimmt, um so stärker wird, je weniger verfügbar der erwartete Sachverhalt ist. Im umgekehrten Sinn läßt sich danach die Attraktivität steigern, wenn ein Sachverhalt »rar« gemacht wird.

**Reaktion:** gegenwirkendes Verhalten. Die R.-Möglichkeiten des Menschen sind praktisch unbegrenzt. Um diese Fülle ps. zu erforschen, sind seit Beginn der modernen Ps. zahlreiche R.-Theorien aufgestellt worden. Zumeist betrafen sie spezielle Themen, die den Überblick über die R.-Möglichkeiten verbessern sollen. Eine wesentl. Unterscheidung bezieht sich auf die Veranlassung von R.: festgelegte R.-Systeme sind körperlich verursacht und angeboren (Zustandsreaktionen), bedingte R.-Systeme antworten auf äußere Situationen (Konditionsreaktionen), offene R.-Systeme schließen sich an die Lebenserfahrungen an und berücksichtigen sie beim Verhalten (Kognitionsreaktionen). Im Ablauf von R. werden u.a. untersucht: R.-Schwellen (je nach Stärke des Stimulus und der Habituation; *excitatory potential,* C. L. Hull), R.-Zeiten (Latenzdauer zwischen Reizung und R.; je nach Aufmerksamkeit, Ermüdung, Komplexität der R. und Alternativzahl), ps. Einbau der R. (isolierte Einzelaktion oder zusammenhängende Kettenreaktion), sozialer Hintergrund der R. (selbstbezogen, Zweieraktivität, Gruppenaktivität, Gemeinschaftsaktivität), kognitiver Hintergrund der R. (animist., finale, regulative Aktivität).

**Selbst:** individ. Vergegenwärtigungssystem. Die Art der »Objektivierung« des Ichs hat zahlreiche theoret. Beschreibungen erfahren. Im allg. herrscht Einmütigkeit über die Tatsache, daß das Kleinkind noch eine »ungeteilte Subjekt-Objekt-Einheit« ist, die sich erst allmählich in ein »Selbst« und in das »Andere« (Umgebung) trennt. Partielle Rückbildungen dieser Trennung erfährt der Mensch im kurzen Zustand des Erwachens (Primordium), teilweise im Traumerleben, im berauschten Zustand. Andererseits ist die Herausentwicklung eines Selbst (Individuation) ein progredienter, unabgeschlossener Prozeß, dessen Zielzustand unterschiedlich beschreibbar ist (u.a. religiös oder ideologisch geprägt, z.B. als Begierdelosigkeit, Vereinigung mit Gott, persönl. Reife). Grundlagenproblem ist die Frage, ob das Selbst eine personeninhärente Vorgabe aufweist, der sich der Mensch in seiner Selbstverwirklichung annähert (Selbstaktualisierung) oder ob das Selbst das Ergebnis der gegebenen Lebensereignisse ist (Life-event-Konzept). Unabhängig von dieser Grundfrage beziehen sich die wichtigsten Untersuchungsgegenstände auf die vielschichtigen Zwischenstufen der Selbstentwicklung: Entstehung von Selbstvertrauen, Selbstwertgefühl, Selbst- und Idealbild, Selbstsicherheit, innerem Reichtum (humane Potenz). Das Problem der Selbstfindung spielt in der Klin. Ps. eine große Rolle, weil die Selbstentfremdung (mangelnde Selbsterkenntnis, aufgelöste Selbstkonsistenz, behinderte Individualplanung, Identitätskrisen, Selbstwertproblematik, Selbstverfehlungen) Anlaß für versch. psych. Störungen werden kann.

**Sexualität:** das Geschlechtsverhalten hat zahlreiche theoret. Betrachtungsebenen:
(1) somat. Aspekte: Funktionen des Geschlechtsapparates,
(2) funktionale: Psychophysiologie der sexuellen Stimulation, der Fortpflanzung usw.,
(3) psych.: sexuelle Orientierung, Sexualerfahrung, Sexualängste, Sexualgewohnheiten, individ. Zielsetzungen (Befriedigung, Kindeswunsch etc.),
(4) gruppendynam.: Partnererfahrung, sexuelles Rollenverständnis, sexuelle Verhaltensnormierung, Stellenwert der S. im Zusammenleben usw.,
(5) soziale: Sexualinformation, Sexualerziehung, Familienplanung, Sexualerwartungen Sexualattraktivität usw.,
(6) ideolog.: Sexualmoral, sexuelle Emanzipation, erot. Modeerscheinungen,
(7) gesellschaftl.: Sexualgesetzgebung, Behinderungen oder Förderungen der S., indirekte Beeinflussung der S. durch Wohnungsförderung, Freizeitgestaltung, Werbung usw.
Für den Geschlechtsverkehr werden drei Hauptstadien unterschieden.
(A) Das Vorverhalten konstituiert den Geschlechtsverkehr (Koitus) für die Stimulierung der komplizierten physiolog. Sexualreaktionen, dient dem Gleichlauf der weibl. und männl. Erregungsverläufe, erhebt den Geschlechtsverkehr zur zwischenmenschl. Kommunikation.
(B) Der eigentl. Geschlechtsverkehr (Penetration oder Einführung des Gliedes) besteht aus der ansteigenden Erregungsphase (Muskelkontraktion, Brustwarzenversteifung, Blutdruckanstieg, Transpiration usw.), der Orgasmusphase (Ejakulation, Vaginalorgasmus, Tachykardie, Hyperventilation, Wärmestoß im Becken, pulsierendes Kontraktionsgefühl, Hochspannungszustand mit Bewußtseinsverengung).
(C) Das Folgeverhalten ist ein abruptes oder kontinuierl. Entspannungserlebnis, das oft unterschiedlich zwischen Frau und Mann abläuft und deshalb Anlaß für spätere Kommunikationsstörungen wird.
Die ps. Problematik der Sexualität beruht vor allem auf den geringen Kenntnissen, die im

allg. über die Vielschichtigkeit des Sexualverhaltens bezüglich der individuellen Befriedigung und Hemmung, den mannigfaltigen Funktionsunterschieden, Störungen der psych. Interaktion, Einflüssen gesellschaftl. Bedingungen bestehen.

**Sinnappetenz:** grundsätzl. Bedürfnis des Menschen nach Erklärbarkeit und Einordnung von Sachverhalten in ein übergeordnetes Erklärungssystem. Bereits auf niederster Ebene werden stochast. Ereignisse (z. B. zwei wahllos sich bewegende Punkte auf einem Bildschirm) als kausal deutbar (ggs. Flucht der Punkte, ihr Umkreisen, Auflauern usw.) erlebt. Dieser mehr oder weniger starke Deutungszwang stößt auf die generell bestehende »Deutungsunschärfe« (nicht ausreichende Erklärbarkeit) der meisten Ereignisse oder Zustände. Der Mensch hält sich deshalb zumeist unbewußt an alltägl. *(common sense)*, selbsterfahrene bzw. von Bezugspersonen imitativ erworbene Deutungssysteme. Das grundlegende ist das Bestimmungssystem (locus of control; Kontrollüberzeugung), das die generelle Abhängigkeit von unbekannten, außerird. Mächten (Fremdbestimmung), die alleinige Abhängigkeit von sich (Selbstbestimmung) oder die Vielschichtigkeit von Eigen- und Fremdbestimmung (Mitbestimmung) gewichtet. Bei dieser Deutungsarbeit unterstützen den einzelnen zahlreiche Meinungsträger, die ihr eigenes Bestimmungssystem auf ihn übertragen wollen. Zumeist entstehen daraus eklektisch gemischte Annahmen, die sich je nach Situation, Umgang mit anderen, Ereigniskonsequenzen abwandeln. Die S. ist dann befriedigt, wenn das Ereignis als positiv deutbar bzw. zweckvoll, wertvoll, erstrebenswert, allgemeinverbindlich oder lustvoll erlebt wird. Reichen mehrere Ereignisse für das individ. Maß an Sinnerwartung nicht aus, entstehen Sinnkrisen (Bedrohungsgefühle, Sinnentleerung, Aussichtslosigkeit, Vertrauenskrisen, Desorientierung, Identitätskrisen), die oft Mitveranlassung für psych. Störungen sind.

**Sozialisation:** Prozeß der lebensgeschichtl. Einordnung in die Gemeinschaften und Schaffung von personadäquaten Gemeinschaftsbezügen. S. geschieht demnach sowohl als Erleiden von Bedingungen (z.B. in der Säuglingspflege, der Sauberkeitsgewöhnung) wie in der Gestaltung von sozialen Erwartungen (z.B. Freundschaftssuche, Interessenausrichtung). Die Gesamtheit der persönl. »Sozialgestalt« kann in Einzelbereiche unterteilt werden.
(1) Für die späteren Rangerwartungen gelten bereits frühe Rangerlebnisse und Rangsüchte oder -verlockungen (Eltern-Kind-Dominanzen, Geschwisterreihe) als mitprägend. In späteren Lebenszeiten werden solche Rangbestrebungen lediglich mehr oder weniger abgewandelt.
(2) Ähnliches gilt für die Rollensozialisation. Bei ihr kommt zu den Früherfahrungen noch zusätzlich die soziale Stadienhaftigkeit der Rollen (z.B. Kindergartenkind, Schulkind usw.) sowie die Rollengeübtheit (familiengeübt, straßengeübt bis zur späteren Geübtheit, sich auch in fremden Ländern bewegen zu können) hinzu.
(3) Die Kontaktsozialisation betrifft die vielfältigen Gewöhnungen an das Sozialbenehmen, beispielsweise die soziokulturelle Einübung der Körpersprache (z. B. Lebhaftigkeit der Südländer ggü. der Steifheit der Nordländer).
(4) Der wichtigste Sozialisationsschritt ist die Verhaltensnormierung. Der Mensch unterliegt einer Anzahl von ungeschriebenen, oft auch unbekannten, ferner von kodifizierten Regeln (bezüglich des Benehmens, der Selbstzensur, der Zielsetzungen, der staatl. Gesetze usw.), die er mehr oder weniger befolgt: z. B. in der verdeckten Verletzung der Normen, der kulissenhaften Wahrung bei tatsächl. Mißachtung bis hin zur Internalisierung der Normen, die dann bei sich und anderen als »Gewissensentscheidungen« ideologisch eingeklagt werden können.
Das gesamte S.-Geschehen ist somit eine hochkomplexe Verhaltensanpassung, die theoretisch entweder stärker aus inneren Triebkräften (z.B. für die Tiefenps.) oder stärker von äußeren Bedingungen (z.B. für den Behaviorismus) angeregt interpretiert wird.

**Spiel:** frühe Betätigung als Selbstzweck. In theoret. Hinsicht wird das S. als notwendiges Verhalten vielfältig interpretiert.
(1) Die energet. Theorien schätzen das S. als »Kraftüberschuß« ein, der nicht mehr für die primäre Lebenserhaltung benötigt wird und sich auf »zweckfreie« Betätigungen mit bloßer Funktionslust verlagert.
(2) Die kathart. Theorien sehen im S. eine projektive Verlagerung von Frustrationen in phantasierte Objekte mit Ersatzbefriedigung und Realitätsferne.
(3) Die lerntheoret. Annahmen verweisen auf einen immanenten Spieltrieb, den sie als unbedingtes Verhalten ansprechen und als Lernkonditionierung mit Erfolgserlebnissen der Selbstausbildung für spätere Lebensaufgaben interpretieren.
(4) Die kognitiven Theorien bestimmen das S. als Erweiterung der Orientierungsreaktionen, die z.B. in den Spielregeln als Selbstanforderung für Problemlösungen das immanente Neugierverhalten befriedigen.
(5) Die sozialps. Theorien heben das im S. enthaltene Partnerschaftsstreben (auch beim Einzelspiel mit sich selbst oder einem Instrument als Partner) hervor: eine best. Gemeinschaftsform wird »durchgespielt«.
(6) Die motivationalen Theorien beschreiben die individ. Ursachen und Bedürfnisse, die

von Spielart zu Spielart (z.B. Schach, Fußball, Indianerspiel) stark wechseln können und entsprechend vom angeborenen »Spielinstinkt« (PAWLOW) bis zum motivautonomen »freibleibenden Angebot« (BENESCH) reichen können.
S. dienen für die ps. Anwendung zur Diagnostik, zur sozialen Prävention und zur Spieltherapie für psych. Gestörte. Bei Erwachsenen wird von Spielsucht gesprochen, wenn das S. überwertig und selbstschädigend eingesetzt wird.

**Sprache:** ein »regelgeleitetes Informationssystem« (AUSTIN und SEARLE) für vielschichtige Mitteilungen unterschiedl. Abstraktionsniveaus. Auf niedrigstem Niveau ist S. eine Sonderform der nonverbalen Kommunikation (z.B. bei Ausrufen von Überraschung), auf höchster Stufe ist sie eine abstrakte Begriffskundgabe (wie in der Wiss.) oder eine rhythmisch-figurale Beschwörung von komplexen Vorstellungen (wie in der Dichtung). S. ist ein Zeichensystem, das aus einem best. Zeichenvorrat (Sprachgemeinschaft) für die Kommunikationsteilnehmer best. Sachverhalte mit entsprechenden Bedeutungen (etymolog. Konvention) verknüpft. In mündl. Hinsicht kommen zum schriftl. Ausdruck noch Sprechmelodie, Akzentuierung und andere Sprechfaktoren wie z.B. die Artikulation als zusätzl. Mitteilungen hinzu. Der Spracherwerb ist abhängig von peripheren Funktionen (ca. 70 Muskelgruppen, Kehlkopf usw.), zentralen Funktionen (ZNS mit sensor. und motor. Sprachzentren), sozialps. Anregungen (z.B. Sprachmilieu), Sprachbetätigung (Aufforderung und Gelegenheit zum Selbstsprechen), kulturellen Vorbedingungen (gesellschaftl. Sprachniveau, z.B. auch durch Einflüsse der Massenmedien).
Die hochkomplexe Einübung von S. ist dementsprechend vielfältig störbar. An wichtigen Sprachstörungen unterscheidet man: Stottern (tonische=blockierte, klonische=stoßartige Störung des Sprechflusses), Stammeln (fehlerhafte Laut-, Silben- oder Wortbildung), Poltern (verschliffene, verstümmelte, verwirrte Redeweise), Aphasie (totaler oder partieller Verlust der Sprachfähigkeit), Sigmatismus (Lispeln), neurot. Aphonie (hyster. Flüstern), Legasthenie (Lese-Rechtschreibschwäche). Eine spezif. Sprachstörungstherapie ist die Logopädie als nachahmende (rezeptive) und angeleitete (produktive) Rehabilitation bzw. Phoniatrie (Sprachheilkunde).

**Statistik:** propädeut. Disziplin der Ps., die sich mit der quantitativen Analyse von Zahlenwerten in 5facher Weise beschäftigt: wodurch Zahlenmassen überschaubar gemacht werden; wie verläßlich die Zahlen sind; welche Beziehung die Zahlen untereinander aufweisen; mit welcher Wahrscheinlichkeit Zahlenwerte auftreten; wie man Zahlenmassen auf wenige Grundwerte reduzieren kann. Diese 5 Aufgaben werden in 8 Hauptabschnitten der ps. S. bearbeitet.
(1) Unter Transkription wird die beste symbol. Darstellung und die passende Umschrift unterschiedl. Werte auf eine gemeinsame Transformationsgrundlage verstanden.
(2) Eine grundlegende Verarbeitung von Zahlenwerten ist die Bestimmung ihrer Verteilung, d.h. der Art, wie die Zahlenmassen jeweils ordnungsfähig sind.
(3) Die Wahrscheinlichkeitsrechnung macht Angaben über die zu erwartenden Zahlenwerte, um so rückschließend prüfen zu können, wie verläßlich das Zahlenmaterial im Versuch ist.
(4) Die Inferenzstatistik geht einen Schritt darüber hinaus; hier werden Verfahren eingesetzt, um den Grad der Signifikanz (statist Sicherheitsbereich) zu ermitteln.
(5) Die Varianzanalyse prüft Wirkungsunterschiede bei versch. Einwirkungen (z.B. therapeut. Maßnahmen) zwischen den Behandelten und den Nichtbehandelten.
(6) Die Korrelationsstatistik ermittelt die Beziehung, aber nicht unbedingt den Zusammenhang, von zwei (oder mehreren) Zahlenreihen.
(7) Die Faktorenanalyse stützt sich auf die Korrelationsstatistik, erweitert sie aber hinsichtlich der Rückführung vieler Zahlen auf wenige Fundamentalwerte (= Faktoren).
(8) Die Zeitreihenanalyse vergleicht Zahlenwerte in ihrer Abfolgeveränderung und bestimmt gleichzeitig ihre Abhängigkeit von Einflüssen, die außerhalb der internen Verursachung liegen.

**Streß:** urspr. engbegrenzter Begriff der phys. Überbelastung, heute verallgemeinert als Situation, durch die sich jemand als belastet fühlt. Die Vieldeutigkeit des Begriffs rührt von der Vielschichtigkeit menschl. Belastungen her: die Belastungsmomente sind unüberschaubar (Stressorenvielfalt), jeder erlebt sie anders (divergente Stressorenbewertung), reagiert auf sie anders (divergente Streßreaktion) und wird ihrer unterschiedlich Herr (divergente Streßstrategien). Eine allg. Verarbeitungsweise von S. kann es folglich nicht geben.
Um den Begriff S. ps. zu operationalisieren, wurden mehrere Streßkonzepte entwickelt: S. als oft chronifizierte Notfallreaktion; S. als Bedrohungssyndrom (Input, Exzeß oder Defizit); S. als ungeeignete Bewältigungsstrategie; S. als Selbstschutzreaktion über einer individuellen Streßschwelle.
Nach SELYE (1974) lassen sich drei Hauptphasen eines Streßprozesses unterscheiden: Alarmphase (der Körper versucht sich auf die neue Lage einzustellen), Widerstandsphase (Gegenschockphase der überhöhten Gegenreaktion), Erschöpfungsphase (Kollaps der Anpassungsmechanismen mit eventueller ir-

reversibler Schädigung). Als bes. gefährdend werden die torpiden Streßreaktionen angesehen, in denen der Gestreßte die Belastung nicht abreagiert, sondern wie gelähmt hilflos erlebt.

**Sucht:** Mißbrauch von Suchtmitteln, der dem »Ge-Brauch« entgegensteht. Man kann vieles »mißbrauchen«: Nahrungs- und Genußmittel, Spiele, Arbeit, Besitz, sexuelle Beziehungen, das Rauschmittel Auto usw. Hauptmerkmale suchthafter Abhängigkeit sind die Einengung auf die Suchtszene (Koartanz), die Verdrängungsbereitschaft für deren Gefährlichkeit, die starren Suchtrituale bei relativ geringer Entspannung, der exzessive Charakter der Suchtsituation, die Progression u. a. in der Dosissteigerung und das Entleerungserlebnis ohne das Suchtmittel, die quasipersönl. Beziehung zum Suchtmittel, Kontrollverlust und Meidungsunfähigkeit. Die beiden Hauptsüchte, Alkoholismus und Drogenabusus, haben es mit sich gebracht, daß inzwischen eine höhere Zahl von Suchttheorien existieren, die den Beginn und die Fortdauer von Süchten zu erklären versuchen: biolog.-organism. orientierte (körperl. Abhängigkeit von der Giftmenge), kulturanthropolog. orientierte (Suchtmoral der jeweiligen Gesellschaft), differentialps. orientierte (Sucht als Fehlentwicklung der Persönlichkeit), handlungsps. orientierte (Kompensation von Verlusterlebnissen und Interaktion mit dem Suchtmittel). Der Aufbau der Suchtpersönlichkeit geschieht phasisch, wobei einzelne Phasen unterschiedlich auftreten können. JELLINEK (1960) unterscheidet: α-Zustand (psych. Abhängigkeit, familiäre und soziale Komplikationen), β-Zustand (somat. Komplikationen), γ-Zustand (Toleranzsteigerung, Stoffwechselstörung, Kontrollverlust, Abstinenzsymptome), δ-Zustand (Unfähigkeit, auf die tägl. Überdosis zu verzichten), ε-Zustand (Dipsomanie, periodisch auftretende Exzesse).

**Suggestion:** zwanghafte Beeinflussung unter Umgehung rationaler Überzeugung. Die Suggestionsmethodik des Alltags und die gezielte manipulator. Beeinflussung in Werbung, Politik, Therapie usw. ist vielschichtig. Die 10 wichtigsten Suggestionsmethoden sind: Repetition (ständige Wiederholung des gleichen, bis der Widerstand des Betroffenen erlahmt), Faszination (Blendung durch psych. Überstrahlung, z. B. durch gebannte Aufmerksamkeit und Einschläferung des krit. Bewußtseins), Frappierung (Überrumpelung des Denkablaufes durch ungerechtfertigte, überplausible Urteile), Gradation (phys.-emotionale Aufputschung durch suggestives Mitgerissenwerden), Kohäsion (sozialer Druck durch Mehrheitseinflüsse), Prospektion (Verführung durch Zukunftshoffnung und vorweggenommene Zielerreichung), Dispensation (Benutzung des Eskapismus-Wunsches nach Flucht vor gegenwärtiger Bindung), Symbolisation (Stimulierung durch übernormale Attrappen, d. h. übertriebene Schlüsselreize für die Auslösung fundamentaler Bedürfnisse), Identifikation (Gleichstellung mit Bewunderten, z. B. in Form des Autoritätsanschlusses an Mächtige), Repudiation (Kontrastsuggestion u. a. in sophist. Übertreibung, in scheinbarer, augenzwinkernder Übernahme der Gegenposition oder in ironischer, aber nicht-aggressiver Herabsetzung dieser Gegenposition). In den Manipulationen als gesteigerter S. wird noch systematischer der Zustand der leichten Beeinflußbarkeit des Betroffenen (Suszeptibilität) erhöht, ehe die massiven Einflüsse, z. B. Eingriffe in den Denkablauf, Aufpeitschung der Gefühle, Gleichschaltung und Bedürfnisplanung eingesetzt werden.

**Systemtheorie:** Theorie der Vernetzung von Ereignissen, Sachverhalten und Personenmerkmalen. Die S. hat sich parallel zur Computertechnologie und der Kybernetik als Steuerungslehre von sich selbst organisierenden Systemen entwickelt. Hochkomplexe Systeme (Supersysteme) reagieren so vielschichtig, umfassend und uneinheitlich, daß sie mit kausalistisch arbeitenden Denkmethoden nicht erfaßbar sind. Die neueren Denkstile des Systemdenkens stellen sich auf diese Bedingungen ein und nehmen Supersysteme, wie z. B. die menschl. Reaktionen, die Verursachungen von psych. Störungen, das Kommunikationsverhalten von Gruppen, nicht einfacher, als sie sind. Um dieser neuen Anforderung gerecht zu werden, benötigt man (1) die Bestimmungen von Systemqualitäten und (2) andere Formen des methodischen Umgangs mit Systemen, statt der hier nicht mehr zureichenden einlinigen Ursache-Wirkungs-Modelle.
(1) Systemqualitäten sollen den Vernetzungszustand des betreffenden Systems beschreiben und die daraus folgende Höhe der Systemaktivität ableiten. Das niedrigste System ist der Haufen (»Kumulus«) von gleichzeitigen, beieinanderliegenden, unverbundenen Einzelheiten. Die nächsthöhere Stufe ist das Aggregat (der »Satz«) mit parallel geschalteten, aber für sich selbst arbeitenden Zellen, die erst nachträglich in ihren Effekten zusammengeschaltet werden. Eine dritte Stufe ist die Gliederung (das »Partium«), wobei es schon Kreisfunktionen und Mehrfachbeziehungen unter Mitbeteiligung auswechselbarer Teilnehmer gibt. Die Gestalten sind viertens »übersummative« Ganzheiten, deren Einzelfunktionen unselbständig sind und nicht das Ganze erklären können, das über sie hinausgeht. Die Supersysteme schließlich sind eigendynamisch in dem Sinn, daß sie sich selbst in ihrer Aktivität erhalten, wobei die Einzelaktivitäten einen hohen Vernetzungsgrad aufweisen und somit das Supersystem undurch-

sichtig und unhandlich für gezielte Außeneinflüsse machen.
(2) Um solche Supersysteme zu beschreiben, benötigt man eine Organisationstheorie für Rückkopplungssysteme, u. a. eine Blockschaltbilddarstellung. In handlungstheoret. Sicht erarbeiten die Netzplantechniken computergestützte Strategien, um Supersysteme dirigierbar zu machen.

**Tiefenpsychologie:** theoret. und therapeut. Schulrichtung im Anschluß an die Psa. S. FREUDS, die als gemeinsames Merkmal die Anerkennung der tragenden Bedeutung unbewußter Antriebe oder Leistungen eint. Die T. haben unterschiedl. Persönlichkeitsmodelle entwickelt. Die Psa. in ihrer orthodoxen Form bezieht sich auf drei personale Schichten: Es, Ich, Über-Ich, wobei das ich als Selbstinstanz unter Druck des Es (Triebanspruch des Lustprinzips) und des Über-Ichs (Realitätsprinzip) steht, die das Ich abzuwehren versucht (Abwehrmechanismen). Die komplexe (oder analyt.) Ps. C. G. JUNGS geht von einem Schalenmodell aus, in dessen innerstem, nie bewußt werdenden Kern das kollektive unbewußte als Repräsentanz überindivid. Symbolbilder steht, das die Reaktionen der Menschen ihnen selbst unbewußt steuert. Nach der Individualps. A. ADLERS unterliegt das Kind einer grundsätzl. Unterlegenheit gegenüber seiner Umwelt. Dieses Minderwertigkeitsgefühl versucht es kompensatorisch durch ein Machtstreben auszugleichen. Dabei entwickelt es unbewußte Lebensleitlinien, die auch als fixierte Arrangements (»Kunstgriffe« einer Fehlkompensation) zu psych. Störungen führen können. In der Logotherapie und Existenzanalyse V. E. FRANKLS wird das Unbewußte nicht im Es, dem kollektiven Kern oder dem unbewußten Handeln, sondern im unbewußten Geistigen der Sinnfindung gesehen; ähnlich dazu erscheint es in der Ich-Analyse H. KOHUTS als unbewußter Narzißmus. Alle diese Formen der T. sind »Gesprächs-Kuren«, in denen das Unbewußte bewußt gemacht werden soll.

**Tierverhalten:** Die Tierps. als Teildisziplin sowohl der Biologie wie der Ps. ist gleichzeitig Verhaltenstheorie und vergleichende Ps. Als letztere wird sie, über die Tierps. hinausgehend, zur Gegenüberstellung von Hirnentwicklung und Verhaltenskomplexität herangezogen, um die Hirnfunktionalität aller Lebewesen (einschließlich des Menschen) abschätzen zu können. Die Verhaltenstheorie stützt sich auf Verhaltensbeobachtungen und Verhaltensexperimente (z. B. Zuchtexperimente). Das T. läßt sich nach der neuronalen Verankerung in vier Gruppen einteilen.
(1) Das angeborene Verhalten ist vererbt (hereditär) und bleibt in fixierter Form als Reiz-Reaktions-Verbindung bestehen.
(2) Das geprägte Verhalten ist demgegenüber variabel im angeborenen Auslösemechanismus (AAM), weil nur best. isolierte Merkmale zur Auslösung z. B. der »Mutteridentifikation« herangezogen werden, die auch an anderen Lebewesen oder gegenständl. Objekten gefunden werden können und in einem Prägezeitraum zum reflexiven Verhalten führen.
(3) Das gelernte Verhalten ist ein Zusatzverhalten, das über bedingte Reflexe (Konditionierung) aus dem angeborenen Verhalten heraus gelernt wird, aber auch wieder verlöschen kann, wenn Verstärkungen durch das angeborene oder durch anderes gelerntes Verhalten ausbleiben.
(4) Das intelligente Verhalten, das nur bei den höchsten Lebewesen auftaucht, löst Lebensaufgaben durch kognitive Umstrukturierungen, die vor der Handlung in einer Überlegungsphase erfolgen.
Alle vier Verhaltensstufen werden in den wichtigsten Verhaltenskomplexen (Fortpflanzung, Orientierung, Sozialverhalten) untersucht. Dabei kommt es bes. auf die Entschlüsselung der Verhaltenssemantik (Aussageleistung der körperl. Reaktionen) bezüglich der Nahrungs-, Kontakt-, Pflege- und Kampfsemantik an.

**Traum:** die Traumforschung stützt sich theoretisch auf die Schlaftheorie und versucht, das inhaltl. Traumerleben auf seine Verursachung hin zu klären. Das Traumerleben geschieht nach Aufweckversuchen im Verhältnis von 80 zu 7% (der Rest ist unentscheidbar) in den REM-Phasen (*rapid eye movement,* schnelle Augenbewegungen während ca. 5 Phasen pro Schlaf). Möglicherweise sind die REM-Träume zusammenhängender und geordneter als die seltenen Non-REM-Träume. Die Hauptfrage der Traumforschung bildet das Problem der Traumfunktion. In der psychophysiolog. Traumforschung wird für das Träumen die zeitweise nicht völlige Ausschaltung des unspezif. Nervensystems (ARAS) während des Schlafs als Begründung herangezogen, wobei zufällige »Feuerungen« dieser Zellgebiete zu psych. Eindrücken ohne volle Bewußtheit führen. Demgegenüber interpretiert die tiefenps. Traumforschung Träume als aktive Maßnahmen des Unbewußten zur Aufarbeitung nicht vollständig abgearbeiteter Zustände des Vortages oder früherer Lebensphasen. In der Ps. wird der T. als chiffrierte Manifestation von latenten (verborgenen) Traumgedanken angesehen, die in der Traumdeutung entschlüsselt werden können. Die Chiffrierungen sollen durch Verdichtung (Zuspitzung auf ein Hauptmerkmal), Verschiebung (falsche Zuschreibung), Umwandlung (z. B. Materie in eine Person), Zerlegung (z. B. Verdoppelung einer Traumfigur), Zusammensetzung (mehrere Personen zu einer), Entstellung (symbol. Gegenstände) entstehen. Die Trauminhalt und seiner Beziehung von Trauminhalt und seiner Bedeutung wird manchmal als inhaltlich feststehend angesehen, jedoch von den meisten Forschern als individuell abgewandelt, in ihrer Bildbedeutung als mehr oder weniger zufällig angenommen, deren Hinweischarakter auf zugrunde liegende psych. Belastungsmomente fragwürdig ist.

**Typologie:** Versuch einer Gruppenbildung entweder für Personen- oder Eigenschaftsgruppen. Erstere sollen best. Hauptmerkmale hervorheben, durch die Menschen von anderen Menschen abhebbar sind. In früheren T. beziehen sie sich auf hormonale Merkmale (u. a. HIPPOKRATES in Choleriker, Melancholiker, Sanguiniker, Phlegmatiker), Erlebnistypen (u. a. RORSCHACH in introvertiert bis dilatiert), Anschauungstypen (u. a. JAENSCH in ganzheitlich bis einzelheitlich), Denktypen (u. a. WENZL in rezeptiv bis signitiv), Grundfunktionstypen (u. a. PFAHLER in Aufmerksamkeits- bis Ansprechbarkeitstypen), Haltungstypen (u. a. DRACH in motor. bis visuelle Typen), Weltanschauungstypen (u. a. JASPERS in gegenstandsbezogene bis enthusiast. Typen), Lebensformen (SPRANGER vom ästhet. bis zum Machttyp). Diese T. haben nur noch hist. Bedeutung.
Eine Ausnahme bildet die Konstitutionstypologie von E. KRETSCHMER. Er unterscheidet nach Grundmerkmalen des Körperbaus und psychopatholog. Tendenzen: pykn. Körperbau mit zykloider Tendenz, leptosomer Körperbau mit schizoider Tendenz, athlet. Körperbau mit epileptoider Tendenz.
Die T. werden als Personengruppenbildungen abgelehnt, weil reine Ausprägungen nur selten vorkommen und deshalb für die Charakterisierung von Menschen untauglich sind.
Seit den 50er Jahren wechselten die typolog. Zieleinheiten von den Personen zu den psych. Prozessen. Seither wird versucht, für Einzelmerkmale, z. B. für die Kreativität, Merkmale zu bündeln (Clusterbildung), um häufige Merkmalsbeziehungen zu erschließen oder um aus mehreren Merkmalen Grundmerkmale (Faktorenbildung) herauszufiltern. Diese Typologisierung ist eine (zumeist experimental-statistisch gestützte) Taxonomie, d. h. eine Klassifikation auf Grund einer Matrix von Ähnlichkeiten oder Korrelationen.

**Umwelttheorie:** Funktionsbestimmung der Umwelt. Man kann die Umwelt in ihrer Beziehung zum Menschen unter drei Aspekten betrachten.
(1) Seit der Geops. (1911) von W. HELLPACH wird den bioklimat., landschaftsspezif., ökolog. Einwirkungen auf den Menschen erhöhte Aufmerksamkeit geschenkt. Es ist beispielsweise unbestritten, daß sich Lichteinflüsse bis zur psych. Befindlichkeit auswirken. Die Problematik dieses Teils der U. macht die Bestimmung der Sachverhalte aus, aus denen sich Umwelteinflüsse geltend machen. Die Schwierigkeiten ergeben sich bes. aus der Tatsache, daß Umwelteinflüsse zumeist unbewußt wirken.
(2) Die Umwelt ist ferner das hauptsächlichste Betätigungsfeld der Menschen. Die U. soll hierbei die versch. Funktionen zu trennen versuchen; z. B. Umwelt als Möglichkeit, sich selbst darzustellen oder sich an sie anzupassen.
(3) Da Umwelt und Mensch nicht nur jeweils einlinig aufeinander bezogen sind, versucht ein dritter Teil der ps. U. die Vernetzung von Mensch und Umwelt im Sinne von »Psychotopen« zu ermitteln. Unter dem Begriff Psychotop werden alle Umwelt-Mensch-Interaktionen zusammengefaßt, die der Mensch braucht, um seine psych. Gesundheit zu erhalten.
Wegen der extremen Anpassungsfähigkeit des Menschen z. B. an arkt. oder trop. Milieus sind die Grenzen der Umwelt-Mensch-Interaktion weniger deutlich, aber trotzdem vorhanden. Es ist der Hauptforschungsgegenstand der ps. Umwelttheorie, diesen Grenzrahmen für die Menschen sowohl individuell wie kollektiv auch in deren Variationen zu bestimmen sowie für Interventionen abzuklären.

**Unbewußtes:** Gesamtheit der nichtbewußten psych. Abläufe. Nach der neurops. Theorie ist Bewußtsein der Zusammenschluß einer Reihe von bewußtseinsbildenden, erworbenen Erfahrungssystemen, zu denen u. a. gehören: Wachheitssystem, Körperrepräsentanz, Raum- und Zeitwahrnehmung, intentionale Subjekt-Objekttrennung, Erinnerungen. Diese Systeme werden im Zustand des Erwachens (Primordium) zusammengeschlossen und ergeben so den mehr oder weniger hoch konzentrierten Zustand der Bewußtheit. Der Zustand der Nichtbewußtheit kann deshalb versch. Formen annehmen, die auch zu einer Reihe von theoret. Vorstellungen zum U. führten.
(1) U. als Unterbewußtes ist der unterschwellige Teil des Psychischen: in der Wahrnehmung z. B. ist Infrarot grundsätzlich nicht bewußtseinsfähig, ähnlich wie der Umgebungsraum um einen konzentriert spielenden Konzertpianisten (allerdings nur zeitweilig) unbewußt, d. h. als nicht-bemerkt, ausgeblendet ist.
(2) Bevor das Kind bewußtseinsfähig wird, lebt es im vorbewußten Zustand der undifferenzierten Subjekt-Objekt-Verschmelzung. Dieser nichtbewußte Zustand kann auch in der Altersdemenz auftreten. Ferner ist vorbewußt ein Zustand zu nennen, der in der Solvenz oder Auflösung des Bewußtseins, z. B. im Rauschzustand, eintritt.
(3) Eine dritte Bedeutung erlangt der Begriff U. im Sinne des Instinktes: angeborene bzw. frühgeprägte Reaktionen, die keine kognitive Repräsentanz aufweisen.
(4) Eine wichtige Form des U. ist ferner die Inszienz oder kognitive Insuffizienz. Sie be-

schreibt die graduelle Unfähigkeit, etwas zu verstehen, bewußt aufzufassen und im Bewußtsein zu halten (gelerntes Unverstandenes) und reicht bis zur kognitiven Leere (alienatio mentis), der chronischen Verständnislosigkeit.
(5) Die psa. Auffassung vom Unbewußten unterscheidet sich von den vorhergehenden durch die Postulierung des U. als eines in sich geschlossenen Systems, während die anderen in ihm lediglich die Ausblendung anderer (Bewußtheits-)Systeme sehen. Als solches System wird es gegenüber dem Bewußtsein als abgetrennter, selbständiger Ordnungsteil des Psychischen verstanden, der mit eigenen verdrängten (unbewußten) Inhalten ausgestattet ist und dem spezif. Mechanismen (z.B. als inhaltl. Verdichtungen oder Verschiebungen von Imaginationen) zur Verfügung stehen.
(6) Während im psa. Sinn unbewußte Inhalte vom Selbst, dann aber in verstellter Form, oder im therapeut. Prozeß, z.B. in der Traumdeutung, bewußt gemacht werden können, wird das kollektive U. in der Komplexen Ps. (ähnlich wie das als genetisch bedingt aufgefaßte »familiäre« U. bei L. SZONDI) als nichtbewußtseinsfähig angesehen. Die Inhalte dieses nie bewußtwerdenden Teils des kollektiven Unbewußten sieht C. G. JUNG in den Archetypen, d.h. mythenähnl. Urbildern.

**Verdrängung:** einer der Hauptbegriffe FREUDS für die Abwehr von anstößigen Triebregungen. Nach seinem ökonom. Persönlichkeitsmodell begegnet die »Unterbringung« der Libido versch. Abwehrmechanismen, von denen die V. der wichtigste ist. Durch sie werden Triebwünsche und mit ihnen zusammenhängende Vorstellungen, die im Konflikt mit anderen, z.B. Gewissensregungen des Über-Ichs, stehen, in das Unbewußte abgedrängt und dort fixiert. In einer ersten Phase, der Urverdrängung, vollzieht sich eine »Abhaltung vom Bewußtsein«, wobei die anstößigen Vorstellungen von der Wiederkehr im Gedächtnis ausgeschlossen werden. Zur patholog. oder eigentl. V. wird dieser Abwehrprozeß, wenn diese V. zum neurot. »Kristallisationskern« wird. Das Ich setzt der anstößigen Erregung (nach FREUD) »eine Gegenbesetzung entgegen, und diese tritt mit der Energie der verdrängten Regung zur Symptombildung zusammen oder wird als Reaktionsbildung, als Verstärkung bestimmter Dispositionen, als bleibende Veränderung ins Ich aufgenommen«. In der dritten Phase, der Wiederkehr des Verdrängten, erfolgt eine Abnahme der Gegenbesetzung, wenn aktuelle Ereignisse das verdrängte Material wachrufen. Die Symptome der Neurose sind dafür »Kompromißbildungen zwischen den verdrängten und den verdrängenden Vorstellungen«, die durch Verdichtungen und Verschiebungen wie im Traum die versagte Triebbefriedigung in entstellter Form wiedergeben.

**Verhaltenstherapie:** eine Gruppe von psychotherapeut. Verfahren, die sich auf die Lerntheorien (im Anschluß an I. P. PAWLOW) stützen. Zur Grundlage dienen die klass. Konditionierung, das operante Konditionieren, das Imitationslernen und die kognitive Lerntheorie. Grundmuster der V. ist das schrittweise Einüben eines Zielverhaltens. Die Einzelschritte bestehen i.a. aus einer konkreten Verhaltensanalyse, aus der Bestimmung der Lernabschnitte, aus der Durchführung eines Kleinschrittlernens, aus einem Belastungstraining des neuen Verhaltens, aus einem Selbstkontrollabschnitt und gelegentl. Boostersitzungen (Wiederholungsstunden nach Therapieende zur Auffrischung des Gelernten). Die zahlreichen Einzelverfahren lassen sich in fünf Hauptgruppen einteilen.
(1) Die Beseitigungsverfahren sollen Fehlverhalten auslöschen. Eines der Hauptverfahren ist die Systemat. Desensibilisierung (J. WOLPE) zum Abbau neurot. Angstreaktionen mit 3 Schritten: Training tiefer Muskelentspannung, Erstellung von Angstlisten, Gegenüberstellung von Entspannung und Reizen aus der Angstliste nach Reihenfolge des Schweregrades.
(2) Die Aneignungsverfahren richten sich zumeist nach dem operanten Konditionieren (B. F. SKINNER) und bauen erwünschtes Verhalten auf. Ein wichtiges Verfahren ist das Modellernen (A. BANDURA). Im »stellvertretenden Lernen« wird ein Vorbild systematisch nachgeahmt; entweder eine Person (z.B. ein Hilfstherapeut), ein Symbol (z.B. als Figur in einem Puppenspiel) oder »verdeckt«, d.h. in der Vorstellung nach einem verabredeten Modell.
(3) Die Konfrontationsverfahren bedienen sich des forcierten Kontaktes mit Angstauslösern für die zentralen oder peripheren Ängste bei psych. Störungen. Ein Hauptverfahren ist das Flooding (Reizüberflutung; J. MARKS). Man setzt dabei den Klienten direkt *(In-vivo-Flooding)* oder vorstellungsmäßig *(Flooding-in-Imagination)* intensiv dem Angstauslöser aus.
(4) Die Verfahren der kognitiven V. beziehen das kognitive Lernen in das Training ein. Ein Hauptverfahren ist die Rational-emotive Therapie (A. ELLIS). In einer Anfangsstufe werden irrationale Gedanken ermittelt (z.B. Übererwartungen an andere Menschen), danach wird dieses gesamte irrationale »belief-system« hinterfragt und nach der Aufstellung eines Zielzustandes diesem angenähert.
(5) Die allg. Trainingsverfahren sind i.d.R. Problemlösestrategien. Ein Hauptverfahren ist darin das Biofeedback-Training (T. BARBER), hauptsächlich gegen die Folgen von Streßauswirkungen eingesetzt. Der Zustand der Muskelentspannung wird apparativ abgegriffen und akustisch oder optisch rückgemeldet. Die rückgemeldete Muskelentspannung (im Extremfall sogar simulatorisch als Feed-

forward-Training) wird positiv verstärkt und die automat. Selbstberuhigung eingeübt.

**Wahrnehmung:** Sinnesleistungen des Hörens, Sehens, Schmeckens usw., die nicht nur Reizaufnahmen, sondern immer auch zentrale Reizverarbeitungen sind. Diese Kombination der Aufgaben führte zu einer Vielzahl von Wahrnehmungstheorien, die jeweils best. Schwerpunkte herausgreifen. Die sensualen Theorien stehen der Sinnesphysiologie am nächsten, für sie ist W. das Zusammenwirken vieler Einzelempfindungen bzw. ausgelesener Reizdetektionen. Die molaren Theorien stützen sich mehr auf das phänomenale Erleben und erkennen darin hauptsächlich die individuellen Gestaltauffassungen. Die peritalen Theorien tragen der Tatsache Rechnung, daß W. übbar und verbesserungsfähig sind. Deshalb betonen sie die Wahrnehmungserfahrung als aktive, auswählende, verstärkende Eigenleistung des Wahrnehmenden. Dies gilt bes. für den neueren Zweig der Wahrnehmungssemantik, die Prozesse der Sinnfindung in eigentlich sinnfreien Gebilden untersucht und damit ein sonst verdecktes Merkmal aller Wahrnehmungen hervorhebt. W. sind nach Spezifität (2 Fernsinne und 6 Nahsinne), Lokalisation (Ortung der Gegenstände nach Konstanzmerkmalen) und Transduktion (Mustererkennung) organisiert. Dadurch wird die Perzeption (bloße Reizaufnahme) über die Apperzeption (verstehende Wahrnehmung) bis zur Apprehension (individuell gedeutetes Umwelterleben) gesteigert. Die wichtigsten Wahrnehmungsgesetze sind der Kontrast (Verbesserung u.a. der Randbildung ggü. der Perzeption), die Wahrnehmungsschwellen (absolute, relative und Reaktionsschwellen), Figur und Grund (persönl. Heraushebung von Figuren und Abstufung alles anderen als Hintergrund), Konstanz (Beibehaltung von Merkmalen trotz Wandels der Sinnesbedingungen), Assimilation (Ausgleich von Helligkeits- und anderen Divergenzen) und Prägnanz (Bevorteilung von einfachen und geschlossenen Figuren).

**Wahrscheinlichkeit:** subjektive oder objektive Erwartungen zur Auftretenshäufigkeit von Ereignissen in der Gegenwart und Zukunft. Die einfachsten W.-Berechnungen erfolgen bei der Alternative von 2 Zuständen (Binomialverteilung). Um diesen Vorteil wahrzunehmen, werden Binomialverteilungen oft künstlich herbeigeführt (p-q-Verteilung). In den Phimus-Verteilungen (Würfelbecher) ist es eine endliche und überschaubare Zahl an Alternativen. Je zahlreicher und nach oben offener die Alternativmöglichkeiten werden, desto kompliziertere statist. Verfahren zur Vorausberechnung der zentralen W. (mittlerer W.-Wert) sind nötig. Zur Ermittlung von W. werden versch. Verfahren eingesetzt, von denen zwei Gruppen herauszuheben sind.
(1) Die Kombinatorik ermittelt in den Permutationen die Anzahl der Möglichkeiten, wie eine endl. Zahl an Elementen frei zueinander kombiniert werden kann. In der Kombination von Elementen wird erkundet, wieviele von ihnen minimal bis maximal für eine quantifizierbare Aufgabe benötigt werden.
(2) Für die Konfidenz von Zahlenwerten dient die W.-Berechnung als Prüfvergleich bei Schätzfunktionen. Im Arithmetischen Dreieck kann die aufsteigende, im Römischen Brunnen die absteigende Häufigkeit modelliert werden.
Die W.-Berechnung ist deshalb bes. bei der Abschätzung der Bereiche wichtig, innerhalb derer man sich auf Zahlenergebnisse so verlassen kann, daß sie nicht zufällig eingetreten sind, sondern ein tatsächl. Ursachenunterschied zugrunde liegt.

**Weltanschauung:** ein von KANT eingeführter Begriff, der damals (1790) »die persönl. Zusammenfassung der Unendlichkeit der Sinnenwelt« wiedergeben sollte und heute die persönl. oder überpersönl. »Metakognition« (J. H. FLAVELL) aller Einheiten von Überzeugungen umfaßt. In den Ursprüngen der Menschheit gab es lediglich Mythen, Sagen, Opferriten usw., d.h. kognitive und aktive Auseinandersetzungen mit übergeordneten, unbekannten Mächten, von denen man annahm, sie würden alle Ereignisse beeinflussen. Aus ihnen und myst. Philosophien erwuchsen die versch. Religionen und deren Abspaltungen. Mit dem Rückgang der Macht der Konfessionen traten an ihre Stelle philosoph., polit., volkstüml. Programmsysteme und Ideologien, die zur Zeit der Aufklärung einen neuen Oberbegriff nötig machten, der seither als »W.« diese Gesamtheit umgreift. Seit spätestens dem 20. Jh. wurden diese W. privatisiert, d.h. der einzelne formt seine W. aus zumeist von den Eltern überkommenen Rumpfanschauungen, denen er zusätzl. Teilanschauungen aus anderen Bezugsgruppen (z.T. auch konträr) oder aus anderen Quellen (u.a. den Massenmedien) angliedert. Seit einigen Jahrzehnten erkennt man die Macht dieser persönl. W. für die Individualentwicklung und darüber hinaus als konformisierte Anschauungen ihre Gefährlichkeit als Unterdrückungsinstrument durch politische und soziale »Bewegungen«. Die ps. Funktionen der W. stützen sich auf drei Bereiche der übergeordneten Handlungs- und Entscheidungsüberzeugung.
(1) W. haben die Aufgabe, die Entstehung und die unsichtbare Organisiertheit der Welt verständlich zu machen (Weltätiologie), persönl. Ausrichtungen zu schaffen (Interventionsdogmatik) und den geforderten Eingriffen Ziele zu setzen (Implikationsbestimmung).
(2) W. sind i.d.R. ein Konglomerat von grundsätzl. Gedanken, die sich je nach ihrer

Ausgestaltung in Wert- (welche Werte sind unabdingbar), Lebens- (Gedanken zum »richtigen« Leben) und Moralanschauungen (wofür man sich für verpflichtet hält) unterscheiden lassen.
(3) W. vermitteln oberste Leitziele für die latenten W.-Bedürfnisse, aus denen die Einzelmotive abgeleitet werden; die wichtigsten von ihnen sind: die Vorstellung der »wahren« Wirklichkeit; das Ideal der Selbstverwirklichung; die Rückhaltbildung durch die als vorbildhaft vorgestellte Gemeinschaft; die Gewißheit, für eine untadelige Zukunft einzustehen; die moral. Haltung und Handlungsausrichtung auf ein höchstes Prinzip, das zumeist als Gott vorgestellt wird.

**Zeichentheorie:** bereits im Altertum durch Aristoteles als »Formtheorie« begonnen, im Mittelalter durch Raimundus Lullus begründet, im 17. Jh. durch Gottfried Wilhelm von Leibniz und im 19. Jh. durch C. S. Peirce und durch Gottlob Frege als (mathematisierbare) »Begriffssprache« weiterentwickelt, ferner durch Ferdinand de Saussure (1916) zu einer allg. Theorie der Zeichen (Semiasiologie) ausgebaut, ist die Z. heute eine Grundtheorie der Vermittlung zwischen dem Gegenstand und seinem »Sinn« über das Medium des Zeichens oder Musters. In der Psychokybernetik wird diese Zeichenvermittlung auch für die Realbeziehung zwischen den materiellen neuronalen Trägerprozessen und der psych. Bedeutung über die Musterbildung (kodierte Trägerprozesse) erkannt. Die Z. besteht aus einer Theorie der Zeichenpositionen und einer Theorie ihrer Relationen (vgl. Abb. zu Kap. II/5, C).
(1) Für die Zentralposition Zeichen können jeweils im Realbezug auch die Begriffe Form oder Muster bzw. Kodierungen (chiffrierte Übermittlungstechniken, z.B. Amplituden- oder Frequenzmodulation) eingesetzt werden.
(2) Alle Zeichen benötigen eine Zeichengrundlage, z.B. als Gegenstand, den sie bezeichnen, oder als Trägerprozeß, z.B. das neuronale Geschehen, dessen Kodierung oder Musterbildung sie sind.
(3) Die Bedeutung ist der »Sinn« des Bezeichneten oder im Falle der psych. Bedeutung sowohl das Erleben, Verhalten wie das psych relevante Erscheinungsbild der Außenwelt.
(4) Zeichen oder Muster sind erst einsatzfähig, wenn sie aus einem Mustervorrat (z.B einer Sprache, einem wandlungsfähigen Frequenzband usw.) entnommen sind, d.h. wenn die Zeichenvariabilität bezüglich des Informationsverhaltens gesichert ist.
(5) Zeichen sind immer Vermittler, z.B. zwischen Menschen, zwischen Sender und Empfänger bzw. zwischen zwei Wechselwirkungspositionen. Dadurch konstituiert sich erst ihre Funktionalität (sonst wären Zeichengrundlage und Bedeutung untrennbar identisch).
(6) Die Theorie der Relationen beginnt mit der Sigmatik, die für die gegenständl. Beziehung der Zeichen und Muster zu ihrer (wechselbaren) Basis steht.
(7) Die Syntaktik klärt die Beziehung der Muster zum Mustervorrat, d.h. je größer der Vorrat, desto mehr ist ausdrückbar (der »mögliche« Informationsgehalt).
(8) Die Pragmatik wandelt dieses Beziehungsfeld konkret oder individuell ab, d.h. je nach der Leistungsfähigkeit der Sender und Empfänger.
(9) Die Semantik schließlich erörtert die »Freiheit« der Bedeutungen über kommunikative, informationelle, konventionelle (= Übereinkünfte) und destinationelle (= Endzwecke) Abwandlungen, denn Zeichen oder Muster können arbiträr (teilfrei) mit Bedeutungen »belegt« werden.

## Literaturverzeichnis

Die Literatur zur Psychologie ist uferlos. Die meisten Verzeichnisse sind deshalb Belegregister, sie fassen nur die im Text herangezogene Literatur zusammen. Ein solches Vorgehen würde hier aber auch den Rahmen sprengen. Wir beschränken uns deshalb auf *weiterführende* Literatur, nach den 22 Kapiteln unterteilt, mit kurzen Hinweisen auf die Literatursituation.


**Einführung**

D. Katz: Ps. Atlas – orbis pictus psychologicus. Bern: Schwabe 1945 *(vgl. das Vorwort im Bd. 1)*

*Als z. Zt. gängigste Einführung in die Gesamtpsychologie gilt (Studienausgabe):*

D. Krech, R. S. Crutchfield (Hg.): Grundlagen der Ps. Weinheim: PVU 1992

*Weitere Einführungen (alphabetisch):*

G. Anschütz: Ps. Hamburg: Meiner 1953

R. Brown, R. J. Herrnstein: Grundriß der Ps. Berlin: Springer 1984

M. Kuhn: Psychologie studieren? Weinheim: Ps. heute 1996

U. Laucken, A. Schick: Einf. in das Studium der Ps. Stuttgart: Klett $^{4}$1978

H. Legewie, W. Ehlers: Knaurs mod. Ps. München: Droemer-Knaur $^{2}$1979

G. Lüer (Hg.): Allgemeine Experimentelle Ps. Stuttgart: G. Fischer 1987

W. u. U. Schönpflug: Ps. Weinheim: PVU $^{2}$1989

H. Spada (Hg.): Lehrb. Allg. Ps. Bern: Huber 1990

D. Ulich: Einf. in die Ps. Stuttgart: Kohlhammer 1989

I. Wagner: Ps. Gütersloh: Lexikothek 1983

D. Wendt: Allg. Ps. Stuttgart: Kohlhammer 1989

P. G. Zimbardo: Ps. Berlin: Springer $^{5}$1992

*Der* Verlag für Psychologie, Dr. C. J. Hogrefe, Göttingen, *plant eine* Enzyklopädie der Ps. in 88 Bänden, *von denen einige bereits erschienen sind.*

*Der* Fischer-Taschenbuch-Verlag, Frankfurt *brachte 1990 ein* Ps.-Lesebuch (Hg.: H. Benesch, H. Cremerius, F. Dorsch, E. Mossau) *mit ps. Texten aus mehreren Jahrtausenden heraus.*

**1. Kap.: Terminologie**

*Die Zahl der Wörterbücher ist sehr umfangreich, so daß wir uns auf die gegenüber dem Fachwörter- (S. 12–29) und Begriffsverzeichnis (S. 447ff.) weiterführenden Lexika beschränken.*

K.-H. Ahlheim (Hg.): Meyers kleines Lexikon Ps. Mannheim: BI 1986

W. Arnold, H. J. Eysenck, R. Meili (Hg.): Lexikon der Ps. 3 Bde. Freiburg: Herder 1972

R. Asanger, G. Wenninger (Hg.): Hwb. der Ps. Weinheim: Beltz 1992 (Studienausg.)

H. Benesch: Enzyklopädisches Wb. Klin. Ps. und Psychotherapie. Weinheim: PVU-Beltz 1995

E. Bornemann: Lexikon der Sexualität. Herrsching: Pawlak 1984

R. Brunner, W. Zeltner: Lexikon der Pädagog. Ps. und Schulpädagogik. München: Reinhardt 1980

R. Brunner, u. a. (Hg.): Wb. der Individualps. München: Reinhardt 1985

G. Clauß (Hg.): Wb. der Ps. Leipzig: Bibliograph. Institut 1976

D. Cohen: Lexikon der Ps. München: Heyne 1995

R. J. Corsini (Hg.): Encyclopedia of Psychology. 4 Bde. New York: Wiley & Sons 1984

F. Dorsch (Hg.): Ps. Wb. Bern: Huber $^{12}$1994

H. C. J. Duijker, M. J. van Rijswijk: Dreispr. Ps. Wb. Assen: Vangorcum 1975

K. Eichmann, I. Mayer: Kursbuch Psychotherapie. München: Weixler 1985

W. D. Fröhlich: dtv-Wb. zur Ps. München: dtv $^{20}$1994

Th. Herrmann, P. Hofstätter, H. Huber, F. Weinert (Hg.): Hb. ps. Grundbegriffe. München: Kösel 1977

K. Immelmann: Wb. der Verhaltensforschung. München: Kindler 1975

L. Laplanche, J.-B. Pontalis: Das Vokabular der Psa. Frankfurt: Suhrkamp 1973

E. Lippert, R. Wackenhut (Hg.): Hwb. der Polit. Ps. Opladen: Westdt. Verlag 1983

H. Nagera (Hg.): Psychoanalyt. Grundbegriffe. Frankfurt: Fischer 1987

U. H. Peters: Wb. der Psychiatrie und med. Ps. München: Urban & Schwarzenberg $^{2}$1977

G. Rexilius, S. Grubitsch (Hg.): Hb. ps. Grundbegriffe. Reinbek: Rowohlt 1981

W. Schmidbauer: Ps.-Lexikon der Grundbegriffe. Reinbek: Rowohlt 1991

A. Schorr (Hg.): Hwb. der Angew. Ps. in Schlüsselbegriffen. Bonn: Dt. Psychologen Verlag 1993

F. B. Simon, H. Stierlin: Die Sprache der Familientherapie. Stuttgart: Klett-Cotta $^{2}$1992

K. v. Sury: Wb. der Ps. und ihrer Grenzgebiete. Olten: Walter $^{4}$1974

U. Tewes (Hg.): Lexikon der med. Ps. Stuttgart: Kohlhammer 1977

Thesaurus of psychological terms. Washington: APA $^{2}$1977

H. Zeiher: Wb. der Lerntheorie und der Verhaltenstherapie. München: Kindler 1976

**2. Kap.: Theoriegeschichte**

*Dieser Teil der Ps. ist unvollständig ausgearbeitet. Ein Gesamtüberblick steht noch aus.*

H. Albert, K. H. Stapf (Hg.): Theorie und Erfahrung. Stuttgart: Klett-Cotta 1979

Aristoteles: Von der Seele. Übersetzungen: Jena: Diederichs 1924; München: dtv 1987

F. Attneave: Informationstheorie in der Ps. Bern: Huber 1965
H. Balmer (Hg.): Gesch. der Ps. 2 Bde. Weinheim: Beltz 1982
H. Benesch: Hb. zur Prakt. Ps. Tübingen: Studienverlag ³1973
H. Benesch, F. Dorsch (Hg.): Berufsaufgaben und Praxis des Psychologen. München: Reinhardt 1984
Berufsverband Dt. Psychologen (Hg.): Das Praxishb. Bonn: Dt. Psychologen Verlag 1986
W. F. Bonin: Die großen Psychologen. Düsseldorf: Econ 1983
E. G. Boring: A History of Experimental Psychology. New York: Appleton ²1950
K. Bühler: Die Krise der Ps. Stuttgart: G. Fischer ²1965
R. M. Coan: Toward a Psychological Interpretation of Psychology. Journ. Hist. Behavior. Science, 9. 1973
M. Dessoir: Abriß einer Gesch. der Ps. Heidelberg: Winter 1911
F. Dorsch: Gesch. und Probleme der angewandten Ps. Bern: Huber 1963
P. Gottwald, Ch. Kraiker (Hg.): Zum Verhältnis von Theorie und Praxis in der Ps. Weinheim: Beltz 1976
H. Gundlach (Hg.): Arb. z. Ps.-Geschichte. Göttingen: Hogrefe 1994
W. Hehlmann: Gesch. der Ps. Stuttgart: Kröner 1963
W. Herzog: Modell und Theorie in der Ps. Göttingen: Hogrefe 1984
A. Iseler, M. Perrez (Hg.): Relevanz in der Ps. München: Reinhardt 1976
E. Kretschmer: Körperbau und Charakter. Berlin: Springer ²⁴1961
W. Leinfellner: Einf. in die Erkenntnis- und Wiss.theorie. Mannheim: BI ³1980
H. E. Lück, R. Miller, W. Rechtien: Gesch. der Ps. München: Urban & Schwarzenberg 1984
H. Misiak, U. S. Sexton: History of Psychology. New York: Grune & Stratton 1966
L. J. Pongratz: Problemgesch. der Ps. München: Francke ²1984
B. Révész: Gesch. des Seelenbegriffs und der Seelenlokalisation. Stuttgart: Enke 1917
A. A. Roback: Weltgeschichte der Ps. und Psychiatrie. Olten: Walter 1970
K. A. Schneewind (Hg.): Wissenschaftstheoret. Grundlagen der Ps. München: Reinhardt 1977
D. Schultz: A History of Modern Psychology. New York: Academic Press 1981
F. Seeger: Relevanz und Entwicklung der Ps. Darmstadt: Steinkopff 1977
H. Seiffert: Einf. in die Wiss.theorie. 3 Bde. München: Beck ¹¹1991, ⁹1991, ²1992
R. J. Watson: The History of Ps. and Behavioral Science. New York: Springer 1978
E. G. Wehner (Hg.): Geschichte der Ps. Darmstadt: Wiss. Buchges. 1990
M. Wertheimer: A Brief History of Ps. New York: Holt, Rinehart & Winston 1970

**3. Kap.: Methodik**

*Zur Einführung kann das Buch von* Bortz *herangezogen werden.*

J. Archer, L. I. A. Birke: Exploration. Wokingham: van Nostrand 1983
W. Arnold (Hg.): Ps. Praktikum. 2 Bde Stuttgart: G. Fischer ⁷1972
P. Atteslander: Methoden zur empir. Sozialforschung. Berlin: de Gruyter ²1971
H. Bartenwerfer, U. Raatz: Methoden der Ps. Wiesbaden: Akad. Verlagsges. 1979
U. Baumann: Ps. Taxometrie. Bern: Huber 1971
H. H. Bock: Automat. Klassifikation. Göttingen: Vandenhoeck & Ruprecht 1974
J. Bortz: Lehrb. der empir. Forschung. Berlin: Springer 1984
J. Bredenkamp, H. Feger (Hg.): Hypothesenprüfung. Göttingen: Hogrefe 1983
W. Bungard (Hg.): Die »gute« Versuchsperson denkt nicht. München: Urban & Schwarzenberg 1980
C. H. Coombs: A Theory of Data. New York: Wiley 1964
W. Deppe: Formale Modelle in der Ps. Stuttgart: Kohlhammer 1977
E. Dichter: Hb. der Kaufentscheidung. Düsseldorf: Econ 1964
A. L. Edwards: Versuchsplanung in der ps. Forschung. Weinheim: Beltz ²1973
H. Feger, J. Bredenkamp (Hg.): Enzyklopädie der Ps. Themenbereich B. Bände 2–5. Göttingen: Hogrefe 1983
J. Friedrichs, H. Lüdtke: Teilnehmende Beobachtung. Weinheim: Beltz ³1977
V. Gadenne: Theorie und Erfahrung in der ps. Forschung. Tübingen: Mohr 1984
G. Gallup, S. F. Rae: The Pulse of Democracy. New York: Simon & Schuster 1940
G. Gigerenzer: Messung und Modellbildung in der Ps. München: Reinhardt 1981
W. Hawel (Hg.): Datenverarbeitung in der Ps. Stuttgart: Kohlhammer 1975
Th. Herrmann: Die Ps. und ihre Forschungsprogramme. Göttingen: Hogrefe 1976
W. Herzog: Modell und Theorie in der Ps. Göttingen: Hogrefe 1984
K. Holzkamp: Theorie und Experiment in der Ps. Berlin: de Gruyter 1964
G. L. Huber, H. Mandl (Hg.): Verbale Daten. Weinheim: Beltz 1982
O. Huber: Das ps. Experiment. Bern: Huber 1987
G. Jüttemann (Hg.): Qualitative Forschung in der Ps. Heidelberg: Asanger ²1989
R. Kirchhoff: Gegenstandslose Theorie. In: G. Eberlein, R. Pieper (Hg.): Ps. – Wissenschaft ohne Gegenstand. Frankfurt: Campus 1976
J. Klapproth: Einf. in die ps. Methodik. Stuttgart: Kohlhammer 1975
R. König (Hg.): Hb. der empir. Sozialforschung. 14 Bde. Stuttgart: Enke ³1973
K. Krippendorff: Content Analysis. Beverly Hills: Sage 1980

W. Kühn: Einf. in die multidimensionale Skalierung. München: Reinhardt 1976
W. Maschewsky: Das Experiment in der Ps. Frankfurt: Campus 1977
P. Mayring: Qualitative Inhaltsanalyse. Weinheim: DSV 1990
E. Noelle-Neumann: Umfragen in der Massengesellschaft. Reinbek: Rowohlt 1963
B. Orth: Einf. in die Theorie des Messens. Stuttgart: Kohlhammer 1974
C. E. Osgood: Method and Theory in Experimental Psychology. London: Oxford Univ. Press $^{3}$1962
J. L. Patry (Hg.): Feldforschung. Bern: Huber 1981
E. Roth (Hg.): Sozialwiss. Methoden. München: Oldenburg 1984
G. Rudinger, F. Chaselon, E. J. Zimmermann, H. J. Henning: Qualitative Daten. München: Urban & Schwarzenberg 1985
H. Rust: Inhaltsanalyse. München: Urban & Schwarzenberg 1983
V. Sarris: Methodolog. Grundl. der Experimentalps. München: Reinhardt 1990
V. Sarris, A. Parducci (Hg.): Die Zukunft der experimentellen Ps. Weinheim: PVU 1987
T. Schulz, K.-P. Muthig, K. Koeppler: Theorie, Experiment und Versuchsplanung in der Ps. Stuttgart: Kohlhammer 1981
H. Selg, W. Bauer: Forschungsmethoden der Ps. Stuttgart: Kohlhammer 1971
F. Sixtl: Meßmethoden der Ps. Weinheim: Beltz 1967
H. Stachowiak: Allg. Modelltheorie. Berlin: Springer 1973
W. Stegmüller: Theoriedynamik. Berlin: Springer 1973
S. S. Stevens (Hg.): Handbook of Experimental Psychology. New York: Wiley & Sons $^{3}$1960
W. Traxel: Einf. in die Methodik der Ps. Bern: Huber 1964
A. van Ven: Einf. in die Skalierung. Bern: Huber 1980
H. Wottawa: Strategien und Modelle in der Ps. München: Urban & Schwarzenberg 1984

**4. Kap.: Statistik**

*Die umfangreiche statist. Literatur zeichnet sich durch sehr unterschiedliche themat. u. didakt. Vorgehensweisen aus, so daß immer mehrere Lehrbücher heranzuziehen sind. Zur Einführung empfiehlt sich* Clauß, Ebner.

G. Bamberg, F. Baur: Statistik. München: Oldenbourg $^{2}$1982
M. Bogun, C. Erben, R. Schulmeister: Einf. in die Statistik. 2 Bde. Weinheim: Beltz 1983
J. Bortz: Lehrb. der Statistik. Berlin: Springer 1979
K. Brücker-Steinkuhl: Die Analyse des Zufallsgeschehens. Wiesbaden: Akad. Verlagsges. 1980
G. Clauß, H. Ebner: Grundlagen der Statistik. Berlin (Ost): Volk und Wissen $^{7}$1983
R. A. Fisher: The Design of Experiments. Edinburgh: Oliver & Boyd $^{8}$1966
B. Flury, H. Riedwyl: Angew. multivariate Statistik. Stuttgart: G. Fischer 1983
H. Gaensslen, W. Schubö: Einfache und komplexe Analyse. München: Reinhardt $^{2}$1976
M. Hofer, U. Franzen: Theorie der angew. Statistik. Weinheim: Beltz 1975
H. P. Huber: Psychometr. Einzelfalldiagnostik. Weinheim: Beltz 1973
H. Kellerer: Statistik. Hamburg: Rowohlt 1960
E. Kreyszig: Statist. Verfahren und ihre Anwendung. Göttingen: Vandenhoeck & Ruprecht $^{5}$1975
H. Lohse, R. Ludwig, M. Röhr: Statist. Verfahren. Berlin (Ost): Volk und Wissen 1982
J. Neyman: First Course in Probability and Statistics. New York 1950
W. Oberhofer: Wahrscheinlichkeitstheorie. München: Oldenbourg 1979
F. Petermann, F.-J. Hehl: Einzelfallanalyse. München: Urban & Schwarzenberg 1979
D. Revenstorf: Faktorenanalyse. Stuttgart: Kohlhammer 1980
L. Sachs: Angew. Statistik. Berlin: Springer $^{4}$1974
D. Steinhausen, K. Langer: Clusteranalysen. Berlin: de Gruyter 1977
B. Strauß: Einzelfallstatist. Analysen tägl. Selbstanalysen. Bern: Lang 1986
H. Swoboda: Knaurs Buch der mod. Statistik. München: Droemer-Knaur 1974
U. Tränkle: Mathemat. und statist. Methoden für Studierende. Münster: Aschendorff 1991
K. Überla: Faktorenanalyse. Berlin: Springer $^{2}$1971
H. M. Walker: Mathematik für den statist. Grundkurs. Weinheim: Beltz 1971
T. Weber: Zeitreihenanalysen in der Betriebsps. Diss. Marburg 1990
J. Werner: Lineare Statistik. Weinheim: PVU 1997

**5. Kap.: Neuropsychologie**

*Die Neurops. (Untersuchung der Beziehungen zwischen Nervensystem und Psyche) und Psychophysiologie (Untersuchung der Beziehungen zwischen Gesamtkörper und Psyche) überlappen sich teilweise. Deshalb werden sie hier nicht getrennt. Zur Einführung:* Beaumont.

J. G. Beaumont: Einf. in die Neurops. Weinheim: Beltz 1987
D. Becker: Hirnstromanalysen affektiver Verläufe. Göttingen: Hogrefe 1972
Ch. Becker-Carus, Th. Heyden, G. Ziegler: Psychophysiolog. Methoden. Stuttgart: Enke 1979
W. Beier, K. Glass: Bionik. Leipzig: Urania 1968
H. Benesch: Der Ursprung des Geistes. Stuttgart: DVA 1977. München: dtv 1980
H. Benesch: Zwischen Leib und Seele.

Grundlagen der Psychokybernetik. Frankfurt: Fischer 1988
N. Birbaumer: Physiolog. Ps. Berlin: Springer 1975
N. Birbaumer: Neurops. der Angst. München: Urban & Schwarzenberg 1973
R. Bösel: Physiolog. Ps. Berlin: de Gruyter 1981
C. C. Brown: Methods in Psychophysiology. Baltimore: Williams & Wilkins 1967
A. Canavan, G. Sartory: Klin. Neurops. Stuttgart: Enke 1990
F. Curtius: Klin. Konstitutionslehre. Berlin: Springer 1954
L. Delius, J. Fahrenberg: Psychovegetative Syndrome. Stuttgart: Thieme 1966
K. J. Ehrhardt: Neurops. ›motivierten‹ Verhaltens. Stuttgart: Enke 1975
H. J. Eysenck: The Biological Basis of Personality. Springfield: Thomas 1967
J. Fahrenberg: Psychophysiolog. Persönlichkeitsforschung. Göttingen: Hogrefe 1967
R. Frowein, G. Harrer: Vegetativ-endokrine Diagnostik. München: Urban & Schwarzenberg 1957
M. S. Gazzaniga: Das erkennende Gehirn. Paderborn. Junfermann 1988
N. S. Greenfield, R. A. Sternbach (Hg.): Handbook of Psychophysiology. New York: Holt, Rinehart & Winston 1972
S. P. Grossman: Textbook of Physiological Psychology. New York: Wiley 1967
E. Grünthal: Psyche und Nervensystem. Berlin: Duncker & Humblot 1968
G. Guttmann: Lehrbuch der Neurops. Bern: Huber [3]1982
M. Haider (Hg.): Neurops. Bern: Huber 1971
N. Hennig (Hg.): Klin. Laboratoriumsdiagnostik. München: Urban & Schwarzenberg [3]1966
W. R. Hess: Ps. in biolog. Sicht. Stuttgart: Thieme [2]1968
J. N. Hingtgen, D. Hellhammer, G. Huppmann (Hg.): Advanced Methods in Psychobiology. Toronto: Hogrefe 1987
L. v. Karolyi: Anthropometrie. Stuttgart: G. Fischer 1971
H. Kuhlenbeck: Gehirn und Bewußtsein. Berlin: Duncker & Humblot 1973
O. Lanc: Psychophysiolog. Methoden. Stuttgart: Kohlhammer 1977
R. T. Louttit: Physiolog. Ps. Weinheim: Beltz 1971
A. R. Luria: The Working Brain. London: Penguin 1973
G. Meinecke: Das Problem des Bewußtseins. Berlin: Duncker & Humblot 1969
P. M. Milner: Psychophysiological Ps. London: Holt, Rinehart & Winston 1973
C. T. Morgan: Physiological Psychology. New York: McGraw-Hill [3]1965
M. Myrtek: Psychophysiolog. Konstitutionsforschung. Göttingen: Hogrefe 1980
E. Perret: Gehirn und Verhalten. Bern: Huber 1973
H. Rohracher: Die Arbeitsweise des Gehirns und die psych. Vorgänge. München: Barth [3]1953
R. Schandry: Psychophysiologie. München: Urban & Schwarzenberg 1981
V. B. Svečinskij: Probleme der Neurokybernetik und Neurobiologie. Stuttgart: G. Fischer 1971
T. v. Uexküll (Hg.): Psychosomat. Medizin. München: Urban & Schwarzenberg [3]1986
K. W. Walsh: Neuropsychology. Edinburgh: Churchill 1978
V. Weiss: Psychogenetik. Jena: G. Fischer 1982
D. E. Wooldridge: Mechanik der Gehirnvorgänge. München: Oldenbourg 1967

**6. Kap.: Wahrnehmungspsychologie**

*Die Wahrnehmungsps. steht zwar nicht mehr wie zu Beginn des Jahrhunderts im Mittelpunkt des Forschungsinteresses, die Zahl der Veröffentlichungen zwingt trotzdem zu einer engen Auswahl. Zur Einführung:* Krech, Crutchfield.

F. C. Bartlett: Denken und Begreifen. Köln: Kiepenheuer & Witsch 1952
H. W. Bexton, W. Heron, T. H. Scott: Effects of Decreased Variation in the Sensory Environment. Canad. Journ. of Psychol. 8, 1954
E. L. Brown, R. K. Deffenbacher: Perception and the Senses. New York: Oxford Univ. Press 1979
J. S. Bruner, L. Postman: Emotional Selectivity in Perception and Reaction. Journ. Pers. 16, 1947
E. Brunswik: Wahrnehmung und Gegenstandswelt. Leipzig: Deuticke 1929
S. Ertel, L. Kemmler, M. Stadler (Hg.): Gestalttheorie in der mod. Ps. Darmstadt: Steinkopff 1975
A. Flade, G. M. Murch: Wahrnehmung. Erlangen: FIM 1983
J. J. Gibson: Die Sinne und der Prozeß der Wahrnehmung. Bern: Huber 1973
J. J. Gibson: Wahrnehmung und Umwelt. Weinheim: Beltz 1982
D. M. Green, J. H. Sweets: Signal Detection Theory and Physics. New York: Wiley 1966
R. L. Gregory: Auge und Gehirn. Frankfurt: Fischer 1972
A. Hajos: Einf. in die Wahrnehmungsps. Darmstadt: Wiss. Buchges. 1980
R. Held, A. Hein: Movement-produced Stimulation in Development of Visual Guided Behavior. Journ. Comp. Physiol. Ps. 56, 1963
H. Helson: Adaptation Level Theory. New York: Harper 1964
K. Holzkamp: Sinnl. Erkenntnis. Frankfurt: Athenäum 1973
D. H. Hubel: Auge und Gehirn. Heidelberg: Spektrum 1989
H. Knipper: Das Grundgesetz der Farbenlehre. Köln: DuMont [2]1980

M. Merleau-Ponty: Phänomenologie der Wahrnehmung. Berlin: de Gruyter 1966
W. Metzger: Gesetze des Sehens. Frankfurt: Kramer [3]1975
W. Metzger (Hg.): Allg. Ps. 1. Halbbd. Wahrnehmung und Bewußtsein. Göttingen: Hogrefe 1966
L. J. u. M. Milne: Die Sinnenwelt der Tiere und Menschen. Berlin: Parey 1968
C. G. Mueller, M. Rudolph: Licht und Sehen. Reinbek: Rowohlt 1978
H. Mühlendyck, W. Rüssmann: Augenbewegung und visuelle Wahrnehmung. Stuttgart: Enke 1990
G. M. Murch, G. L. Woodworth: Wahrnehmung. Stuttgart: Kohlhammer 1978
I. E. Plattner: Zeitbewußtsein und Lebensgeschichte. Heidelberg: Asanger 1990
I. Rock: Wahrnehmung. Heidelberg: Spektrum der Wiss. 1985
B. Rosemann, M. Kerres: Interpers. Wahrnehmen und Verstehen. Bern: Huber 1986
V. Sarris: Wahrnehmung und Urteil. Göttingen: Hogrefe [2]1975
A. Schick, K. P. Walcher: Bedeutungslehre des Schalls. Bern: Lang 1984
W. Schüle (Hg.): Wahrnehmungsps. Frankfurt: Fachbuchhandlg. f. Ps. 1978
D. Schulte: Feldabhängigkeit in der Wahrnehmungsps. Meisenheim: Hain 1974
O. Selz: Wahrnehmungsaufbau und Denkprozeß. Bern: Huber 1991
H. Spada (Hg.): Lehrbuch Allg. Ps. Bern: Huber 1990
S. Stevens, F. Warshofsky: Schall und Gehör. Reinbek: Rowohlt 1980
E. C. Tolman: Purposive Behavior in Animals and Men. New York: 1932
M. Velden: Die Signalentdeckungstheorie in der Ps. Stuttgart: Kohlhammer 1982
M. D. Vernon: Perception through Experience. London: Methuen 1970
R. Wendorf (Hg.): Im Netz der Zeit. Stuttgart: Hirzel 1989
W. Wittling: Einf. in die Ps. der Wahrnehmung. Hamburg: HoCa 1976

**7. Kap.: Gedächtnispsychologie**

*Als Einführung:* Jüttner.

A. E. Adams: Informationstheorie und Psychopathologie des Gedächtnisses. Berlin: Springer 1971
J. Adams: Human Memory. New York: McGraw-Hill 1967
A. W. Baddeley: Die Ps. des Gedächtnisses. Stuttgart: Klett-Cotta 1979
J. Bredenkamp, W. Wippich: Lern- und Gedächtnisps. Stuttgart: Kohlhammer 1977
H. Ebbinghaus: Über das Gedächtnis. Leipzig: Duncker & Humblot 1885
J. Engelkamp: Das menschl. Gedächtnis. Göttingen: Hogrefe [2]1991
H.-J. Flechtner: Das Gedächtnis. Stuttgart: Hirzel 1979
K. Foppa: Lernen, Gedächtnis, Verhalten. Köln: Kiepenheuer & Witsch [4]1968
C. Jüttner: Gedächtnis. München: Reinhardt 1979
L. F. Katzenberger: Gedächtnis oder Gedächtnisse. München: Ehrenwirth 1967
W. Kintsch: Gedächtnis und Kognition. Berlin: Springer 1982
F. Klix, A. Sydow (Hg.): Zur Ps. des Gedächtnisses. Berlin (Ost): Dt. Verlag der Wiss. 1977
H. J. Markowitsch: Neurops. des Gedächtnisses. Göttingen: Hogrefe 1992
A. Mayrink: Gedächtnissuchprozesse. Weinheim: PVU 1992
C. Monden-Engelhardt: Attributionserinnerungen und Selbstbeurteilungen in der Persönlichkeitsdiagnostik. Frankfurt: Fachbuchh. für Ps. 1986
D. A. Norman (Hg.): Models of Human Memory. New York: Academic Press 1970
K. Pribram, D. E. Broadbent (Hg.): Biology of Memory. New York: Academic Press 1970
H. M. Rahmann: Das Gedächtnis. München: Bergmann 1988
D. Rapaport: Gefühl und Erinnerung. Stuttgart: Klett-Cotta 1977
R. Sinz: Gehirn und Gedächtnis. Berlin (Ost): Verlag Volk und Gesundheit 1978
E. Tulving, W. Donaldson (Hg.): Organization of Memory. N. Y.: Acad. Press 1972
E. Tulving: Element of Episodic Memory. Oxford: Clarenton Press 1985
K. S. Wender u.a.: Modelle menschl. Gedächtnisses. Stuttgart: Kohlhammer 1980
F. Wulf: Gedächtnis und Gestalt. Zs. Ps. Forschg. 1, 1922
F. A. Yates: Gedächtnis und Erinnern. Weinheim: VCH [2]1991

**8. Kap.: Lernpsychologie**

*Wichtig sind auch histor. Werke* (Pawlow, Thorndike, Skinner, Köhler). *Zur Einführung:* Bergius.

H. Aebli: Zwölf Grundformen des Lehrens. Stuttgart: Klett-Cotta 1983
S. Alberti: Verhaltenstherapie, Lernps. Bern: Huber 1975
W. F. Angermeier, M. Peters: Bedingte Reaktionen. Berlin: Springer 1973
D. P. Ausubel, J. D. Novak, H. Hanesian: Ps. des Unterrichts. Weinheim: Beltz [2]1980
A. J. Ayres: Lernstörungen. Berlin: Springer 1979
A. Bandura: Lernen am Modell. Stuttgart: Klett-Cotta 1976
A. Bandura: Sozialkognitive Lerntheorie. Stuttgart: Klett-Cotta 1979
R. Bergius: Ps. des Lernens. Stuttgart: Kohlhammer 1971
V. Brandner: Dynamik und Ineinanderwirken von Einstellungen. Zs. f. exp. u. ang. Ps. 7, 1960
C. H. Coombs, R. M. Dawes, A. Tversky: Math. Ps. Weinheim: Beltz 1975
G. Dietrich: Pädagog. Ps. Bad Heilbrunn: Klinkhardt 1984

E. Fürntratt: Motivation schul. Lernens. Weinheim: Beltz 1976
N. L. Gage, D. C. Berliner: Pädagog. Ps. München: Ps. Verlags Union $^4$1986
R. M. Gagné: Die Bedingungen menschl. Lernens. Hannover: Schrödel 1969
E. R. Hilgard, G. H. Bower: Theorien des Lernens. Stuttgart: Klett-Cotta $^3$1983
E. Höhn: Der schlechte Schüler. München: Piper 1980
St. H. Hulse, H. Egeth, J. Deese: The Psychology of Learning. New York: McGraw-Hill $^5$1980
W. Köhler: Intelligenzprüfungen an Anthropoiden. Berlin: Springer 1921
D. Krech, R. S. Crutchfield (Hg.): Grundlagen der Ps. Lern- und Gedächtnisps. Weinheim: PVU 1992
G. R. Lefrancois: Ps. des Lernens. Berlin: Springer 1982
J. Lyons (Hg.): Neue Perspektiven der Linguistik. Reinbek: Rowohlt 1974
W. Metzig, M. Schuster: Lernen zu lernen. Berlin: Springer 1982
G. Mietzel: Pädagog. Ps. Göttingen: Hogrefe 1973
H. Neber (Hg.): Entdeckendes Lernen. Weinheim: Beltz 1973
C. E. Noble: An Analysis of Meaning. Psychol. Rev. 59, 1952
I. P. Pawlow: Sämtl. Werke. Berlin (Ost): Akademie Verlag 1953
B. F. Skinner: Die Funktion der Verstärkung in der Verhaltenswiss. München: Kindler 1974
B. F. Skinner: Futurum zwei. Reinbek: Rowohlt 1972
E. L. Thorndike: Fundamentals of Learning. New York: AMS Press $^2$1971
R. M. W. Travers: Grundlagen des Lernens. München: Oldenbourg 1975
B. Weidenmann, A. Krapp (Hg.): Pädagog. Ps. München: Ps. Verlags Union 1986
H. Zeiher (Hg.): Lernen und Verhalten. 2 Bde. Weinheim: Beltz 1984
W. Zielinski: Lernschwierigkeiten. Stuttgart: Kohlhammer 1980

**9. Kap.: Aktivationsforschung**

*Dieser Bereich faßt einige vorher isolierte Gebiete der Ps. thematisch zusammen. Deshalb sind hier sowohl Handlungs- wie Aufmerksamkeits-, Erregungs- und Konflikttheorien vertreten. Zur Einführung:* Berlyne.

L.-M. Alisch, L. Rössner: Grundlagen einer generellen Verhaltenstheorie. München: Reinhardt 1977
J. W. Atkinson, D. Birch: The Dynamics of Action. New York: Wiley 1970
Attention and Performance. 11 Bde. Hilsdale: Erlbaum 1971–84
D. E. Berlyne: Konflikt, Erregung, Neugier. Stuttgart: Klett 1970
D. N. Bruckner, J. J. McGrath (Hg.): Vigilance. A Symposium. New York: McGraw-Hill 1963
C. S. Carver, M. F. Scheier: Attention and Selfregulation. New York: Springer 1981
E. Duffy: Activation and Behavior. New York: Wiley 1962
K. H. Erdmann (Hg.): Perspektiven menschl. Handelns. Berlin: Springer 1992
J. Fahrenberg, F. Foerster, H. J. Schneider, W. Müller, M. Myrtek: Aktivierungsforschung im Labor-Feldvergleich. München: Minerva 1984
H. Feger: Konflikterleben und Konfliktverhalten. Bern: Huber 1978
P. A. Fiedler, G. Hörmann (Hg.): Aktionsforschung in Ps. und Pädagogik. Darmstadt: Steinkopff 1978
N. Groeben: Handeln, Tun, Verhalten. Tübingen: Francke 1986
O. W. Haseloff (Hg.): Struktur und Dynamik des menschl. Verhaltens. Stuttgart: Kohlhammer 1971
H. Heckhausen: Motivation und Handeln. Berlin: Springer 1980
K. Horn (Hg.): Aktionsforschung. Frankfurt: Syndikat 1979
G. Kaminski: Verhaltenstheorie und Verhaltensmodifikation. Stuttgart: Klett 1970
F. Klix: Information und Verhalten. Bern: Huber $^3$1976
J. Kuhl: Motivation, Konflikt und Handlungskontrolle. Berlin: Springer 1983
U. Laucken: Naive Verhaltenstheorie. Stuttgart: Klett 1974
T. Leithäuser: Formen des Alltagsbewußtseins. Frankfurt: Fachbuchhandlung für Ps. 1976
H. Lenk (Hg.): Handlungstheorien – interdisziplinär. München: Fink 1984
A. N. Leontjew: Tätigkeit, Bewußtsein, Persönlichkeit. Berlin (Ost): Volk und Wissen 1979
E. H. Lück: Prosoziales Verhalten. Köln: Kiepenheuer & Witsch 1975
G. A. Miller, E. Galanter, K. H. Pribram: Strategien des Handelns. Stuttgart: Klett 1973
H. Moser: Praxis der Aktionsforschung. München: Kösel 1977
R. Oesterreich: Handlungsregulation und Kontrolle. München: Urban & Schwarzenberg 1981
K. Pawlik: Dimensionen des Verhaltens. Bern: Huber $^3$1976
W. Schönpflug (Hg.): Methoden der Aktivierungsforschung. Bern: Huber 1969
A. Schütz: Theorie der Lebensformen. Frankfurt: Suhrkamp 1971
M. E. P. Seligman: Gelernte Hilflosigkeit. München: Urban & Schwarzenberg 1980
N. Senner: Streßbezogene Tätigkeitsanalyse. Weinheim: Beltz 1984
T. Tomaszewski: Tätigkeit und Bewußtsein. Weinheim: Beltz 1978
W. Volpert: Handlungsstrukturanalyse. Köln: Pahl-Rugenstein 1974
W. Volpert (Hg.): Beiträge zur Handlungstheorie. Bern: Huber 1980

B. Weiner: Die Wirkung von Erfolg und Mißerfolg auf die Leistung. Bern: Huber 1975
H. Werbik: Handlungstheorien. Stuttgart: Kohlhammer 1978

**10. Kap.: Kognitionspsychologie**

*Die Ausweitung der Denkps. zur Kognitionsps. hat die Thematik verbreitert. Die Folge ist eine Überlappung versch. Kognitionsthemen mit anderen Gebieten, z. B. mit den Entscheidungstheorien. Dadurch wird die Kognitionsps. unübersichtlicher als die alte Denkps. Zur Einführung:* Posner.

H. Aebli: Denken als Ordnen des Tuns. 2 Bde. Stuttgart: Klett-Cotta 1980/82
R. Arbinger: Entwicklung und Veränderung kognitiver Strukturen. Ffm.: Lang 1980
F. Attneave: Informationstheorie in der Ps. Bern: Huber ²1969
J. Beckmann: Kognitive Dissonanz. Berlin: Springer 1984
D. Betz: Psychophysiologie kognitiver Prozesse. München: Reinhardt 1974
N. Chomsky: Aspekte der Syntaxtheorie. Frankfurt: Suhrkamp 1969
D. Dörner, H. W. Kreuzig, F. Reither, T. Ständel (Hg.): Lohhausen: Vom Umgang mit Unbestimmtheit und Komplexität. Bern: Huber 1983
R. Downs, D. Stea: Kognitive Karten: New York: Harper & Row 1982
K. Duncker: Zur Ps. produktiven Denkens. Berlin: Springer 1935
J. H. Flavell: Kognitive Entwicklung. Stuttgart: Klett-Cotta 1979
K. Fiedler: Urteilsbildung als kognitiver Vorgang. München: Minerva 1980
C. E. Gregory: Die Organisation des Denkens. Freiburg: Herder 1974
W. Hacker, W. Volpert, M. v. Cranach (Hg.): Kognitive und motivationale Aspekte der Handlung. Bern: Huber 1982
W. Hussy: Denkps. Stuttgart: Kohlhammer 1984
A. O. Jäger: Dimensionen der Intelligenz. Göttingen: Hogrefe ²1970
J. L. Janis, L. Mann: Decision Making. New York: Free Press 1977
L. F. Jarvik, C. Eisdorfer, J. E. Blum (Hg.): Intellectual Functioning in Adults. New York: Springer 1973
R. C. Jeffrey: Logik der Entscheidungen. München: Oldenbourg 1967
M. A. Just, P. A. Carpenter (Hg.): Cognitive Processes in Comprehension. Hillsdale: Erlbaum 1977
R. Kluwe, H. Spada (Hg.): Studien zur Denkentwicklung. Bern: Huber 1980
W. Lee: Entscheidungstheorie. Weinheim: Beltz 1977
H. Leisegang: Denkformen. Berlin: de Gruyter ²1951
R. D. Luce, H. Raiffa: Games and Decision. New York: Wiley 1957
H. D. Lüke: Signalübertragung. Berlin: Springer 1990
H. Mandl, G. L. Huber (Hg.): Kognitive Komplexität. Göttingen: Hogrefe 1978
R. E. Mayer: Denken und Problemlösen. Berlin: Springer 1979
R. Meili: Struktur der Intelligenz. Bern: Huber 1981
L. Montada, K. Reusser, G. Steiner (Hg.): Kognition und Handeln. Stuttgart: Klett-Cotta 1983
G. Mühle, C. Schell (Hg.): Kreativität und Schule. München: Piper 1970
U. Neisser: Kognitive Ps. Stuttgart: Klett 1974
A. Newell, H. A. Simon: Human Problem Solving. Englewood Cliffs: Prentice-Hall 1972
D. Norman, D. E. Rumelhart: Explorations in Cognition. San Francisco: Freeman 1975
R. Oerter: Psychologie des Denkens. Donauwörth: Auer ⁴1974
J. Piaget: Die Äquilibration der kognitiven Strukturen. Stuttgart: Klett-Cotta 1976
M. J. Posner: Kognitive Ps. München: Juventa 1976
J. Rattner: Ps. des Vorurteils. Zürich: Classen 1971
G. Strube (Hg.): Wb. d. Kognitionswiss. Stuttgart: Klett-Cotta 1996
G. Ulmann (Hg.): Kreativitätsforschung. Köln: Kiepenheuer & Witsch 1973
F. E. Weinert, R. H. Kluwe (Hg.): Metakognition. Stuttgart: Kohlhammer 1984
M. Wertheimer: Produktives Denken. Frankfurt: Kramer 1957
M. G. Wessells: Kognitive Ps. München: Reinhardt ²1990
H. Wimmer, J. Perner: Kognitionsps. Stuttgart: Kohlhammer 1979

**11. Kap.: Kommunikationspsychologie**

*Kommunikation und Interaktion sind Grundthemen der Ps. als Sozialwiss. In den letzten Jahrzehnten wurden sie deshalb intensiv bearbeitet. Wir beschränken uns hier auf die theoret. Literatur. Zur Einführung:* Watzlawick, Beavin, Jackson.

M. Argyle: Soziale Interaktion. Köln: Kiepenheuer & Witsch 1972
M. Argyle, P. Trower: Signale von Mensch zu Mensch. Weinheim: Beltz 1981
J. L. Austin: Zur Theorie der Sprechakte. Stuttgart: Reclam 1972
R. F. Bales: Die Interaktionsanalyse. In: R. König (Hg.): Hb. der empir. Sozialforschung. Stuttgart: Enke ³1973
J. W. Brehm: Theory of Psychological Reactance. New York: Academic Press 1966
D. Byrne: The Attraction Paradigma. New York: Academic Press 1971
C. Cherry: Kommunikationsforschung. Frankfurt: Fischer 1967
H. Crott: Soziale Interaktion und Gruppenprozesse. Stuttgart: Kohlhammer 1979
N. Dittmar: Soziolinguistik. Königstein: Athenäum ⁴1980

E. Goffman: Encounters. Indiana: Bobs-Merill 1961
H. Grimm, J. Engelkamp: Sprachps. Berlin: Schmidt 1981
Th. Herrmann: Allg. Sprachps. München: Urban & Schwarzenberg 1985
G. C. Homans: Elementarformen sozialen Handelns. Köln: Westdt. Verlag 1968
H. Hörmann: Einf. in die Psycholinguistik. Darmstadt: Wiss. Buchges. 1981
E. D. Lantermann: Interaktionen. München: Urban & Schwarzenberg 1980
K. Lewin: Grundzüge einer topolog. Ps. Bern: Huber 1969
J. Luft, H. Ingham: Human Relations Training News. Washington: Nat. Education Ass. 1961
G. H. Mead: Geist, Identität und Gesellschaft. Frankfurt: Suhrkamp 1968
G. Maletzke: Ps. der Massenkommunikation. Hamburg: Hans Bredow Institut 1963
S. Maser: Grundlagen der allg. Kommunikationstheorie. Stuttgart: Kohlhammer 1971
G. Meggle: Grundbegriffe der Kommunikation. Berlin: de Gruyter 1981
H. Merkens, H. Seiler: Interaktionsanalyse. Stuttgart: Kohlhammer 1978
G. Mikula (Hg.): Gerechtigkeit und soziale Interaktion. Bern: Huber 1980
S. Milgram: Das Milgram-Experiment. Reinbek: Rowohlt 1974
U. Piontkowski: Ps. der Interaktion. München: Juventa 1976
K. R. Scherer, G. H. Walbott (Hg.): Nonverbale Kommunikation. Weinheim: Beltz 1979
W. Schramm (Hg.): Grundfragen der Kommunikationsforschung. München: Juventa 1964
H. M. Schroder, M. J. Driver, S. Streufert: Human Information Processing. New York: Holt, Rinehart & Winston 1967
H. Schultze (Hg.): Kommunikation. Frankfurt: Umschau 1973
N. Semmer, M. Pfäfflin: Interaktionstraining. Weinheim: Beltz 1978
J. W. Thibaut, H. H. Kelley: The Social Psychology of Groups. New York: Wiley 1959
D. Vieweger (Hg.): Grundfragen einer Theorie der sprachl. Tätigkeit. Berlin (Ost): Akademie Verlag 1984
M. Waller: Soziales Lernen und Interaktionskompetenz. Stuttgart: Klett-Cotta 1978
P. Watzlawick, J. H. Beavin, D. D. Jackson: Menschl. Kommunikation. Bern: Huber [5]1980
P. Watzlawick, J. H. Weakland (Hg.): Interaktion. Bern: Huber 1980
St. G. West, R. A. Wicklund: Einf. in sozialps. Denken. Weinheim: Beltz 1984

**12. Kap.: Emotionspsychologie**

*Die Emotionen haben als wiss. Thema in den letzten Jahren an Bedeutung gewonnen. Das spiegelt sich an der reichhaltigen Literatur. Zur Einführung:* Euler, Mandl.

M. B. Arnold: Emotion and Personality. New York: Columbia Press 1980
P. Becker: Studien zur Ps. der Angst. Weinheim: Beltz 1980
D. Bindra: Organization in emotional and motivated Behavior. Canad. Journ. Ps. 9, 1955
R. Bösel: Biops. der Emotionen. Berlin: de Gruyter 1986
E. H. Bottenberg: Emotionsps. München: Goldmann 1972
J. Bowlby: Das Glück und die Trauer. Stuttgart: Klett-Cotta 1982
C. Burt: The Factorial Study of Emotions. In: Reymert (s. u.)
D. K. Candland, J. P. Fell, E. Keen, A. I. Leshner, R. M. Tarpy, R. Plutchik: Emotion. Monterey: Brooks & Cole 1972
M. Clynes: Sentics: The Touch of Emotion. New York: Anchor Press 1977
L. Eckensberger, E. D. Lantermann (Hg.): Emotion und Reflexivität. München: PVU 1985
G. Erdmann: Zur Beeinflußbarkeit emotionaler Prozesse durch vegetative Variationen. Weinheim: Beltz 1983
H. A. Euler, H. Mandl (Hg.): Emotionsps. München: Urban & Schwarzenberg 1983
H. M. Gardiner, R. C. Metcalf, J. G. Beebe-Center: Feeling and Emotion. Westport: Greenwood Press 1970
D. Goleman: Emotionale Intelligenz. München: Hanser 1996
J. A. Gray: The Neuropsychology of Anxiety. Oxford: Clarendon 1982
A. Heller: Theorie der Gefühle. Hamburg: VSA-Verlag 1981
R. Hilke, W. Kempf (Hg.): Aggression. Bern: Huber 1982
J. A. R. A. M. van Hooff: A Comparative Approach to the Phylogeny of Laughter and Smiling. In: R. A. Hinde (Hg.): Non-verbal Communication. Cambridge: Univ. Press 1972
G. E. Izard: Die Emotionen des Menschen. Weinheim: Beltz 1981
W. James: Principles of Psychology. New York: Holt, Rinehart & Winston 1890
G. Kahle (Hg.): Logik des Herzens. Frankfurt: Suhrkamp 1981
T. D. Kemper: A Social Interactional Theory of Emotions. New York: Wiley 1978
F. Krueger: Das Wesen der Gefühle. Leipzig: Akadem. Verlagsges. 1928
L. Levi (Hg.): Emotions. New York: Raven Press 1975
B. D. Lewin: Das Hochgefühl. Frankfurt: Suhrkamp 1982
M. Lewis, L. A. Rosenblum (Hg.): The Development of Affect. New York: Plenum Press 1978
H. Mandl, G. L. Huber (Hg.): Emotion und Kognition. München: Urban & Schwarzenberg 1983

G. Mandler: Denken und Fühlen. Paderborn: Junfermann 1979
K. Obuchowski: Orientierung und Emotion. Köln: Pahl-Rugenstein 1982
R. Plutchik: The Emotions. New York: Random House 1962
R. Plutchik, H. Kellerman (Hg.) Emotions: Theory, Research, and Experience. New York: Academic Press 1983
M. L. Reymert (Hg.): Feelings and Emotions. Worcester: Clark Univ. Press 1928
W. Rost: Emotionen. Berlin: Springer 1990
K. R. Scherer (Hg.): Facets of Emotion. Hilsdale: Erlbaum 1988
H. Schlosberg: Three Dimensions of Emotion. Ps. Rev. 61, 1954
L. Schmidt-Atzert: Emotionsps. Stuttgart: Kohlhammer 1981
R. Schwarzer: Streß, Angst und Hilflosigkeit. Stuttgart: Kohlhammer 1981
E. R. Siqueland, L. P. Lipsitt: Conditioned Headturning in Human Newborns. Journ. Exp. Child Ps. 3, 1966
C. Spielberger: Streß und Angst. Weinheim: Beltz 1980
G. Stemmler: Psychophysiolog. Emotionsmuster. Frankfurt: Lang 1984
H. Thomae (Hg.): Motivation und Emotion. Göttingen: Hogrefe 1983
D. Ulich: Das Gefühl. München: Urban & Schwarzenberg [2]1989
L. Wigotski: Ausgew. Schriften 2. Bd. Berlin: Volk u. Wissen 1985
W. Wundt: Grundzüge der physiolog. Ps. 2 Bde. Leipzig: Engelmann [6]1910

**13. Kap.: Persönlichkeitspsychologie**

*Die Literatur bezieht sich hauptsächlich auf die Untergebiete: differentielle Theorien, Persönlichkeitsforschung, Vergleichsanalytik, Persönlichkeitskonstrukte, Personenwertung, Körperausdruck. Zur Einführung:* Herrmann, Lantermann, Schneewind.

G. W. Allport: Persönlichkeit. Meisenheim: Hain [2]1959
G. W. Allport: Werden der Persönlichkeit. Frankfurt: Fischer 1983
M. Amelang, H.-J. Ahrens (Hg.): Brennpunkte der Persönlichkeitsforschung. 1. Bd. Göttingen: Hogrefe 1984
M. Amelang, D. Bartussek: Differentielle Ps. und Persönlichkeitsforschung. Stuttgart: Kohlhammer [2]1985
A. Angleitner: Einf. in die Persönlichkeitsps. 2 Bde. Bern: Huber 1980
R. Becker-Schmidt: Frauenforschung. In: R. Asanger, G. Wenninger (Hg.): Handwb. Ps. Weinheim: PVU [4]1992
R. C. Bolles: Theory of Motivation. New York: Harper & Row 1975
J. D. Brown u.a.: Nebraska Symposium on Motivation. Lincoln: Univ. of Nebraska Press 1952–68
R. B. Cattell: Personality and Learning. 2 Bde. New York: Springer 1979/80
C. N. Cofer, M. H. Appley: Motivation. Theory and Research. New York: Wiley 1964
M. v. Cranach, U. Kalbermatten, K. Indermühlen, B. Engler: Zielgerichtetes Handeln. Bern: Huber 1980
W. F. Debler: Attributionsforschung. Salzburg: AVM 1984
E. L. Deci: Intrinsic Motivation. New York: Plenum Press 1975
A. Degenhardt, H. M. Trautner (Hg.): Geschlechtstyp. Verhalten. München: Beck 1979
J. M. Deusinger: Interpersonale Beurteilung. Göttingen: Hogrefe 1980
P. Eckmann: Gesichtsausdruck und Gefühl. Paderborn: Junfermann 1988
N. S. Endler, D. Magnusson (Hg.): Interactional Psychology and Personality. Washington: Hemisphere 1975
J. Fast: Körpersprache. Reinbek: Rowohlt 1983
H.-J. Fisseni: Persönlichkeitsbeurteilung. Göttingen: Hogrefe 1982
W. Gutjahr: Die Messung psych. Eigenschaften. Köln: Kiepenheuer & Witsch 1977
H. Heckhausen: Motivation und Handeln. Berlin: Springer 1980
Th. Herrmann: Lehrb. der empir. Persönlichkeitsforschung. Göttingen: Hogrefe [2]1972
Th. Herrmann, E.-D. Lantermann (Hg.): Persönlichkeitsps. München: Urban & Schwarzenberg 1985
H.-W. Hoefert: Person und Situation. Göttingen: Hogrefe 1982
P. R. Hofstätter: Persönlichkeitsforschung. Stuttgart: Kröner [2]1977
A. R. Kaplan (Hg.): Human Behavior Genetics. Springfield: Thomas 1976
J. A. Keller: Grundlagen der Motivation. München: Urban & Schwarzenberg 1981
G. A. Kelly: A Theory of Personality. New York: Norton 1963
R. Kirchhoff: Allg. Ausdruckslehre. Göttingen: Hogrefe 1957
G. Krampen: Differentialps. der Kontrollüberzeugungen. Göttingen: Hogrefe 1982
Ph. Lersch: Aufbau der Person. München: Barth [8]1962
A. H. Maslow: Motivation and Personality. New York: Harper & Row [2]1970
F. Merz: Geschlechtsunterschiede und ihre Entwicklung. Göttingen: Hogrefe 1979
W. Mischel: Introduction to Personality. New York: CBS [4]1986
K. Pawlik (Hg.): Multivariate Persönlichkeitsforschung. Bern: Huber 1982
L. A. Pervin: Persönlichkeitstheorien. München: Reinhardt 1987
F. Petermann: Ps. des Vertrauens. Salzburg: Müller 1985
M. Rokeach: The Nature of Human Values. New York: Free Press 1973
E. Roth: Persönlichkeitsps. Stuttgart: Kohlhammer [2]1970
J. B. Rotter, D. J. Hochreich: Persönlichkeit. Berlin: Springer 1979

M. Sader (Hg.): Ps. der Persönlichkeit. Weinheim: Juventa 1996
L. R. Schmidt: Objektive Persönlichkeitsmessung. Weinheim: Beltz 1975
K. A. Schneewind: Persönlichkeitstheorien. Darmstadt: Primus 1992
K. Schneider, H.-D. Schmalt: Motivation. Stuttgart: Kohlhammer 1981
E. J. Sullerot: Die Wirklichkeit der Frau. München: Steinhausen 1979
H. Thomae: Persönlichkeit. Bonn: Bouvier 1951
H. Thomae (Hg.): Theorien und Formen der Motivation. Göttingen: Hogrefe 1983
E. Todt: Motivation. Heidelberg: Quelle & Meyer 1977
W. Toman: Motivation, Persönlichkeit, Umwelt. Göttingen: Hogrefe 1968
D. Ulich: Konflikte und Persönlichkeit. München: Oldenbourg 1971
M. Vorwerg (Hg.): Zur psycholog. Persönlichkeitsforschung. Berlin (Ost): Dt. Verlag der Wiss. 1980
B. Weiner: Motivationsps. Weinheim: PVU ²1988

**14. Kap.: Entwicklungspsychologie**

*Zur Einführung:* Krech, Crutchfield.

H. Aebli: Über die geistige Entwicklung des Kindes. Stuttgart: Klett ³1971
L. R. Allman, D. T. Jaffe (Hg.): Readings in Adult Psychology. New York: Harper & Row 1977
H. Allmer: Entwicklung aus handlungstheoret. Sicht. Göttingen: Hogrefe 1987
H. Andriessen: Psychologie des Erwachsenenalters. Köln: Bachem 1972
D. P. Ausubel, E. V. Sullivan: Das Kindesalter. München: Juventa 1974
A. J. Ayres: Bausteine der kindlichen Entwicklung. Berlin: Springer 1979
P. E. Baltes (Hg.): Entwicklungsps. der Lebensspanne. Stuttgart: Klett-Cotta 1979
J. E. Birren: Altern als Prozeß. Freiburg: Lambertus 1974
A. Bisset: Les idees modernes sur les enfants. Paris: Flammarion 1909
P. Blos: Adoleszenz. Stgt.: Klett-Cotta 1978
J. Brock: Biolog. Daten für den Kinderarzt. Berlin: Springer 1954
J. S. Brunner, R. Oliver, P. M. Greenfield: Studien zur kognitiven Entwicklung. Stuttgart: Klett 1971
Ch. Bühler: Der menschl. Lebenslauf. Göttingen: Hogrefe ²1959
D. Caplan (Hg.): Biological Studies of Mental Processes. Cambridge (Mass.): MIT 1980
W. Correll, H. Schwarze: Lernstörungen programmiert. Donauwörth: Auer ²1970
E. Crisand, K. Kiepe: Ps. der Jugendzeit. Heidelberg: I. H. Sauer 1989
L. H. Eckensberger, R. Silbereisen (Hg.): Entwicklung sozialer Kognitionen. Stuttgart: Klett-Cotta 1980
P. Elkind: Egocentrism in Adolescence. Child Developm. 38, 1967
E. H. Erikson: Identität und Lebenszyklus. Frankfurt: Suhrkamp 1966
O. Ewert: Entwicklungsps. des Jugendalters. Stuttgart: Kohlhammer 1983
T. Faltermaier u. a.: Entwicklungsps. des Erwachsenenalters. Stuttgart: Kohlhammer 1991
E. Fend: Vom Kind zum Jugendlichen. Bern: Huber 1990
S.-H. Filipp (Hg.): Krit. Lebensereignisse. München: Urban & Schwarzenberg 1981
A. Flammer: Entwicklungstheorien. Bern: Huber 1988
D. Görlitz (Hg.): Kindl. Erklärungsmuster. Weinheim: Beltz 1983
H. Grimm: Ps. der Sprachentwicklung. Stuttgart: Kohlhammer 1977
S. Grosse: Bettnässen. München: PVU 1986
J. Haley: Ablöseprobleme Jugendlicher. München: Pfeiffer 1981
B. Hassenstein: Verhaltensbiologie des Kindes. München: Piper 1974
H. Hetzer u. a.: Angewandte Entwicklungsps. des Kindes- und Jugendalters. Heidelberg: Quelle & Meyer 1989
E. Höhn: Gesch. der Entwicklungsps. und ihrer wesentlichsten Ansätze. In: H. Thomae (Hg.): Hb. der Ps. 3. Bd. Göttingen: Hogrefe 1959
E. B. Hurlock: Die Entwicklung des Kindes. Weinheim: Beltz 1970
K. Hurrelmann (Hg.): Sozialisation und Lebenslauf. Reinbek: Rowohlt 1976
H. Keller, H.-J. Meyer: Ps. der frühesten Kindheit. Stuttgart: Kohlhammer 1982
D. Kleiber, D. Felsinger: Altern. Heidelberg: Asanger 1989
R. H. Kluwe, H. Spada (Hg.): Studien zur Denkentwicklung. Bern: Huber 1981
L. Kohlberg: Zur kognitiven Entwicklung des Kindes. Frankfurt: Suhrkamp 1974
O. Kroh: Entwicklungsps. des Grundschulkindes. 2 Bde. Weinheim: Beltz 1958/64
A. Kruse, H. Thomae: Menschl. Entwicklung im histor. Wandel. Heidelberg: Asanger 1990
G. Kurth, I. Eibl-Eibesfeldt (Hg.): Hominisation u. Verhalten. Stgt.: G. Fischer 1975
U. Lehr (Hg.): Altern – Tatsachen und Perspektiven. Bonn: Bouvier 1983
A. N. Leontjew: Probleme der Entwicklung des Psych. Berlin: Volk und Wissen 1967
R. M. Lerner: Concepts and Theories of Human Development. Reading: Addison-Wesley 1976
F. Merz: Geschlechtsunterschiede und ihre Entwicklung. Göttingen: Hogrefe 1979
F. J. Mönks, A. M. P. Knoers: Entwicklungsps. Stuttgart: Kohlhammer 1976
L. Montada: Über die Funktion der Mobilität in der geistigen Entwicklung. Stuttgart: Klett 1968
G. Mühle: Entwicklungsps. des zeichner. Gestaltens. Berlin: Springer ⁴1975
R. Oerter (Hg.): Entwicklung als lebenslanger Prozeß. Hbg.: Hoffm. & Campe 1978

R. Oerter, L. Montada (Hg.): Entwicklungsps. Weinheim: PVU [2]1987
W. D. Oswald, U. Fleischmann: Gerontops. Stuttgart: Kohlhammer 1983
J. Piaget: Ges. Werke. 10 Bde. Stuttgart: Klett 1957 ff.
W. Preyer: Die Seele des Kindes. Leipzig: Grieben 1881
I. Prigogine: Time, Structure, and Fluctuation. Science 201, 1978
H. u. H. Reimann: Das Alter. München: Goldmann 1974
H. Remplein: Die seel. Entwicklung des Menschen im Kindes- und Jugendalter. München: Reinhardt [10]1962
B. Rennen-Allhoff, P. Allhoff: Entwicklungstests für das Säuglings-, Kleinkind- und Vorschulalter. Berlin: Springer 1987
R. Ridgway: The Unborn Child. Aldershot: Gover 1987
L. Schenk-Danzinger: Entwicklungsps. Wien: Öst. Bundes-Verl. 1988
H. D. Schmalt: Motivationsps. Stuttgart: Kohlhammer 1986
W. J. Schraml: Einf. in die moderne Entwicklungsps. München: dtv 1990
M. Selvini-Palazzoli: Magersucht. Stuttgart: Klett-Cotta 1982
M. Shepherd, B. Oppenheim, S. Mitchell: Auffälliges Verhalten bei Kindern. Göttingen: Vandenhoeck & Ruprecht 1973
E. Spranger: Ps. des Jugendalters. Heidelberg: Quelle & Meyer [26]1960
H. Stäcker, U. Bartmann, R. Kriebel: Entwicklungsps. Frankfurt: Fachbuchh. für Ps. 1984
G. Steiner (Hg.): Entwicklungspsychologie. 2 Bde. Weinheim: Beltz 1984
R. Sticksrud: Adoleszens im Generationenkontext. Frankfurt: Manuskript 1987
F. Stirnimann: Ps. des neugeborenen Kindes. Bern: Huber 1973
K. H. Stratz: Der Körper des Kindes. Stuttgart: Enke 1903
R. u. A. M. Tausch: Erziehungsps. Göttingen: Hogrefe [6]1971
H. Thomae (Hg.): Entwicklungsps. Göttingen: Hogrefe [2]1972
H. Thomae (Hg.): Patterns of Aging. Basel: Karger 1976
H. M. Trautmann: Lehrb. der Entwicklungsps. Göttingen: Hogrefe 1978
I. v. Viebahn: Seel. Entwicklung und ihre Störungen. Göttingen: Vandenhoeck & Ruprecht 1972
C. H. Waddington: Concepts of Development. In: L. R. Aronson, u. a. (Hg.): The Biopsychology of Development. New York: Academic Press 1971
H. Werner: Comparative Psychology of Mental Development. New York: Inter. Universities Press [4]1948
R. Werner: Das verhaltensgestörte Kind. Berlin (Ost): Dt. Verlag d. Wiss. 1973
S. K. Whitbourne, C. S. Weinstock: Die mittlere Lebensspanne. Weinheim: PVU 1982
W. Zeller: Konstitution und Entwicklung. Göttingen: Hogrefe 1952

**15. Kap.: Sozialpsychologie**

*Lehrbücher zur Sozialps. sind reichlich vorhanden. Sie zeigen, wie unterschiedlich Sozialps. aufgefaßt werden kann. Ältere Werke wie* Beck, Hartley, Newcomb *fallen gegenüber neueren nicht zurück. Zur Einführung:* Frey, Greif.

K. Antons: Praxis der Gruppendynamik. Göttingen: Hogrefe [3]1976
S. E. Asch: Social Psychology. Englewood Cliffs: Prentice-Hall 1952
W. Beck: Grundzüge der Sozialps. München: Barth 1953
B. J. Bem: Self-perception Theory. In: L. Berkowitz (Hg.); Advances in Experimental Social Psychology. Vol. 6. New York: Academic Press 1972
R. Bergius: Sozialps. Hamburg: HoCa 1976
L. Berkowitz: Grundriß der Sozialps. München: Reinhardt 1976
H. W. Bierhoff: Sozialps. Stuttgart: Kohlhammer 1984
P. M. Blau: Exchange and Power in Social Life. New York: Wiley [2]1967
J. Bowlby: Bindung. München: Kindler 1975
L. P. Bradford, J. A. Gibb, L. D. Benne: T-Group Theory and Laboratory Method. New York: Wiley 1964
D. Byrne, W. Griffith: Interpersonal Attraction. Annual Rev. Ps. 24, 1973
D. Cartwright, A. F. Zander (Hg.): Group Dynamics. New York: Harper [3]1972
H. Crott: Soziale Interaktion und Gruppenprozesse. Stuttgart: Kohlhammer 1979
A. M. Däumling (Hg.): Angewandte Gruppendynamik. Stuttgart: Klett 1974
H. Fischer: Gruppenstruktur und Gruppenleistung. Bern: Huber 1962
D. Frey (Hg.): Kognitive Theorien der Sozialps. Bern: Huber 1978
D. Frey, S. Greif (Hg.): Sozialps. Weinheim: PVU [2]1987
W. Gottschalch: Sozialisation. Weinheim: Beltz 1985
C. F. Graumann (Hg.): Sozialps. Hb. der Ps. Bd. 7. 2 Bde. Göttingen: Hogrefe 1970
J. Haisch (Hg.): Angewandte Sozialps. Bern: Huber 1983
E. L. u. R. E. Hartley: Grundlagen der Sozialps. Berlin: Rembrandt 1956
A. Heigl-Evers (Hg.): Sozialps. 2 Bde. Weinheim: Beltz 1984
W. Herkner: Einf. in die Sozialps. Bern: Huber 1975
P. R. Hofstätter: Einf. in die Sozialps. Stuttgart: Kröner [3]1963
P. R. Hofstätter: Gruppendynamik. Reinbek: Rowohlt [2]1971
G. C. Homans: Theorie der sozialen Gruppe. Köln: Westdt. Verlag [2]1965
S. S. Hormuth (Hg.): Sozialps. der Einstellungsänderung. Königstein: Hain 1979
K. Hurrelmann, D. Ulich (Hg.): Hb. der So-

zialisationsforschung. Weinheim: Beltz 1980
M. Irle (Hg.): Kursus der Sozialps. 3 Teile. Neuwied: Luchterhand 1978
K. Lewin: Grundzüge der topolog. Ps. Bern: Huber 1969
L. Mann: Sozialps. Weinheim: PVU 1991
J. L. Moreno: Das Stegreiftheater. Potsdam: Kiepenheuer 1924
T. M. Newcomb: Sozialps. Meisenheim: Hain 1959
K. D. Opp: Die Entstehung sozialer Normen. Tübingen: Mohr 1983
A. K. Rice: Führung und Gruppe. Stuttgart: Klett 1971
P. Sbandi: Gruppenps. München: Pfeiffer 1973
H. M. Schönfeld: Die Führungsausbildung. Wiesbaden: Gabler 1967
J. Schultz-Gambard: Angewandte Sozialps. München: Ps. Verlags Union 1987
P. F. Secord, C. W. Backman: Sozialps. Frankfurt: Fachbuchh. für Ps. 1976
W. Stroebe u. a. (Hg.): Sozialps. Berlin: Springer 1990
E. Witte: Sozialps. Weinheim: PVU 1989

**16. Kap.: Massenpsychologie**

*Die Literatur zur Massenps. ist nicht sehr umfangreich. Das liegt auch an der schwierigen method. Handhabbarkeit der Massen. Zur Einführung:* Kroner.

A. Adler: Zur Massenps. Int. Zs. Individualps. 12, 1934
Th. Adorno: The Authoritarian Personality. New York: Wiley ²1964
G. LeBon: Ps. der Massen. Stuttgart: Kröner 1953
Ch. Blondel: Einf. in die Kollektivps. Bern: Francke ²1948
A. Capitini: Die Technik des gewaltlosen Widerstands. Wuppertal 1969
R. Christie, F. L. Geis: Study in Machiavellism. New York: Harper & Row 1970
E. Feldmann: Theorie der Massenmedien. München: Reinhardt 1962
R. Fischer: Masse und Vermassung. Zürich: Polygraph. Verlag 1961
S. Freud: Massenps. und Ich-Analyse. Studien-Ausgabe: Bd. IX. Frankfurt: Fischer 1969–72
M. Kaase, W. Schulz (Hg.): Massenkommunikation. Opladen: Westdt. Verlag 1989
B. Kroner: Massenps. und kollektives Verhalten. Hb. zur Ps. Bd. 7. S. 1433ff. Göttingen: Hogrefe 1972
G. Maletzke: Ps. der Massenkommunikation. Hamburg: Hans Bredow Inst. 1963
W. McDougall: The Groups Mind. Cambridge: Univ. Press 1920
D. C. McClelland: Macht als Motiv. Stuttgart: Klett 1978
S. Milgram: Das Milgram-Experiment. Reinbek: Rowohlt 1974
A. Mitscherlich: Massenps. ohne Ressentiment. Frankfurt: Suhrkamp 1972
W. Moede: Experimentelle Massenps. Leipzig: Hirzel 1920
S. Moscovici: Sozialer Wandel durch Minoritäten. München: Urban & Schwarzenberg 1979
E. Noelle-Neumann: Umfragen in der Massengesellschaft. Reinbek: Rowohlt 1963
W. Reich: Massenps. des Faschismus. Frankfurt: Fischer 1974
M. Schenk: Publikums- und Wirkungsforschung. Tübingen: Mohr 1978
S. Sighele: Ps. des Auflaufs und der Massenverbrechen. Dresden: Reissner 1897
B. Spiegel: Die Struktur der Meinungsverteilung im sozialen Feld. Bern: Huber 1961
Y. Tarde: L'Opinion et la Foule. Paris: Alcan 1901

**17. Kap.: Umweltpsychologie**

*Ein relativ neues Gebiet; man sollte trotzdem von der histor. Grundlage mit* Hellpachs Geopsyche *ausgehen, die noch nicht überholt ist. Zur Einführung:* Ittelson u. a.

G. R. Barker: Ecological Psychology. Stanford: Univ. Press 1968
Th. Bargatsky: Einf. in die Kulturökologie. Berlin: Reimer 1986
G. Bateson: Ökologie des Geistes. Frankfurt: Suhrkamp ³1983
P. A. Bell, J. D. Fischer, R. J. Loomis: Environmental Psychology. Philadelphia: Saunders 1978
U. Bronfenbrenner: Ökolog. Sozialisationsforschung. Stuttgart: Klett 1976
U. Bronfenbrenner: Die Ökologie der menschl. Entwicklung. Stuttgart: Klett-Cotta 1981
B. Campbell: Ökologie des Menschen. München: Harnack 1985
H.-J. Fietkau: Bedingungen ökolog. Handelns. München: Urban & Schwarzenberg 1984
D. C. Glass/J. E. Singer: Urban Stress. New York: Academic Press 1972
C. F. Graumann (Hg.): Ökolog. Perspektiven der Ps. Bern: Huber 1978
R. Günther, G. Winter (Hg.): Umweltbewußtsein und persönl. Handeln. Weinheim: Dt. Studienverlag 1986
R. Gutman (Hg.): People and Buildings. New York: Basic Books 1972
W. Hellpach: Geopsyche. Stuttgart: Enke ⁸1977
W. H. Ittelson, H. M. Proshansky, L. G. Rivlin, G. H. Winkel (Hg.): Einf. in die Umweltps. Stuttgart: Klett-Cotta 1977
G. Kaminski (Hg.): Umweltps. Stuttgart: Klett 1976
L. Kruse, C. F. Graumann, E. D. Lantermann (Hg.): Ökops. München: Ps. Verlags Union 1987
E. D. Lantermann (Hg.): Wechselwirkungen. Göttingen: Hogrefe 1982
N. Luhmann: Ökolog. Kommunikation. Köln: Westdt. Verlag 1986

A. Mehrabian: Räume des Alltags. Frankfurt: Campus 1987
R. Miller: Einführung in die Ökolog. Ps. Opladen: Leske & Budrich 1986
H. Mogel: Ökops. Stuttgart: Kohlhammer 1984
J. Pechstein: Umweltabhängigkeit der frühkindl. zentralnervösen Entwicklung. Stuttgart: Thieme 1974
H. Petzold (Hg.): Psychotherapie und Friedensarbeit. Paderborn: Junfermann 1986
H. M. Proshansky, W. H. Ittelson, L. Y. Rivlin (Hg.): Environmental Psychology. New York: Holt 1970
E. Schramm (Hg.): Ökologie-Lesebuch. Frankfurt: Fischer TB 1984
H. Walter, R. Oerter (Hg.): Ökologie und Entwicklung. Donauwörth: Auer 1979
W. Wickler: Verhalten und Umwelt. Hamburg: Hoffmann & Campe 1972

**18. Kap.: Tierpsychologie**

*Die Tierps. ist ein Grenzgebiet zwischen Ps. und Biologie. Die Themen beziehen sich hauptsächlich auf die vergleichende Verhaltenstheorie. Zur Einführung:* Immelmann.

W. F. Angermeier: Die Evolution des operanten Lernens. Eine vergleichende Etho-Ps. Basel: Karger 1983
R. Apfelbach, J. Döhl: Verhaltensforschung. Stuttgart: G. Fischer 1976
M. v. Cranach, K. Foppa, W. Lepenies, D. Ploog (Hg.): Human Ethology. Cambridge: Univ. Press 1979
I. Eibl-Eibesfeldt: Grundriß der vergleichenden Verhaltensforschung. München: Piper [4]1974
D. Franck: Verhaltensbiologie. Stuttgart: Thieme 1979
K. v. Frisch: Tanzsprache und Orientierung der Bienen. Berlin: Springer 1965
H. F. u. M. K. Harlow: Social Deprivation in Monkeys. Scient. Am. 207, 1962
H. Hediger: Tierps. im Zoo und im Zirkus. Basel: Reinhardt 1961
E. H. Hess: Prägung. München: Kindler 1975
A. Heymer (Hg.): Etholog. Wb. Berlin: Parey 1977
E. v. Holst: Zur Verhaltensphysiologie bei Tieren und Menschen. 2 Bde. München: Piper 1969/70
K. Immelmann: Einf. in die Verhaltensforschung. Berlin: Parey 1976
Th. Kapune: Untersuchung zur Bildung eines ›Wertbegriffs‹ bei niederen Primaten. Zs. Tierps. 23, 1966
O. Koehler: Physiological Mechanism in Animal Behavior. New York: Academic Press 1950
W. Köhler: Intelligenzprüfungen an Menschenaffen. Berlin: Springer [3]1973
O. König: Kultur und Verhaltensforschung. München: dtv 1970
P. Marler, W. J. Hamilton: Tier. Verhalten. München: BLV 1972
H. R. Maturana, F. J. Varela: Der Baum der Erkenntnis. Bern: Scherz 1987
D. McFarland: Biologie des Verhaltens. Weinheim: VCH 1989
A. Remané: Sozialleben der Tiere. Stuttgart: G. Fischer 1976
B. Rensch: Gedächtnis, Begriffsbildung und Planhandlungen bei Tieren. Berlin: Parey 1973
R. Riedl: Evolution und Erkenntnis. München: Piper 1982
K. R. Scherer, A. Starke, P. Winkler (Hg.): Psychobiologie. München: dtv 1987
G. Tembrock: Grundlagen der Tierps. Reinbek: Rowohlt 1974
N. Tinbergen: Instinktlehre. Berlin: Parey [5]1972
G. Vogel, H. Angermann: dtv-Atlas zur Biologie. 3 Bde. München: dtv [7,6,6]1992
E. O. Wilson: Sociobiology. Cambridge (Mass.): Belknap 1975
W. Winkler, U. Seibt (Hg.): Vergl. Verhaltensforschung. Hamburg: HoCa 1973

**19. Kap.: Psychodiagnostik**

*Die Hinweise beziehen sich nur auf die theoret. Literatur. Zu den Tests selbst siehe unter:* F. Dorsch (Hg.): Psycholog. Wörterbuch (ab 10. Aufl. ggü. der 9. Aufl. gekürzt). Bern: Huber [12]1994, Seite: 769ff. *Zur Einführung:* Plaum.

R. Brickenkamp (Hg.): Hb. ps. und pädagog. Tests. Göttingen: Hogrefe 1979 (Erg.-Bd. 1983)
L. J. Cronbach: Essentials of Psychological Testing. New York: Harper & Row [3]1970
L. J. Cronbach, G. C. Gleser: Psychological Test and Personal Decision. Urbana: University Press 1957
R. Dietrich: Psychodiagnostik. München: Reinhardt 1973
P. H. DuBois: A History of Psychological Testing. Boston: Allyn & Bacon 1970
G. Faßnacht: Systemat. Verhaltensbeobachtung. München: Reinhardt 1979
G. H. Fischer: Einf. in die Theorie ps. Tests. Bern: Huber 1975
J. Fisseni: Lb. der ps. Diagnostik. Göttingen: Hogrefe 1990
K. J. Groffmann, L. Michel (Hg.): Intelligenz- und Leistungsdiagnostik. Göttingen: Hogrefe 1983
H. Grunwald: Die sozialen Ursprünge ps. Diagnostik. Darmstadt: Steinkopff 1980
W. Gutjahr: Die Messung psych. Eigenschaften. Köln: Kiepenheuer & Witsch 1977
H. Haase: Tests im Bildungswesen. Göttingen: Hogrefe 1978
R. Heiss (Hg.): Ps. Diagnostik. Hb. der Ps. 6. Bd. Göttingen: Hogrefe [3]1971
R. Herrnstein: IQ in the Meritocracy. Boston: Little Brown 1973
K. Holm (Hg.): Die Befragung. München: Francke 1976
K. Ingenkamp, R. Horn, R. S. Jäger (Hg.):

Tests und Trends 1–6. Weinheim, München: Beltz und PVU 1981–1987
R. S. Jäger: Der diagnost. Prozeß. Göttingen: Hogrefe 1983
R. S. Jäger: Lehrb. der ps. Diagnostik. Weinheim: Beltz 1987
R. S. Jäger, A. Mattenklott, R.-D. Schröder (Hg.): Diagnost. Urteilsbildung in der Ps. Göttingen: Hogrefe 1984
H. T. Kranz: Einf. in die klass. Testtheorie. Frankfurt: Fachbuchh. für Ps. 1979
Kubinger, K. (Hg.): Moderne Testtheorie. Weinheim: Beltz ²1989
R. Leichner: Ps. Diagnostik. Weinheim: Beltz 1979
G. A. Lienert: Testaufbau und Testanalyse. Weinheim: Beltz ³1969
D. C. McClelland: Assessing Human Motivation. New York: Modern Learning Press 1974
K. Pawlik (Hg.): Diagnose der Diagnostik. Stuttgart: Klett 1976
E. Plaum: Einf. i. d. Psychodiagnostik. Darmstadt: Primus 1997
U. Rauchfleisch: Testps. Göttingen: Vandenhoeck & Ruprecht 1980
G. Schiepek: System. Diagnostik in der Klin. Ps. München: Ps. Verlags Union 1986
D. Schulte (Hg.): Diagnostik in der Verhaltenstherapie. München: Urban & Schwarzenberg 1974
G. Weise: Ps. Leistungstests. Göttingen: Hogrefe 1975

**20. Kap.: Klinische Psychologie**

*Nach Schätzungen gehören etwa 60% der ps. Neuerscheinungen (zumindest teilweise) zur Klin. Ps. Deshalb werden nur einige »Leitbücher« angegeben, mit deren Literaturangaben weitergearbeitet werden kann. Prinzipiell sollte man dabei von der »Primärliteratur«, d. h. von den Ur-Autoren oder Therapiebegründern, ausgehen.*

1.) *Zur Einführung dient das zweibändige* dtv-Wb. zur Klin. Ps. München: dtv Kösel 1981.

*Weitere Lehrbücher:*

U. Baumann, M. Perrez (Hg.): Klin. Ps. 2 Bde. Bern: Huber 1990
H. Benesch: Enzykl. Wb. Klin. Ps. und Psychotherapie. Weinheim: PVU Beltz 1995
R. J. Corsini (Hg.): Hb. der Psychotherapie. 2 Bde. Weinheim: PVU ²1987
G. C. Davison, J. M. Neale: Klin. Ps. München: Urban & Schwarzenberg ³1988
L. J. Pongratz (Hg.): Klin. Ps. 2 Bde. Göttingen: Hogrefe 1977/78
C. Reimer (Hg.): Psychotherapie. Berlin: Springer 1996
H. Reinecker (Hg.); Lb. der Klin. Ps. Göttingen: Hogrefe 1990
W. Toman, R. Egg (Hg.): Psychotherapie. 2 Bde. Stuttgart: Kohlhammer 1985
W. Wittling (Hg.): Hb. der Klin. Ps. 6 Bde. Hamburg: Hoffmann & Campe 1980

2./3.) *Grundlektüre der Psychoanalyse sind die* Werke Sigmund Freuds. Die kommentierte Studienausgabe von 1969–1987 umfaßt 10 Bde. (1 Nachtragsband) und wurde von A. Mitscherlich, A. Richards, J. Strachey im Fischer Verlag, Frankfurt herausgegeben.

*Sechs Einführungen:*

J. Cremerius: Vom Handwerk des Psychoanalytikers. Stuttgart: Frommann-Holzboog 1984
J. Cremerius (Hg.): Die Zukunft d. Psa. Frankfurt: Suhrkamp 1995
L. Luborsky: Einf. in die analyt. Psychotherapie. Berlin: Springer 1988
W. Mertens (Hg.): Psa. Ein Hb. in Schlüsselbegriffen. München: Urban & Schwarzenberg 1983
J. Rattner: Klassiker der Tiefenps. München: PVU 1990
H. Thomä, H. Kächele: Lehrb. der psa. Therapie. Berlin: Springer 1985

*Ein Wörterbuch:*

J. Laplanche, J.-B. Pontalis: Das Vokabular der Psa. 2 Bde. Frankfurt: Suhrkamp ³1977

*Zur Geschichte:*

D. Eicke (Hg.): Tiefenps. Weinheim: Beltz 1982
J.-B. Fages: Gesch. der Psa. nach Freud. Frankfurt: Ullstein 1981

4.) *Grundlektüre für die weitere Tiefenpsychologie sind die Arbeiten von* Alfred Adler *und* Carl Gustav Jung.

*Die wichtigsten Bücher* Adlers *sind als* Fischer-Taschenbücher *erschienen, so u. a.:* Menschenkenntnis (1966), Der Sinn des Lebens (1973), Die Technik der Individualps. (1974), Kindererziehung (1976), Studien über Minderwertigkeit von Organen (1977), Neurosen (1981).

*Zur Einführung:*

A. Bruder-Bezzel: Geschichte der Individualps. Frankfurt: Fischer 1991
R. Brunner, R. Kausen, M. Titze (Hg.): Wb. der Individualps. München: Reinhardt 1985.
M.-L. v. Franz: C. G. Jung. Frauenfeld: Huber 1972
H. Hark (Hg.): Lexikon Jungscher Grundbegriffe. Olten: Walter 1988
A. Samuels, B. Shorter, F. Plaut: Wb. Jungscher Ps. München: dtv 1991

*Zur einführenden Lektüre von* C. G. Jung *sind seine berühmten* Tavistock Lectures (1935) *empfehlenswert* (deutsch): C. G. Jung: Über die Grundlagen der Analytischen Psychologie. Zürich: Rascher 1969. *Ferner:* F. Alt (Hg.): Das C. G. Jung-Lesebuch. Frankfurt: Ullstein 1986.

*Zur weiteren Orientierung:* D. Wyss: Die tiefenps. Schulen von den Anfängen bis zur Gegenwart. Göttingen: Vandenhoeck & Ruprecht ⁵1977

*Zur Einführung:*

J. Rattner (Hg.): Pioniere der Tiefenps. Wien: Europaverlag 1979

5./6.) *Zur Verhaltenstherapie gibt es keine unumstrittenen Begründer.*

J. Wolpe: Praxis der Verhaltenstherapie. Bern: Huber 1972

H. J. Eysenck: Behavior Therapy and Neuroses. Oxford: Pergamon Press 1966.
*Zur Geschichte:*
A. Schorr: Verhaltenstherapie. Weinheim: Beltz 1984
*Einführung und Grundlektüre:*
P. Halder-Sinn: Verhaltenstherapie. Stuttgart: Kohlhammer ³1985
S. Fliegel, W. M. Groeger u. a.: Verhaltenstherapeut. Standardmethoden. Weinheim: PVU ²1989
H. Reinecker: Grundlagen der Verhaltenstherapie. Weinheim: PVU 1987
M. Linden, M. Hautzinger (Hg.): Verhaltenstherapie. Berlin: Springer 1993
*Zur Kognitiven Verhaltenstherapie:*
E. Jaeggi: Kognitive Verhaltenstherapie. Weinheim: PVU ²1979
7.) *Das erste Therapiebuch von* Carl Rogers *führt am lebendigsten ein:* Counseling and Psychotherapy (1942; *enthält erste Tonaufzeichnung einer Therapie); deutsch:* Die nicht-direktive Beratung. München: Kindler 1972.
*Das führende Lehrbuch:*
R. u. A. M. Tausch: Gesprächspsychotherapie. Göttingen: Hogrefe ⁸1981.
*Zur Einführung:*
W. Grunewald (Hg.): Krit. Stichwörter zur Gesprächspsychotherapie. München: Fink 1979
P. Jankowski u. a. (Hg.): Klientenzentrierte Psychotherapie heute. Göttingen: Hogrefe 1976
8.) *Zur Kommunikationstherapie:*
G. Beatson: Ökologie des Geistes. Frankfurt: Suhrkamp ³1983
P. Watzlawick, J. H. Beavin, D. D. Jackson: Menschl. Kommunikation. Formen, Störungen, Paradoxien. Bern: Huber ²1971
*Zur Transaktionsanalyse:*
E. Berne: Transactional Analysis and Psychotherapy. New York: Grove Press 1961
*Zur Skriptanalyse:*
F. English: Es ging doch gut, was ging denn schief. München: Kaiser 1982
*Zur Einführung:*
G. Barnes: Transaktionsanalyse seit Eric Berne. Berlin: Inst. f. Kommunikationstherapie 1979
M. Brown, S. Woolans, K. Huige: Abriß der Transaktionsanalyse. Frankfurt: Fachbuchh. für Ps. 1981
L. Schlegel: Grundriß der Tiefenps. Bd. 5: Die Transaktionsanalyse. München: Francke 1979
9.) *Als Grundtexte für die Kognitionstherapie sechs repräsentative Richtungsgründer:*
*für die Ich-Psychologie:*
E. H. Erikson: Identität und Lebenszyklus. Frankfurt: Suhrkamp ⁵1979
*für die phänomenologische Therapie:*
V. v. Weizsäcker: Der Gestaltkreis. Stuttgart: Thieme ²1973
*für die humanistische Therapie:*
V. E. Frankl: Die Sinnfrage in der Psychotherapie. München: Piper 1985
*für die Gestalttherapie:*
F. S. Perls: Gestalt, Wachsein, Integration. Paderborn: Junfermann 1980
*für die kognitive Therapie:*
A. T. Beck; A. J. Rush, B. F. Shaw, G. Emery: Kognitive Therapie der Depression. München: Ps. Verlags Union ²1986
*für die rational-emotive Therapie:*
A. Ellis: Die rational-emotive Therapie. München: Urban & Schwarzenberg 1977
*Zur Einführung:*
N. Hoffmann (Hg.): Grundlagen der kognitiven Therapie. Bern: Huber 1979
10.) *Zur Körpertherapie:*
W. Reich: Die Funktion des Orgasmus. Köln: Kiepenheuer & Witsch 1969
A. Lowen: Bio-Energetik. München: Kösel 1975
M. Feldenkrais: Die Entdeckung des Selbstverständlichen. Frankfurt: Insel 1985
H. Legewie, L. Nusselt (Hg.): Biofeedback-Therapie. München: Urban & Schwarzenberg 1979
*Zur Einführung:*
H. Petzold (Hg.): Die neuen Körpertherapien. Paderborn: Junfermann ⁴1985
E. Kirchmann: Mod. Verfahren in der Bewegungstherapie. Paderborn: Junfermann 1985
11.) *Zu den Meditationsverfahren:*
R. Bleistein (Hg.): Wege zur Meditation. München: Pfützner 1977
U. Reiter: Wege zum Selbst. München: Schönberger 1976
K. Graf Dürckheim: Der Ruf nach dem Meister. Weilheim: Barth 1972
A. Govinda: Der Weg der weißen Wolken. Bern: Scherz ⁹1985
L. Schwäbisch, M. Siems: Selbstentfaltung durch Meditation. Reinbek: Rowohlt ³1979
*Zur Einführung:*
M. Seitz: Der Meditationsführer. München: Schönberger 1985
M. Petzold: Ind. Ps. München: Ps. Verlags Union 1986
12.) *Zu den Suggestionsverfahren:*
I. H. Schultz: Autogenes Training. Stuttgart: Thieme ¹⁵1976
M. H. Erickson, E. L. u. S. L. Rossi: Hypnose. München: Pfeiffer 1978
H. Kleinsorge: Hypnose. Stuttgart: G. Fischer 1986
C. Kossack: Hypnose. München: PVU 1989
E. Sheehan: Selbsthypnose. Paderborn: Junfermann 1996
13.) *Zur Gruppentherapie:*
J. L. Moreno: Gruppenpsychotherapie und Psychodrama. Stuttgart: Thieme 1959
L. P. Bradford, J. R. Gibb, D. K. Benne: Gruppentraining. Stuttgart: Klett 1972
S. H. Foulkes: Gruppenanalyt. Psychotherapie. Frankfurt: Fischer 1986
H. Petzold, R. Frühmann (Hg.): Modelle der Gruppe. 2 Bde. Paderb.: Junfermann 1986

J. D. Yalom: Gruppenpsychotherapie. München: Kindler 1970
*Zur Einführung:*
P. Kutter (Hg.): Methoden und Theorien der Gruppenpsychotherapie. Stuttgart: Frommann-Holzboog 1985
14.) *Zur Familientherapie:*
N. W. Ackerman: Treating the troubled Family. New York: Basic Books 1966
*Zur Einführung:*
K. Schneider (Hg.): Familientherapie in der Sicht psychotherapeut. Schulen. Paderborn: Junfermann [3]1988
E. J. Brunner: Grundfragen der Familientherapie. Berlin: Springer 1986
H. G. Preuss: Ehepaartherapie. Frankfurt: Fischer [2]1985
M. E. Textor: Integrative Familientherapie. Berlin: Springer 1985
S. Schmidtchen: Klientenzentrierte Spiel- und Familientherapie. Weinheim: PVU [3]1991
F. B. Simon, H. Stierlin: Die Sprache der Familientherapie. Stuttgart: Klett-Cotta 1984
15.) *Zur Kindertherapie:*
G. Deegener: Grundlagen der Psychotherapie bei Kindern und Jugendlichen. Weinheim: Beltz 1990
A. Freud: Einf. in die Technik der Kinderanalyse. München: Kindler [3]1973
M. Klein: Das Seelenleben des Kleinkindes. Stuttgart: Klett 1962
S. Lindsay, G. Powell (Hg.): Handbook of Clinical Adult Ps. Aldershot: Gover 1987
D. W. Winnicott: Vom Spiel zur Kreativität. Stuttgart: Klett 1973
H. E. Richter: Eltern, Kind und Neurose. Stuttgart: Klett [2]1967
*Zur Einführung:*
K. Aichele, G. Volk: Kinder in Psychotherapie. Waiblingen-Hohenacker: Bonz 1992
V. Kuhlen: Verhaltenstherapie im Kindesalter. München: Juventa [2]1973
C. E. Schaefer, H. L. Millman: Kompendium der Psychotherapie in Kindheit und Pubertät. Frankfurt: Fachbuchh. für Ps. 1984
16.) *Zur Sprachtherapie:*
C. van Riper: Speech Correction. Englewood Cliffs: Prentice-Hall [5]1975
K. P. Becker, M. Sovák: Lb. der Logopädie. Berlin (Ost): Volk und Gesundheit 1971
R. Fiedler, R. Standop: Stottern. München: Urban & Schwarzenberg [2]1986
G. Szagun: Sprachentwicklung beim Kind. Weinheim: PVU [4]1991
17.) *Zur Psychagogik:*
H. Hanselmann: Andragogik. Zürich: Rotapfel 1951
H. H. Perlman: Soziale Einzelhilfe als problemlösender Prozeß. Freiburg: Lambertus [2]1970
G. Jentschura (Hg.): Beschäftigungstherapie. Stuttgart: Thieme [2]1974
E. Heim: Milieutherapie. Bern: Huber 1978
A. Gaertner (Hg.): Sozialtherapie. Neuwied: Luchterhand 1982
J. Brandtstädter, A. v. Eye: Ps. Prävention. Bern: Huber 1982
H. Hartwig, K. H. Menzen (Hg.): Kunsttherapie. Berlin: Verlag Ästhetik und Kommunikation 1985
D. S. u. L. Everstine: Krisentherapie. Stuttgart: Klett-Cotta 1985
D. Kleiber, B. Rommelspacher (Hg.): Die Zukunft des Helfens. Weinheim: Beltz 1986
18.) *Zur Schlaftherapie:*
D. Foulkes: Die Ps. des Schlafes. Frankfurt: Suhrkamp 1969
H. Kleinsorge: Schlafbehandlung. In: E. Stern (Hg.): Die Psychotherapie in der Gegenwart. Zürich: Rascher 1958
V. J. Jovanović: Schlaf und Traum. Stuttgart: Thieme [3]1979
19.) *Zur Traumpsychologie:*
S. Freud: Die Traumdeutung. Frankfurt: Fischer 1961
M. Boss: Der Traum und seine Auslegung. Bern: Huber 1953
J. A. Hall: Die Arbeit mit Träumen in Klinik und Praxis. Paderborn: Junfermann 1985
E. F. Sharpe: Traumanalyse. Stuttgart: Klett-Cotta 1984
20.) *Zur Sexualtherapie:*
C. König (Hg.): Gestörte Sexualentwicklung. München: Reinhardt 1989
W. H. Masters, V. E. Johnson: Die sexuelle Reaktion. Frankf.: Akad. Verlagsges. 1967
W. Sigusch: Therapie sexueller Störungen. Stuttgart: Thieme 1975
J. Bancroft: Grundlagen und Probleme menschl. Sexualität. Stuttgart: Enke 1985

**21. Kap.: Angewandte Psychologie**

*Die Literatur zur Angew. Ps. ist weniger umfangreich als für die Klin. Ps., aber durch die viel weitere Streuung der Themen gekennzeichnet. Zunächst eine ältere und zwei neuere Einführungen und eine geschichtl. Darstellung:*

A. Anastasi: Angew. Ps. Weinheim: Beltz 1972
H. Benesch: Anwendungsfelder der Ps. Weinheim: PVU 1992
F. Dorsch: Gesch. und Probleme der angew. Ps. Bern: Huber 1963
D. Frey, C. Hoyos, D. Stahlberg (Hg.): Angewandte Ps. Weinheim: PVU 1992
1.) *Zur Arbeitspsychologie:*
W. Adamy, J. Steffen: Hb. der Arbeitsbeziehungen. Opladen: Westdt. Verlag 1985
H. Bullens (Hg.): Die Zukunft der Arbeit. Heidelberg: Asanger 1990
P. Großkurth, W. Volpert: Lohnarbeitsps. Frankfurt: Fischer 1975
P. Großkurth (Hg.): Arbeit und Persönlichkeit. Reinbek: Rowohlt 1979
W. Hacker: Allg. Arbeits- und Ingenieursps. Bern: Huber 1978
C. Hoyos: Arbeitsps. Stuttgart: Kohlhammer 1974

C. Hoyos: Psycholog. Unfall- und Sicherheitsforschung. Stuttgart: Kohlhammer 1980
K. Landau, W. Rohmert: Fallbeispiele zur Arbeitsanalyse. Bern: Huber 1981
E. Mayo: Probleme industrieller Arbeitsbedingungen. Frankfurt: Fischer 1950
H. Schmale: Ps. der Arbeit. Stuttgart: Klett 1983
E. Ulich: Arbeitsps. München: Poeschel ²1992

2.) *Zur Ergonomie:*
O. Lanc: Ergonomie. Stuttgart: Kohlhammer 1975
K. F. H. Murell: Ergonomie. Düsseldorf: Econ 1971
H. Schmidtke: Ergonomie. 2 Bde. München: Hanser ²1981

3.) *Zur Berufspsychologie:*
H. Benesch, F. Dorsch (Hg.): Berufsaufgaben und Praxis des Psychologen. München: Reinhardt ²1984
J. O. Crites: Vocational Psychology. New York: McGraw-Hill 1969
U. Kleinbeck: Motivation und Berufswahl. Göttingen: Hogrefe 1975
K. H. Seifert (Hg.): Hb. der Berufsps. Göttingen: Hogrefe 1977
F. Stoll (Hg.): Arbeit und Beruf. 2 Bde. Weinheim: Beltz 1983

4.) *Zur Betriebspsychologie:*
R. R. Blake, J. S. Mouton: Verhaltensps. im Betrieb. Düsseldorf: Econ 1969
B. Eunson: Betriebsps. Hamburg: McGraw-Hill 1990
F. Fiedler: Theory of Leadership Effectiveness. New York: McGraw-Hill 1967
J. Franke: Sozialps. des Betriebes. Stuttgart: Enke 1980
B. v. Haller-Gilmer (Hg.): Hb. der mod. Betriebsps. München: Mod. Ind. 1969
C. Hoyos: Ps. Unfall- und Sicherheitsforschung. Stuttgart: Kohlhammer 1980
A. Mayer, B. Herwig (Hg.): Betriebsps. Göttingen: Hogrefe ²1970
E. J. McCormick, M. S. Sanders: Human Factors in Engineering and Design. New York: McGraw-Hill ³1985
P. Sauermann: Betriebsps. Stuttgart: Enke 1979
U. Stopp: Prakt. Betriebsps. Stuttgart: Taylorix 1990

5.) *Zur Organisationspsychologie:*
G. Buschges, N. Lüthe-Bornefeld: Prakt. Organisationsforschung. Reinbek: Rowohlt 1977
D. Gebert: Die Organisationsentwicklung. Stuttgart: Kohlhammer 1974
S. Greif: Konzepte der Organisationsps. Bern: Huber 1983
A. Mayer (Hg.): Organisationsps. Stuttgart: Klett-Cotta 1978
T. R. Mitchell: People in Organisations. New York: McGraw-Hill ²1982
P. Morin: Einf. in die angew. Organisationsps. Stuttgart: Klett 1974
L. v. Rosenstiel, W. Molt, B. Rüttinger: Organisationsps. Stuttgart: Kohlhammer ²1989
E. Schein: Organisational Psychology. Englewood Cliffs: Prentice-Hall 1970
A. B. Weinert: Lehrb. der Organisationsps. München: Ps. Verlags Union ²1987

6.) *Zur Forensischen Psychologie:*
F. Arntzen: Vernehmungsps. München: Beck 1978
H. Dettenborn, H.-H. Fröhlich, H. Szewczyk: Forensische Psychologie. Berlin (Ost): Dt. Verlag d. Wiss. 1984
U. Füllgrabe: Kriminalps. Stuttgart: Verlag für Angew. Ps. 1983
G. Kette: Rechtsps. Berlin: Springer 1987
H. Liebel, W. v. Uslar: Forens. Ps. Stuttgart: Kohlhammer 1975
F. Lösel (Hg.): Kriminalps. München: Urban & Schwarzenberg 1983
W. Seitz (Hg.): Kriminal- und Rechtsps. München: Urban & Schwarzenberg 1983
U. Undeutsch (Hg.): Forens. Ps. Göttingen: Hogrefe 1967

7.) *Zur Verkehrspsychologie:*
C. Hoyos (Hg.): Ps. im Straßenverkehr. Bern: Huber 1974
D. Klebelsberg: Verkehrsps. Berlin: Springer 1982
E. Spoerer: Einf. in die Verkehrsps. Darmstadt: Wiss. Buchges. 1979

8.) *Zur Wirtschaftspsychologie:*
H. Benesch: Wirtschaftsps. München: Reinhardt 1962
E. R. Corey, S. H. Star: Marktorientierte Unternehmensplanung. Essen: Girardet 1973
J. F. Engel, R. D. Blackwell: Consumer Behavior. London: Dryden 1982
G. Fabiunke, O. Grünwald: Verkaufsps. Berlin (Ost): Die Wirtschaft 1983
G. H. Fischer: Verkaufsprozesse mit Interaktion. Gernsbach: Dt. Betriebswirte-Verlag 1981
G. Gutjahr: Markt- und Werbeps. 2 Bde. Heidelberg: Sauer 1972/74
H. Haase, W. Molt (Hg.): Markt und Umwelt. 3. Bd. Hb. der Angew. Ps. München: Mod. Ind. 1980
C. Hoyos, W. Kroeber-Riel, L. von Rosenstiel, B. Strümpel (Hg.): Wirtschaftsps. in Grundbegriffen. Weinheim: PVU ²1990
M. Irle (Hg.): Marktps. 2 Bde. Göttingen: Hogrefe 1983
W. Kroeber-Riel: Konsumentenverhalten. München: Vahlen ³1984
S. Morse: Marketingmanagement. Frankfurt: Fischer 1973

9.) *Zur Werbepsychologie:*
K. C. Behrens: Hb. zur Werbung. Wiesbaden: Gabler 1970
H. Benesch, W. Schmandt: Manipulation und wie man ihr entkommt. Stuttgart: Dt. Verlagsanstalt 1979; Frankfurt: Fischer ²1982
H. M. Fischerkoesen: Experimentelle Werbeerfolgsprognose. Wiesbaden: Gabler 1967
H. Mayer, U. Däumer, H. Rühle: Werbeps. Stuttgart: Poeschel 1982

M. Moline, J. Douce: Werbung. Motive, Märkte, Medien. Frankfurt: Fischer 1980
R. Muccielli: Ps. der Werbung. Salzburg: Müller 1972
B. Spiegel: Werbeps. Untersuchungsmethoden. Berlin: Duncker & Humblot 1958
10.) *Zur Medienpsychologie:*
H. Benesch: Experimentelle Ps. des Fernsehens. München: Reinhardt 1968
H. J. Kagelmann, G. Wenninger (Hg.): Medienps. München: Urban & Schwarzenberg 1982
P. Winterhoff-Spurk: Fernsehen. Bern: Huber 1986
11.) *Zur Schulpsychologie:*
W. Arnhold (Hg.): Texte zur Schulps. und Bildungsberatung. 2 Bde. Braunschweig: Westermann 1975/77
G. Keller, B. Thewalt: Prakt. Schulps. Heidelberg: Asanger 1990
M. Müller: Die schulps. Beratungsstelle. München: Reinhardt 1973
K. Siegfried: Erziehungsberatung und Schulps. Bern: Huber 1969
W. Wegner: Der Psychologe im Schulbereich. In: H. Benesch, F. Dorsch: Berufsaufgaben und Praxis des Psychologen. München: Reinhardt [2]1984
12.) *Zur Politischen Psychologie:*
B. Claussen, K. Wasmund (Hg.): Hb. der Polit. Sozialisation. Braunschweig: Petersen 1982
H. Moser (Hg.): Polit. Ps. München: Urban & Schwarzenberg 1979
H. Moser (Hg.): Fortschritte der Polit. Ps. Weinheim: Beltz 1981
13.) *Zur Freizeitpsychologie:*
H. Benesch: Automatenspiele. Heidelberg: Asanger 1992
K. Finger, B. Gayler, H. Hahn, K. D. Hartmann: Animation im Urlaub. Starnberg: Studienkreis für Tourismus 1975
R. Schmitz-Scherzer: Sozialps. der Freizeit. Stuttgart: Kohlhammer 1974
14.) *Zur Sportpsychologie:*
G. Bäumler, H. Rieder, W. Seitz: Sportps. Schorndorf: Hofmann 1972
H. Deimel: Sporttherapie bei psych. Erkrankungen. Berlin: Springer 1983
H. Eberspächer: Sportps. Reinbek: Rowohlt 1990
P. Rókusfalvy: Sportps. Berlin (Ost): Sportverlag 1980
A. Thomas (Hg.): Sportps. München: Urban & Schwarzenberg 1982

**22. Kap.: Kulturpsychologie**

*Die Kulturps. ist umfangreich, aber uneinheitlich bearbeitet. Zur Religionsps. sind zahlreiche Werke vorhanden. Fast vollständig fehlt (Ausnahme:* Maslow*) die Wissenschaftsps. Ähnliches läßt sich von der Zivilisationsps. sagen, die aber in der Angrenzung zur Umweltps. (17. Kap.) an Bedeutung gewonnen hat. Die Kunstps. (Bildende Kunst, Musik, Literatur) ist vielseitig behandelt worden. Zur Literatur der Weltanschauungsps. s.* Benesch, 1990.

*Eine Auswahl wichtiger Bücher:*

C. G. Allesch, E. Billmann-Mahecha: Perspektiven der Kulturps. Heidelberg: Asanger 1989
G. W. Allport: The Individual and his Religion. New York: Addison-Wesley 1954
M. Argyle, B. Beit-Hallami: The Social Psychology of Religion. London: Methuen 1975
R. Arnheim: Zur Ps. der Kunst. Köln: Kiepenheuer & Witsch 1977
H. Benesch: »Und wenn ich wüßte, daß morgen die Welt unterginge...« Zur Ps. der Weltanschauungen. Weinheim: Beltz 1984
H. Benesch: Warum Weltanschauung. Eine ps. Bestandsaufnahme. Frankfurt: Fischer 1990
E. E. Boesch: Kultur und Handlung. Einf. in die Kulturps. Bern: Huber 1980
R. W. Brislin, W. J. Lonner, R. M. Thorndike: Cross-cultural Research Methods. New York: Wiley 1972
H. Bruhn, R. Oerter, H. Rösing (Hg.): Musikps. München: Urban & Schwarzenberg 1985
A. Busemann: Weltanschauung in ps. Sicht. München: Reinhardt 1967
G. Condrau (Hg.): Ps. der Kultur. Weinheim: Beltz 1982
N. Elias: Über den Prozeß der Zivilisation. Frankfurt: Suhrkamp 1967
V. E. Frankl: Der Wille zum Sinn. Bern: Huber 1972
S. Freud: Die Zukunft einer Illusion. Frankfurt: Fischer [4]1968
H. Friedrich: Kulturverfall und Umweltkrise. München: dtv 1982
B. Grom: Religionsps. München und Göttingen: Kösel/Vandenhoeck & Ruprecht 1992
W. Hellpach: Kulturps. Stuttgart: Enke 1953
N. G. Holm: Einführung in die Religionsps. München: Reinhardt 1990
K. Jaspers: Ps. der Weltanschauungen. Berlin: Springer [6]1967
H. Klages, P. Kmieciak (Hg.): Wertwandel und gesellschaftl. Wandel. Frankfurt: Lang 1976
H. u. S. Kreitler: Ps. der Kunst. Stuttgart: Kohlhammer 1980
Th. Kuhn: Die Struktur wiss. Revolutionen. Frankfurt: Suhrkamp 1967
R. Langner (Hg.): Ps. der Literatur. München: Ps. Verlags Union 1986
A. Malraux: Ps. der Kunst. Hamburg: Rowohlt 1957
U. Mann: Einf. in die Religionsps. Darmstadt: Wiss. Buchges. 1973
A. J. Marsella, R. G. Tharp, T. J. Liborowski (Hg.): Perspectives on Cross-cultural Psychology. New York: Academic Press 1979
D. C. McClelland: Motivation und Kultur. Bern: Huber 1967
A. H. Maslow: Die Ps. der Wiss. München: Goldmann 1977

A. Moles: Informationstheorie und ästhet. Wahrnehmung. Köln: DuMont Schauberg 1971
J. Pfeiffer: Literaturps. Würzburg: Königshausen u. Neumann 1989
C. A. Schmitz (Hg.): Kultur. Wiesbaden: Akad. Verlagsges. 1963
M. Schuster, H. Beisl: Kunstps. Köln: DuMont Schauberg 1978
E. Spranger: Philosophie und Ps. der Religion. Tübingen: Niemeyer 1974
H. Stachowiak, Th. Herrmann, K. Stapf (Hg.): Bedürfnisse, Werte und Normen im Wandel. München: Fink/Schöningh 1982
H. G. Triandis, W. W. Lambert (Hg.): Handbook of Cross-cultural Psychology. Boston: Allyn & Bacon 1980
W. Winkler: Ps. der mod. Kunst. Tübingen: Mohr 1949
W. Wundt: Völkerps. 10 Bde. Leipzig: Engelmann [6]1911

# Register

## Namenregister

## Sachregister